D1856616

Marianne Birthler

Halbes Land
Ganzes Land
Ganzes Leben

Erinnerungen

Hanser Berlin

2 3 4 5 18 17 16 15 14

ISBN 978-3-446-24151-0
© Hanser Berlin im Carl Hanser Verlag München 2014
Alle Rechte vorbehalten
Satz: Greiner & Reichel, Köln
Druck und Bindung: CPI – Ebner & Spiegel, Ulm
Printed in Germany

FSC www.fsc.org
MIX
Papier aus verantwortungsvollen Quellen
FSC® C006701

Für meine Enkelkinder Juri, Kobie, Rosa, Ante, Henri und Noa

Inhalt

1

Stumme Zeugen: Rundgang durch ein Archiv

Die Erinn'rung ist eine mysteriöse
Macht und bildet die Menschen um.
Wer das, was schön war, vergißt, wird böse.
Wer das, was schlimm war, vergißt, wird dumm.

Erich Kästner

Die Blumensträuße sehen noch ganz frisch aus. Überall stehen Vasen – auf dem Schreibtisch, auf dem Fußboden, vor dem Fenster. Vor wenigen Tagen habe ich mein neues Amt angetreten. Die ersten Tage verliefen geschäftig, aber unaufgeregt: Begrüßungen, Terminabsprachen, erste Sitzungen, Entscheidungen und Unterschriften. Einladungen. Stapel von Briefen. Mein künftiger Alltag wurde sichtbar, der Alltag der Bundesbeauftragten für die Stasi-Unterlagen, korrekt: für die Unterlagen des Staatssicherheitsdienstes der ehemaligen Deutschen Demokratischen Republik.

An diesem 17. Oktober 2000 ist es anders, und ich bin etwas beklommen, als mich der behördliche Fahrer am Morgen abholt. Wir fahren nicht in die Glinkastraße in mein Büro, sondern nach Lichtenberg. Heute werde ich das Archiv, das Herzstück der Behörde, besuchen. Meine Beklommenheit rührt von der Befürchtung her, nun mit jener Seite meines neuen Amtes in Berührung zu kommen, die für mich immer noch düster und bedrohlich ist.

Der Weg ins Archiv führt über das Gelände des früheren Stasi-Hauptquartiers. Die »Magdalenenstraße« – der Name war auch schon zu DDR-Zeiten ein Synonym für Staatssicherheit – war ein riesiger Gebäudekomplex, furchteinflößend und hermetisch abgeriegelt, von außen nicht einsehbar. In den achtziger Jahren arbeiteten hier bis zu 7000 Hauptamtliche. Ich war im Herbst 1988 schon einmal unter ganz anderen Bedingungen hier, nach einer Festnahme. Wir hatten im Zentrum Ost-Berlins gegen die Zensur kirchlicher Zeitungen demonstriert, das heißt, wir wollten demonstrieren, aber wir kamen nicht weit. Die Lastwagen, auf die wir verladen wurden, standen schon bereit und brachten uns in die Magdalenenstraße – in die zum Gelände gehörende Untersuchungshaftanstalt. Die Sache ging glimpflich aus. Ein paar Stunden Warten, ein Verhör, die Unterschrift unter ein Vernehmungsprotokoll, das keines war, weil ich nichts gesagt hatte, dann spät am Abend die Entlassung.

Das erste Haus, das bei der Fahrt auf das Gelände in den Blick kommt, ist das Haus 1, einst Sitz von Erich Mielke, mehr als drei Jahrzehnte lang Minister für Staatssicherheit. Seine letzte Rede vor der Volkskammer am 13. November 1989 war erbärmlich: »Ich liebe doch alle, alle Menschen.« Er wurde ausgelacht. Eine lächerliche Figur war aus ihm geworden, dem mächtigen und zu Recht gefürchteten Mann. Der hässliche Vorbau aus Betonformsteinen lässt auf notorisches Misstrauen schließen: Er sollte den Minister, seine Begleiter und Gäste vor neugierigen oder feindlichen Blicken schützen, wenn sie ihren Limousinen entstiegen und das Haus betraten oder wieder verließen.

Wir fahren rechts vorbei und halten direkt vor Haus 7 am Haupteingang. Ich werde von Birgit Salamon und Jochen Hecht begrüßt – die beiden leiten gemeinsam die Archiv-Abteilung. Zusammen mit ihren Mitarbeiterinnen und Mitarbeitern haben sie den heutigen Rundgang sorgfältig vorbereitet. Die neue Bundesbeauftragte soll einen möglichst umfassenden Eindruck vom Archiv und von der Arbeit, die dort geleistet wird, bekommen. Ich werde durch zahlreiche Gänge geleitet, die für mich alle gleich aussehen und in denen ich mich auch zehn Jahre später noch verlaufen werde, von Magazin zu Magazin, durch Karteisäle und Arbeitsräume. Ich gehe an den alten Hebelschubregalen und den Karteipaternostern entlang, in der Nase den etwas muffigen und säuerlichen Geruch alter Akten, vermischt mit den unverwechselbaren Ausdünstungen von DDR-Fußbodenbelag. Ich besichtige Kilometer von Regalen voller Aktenordner mit ihren typischen blassen Farben und endlose Reihen ordentlich beschrifteter Kartons, in denen nach allen Regeln der archivischen Kunst erschlossene Unterlagen sorgfältig verpackt sind. Ein Stück weiter ein ganz anderer Anblick: unzählige Bündel von Ordnern, Schnellheftern, Broschüren und losen Blättern, mit Bindfaden zusammengeschnürt – alles vor mehr als einem Jahrzehnt in den Büros der Stasi-Offiziere sichergestellt. Dann Papiersäcke mit zerrissenen Akten. Eigentlich hätten sie gänzlich vernichtet werden sollen: verbrannt, geschreddert oder verkollert, also zerkleinert und mit Wasser in Papierbrei verwandelt. Aus später aufgefundenen Befehlen vom Oktober 1989 ging hervor, was vorrangig zu beseitigen sei. Als dann aber das für die Obristen Unvorstellbare geschah und sie ihre Macht über das Land und ihre gutbezahlten Posten verloren, da herrschten Hektik und Angst, da wurde in den Schredder gesteckt, was griffbereit war, was im Schreibtisch und im Handregal lag oder was ihnen später womöglich zum Verhängnis werden konnte. Tage- und nächtelang wurden unzählige Unterlagen per Hand zerrissen und in Müllsäcke gestopft, um sie später endgültig zu vernichten. Dazu ist es glücklicherweise nicht mehr gekommen, und noch heute warten, verteilt auf Berlin und die Außenstellen, in mehr als 15 000 Säcken Berge von Fetzen und Schnipseln (die angesichts dieser Vorgeschichte in der ordentlichen Sprache der Archivare »vorvernichtete Unterlagen« heißen) darauf, dass aus ihnen wieder Akten werden – in mühseliger Puzzlearbeit von Hand oder später vielleicht mit Hilfe eines raffinierten Computerprogramms, das eigens für diesen Zweck geschaffen werden soll.

Überall erwarten mich kluge Mitarbeiterinnen und Mitarbeiter, manche etwas aufgeregt, erklären mir, was ich sehe, und beantworten alle meine Fragen. Auf beiden Seiten herrscht Neugier: Meine Gastgeber haben sich noch nicht daran gewöhnt, dass Joachim Gauck, der die Stasi-Unterlagen-Behörde aufgebaut und sie zehn Jahre lang geleitet und geprägt hat, nicht mehr da ist. Geht das überhaupt, die Gauck-Behörde ohne Gauck? Das fragen sich in diesen Wochen viele, auch manche Journalisten machen aus ihrem Zweifel keinen Hehl: Sind die Schuhe, die Gauck hinterlassen hat, nicht vielleicht doch etwas zu groß für die Neue? Ehrlich gesagt habe auch ich in stillen Stunden meine Zweifel, aber das wissen nur wenige.

Aufmerksame Blicke verfolgen mich, und natürlich werden die, die mit mir gesprochen haben, hinterher von ihren Kollegen gefragt werden: »Und, wie ist sie nun, die neue Chefin?« Ich bin ebenfalls neugierig – und auch etwas angespannt. Ich weiß, wie viel von dieser ersten Begegnung abhängt, und versuche gar nicht erst so zu tun, als wüsste ich über alles Bescheid. Vertrauen wird nicht entstehen, indem ich hier die Oberexpertin gebe, sondern wenn die Experten spüren, dass ich sie und ihre Arbeit respektiere und ihnen zuhöre.

Von Station zu Station wächst meine Faszination – obwohl das Thema Staatssicherheit nichts Neues für mich ist: Ich habe mich als Abgeordnete der Volkskammer für die Aktenöffnung und die Gründung einer Stasi-Unterlagen-Behörde eingesetzt. Ich habe als Ministerin die Überprüfung von 27 000 Brandenburger Lehrerinnen und Lehrern auf frühere Tätigkeit für die Staatssicherheit geleitet. Ich habe mit einigen meiner Freundinnen und Freunde immer wieder über das gesprochen, was sie in ihren Akten lesen konnten und lesen mussten. Immer wieder erreichten uns Nachrichten darüber, wer uns verraten und heimlich mit der Staatssicherheit zusammengearbeitet hatte. Und ich war enttäuscht, als ich nach meinem Antrag auf Akteneinsicht die Auskunft bekam, der zu mir angelegte Vorgang sei laut Karteikarte am 19. Dezember 1989 vernichtet worden. Im Laufe der nächsten Jahre fanden sich dann doch noch etliche mich betreffende Unterlagen – die Stasi hatte viele Informationen doppelt und dreifach aufbewahrt.

Die Akten – und die Menschen, um die es in ihnen geht – sind für mich von nun an allerdings nicht mehr nur eines von vielen Themen. Sie werden im Mittelpunkt meiner Arbeit stehen. Hier in diesen Regalen liegen in Kartons, Ordnern und Bündeln die Zeugnisse jahrzehntelanger Überwachung und Repression. Hier lässt sich nachlesen, wie die Staatssicherheit Menschen das Leben zur Hölle gemacht hat. Hier findet die unmittelbare Begegnung mit dem statt, was Menschen anderen Menschen angetan haben – und antun können.

Auf einer der Stationen meines Rundgangs komme ich mit Sylvia Kegel ins Gespräch. Ihre Aufgabe ist es, Tondokumente zu sichern und zu registrieren. Die Staatssicherheit hat nicht nur Akten hinterlassen, sondern auch Videos, Fotos und unzählige Tonbänder: Mitschnitte von Verhören, von Gesprächen zwischen Führungsoffizier und IM, von Telefonaten. Dann die Reden von Erich Mielke und schließlich Tondokumente von Gerichtsverhandlungen, manche davon fast ein halbes Jahrhundert alt. Frau Kegel bietet mir einen Platz an und schaltet ein Abspielgerät ein: Ich höre nicht zum ersten Mal Erich Mielke in vertrautem Kreis aggressiv und in unsäglichem Deutsch räsonieren, dass man seiner Ansicht nach heutzutage viel zu milde mit Verrätern in den eigenen Reihen umgehe. Wenn man dagegen auf ihn hörte – kurzen Prozess würde man da machen …

Wir sind nicht gefeit, leider, dass auch mal ein Schuft noch unter uns sein kann, wir sind nicht gefeit dagegen, leider. Wenn ich das schon

> jetzt wüsste, dann würde er ab morgen schon nicht mehr leben. Ganz kurz – Prozess. Aber weil ich Humanist bin, deshalb habe ich solche Auffassungen … All das Geschwafel von wegen nicht hinrichten und nicht Todesurteil – alles Käse is' Genossen. Hinrichten den Menschen ohne [… unverständlich …], ohne Gerichtsbarkeit und so weiter.

Danach höre ich eine Aufnahme aus den frühen fünfziger Jahren, von einer Gerichtsverhandlung. Plötzlich erfüllt die Stimme von Hilde Benjamin den Raum, der »roten Hilde«, Vizepräsidentin des Obersten Gerichts und dann von 1953 bis 1967 gefürchtete Justizministerin, verantwortlich für zahlreiche politische Schauprozesse und auch Todesurteile. Benjamin beschuldigt den Angeklagten mit schneidender, fanatischer Stimme, herrscht ihn an, fordert Antworten auf Fragen, die gar keine sind. Die Stimme des Angeklagten klingt erstickt und ist kaum zu verstehen.

Etwas über Mielke und Benjamin gelesen zu haben ist das eine, ihre Stimmen zu hören und darin ihren Hass und ihre Brutalität zu erkennen, etwas ganz anderes. Ich frage Frau Kegel, wie sie das aushält, jahrelang, Tag um Tag, Woche um Woche solche Bänder anzuhören. Natürlich hat sie im Lauf der Zeit auch eine gewisse Routine entwickelt, professionelle Distanz. Aber manchmal nützt selbst die Routine nichts, da erreicht das, was sie hört, unmittelbar ihr Herz. Dann braucht sie jemanden zum Reden. Und manchmal, erzählt sie mir, hilft es einfach, joggen zu gehen, um die Stimmen aus dem Kopf zu bekommen.

Zum Glück, so erfahre ich, gibt es in den Akten auch die ganz anderen, die guten Geschichten. Sie werden mir in den kommenden Jahren immer wieder ein Trost sein, und von ihnen werde ich oft erzählen. Die Akten der Staatssicherheit bezeugen nicht nur Schande, Verrat und Leid. In ihrer unablässigen Jagd auf Feinde und alle, die sie dafür hielt, sammelte die Stasi unfreiwillig auch die Geschichten derer, die sie bekämpfte. Der Mut der Widerständigen, die Zivilcourage und die Phantasie der Unangepassten, die Würde jener, die sich nicht beugten und nicht bereit waren, ihren Nächsten zu verraten – all das ist zehntausendfach überliefert. Zwar in der unsäglichen, ja bösen Sprache der Staatssicherheit, aber wenn wir gelernt haben, sie zu ertragen und zu durchschauen, entdecken wir dahinter Menschen, deren Freiheitswillen und Würde uns noch heute berühren und beeindrucken.

Am Ende des Tages bin ich erschöpft, aber auch aufgeregt und glücklich. Beim Gang durch die Magazine und vor allem im Gespräch mit den Mitarbeiterinnen und Mitarbeitern ist mir erneut bewusst geworden, wie wertvoll die Unterlagen sind, die hier verwahrt werden. Und ich empfinde wie in den kommenden Jahren bei jedem Besuch im Archiv Genugtuung, weil diese Akten vor der Vernichtung bewahrt wurden und zugänglich sind. Und nicht zuletzt Respekt vor dem, was hier Tag für Tag geleistet wird. In den folgenden Tagen und Wochen, wenn ich meine ersten Besuche in den anderen Abteilungen und den Außenstellen mache, wird es mir immer wieder so gehen.

Von nun an wird das Erinnern Dreh- und Angelpunkt meiner Arbeit sein. In den folgenden zehn Jahren als Bundesbeauftragte werde ich unzählige Vorträge halten, in denen ich erkläre, was die Staatssicherheit war und welche Bedeutung sie in der SED-Diktatur hatte. Ich werde erzählen, wie die Stasi-Akten in einem historischen Akt der Zivilcourage vor der Vernichtung gerettet wurden. Welche Proteste, politischen Konflikte und Kompromisse nötig waren, um sie auch im vereinten Deutschland zugänglich zu machen. Was es für die Opfer der Staatssicherheit bedeutet, mit Hilfe der Akten das eigene Schicksal zu rekonstruieren und Antworten auf Fragen zu finden, die sie jahrzehntelang gequält haben – und dass sie nun endlich die nötigen Beweise für ihre Rehabilitierung und Entschädigung in der Hand halten. Und wie wichtig die Akten für die Forschung oder für die öffentliche Aufarbeitung in den Medien sind.

Immer wieder spreche ich außerdem über den Wert des Erinnerns. Wie oft versuche ich, Menschen zu ermutigen, sich ihrer eigenen Geschichte bewusst zu werden! Gegen die weitverbreitete Neigung, das Vergangene zu vergessen oder zu verdrängen, weil es angeblich den Blick auf das Heute und die Zukunft verstellt, werbe ich dafür, Erinnerung als Reichtum anzusehen, als Ausdruck von Kultur und Selbstbewusstsein. Und dafür, auch die traurigen, unangenehmen, leidvollen Erinnerungen zuzulassen. Das ist schwer. Aber ich habe immer wieder erlebt, wie befreiend es sein kann, das Schweigen zu brechen.

Zwölf Jahre nach diesem denkwürdigen ersten Gang durch das Archiv habe ich mit dem Erinnern in eigener Sache begonnen. Ich hole meine Fotokisten hervor und meine alten Kalender, lese Briefe, darunter die, die meine Eltern einander im Krieg schrieben, und blättere in alten Zeitungen. Ich beneide alle, die jahrzehntelang ordentliche Tagebücher geführt haben, und frage meine ältere Schwester aus. Was würde ich gern noch alles von meiner Mutter und meiner Großmutter wissen! Sie leben nicht mehr, und ich habe nicht genug gefragt. Bei den jährlichen Treffen meiner Abiturklasse höre ich plötzlich viel genauer hin. Ich beruhige meine Kinder, die das Vorhaben ihrer Mutter zwar interessant finden, aber keinen Zweifel daran lassen, dass sie, wenn es um sie geht, größte Zurückhaltung erwarten. Ich sortiere die erhalten gebliebenen Fragmente meiner Stasi-Akte, meine Notizen, die ich als Brandenburger Ministerin gemacht habe, und besuche das Archiv Grünes Gedächtnis, um meine Zeit als Parteivorsitzende von Bündnis 90/Die Grünen zu rekonstruieren. Ich finde Schulaufsätze, Liebesbriefe und eine Mappe mit Bildern, die meine Kinder gemalt haben. Ich pinne alte Wahlplakate an meine Wände und lese noch einmal die Reden, die ich als Volkskammerabgeordnete gehalten habe. Auch in meiner Wohnung gibt es stumme Zeitzeugen: Ich befrage Bilder und Leuchter und den alten Korkenzieher meines Vaters danach, was sie mir erzählen können. Mein Videorecorder hat schon vor Jahren schlappgemacht – dabei ist da noch eine Kiste voller Videokassetten, die ich ansehen will. Ich frage mich, wie um alles in der Welt Menschen früher ihre Erinnerungen zu Papier gebracht haben, als es noch keine Recherchemöglichkeiten im Internet gab. Besonders wichtig ist mir der Austausch mit den langjährigen Weggefährten und Freunden, die ich aus der DDR-Opposition kenne, aus meiner Zeit im Ministerium und bei den Grünen.

Manchmal lachend, manchmal weinend, gelegentlich sentimental und ab und zu auch peinlich berührt tauche ich in vergangene Jahrzehnte ein. Verborgenes kommt zum Vorschein, und manchmal ist es schwierig oder schmerzhaft, mir selbst gegenüber wahrhaftig zu sein. Ich schreibe und schreibe, wohl wissend, dass meine Erinnerung nicht wiedergibt, was war, sondern was mir an Erlebtem zugänglich ist und wie es sich in meinem Bewusstsein und in meinem Herzen abgelagert hat.

Ich gehöre zur ersten Nachkriegsgeneration. Der politische Hintergrund meiner Kindheit, meiner Jugend und meiner ersten fünf Lebensjahrzehnte ist die zweite Hälfte des 20. Jahrhunderts. Der Nachhall von Nationalsozialismus und Krieg, das eingemauerte Leben in der kommunistischen Diktatur und die Erfahrung der Befreiung durch die

Herbstrevolution 1989 haben mich geprägt. Weil ich von früh an dazu erzogen wurde, politische Ereignisse wahrzunehmen, und dadurch zu einem politischen Menschen geworden bin, sind meine Erinnerungen, oft auch die ganz persönlichen, eng mit dem verwoben, was in der Welt geschah. Genau hier liegt zugleich ein Problem: Ich möchte eine politische Biographie schreiben. Aber wie viel Geschichte verträgt meine Geschichte?

Ein persönliches Buch über die DDR zu schreiben sei schwer bis unmöglich, beklagte ich mich bei einem Freund, dem Historiker Ilko-Sascha Kowalczuk. Was ich zum Beispiel über die Herbstrevolution von 1989 erzählen könne, sei ja längst in vielen Büchern nachzulesen, nicht zuletzt in seinem Buch *Endspiel.* Es gehe ja nicht um ein weiteres wissenschaftliches Werk, sondern um *meine* Erfahrungen, lautete seine Antwort. Insofern könne ich auch von Ereignissen berichten, an denen ich nicht beteiligt war, aber eben so, wie ich sie aus der Nähe oder Ferne erlebt hätte, und gerade nicht als reine Chronistin. Natürlich hätte ich mir wie in den letzten zwanzig Jahren in vielen öffentlichen Vorträgen oder in Diskussionen mit Schulklassen so etwas wie einen geschichtspolitischen »Auftrag« zu eigen gemacht. Es habe schließlich zu meiner Rolle gehört, vereinfachend, manchmal auch holzschnittartig oder oberflächlich zu argumentieren. Jetzt sei es freilich umgekehrt: Jetzt müsse ich in die Tiefe gehen, exemplarisch, aber differenziert erzählen, weniger das große Ganze, sondern von mir selbst mit meinen Erfahrungen, Wahrnehmungen, Hoffnungen.

Ilko hatte recht. Wenn ich in den zurückliegenden Jahren über meine persönlichen Erfahrungen berichtet hatte, stand dies zumeist im Dienste einer pädagogischen Absicht, eines politischen Ziels oder einer vergangenheitspolitischen Debatte. Würde es mir gelingen, die Routine meiner öffentlichen Rollen und meine geschichtspolitischen Ambitionen hinter mir zu lassen, ganz bei meinen Erinnerungen zu bleiben, meinen Hoffnungen und Enttäuschungen, meinen Niederlagen, Triumphen und Unsicherheiten? Wie auch immer – ich will einfach *erzählen. Einfach* erzählen …

2

Eine Berliner Familie

In der Unfreiheit muß die Freude ersticken. Die echte, unverstellte Freude ist eine Frucht der Freiheit. Ostberlin erfährt es an diesem Tag, Leipzig, Halle und Magdeburg erfahren es. Dieser Tag beschenkt die 18 Millionen mit der Auferstehung der Fröhlichkeit und des Lachens. Das ist die Wahrheit, die von einem Ende in Blut, Tränen und Haß nicht widerlegt werden kann.

Klaus Harpprecht, Klaus Bölling: *Der Aufstand*

Mein Vater ist mehr als besorgt. Er läuft unruhig in der Wohnung hin und her und tritt immer wieder auf den Balkon, um nach meiner Mutter Ausschau zu halten. Wo bleibt sie nur? Sie ist am Morgen losgefahren, um ihre Freundin, meine Patentante Charlotte, zu besuchen, die in Buckow in der Märkischen Schweiz, östlich von Berlin, lebt. Von Berlin-Friedrichshain nach Buckow ist man fast zwei Stunden unterwegs. Man muss zuerst mit der S-Bahn und dann mit einem Vorortzug fahren und abends den langen Weg zurück. Mein Vater ist wegen der Ereignisse in Berlin gegen diesen Ausflug gewesen, aber meine Mutter hat versprochen, rechtzeitig nach Hause zu kommen. In der Stadt herrschen zugleich Hoffnung und Furcht. In Ost-Berlin haben in den letzten Tagen unzählige Menschen gegen SED und Regierung demonstriert und Freiheit und Einheit gefordert. Meine Eltern gehören nicht zu den Demonstranten, beziehen ihre Informationen aber aus Gesprächen, Gerüchten und vor allem vom RIAS, dem »Rundfunk im amerikanischen Sektor«. »Jetzt wird alles anders«, höre ich aus den Unterhaltungen der Erwachsenen heraus – es klingt mal froh und hoffnungsvoll, mal besorgt und ängstlich. Von den Russen ist die Rede, und ob die sich das gefallen lassen würden. Ich bin fünf Jahre alt und habe keine Ahnung, worum es geht, aber wie alle Kinder bin ich hellwach für die Stimmung meiner Eltern, und die signalisiert Gefahr.

Seit mittags 13 Uhr herrscht »Ausnahmezustand«, und das scheint etwas sehr Schlimmes zu sein. Die »Sperrstunde« wird gleich beginnen, und meine Mutter ist noch immer unterwegs. Ist sie, wie meine Großmutter hofft, vorsichtshalber über Nacht bei ihrer Freundin in Buckow geblieben? Sicher nicht, denn sie weiß, dass wir auf sie warten. Was aber, wenn sie zum Beginn der Sperrstunde noch nicht zurück ist? So viel verstehe ich: Meine Mutter ist in Gefahr und mein Vater außer sich vor Sorge. In meiner Erinnerung fahren Panzer mit lautem Dröhnen direkt unter unserem Fenster vorbei; ob es wirklich so war, ist sehr zweifelhaft. Wie kommt es, dass das Bild von meinem nervös wartenden Vater in mir haftengeblieben ist, während ich so vieles aus derselben Zeit vergessen habe? Ist es, weil die wichtigsten Menschen in meinem Kinderleben außer sich waren vor Hoffnung und vor Angst? Oder weil derlei Erinnerungen zu dem Leben passen, das ich später geführt habe? Die besonders lebendigen und plastischen Erinnerungen, sagen die Gedächtnisforscher, geben Auskunft darüber, wer wir sind und warum wir so sind, wie wir sind.

Unsere Wohnung befand sich in der vierten Etage eines Hauses in der Warschauer Straße, wenige Minuten von der Oberbaumbrücke, also der Grenze nach West-Berlin, entfernt. Hier wurde ich im dritten Nachkriegsjahr geboren – mein Vater war davon überzeugt, dass Mutter und Kind zu Hause besser aufgehoben seien als auf einer Geburtsstation. Meine sechs Jahre ältere Schwester Monika liebt es zu erzählen, wie unser Vater sie an einem Januarmorgen weckte, auf den Arm nahm und mit ihr in das große Zimmer ging, um die in der Nacht auf die Welt gekommene kleine Schwester zu begrüßen.

Wir waren zu fünft in der Zweizimmerwohnung – die beiden Eltern, wir zwei Geschwister und unsere Großmutter. Wichtigster und im Winter wärmster und gemütlichster Raum war die nahe der Eingangstür gelegene Küche, in der meine Großmutter alle Verfügungsgewalt hatte. Dort stand der Familienesstisch, und dort wurde ich auch gebadet – in einer Zinkwanne, die auf zwei Stühlen stand. Hinter der Tür war mein Spielzeugregal und daneben der Stuhl, auf den ich zum An- oder Ausziehen gestellt wurde. Ich hasste die kratzenden langen Wollstrümpfe, die vorn und hinten mit Strumpfhaltern am Leibchen, einer Art Unterwäscheweste, befestigt waren. Strümpfe und Strumpfhalter mussten sein, denn lange Hosen gab es nicht, und meine Mutter war dagegen, dass meine Schwester und ich wie viele unserer Freundinnen unter unseren Röcken Trainingshosen trugen. Diese kratzigen Strümpfe waren der Hauptgrund, Jahr um Jahr dem Frühlingstag entgegenzufiebern, an dem wir endlich Kniestrümpfe tragen durften. Manche Eltern setzten dafür ein festes Datum an, bei uns musste das Thermometer mindestens 15 Grad Celsius am Morgen zeigen. Während Leibchen und Kratzstrümpfe zur unangenehmen Seite des Winters gehörten, gab es ein abendliches Ritual, das für mich bis heute Inbegriff von Wohlbehagen und Geborgenheit ist: Weil im Winter außer der Küche kein Raum beheizt war, wurde ich, auf meinem Anziehstuhl stehend, schon im Nachthemd und bettfertig, bis zum Hals in eine vorher am Ofen angewärmte Decke gewickelt und dann als warmes Bündel ins kalte Bett gesteckt.

Das Küchenfensterbrett war mein Tisch, an dem ich Bilder malte und später meine ersten Buchstaben übte. Dort saß ich und las meiner Oma immer wieder das Zentimetermaß vor, mal von vorn und mal von hinten – ich mochte Zahlen. Vom Küchenfenster aus hörten wir auch den Leierkastenmann, der von Hof zu Hof zog. Meine Großmutter ließ mich Zehnpfennigstücke in ein Stück Zeitungspapier einwickeln und aus dem Fenster werfen. Manchmal kam unten auch der Scherenschleifer vorbei. Der Schleifstein, der sich mit Hilfe eines Fußhebels drehte, kreischte laut und sprühte Funken – ein wahres Spektakel für alle Kinder im Haus.

Oma brachte uns Küchenlieder bei: »Lenchen ging im Wald spazieren / und sie war allein / und da stellt sich zum Verführen / gleich ein Jüngling ein.« Oder: »Mariechen saß weinend im Garten / im Grase lag schlummernd ihr Kind.« Es waren die Lieder ihrer Jugend, die von Sehnsucht, von großer Liebe, vom Verführt- und Verlassenwerden handelten. Die Mutter meiner Mutter, Martha Lepski oder, wie man in ihrer Heimat sagte, »die Lepski Martha«, stammte aus Bunzlau in Schlesien, heute Bolesławiec, und war 1907 mit 14 Jahren als Dienstmädchen nach Breslau »in Stellung« geschickt worden. Es erging ihr wie unzähligen Kindern armer Familien, denen zumeist ein schweres, arbeitsreiches Leben bevorstand, oft auch Ausbeutung und Demütigungen durch die »Herrschaft«. Das harte Leben nährte die heimliche Sehnsucht nach Zuwendung und Liebe. Doch wenn ein Dienstmädchen sich verliebte und sich »ihrer Ehre berauben ließ«, war das Risiko groß. Wurde sie schwanger, landete sie auf der Straße. Manche nahmen sich dann das Leben, andere gaben ihr Kind weg und suchten sich eine neue Stelle – so wie Anna, die Schwester meiner Großmutter. Als der Sohn des Bauern, bei dem sie als Magd arbeitete, die bildschöne Anna heiraten wollte, stellte sie eine Bedingung: Ihr Kind, das sie weggegeben hatte, um arbeiten zu können, wollte sie wieder bei sich haben. Der Bauer stimmte zu, allerdings unter dem Vorbehalt, dass das Kind im Haus versteckt würde. Der Junge trug durch diese Misshandlung offenbar schwere Schäden davon, denn später hieß es von ihm, er sei »nicht ganz richtig im Kopf«. Anna erkämpfte sich durch harte Arbeit die Achtung der Familie und brachte sechs weitere Kinder zur Welt, bekam von Hitler das Mutterkreuz verliehen und verlor bald darauf drei ihrer Söhne, die kurz nacheinander im Zweiten Weltkrieg fielen.

Meine Großmutter Martha hatte es besser getroffen, obwohl sie in ihren ersten Monaten als Dienstmädchen so kurz gehalten wurde, dass sie bald wegen Unterernährung ins Krankenhaus eingeliefert werden musste. Dann aber trat sie ihre zweite Stelle in Berlin an. Die neuen »Herrschaften« behandelten sie besser, sie bekam pro Woche einen Nachmittag frei und fünf Mark Taschengeld pro Monat. Mit neunzehn verliebte sie sich in den wie sie aus Bunzlau stammenden Schlosser Wilhelm Gotter, und als sie schwanger wurde, heirateten die beiden. Erika, meine Mutter, kam am 11. 12. 13 zur Welt – ich war von diesem Geburtsdatum immer fasziniert. Genau ein Jahr später wurde ihre Schwester Käthe geboren, und Wilhelm und Martha lebten mit ihren beiden Töchtern in der Gubener Straße in »Stube und Küche«. Über das beengte, bestimmt nicht sorgenfreie Leben der Familie habe ich stets nur fröhliche Geschichten gehört. Erst als die beiden Töchter erwachsen waren, zog die Familie in eine Zweizimmerwohnung in der Warschauer Straße. Diese Wohnung blieb für die nächsten fünfundzwanzig Jahre das Zuhause meiner Mutter.

Der vierzehnjährigen, wissbegierigen Erika blieb eine höhere Schulbildung versagt. Das Abitur, womöglich sogar ein Studium – für ein Mädchen aus einer Berliner Arbeiterfamilie war Ende der zwanziger Jahre des vorigen Jahrhunderts ein anderer Lebensweg vorgezeichnet. Die achtjährige Volksschule hatte zu genügen, danach folgten eine Lehre und mehrere Berufsjahre als Zuschneiderin. Ein Foto zeigt eine junge Frau in schwarzem Arbeitskittel und mit modischem Bubikopf, die ihrer Kollegin über die Schulter schaut, die linke Hand, in der sie ein langes Lineal hält, in die Taille gestemmt. Das Stehen auf dem Zementboden am Zuschneidetisch, vom Morgen bis zum Abend, ruinierte ihre Beine – die geschwollenen und schmerzenden Knöchel und Füße machten ihr zu schaffen, solange sie lebte. So entschloss sie sich, ihrem Traum, in einem Büro zu arbeiten, ein wenig näher zu kommen. Sie lernte in jahrelangen Abendkursen Stenographie und Schreibmaschine und trat schließlich 1938 bei der »Reichsstelle für technische Erzeugnisse« eine Stelle als Stenotypistin an. Wenn sie später über diesen Wechsel erzählte, war ihr anzumerken, wie stolz sie darauf war. Aber wie die meisten Frauen damals gab sie ihren Beruf auf, als die Geburt des ersten Kindes bevorstand.

Der Sport war für beide Schwestern Mittelpunkt ihres Lebens. Käthe spielte Handball, während meine Mutter an den Sommerwochenenden in einem Achter-Ruderboot auf Berliner Gewässern unterwegs war. Auf einem Foto steht sie in einer Reihe mit ihren Ruderkameradinnen vor der Hakenkreuzfahne, die Anführerin hat den rechten Arm zum Hitlergruß erhoben. Das passt nicht in das Bild, das ich von meiner Mutter habe. Sie war nie eine Anhängerin der Nazis und gehörte eher zu den vielen, die sich an die Verhältnisse anpassten und sich ihren Teil dachten. Zwiespältige Gefühle befallen mich auch angesichts der Begeisterung, mit der meine Mutter die Olympischen Spiele 1936 verfolgt hat, die von Hitler für seine maßlose Propaganda benutzt worden waren. Viele Monate vorher hatte sie sich schon Eintrittskarten besorgt und vorsorglich Urlaub beantragt, und als die Spiele stattfanden, verbrachte sie ganze Tage an den Schauplätzen der Wettkämpfe. Und dann jener Abend, an dem sie am Arm ihres Freundes, der ein paar Stunden zuvor eine Ruder-Bronzemedaille gewonnen hatte, durch die Stadt ging! Von diesem Abend hat sie noch erzählt, als sie eine alte Frau war.

Einige Zeit später lernten sich meine Eltern während eines Skiurlaubs kennen. Mein Vater, Andreas Radtke, wurde 1908 als zweitjüngstes Kind seiner sehr frommen protestantischen Eltern Marie und Ferdinand geboren. Die Familie lebte in Berlin-Reinickendorf schlecht und recht von der Uniformschneiderei des Vaters. Marie schenkte fünf Söhnen und vier Töchtern das Leben. Als ich heranwuchs, lebten nur noch vier der neun Geschwister. Von Tante Lydia habe ich das meiste über meine väterliche Familie erfahren. Sie, die sich als älteste Tochter um den Haushalt und ihre Geschwister zu kümmern hatte, bis alle aus dem Haus waren, blieb ledig: keine Zeit für eine eigene Familie. In großen Abständen besuchte uns ihr Bruder Gerhard und erzählte gruselige Geschichten aus seiner Internierungszeit. Gerhard war Polizist. Vor dem Krieg war er nach Sumatra ausgewandert, wo er Orchideen züchtete, und zwar zusammen mit seinem Lebensgefährten – ein sorgsam gehütetes Familiengeheimnis. Im Zweiten Weltkrieg wurde er von Engländern in Indien interniert. Nach Kriegsende kehrte er nach Europa zurück und war von da an mit einem wohlhabenden Holländer liiert. Die jüngste Schwester, Lotte, Jahrgang 1915, war mit einem hohen Offizier und NSDAP-Mitglied verheiratet gewesen, der kurz nach Kriegsende gestorben war. Als Offizierswitwe konnte sie in West-Berlin ihre drei Kinder großziehen, ohne einem Beruf nachgehen zu müssen. Zwischen ihr und meiner Mutter hat es manchmal Zwist gegeben, vor allem wegen politischer Meinungsverschiedenheiten. So erzählte uns meine Mutter, ihre Schwägerin habe sich einst darüber mokiert, dass meine Eltern ihren Kindern keine »germanischen« Vornamen gegeben hätten.

Mein Vater besuchte bis zu seinem 14. Lebensjahr die Elementarschule und absolvierte anschließend eine kaufmännische Lehre. Offenbar schlug er sich danach mit unterschiedlichen Jobs durch. Als meine Eltern sich kennenlernten, war er Skilehrer, in der Heiratsurkunde hieß es, er sei Grundstücksvermittler, und in seinen Briefen ist von Vertretertätigkeit die Rede. Geschäfte zu machen gehörte zu seinem Leben.

Der Zweite Weltkrieg hatte begonnen. Der Vater meiner Mutter starb, ihre Schwester Käthe heiratete und wohnte fortan mit ihrem Mann in Bohnsdorf im Südosten Berlins. Meine Eltern heirateten im Mai 1941, woraufhin Andreas zu Frau und Schwiegermutter in die Warschauer Straße zog. Ein halbes Jahr später, wenige Monate bevor sein erstes Kind zur Welt kam, wurde er Soldat. Das Familienleben, von dem meine Eltern träumten und das sie in den Briefen beschworen, die sie sich während des Krieges schrieben, sollte erst fünf Jahre später beginnen.

Nach seiner Einberufung im November 1941 war mein Vater im ostpreußischen Eydtkau an der Grenze zu Litauen stationiert und in der Schreibstube einer Entlausungsstelle beschäftigt. Wenige Monate zuvor, im Juni 1941, hatte die Wehrmacht Litauen, das erst ein Jahr vorher von der Sowjetunion besetzt worden war, nach heftigen Bombardements eingenommen. In den darauffolgenden Monaten ermordeten und deportierten Einsatzgruppen und die Gestapo, unterstützt von einheimischen Helfern und der Wehrmacht, 90 Prozent der jüdischen Bevölkerung Litauens. Im August 1942 wurde mein Vater nach Belgrad verlegt. Auch in

Serbien waren zu diesem Zeitpunkt bereits fast alle jüdischen Einwohner ermordet worden. Doch mein Vater erzählte in allen seinen Briefen – aus Litauen ebenso wie aus Serbien – lediglich von freundlichen Kontakten zu den Einheimischen, auch von Geschäften, die er mit ihnen machte. Ich suche in den Briefen vergeblich nach Spuren der entsetzlichen Geschehnisse. Kann er dort gelebt und mit Bewohnern oder anderen Wehrmachtsangehörigen gesprochen haben, ohne von dem Schicksal der jüdischen Bürger erfahren zu haben? Das ist mehr als unwahrscheinlich. Doch in keinem der Briefe ist auch nur eine Andeutung davon zu finden, und es gibt nicht den geringsten Anhaltspunkt dafür, dass er zu Hause darüber gesprochen hat.

Die letzten erhalten gebliebenen Briefe an meine Mutter, die sie allerdings erst viele Monate später empfing, schrieb er wenige Wochen vor Kriegsende aus Sarajevo. Den Berichten meiner Mutter zufolge verließ er dort die Truppe und schlug sich nach Hause durch – davon etwa 900 Kilometer zu Fuß. Als er wenige Wochen nach Kriegsende in Berlin ankam, war er seit fast einem halben Jahr ohne jede Nachricht von seiner Familie.

Meine Mutter war, um den Bombenangriffen in Berlin zu entgehen, Anfang 1944 mit meiner damals zweijährigen Schwester Monika und in Begleitung meiner Großmutter nach Sandow evakuiert worden, einem kleinen Dorf südöstlich von Frankfurt an der Oder. Schwägerin Lotte war mit ihren drei Kindern ebenfalls dort. In Sandow brachte meine Mutter ihre zweite Tochter zur Welt. Anfang Juni hatte die Rote Armee Sandow erreicht. Ein mehrere Kilometer breites Gebiet östlich der Oder wurde von allen dort lebenden Deutschen geräumt. In einem Brief an Lotte, die mit ihren Kindern rechtzeitig nach Berlin zurückgekehrt war, erzählt meine Mutter nach Kriegsende davon:

> Was wir auf einen kleinen Leiterwagen bekamen, konnten wir mitnehmen. Lohmanns hatten ja ihren großen Wagen mit, da durften wir die Moni immer draufsetzen. Dann ging es in langem Treck Richtung Osten. Aufgrund der Naziverhetzung glaubten wir nun alle fest, es ist nun das Verschleppen in den großen Osten. 8 Wochen waren wir auf der Landstraße, in Scheunen und Ställen, ohne zu wissen, wozu und wohin. Es war grausam, so im Dreck zu leben, es ging bis zu dem Ort

> Schönow hinter Lagow. Dort hatte ich wenigstens endlich mal eine warme Stube für die Kinder und dort blieben wir bis zu den ersten Maitagen. Am 16.4., als der Angriff losging und die Flugzeuge stundenlang in Richtung Westen über uns hinwegrollten, starb mein Kleines, sie hatte einen Brechdurchfall, ich hatte keinen Tee und keine Medikamente.

Was meine Mutter in ihrem Brief nicht erwähnte: Unzählige Frauen wurden in diesen Wochen von Soldaten der Roten Armee vergewaltigt. Sie gehörte dazu. Ende April endlich durften die Frauen sich mit ihren Kindern auf den Weg nach Hause machen: »Am 8.5. trafen wir in Sandow ein, ich weinte Freudentränen, als ich an dem Tage von den Russen hörte, daß der unsinnige Krieg endlich aus ist ... Nach 8 Tagen Sandow ging es mit den jungen Frauen und Kindern ... nach Berlin, bis Frankfurt gelaufen und dann gefahren.«

Von der Rückkehr in die Warschauer Straße hat meine Mutter gelegentlich erzählt: Hatten sie, ihre Tochter und ihre Mutter überhaupt noch ein Zuhause? Die Erleichterung beim Anblick des unzerstörten Gebäudes muss überwältigend gewesen sein, ebenso wie die Heimkehr meines Vaters wenige Wochen später. Beide hatten mehrere Monate lang keinerlei Nachrichten voneinander bekommen, wussten nicht einmal, ob der jeweils andere noch am Leben war. Mein Vater hatte seine Tochter Marianne, die nur neun Monate alt wurde, nie gesehen, es existiert auch kein Foto von ihr. Wollten meine Eltern, als ich zweieinhalb Jahre später geboren wurde und sie mir denselben Namen gaben, damit das Geschehene vergessen machen? Gut möglich. Ich als Kind habe es anders gedeutet, und es hat mich belastet: Viele Jahre war ich der Ansicht, dass es mich nur gab, weil meine Schwester gestorben war.

Vom Krieg war bei uns zu Hause fast nie die Rede. Meine Eltern waren »noch einmal davongekommen« – sie wollten vor allem leben, und dies nach Möglichkeit gut. Das Erlebte miteinander zu teilen, den Nationalsozialismus und die Kriegserfahrung »aufzuarbeiten«, wie wir das heute nennen würden – davon konnte in diesen Jahren keine Rede sein. Vor allem mein Vater versuchte nachzuholen, was ihm in den Kriegsjahren versagt geblieben war: Unbeschwertheit, Familienleben und Feiern mit Freunden. Meine Mutter hätte, so klang es manchmal an, gern ruhiger gelebt. Sie hat nie darüber gesprochen, wie sie den Verlust ihres Kindes und die Vergewaltigung verkraften konnte. Einmal nur, als meine Schwester und ich längst erwachsen waren, erzählte sie uns, wie gekränkt sie war, nachdem sie ihrem Mann, unserem Vater, von der Vergewaltigung erzählt hatte und dann seine kaum verhohlenen Vorwürfe spürte. Trotz dieser Erfahrungen mahnte sie uns: »Wenn ihr hört, was die Russen in Deutschland gemacht haben, denkt immer daran, was deutsche Soldaten vorher in Russland angerichtet haben!« Für diese Einstellung, die ganz untypisch für ihre Generation ist, habe ich meine Mutter immer bewundert. Heute glaube ich, dass sie versucht hat, damit ihr eigenes Leiden zu mildern, vielleicht auch zu verdrängen.

Meine Großmutter, meine Schwester Monika und ich schliefen im kleineren Zimmer zum Hof. Die Eltern bewohnten das nach vorn gelegene Wohnzimmer und das mit Hilfe einer zusätzlichen Tür in ein Durchgangszimmer umfunktionierte letzte Ende des Korridors. Es war groß genug für einen Schrank und das Bett meiner Mutter, die zeit ihres Lebens der Auffassung war, getrennte Betten seien die wichtigste Voraussetzung einer glücklichen Liebe. Eine Couch im Wohnzimmer diente meinem Vater als Bett. Es interessierte uns Kinder nicht, ob die Eltern in einem oder in zwei Betten schliefen. Viel wichtiger war, dass die Couch im Wohnzimmer breit genug dafür war, dass wir dort an freien Tagen nach dem Aufwachen mit unserem Vater herumtoben konnten. Das begann regelmäßig damit, dass er seinen großen Zeh an ein Ölgemälde mit einer Meereslandschaft über dem Bett hielt und »Hu, ist das Wasser heute wieder kalt!« rief.

Er liebte es, andere zum Lachen zu bringen. Diesbezüglich waren er und seine Schwiegermutter ein großartiges Team mit wunderbaren Einfällen. Während unsere Mutter mit etwas bemühtem Lächeln kopfschüttelnd zusah, holten die beiden die Gardinen von der Stange, um sich damit zu verkleiden. Oder meine Großmutter bohnerte die Rückseite des Bügelbretts, damit wir Kinder eine Rutsche hatten. Nach irgendeinem Streit zwischen Oma und mir schlug mir mein Vater ein Rachekomplott vor, das darin bestand, einen vollen Wassereimer in den Flur zu stellen und die Sicherungen herauszudrehen, so dass Oma im Dunkeln bestimmt darüber fallen würde. Zum heimlichen Vergnügen der beiden Erwachsenen hielt ich es nicht aus und lief heulend los, um meine Großmutter zu warnen.

Von Zeit zu Zeit winkte mich mein Vater, wenn er nach Hause kam, verschwörerisch zu sich und zeigte mit geheimnisvoller Geste auf seine Aktentasche. Ich verstand sofort: Bücklinge. Keiner in der Familie mochte Bücklinge so wie wir beide, das verband uns. Ich mochte vor allem den Rogen, mein Vater tat so, als ob ihm die Milch das liebste wäre. Auf meine Frage, warum die einen Bücklinge Rogen und die anderen Milch hatten, antwortete er etwas ausweichend, dass es sich um Fischweibchen und Fischmännchen handle. Ich kombinierte: Die Milch kommt von den Müttern. Also waren diese Bücklinge die Fischweibchen, und die mit dem Rogen die Männchen. Niemand dachte auch nur daran, mich über meinen Irrtum aufzuklären, und meine große Schwester, die bei anderen Gelegenheiten für solche heiklen Fragen zuständig war, mochte keinen Fisch.

Zu Weihnachten legte sich mein Vater unglaublich ins Zeug. Der Baum reichte bis zur Decke und war mit vielen silbernen und einigen wenigen roten Kugeln geschmückt; hinzu kam Lametta, das nach den Festtagen sorgfältig abgesammelt, verpackt und für das nächste Jahr aufbewahrt wurde – das schwere, sogenannte Bleilametta gab es im Osten nicht zu kaufen, und es wäre Verschwendung gewesen, jedes Jahr Westgeld dafür auszugeben. Die Kerzenhalter hatte mein Vater anfertigen lassen. Sie waren auf verschieden langen, dünnen Metallstangen befestigt, die mittels eines Gewindes in den Baumstamm geschraubt wurden. Die Kerzen ließen sich auf diese Weise unabhängig von den Zweigen platzieren, was jeden, der schon einmal einen Weihnachtsbaum geschmückt hat, auf Anhieb überzeugen würde. Diese Kerzenhalterstangen sind bei mir bis heute in Gebrauch, und ich frage mich, warum es vor Weihnachten alles Mögliche zu kaufen gibt, nur nicht derart praktische Weihnachtsbaumkerzenhalterstangen.

Während unsere Eltern das Wohnzimmer in ein Weihnachtsparadies verwandelten, blieben wir in der Küche nicht untätig. Sämtliche Puppen wurden mit den – von unserer Oma genähten und gestrickten – Sonntagssachen feingemacht und in eine Reihe gesetzt. Dann waren wir dran. Oma hielt die Brennschere über die Gasflamme und drehte uns Löckchen. Schließlich probten wir ein letztes Mal unsere Weihnachtsgedichte – ohne Gedicht keine Bescherung.

Auch noch Jahre nach Kriegsende war Wohnraum knapp. Während wir wenigstens eine ganze Wohnung für uns hatten, waren Onkel Otto und Tante Ruth, eine Cousine meiner Mutter, mit ihren beiden Töchtern im vorderen Bereich einer geteilten Wohnung in der Kreuzberger Oranienstraße untergekommen. Im hinteren, nur durch einen Vorhang abgetrennten Teil lebte eine andere Familie. Die beengten Verhältnisse hinderten die Erwachsenen nicht, oft und ausgiebig zu feiern. Ich mochte es, irgendwann in der Zimmerecke auf zwei zusammengeschobenen Sesseln inmitten des Trubels einzuschlafen. Tief in der Nacht fuhren wir nach Hause – mit der Hochbahn von Kreuzberg über die Oberbaumbrücke bis zur Warschauer Brücke –, ich halb schlafend auf dem Arm meines immer noch sehr lustigen Vaters.

Höchstens 500 Meter waren es von unserem Haus bis zur Spree und zur Oberbaumbrücke, der vielleicht nicht schönsten, aber originellsten Brücke Berlins. So wie heute überquerten auch damals Fußgänger die Brücke auf ihrem unteren Teil, über ihren Köpfen der Hochbahn-Viadukt. Der »Magistratsschirm« – so wurden die Hochbahntrassen von den Berlinern genannt – bot bei schlechtem Wetter Schutz. Die damalige Linie B führte durch West-Berlin, nur ihre östliche Endstation lag jenseits der Grenze – bei uns in der Warschauer Straße. Die Grenzkontrollen zwischen Ost- und West-Berlin waren zumeist harmlos. Gelegentlich wurde das Vorzeigen der Ausweise verlangt, beim Gepäck wurde mehr auf das geachtet, was von Ost nach West transportiert wurde, als umgekehrt. Ulbrichts Regierung fürchtete nicht zu Unrecht, dass die im Osten stark subventionierten Grundnahrungsmittel von West-Berlinern aufgekauft wurden. Nach dem Mauerbau verwandelte sich die Endstation in einen Geisterbahnhof, ihre Gleisverbindung zur Oberbaumbrücke wurde abgerissen. Zu dem Zeitpunkt wohnten wir aber schon nicht mehr in der Warschauer Straße.

Die Oberbaumbrücke gehörte zu unserem Leben wie bei anderen Leuten das Gartentor. Meine Großmutter und meine Eltern überquerten sie, um Angehörige und Freunde zu besuchen, um im Westen ins Kino zu gehen oder einzukaufen. Ich liebte es, mit meinem Vater über die Brücke zum nahe gelegenen Markt in der Cuvrystraße zu laufen. Ein Teil unseres Familieneinkommens stammte in diesen Jahren aus dem Schmuggeln von Kaffee, und der Cuvry-Markt war der Ort, an dem mein Vater seine

Geschäfte abwickelte. Er oder einer seiner netten Geschäftsfreunde spendierte mir Eis oder Wiener Würstchen, jene besonders langen und dünnen, die es nur im Westen gab.

Nur wenige Jahre nach Kriegsende hatte sich mein Vater seine zwei größten Träume erfüllt. Der erste war, ein Geschäft zu gründen. In vielen der Briefe, die er aus dem Krieg an seine Frau geschrieben hatte, war davon die Rede gewesen. »Andreas Radtke – Weine und Spirituosen« konnte man nun über dem Stand in der Markthalle am Alexanderplatz lesen, einem sehr lebendigen Ort, der jede Menge Kunden sicherte. Die Arbeitsbedingungen waren hart, die Stände klein und vollgestellt mit Waren, die Fußböden eiskalt. Toiletten und Wasseranschlüsse befanden sich im hintersten Winkel der Markthalle. Warennachschub musste aus dem modrig riechenden, von Ratten bewohnten Keller heraufgeholt werden. Doch das alles machte nichts – mein Vater war glücklich. Er liebte es, mit seinen Kunden und den anderen Standbesitzern zu plaudern, außerdem versorgte man sich wechselseitig mit sogenannter Bückware: Dinge, die es schwer zu kaufen gab und die unter dem Ladentisch für besondere Kunden und Geschäftsfreunde bereitgehalten wurden. Zu Hause kamen so Lebensmittel auf den Tisch, von denen andere in der Ostzone – so nannten meine Eltern die DDR – nur träumen konnten, darunter ein frischer Aal, der, kaum aus der Tasche genommen und eigentlich schon tot, vom Tisch glitt, durch die Küche zuckte und unter dem Küchenschrank verschwand. Als Retterin in der Not betrat die herbeigerufene Nachbarin, Fräulein Fröbel, die Szene und fing den Aal ein.

Der zweite in Erfüllung gegangene Traum meines Vaters war ein Segelboot, ein Jollenkreuzer mit 20 Quadratmetern Segelfläche und einer Kajüte. Meine Eltern liebten beide das Wasser. Meine Mutter war seit ihren Jugendjahren stolzes Mitglied in einem Ruderklub. Gelegentlich erwähnte sie, dass mein Vater – er war an den Wochenenden im Paddelboot unterwegs gewesen – sich in der Hierarchie der Wassersportler ein gutes Stück unter ihr befunden habe. Dieser Unterschied war mit dem Kauf des Jollenkreuzers Geschichte. Mein Vater legte sich eine Seglermütze und das Gebaren eines Kapitäns zu: Die Manöver erfolgten auf sein Kommando, und nach dem Anlegen ging er von Bord, um mit anderen Kapitänen ein Bier zu trinken. Den Frauen – meiner Mutter, meiner Schwester und mir – blieb die mühsame Aufgabe überlassen, das Boot in Ordnung zu bringen.

Wenn wir am Wochenende oder im Urlaub auf den Seen in Berlins südöstlicher Umgebung unterwegs waren, übernachteten unsere Eltern in der großen Kajüte; Monika und ich schliefen im Bug, einem kleinen Verschlag im vorderen Teil des Bootes, der von oben über eine hölzerne Klappe zugänglich war. Dort einzuschlafen war wunderbar: Das Boot schaukelte sanft, das Wasser schlug von außen leise an die Holzplanken, und im Hintergrund waren die Stimmen und das Gelächter der Erwachsenen zu hören. Tagsüber waren wir auf dem Wasser unterwegs oder wir legten irgendwo an, sammelten Pilze oder fingen Flusskrebse – beides ein vorzügliches Abendessen.

Mein Vater war liebevoll und amüsant, aber auch ein Pascha. Hausarbeit war ihm fremd, und den beschwerlicheren Teil der Arbeit im Geschäft überließ er gern seiner Frau. Dafür hatte er die Kontrolle über die Finanzen. Wenn meine Mutter sich oder den Kindern etwas kaufen wollte, musste sie ihn um das Geld dafür bitten. Den Sonntagvormittag verbrachte er gern in der Kneipe an der Ecke, wo er seine Freunde beim Frühschoppen traf, während unsere Großmutter das Mittagessen vorbereitete. Sobald die Kartoffeln auf dem Herd standen, wurde ich losgeschickt, meinem Vater Bescheid zu geben. Ich wurde von ihm und seinen Stammtischfreunden mit großem Hallo begrüßt und entweder auf seine Schultern oder mitten auf den Tisch gesetzt. So müssen sich Prinzessinnen fühlen. Voller Stolz aufeinander verließen Vater und Tochter schließlich die Runde – dem häuslichen Mittagstisch entgegen. Nichts würde uns je trennen können.

Ich war stolz darauf, endlich zur Schule zu gehen. Lesen konnte ich längst, was ich überwiegend meiner Schwester zu verdanken habe, die sehr gern mit ihren Freundinnen Unterricht spielte. Da die großen Mädchen alle Lehrerin sein wollten, war ich ihre einzige Schülerin. Ich hatte aufzustehen und zu grüßen, wenn sie den Raum betraten, und musste die von ihnen mit Hilfe einer Puppenküche zubereitete Schulspeisung aufessen. Nicht immer ein Vergnügen, aber da ich es als Ehre ansah, dass die großen Mädchen mit mir spielten, nahm ich die kleinen Leiden gern auf mich. Die richtige Schule war dann aber doch um einiges besser, vor allem, weil es außer mir noch andere Kinder gab. Mein einziges Problem bestand im Schönschreiben. Ich war Linkshänderin, aber darauf wurde selbstverständlich keine Rücksicht genommen. Schon meine Mutter achtete darauf, dass ich stets »das schöne Händchen« benutzte, und ließ sich von mir nur Bilder schenken, die ich mit der rechten Hand gemalt hatte. Welche Folgen diese Dressur hatte, weiß ich nicht, zum Glück hat sie mir aber die Freude am Lernen nicht genommen.

Der Schulweg führte mich an einem großen Trümmerberg vorbei. Berlin war im Jahr 1954 erst notdürftig aufgeräumt, und die Spuren der Bombenangriffe waren allgegenwärtig. Ruinen, Bunker und Trümmerberge lockten als attraktive Spielplätze, und ich wäre den großen Kindern, die dort ihre Abenteuer erlebten, sehr gern gefolgt. Doch meine Eltern hatten ein strenges Verbot verhängt und angedeutet, was in Ruinen schon alles passiert sei und noch passieren könne. Genaueres war von ihnen nicht zu erfahren, aber in meiner Phantasie wurden dort Kinder gefangen gehalten und vielleicht sogar ermordet. Und so sah ich zu, dass ich möglichst schnell an dem ebenso bedrohlichen wie faszinierenden Schuttgebirge vorbeikam.

Während die Aufräumarbeiten in der Stadt nur schleppend vorangingen, wurde nicht weit von uns mit großer Energie und noch größerem propagandistischen Aufwand die Stalinallee erbaut. Über die Prachtstraße, in der noch bis ins Jahr 1961 ein großes Stalin-Standbild zu bewundern war, sprach man bei uns zu Hause nur mit Zorn oder bestenfalls mit Spott. Die Architektur wurde belacht, die Propaganda verachtet. Wer bekommt da schon eine Wohnung?, fragten sich meine Eltern laut. Alles nur Funktionäre, vielleicht auch Familien, denen der Status »Opfer des Faschismus« zuerkannt worden war, und einige Bauarbeiter. Meine Eltern hatten weder Kontakt zu Funktionären noch zu Bauarbeitern oder zu jemandem, der von den Nazis verfolgt worden war, und so kannten wir niemanden von denen, die dort einziehen durften.

In Berlin waren es die Bauarbeiter der Stalinallee, die im Juni 1953 damit begannen, ihren Unmut öffentlich zu äußern. Anlass für den Protest waren die immer höheren Arbeitsnormen, die noch weniger Lohn zur Folge gehabt hätten. Doch bald rückten andere Themen in den Mittelpunkt. Die politische und wirtschaftliche Situation in der DDR spitzte sich immer weiter zu, die allgemeine Unzufriedenheit erreichte eine kritische Dimension, und mehr und mehr Menschen verließen die DDR. Schließlich verkündete die SED widerstrebend und nur auf Geheiß Moskaus am 10. Juni einen »Neuen Kurs«, der politische und wirtschaftliche Korrekturen vorsah. Die Versorgungslage sollte verbessert werden, Flüchtlinge sollten die Möglichkeit zur Rückkehr erhalten und ihr Eigentum zurückbekommen. Jugendliche, die wegen ihrer Zugehörigkeit zur Jungen Gemeinde von Schulen relegiert worden waren, konnten zurückkehren, auch Exmatrikulationen aus politischen Gründen sollten geprüft und nach Möglichkeit rückgängig gemacht werden. Es wurde zudem angekündigt, die in den Monaten zuvor ergangenen Gerichtsurteile zu überprüfen.

Der »Neue Kurs« entspannte die Lage jedoch nicht – den meisten erschien er vielmehr wie eine Bankrotterklärung des Systems. Deshalb kam es bereits vom 10. Juni an zu massiven Protestaktionen. Bald erhoben sich Menschen in über 700 Städten und Gemeinden. Sie riefen »Nieder mit der SED!«, forderten Demokratie, freie Wahlen, die Einheit Deutschlands, die Entlassung politischer Gefangener und soziale Reformen. Rund eine Million Menschen waren beteiligt. Sie demonstrierten, streikten, besetzten Gebäude von SED-Bezirks- und Kreisleitungen sowie MfS-Dienststellen und Reviere der Volkspolizei, setzten Bürgermeister ab und befreiten Häftlinge. Am 16. Juni wurde in Berlin über Lastwagenlautsprecher zum Generalstreik am nächsten Tag und zur Versammlung auf dem Strausberger Platz in der Stalinallee aufgerufen. Abends kam es zu Straßenkämpfen zwischen Demonstranten und Polizei. Am nächsten Morgen formierten sich in der ganzen Stadt Demonstrationszüge, die Polizei war machtlos und konnte die Ereignisse nicht mehr beeinflussen. Um 13 Uhr rief die sowjetische Stadtkommandantur den Ausnahmezustand aus, doch in den Straßen verschärften sich die Auseinandersetzungen. Dann fielen die ersten Schüsse, Hunderte sowjetische Panzer fuhren auf und verteilten sich über die Stadt. Etwa vierzig bis fünfzig Demonstranten kamen ums Leben, auf der Gegenseite fanden zehn bis fünfzehn Menschen den Tod. Tausende wurden in den Wochen danach verhaftet und verurteilt, zwei davon zum Tode. Zur Abschreckung verhängten außerdem sowjetische Standgerichte auf direkten Befehl aus Moskau mehrere Todesurteile, die umgehend vollstreckt wurden. Vielen gelang es, der Verhaftung durch Flucht in den Westen zu entgehen.

Nach der Niederschlagung des Volksaufstands im Juni 1953 wusste jeder, der es wissen wollte, dass die Herrschaft der SED nur auf Gewalt gegen das eigene Volk gegründet war. Hunderttausende weitere Menschen verließen bis zum Mauerbau 1961 die DDR in Richtung Westen.

In der DDR galt der 17. Juni offiziell als faschistischer Putschversuch; wer dazu eine andere Meinung äußerte, hatte mit Konsequenzen zu rechnen. Im Westen gab es verschiedene Sichtweisen. Einerseits wurde das Datum noch im selben Jahr zum Gedenktag erklärt, und viele engagierte Bürgerinnen und Bürger hielten die Erinnerung an die damaligen Ereignisse wach. Auf der anderen Seite wussten im Laufe der Jahre die Jüngeren immer weniger, was damals geschehen war. Immer mehr Menschen sahen in diesem Gedenktag auch ein Symbol des Kalten Krieges und forderten seine Abschaffung. Oft waren es dieselben Personen, die zwar weltweit Befreiungsbewegungen unterstützten, die Sehnsucht der Menschen in der DDR nach Freiheit aber missachteten. Die Bundestagsfraktion der Grünen im Bonner Parlament zum Beispiel verließ 1983 geschlossen den Plenarsaal, als die Feierstunde des Bundestages zum 17. Juni begann.

Inzwischen hat sich in der deutschen Öffentlichkeit das Bild vom Volksaufstand in der DDR 1953 gewandelt. Er steht nun in einer Reihe mit den zahlreichen Volksaufständen, die es von Beginn an in vielen kommunistischen Ländern gab und die alle blutig niedergeschlagen wurden.

Meine Mutter kam am Abend des 17. Juni 1953 übrigens doch noch rechtzeitig vor der Sperrstunde heim. Ein Motorradfahrer hatte sie mit in die Stadt genommen und bei uns in der Warschauer Straße abgesetzt. Anstatt seine Frau erleichtert in den Arm zu nehmen, machte mein Vater ihr entnervt eine Szene. Meine Mutter wehrte sich nicht, Großmutter schwieg bedrückt, und wir Kinder verstanden nicht, was los war. Warum freute er sich nicht darüber, dass unsere Mutter endlich zu Hause war?

3

Ost-Berlin, West-Berlin

Im halben Land und der zerschnittenen Stadt,
halbwegs zufrieden mit dem, was man hat.
Halb und halb.

City

Niemand hat mich darauf vorbereitet. Als ich am 13. Januar 1956, wenige Tage vor meinem achten Geburtstag, von der Schule nach Hause komme und an der Tür klingle, öffnet meine Großmutter mit verweinten Augen. Etwas ist passiert, das fühle ich sofort. Sie steht mitten im Zimmer und sagt mit belegter Stimme den merkwürdigen Satz: »Dein Vater ist nicht mehr.« Das Einzige, was mir von diesem Tag später in Erinnerung sein wird, ist, dass ich mich vor einem Sessel fallen lasse, mein Gesicht in den Armen verstecke und laut und lange weine. Und dass ich irgendwann aufhöre und überlege, ob ich jetzt aufstehe oder nicht. Und wie es sein wird, wenn ich in der Schule erzähle, dass mein Vater gestorben ist. Warum ist meine Mutter nicht da? Wann sie nach Hause gekommen ist und ob wir uns gegenseitig in den Arm genommen und getröstet haben – daran können weder ich noch meine Schwester Monika uns später erinnern.

Der wichtigste Mensch in meinem Leben war tot. Die Tuberkulose, die mein Vater aus dem Krieg mitgebracht hatte und die zwischenzeitlich auskuriert schien, war seit einigen Monaten wieder akut gewesen, und sein Gesundheitszustand verschlechterte sich von Woche zu Woche. Bald lag er auch tagsüber auf seiner breiten Couch und hustete in einem fort, dann musste er schließlich ins Krankenhaus nach Berlin-Buch. Ab und zu durfte er für ein Wochenende oder einen Tag nach Hause kommen, so wie zum Geburtstag meiner Mutter im Dezember, als ich ihn zum letzten Mal sah. Danach war er zu schwach, um das Bett zu verlassen, und Kindern war der Zutritt zur Klinik nicht erlaubt.

Die Erwachsenen meinten, dass das achtjährige Kind besser nicht an der Beisetzung teilnehmen, sondern abgelenkt werden solle. Während Mutter, Schwester, Großmutter und alle anderen Angehörigen und Freunde von meinem Vater Abschied nahmen, lief ich in Begleitung einer Cousine durch das Kinderkaufhaus am Strausberger Platz und durfte mir etwas aussuchen. Natürlich war dieser unbeholfene Umgang mit meiner Trauer gut gemeint. Viele Jahre danach habe ich aber verstanden, wie sehr dieser frühe Verlust und der Umstand, dass ich nicht Abschied von meinem Vater nehmen durfte, meine Kindheit und auch mein späteres Leben überschattet haben. Jahrelang habe ich mir immer wieder Aufgaben gestellt, in der Hoffnung, dass mein Vater wiederkommen würde, wenn ich sie erfüllte. Von außen war das alles nicht zu merken. Ich galt als aufgewecktes und fröhliches Kind, kam gut mit meinen Klassenkameraden und Freundinnen aus, brachte gute Zeugnisse nach Hause und zeigte keinerlei auffälliges Verhalten. Ich gab mir wirklich große Mühe, meiner Mutter, von der die Erwachsenen sagten, wie schwer sie es als Witwe mit zwei Kindern und dem Geschäft jetzt habe, das Leben nicht noch schwerer zu machen.

Als im selben Frühjahr Monika konfirmiert wurde, gab es Tränen beim Auspacken der Geschenke: Das Opernglas, das meine Mutter ihr überreichte – Operngläser waren in diesen Zeiten ein beliebtes und wertvolles Konfirmationsgeschenk –, hatte mein Vater noch mit meiner Schwester zusammen ausgesucht, unter dem Vorwand, es sei für die Tochter eines Freundes bestimmt.

Als wir im Sommer 1955 umzogen, schien mein Vater noch gesund. Unsere neue Wohnung – drei große Zimmer und ein Bad –, die die Lungenfürsorgestelle uns vermittelt hatte, befand sich in der Boxhagener Straße im Stadtbezirk Friedrichshain. Vom Balkon aus schauten wir auf einen kleinen Platz mit einem Zeitungskiosk und einer Litfaßsäule. Meine Schwester und ich schliefen in einem Doppelstockbett in der Mädchenkammer, die neben der Küche lag – Monika unten, ich oben –, und unsere Großmutter hatte endlich ein Zimmer für sich.

Ein halbes Jahr später, im November 1956, saßen meine Großmutter, meine Mutter und meine Schwester gebannt vor dem Radio und hörten halbstündlich RIAS-Nachrichten über die russischen Panzer, die in Budapest brutal gegen demonstrierende Menschen vorgingen. Wieder war eine Hoffnung gestorben. Unschuldige Menschen wurden erschossen oder verhaftet. Ich verstand wenig, spürte aber die Trauer um die ermordeten Menschen und die ohnmächtige Wut der Erwachsenen. Das hatte ich schon einmal erlebt, drei Jahre zuvor, als die Panzer durch Ost-Berlin und viele andere Städte der DDR rollten.

Und dann das erste Weihnachten ohne den Vater. Meine Großmutter und meine Mutter hatten sich große Mühe gegeben, alles so herzurichten, wie wir es kannten: den großen Weihnachtsbaum mit silbernen und roten Kugeln, die Gabentische, den traditionellen Kartoffelsalat mit Würstchen. Monika und ich hatten wie immer unsere Gedichte auswendig gelernt und unsere schönsten Kleider angezogen. Dann läutete die Glocke, mit der wir in jedem Jahr ins Weihnachtszimmer gerufen wurden. Mag sein, dass meine Mutter genau in diesem Moment, als sie die Glocke in die Hand nahm, die sonst stets unser Vater geläutet hatte, ihre Fassung verlor. Jedenfalls standen wir noch in der Tür, als plötzlich alle in Tränen ausbrachen, um dann eine Weile schluchzend und engumschlungen beieinanderzusitzen, todtraurig und doch geborgen und getröstet.

Von nun an waren wir ein Frauenhaushalt. Meine Mutter führte das von meinem Vater begründete Geschäft in der Markthalle weiter, wenn auch ohne Begeisterung. Aber wie hätte sie sonst den Lebensunterhalt für vier Personen aufbringen können? So war sie nun hinter dem Ladentisch wieder den ganzen Tag auf den Beinen. Ich kannte es nicht anders, als dass meine Mutter allabendlich erschöpft nach Hause kam und ihre geschundenen Füße stöhnend auf einem Hocker hochlegte. Unsere Großmutter versuchte sie zu entlasten, indem sie gelegentlich im Geschäft aushalf und ansonsten den Haushalt führte. Da sie das am liebsten allein machte, brauchten meine Schwester und ich nicht viel zu tun; immerhin war es aber meine Aufgabe, Kohlen aus dem Keller zu holen und manchmal einzukaufen. Bis 1958 brauchte man dafür Lebensmittelkarten. Waren die verbraucht, konnte man zu wesentlich höheren Preisen HO-Eier, HO-Milch oder HO-Butter bekommen. »HO« stand für »Handels-Organisation« – staatliche Geschäfte, Restaurants und Hotels, mit denen der private Handel zurückgedrängt wurde. Lebensmittel ohne Marken kosteten dort mehr als das Doppelte und waren für Normalverdiener kaum erschwinglich. Kartoffelkarten wurden bis 1966 ausgegeben, und Kohlekarten gab es unter der Bezeichnung »Hausbrandkarte« sogar bis zum Ende der DDR. Die Karten ermöglichten – je nach Familiengröße – den Kauf eines bestimmten Kontingents zum Niedrigpreis. Wer mehr benötigte, musste draufzahlen.

Um zu verhindern, dass West-Berliner die ohnehin knappen subventionierten Waren aufkauften, war bis zum Bau der Mauer beim Einkauf ein Personalausweis vorzulegen – wer keinen hatte, musste mit Westgeld bezahlen. Allerdings wurde diese Vorschrift oft nachlässig gehandhabt, auch von meiner Mutter. Wenn sich unter den Ladenbesitzern herumsprach, dass mal wieder Kontrollen durchgeführt würden, war man vorübergehend strenger.

Das Leben in der geteilten Stadt war inzwischen alltäglich geworden – spätestens seit der Blockade West-Berlins, als sowjetische Truppen fast ein Jahr lang, von Juni 1948 bis Mai 1949, alle Zugänge zum Westteil Berlins blockiert hatten.

Immer sonntags kurz vor zwölf war im RIAS das Geläut der Freiheitsglocke im Turm des Rathauses Schöneberg zu hören, und dazu der immer gleiche Text: »Ich glaube an die Unantastbarkeit und an die Würde jedes einzelnen Menschen. Ich glaube, dass allen Menschen von Gott das gleiche Recht auf Freiheit gegeben wurde. Ich verspreche, jedem Angriff auf die Freiheit und der Tyrannei Widerstand zu leisten, wo auch immer sie auftreten mögen.« »Psst, Kinder, die Freiheitsglocke«, sagte meine Mutter jedes Mal, und wir hörten andächtig zu. Ich mochte den Klang dieser Glocke, die sonore Stimme des Sprechers, und ich ahnte, dass es um Wichtiges ging. Viele Jahre später, nach dem Mauerfall, erfuhr ich mehr über die Geschichte der Glocke. Sie ist eine Kopie der Liberty Bell, trägt die Inschrift »That this world under God shall have a new birth of freedom« und war im Jahr 1950 ein Geschenk amerikanischer Bürgerinnen und Bürger an die Stadt Berlin. Auf ihrer Reise durch 26 Städte von New York bis Los Angeles spendeten Amerikaner Geld für sie und unterschrieben ein Freiheitsgelöbnis. Dessen erste Sätze sind mittlerweile seit mehr als sechs Jahrzehnten an jedem Sonntag zusammen mit dem Geläut im Radio zu hören – nunmehr bei Deutschlandradio Kultur.

Dass die Glocke der SED ein Dorn im Auge war, versteht sich von selbst und war durchaus gewollt. Doch auch von den Linken im Westen wurde sie zunehmend beargwöhnt – als Symbol des Kalten Krieges, als Maßnahme der CIA und demzufolge als reaktionäres und imperialistisches Sinnbild. Als ich meinen Westfreunden in den 1990er Jahren begeistert von meiner Entdeckung, der Entstehungsgeschichte der Freiheitsglocke, erzählte, spürte ich eine gewisse Befremdung. Für mich zählte und zählt etwas anderes: Nur fünf Jahre nach dem Krieg, als viele Familien noch um ihre gefallenen Väter und Söhne trauerten, waren Millionen von Amerikanern bereit, mit ihren Geldspenden und Unterschriften ein Zeichen der Versöhnung und des Freiheitswillens zu setzen – und die Berlinerinnen und Berliner haben diese Botschaft angenommen. Die Glocke wurde am 24. Oktober 1950, dem Tag der Vereinten Nationen, eingeweiht. 500 000 Menschen sollen zum Rathaus Schöneberg gekommen sein, um die Feier mitzuerleben.

Zur Identität der freiheitlich gesinnten Berliner im Ost- und im Westteil der Stadt gehörte auch die Radiosendung »Der Insulaner«, ein überaus beliebtes politisches Kabarettprogramm, das während der Blockade 1948/49 zum ersten Mal ausgestrahlt wurde. In einer Mischung aus Kabarettszenen und Liedern beschworen Günter Neumann, Walter Gross, Tatjana Sais und andere die Freiheit und den Überlebenswillen auf der »Insel im roten Meer« und zogen den »Jenossen Funzionär« und die Ostzone durch den Kakao. Das von Edith Schollwer gesungene Titellied – »Der Insulaner verliert die Ruhe nicht, der Insulaner liebt keen Jetue nicht, der Insulaner hofft unbeirrt, dass seine Insel wieder 'n schönes Festland wird« – kannte damals fast jeder Berliner.

Bei uns zu Hause wurde keine »Insulaner«-Sendung ausgelassen. Und auch sonst spielte das Radio eine zentrale Rolle. Abends saß die ganze Familie beisammen, in den Händen eine Handarbeit, und hörte entweder »Die Insulaner«, »Pension Spreewitz« oder »Es geschah in Berlin«, eine Art Urmutter späterer »Tatort«-Sendungen. Ich hörte am liebsten »Onkel Tobias vom RIAS«, eine äußerst populäre Kindersendung, die seit 1947 an jedem Sonntag um 10 Uhr ausgestrahlt wurde und die mit Ausnahme der bedauernswerten Kinder, die zu Hause keine Westsender hören durften, allen Berliner Mädchen und Jungen vertraut war. Die große Popularität von Onkel Tobias und den Radiokindern, die wöchentlich bei ihm zu Gast waren, war wohl auch dem Umstand zu verdanken, dass zahlreiche Kinder in der Nachkriegszeit ohne Väter und Onkel aufwuchsen. In der Sendung wurden Geschichten erzählt, Alltagsprobleme besprochen und Lieder gesungen. Außerdem war jedes Mal ein Kasperletheaterstück zu hören.

Radiohören – das war für uns gleichbedeutend mit RIAS, dem »Rundfunk im amerikanischen Sektor«, und dem SFB, dem »Sender Freies Berlin«, beides sogenannte Westsender. Niemand wäre in meiner Familie auf die Idee gekommen, auf der Skala des Radios einen Ostsender zu suchen, obwohl in der DDR das Hören von Westsendern als »Missbrauch der Medien für die bürgerliche Ideologie« unter Umständen strafrechtliche Verfolgung nach sich ziehen konnte und zumindest politisch verdächtig war. Um zu erfahren, ob Familien Westsender hörten oder – nach dem Einzug des Fernsehens – schauten, wurden den Kindern in den Schulen Fangfragen gestellt; zum Beispiel sollten sie sagen, ob die Fernsehuhr Punkte oder Striche habe. Lautete die Antwort der Kinder Striche, war zumindest eine kleine Notiz fällig. Es war ja nicht schlecht, so etwas parat zu haben, etwa wenn die SED und ihre Staatssicherheit Erkundigungen über eine Familie einzog.

In der Schule wurden wir vor den Westsendern gewarnt. Einmal fragte ich, mir der kleinen Provokation durchaus bewusst, ob diese Warnung denn auch für Musiksendungen gelte, für die Übertragung klassischer Musik zum Beispiel. Die originelle Antwort ist mir gut in Erinnerung geblieben: »Würdet ihr denn etwa einen Becher mit leckerem Saft trinken, wenn ihr wüsstet, dass auch nur ein einziger Tropfen Gift darin ist?«

Die meisten Leute scherten sich nicht darum, ob Partei und Regierung ihre Fernsehgewohnheiten billigten oder nicht, und wechselten allenfalls vorübergehend den Sender, wenn es an der Wohnungstür klingelte. Unter dem Namen »Aktion Ochsenkopf« organisierte die SED Anfang der sechziger Jahre öffentliche Kampagnen gegen das Westfernsehen: Die Bevölkerung wurde aufgerufen, Westantennen zu beseitigen, und FDJ-Trupps zogen los, um Antennen von Häuserdächern herunterzuholen. »Ochsenkopf« hieß die Aktion nach der Sendeanlage, die sich nahe der DDR-Grenze befand. Doch die Kampagne war nicht erfolgreich. Die Menschen behalfen sich kurzerhand mit Antennen, die unter dem Dach angebracht wurden. Aus dieser Zeit stammt folgende Frage: Es ist blau, sitzt auf dem Dach und macht chr-chr-chr – was ist das? Antwort: Ein FDJler, der eine Fernsehantenne absägt. Spätestens Mitte der siebziger Jahre kapitulierte die SED jedoch: Zumindest in Ost-Berlin wurden von da an Gemeinschaftsantennen in Wohnhäusern so ausgestattet, dass sie auch ARD und ZDF empfangen konnten, und wenn sich anderswo Bewohner zusammentaten und welche errichteten, wurden ihnen zumeist keine Steine in den Weg gelegt. In der DDR gab es Gebiete, die keine Westsender empfangen konnten. Dass gerade aus diesen »Tälern der Ahnungslosen«, wie es im Volksmund hieß, überdurchschnittlich viele Menschen in den Westen wollten, mag ein Grund dafür gewesen sein, dass die SED immer seltener gegen den illegalen Bau solcher Antennenanlagen einschritt.

Von der zweiten Klasse an, nach unserem Umzug in die Boxhagener Straße, besuchte ich die nur wenige Gehminuten von unserem Wohnhaus entfernte Max-Kreuziger-Oberschule im Stadtbezirk Berlin-Friedrichshain. Mein ältestes Klassenfoto zeigt vierzig Kinder, in der Mitte unsere Klassenlehrerin Fräulein Wunderlich – auf die Anrede »Fräulein« legte sie wie viele ledige Frauen damals großen Wert. Im Hintergrund ist ein helles und modernes Gebäude zu sehen. Die Schule war 1953/54 im Stil des sozialistischen Neoklassizismus erbaut worden, also ähnlich den Häusern an der Stalinallee und ebenfalls mit einem ideologischen Anspruch: Ein »Schulpalast« sollte es werden, und trotz der Not und des Mangels dieser Jahre wurden teure Materialien wie Travertin und Edelhölzer verwendet und der Bau mit Steinintarsien, Sgraffiti und Stuck verziert. Das Gebäude war geräumig und hell und könnte noch heute eine schöne, kindgerechte Schule sein – wenn der denkmalgeschützte Bau nicht vor einigen Jahren luxussaniert und in Eigentumswohnungen aufgeteilt worden wäre.

Fräulein Wunderlich war »Neulehrerin«, also eine von Zehntausenden junger Leute, die in der sowjetischen Besatzungszone und in der frühen DDR in Kursen von wenigen Monaten für den Unterricht ausgebildet worden waren. Zum einen sollten sie die nationalsozialistischen Lehrer ersetzen, die an den Schulen nicht mehr geduldet wurden, zum anderen verfolgte die SED das Ziel, über die Lehrerinnen und Lehrer möglichst umfassenden Einfluss auf die Schulen zu gewinnen. Tatsächlich aber kam die Mehrheit der jungen Lehrkräfte weniger aus dem Arbeitermilieu als aus bürgerlichen, bildungsnahen Schichten, und viele von ihnen hatten nach der Unterbrechung ihrer Schul- und Universitätsbildung durch den Krieg einfach nur die Chance eines interessanten beruflichen Neuanfangs genutzt. Ohnehin steckte die ideologische Entwicklung der DDR-Volksbildung noch in den Anfängen, und im Unterschied zu späteren Lehrergenerationen, die schon vor Beginn ihrer Ausbildung auf ideologische

Zuverlässigkeit geprüft wurden, gab es unter den Neulehrern anfangs nicht wenige, die von reformpädagogischen Ideen erfüllt waren und ihre Schülerinnen und Schüler demokratisch erziehen wollten.

Ich mochte Fräulein Wunderlich sehr. Sie war eine ruhige, liebevolle Lehrerin, die uns, soweit dies möglich war, mit ideologischen Phrasen verschonte. Ihre Besuche bei meiner Mutter – jährliche Elternbesuche der Klassenlehrerin waren Pflicht – endeten damit, dass die beiden Frauen sich bis in den späten Abend hinein höchst einvernehmlich unterhielten, politische Ansichten offenbar eingeschlossen, denn meine Mutter hätte sich niemals länger als unbedingt nötig mit Leuten unterhalten, die sich als »100-Prozentige«, das heißt als überzeugte Anhänger der SED, entpuppten.

Ich ging gern zur Schule, das Lernen machte mir Freude und fiel mir leicht. Bei Auftritten des Schulchors, in dem ich mitsang, wurde gewöhnlich Pionierkleidung getragen, die aus einem blauen Rock beziehungsweise einer blauen Hose und einem weißen Hemd bestand, auf dessen Ärmel das Pionieremblem genäht war. Bei bestimmten Anlässen trugen Pioniere auch ein blaues Käppi. Das Wichtigste aber war das blaue Halstuch. Die meisten Kinder in meiner Klasse waren Pioniere. Gleich nach der Einschulung wurden die Anträge auf Mitgliedschaft verteilt, und es gehörte durchaus elterliche Standfestigkeit dazu, sich diesem »freiwilligen Zwang« zu widersetzen. In späteren Jahren verstärkte sich der Druck: Nicht die Mitgliedschaft in der Organisation war von Seiten der Eltern zu erklären, sondern die Verweigerung. Bei den vielen Freizeitangeboten und Veranstaltungen im Rahmen von Pioniernachmittagen hing es vom Willen der Lehrer und Pionierleiter ab, ob Nichtpioniere mit eingeladen waren oder nicht. Wer Pech hatte oder wessen Eltern die Teilnahme nicht erlaubten, blieb außen vor.

Während eines Chorauftritts stand ich stolz auf der Bühne in der ersten Reihe und freute mich auf das Singen. Da ich nach dem Willen meiner Mutter kein Pionier war, trug ich zwar einen eigens für solche Gelegenheiten gekauften dunkelblauen Rock und eine weiße Bluse, aber kein Halstuch. Plötzlich wurde ich von der Chorleiterin aufgefordert, mich nach hinten in die letzte Reihe zu stellen. Ich empfand diese Zurücksetzung als ungerecht und beschämend und wollte von nun an auch unbedingt Pionier sein – nicht etwa, weil ich an den Sozialismus glaubte oder es als etwas Besonderes oder gar Ehrenvolles ansah, Pionier zu werden. Ich wollte einfach nie wieder in die dritte Reihe geschickt werden. Ich bettelte meine Mutter an, doch vergeblich. Erst Jahre später, in der vierten oder fünften Klasse, gab sie entnervt nach. Von da an gehörte ich immerhin dazu, aber wie die meisten meiner Klassenkameraden dachte ich nicht daran, das Halstuch zu tragen. Und wenn es unvermeidlich war, wie zum Beispiel beim Fahnenappell auf dem Schulhof, verschwand das Tuch gleich danach wieder in der Schulmappe.

Fahnenappelle fanden – je nach Eifer der Schulleitung – zu bestimmten Anlässen, monatlich oder wöchentlich am Montag statt und folgten militärischen Regeln. Hierzu stellten sich alle Schülerinnen und Schüler, nach Klassen sortiert und mit ihrem je eigenen Wimpel versehen, in einem dreiseitigen Karree auf dem Schulhof auf, an der offenen Seite stand der Fahnenmast. Die Pionier-, FDJ- und DDR-Fahnen wurden von einem »Fahnenkommando« feierlich herbeigetragen, gehisst und mit dem Pioniergruß »Seid bereit – immer bereit« oder dem FDJ-Gruß »Freundschaft« begrüßt. Eingerahmt von Kommandos wie »Stillgestanden« oder »Augen geradeaus«, von Trommelwirbeln und Musik, verlasen Schülerinnen und Schüler politisch-ideologische Texte und Losungen, es wurden Auszeichnungen verliehen oder manchmal auch öffentlich Tadel oder Verweise ausgesprochen. Danach wurden die Fahnen genauso feierlich, wie sie herbeigeschafft worden waren, wieder weggetragen, um bis zum nächsten Mal an einem würdigen Ort aufbewahrt zu werden – zumeist im »Traditionskabinett«. Das waren besondere Räume, die es in den meisten Betrieben und in allen Schulen gab und in denen die Ikonen des Sozialismus aufbewahrt und ausgestellt wurden: Fahnen und Bilder oder Skulpturen von Walter Ulbricht, Wladimir Iljitsch Lenin, Karl Marx, Friedrich Engels, Ernst Thälmann, aber auch Preise und Urkunden, die eine Brigade oder Schulklasse für besondere Leistungen beim Aufbau des Sozialismus erhalten hatte. Die Gestaltung hatte etwas Sakrales, und der Tisch mit den wichtigsten Devotionalien ähnelte einem Altar.

Wie meine eigenen Kinder später lernte auch ich schnell, zwischen dem, was zu Hause gedacht und gesagt wurde, und dem, was man uns in der Schule vermittelte, zu trennen. Aber wer hatte recht? In der Schule wurde zum Beispiel ein düsteres Bild vom Leben im Kapitalismus präsentiert: Der Westen war demnach gekennzeichnet durch Ausbeutung,

Arbeitslosigkeit, Kriminalität, alte und neue Nazis, kurzum, durch alle denkbaren Missstände. Das beeindruckte mich zwar, erschien mir aber nicht recht glaubhaft, denn dieses Bild vom Westen unterschied sich diametral von dem, was meine Mutter erzählte, und von den Eindrücken, die ich bei meinen Ausflügen in den Westen oder bei Besuchen von Westverwandten gewonnen hatte. Aber vielleicht war ja doch was dran an diesen Berichten? Was, wenn meine Mutter sich irrte? Ich trug also mein neu erworbenes Wissen nach Hause und konfrontierte sie damit. Sie schüttelte angesichts der Propaganda, der ihre Töchter ausgesetzt waren, zwar den Kopf, leugnete andererseits aber nicht, dass es im Westen auch Probleme gab. Einer ihrer Kommentare lautete: »Ja, es gibt Arbeitslose, auch Kriminelle und Menschen, die keine Wohnung haben. Aber es herrscht Freiheit dort, und Freiheit ist wunderbar. Und zur Freiheit gehört, dass die Regierung nicht alles verbieten darf.«

In den ersten Klassen machte mir nicht nur die Sache mit den Pionieren zu schaffen. Es gab noch etwas, das ich ungerecht fand: Bei der Mehrheit meiner Klassenkameraden stand im Klassenbuch ein rotes »A« hinter dem Namen. Das bedeutete »Arbeiterkind« – und ich war laut Klassenbuch keines. Warum war mir das »A« nicht vergönnt, das etwas Besonderes war, fast so etwas wie eine Auszeichnung, und das, wie ich später erfuhr, den Zugang zur Erweiterten Oberschule und zum Studium erleichterte? Ich sah doch jeden Abend, wie schwer meine Mutter gearbeitet hatte, wenn sie müde nach Hause kam! Ich bekam zu hören, dass meine Mutter trotz der täglichen Plackerei keine Arbeiterin sei, sondern selbständig, und ich verstand, dass Selbständigkeit weniger wert war.

Von der fünften Klasse an lernten alle Kinder in der DDR Russisch. Die in vielen Familien nach wie vor bestehenden großen Vorbehalte gegen »die Russen« richteten sich auch gegen deren Sprache. Meine Mutter hielt dagegen und nahm auch sonst die Russen oft in Schutz. Sie bemitleidete die Soldaten der Roten Armee, die sich bei ihr im Geschäft heimlich mit Alkohol eindeckten. »Fast Kinder sind das noch, die sie da in Uniformen stecken und hierherschicken, schlecht ernährt und voller Angst!«, empörte sie sich.

Trotz acht Jahren Russisch in der Schule ist bei mir dann allerdings – wie bei vielen anderen – von der Sprache nicht viel hängengeblieben. Das lag zum einen an mangelnden Möglichkeiten, das Gelernte auch anzuwenden: Es gab keine privaten Kontakte zu in der DDR lebenden Russen, auch nicht zu den hier stationierten russischen Familien. Über die Schule wurden zwar Brieffreundschaften organisiert, aber die schliefen meistens früher oder später ein. Zum anderen war der Unterricht nicht sehr praxistauglich. Nach dem Abitur hätte ich auf Russisch über die große Sozialistische Oktoberrevolution und den Komsomol referieren, aber kaum einkaufen oder eine alltägliche Konversation bewältigen können.

Manchmal fuhr ich nach der Schule in die Markthalle, um meiner Mutter zu helfen. Ich holte Ware aus dem Keller, sortierte sie in die Regale, und gelegentlich stand ich auch am Tresen und verkaufte. Ich war stolz darauf, helfen zu können, und fühlte mich, weil ich ja wie die anderen arbeitete, als vollwertiges Mitglied der Familie. Das Verkaufen machte Spaß, obwohl ich Wein und Schnaps ziemlich langweilig fand. Viel lieber hätte ich Süßigkeiten verkauft oder Spielzeug oder wenigstens Schreibwaren wie die Tochter der Standbesitzerin von gegenüber. Immerhin aber verdienten wir, wie mir meine Mutter erklärte, mit den Flaschen etwas mehr als mit Schreibheften, Briefpapier und Füllfederhaltern. Das war ein ernstzunehmendes Argument.

Selbständige Gewerbetreibende waren so etwas wie Kapitalismusrelikte und hatten es in der DDR nicht leicht. Sie wurden steuerlich benachteiligt und bekamen bei den planwirtschaftlich gesteuerten Warenlieferungen in der Regel nicht das, was sie bestellt hatten – oder zu wenig davon. Hinzu kam die ständige Sorge, irgendeine Ungenauigkeit bei der Abrechnung, ein Verstoß gegen eine der Vorschriften oder die Denunziation eines missgünstigen Konkurrenten könnte den staatlichen Stellen als Vorwand dienen, den Laden dichtzumachen. Immer mehr Händler willigten deshalb ein, einen Vertrag mit der Konsum-Genossenschaft oder der HO zu schließen und ihr Geschäft fortan »halbstaatlich« als Kommissionäre zu betreiben. Meine Mutter unterschrieb einen solchen Vertrag schließlich im Jahr 1970. Nun konnte sie auch eine Verkäuferin einstellen, und das Leben wurde etwas leichter.

Die Sommerwochenenden verbrachten wir am oder auf dem Wasser. Zwar hatte mein Vater, als er krank wurde, das Segelboot verkauft; dafür besaßen wir jetzt aber ein Paddelboot, mit dem wir ausgedehnte Tagestouren über den Seddin-, den Zeuthener oder den Krossinsee machten. Die Wochenenden waren freilich kurz: Am Sonnabend wurde wie an normalen Werktagen gearbeitet. Erst ab 1966 war jeder zweite Samstag arbeitsfrei, ab 1967 dann jeder. Schulfreie Samstage gab es in der DDR erst ab Ende 1989.

Im Bootshaus »Adlerhorst«, zwischen Karolinenhof und Schmöckwitz, hatten wir ein zwei mal drei Meter großes Zimmerchen, an dessen schmaler Seite sich die Eingangstür und ein kleines Fenster befanden. Es gab etwa zwanzig solcher »Kabinen«, die an Bootsbesitzer vermietet und von den meisten als Wochenend- oder Ferienquartier genutzt wurden. An der hinteren Wand unserer Kabine war ein Drei-Etagen-Bett, unter dem Fenster befand sich ein kleines Regal mit einem elektrischen Kocher, daneben ein größeres für Geschirr und Lebensmittel. Draußen auf der anderen Seite des Wegs, an der Hecke zum Nachbargrundstück, standen unter einem großen Strauch eine Sitzbank, ein Tisch und Stühle. Das Wasser holten wir von der Pumpe, zum Waschen oder Abwaschen wurde es mit einem Tauchsieder erwärmt. Die Toiletten waren Plumpsklos ohne Wasseranschluss und befanden sich am anderen Ende des großen, flachen Gebäudes. Nie wäre mir damals in den Sinn gekommen, dass unser Zimmer vielleicht etwas klein für eine Familie sein könnte. Mich störte auch nicht, dass der Weg vom Eingang des Grundstücks zum Wasser und zu den Bootsschuppen direkt an unserer Kabine entlangführte und daher alle anderen Kabinenbesitzer, Bootseigentümer und Gäste zwischen unserem Zimmer und unserem Esstisch hindurchspazierten. Ich verbrachte die meiste Zeit ohnehin im Wald oder am Wasser, am liebsten auf dem Bootssteg oder bei Regen in einer der großen, nach Holz, Algen und Lack duftenden Bootshallen, zusammen mit den anderen Kindern. Unser Spielplatz war ein Haufen weißer Sand, den die Erwachsenen im Wald für uns aufgeschüttet hatten, mit einer an zwei Bäumen befestigten Schaukel. Etwa hundert Meter vom Bootshausgelände entfernt befand sich die Ruine eines Luftschutzbunkers aus dem Zweiten Weltkrieg. Leider hatten uns die Eltern verboten, auf diesen Bunker zu steigen, erst recht, durch die großen Löcher und an den kreuz und quer herausragenden Metallstangen vorbei in das Innere zu klettern. Die älteren Kinder erzählten uns von grauenhaften Entdeckungen, die man dort machen würde, und ich umkreiste den alten Bunker stets in respektvollem Abstand.

Meine Mutter freundete sich mit zwei Männern an, die wie wir eines der kleinen Zimmer bewohnten und ein Segelboot hatten. Wir waren gemeinsam auf dem Wasser unterwegs oder kehrten in ein Ausflugsrestaurant ein. Meine Schwester durfte sogar mit den beiden mitsegeln. Offenbar war unsere Mutter, die ihre große Tochter üblicherweise davor warnte, allein mit Männern unterwegs zu sein, in diesem Fall unbesorgt. Als dann die Mauer gebaut wurde, blieb Herr Schulz, der in West-Berlin lebte, weg, und ich erinnere mich, dass Herr Woltersdorf, der Ost-Berliner, weinte und meine Mutter ihn tröstete. Was es mit den beiden auf sich hatte, verstand ich erst später. Über gleichgeschlechtliche Liebe wurde in Familien nicht gesprochen, erst recht nicht darüber, dass Homosexuelle eineinhalb Jahrzehnte zuvor noch in Konzentrationslagern gesessen hatten, verfolgt und ermordet worden waren. Die frühe Erfahrung der Freundschaft zwischen meiner Mutter und den beiden Männern schützte mich jedenfalls nachhaltig davor, Vorurteile gegenüber Homosexuellen zu entwickeln – keine Selbstverständlichkeit in den sechziger und siebziger Jahren, auch nicht in der DDR.

Bei uns zu Hause gab es keine Bücherwände. Für unsere Bücher reichten ein paar Fächer im Wohnzimmerschrank und einige Regalbretter. Dennoch wurde unablässig gelesen. Meine Mutter holte sich regelmäßig ganze Bücherstapel aus der Amerika-Gedenkbibliothek in West-Berlin. Ich las Bücher, die ich zu Weihnachten und zum Geburtstag geschenkt bekommen hatte, darunter eine vierbändige Anthologie klassischer Abenteuergeschichten von Heinrich von Kleist, Friedrich Schiller, Honoré de Balzac, Leo Tolstoi, Jules Verne und Jack London – sie gehörte zu meiner absoluten Lieblingslektüre. Auf meiner Favoritenliste standen außerdem *Die Söhne der großen Bärin* von Liselotte Welskopf-Henrich, *Die rote Zora und ihre Bande* von Kurt Held, *Die Abenteuer des Tom Sawyer* von Mark Twain und alle Kinderbücher von Erich Kästner. Mindestens so lieb waren mir aber die *Nesthäkchen*-Bücher, die schon meine Mutter gelesen hatte. Sie hatten schöne Jugendstil-Illustrationen, und ich liebte die Geschichten, in deren Mittelpunkt die jüngste Tochter einer Charlottenburger Arztfamilie stand. Fräulein Wunderlich machte allerdings bei einem ihrer Besuche meine Mutter vorsichtig darauf aufmerksam, dass es aus verschiedenen Gründen vielleicht nicht ganz angebracht sei, wenn ich, in der Schule nach meinen Lieblingsbüchern befragt, begeistert von *Nesthäkchen* erzählte. Meine Mutter erschrak, und von da an gehörten die *Nesthäkchen*-Bücher zur Zu-Hause-Welt und fanden in der Schule keine Erwähnung mehr.

Eine weitere Lektürequelle war eine Kinder-Bibliothek in der Nähe, in der ich ständiger Gast war. Viele der Bücher, die ich dort auslieh, handelten von der Zeit des Faschismus – der Begriff Nationalsozialismus kam in den Büchern, die ich las, nicht vor. Das Muster der Geschichten war stets ähnlich: Aufrechte Menschen, zumeist Kommunisten, wurden von den Faschisten verfolgt, und andere aufrechte und mutige Widerstandskämpfer, die ebenfalls Kommunisten waren, standen ihnen bei, trotzten furchtlos dem Feind und hielten einander die Treue. Der Schluss war oft traurig, weil die Faschisten zunächst die Stärkeren waren, aber zugleich wurde den jungen Lesern zu verstehen gegeben, dass am Ende doch die Guten, also die Kommunisten, siegen würden – auch wenn bis dahin viele ihr Leben lassen müssten.

Das alles mag eine grobe Vereinfachung gewesen sein, aber es ermöglichte, sich mit den Opfern politischer Gewalt und mit Figuren des Widerstands zu identifizieren – nicht das Schlechteste im Kosmos eines Kindes. Erst viel später wurde mir klar, dass die Welt dieser Kinderbücher mehr als einen Haken hatte: Erstens war nichtkommunistischer Widerstand fast vollständig ausgeblendet; zweitens fand die millionenfache Ermordung von Juden in den Schulbüchern und im Unterricht der fünfziger und sechziger Jahre keine Erwähnung; und drittens gab es in der DDR der offiziellen Lesart zufolge keine Nazis mehr, weil diese entweder ihrer gerechten Strafe zugeführt worden waren oder sich rechtzeitig in den Westen zu den »Bonner Ultras« gerettet hatten, bei denen sie angeblich hochwillkommen waren. Die DDR dagegen war zur Alleinerbin und zum Hort des Antifaschismus geworden, der jedoch die schmerzhafte Auseinandersetzung mit persönlicher Schuld und Verantwortung nicht vorsah. Hitler war, wie es Historiker auf den Punkt brachten, zum Westdeutschen geworden.

Nach wie vor fuhren wir oft in den Westteil der Stadt. Dort lebten Hilde und Ruth, die beiden Cousinen meiner Mutter mit ihren Familien, ebenso wie ihre Schwester Käthe, die mit der ganzen Familie 1957 in den Westen geflohen war. Ich liebte es sehr, meinen Cousin Axel zu besuchen, vor allem, weil er über einen großen Stapel *Mickymaus*-Hefte verfügte, darunter auch die jeweils neuesten.

Es gibt Fotos aus dem Jahr 1959, die meine Mutter, Monika und mich am Funkturm und vor der Kongresshalle zeigen. Unsere Mutter hatte sich zum ersten Mal seit dem Tod meines Vaters wieder verliebt, die Beziehung war allerdings nicht von langer Dauer. Ihr in West-Berlin lebender Freund hatte die Fotos aufgenommen. Auch ins Kino gingen wir oft. Wer aus dem Osten war, bekam verbilligte Karten. Gleich hinter der Oberbaumbrücke gab es sogar ein kleines Kino, in dem täglich sogenannte Matineen stattfanden – Vorstellungen, die eigens für Ost-Berliner angeboten wurden und in denen wir den Eintritt mit Ostgeld bezahlen konnten. Das war eine beachtliche Vergünstigung – eine Westmark war zu dieser Zeit ungefähr vier Ostmark wert.

Die Väter von zwei meiner engsten Freundinnen arbeiteten in West-Berlin. Das lohnte sich für die betreffenden Familien, denn die Wohn- und Lebenshaltungskosten im Osten waren vergleichsweise niedrig; zugleich konnte man begehrte Dinge leichter im Westen kaufen. Meine beiden Freundinnen besaßen zum Beispiel Armbanduhren und Schaumgummipetticoats, und bei einer von ihnen gab es einen Fernsehapparat – so etwas hatte ich noch nie gesehen. West-Grenzgänger – so hießen die im anderen Teil der Stadt arbeitenden Ost-Berliner – waren der SED ein Dorn im Auge. Sie wurden öffentlich als Schmarotzer, Verräter oder sogar als Kriminelle beschimpft, bei der Vergabe von Wohnungen benachteiligt, und ihren Kindern blieb oft das Abitur oder ein Studium verwehrt. Immer mehr der betroffenen Familien siedelten deshalb in den Westen über.

Gehen oder bleiben? Das war Anfang der sechziger Jahre für viele ein drängendes Thema, erst recht, als Gerüchte aufkamen, dass die Grenze dichtgemacht würde. Verstärkt wurden diese Befürchtungen zweifellos durch den SED-Vorsitzenden Walter Ulbricht selbst. Seine berühmte Äußerung vom Juni 1961 – »Niemand hat die Absicht, eine Mauer zu errichten« – beruhigte niemanden. Außerhalb Berlins war die Grenze ja längst geschlossen, und das letzte Schlupfloch, die Grenze zwischen Ost- und West-Berlin, wurde von immer mehr Menschen aus der ganzen DDR genutzt. Im Westradio waren Reportagen aus den dramatisch überfüllten Notaufnahmelagern zu hören, täglich wurden steigende Zahlen von Übersiedlern gemeldet, und auch bei mir blieben Klassenkameraden von einem Tag auf den anderen weg.

Meine Mutter wurde von ihrer Schwester und ihren Freundinnen und Freunden gedrängt, doch endlich auch in den Westen zu kommen – bevor es zu spät sei. Sie wollte den Gerüchten über eine Grenzschließung jedoch keinen Glauben schenken. Vielleicht hatte sie auch einfach Angst vor einem Neuanfang. »Auf eine Witwe mit zwei Kindern werden die da gerade warten«, hörte ich sie einmal sagen. Vor allem aber war meine Großmutter entschieden dagegen, alles für eine ungewisse Zukunft aufzugeben, und niemals hätte meine Mutter sie allein zurückgelassen. Letztlich dauerte es nicht lange, bis sich all diese quälenden Überlegungen erledigt hatten.

4

Eingemauert

Die herrschenden Kreise der Westmächte und Westdeutschlands haben durch die Schaffung des westdeutschen Separatstaates und des Besatzungsgebietes Westberlin Deutschland gespalten und viele menschliche Beziehungen zerrissen. Was kann menschlicher sein, als all das, was hier geschieht und für den Menschen getan wird? So dient der 13. August wahrer Menschlichkeit.

Walter Ulbricht am 13. August 1961 im DDR-Fernsehen

Am frühen Morgen werde ich von lauten Stimmen geweckt. Das ist ungewöhnlich, normalerweise geht es hier ruhig zu. Wie in all den Jahren zuvor verbringen wir auch in diesem Sommer unsere Wochenenden im Bootshaus. Am gestrigen Samstag bin ich gleich nach der Schule losgefahren, mit der S-Bahn von Ostkreuz nach Grünau, weiter mit der Straßenbahn und schließlich ein paar hundert Meter zu Fuß quer durch den Wald zum Bootshaus. Abends nach Geschäftsschluss kommt meine Mutter meistens nach, diesmal erwarte ich sie aber erst heute, am Sonntagmorgen, und ich habe allein im Bootshaus übernachtet. Draußen höre ich jetzt die Stimme meiner Mutter, die aufgeregt mit unseren Nachbarn diskutiert. Es gibt nur ein Thema: *Sie bauen eine Mauer!*

Die Übergänge zwischen Ost- und West-Berlin und damit der letzte noch passierbare Teil der deutsch-deutschen Grenze waren in der Nacht zum 13. August 1961 geschlossen worden. Der S- und U-Bahn-Verkehr zwischen ihnen war blockiert. Angehörige der Kampfgruppen, der Grenz- und der Bereitschaftspolizei der DDR waren seit Mitternacht damit beschäftigt, Gleisverbindungen zu unterbrechen und Straßen aufzureißen, Stacheldraht durch die Stadt zu ziehen, spanische Reiter und Betonsperren aufzustellen. Unter strenger Geheimhaltung hatte die SED seit Wochen die Abriegelung der Grenze vorbereitet. Chruschtschow und die meisten Regierungschefs des Ostblocks hatten dieser Maßnahme zunächst ablehnend gegenübergestanden – zu groß war die Angst vor Sanktionen des Westens oder einer militärischen Eskalation gewesen. Aber Ulbricht hatte sie schließlich überzeugt.

Es war offensichtlich: Die Bevölkerung der DDR wurde eingesperrt. Die offizielle Begründung für die Schließung der Grenze, die der Ministerrat der DDR auf Geheiß der SED veröffentlichte, lautete hingegen: »Zur Unterbindung der feindlichen Tätigkeit der revanchistischen und militaristischen Kräfte Westdeutschlands und West-Berlins wird eine solche Kontrolle an den Grenzen der Deutschen Demokratischen Republik … eingeführt, wie sie an den Grenzen jedes souveränen Staates üblich ist …« Die Tatsachen straften die Erklärung Lügen, denn die West-Berliner durften in den ersten Tagen nach der Grenzschließung noch Ost-Berlin besuchen – dann war auch dies verboten.

In meiner Umgebung gab es niemanden, der nicht entsetzt oder verängstigt war, und man versuchte, sich gegenseitig Mut zu machen: Das kann nicht lange gehen. Das lässt der Westen sich nicht gefallen. Viele der eingesperrten Ost-Berliner verfolgten die Nachrichten, die sie über das Radio aus dem anderen Teil der Stadt erreichten, mit großer Anspannung. Wie würde der Westen reagieren? Was würde John F. Kennedy sagen, der nur wenige Monate zuvor seine Präsidentschaft angetreten hatte? Jahrzehnte später wurde bekannt, was Ulbricht und Chruschtschow im August 1961 längst wussten: Der Westen würde protestieren – und es dabei belassen. Der neue US-Präsident hatte Wochen zuvor in einer Rundfunk- und Fernsehansprache die unabdingbaren Grundsätze benannt, auf denen die Westmächte gegenüber Chruschtschow im Kampf um Berlin bestanden: das Recht der Westmächte auf ihre jeweiligen Sektoren innerhalb Berlins, ihre Zugangsrechte zur Stadt sowie die Sicherheit und die Rechte der Bürger West-Berlins. Die Freiheitsrechte der in der DDR und in Ost-Berlin lebenden Menschen erwähnte er nicht.

Wenige Tage nach dem 13. August fuhren meine Mutter und ich wie geplant auf die Insel Rügen, wo wir mit Urlaubern ins Gespräch kamen, die begierig die Neuigkeiten aus Berlin hörten. Bereitwillig berichtete meine Mutter über alles, was sie erfahren und gesehen hatte, traf aber keineswegs immer auf die Empörung, die sie selber empfand. »Und wo werde ich nun meine Strümpfe herkriegen?«, lamentierte die Frau im Nachbarstrandkorb. Die Verachtung, mit der meine normalerweise tolerante Mutter auf diese törichte Frage reagierte, habe ich noch gut im Gedächtnis.

Sie erlebte den Bau der Mauer als eine persönliche und politische Katastrophe. Über Nacht wurde sie von ihrer Schwester und ihren engsten

Freundinnen und Freunden getrennt. Sie litt am Eingesperrtsein, vermisste den Ku'damm und den Funkturm, die Kinos, die Zeitschriften und ihre Besuche in der Amerika-Gedenkbibliothek. Für mich, die Dreizehnjährige, gab es dagegen Wichtigeres als den Mauerbau. Zwar war ich bis dahin gern und oft im Westen gewesen, aber als mein Zuhause sah ich damals noch nicht die Stadt, sondern meinen Kiez, und meine Freundinnen waren schließlich alle noch da. Außerdem war ich vollauf mit meiner Pubertät beschäftigt.

Bis dahin war zu Hause das Radio gut genug gewesen, aber nun, ohne Ausflüge nach West-Berlin und ohne die von dort mitgebrachten Zeitungen und Zeitschriften, fand meine Mutter, dass ein Fernseher hermüsse. Nach dem Urlaub meldete sie sich umgehend dafür an, das hieß, sie ließ sich unter Vorlage des Personalausweises in einem nahe gelegenen Fachgeschäft registrieren, um dann eine unbestimmte Zeit zu warten, bis sie an der Reihe war. Überraschenderweise konnte sie noch im selben Jahr unser erstes Schwarzweißgerät aus dem VEB Fernsehgerätebau Staßfurt kaufen. Von nun an war es das Fernsehen, das uns mit dem Westen verband. Die *Tagesschau* war ein allabendliches Ritual, und meine Mutter versuchte, möglichst keines der politischen Magazine zu verpassen. Wurden Bundestagsdebatten übertragen, hieß es: »Setzt euch, Kinder, und seht euch das an – das ist Demokratie!« Unter den Unterhaltungssendungen war *Einer wird gewinnen* mit Hans-Joachim Kulenkampff der klare Favorit, aber auch die US-amerikanische Serie *Auf der Flucht* und die berühmten Francis-Durbridge-Verfilmungen, die auch im Osten »Straßenfeger« waren – freilich nur in den Gegenden, in denen westliche Fernsehprogramme überhaupt empfangen werden konnten. Wer eine der Folgen verpasst hatte, konnte am nächsten Morgen im Büro oder in der Schule nicht mitreden. Das DDR-Fernsehen blieb bei uns zu Hause die Ausnahme, allenfalls am Montag wurde »Osten« eingeschaltet, wenn meine Oma *Willi Schwabes Rumpelkammer* sehen wollte, eine Sendung, in der Filmausschnitte alter UFA-Filme gezeigt wurden.

Meine Mutter vermisste ihre Freundinnen und die fröhlichen Abende mit unseren im Westen lebenden Verwandten. Sollte sie jetzt etwa mit ihrer Mutter und den Kindern immer nur vor dem Fernseher sitzen? Sie holte Karten aus dem Schrank und bot Monika und mir an, uns Skat beizubringen. Ich war begeistert. Skat zu lernen war wie ein Ritterschlag für mich, es bedeutete, fast schon zu den Erwachsenen zu gehören, und außerdem war es das Spiel meines Vaters. Ich wusste, dass es ihm gefallen hätte, zu sehen, wie ich ein Kreuz mit Dreien gewann. Meine Mutter spielte mit uns nicht um Geld, und Ausdrücke wie »Hosen runter« mochte sie nicht. Aber ich lernte andere schöne Sätze wie »Bei Grand spielt man Ässe, oder man hält die Fresse«, »Das genügt, sagt der Staatsanwalt!« und »König zu dritt macht immer sein' Ritt«. Was für ein Spiel! Ich mag es bis heute.

Allmählich aber wurde anderes für mich interessanter und wichtiger als die Abende und Wochenenden in der Familie. Zum Missvergnügen meiner Mutter wurde ausgerechnet die Kirchengemeinde für mich so etwas wie ein zweites Zuhause. Dabei war sie es gewesen, die mich genötigt hatte, den Konfirmandenunterricht zu besuchen. Mein Vater stammte zwar aus einem frommen Elternhaus, hatte sich jedoch früh von der Kirche entfernt. Meine Mutter war ebenfalls konfirmiert, hatte danach aber – außer vielleicht bei Hochzeiten oder Taufen – keine Kirche mehr von innen gesehen. Sie war allerdings sicher, dass mein Vater auf einer Konfirmation bestanden hätte – und so besuchte ich also, eher lustlos, den wöchentlichen Konfirmandenunterricht. Der bestand zunächst darin, dass wir unter Anleitung zweier älterer Damen aus der Gemeinde Liedertexte und den Katechismus auswendig lernten – eine ziemlich langweilige Angelegenheit, die ich nur mit einem Buch oder alten *Mickymaus*-Heften auf dem Schoß überstand.

Im Frühjahr 1961 hatte ich als Dreizehnjährige schon an der Jugendweihe teilgenommen: Meine Mutter fürchtete, dass ich ohne diese nicht auf die Erweiterte Oberschule und damit kein Abitur ablegen dürfe. Die meisten aus meiner Klasse hatten ebenfalls Jugendweihe, allerdings erst ein Jahr später, in der achten Klasse. Die evangelischen Kirchen, die es ursprünglich abgelehnt hatten, Jugendliche zu konfirmieren, die auch an der Jugendweihe teilnahmen, hatten irgendwann eingelenkt, beharrten aber auf dem Abstand von einem Jahr zwischen beiden Zeremonien. So stand ich also in meinem Alltagskleid zwischen Mitschülern, die alle ein Jahr älter und festlich gekleidet waren, auf der Bühne. Unten saßen Eltern und Geschwister, nach der Feierstunde würde es ein großes Familienfest geben. »Seid ihr bereit, mit uns gemeinsam eure ganze Kraft für die große und edle Sache des Sozialismus einzusetzen, so antwortet mir: Ja, das geloben wir.« Jetzt waren wir dran: »Ja, das geloben wir.« Ich bewegte nur die Lippen und hoffte irgendwie, dass das Gelöbnis dann nicht gelten würde. Auf der Urkunde, die mir feierlich überreicht wurde, stand ein Zitat von Walter Ulbricht: »Nur derjenige handelt sittlich und wahrhaft menschlich, der sich aktiv für den Sieg des Sozialismus einsetzt.« Bei uns zu Hause fand natürlich keine Feier statt – die Jugendweihe hatte für meine Mutter ungefähr die Bedeutung eines unangenehmen, aber nötigen Zahnarztbesuchs; außerdem war sie ihr peinlich, weshalb von unseren Verwandten niemand etwas darüber erfuhr.

Mein anfängliches Desinteresse gegenüber dem Konfirmandenunterricht verflog, als Schwester Elfriede, Diakonisse und Gemeindeschwester, meine Freundin Margit und mich für den sogenannten Lautenchor anwarb. Dort sangen Frauen und Mädchen zur Gitarre, während die meisten Männer der Gemeinde zum Posaunenchor gehörten. Ich lernte jetzt noch mehr Lieder – manche davon im Rückblick unerträglich, wie zum Beispiel »Es klingt ein Ruf in deutschen Gauen, wer will ein Streiter Christi sein«. Vor allem aber lernte ich Gitarre spielen und fing an, mich in der Gemeinde, die anders war als alles, was ich von zu Hause kannte, wohlzufühlen.

Die Offenbarungsgemeinde in Berlin-Friedrichshain hatte eine sehr schöne kleine Kirche, die 1949 eingeweiht worden war. Sie war eine von mehr als vierzig sogenannten Notkirchen, die vom Bauhaus-Architekten Otto Bartning gebaut worden waren und gestalterisch doch alles andere als Notlösungen darstellten. Baumaterialien waren vor allem Holz, das Gemeinden in Skandinavien und den USA gespendet hatten, und Ziegel, die aus den Trümmern der Umgebung stammten. Die pietistisch geprägte Offenbarungsgemeinde wurde mit fester Hand von Pfarrer Georg Gartenschläger geführt. Traf er einen von uns Konfirmanden auf der Straße, wurden wir sofort streng nach dem Losungswort des Tages gefragt, einem für den betreffenden Tag festgelegten Bibelvers, der von der Herrnhuter Brüdergemeine in einem jährlich herausgegebenen Heft veröffentlicht wurde. Auch mussten wir regelmäßig den sonntäglichen Gottesdienst besuchen. Der Pfarrer sah es außerdem gern, wenn wir zur Stunde der Evangelisation sonntags um 17 Uhr in die Kirche kamen oder in die Bibelstunde am Mittwochabend – am besten beides. Bei diesen Gelegenheiten wurden besonders süßliche Lieder gesungen, auch ein sogenanntes Hingabelied, zu dem einzelne Gemeindeglieder vor den Altar traten, sich auf die eigens dafür zurechtgelegten Polster knieten und im Gebet versanken. Sinn und Zweck all dieser Veranstaltungen und geistlichen Übungen war die Bekehrung, ein geistliches Erlebnis, das einen Christen überhaupt erst zum Christen machte und von dem Gemeindeglieder, sofern sie eine Bekehrung erlebt hatten, oft und gern erzählten.

Das Gemeindeleben hatte aber auch andere Gesichter: Erich Piasetzki, ein begnadeter Kirchenmusiker, sorgte für anspruchsvolle Chormusik und brachte auf der kleinen Orgel, die tatsächlich eine Art Notlösung war, wunderbare Konzerte zu Gehör. Im Keller unterhalb der Kirche befand sich für die jüngeren Gemeindeglieder eine Art von Clubraum mit Tischtennisplatte, und im Nebengelass gab es eine Dunkelkammer, die ich zu meiner großen Freude nutzen konnte – Fotografieren war zu dieser Zeit eines meiner Hobbys. Einmal im Jahr fand ein gemeinsamer Ausflug von Lauten- und Posaunenchor statt, und auch sonst ging es ziemlich familiär und gesellig zu. Pfarrer Gartenschläger legte großen Wert darauf, dass die Kirche stets offen war. Im Wechsel übernahmen Gemeindeglieder deshalb »Wache«, und meine Freundin Margit und ich ließen uns für diesen Dienst gern einteilen. Wir verbrachten ganze Nachmittage im Vorraum der Kirche, erledigten dort unsere Schularbeiten und plauderten mit allen, die vorbeikamen.

Wöchentlich traf sich die Junge Gemeinde, die sich selbst verwaltete und zu der Margit und ich als Jüngste gehörten. Dort lernten wir Manfred Schulze und seinen Bruder Burckhardt kennen. Manfred war im Februar 1963 aus der Haft entlassen worden. Er war »wegen fortgesetzter staatsgefährdender Hetze« zu 14 Monaten Haft verurteilt worden, die er bis zum letzten Tag abgesessen hatte. Sein Vergehen bestand darin, dass er sich geweigert hatte, an den Scheinwahlen am 17. September 1961 zu den örtlichen Volksvertretungen teilzunehmen, und dass er vorher freimütig darüber mit anderen gesprochen hatte. Anscheinend sollte an ihm und zwei anderen Angeklagten, die er nie zuvor gesehen hatte, ein Exempel statuiert werden, denn nach dem Mauerbau gab es viel Unzufriedenheit, und hier und da begehrten Studierende auf. Nach Verbüßung der Haftstrafe hatte sich Manfred darum bemüht, sein Theologiestudium an der Humboldt-Universität fortzusetzen. Doch von deren Seite war »der dauerhafte Ausschluss vom Studium an allen Universitäten und Hochschulen der DDR« verfügt worden. Dies und die entwürdigenden Erfahrungen während der Haftzeit hatten Manfred auf lange Zeit alle Kraft und Lebensfreude genommen. Später kam er in einer Tischlerei unter, machte einen Facharbeiterbrief und blieb in diesem Beruf. Vielleicht hat er sich nach 1990 um seine Rehabilitierung bemüht – doch für einen beruflichen Neuanfang war es da schon zu spät. Die Humboldt-Universität hat leider bis heute kein klares Zeichen gesetzt, das öffentlich an die aus politischen Gründen relegierten oder benachteiligten Studierenden erinnert und die Verantwortung der Universität für zahlreiche zerstörte Biographien benennt.

Als ich Manfred 1963 in der Jungen Gemeinde begegnete, wusste ich nicht viel über ihn, nur, dass er aus politischen Gründen im Gefängnis gewesen war. Er sprach nicht darüber, und ich war fünfzehn und hatte keine Ahnung, was er wirklich durchgemacht hatte. Stattdessen war ich beeindruckt, die Geschichte gab ihm etwas Geheimnisvolles. Von Manfred erfuhr ich, was die Staatssicherheit war und was eine Hausdurchsuchung. Aus lauter Angst, meine Tagebücher, denen ich sämtliche Geheimnisse meines Jungmädchenlebens anvertraut hatte, könnten womöglich auch in die Hände der Stasi geraten, verbrannte ich sie alle, was mir bis heute leidtut.

In den folgenden Jahren standen Glauben und Kirchengemeinde im Mittelpunkt meines Lebens. Meine Frömmigkeit, der meine Mutter völlig verständnislos gegenüberstand, war für mich eine willkommene Möglichkeit, mich innerlich ein Stück von der Familie zu entfernen und einen eigenen Weg zu gehen. Vor allem aber war es mir ernst damit, das zu leben, was ich für richtig erkannt hatte. Die meisten Fotos aus dieser Zeit zeigen keinen fröhlichen oder übermütigen Teenager, sondern ein ernsthaft dreinblickendes junges Mädchen, das sich der Probleme der Welt bewusst ist und zu ihrer Lösung beitragen will. Das hinderte mich zwar nicht, mir als Konfirmationsgeschenk einen Schaumgummipetticoat aus dem Westen zu wünschen, während des Ernteeinsatzes Twist zu tanzen und verzückt der Musik von Elvis Presley, Pat Boone (»Love Letters in the Sand«) oder Ricky Nelson (»Hello Mary Lou«) zu lauschen. Aber vielleicht hätten mir ein paar mehr solcher unbeschwerten Erfahrungen und die typischen Freuden und Sorgen eines Teenagerlebens gutgetan.

In der Jungen Gemeinde beschäftigten wir uns mit Albert Schweitzer und Mahatma Gandhi, mit Martin Luther King, den Geschwistern Scholl und – für mich ganz besonders wichtig – Anne Frank. Wir lasen mit Hingabe Wolfgang Borchert und trugen einander seine Texte vor. Und wir führten anlässlich der jährlichen Sammlung »Brot für die Welt« ein Stück auf, das von Hunger und Krieg handelte und davon, was wir dagegen tun konnten.

Volkmar, Pfarrerssohn und drei Jahre älter als ich, war meine große Jugendliebe. Er machte mich mit den Büchern und Gedichten von Hermann Hesse vertraut. Ich las viele seiner Erzählungen, mit Begeisterung auch den *Steppenwolf*, und lernte die mir liebsten Gedichte auswendig. Eines Tages schenkte mir Volkmar ein von Hand abgeschriebenes Gedicht, das mich sehr beeindruckte: »Die einst vor Maschinengewehren mutig bestanden / fürchten sich vor meiner Gitarre. Panik / breitet sich aus, wenn ich den Rachen öffne …« Wolf Biermann, dessen Namen ich bei dieser Gelegenheit zum ersten Mal hörte, hatte das Gedicht »Antrittsrede des Sängers« 1963 geschrieben, kurz bevor er in der DDR endgültig verboten wurde. Ich lernte bei dieser Gelegenheit zweierlei: erstens, dass es auch Kommunisten gab, die die SED ablehnten, und zweitens, dass diese Kommunisten in der DDR genauso viele Probleme bekommen konnten wie Nicht- oder Antikommunisten.

Zu meinem Glück waren die sechziger Jahre in der DDR durch etwas weniger ideologischen Druck gekennzeichnet als die Jahrzehnte davor und danach. Die SED setzte, nachdem sie das Problem der Massenflucht durch den Mauerbau »gelöst« hatte, auf Befriedung der inneren Verhältnisse. Das betraf zum Beispiel die Zulassungsbedingungen zu weiterführenden Schulen. Es gab Zeiten, in denen Kinder von Selbständigen oder Jugendliche, die zur Jungen Gemeinde gehörten, kaum eine Chance hatten, die EOS – die zum Abitur führende Erweiterte Oberschule – zu besuchen und dort bis zum Abschluss ohne größere Probleme durchzuhalten. Dies wurde nun ein klein wenig großzügiger gehandhabt. Hinzu kam, dass es in der Georg-Friedrich-Händel-Oberschule am Frankfurter Tor, die ich von 1962 bis 1966 besuchte, im Unterschied zur zweiten EOS des Bezirks Friedrichshain ein bisschen lockerer zuging: Zu Beginn des Unterrichts wurde mit »Guten Morgen« gegrüßt und nicht mit dem FDJ-

Gruß »Freundschaft«, auch mussten zur Abiturprüfung keine FDJ-Blusen getragen werden. Mit großer Dankbarkeit erinnere ich mich an diejenigen unter unseren Lehrerinnen und Lehrern, die innerhalb des hoch ideologisierten und von der SED besonders streng kontrollierten Bildungssystems so etwas wie kleine Inseln der Angstfreiheit schufen, den offenen Meinungsaustausch förderten und uns eine Ahnung davon vermittelten, was freier Geist ist oder wenigstens sein könnte. Manche lebten es auch vor: Der große Zeichensaal, in dem Herr Schwarz, unser Kunsterziehungslehrer, Regie führte, war eine solche Insel. Bevor wir Pinsel oder Zeichenkohle in die Hand nahmen, ließ er uns ausladende Körperübungen machen, um unsere Kreativität freizusetzen, und er machte sich gnadenlos über »Tante Fridas Zierdeckchen« lustig, womit er allzu artige und phantasielose Zeichnungen von Schülerinnen und Schülern meinte. Herr Heilbronner, unser Musiklehrer, schrieb zu Beginn der Adventszeit die ersten Zeilen des Weihnachtsoratoriums an die Tafel, wo sie bis nach Weihnachten stehenblieben: »Jauchzet, frohlocket! auf, preiset die Tage / Rühmet, was heute der Höchste getan!« Als ich das später meinen Freundinnen und Freunden, die andere DDR-Schulen besucht hatten, erzählte, wollten sie es nicht glauben. Unvergessen auch die Unterrichtsstunden unseres Deutschlehrers, Herrn Fritze, zu Lessings *Nathan der Weise*. Was er uns anhand der Ringparabel begreiflich machte, blieb haften. Oder Herr Struve, den wir leider nur in einigen Vertretungsstunden erleben durften: »Merken Sie sich eins: Wenn viele Menschen einer Meinung sind, ist daran immer etwas faul!« Nur wer das Bildungssystem der DDR kennt, kann ermessen, was für eine gewagte Äußerung das war und welche Konsequenzen sie unter Umständen hätte haben können. Unsere Französischlehrerin lehrte uns Trinklieder – »Chevaliers de la table ronde / Goûtons voir si le vin est bon« – und brachte uns Charles Aznavour und Jacques Brel nahe. Sie erzählte uns von ihren Freunden in der kommunistischen Partei Frankreichs in einer Weise, die die SED ziemlich blass erscheinen ließ, und verzauberte mit einem Hauch von Pariser Chic und ihrem Charme die Männerwelt der Schule.

Natürlich gab es auch die andere Sorte von Lehrern – die Gedankenpolizisten, die Bekenntnisse zum Sozialismus und einen *klaren Klassenstandpunkt* von uns erwarteten. Zu ihnen gehörte Frau Teschner, die Lehrerin für Staatsbürgerkunde und SED-Parteisekretärin der Schule. Sie ließ uns in der neunten Klasse einen Aufsatz über den Sinn des Lebens schreiben, und es war klar, dass darin die richtige Gesinnung abgefragt werden sollte. Mein Klassenkamerad Peter Leu und ich nahmen das Thema ernst und schrieben über unseren christlichen Glauben und darüber, welche Bedeutung er für uns hatte. Die Stunde, in der die Aufsätze zurückgegeben wurden, geriet zur öffentlichen Demütigung zweier Jugendlicher: Wir beide wurden von der Lehrerin mit Hohn und beißender Kritik überzogen. Insbesondere Peter hatte zu leiden: Er musste aufstehen, während Frau Teschner Passagen aus seinem Aufsatz zitierte, um ihn der Lächerlichkeit preiszugeben.

Als Zeichen der Zugehörigkeit zur Jungen Gemeinde trug ich wie viele andere eine kleine Anstecknadel in Form eines Kugelkreuzes. In der Zeit des Nationalsozialismus war dieses Kugelkreuz zum Symbol junger evangelischer Christen geworden, die sich in der Auseinandersetzung mit den sogenannten Deutschen Christen zur »Bekennenden Kirche« zählten und dafür beträchtliche Risiken eingingen. Auch in der DDR machte sich verdächtig, wer das Kugelkreuz trug. Zwar waren die fünfziger Jahre vorbei, in denen die Junge Gemeinde aggressiv diskriminiert und als feindliche, angeblich von der CIA gesteuerte Organisation bekämpft worden war. Damals hatte die Zugehörigkeit nicht selten dazu geführt, dass Jugendliche der Oberschule oder der Universität verwiesen wurden. Doch nach wie vor beharrte die FDJ auf ihrem Alleinvertretungsanspruch, und da stand das Bekenntnis junger Christen der atheistischen Propaganda in der DDR im Wege. Von Juri Gagarin, dem ersten Menschen im Weltraum, hieß es, dass er von seinem Flug mit der Botschaft zurückkam, er habe dort oben keinen Gott gesehen. Es gab vermutlich keine Schule in der DDR, in der diese »Feststellung« nicht eindringlich vermittelt worden wäre. Ebenso kannte jedes Kind die Gedichtzeilen von Heinrich Heine aus der *Winterreise*: »Ja, Zuckererbsen für jedermann, sobald die Schoten platzen! Den Himmel überlassen wir den Engeln und den Spatzen.« Mehr und mehr bedeutete die kleine Anstecknadel deshalb nicht nur das christliche Bekenntnis, sondern auch Protest gegen Gleichmacherei und die Intoleranz des Staates gegenüber Andersdenkenden. Meine Mutter bat mich inständig, sie abzulegen. Sie fürchtete, wie so oft, Nachteile für mich.

Weil ich zuvor Pionier gewesen war, wurde ich zusammen mit meinen Mitschülern in der achten Klasse, also mit vierzehn Jahren, wie selbstverständlich in die FDJ übernommen. Doch immer mehr bedrängte mich die Frage, ob sich die Mitgliedschaft in der FDJ mit meinen christlichen und politischen Überzeugungen vereinbaren ließe. Erlebnisse wie der Angriff auf meine Weltanschauung im Staatsbürgerkundeunterricht vertieften diesen Zwiespalt.

Es gab mehrere Jugendliche in der Schule, die wie ich das Kugelkreuz trugen. Gut möglich, dass der Schuldirektor an mir ein Exempel statuieren wollte – ich war erst in der neunten Klasse, gehörte also zu den Jüngeren, ich war ein Mädchen, und bei mir stand nicht zu befürchten, dass meine Eltern sich beschwerten oder die Auseinandersetzung suchten. Jedenfalls kam Direktor Hohlweg während einer Pause unangemeldet zu uns in die Klasse und bat um einen Moment Aufmerksamkeit. Marianne Radtke, teilte er mit, sei sowohl in der FDJ als auch in der Jungen Gemeinde, und da beides nicht miteinander vereinbar sei, müsse ich mich entscheiden. Dafür hätte ich zwei Wochen Zeit. Ich ging nach Hause und dachte nach. Ob ich mich mit jemandem beriet, weiß ich nicht mehr; daheim aber erfuhr niemand davon – es war ja klar, was meine Mutter dazu sagen würde. Genau zwei Wochen später stand der Direktor erneut vor der Klasse, um von mir zu hören, wie ich mich entschieden habe. Ich stand auf – das war üblich, wenn man Lehrerfragen beantwortete – und teilte ihm mit, dass ich vorhätte, aus der FDJ auszutreten. Offensichtlich war er davon ausgegangen, dass ich mich anders entscheiden würde, denn nun ruderte er zurück und teilte mit, dass er dies noch nicht als eine endgültige Entscheidung ansehen könne. Es folgten mehrere Gespräche in der Hoffnung, dass ich mir die Sache noch einmal überlegte, darunter eines zu Hause: Meine Klassenlehrerin hatte sich mit meiner Mutter in Verbindung gesetzt, und beide waren sich einig, dass man »das Mädel« daran hindern müsse, sich »die Zukunft zu verbauen«. Wirklich überraschend kam der Versuch meiner Mutter, mich von meiner Entscheidung abzubringen, nicht, aber enttäuscht war ich trotzdem: Warum unterstützte sie mich in dieser schwierigen Situation nicht? Sie dachte doch wie ich! Heute weiß ich: Sie wollte mich schützen, und es gab ja auch allen Grund, mögliche Konsequenzen zu fürchten.

Schließlich folgte noch ein dritter »Auftritt« des Direktors vor der Klasse, bei dem er uns mitteilte, er sei inzwischen zu der Auffassung gelangt, dass trotz meiner Mitgliedschaft in der Jungen Gemeinde mein Austritt aus der FDJ nicht nötig sei. Dieser Sinneswandel war bemerkenswert. War er zu weit vorgeprescht und fürchtete nun, man könne ihm vorwerfen, eine Schülerin aus der FDJ hinausgedrängt zu haben? Möglich, dass er entsprechende Signale von der Parteileitung erhalten hatte. Doch falls er sein Ultimatum bereute, war es zu spät. Der innere Konflikt, in dem ich mich befand, hatte mir ja schon lange zu schaffen gemacht. Nun hatte ich endlich eine Entscheidung getroffen und dachte nicht daran, davon abzurücken. Ich teilte also der FDJ-Leitung in meiner Schule meinen Entschluss, auszutreten, schriftlich mit. Auch eine eigens zu diesem Thema einberufene FDJ-Schulversammlung, in der ich mich rechtfertigen sollte, änderte an meinem Entschluss nichts, wahrscheinlich wurde ich dadurch nur noch bestärkt. Am Ende hatte ich es geschafft: Ich war raus aus der FDJ.

Trotz alldem ging ich auch weiterhin gern zur Schule. Meine Mutter saß oft neben mir, wenn ich Schularbeiten machte, fragte nach und diskutierte mit mir. Ich habe das nie als Kontrolle empfunden, sondern immer als echtes Interesse – vielleicht holte sie ein wenig von dem nach, was ihr, als sie die Schule allzu früh verlassen musste, entgangen war. Ihre Aufgeschlossenheit, insbesondere gegenüber politischen Themen, hat mich geprägt. Gelegentlich sprach meine Mutter mit uns über die Nazizeit und brach damit das Schweigen, das den größten Teil ihrer Generation kennzeichnete: Sie erzählte uns, wie sie am Morgen nach der Pogromnacht im November 1938 durch die Straßen zur Arbeit gegangen war und sich geschämt hatte. Und wie sie 1941 die Nachricht vom Überfall auf die Sowjetunion gehört und geweint hatte – aus Angst und Sorge. Wie mein Vater darüber gedacht hatte und ob er mit meiner Mutter je darüber gesprochen hat, was in Litauen und Serbien geschehen war, ist mir nicht bekannt. Von den Vernichtungslagern habe sie damals nichts gewusst, sagte sie, aber auch, dass sie wohl dunkle Ahnungen gehabt habe und Angst davor, Genaues zu erfahren. Sie schämte sich, all die Jahre geschwiegen zu haben, und machte uns gegenüber aus dieser Scham keinen Hehl. Vielleicht schämte sie sich auch dafür, vor der Wahrheit die Augen verschlossen und nicht nachgefragt zu haben? Aber wer hatte damals solchen Mut aufgebracht? Später erlebte ich meine Mutter immer zwiespältig: Hier die

Botschaft, dass es besser gewesen wäre, gegen Unrecht zu protestieren, und dann wieder – trotz des sehr viel geringeren Risikos – die Ängstlichkeit, wenn ihre Tochter angesichts von Unrecht »den Mund aufmachte«. Trotzdem habe ich meiner Mutter ihre Offenheit uns gegenüber hoch angerechnet. Vielleicht hat sie mich damit, dass sie über ihre Angst und ihre Schwäche sprach, stärker gemacht.

Das Leben hinter der Mauer war Alltag geworden, mein inneres Bild von West-Berlin verblasste im Laufe der Jahre und wurde den Stadtplänen ähnlich, die es im Osten zu kaufen gab und auf denen man westlich der Mauer zunächst nur noch die größeren Straßen und bald bloß noch eine leere Fläche mit ein paar S-Bahnhöfen verzeichnet fand. An die Stelle eigener Erfahrung rückten Bilder aus zweiter Hand, vor allem durch Rundfunk und Fernsehen: Stau auf der Avus in beiden Richtungen, Sperrung der Turmstraße wegen eines Straßenfestes, Premiere im Theater am Kurfürstendamm, Randale in Kreuzberg, »Möbel-Kunst, der wohnt, das weiß ich, Blücherstraße zweiunddreißig«. Daneben bereicherten Besuche aus dem Westen unsere Vorstellungswelt. Ein besonders interessanter und regelmäßiger Gast war Tante Leni, eine Cousine meines Vaters, mit der sich meine Mutter angefreundet hatte. Sie besaß, obwohl sie in Berlin lebte, einen bundesdeutschen Pass und konnte deshalb leichter nach Ost-Berlin fahren als andere West-Berliner. Mit der kleinen und sehr schlanken Leni kam der Duft der großen weiten Welt zu uns – im wörtlichen Sinne, weil sie nach teurem Parfüm und Westzigaretten roch, aber auch durch ihre elegante Kleidung und ihre selbstsichere, weltläufige Art. Ihre Stimme war tief und gurrte ein bisschen – damit hätte sie ohne weiteres Radio-Nachtsendungen moderieren können. Tatsächlich arbeitete Tante Leni für Axel Springer. Details erfuhren wir nicht, aber gelegentlich ließ sie durchblicken, wer dort ein und aus ging; vor allem schwärmte sie vom neuen Hochhaus an der Kochstraße und der Aussicht, die man von ganz oben über die Stadt habe. Später schenkte sie uns ein Foto, auf dem sie im Kreise von Kollegen anlässlich einer Feier – vielleicht war es auch ihre Verabschiedung – zu sehen ist, im Journalistenclub, dem in der obersten Etage gelegenen Heiligtum des Hauses. Wann immer ich heute aus verschiedenen Anlässen dort oben bin, fällt mir unweigerlich Tante Leni ein, für mich damals der Inbegriff einer Dame. Die Kettenraucherin hatte allerdings in ihren jüngeren Jahren, wie es sich uns aus gelegentlichen Andeutungen erschloss, ein eher unkonventionelles Leben geführt, insbesondere was ihre Männerbeziehungen betraf. Als ich erwachsen wurde, ermutigte sie mich denn auch, meinen eigenen Weg zu gehen und vor allem nicht immer das zu tun, was andere von mir erwarten.

Von 1964 an durften Rentner besuchsweise in den Westen fahren, und unsere Oma beantragte sofort eine Reise zu ihrer Tochter Käthe, die mittlerweile in Wiesbaden lebte. Männer erreichten das Rentenalter in der DDR mit 65 Jahren, Frauen dagegen schon mit sechzig – meine Mutter hatte also noch bis Dezember 1973 zu warten, um das erste Mal nach dem Mauerbau in den Westen fahren zu dürfen. Wohl nirgendwo auf der Welt wurde der Eintritt in das Rentenalter von so vielen Menschen so herbeigesehnt wie in der DDR zwischen 1964 und 1989. Auch die Jüngeren rechneten sich aus, wie lange es noch dauern würde. Ilko-Sascha Kowalczuk erzählte mir, dass er und seine Freunde sich auf dem Schulhof bei einem 12., 13. oder 14. Geburtstag dazu beglückwünschten, nun nur noch 53, 52, 51 Jahre warten zu müssen.

Über die Westnachrichten erreichten uns die manchmal dramatischen Berichte von Fluchtversuchen in den Westen, von denen einige auf abenteuerliche Weise gelangen, viel zu viele aber mit Festnahmen und Haft oder schweren Verletzungen, wenn nicht gar tödlich endeten. Der »antifaschistische Schutzwall« kostete allein an der Berliner Grenze mindestens 136 Menschen das Leben, nicht gerechnet diejenigen, die indirekt durch das Grenzregime zu Tode kamen, zum Beispiel durch einen Herzinfarkt beim Passieren der Grenze. Nicht statistisch zu erfassen ist, wie das Leben hinter der Mauer den Alltag beeinträchtigte, wie es sich sozial und mental auswirkte. So gab es zum Beispiel im Bezirk Mitte zehn zugemauerte U-Bahn-Stationen, die zu U-Bahn-Linien gehörten, die auf ihrem Weg vom Wedding nach Neukölln oder von Tegel nach Mariendorf den Osten ohne Halt unterquerten. Wenn ich beispielsweise am Rosenthaler Platz war oder die Friedrichstraße entlangging, konnte ich manchmal das Vibrieren der durchfahrenden Züge spüren, und aus den Luftgittern drang ein warmer Luftzug – sinnliche Botschaften einer anderen, unerreichbaren Welt. Ich träumte immer wieder davon – in einer Mischung aus Wunsch- und Albtraum. Meist befand ich mich in meinen Träumen in einem solchen Zug und hatte plötzlich die Möglichkeit, im Westen auszusteigen, wusste aber nicht, ob ich zurückkommen dürfte, und kämpfte um eine Entscheidung. Später erfuhr ich, dass viele Menschen in Ost-Berlin ähnliche Träume gehabt hatten. Das Leben hinter der Mauer beschäftigte auch unser Unterbewusstsein.

Ein starkes Band zwischen Freunden und Angehörigen in Ost und West waren Briefe und Päckchen. Insbesondere vor Weihnachten bildeten sich lange Schlangen vor den Ausgabestellen der Post, und wer von dort mit einem oder mehreren großen Paketen nach Hause ging, zog oft neidische Blicke auf sich. Schon wenn man noch in der Schlange stand, machte sich etwas von dem unverwechselbaren Westpaketduft bemerkbar, erst recht beim Auspacken. Der Duft kam von der Mischung aus Kaffee, Waschmitteln, Seife, Schokolade und Puddingpulver, den vermutlich am häufigsten von West nach Ost verschickten Dingen. Eine Packung Westkaffee war nicht nur zum Selbertrinken gut – sie konnte auch Türen öffnen und ein Lächeln in das Gesicht der Fleischersfrau zaubern, die sich beim nächsten Mal mit einem Schweinefilet revanchierte. Meine Schwester und ich liebten besonders die weihnachtlichen Pakete von Cousine Dagmar mit Strümpfen, Kleidung oder Kosmetika. Wir revanchierten uns, indem wir Dinge in den Westen schickten, die dort für unsere verwöhnten Verwandten und Freunde von Interesse sein konnten: illustrierte Kinder- und Märchenbücher, Schallplatten mit klassischer Musik, erzgebirgische Weihnachtsfiguren oder Dresdner Stollen. Meine Mutter sammelte – wie später auch ich – das ganze Jahr über diese manchmal nur schwer erhältlichen Sachen, die als Geschenke für den Westen taugten.

Die Staatssicherheit kontrollierte nahezu flächendeckend den grenzüberschreitenden Postverkehr. Briefe wurden geöffnet, kopiert oder einfach einbehalten. Den meisten Menschen war dies bewusst, auch wenn sie die Dimensionen der Überwachung nicht erahnen konnten, und die Postkontrolle war Thema unzähliger Witze: »Postkarte eins: ›Liebe Oma, danke für das schöne kleine Maschinengewehr und die Munition, ich habe beides im Garten vergraben.‹ Postkarte zwei: ›Liebe Oma, Du kannst die Gemüsesamen jetzt schicken, die Stasi hat den Garten umgegraben.‹« Die Postkontrolle galt keineswegs nur jenen Menschen, die aus politischen Gründen unter besonderer Beobachtung standen, auch Millionen »Normalbürger« waren davon betroffen. Manche gingen kreativ mit der

Situation um und legten kleine freundliche, manchmal auch bissige Botschaften oder sogar eine Extratafel Schokolade für die Kontrolleure in die Päckchen. Die Verletzung des Postgeheimnisses war auch Gegenstand künstlerischer Betrachtung, wie zum Beispiel in einem Gedicht von Reiner Kunze – »Briefe ihr / weißen läuse im / pelz des Vaterlands, wartet, / die Post ist / ein kamm!« – oder in Form von Postkarten und Briefen mit Sprüchen, Kollagen, Kleinbildern oder Stempeln, die einen kritischen politischen und sozialen Zeitbezug hatten. Aber auch Amateure erlaubten sich gelegentlich einen Spaß: Im MfS-Archiv fand sich ein Brief mit zwei Marken, eine mit einem Gewehr, das auf die daneben geklebte Marke mit Ulbrichts Kopf zielte. Solche kleinen Signale der Freiheit zogen freilich oft Bespitzelung, Verfolgung und manchmal auch Inhaftierung nach sich.

Lange bevor ich politisch aktiv wurde und ins Visier der Staatssicherheit geriet, schrieb ich regelmäßig längere Briefe an meine Tanten im Westen und berichtete ihnen darin ausführlich von meiner Familie, wie sich die Kinder entwickelten, und aus unserem Alltag. Jahrzehnte später fanden sich diese Briefe mikroverfilmt in den Stasi-Akten.

Mehr als eine Reise zu ihrer Tochter nach Wiesbaden und ein paar Besuche bei den West-Berliner Verwandten waren meiner Großmutter nicht vergönnt – sie wurde krank und starb im Jahre 1965. Monika hatte inzwischen geheiratet, und meine Mutter beschloss, unsere schöne große Wohnung aufzugeben. Sie tauschte sie gegen eine Neubauwohnung in der Singerstraße nahe dem Ostbahnhof mit zwei Zimmern – eines für sie und eines für mich. Niemand musste mehr Kohlen schleppen, alle Räume waren gut geheizt, in Küche und Bad gab es warmes Wasser und vor der Wohnungstür Müllschlucker und Fahrstuhl. Hier war meine Mutter glücklich und fühlte sich bis an ihr Lebensende wohl. Ich sah das etwas anders, aber für mich war diese neue Wohnung ohnehin nur eine Durchgangsstation – bald würde ich auf eigenen Füßen stehen, bis zum Abitur war es nur noch ein Jahr.

Meine Mutter hatte stets Wert darauf gelegt, uns auch in praktischen Dingen zu unterweisen. Wenn sie etwa eine Lampe reparierte oder ein Regal zimmerte, rief sie Monika und mich zu sich: »Kommt her und seht zu, so etwas müssen Frauen können!« Als es um den weiteren Bildungsweg ihrer Töchter nach dem Abitur ging, geriet sie allerdings an ihre Grenzen. Nachdem Monika sich vergeblich um einen Studienplatz als Dolmetscherin beworben hatte, war das Thema Studium vom Tisch, und meine Mutter redete ihr zu, eine Lehrstelle anzunehmen. Als sechs Jahre später für mich eine Entscheidung anstand, war meine Mutter aus Gründen der Gleichbehandlung beider Töchter dagegen, dass ich eine Universität besuchte. Ich hätte gern Germanistik oder Mathematik studiert – die Voraussetzungen dafür waren durchaus vorhanden, und meine Klassenleiterin hatte meine Mutter gebeten, ihre Entscheidung zu überdenken. Doch die stand fest. Vielleicht lag die wirkliche Ursache dafür in ihrer eigenen Geschichte. Immerhin hatten ihre beiden Töchter das Abitur gemacht – verglichen mit den Möglichkeiten, die sie selbst als junges Mädchen gehabt hatte, ein großer Sprung. Mehr als eine sich daran anschließende Berufsausbildung, möglichst für eine Bürotätigkeit, war mit ihren Vorstellungen von einem guten Leben allerdings nicht vereinbar. Vielleicht fürchtete sie auch die jahrelange finanzielle Belastung durch ein Universitätsstudium, denn vermutlich hätten wir als Kinder einer Selbständigen gar kein Stipendium bekommen.

Monika lernte zunächst »Luftverkehrskaufmann« bei der Interflug und arbeitete danach beim Außenhandel – was, so die Meinung von Mutter und Schwester, auch für mich das Richtige sei. Ich fügte mich und kam gar nicht auf die Idee, den Kampf aufzunehmen. Immerhin war ich schon im Besitz eines Facharbeiterbriefs: In den sechziger Jahren war die vierjährige Oberschulzeit nämlich mit einer Berufsausbildung verbunden, für die der wöchentliche »Unterrichtstag in der Produktion« (UTP) und mehrwöchige Praktika in den Schulferien genutzt wurden. Die Auswahl der angebotenen Berufe war allerdings begrenzt, und das Experiment wurde nach wenigen Jahren wieder eingestellt. Mit meinem Berufsabschluss als Fachverkäuferin Foto/Optik/Uhren/Schmuck konnte ich eine Tätigkeit als Exportbearbeiterin bei der Deutschen Kamera- und ORWO-Film GmbH aufnehmen.

Es gab in Ost-Berlin rund fünfzig jeweils für eine bestimmte Branche zuständige staatliche Außenhandelsunternehmen, die sämtliche Export- und Importgeschäfte der DDR verhandelten und abwickelten. Der größere Teil der Geschäfte wurde innerhalb des Rats für gegenseitige Wirtschaftshilfe (RGW), also innerhalb des Ostblocks, abgeschlossen. Die mit dem Westen dienten in erster Linie dazu, im Ostblock nicht verfügbare Technologien und Produkte, vor allem aber Devisen zu beschaffen. Mein Kontor war für den Export von Kameras nach Westeuropa zuständig. Persönliche Kontakte zu unseren Handelspartnern beschränkten sich hauptsächlich auf Begegnungen während der Leipziger Messe. Anfangs gefiel mir die Arbeit, vielleicht war es aber auch nur die neue Welt, die ich kennenlernte, und das Gefühl, erwachsen und berufstätig zu sein.

Nach einem Jahr im Außenhandel erhielt ich einen Qualifizierungsvertrag und wurde zu einem Fachschulfernstudium »Außenwirtschaft« delegiert. Für diese vierjährige Weiterbildung gab es wöchentlich einen arbeitsfreien Tag. Ungefähr zu dieser Zeit wurde ich auf Drängen meiner jüngeren Kolleginnen und Kollegen wieder Mitglied der FDJ. Soweit ich mich erinnere, hing dies mit irgendeinem Wettbewerbsziel des Kollektivs zusammen. Vermutlich wäre es kein nennenswertes Risiko gewesen, nein zu sagen. Warum also gab ich jetzt nach, obwohl ich ein paar Jahre zuvor einiges in Kauf genommen hatte, um auszutreten? Genau weiß ich das nicht mehr, es war mir wohl einfach nicht wichtig. Wahrscheinlich war ich zu dieser Zeit inmitten der unterschiedlichen und teilweise ganz neuen Lebenswelten ein wenig heimatlos, und das machte unsicher und verführbar. Viel später hat mir diese Erfahrung allerdings sehr geholfen zu verstehen, wie widersprüchlich Menschenleben verlaufen können und dass Mut und Anpassung manchmal nahe beieinanderliegen und von vielerlei Bedingungen beeinflusst werden.

Zum Außenhandel gehörten Geschäftsreisen, aber diese waren, soweit es sich um das westliche Ausland handelte, sogenannten Reisekadern vorbehalten und an verschiedene bekannte und unbekannte Bedingungen geknüpft. Zu den bekannten gehörten ein Mindestalter von 26 Jahren, die Mitgliedschaft in der SED und ein Verbot privater West-Kontakte. Wer diese Bedingungen nicht erfüllte, wurde nur im Bereich des RGW-Handels eingesetzt. Manches von dem, was ich in meiner täglichen Arbeit mitbekam, weckte mein Misstrauen. Hinter vorgehaltener Hand erfuhr ich zum Beispiel, dass die Berichte, die von den Reisekadern nach Dienstreisen zu verfassen waren, immer auch einen Teil enthielten, der das Verhalten der mitreisenden Kollegen zum Inhalt haben sollte. Oder ich hörte davon, dass die DDR das internationale Handelsembargo gegenüber Südafrika umging und über ein Drittland Kameras dorthin lieferte – Informationen, die ich nicht überprüfen konnte, die mir aber durchaus glaubhaft erschienen. Trotz dieser Beobachtungen war ich damals aber immer noch ziemlich naiv. Heute weiß man, dass alle Beziehungen zum Westen, und damit auch der Handel, unter ständiger und intensiver Beobachtung der Staatssicherheit standen. Ich kann also davon ausgehen, dass ein beachtlicher Teil meiner ehemaligen Kolleginnen und Kollegen inoffiziell für die Staatssicherheit arbeitete oder sogar auf ihrer Gehaltsliste stand. Nach sechs Jahren, in denen ich zwei Kinder zur Welt gebracht und deshalb real nur drei Jahre gearbeitet hatte, beendete ich meine Arbeit beim Außenhandel. Wahrscheinlich war das mein Glück, denn so geriet ich nicht in die doppelte Gefahr, mich entweder für die Karriere korrumpieren zu lassen oder zu scheitern, weil ich zu Zugeständnissen nicht bereit war.

Meinen zwanzigsten Geburtstag feierte ich im Januar 1968 – am Beginn eines Jahres, das in Mittel- und Westeuropa auf sehr verschiedene Weise in die Geschichte eingehen würde. Für mich fing es großartig an: Seit dem vorigen Sommer war ich über beide Ohren verliebt. Wolfgang Birthler war zwei Jahre zuvor aus Sachsen nach Berlin gekommen und studierte im 5. Semester Veterinärmedizin. Wir hatten uns in der Jungen Gemeinde kennengelernt, sangen zusammen im Chor – er Bass, ich Alt – und waren schon nach wenigen Monaten dabei, gemeinsame Zukunftspläne zu schmieden.

Der Winter verging, und es wurde Frühling. »Prager Frühling«. Wir waren wie elektrisiert: Was geschah in der ČSSR, und was bedeutete das für uns? Nach Jahren der politischen Depression war es wieder spannend, das Radio einzuschalten und Nachrichten zu hören. Der Slowake Alexander Dubček stand seit dem Januar an der Spitze der kommunistischen Partei und hatte begonnen, Reformen einzuleiten. Die tschechoslowakische Gesellschaft war in Bewegung. Presse- und Meinungsfreiheit hielten allmählich Einzug, und in einem im April vorgestellten Aktionsprogramm wurden umfassende Wirtschaftsreformen angekündigt, darunter auch die Aufarbeitung der stalinistischen Vergangenheit. An der Idee des Sozialismus wurde festgehalten – aber es sollte ein demokratischer »Sozialismus mit menschlichem Antlitz« sein. Der Aufbruch in Prag rüttelte auch in der DDR viele Menschen auf, die ihre Hoffnung auf Freiheit und

Demokratie seit Jahren begraben hatten. Den Menschen in der ČSSR flogen deshalb die Sympathien zu, auf der Straße wurde jedem Auto mit einem tschechoslowakischen Kennzeichen zugewinkt. Vielleicht, so dachten viele, würde diese Entwicklung ja ansteckend sein. Vielleicht würden sich die anderen Ostblockstaaten und irgendwann sogar, wenn auch wohl als Letztes, die DDR einer solchen Bewegung anschließen …

In Schmöckwitz am Langer See, 1951

Mit dem Vater auf dem Segelboot, 1949.

»Andreas Radtke – Weine und Spirituosen« – das elterliche Geschäft in der Markthalle am Alexanderplatz.

Großmutter Martha Gotter, 1963.

Weihnachten, 1952.

Im vierten Schuljahr, 1958.

Soldaten der Nationalen Volksarmee am Tag des Mauerbaus vor der Oberbaumbrücke, 13. August 1961.

An der Ostsee, 1958.

Mit Mutter und Schwester in Buckow, 1959.

1964

Mit Ehemann Wolfgang und den Kindern, 1978.

Mit den Töchtern Uta, Eva und Anna, 1979.

Rüstzeit der Schwedter Gemeinde, 1981.

In der Eliasgemeinde als Katechetin, 1982.

Ausgebürgert: Christian Kunert, Gerulf Pannach, Wolf Biermann und Jürgen Fuchs, West-Berlin 1977.

Abschied von ausreisenden Freunden am »Tränenpalast«, Dezember 1985.

Gerd Poppe und Reinhard Weißhuhn auf einem Observationsfoto der Stasi, 1985.

Werner Fischer und Marianne Birthler beim Verlassen eines Gebäudes, Observationsfoto der Stasi, 28. Oktober 1989.

5

Neunzehnhundertachtundsechzig

In Westberlin demonstrierten die Studenten mit roten Fahnen. In Warschau verbrannten die Studenten die roten Fahnen. Welch ein Widerspruch!

Bruno Beater am 14. März 1968
auf einer Stasi-Dienstberatung

Ich ziehe die Eingangstür der Arztpraxis hinter mir zu, gehe langsam die Treppe hinunter und den kurzen Weg zur U-Bahn-Station Frankfurter Allee. Vorsichtig schaue ich nach unten und wundere mich, dass mein Bauch so aussieht wie immer. Ich lege meine Hand darauf. Es müssen geheime Botschaften zwischen Kopf und Hand ausgetauscht worden sein, denn auf einmal fühlt sich die Hand nicht mehr an wie meine Hand auf meinem Bauch, sondern wie meine Hand auf etwas Geheimnisvollem, Unbekanntem. In den nächsten Tagen, wenn es mir gerade wieder unwirklich erscheint, ein Kind zu bekommen, wird die Hand regelmäßig zu meinem Bauch wandern und mir helfen zu begreifen, dass ich nicht mehr nur ich bin, sondern noch jemand anderes in mir trage, einen kleinen Menschen, der in mir heranwächst.

Wie groß der Unterschied zwischen gestern und heute, zwischen Vermutung und Gewissheit ist! Im Moment wechseln sich Freude und Beklommenheit, Ungläubigkeit und Stolz ab. Mein Kopf denkt währenddessen über die praktischen Dinge nach: Was wird mit meiner Arbeit und meiner Ausbildung? Wir brauchen eine Wohnung! Wann und wie erfährt es die Familie? Wolfgang, der schon auf das Untersuchungsergebnis wartet, werde ich erst später am Tag sehen. Meine Mutter, mit der ich noch zusammenwohne, wird zum Glück nicht da sein, wenn ich heimkomme. Ich habe also noch etwas Zeit für mich. Es ist Mittwoch, der 21. August 1968.

Zu Hause angekommen, schalte ich gewohnheitsmäßig gleich das Radio ein und höre zum ersten Mal von den Ereignissen der letzten Nacht: Truppen der Warschauer-Pakt-Staaten sind in die ČSSR einmarschiert. Die Nachricht ist so erschreckend, dass ich meine Schwangerschaft für eine Weile vergesse. Wieder einmal ist eine Hoffnung gestorben, nicht nur für die Tschechen und Slowaken, sondern für fast alle Menschen im Ostblock. Aus dem »Prager Frühling« ist politischer Winter geworden – auf lange Zeit. Überall gibt es nur noch ein Thema. Ich bin so deprimiert wie die ganze Familie und alle unsere Freunde.

Soweit ich mich erinnere, fand am nächsten oder übernächsten Tag im Büro eine Versammlung statt: Alle Mitarbeiterinnen und Mitarbeiter sollten eine Erklärung unterschreiben, in der das Eingreifen der Warschauer-Pakt-Staaten begrüßt wurde. Ich wollte nicht unterschreiben, mir wurde schlecht – wegen dieser Erklärung oder wegen der Schwangerschaft, was weiß ich. Habe ich die Unterschrift verweigert? Oder habe ich sie doch geleistet, woraufhin mir schlecht wurde? Oder wurde mir schlecht, damit ich nicht unterschreiben musste? Meine Erinnerung gibt es einfach nicht mehr her, und die großen Veränderungen in meinem persönlichen Leben rückten in den folgenden Wochen und Monaten alles andere in den Hintergrund. Ausgerechnet in dem Jahr, das den Osten in eine tiefe Depression stürzte und das im Westen für eine ganze Generation zum Markenzeichen eines politischen und gesellschaftlichen Aufbruchs wurde, nahm ich politische Ereignisse zumeist nur aus großer innerer Entfernung wahr.

Wolfgang und ich beschlossen, unsere Eltern aus Gerechtigkeitsgründen zeitgleich davon in Kenntnis zu setzen, dass sie Großeltern wurden. Er fuhr zu seinen Eltern nach Schwedt, ich nahm mir vor, am Abend mit meiner Mutter zu sprechen – nicht ohne vorher meine Schwester um Beistand zu bitten. Den hatte ich auch nötig. »Ist ja eine Katastrophe!«, rief meine Mutter aus, als ich ihr die frohe Botschaft verkündete. Das ist nicht das, was eine junge Frau von ihrer Mutter hören möchte, wenn sie ihr erstes Kind erwartet. Meine Mutter, die sich mit der Geburt ihres ersten Enkelkinds in eine liebevolle und großzügige Großmutter verwandelte, betrachtete Schwangerschaften und kleine Kinder prinzipiell nicht nur als reine Freude, sondern immer auch als erhebliche Einschränkung im Leben einer Frau – diese Meinung bekam ich auch zu spüren, als ich zum zweiten und zum dritten Mal schwanger wurde. Und sie passte zu dem Stoßseufzer, den sie gelegentlich von sich gegeben hatte, als wir noch jünger gewesen waren: »Schafft euch bloß keine Kinder an!«

Wolfgangs Eltern jubelten zwar auch nicht gerade, reagierten aber mit mehr Gelassenheit. Für ihn und mich war klar, dass wir noch vor der Geburt unseres Kindes heiraten würden. Ende der sechziger Jahre war es in der DDR üblich zu heiraten, wenn ein Kind unterwegs war, nicht nur aus traditionellen, sondern auch aus sehr praktischen Gründen. Es herrschte nach wie vor großer Wohnungsmangel, und wenn junge Leute von den Eltern wegziehen und eine eigene Wohnung haben wollten, blieb ihnen zumeist nur der Weg zum Standesamt. Später, ab 1972, bekamen junge Paare unter der Voraussetzung, dass keiner der beiden älter als 26 Jahre war, außerdem einen zinslosen Kredit von 5000 Mark, den sie später »abkindern« konnten: Beim ersten Kind wurden 1000 Mark erlassen, beim zweiten 1500, und mit dem dritten Kind galt der Kredit als getilgt.

Unsere Hochzeit fand im November statt, ich im vierten Monat und mit weißem Kleid, und es gab ein großes Familienfest. Wolfgang und ich waren kaum erwachsen, einundzwanzig und zwanzig Jahre alt, und kamen gar nicht auf die Idee, Einfluss auf den Ort oder den Ablauf der Feierlichkeiten zu nehmen. Dadurch, dass wir zwar gefeiert wurden, unsere Mütter aber alles planten und vorbereiteten, bekam das Ganze einen Hauch von Konfirmation. Jedenfalls würde ich nicht behaupten, dass meine Hochzeit der glücklichste Tag in meinem Leben gewesen sei. Wir ließen uns in der Offenbarungskirche trauen, und für die Feier hatte meine Mutter im Ratskeller des Roten Rathauses einen großen Nebenraum gemietet. Ich habe fast keine Erinnerung an Einzelheiten: Weder weiß ich, was es zu essen gab, noch, welche Reden gehalten wurden, nur, dass mein Schwiegervater ein kleines Trio mit Gitarre, Ziehharmonika und Schlagzeug engagiert hatte. Offenbar hatten unsere Eltern alles gut im Griff, nur die Tischordnung bereitete Probleme: Es musste unbedingt vermieden werden, dass Wolfgangs Tante Eleonore, die als strenge Genossin sogar beim Kochen Kampflieder sang und in der Familie nur »die rote Lore« genannt wurde, bei Tisch mit meiner Westtante Ruth in Berührung kam, einer überzeugten Antikommunistin, die aus ihrer Abneigung gegen die DDR keinen Hehl machte. Oder mit Tante Leni, obwohl die bestimmt nur neugierig zugehört und gelächelt hätte. Erst recht aber mit Onkel Willi aus West-Berlin, der ein echter Reaktionär war und unter Alkoholeinwirkung gern von seinen tollen Erlebnissen als Wehrmachtssoldat erzählte – er wurde damit gestraft, dass eine seiner Töchter ein paar Jahre später Mitglied der SEW wurde, eines West-Berliner Ablegers der SED.

Die Hochzeitsfeier blieb aber friedlich, und am Ende des Tages holten Wolfgang und ich noch schnell mein Deckbett aus der Singerstraße und fuhren stolz in unser gemeinsames neues Zuhause: Prenzlauer Allee, Seitenflügel parterre, aber mit Innentoilette und zwei wenn auch sehr kleinen Zimmern. Ich war so froh über dieses neue Leben, dass es mir nichts ausmachte, auf Zentralheizung und Bad zu verzichten und in eine Wohnung zu ziehen, in der die Küche nie warm war und auch tagsüber die Lampen eingeschaltet blieben, weil es sonst zu dunkel gewesen wäre. Die meisten unserer Freunde wohnten in ähnlichen Verhältnissen, und wie sie redeten auch wir sie schön: Immerhin war ja der Weg in den Kohlenkeller vom Parterre aus kurz, das Kind und der schwere Kinderwagen mussten nicht immerzu die Treppen hinauf- und hinuntergeschleppt werden, und wir hatten es nicht weit bis zur Wohnung meiner Schwester – dort konnten wir duschen oder baden.

Am 18. April 1969, einem verspäteten Wintertag mit Sturm und Schnee, wurde unsere Tochter Anna geboren. In der Klinik herrschten Regeln, die heute schwer vorstellbar sind. Väter waren im Kreißsaal nicht zugelassen, und mit der Begründung, dass Mutter und Kind nach der Geburt Ruhe bräuchten, wurden die beiden für volle vierundzwanzig Stunden voneinander getrennt. In den Tagen darauf wurden die Kinder alle vier Stunden zum Stillen gebracht und dann wieder abgeholt. Dazwischen hatten die Mütter keinen Kontakt zu ihren Kindern – das Betreten der Säuglingszimmer war verboten. Die Ärmel der Kinderjäckchen waren völlig überflüssigerweise zugenäht, angeblich damit die Babys sich nicht das Gesicht zerkratzen können. Mehr als den Kopf meiner kleinen Tochter bekam ich deshalb erst zu sehen, als wir endlich mit ihr zu Hause waren. Überall – im Krankenhaus, in der Mütterberatung und in den einschlägigen Büchern – wurde großer Wert auf den regelmäßigen Rhythmus der Mahlzeiten gelegt. Alle vier Stunden durften und sollten die Kinder gestillt werden oder ihre Flasche bekommen – nur so, hieß es, würden die Kinder sich beizeiten an einen gesunden Lebensrhythmus gewöhnen. Wenn sie zwischenzeitlich schrien, müsse man nur konsequent durchhalten, dann würde sich das Schreien bald legen. Bei meiner Tochter und mir hat das zum Glück nicht lange funktioniert, nach kurzer Zeit hat sie ihre Mahlzeiten bekommen, wann sie es wollte, und das war für uns beide besser. Nach ein paar Wochen »erlaubte« mir die Kinderschwester in der Mütterberatung, von sechs auf fünf Mahlzeiten am Tag überzugehen. Ich traute mich nicht, der Autorität im weißen Kittel die Wahrheit über unsere Regelverletzung mitzuteilen, sondern nickte nur und schwieg.

In Krippen wurden Kinder bis zum dritten Lebensjahr betreut. Da viele Familien dringend auf ein zweites Gehalt angewiesen waren und es ein bezahltes Babyjahr erst von 1976 an gab, wurden die meisten Kinder gleich nach dem »Wochenurlaub« zur Krippe gebracht, Anfang der siebziger Jahre also schon im Alter von drei Monaten. Da die Mehrzahl der Mütter ganztags arbeitete – Teilzeitarbeit war nicht gern gesehen und schlecht bezahlt –, fing der Tag früh an. Krippen und Kindergärten, genannt »Einrichtungen«, waren ab sechs Uhr geöffnet, und in den S-Bahnen und Straßenbahnen waren um diese Zeit schon viele Mütter mit ihren müden und oft weinenden Kindern unterwegs. Abgeholt wurden die Kleinen häufig erst um 17 Uhr, dann folgten Besorgungen und Einkäufe, die regelmäßig mit langem Schlangestehen verbunden waren. Kein Wunder, dass etliche Frauen trotz eines monatlich zugestandenen freien »Hausarbeitstages« versuchten, einen Teil der »Rennereien« mal schnell während der Arbeitszeit zu erledigen. Da alle wussten, wie der Alltag berufstätiger Mütter aussah, drückten die Vorgesetzten meist ein Auge zu; es blieb ihnen aber auch nicht viel anderes übrig, weil sich die Mütter ansonsten noch öfter krankgemeldet hätten. Natürlich gab es kein Recht auf private Erledigungen während der Arbeitszeit, aber es wurde doch irgendwie selbstverständlich in Anspruch genommen: »Solange mir meine Haare während der Arbeitszeit wachsen, lasse ich sie mir auch während der Arbeitszeit schneiden!«

Ich nahm die Möglichkeit einer unbezahlten Freistellung für ein Jahr in Anspruch. Wolfgang bekam, seit wir verheiratet waren, um die 200 Mark Stipendium, außerdem unterstützten unsere Eltern uns. Schließlich gelang es mir, die Zeit der Freistellung um ein weiteres Dreivierteljahr zu verlängern. Dann aber blieb mir nichts übrig, als an meinen Arbeitsplatz zurückzukehren.

Hausfrau zu bleiben wie ich galt in der DDR als ungewöhnlich. Bei einem ihrer Besuche machte mir Wolfgangs Tante, »die rote Lore«, deshalb

Vorhaltungen: Es sei egoistisch von mir, dem Sozialismus meine dringend benötigte Arbeitskraft vorzuenthalten. Sie selber hatte ihre Kinder von früh an sogar in die Wochenkrippe gebracht – dort wurden die Kinder Montag früh abgeliefert und erst zum Wochenende wieder abgeholt.

Anna war also fast zwei Jahre alt, als sie zum ersten Mal die Krippe besuchte, und es war vom ersten Tag an schrecklich. Eingewöhnungszeiten wie heute, bei denen die Kinder zusammen mit einem Elternteil zunächst nur ein paar Stunden die Krippe besuchen und dann allmählich immer länger bleiben, gab es nicht, im Gegenteil: Ich wurde, wenn ich mit Anna ankam, gebeten, so schnell wie möglich wieder zu gehen, weil das Kind sich sonst nicht daran gewöhne, ohne mich dazubleiben. Anna weinte jeden Morgen, wenn ich sie ablieferte, und ich tat es ihr gleich, wenn ich die Tür hinter mir geschlossen hatte. Das kommt davon, knurrte eine der Erzieherinnen, das kommt davon, wenn man die Kinder erst so spät in die Krippe bringt: Kinder, die schon mit drei oder sechs Monaten aufgenommen würden, machten nicht solche Probleme. Jetzt wurde mir also auch noch vorgehalten, dass ich mein Kind so lange zu Hause behalten hatte! »Wenn du die Krippe nicht akzeptierst, wird dein Kind das auch nicht tun«, sagte eine Kollegin zu mir. Hatte sie recht? Immerhin besuchten Abertausende kleine Kinder die Krippe, ohne dass es wie bei uns größere Probleme gab. Wir hielten zwei oder drei Monate durch, aber jeder Tag war ein Tag zu viel. Anna wehrte sich, indem sie immer wieder an Bronchitis erkrankte, und ich war erleichtert, dann mit ihr zu Hause bleiben zu können. Schließlich erbarmte sich die Kinderärztin und attestierte unserer Tochter Krippenunfähigkeit. Ich ließ mich sofort wieder freistellen, packte unsere Sachen und verbrachte mit dem Kind den Sommer im Wochenendhaus meiner Schwiegereltern am Üdersee, auf halber Strecke zwischen Berlin und Schwedt.

Wolfgang schloss sein Studium 1971 ab. Hochschulabgängern wurde nach dem Staatsexamen im Rahmen der sogenannten Absolventenlenkung für drei Jahre ein Arbeitsplatz zugewiesen. Streng genommen hatten sie jeden Einsatzort zu akzeptieren, aber wer Glück hatte, konnte zwischen verschiedenen Möglichkeiten wählen. Es war klar, dass Wolfgang als Tierarzt in der Landwirtschaft arbeiten würde, aber wo? Er bekam eine Stelle im Kreis Angermünde, nördlich von Berlin im heutigen Brandenburg, angeboten und griff zu. Wenn wir schon aus Berlin wegziehen mussten, dann nicht so weit. Und immerhin wohnten seine Eltern in Schwedt an der Oder, wir hätten sie also auch in der Nähe.

Mein Schwiegervater Richard Birthler war Chemiker und Anfang der sechziger Jahre nach Schwedt versetzt worden, um in der dortigen Erdöl-Raffinerie eine Leitungsfunktion zu übernehmen. Er war viele Jahre Produktionsdirektor, obwohl er nie Mitglied der SED oder einer Blockpartei war. Wie viele hochkarätige Naturwissenschaftler oder Techniker zu dieser Zeit verfügte er über einen sogenannten Einzelvertrag, mit dem die Regierung Spitzenkräfte binden und halten wollte und der den davon Begünstigten eine Reihe von Vorteilen sicherte. Zu den vertraglich festgelegten Privilegien meines Schwiegervaters gehörten neben einem stattlichen Einkommen und Ruhestandsbezügen, die für DDR-Verhältnisse ungewöhnlich hoch waren, die bevorzugte Versorgung mit Wohnraum, das Anrecht, günstig und ohne Wartezeit einen Pkw nach Wahl zu kaufen, und die freie Wahl von Studienplätzen für die eigenen Kinder. Meine Schwiegermutter Liselotte Birthler war seit Kriegsende Hausfrau. Davor war sie – bis zu ihrem vierundzwanzigsten Lebensjahr – von Beruf Maidenführerin gewesen, also Funktionärin des Reichsarbeitsdienstes. Sie ließ mich einmal in ihre Tagebuchaufzeichnungen aus jener Zeit schauen. Was ich da las, war der Bericht einer glühenden Anhängerin von Adolf Hitler, die einem Besuch entgegenfieberte, den der Führer dem Ort abstattete, an dem sie im Einsatz war. Wir waren auf das Thema gekommen, als sie mir erklären wollte, warum sie nach 1945 beschlossen hatte, sich nie wieder um Politik zu kümmern und schon gar nicht irgendeine Partei zu unterstützen. Seitdem widmete sie sich der Familie, vor allem ihren drei Kindern, war in der Kirchengemeinde und im Kulturbund aktiv und mit ihrer Liebe zur Musik und zur Literatur so etwas wie das kulturelle Zentrum der Großfamilie.

Unser zweites Kind war unterwegs. Wolfgang hatte seine Arbeit als Tierarzt begonnen, wohnte, bis wir eine Bleibe gefunden hatten, bei seinen Eltern und bereitete unseren Umzug nach Schwedt vor. Da ich wieder arbeiten musste, hütete meine Schwiegermutter Anna, und ich pendelte an den Wochenenden zwischen Berlin und Schwedt hin und her. Uta, unsere zweite Tochter, wurde im Mai 1972 in Berlin geboren, Anna war gerade drei Jahre alt geworden. Wolfgang und sie holten mich und das Baby von der Klinik ab, und zu viert fuhren wir gleich von dort aus die hundert Kilometer nach Schwedt – in unsere neue Wohnung.

In Schwedt an der Oder lebten damals etwa 50 000 Menschen, fast alle wohnten in Neubauten. Die meisten arbeiteten entweder im PCK, dem Petrolchemischen Kombinat, oder in der Papierfabrik. Ein paar Monate vor unserem Umzug waren wir durch die Stadt gefahren, auch in das gerade erst fertiggestellte Quartier am westlichen Stadtrand, um unsere künftige Wohnung zu besichtigen. Die Fahrt war für mich mehr als ernüchternd gewesen. Das sollte mein neues Zuhause sein? Eine Stadt, in der nicht eine einzige Straße zum Spazierengehen und Bummeln einlud? In der es, bis auf die wenigen Gebäude, die der Krieg übrig gelassen hatte, keine schönen Häuser gab, an denen der Blick hätte hängenbleiben können? Und dann hatte es auch noch geregnet.

Schwedt war nicht nur die Stadt des Erdöls und der Papierherstellung, sondern auch die Stadt des einzigen Militärgefängnisses der DDR. Über den berüchtigten »Armeeknast« wurden hinter vorgehaltener Hand Geschichten von harten Strafen und unerträglichen Haftbedingungen erzählt. »Schwedt« oder »1330«, die Postleitzahl der Stadt, waren für Soldaten angstbesetzte Chiffren. Auf den Maßbändern, die sich viele Soldaten in den letzten 150 Tagen ihres Wehrdienstes in die Stuben hängten, um jeden Tag einen Zentimeter davon abzuschneiden, war die Zahl 133 mit einem Gitter versehen. Die Menschen in Schwedt wussten über das Militärgefängnis nicht mehr als andere DDR-Bewohner. Das Gelände lag weit entfernt von Wohnsiedlungen, in der Nähe des PCK, und war weiträumig abgesperrt.

Unsere Wohnung befand sich in der ersten Etage eines fünfgeschossigen Hauses, Typ P 2, also mit einer innenliegenden Küche, die kein Fenster, dafür aber eine Durchreiche zum Wohnzimmer besaß. Das Wohnviertel hieß WK 7, »WK« für Wohnkomplex – interessantere Namen gab es für die Stadtteile nicht. Für die Trostlosigkeit der Stadt und die Eintönigkeit der Architektur entschädigte uns ein wenig der Umstand, dass wir nun direkt am Wald wohnten. Wenn wir auf dem Balkon standen, konnten wir seinen Duft wahrnehmen und die Vögel singen hören. Ich kletterte, das Neugeborene im Arm, froh und erwartungsvoll aus dem Auto. Nach all den Jahren in einer kalten und engen Parterrewohnung freute ich mich nun auf eine helle, warme Wohnung mit vier Zimmern und einem Bad. Vor allem lebten wir jetzt endlich wieder beisammen, denn ich hatte meine Tätigkeit im Außenhandel endgültig aufgegeben. Wir hatten Monate der Unruhe und der Pendelei hinter uns, und ich konnte mir nichts Schöneres vorstellen als einen ganz normalen Familienalltag mit unseren beiden Töchtern – ohne Außenhandel, ohne Krippenstress und ohne kalte Füße.

Ich genoss unser endlich etwas entspanntes Leben. Uta schlief – ein Wunder! – von Anfang an nachts sechs Stunden durch. Anna besuchte den katholischen Kindergarten in der etwa sechs Kilometer entfernten Schwedter Innenstadt. Sie täglich dorthin zu bringen war etwas umständlich, aber die Sache wert: Kindergärten der evangelischen oder katholischen Gemeinden, die es in vielen Städten gab, hatten zu Recht einen guten Ruf. Es ging dort ruhiger und großzügiger zu, und vor allem blieb unserer Tochter wenigstens für die nächsten drei Jahre eine sozialistische, ja militaristische Erziehung erspart. In den staatlichen Kindergärten war beispielsweise das Lied »Hör ich die Soldaten singen / Laß ich all mein Spielzeug stehn, / Und ich renne auf die Straße, / Die Soldaten muß ich sehn« sehr verbreitet. Zu den wenigen erhalten gebliebenen Gebäuden der Schwedter Altstadt gehörten die Katharinenkirche und das Gemeindehaus, aber die neueren Stadtteile lagen weit entfernt, und die Busverbindungen am Abend und am Wochenende waren schlecht. Bis in die achtziger Jahre hinein durften in den großen Neubaugebieten der DDR keine Kirchen oder Gemeindehäuser errichtet werden; also musste die Kirche versuchen, das Gemeindeleben auch dort aufrechtzuerhalten, wo es keinen Raum dafür gab. Das größere Problem kirchlicher Arbeit in Neubaugebieten war aber die Sozialstruktur: Die meisten Menschen waren erst in den sechziger Jahren aus allen möglichen Gegenden der DDR hierhergezogen und hatten ihre familiären und sozialen Verankerungen hinter sich gelassen. An ihrem neuen Wohnort gab es für die meisten keinen Anlass, den Kontakt zur Kirche, der früher, vermittelt durch die Eltern oder durch Freunde aus dem Konfirmandenunterricht, noch bestanden hatte, neu zu knüpfen.

In Schwedt lebten überwiegend junge Familien, und die Kirchengemeinde musste sich etwas einfallen lassen, um sie zu erreichen. Das interessierte mich. Ilse Biedermann, die örtliche Pastorin und um eine

Generation älter als ich, lud mich ein, in einer kleinen Gruppe Ideen für einen monatlichen offenen Abend zu sammeln. Sie wurde für mich so etwas wie eine Mentorin, der ich viel verdanke, übertrug mir die Moderation ganzer Abende, gab mir Feedback und empfahl mir Literatur, schickte mich nach Berlin zu Diskussionen, zu denen der Bischof eingeladen hatte, und ermutigte mich immer wieder, Neues auszuprobieren. Später brachte sie mich auf die Idee, mich für eine theologische und gemeindepädagogische Weiterbildung zu bewerben.

Themen für den offenen Abend gab es genug, vor allem solche, über die in Buchhandlungen oder Zeitungen nichts zu finden war. Manchmal wurden Referenten eingeladen, ansonsten bereitete jemand von uns den Abend vor. Daneben entstanden Hauskreise: kleine Gruppen mit höchstens einem Dutzend Mitgliedern, die sich eigenständig organisierten und monatlich in einer von ihren Wohnungen trafen. Die inhaltliche Vorbereitung erfolgte reihum. Ab und zu organisierten wir Familienrüstzeiten – gemeinsame Fahrten in eines der kirchlichen Heime der Umgebung, meistens für ein Wochenende, manchmal auch länger. Üblicherweise stand dabei ein bestimmtes Thema im Mittelpunkt, auch Bibelarbeiten, aber das Wichtigste waren das Erlebnis von Gemeinschaft und die offenen Gespräche am Abend – wenn die Kinder in den Betten lagen.

Meine Unsicherheiten im Umgang mit unseren Kindern hatten mein Interesse an pädagogischen Fragen geweckt, und was ich dazu an Büchern in der DDR fand, war reichlich hausbacken, oft auch ideologisch befrachtet. In dem Erziehungsratgeber *Das Vorschulkind* aus dem Jahr 1970 hieß es beispielsweise: »Wie stolz und glücklich dürfen wir sein, uns Gedanken zu machen über die Bildung und Erziehung unseres Vorschulkindes, das in einem sozialistischen Staat, in einem Staat der Arbeiter und Bauern aufwächst, wo ihm alle Möglichkeiten der persönlichen Entwicklung offenstehen … Ob Junge oder Mädchen – gleichviel –, es hat bei uns alle Möglichkeiten. Alle Fähigkeiten und Talente können sich entfalten unter den Bedingungen, die wir in unserer Republik geschaffen haben … Ob das Mädchen einmal Mathematikerin wird? Der Junge vielleicht ein tüchtiger Facharbeiter oder ein ›Held der Arbeit‹ – wer kann es wissen?« Auf ein pädagogisches Umdenken und auf Reformen, wie sie im Westen Anfang der siebziger Jahre begonnen hatten, konnten wir lange warten. Also besorgte ich mir Bücher aus dem Westen, darunter *Familienkonferenz* von Thomas Gordon, das partnerschaftliche Konfliktlösungen in Familien behandelte. Das war es, wonach ich gesucht hatte. Ich verschlang das Buch geradezu, arbeitete einen Vortrag darüber aus und stellte es im Hauskreis vor. Dann kam *Ich bin o. k. – Du bist o. k.* von Thomas A. Harris dran, ein Buch zur Transaktionsanalyse, danach *Grundformen der Angst* von Fritz Riemann. Dass ich mich vor allem mit Büchern beschäftigte, in denen es um Kommunikation ging, kam nicht von ungefähr, auch wenn ich die politische Bedeutung des Themas erst ein paar Jahre später verstand.

Wolfgang spezialisierte sich währenddessen auf Umweltthemen, sein Beruf hatte ihn darauf gebracht. Als Tierarzt wusste er, welche schlimmen Folgen zum Beispiel die Massentierhaltung hatte, und er konnte Vorträge darüber in einer Weise halten, dass seinen Zuhörern zumindest für eine Weile der Appetit auf Fleisch und Wurst verging.

Die Empfehlungen für die Bücher, die ich las und den anderen vorstellte, stammten aus Gesprächen mit Freunden aus dem Westen, manchmal auch aus Buchbesprechungen, die ich im Westradio gehört hatte. Meine Schwiegermutter durfte als Invalidenrentnerin in den Westen fahren und brachte uns öfter Bücher mit. Weil es verboten war, Druckerzeugnisse einzuführen, verpackte sie sie in leergegessene Konfektschachteln und zog sorgfältig die Zellophanhülle wieder darüber. Wäre ein Grenzer auf die Idee gekommen, eine solche Schachtel zu öffnen, was allerdings nie vorkam, hätte sie die Überraschte gespielt: Dafür, dass ihre Westverwandten ihr dieses Buch untergejubelt hatten, konnte sie schließlich nichts. Zu den Konfektschachtelbüchern gehörten *Es muss nicht immer Kaviar sein* von Johannes Mario Simmel und mehrere Titel von Luise Rinser, die meine Schwiegermutter verehrte, aber auch Bücher, die wir uns von ihr wünschten: George Orwells *1984*, *Fünf Tage im Juni* von Stefan Heym oder *Die Revolution entlässt ihre Kinder* von Wolfgang Leonhard.

Im Vergleich zu den wilden Zeiten, die die meisten meiner späteren Freunde zur gleichen Zeit erlebten, war mein Leben in den siebziger Jahren vielleicht nicht langweilig, aber doch ziemlich brav: Von sexueller Freizügigkeit keine Spur, und der Drogenkonsum beschränkte sich auf Wein oder Wodka-Cola und Zigaretten. Mein Musikgeschmack entsprach in etwa dem, was Lord Knud in den *Schlagern der Woche* oder noch mehr vielleicht in seiner Sendung *Evergreens à Go-Go* am Samstagvormittag zu Gehör brachte. Die Möglichkeiten eines aufregenderen Lebens hielten sich für eine Familie mit kleinen Kindern ohnehin in Grenzen, aber ich sehnte mich auch gar nicht danach.

Dreh- und Angelpunkt meines Lebens waren in jenen Jahren trotz aller anderen Aktivitäten meine Kinder. Unsere Große, Anna, besuchte wie erwähnt den katholischen und damit einzigen nichtstaatlichen Kindergarten in Schwedt, Uta blieb, bis sie drei Jahre alt war, bei mir zu Hause. Das Thema Krippe hatte sich für uns nach den Erfahrungen, die wir mit Anna gemacht hatten, ein für alle Mal erledigt. Die damit verbundenen finanziellen Einschränkungen nahmen wir in Kauf, Wolfgangs Tierarztgehalt war zwar nicht üppig, aber es reichte für uns.

Im November 1973 wurde Wolfgang für achtzehn Monate zum Grundwehrdienst einberufen. Anna war vier Jahre alt, Uta eineinhalb, und ich war mit unserer dritten Tochter schwanger. Zwar war es üblich, einen Vater von bald drei Kindern vom Wehrdienst freizustellen, aber Wolfgang hatte bei der Musterung zu erkennen gegeben, dass er den Dienst mit der Waffe verweigern und Bausoldat werden würde. Wer sich so entschied, war politisch verdächtig und musste mit Nachteilen rechnen, und natürlich war auch der Antrag auf Befreiung vom Grundwehrdienst, den wir mit Verweis auf unsere familiäre Situation gestellt hatten, von vornherein chancenlos. Anders als die Zivildienstleistenden im Westen gehörten Bausoldateneinheiten, die es seit 1964 gab, zur Armee: Die Bausoldaten trugen die Uniformen der Nationalen Volksarmee (NVA), waren durch einen Spaten auf ihren Schulterklappen gekennzeichnet und unterlagen vollständig der militärischen Disziplin.

Wolfgang leistete seinen Dienst im Norden der DDR auf Baustellen ab. Urlaub gab es selten, allerdings schaffte er es irgendwie, sich immer mal wieder in Zivilkleidung davonzumachen und illegal zu uns nach Hause zu kommen. Ich freute mich über jeden seiner Besuche – aber »Unerlaubtes Entfernen« war ein grober Verstoß gegen die Regeln, die Strafe dafür unkalkulierbar.

Telefone gab es in unserem Wohngebiet noch nicht, Briefe waren zu dieser Zeit die einzige Möglichkeit, miteinander in Verbindung zu bleiben. Auch als wir später einen der ersten behelfsmäßig verlegten Telefonanschlüsse erhielten, blieb das so: Für Soldaten war es so gut wie unmöglich, mit ihren Familien zu telefonieren, ohne dass irgendjemand mithörte. Die ersten Briefe erzählen davon, wie mein Mann versuchte, sich an das Armeeleben zu gewöhnen. Für einen bereits seit Jahren berufstätigen Familienvater war es besonders schwer, plötzlich keine Privatsphäre mehr zu haben, unsinnige Befehle auszuführen und die primitiven, manchmal auch entwürdigenden Lebensumstände in den Kasernen auszuhalten – Toilettenkabinen ohne Tür sind nur eines von vielen Beispielen. Einen Ausgleich bildete die Tatsache, dass Bausoldaten wenigstens in überwiegend guter Gesellschaft waren. Unter denjenigen, die sich für den Dienst ohne Waffen entschieden hatten, war, wie nicht anders zu erwarten, der Anteil nachdenklicher und belesener Männer vergleichsweise hoch, und so entstanden Netzwerke, die für die Entwicklung einer unabhängigen Friedensbewegung noch von großer Bedeutung werden sollten. Nicht ohne Grund sah das MfS in den Bausoldateneinheiten eine »Konzentration feindlicher Kräfte«.

In meinen Briefen erzählte ich Wolfgang vom Alltag mit zwei, dann drei kleinen Kindern. Der war nicht immer einfach zu bewältigen, auch wenn meine Schwiegereltern, meine Mutter und meine Schwester mich unterstützten. Besorgungen oder Arztbesuche waren ohne Telefon und Auto nicht leicht zu organisieren. Annas Kindergarten befand sich am anderen Ende der Stadt, und nicht selten stand ich auf der Straße und schaute den Rücklichtern eines davonfahrenden Busses hinterher, weil dieser mal wieder keine Kinderwagen beförderte. Vor allem aber erzählen die vielen Briefe vom Winter 1973 bis zum Frühjahr 1975 von den Kindern. In ihnen finden sich viele kleine Geschichten und Anekdoten, stolze Berichte an den abwesenden Vater über Eigenheiten und Entwicklungsschritte der drei Töchter. Aber auch meine Überforderung wird spürbar. Ich war sehr jung, noch nicht einmal 26 Jahre alt, als im Januar 1974 unsere dritte Tochter, Eva, geboren wurde. Im Januar 1974 war sie zur Welt gekommen. Eine Nachbarin hatte sich bereiterklärt, meine Schwiegermutter zu benachrichtigen, die auf die beiden Großen aufpassen sollte. Sie und der Krankenwagen, der mich in die Klinik bringen würde, trafen gleichzeitig ein. Die Entbindungsstation war mir fremd, und ich kannte keine der Hebammen. Erst viele Jahre später, als meine Enkel zur Welt kamen, wurde mir klar, wie allein die meisten Frauen meiner Generation gewesen waren, als sie ihre Kinder zur Welt brachten, wie allein auch ich war. Wolfgang war, während ich im Kreißsaal lag, zum Glück schon unterwegs zu uns, und mit ein paar Tricks gelang es ihm, fast zwei Wochen bei seiner Familie zu bleiben. Mehr als ein Jahr später – unsere Jüngste konnte schon laufen – hatte er die Armeezeit endlich hinter sich.

Bald darauf zogen wir nach Berkholz, einer kleinen Ortschaft nur wenige Kilometer von Schwedt entfernt. Eine neue Lebensphase begann – in einem großen Haus mit Garten und in dörflicher Umgebung. Der »Herr Doktor«, wie der Tierarzt auf dem Land genannt wurde, genoss bei den Bauern Respekt. Für seine Hilfe dankten sie ihm mit Koteletts und einem Eimer Grützwurst nach der Schlachtung, mit selbstgemachter Leberwurst und, vor allem im Frühjahr, mit Schüsseln voller Eier. Wer sollte die alle essen? Dank meiner Mutter, die in ihrem Laden reinen Alkohol für mich reservierte, verarbeitete ich den Überfluss zu Eierlikör und beglückte damit Angehörige und Freunde. Und auch sonst führte ich von nun an das Leben einer Hausfrau auf dem Lande. Ich pflanzte Blumen und Tomaten, setzte Holundersekt und Rumtopf an, legte Birnen und Senfgurken ein, kämpfte gegen Wühlmäuse um unsere Rosenstöcke, hängte Wäsche im Garten auf – immer hübsch eine weiße und eine rote Wäscheklammer im Wechsel –, strickte Pullover und Jacken für die Kinder, nähte Gardinen, feierte Kindergeburtstage und kochte jeden, tatsächlich jeden Tag ein Mittagessen. Nebenher arbeitete ich als Hilfskraft für die Tierärztliche Gemeinschaftspraxis, nahm am Telefon Aufträge entgegen und desinfizierte medizinische Instrumente. An Wochenenden und Abenden waren oft Gäste da, auch die Tierarztkollegen saßen viel beieinander, manchmal schon tagsüber, wobei kräftig Wodka und Cola getrunken wurde. Dass sie alle Autos vor der Tür und die meisten noch zu arbeiten hatten, sah damals niemand als ein Problem an.

Die vier Orte, an denen die Einwohner von Berkholz aufeinandertrafen, waren der Kindergarten, eine LPG-Küche, ein Konsum und eine Bushaltestelle. Letztere war der bevorzugte Treffpunkt der Dorfjugend. Dass sich darüber hinaus kein nennenswertes Gemeinschaftsleben entwickelte, lag vor allem an der Nähe der Stadt. Die meisten Berkholzer arbeiteten in Schwedt, kauften dort ein und gingen zum Arzt oder gelegentlich ins Kino. Die Kinder besuchten Schwedter Schulen und fuhren täglich mit dem Schulbus dorthin. Auch wir hatten kaum persönliche Kontakte zu den Nachbarn, eher zu Freunden und Bekannten in der Stadt – und nach wie vor waren wir aktive Mitglieder der Schwedter Kirchengemeinde.

Wenigstens aber konnte man im Dorf seit Mitte der siebziger Jahre Bücher kaufen! Ich hatte kurzerhand eine winzige Buchhandlung eröffnet, genauer gesagt, ich schloss einen Vertrag mit der Buchhandlung in Angermünde und wurde Vertriebsmitarbeiterin. Das hieß, dass ich wöchentlich über bevorstehende Neuerscheinungen informiert wurde und Bücher mit geringem Geschäftsrisiko bestellen konnte – nichtverkaufte Bücher konnte ich zurückgeben. Der Bestand meines kleinen Ladens passte in die vier Fächer eines alten Schranks in unserem Gästezimmer. Im zur Straße hin gelegenen Wohnzimmerfenster wies ein Schild darauf hin, dass man bei mir Bücher kaufen konnte, und tatsächlich kamen ab und zu Kunden aus der Nachbarschaft vorbei. Nach einiger Zeit hatte ich mich auf ihre Vorlieben eingestellt und immer etwas für sie da: Märchenbücher, Kochbücher, Erzählungen, Reiseberichte und – für den Ehemann zu Weihnachten – etwas über den Krieg. Die Provision, die ich für den Handel erhielt, war nicht der Rede wert, aber es machte Spaß, und vor allem bestand für uns selbst endlich die Möglichkeit, ein oder sogar zwei Exemplare von Büchern zu erwerben, die wegen zu geringer Auflagen für normale Käufer nicht zu haben waren.

Meine besten Kunden waren deshalb immer noch wir selbst, und wenn ich die Raritäten zu Geburtstagen an Freunde verschenkte, gab es jedes Mal viele Ahs und Ohs. »Wo hast du denn das her?« war zu DDR-Zeiten sowieso eine häufig gestellte Frage bei schönen Geschenken. Welcher normale DDR-Bürger bekam schon Albert Camus zu kaufen, Heinrich Böll oder Ingeborg Bachmann? Oder Salinger, Thomas Wolfe und Saint-Exupéry? Nicht einmal alle Bücher von DDR-Autoren wie Günter de Bruyn, Christa Wolf oder Stefan Heym waren in den Buchhandlungen in ausreichender Zahl erhältlich, und *Die dampfenden Hälse der Pferde im Turm zu Babel* von Franz Fühmann war ebenso »Bückware« wie die schöne, von Werner Klemke illustrierte Gesamtausgabe der Grimm'schen Märchen. Im »Leseland DDR« waren Bücher ständig Mangelware. In den siebziger Jahren war mehr als die Hälfte der gehandelten Titel überzeichnet, das heißt, die Zahl der Bestellungen lag deutlich über der Auflage, manchmal um ein Vielfaches. Am größten war der Mangel bei der Kinderliteratur und der Belletristik. Einzig die Buchhandlungen der NVA wurden ohne Kürzungen beliefert, was die Lage in den anderen noch verschlimmerte, weil viele Soldaten ihre Familien und Freunde mit den schwer erhältlichen Kostbarkeiten versorgten.

Eines Tages bot ich der Direktorin der Schule, in die meine Kinder gingen, an, mich um die Bücher zu kümmern, die zum Schuljahresabschluss als Anerkennung für besonders gute Leistungen vergeben wurden. Das erwies sich als eine gute Idee: Zumindest ein paar Jahre lang erhielten die Kinder auf diese Weise anstelle von oft gedankenlos ausgesuchtem Lesestoff interessante und spannende Bücher, die ich im Laufe des Jahres sammelte – angefangen von *Ferdinand der Stier* von Munro Leaf über *Die Weihnachtsgans Auguste* von Friedrich Wolf bis zu *Der Zauberer der Smaragdenstadt* von Alexander Wolkow.

Zu allem Überfluss wurde der Luxus, an seltene Bücher heranzukommen, auch noch offiziell honoriert: Per Post wurde mir vom Volksbuchhandel alljährlich eine Urkunde »für vorbildliche gesellschaftliche Tätigkeit bei der Literaturverbreitung« verliehen.

Meine Schwiegereltern besaßen, wie erwähnt, ein einfaches Wochenendhaus am Üdersee. Der Ferienbungalow, der auf einem kleinen gepachteten Waldgrundstück stand, hatte dünne Doppelwände aus einer Art Pappe. Die Ausstattung war schlicht, für das Wasser gab es draußen eine Pumpe, das Plumpsklo stand ein paar Meter vom Haus entfernt. Das Besondere war der See, der nur so breit wie ein Fluss, aber sechs Kilometer lang war. Durch seine Lage abseits von Ortschaften und durch seine Tiefe hatte er ungewöhnlich klares Wasser – keine Selbstverständlichkeit in der DDR, in der viele Gewässer durch Industrie- und Siedlungsabwässer so verdreckt waren, dass niemand in ihnen baden konnte. »In der DDR ist alles grau, nur die Flüsse sind bunt«, sagte man damals. Nicht weit entfernt von der Bungalowsiedlung befand sich ein gesperrtes und streng bewachtes Gebiet, das unsere Phantasie anregte – hinter vorgehaltener Hand wurde von unterirdischen sowjetischen Raketen gesprochen, die dort stationiert seien. Tatsächlich war es aber, wie sich später herausstellte, nur eines der vielen militärischen Sperrgebiete, die es überall in der DDR gab. Wie man heute weiß, entwickelte sich in ihnen immerhin eine interessante Fauna – manche Wasserschildkröten, Krebse oder Vögel konnten wahrscheinlich nur überleben, weil die NVA und die sowjetische Armee riesengroße Waldgebiete gesperrt hatten.

Wir verbrachten gelegentlich unseren Urlaub oder Wochenenden am Üdersee, wo es kein Telefon und nicht einmal einen Briefkasten gab – wer etwas von uns wollte, musste sich schon selbst auf den Weg machen. Keine gute Ausgangslage für die Staatssicherheit, sollte sie sich für einen der Bungalowbewohner interessieren. Als mein Schwager Norbert eines Tages neben dem Häuschen ein Loch grub, stieß er jedoch auf einen Draht, der dort nicht hingehörte. Neugierig geworden, zog er daran. Es stellte sich heraus, dass der Draht in der einen Richtung dicht unter dem zugewachsenen Waldboden bis zum Hauptweg führte, wo er zusammengerollt unter einem Stein endete. Das andere Ende führte direkt zum Bungalow, und es kostete nicht viel Mühe, bis das Mikrofon in der Doppelwand aus Pappe gefunden war. Zum ersten Mal kam ich mit der Möglichkeit in Berührung, dass Fremde unsere Privatsphäre ausspähten, unseren persönlichen Gesprächen, unserem Streit oder unserem Liebesleben lauschten – ein ebenso scheußliches wie anhaltendes Gefühl der Verletztheit und der Unsicherheit. Gab es etwa auch Mikrofone in unserer Wohnung oder in den Wohnungen meiner Schwiegereltern und unserer Freunde?

Sehr wahrscheinlich galt die Abhöraktion vor allem Wolfgangs Vater und seiner »sicherheitsrelevanten« Tätigkeit. In seinen Stasi-Unterlagen findet sich für den April 1975 folgender Vermerk: »Der Sohn Wolfgang Birthler und dessen Ehefrau Marianne ist im Wohngebiet ebenfalls in Bezug auf ihre Verbindungen und Kontakte, Gewohnheiten umfassend aufzuklären. Gleichzeitig sind im Wohngebiet solche Voraussetzungen zu schaffen, welche eine konspirative Kontrolle der Familie gewährleisten.« In den Stasi-Akten meiner Familie finden sich zahlreiche Protokolle abgehörter Telefonate, Spitzelberichte, aber auch Vermerke über private Zusammenkünfte und Gespräche, die nur durch Wohnraumüberwachung zustande gekommen sein können. Tatsächlich war nicht nur der Bungalow am Üdersee, sondern auch die Wohnung meiner Schwiegereltern in Schwedt und die meiner Mutter in Berlin verwanzt.

1977 wurde mich betreffend eine »Operative Personenkontrolle« unter dem Namen »Küsterin« eingeleitet. »OPKs« waren unter anderem dazu da, »feindlich-negative Handlungen« frühzeitig zu erkennen und zu verhindern. Sie waren damit eine Art Vorstufe von »Operativen Vorgängen«

(OV), in denen sogenannte feindlich-operative Personen und Gruppen erfasst wurden, um gegen sie zu ermitteln und Maßnahmen zu ihrer »Bearbeitung« zu planen und durchzuführen. »Bearbeitung« konnte Verschiedenes bedeuten – zum Beispiel auch »Zersetzung«, womit dann gemeint war, dass Menschen eingeschüchtert und bekämpft wurden. Dabei bediente sich die Staatssicherheit skrupelloser Methoden, von der Inszenierung beruflicher Misserfolge über die Zerstörung persönlicher Beziehungen bis hin zu Psychoterror.

Ich wurde aber vorerst weder als feindlich noch als gefährlich angesehen. Auf mich war die Staatssicherheit gleichwohl aus drei Gründen aufmerksam geworden: Erstens, weil ich nach ihrer Auffassung zum »harten Kern« der evangelischen Gemeinde gehörte. Harter Kern – als ob die friedliche Schwedter Gemeinde eine Kampfzelle gewesen wäre! Zweitens, weil ich angeblich über »operativ-interessante Beziehungen« zu Bischof Albrecht Schönherr, seiner Frau und in den Westen verfügte – in Wahrheit hatte ich sie höchstens zwei- oder dreimal bei Veranstaltungen getroffen. Drittens verstanden die Genossen in der Schwedter Kreisdienststelle nicht, warum ich eine kirchliche Ausbildung machte – von der noch die Rede sein wird –, aber keine kirchliche Anstellung anstrebte, und warum ich das Angebot abgelehnt hatte, für den Gemeindekirchenrat zu kandidieren. Die einfache Idee, dass ich die Ausbildung aus purem Interesse machen könnte und keine Lust auf den Gemeindekirchenrat hatte, kam ihnen nicht in den Sinn. Stattdessen witterten sie Geheimnisse, und die mussten dringend aufgeklärt werden. Damit waren die drei Ziele der OPK definiert: die »Erarbeitung eines umfassenden Persönlichkeitsbildes«, die »Aufklärung des Charakters der Verbindungen in der DDR und nach der BRD/WB (kirchlicher und weltlicher)« und die »Aufklärung der Motive der B. für ihre Aktivitäten in der evangelischen Kirche«.

Vier Jahre später stellte der Leiter der Kreisdienststelle meine OPK ein – wie es scheint, etwas enttäuscht: »Operativ bedeutsame Anhaltspunkte für den Mißbrauch der Kirchenarbeit für feindlich-negative Handlungen« seien nicht erarbeitet worden, und außerdem gebe es keine inoffiziellen Möglichkeiten zur operativen Kontrolle mehr. Der Vorgang landete im Archiv und tauchte nie wieder auf; nur der Abschlussbericht wurde später, als ich wieder in Berlin wohnte, an die Kreisdienststelle Prenzlauer Berg abgegeben.

Banaler ging es kaum. In den Archiven der Staatssicherheit liegen viele solcher Dossiers mit eher mageren Informationen, dafür aber Zeugnissen umso fleißigeren Bemühens, Feinde aufzuspüren und zu verstehen, wen man da eigentlich vor sich hatte. Trotz all dieser scheinbaren Banalitäten trifft es nicht zu, dass die Akten zum großen Teil harmloses Zeug enthalten, das keinem geschadet und der Stasi nichts gebracht habe. Das MfS war mitnichten eine aufgeblähte Bürokratie, beschäftigt mit der Herstellung Hunderttausender nichtssagender Akten. In Wirklichkeit waren es genau diese weiträumige Überwachung und die zahllosen, oft unspektakulären IM-Berichte, durch die die Stasi auf mögliche Risiken aufmerksam wurde und folglich Möglichkeiten der »Einwirkung« hatte. Die SED brauchte für ihren Machterhalt ein System, das jede Gefahr rechtzeitig witterte und bekämpfte – und die Staatssicherheit gehörte als eine zentrale und wichtige Säule dazu.

6

Der Anfang vom Ende

Noch während der Hausarrestzeit hat er dieses Interview-Buch im Westen veröffentlichen lassen. Dort hat er ... gesagt: »In der DDR ist die Kluft zwischen den Regierenden und den Regierten dermaßen groß, daß es nur noch weniger Anstöße bedarf, und das Politbüro wird zum Teufel gejagt.« Das war 1978. Die meisten müssen ihn damals für verrückt gehalten haben.

Katja Havemann über Robert Havemann

Wolfgang und ich sitzen zusammen mit unserem Freund Peter Leu auf den Altarstufen der großen Prenzlauer Nikolaikirche. Peter, mein früherer Klassenkamerad, jetzt Pfarrer im nahe gelegenen Dorf Gramzow, hat ein Aufnahmegerät dabei, und auch auf Wolfgangs Knien liegt ein Kassettentonbandgerät, ganz neu, wir haben es gerade aus dem Westen geschenkt bekommen. Hinter und über uns steht Wolf Biermann. Er findet es, sagt er, irgendwie verfehlt, als Kommunist in einer Kirche zu singen. Dann beginnt er mit dem »Großen Gebet der alten Kommunistin Oma Meume in Hamburg«:

Mensch Gott, wär uns bloß der erspart geblieben
Der Stalin, meinetwegen durch ein Attntat
Gott, dieser Teufel hat es fast getriebn
– verzeih – wie ein Faschist im Sowjetstaat.

Ich kenne das Lied schon, aber nicht so, nicht öffentlich gesungen, inmitten Hunderter Menschen. Biermann ist seit elf Jahren verboten! Ist das hier wirklich die DDR? Ich sehe mich ungläubig um. Keine Freunde oder Anhänger von Wolf Biermann aus Berlin sind zu sehen, kaum jemand aus der großstädtischen Szene, in der die von Hand gefertigten Kopien seiner Texte heimlich herumgereicht werden. Das ist erstaunlich. Normalerweise sprechen sich bevorstehende Ereignisse dieser Art sehr schnell herum, und für einen Vortrag oder ein Konzert fahren die Langhaarigen, die Bärtigen, die Zornigen, die Hoffnungsvollen schon mal durch die ganze DDR. Aber nicht heute, am 11. September 1976.

Wolf Biermann selbst hatte, wie er später, als wir schon eng befreundet waren, erzählen wird, zu niemandem ein Sterbenswörtchen gesagt. Vielleicht, weil er es halbherzig fand, in einer Kirche zu singen. Dass verbotene Künstler in Kirchen auftraten, wurde erst später, in den achtziger Jahren, selbstverständlich. Oder weil er nicht damit gerechnet hatte, überhaupt bis nach Prenzlau zu gelangen, ohne dass ihm die Stasi die Reifen zerschnitt oder ihn sonst wie daran hinderte. Wie auch immer – jedenfalls hatte er sich mutterseelenallein ins Auto gesetzt und war nach Prenzlau gefahren, reichlich 100 Kilometer nördlich von Berlin.

Doch nicht nur die Biermann-Anhänger aus allen Gegenden der DDR fehlten. Auch die Stasi hatte das Ereignis verpasst. Sie hatte für die Veranstaltung so vorgesorgt, wie es bei Kirchentagen und Jugendveranstaltungen bis dahin üblich war: ein paar Spitzel, vielleicht auch jemand von der örtlichen Stasi-Truppe, Routine halt, nichts Besonderes. Ein Konzert war nicht angekündigt, im Programm für den »X. Uckermärkischen Kirchentag« wies nichts darauf hin, dass Wolf Biermann singen würde. Man darf davon ausgehen, dass der Morgen danach für die zuständigen MfS-Mitarbeiter unvergesslich blieb. Sie hatten versagt. Die Panne war offensichtlich und nicht zu reparieren, die Erklärungsversuche peinlich. Womöglich hatte man sogar den Namen Biermann aufgeschnappt und trotzdem nicht geschaltet. Im Bericht an den Minister findet sich das Echo hilfloser Rettungsversuche: »Nach mehrfach geäußerten Meinungen« seien

> die meisten Anwesenden der Auffassung gewesen, bei Biermann handelt es sich um den bis 1976 im Bereich Prenzlau tätig gewesenen Kaplan Biermann ... Im Veranstaltungsplan des X. Uckermärkischen Kirchentages in Prenzlau ist zwar der genaue Ablauf ausgewiesen, jedoch geht nicht daraus hervor, daß Biermann in einer Veranstaltung auftreten sollte.

Nein, das würden die nicht dulden, dass ihnen einer so auf der Nase herumtanzte. »Der hat das gesungen, was wir gedacht haben«, meinte unsere Freundin Sibylle, Peters Frau, nach dem Konzert. »Ja«, sagte ich, »noch mehr hat er aber gesungen, was wir immer schon mal denken wollten.«

Und das Reden des Kommunisten Wolf Biermann vom wirklichen Sozialismus, von der wirklichen Demokratie, der Arbeiterdemokratie? Was konnte ich damit anfangen? Natürlich gehörte ich zu den vielen, die die DDR von links kritisierten. Kommunistin allerdings war ich nie. Dass Biermann Kommunist war – na und? Für uns war das damals nur insofern interessant, als er die SED besonders raffiniert angriff, indem er sie beim Wort nahm. Nicht welcher Weltanschauung, welcher Konfession jemand anhing, war wichtig, sondern, ob er den erstickenden Verhältnissen zu trotzen wagte. Wir lechzten nach Vitalität, nach Witz und Geist, nach Authentizität, nach klaren und starken Worten, wir genossen Biermanns zweifache Kunst von Sprache und Gitarre. Biermann lockte ein Lebensgefühl aus uns heraus, das in der DDR vor die Hunde zu gehen drohte.

Jetzt sang er »Es gibt ein Leben vor dem Tod« und die »Ermutigung«, die für viele in der DDR so etwas wie eine Hymne war; manche ehemaligen Häftlinge berichteten, wie sie sich die Liedzeile »Du, laß dich nicht verhärten / In dieser harten Zeit« immer wieder vorgesungen hatten, um sich Mut zu machen. Lied folgte auf Lied: »Der Hugenottenfriedhof«, »Als wir ans Ufer kamen« und das »Barlach-Lied« – da, wo ihm der Text nicht gleich einfiel, half das Publikum weiter und bewies damit, dass die Texte und Tonbandaufzeichnungen von Biermann-Liedern keineswegs nur in der hauptstädtischen Szene von Hand zu Hand gingen. Zum Schluss »Comandante Che Guevara«. »Woll'n wir das nicht mal zusammen singen?«: »Uns bleibt, was gut war und klar war, daß man bei dir immer durchsah, und Liebe, Haß, doch nie Furcht sah!«

Noch viele Jahre später bekomme ich eine Gänsehaut, wenn ich die Aufnahme höre. Dabei weiß ich, welche Verbrechen Che Guevara im Namen der kommunistischen Menschheitsrettung begangen hat, weiß von den vielen, die auf sein Geheiß ermordet oder misshandelt wurden oder in Lagern verschwanden. Der Kult um »den großen Che«, der bis heute Jugendliche dazu bringt, T-Shirts mit seinem Konterfei zu tragen, ist mir zuwider. Warum aber berührt mich dieses Lied immer noch? In einem Winkel meines Herzens gibt es ihn nach wie vor, den Wunsch nach großen, scheinbar einfachen Ideen, nach Erlösung und einem Ende allen Elends. Eine religiöse Hoffnung. Im Diesseits hat sie immer nur in Katastrophen geführt, auch das können wir von Biermann lernen – freilich erst vom alten Biermann. Es hat lange gedauert, bis er seine Illusionen über den Kommunismus verlor.

Nach dem Konzert fuhren wir wie berauscht zurück in unser Dorf. Zu diesem Zeitpunkt hatten die Informanten der Staatssicherheit vermutlich schon ihre Berichte abgeliefert. Die Offiziere fassten zusammen:

> Alle von Biermann vorgetragenen Texte richten sich gegen die sozialistische Gesellschaftsordnung und die Verhältnisse in der DDR; zum Teil werden darin versteckt Angriffe gegen Partei und Regierung geführt … Vom MfS werden weitere Ermittlungen zum Sachverhalt und zur Aufklärung der Personen, die den Auftritt Biermanns förderten, geführt.

Ein paar Tage später, am 21. September, erging ein Befehl von Erich Mielke an alle Diensteinheiten:

> Einzelne reaktionäre Kräfte aus Kirchenkreisen versuchen negativ-feindliche Elemente außerhalb der Kirche in ihre Hetzkampagne gegen unseren Staat massenwirksam einzubeziehen … Es ist sofort zu veranlassen: Verstärkte operative Aufklärung aller Versuche des Unterlaufens gesetzlicher Bestimmungen, auch in kircheneigenen Einrichtungen (Mißbrauch religiöser Kulthandlungen zu Provokationen gegen unseren Staat und seine Bürger). Operative Hinweise, auch nicht bestätigte, sind sofort an die Hauptabteilung XX/4 zu melden … Besondere Aufmerksamkeit ist den Aktivitäten der Jugendpfarrer und kirchlichen Jugendgruppen beizumessen. Die operative Überwachung feindlicher Elemente wie Biermann u. a. ist zu verstärken.

Wie aber sollte die Staatssicherheit verhindern, dass Biermann künftig wieder Konzerte in Kirchen gab? Gewiss hätten Partei und Staatssicherheit viele Pfarrer und Kirchenleitungen unter Druck setzen und daran hindern können, Biermann einzuladen. Aber es wären noch genug Gemeinden übrig geblieben, die es trotzdem getan hätten. Das Auftrittsverbot war, so viel stand fest, unterlaufen worden und würde auch künftig unterlaufen werden. Es blieben nicht viele Möglichkeiten, jemanden wie Biermann zum Schweigen zu bringen.

Unsere Tonbandaufnahme des Prenzlauer Konzerts hüteten wir übrigens wie einen Schatz. Weder die Veranstalter noch die Staatssicherheit besaßen einen Mitschnitt. Viele Jahre später wurde in der Robert-Havemann-Gesellschaft aus der alten Aufnahme eine CD, mit weniger Rauschen und Kratzen als unsere schon hundertmal abgespielte Kassette.

Acht Wochen später beschloss das SED-Politbüro, Wolf Biermann »wegen grober Verletzung der staatsbürgerlichen Pflichten« auszubürgern. Zum ersten Mal seit seinem Auftrittsverbot elf Jahre zuvor war ihm erlaubt worden, zu einem Auftritt in den Westen zu reisen. Auf Einladung der IG Metall gab er ein großes Konzert in der Kölner Sporthalle, das der SED drei Tage später, am 16. November, als Vorwand für die Ausbürgerung diente. Doch er hätte dort, wie er es selbst formulierte, auch »Hänschen klein« singen können – seine Ausbürgerung war längst beschlossene Sache und die Genehmigung der Konzertreise Teil des Plans.

Am Abend des 19. November, einem Freitag, sendete die ARD die Aufzeichnung des Kölner Konzerts in seiner vollen Länge von vier Stunden. Der Bayerische Rundfunk, dem Biermann zu kommunistisch war, verhinderte allerdings die Ausstrahlung zur besten Sendezeit um 20.15 Uhr. Die Sendung wurde auf 22 Uhr verschoben. Wie Abertausende Menschen in Ost und West saßen auch wir vor dem Fernsehapparat, gebannt und traurig. Das Erlebnis des Prenzlauer Konzerts war noch in uns lebendig, vor allem die Genugtuung darüber, dass Biermann in der DDR gesungen hatte, dass so etwas überhaupt möglich war. Und nun sahen und hörten wir, wie er sich vor Tausenden die Seele aus dem Leib sang, sie mitriss und begeisterte als einer, der die SED, ihre greisen Bonzen und die »ganze Bürokratenbrut« unverfroren bloßstellte.

Die Biermann-Ausbürgerung geriet zum Fanal. »Wie hältst du's mit Wolf Biermann?« wurde zu der Frage, die unter den Intellektuellen und Künstlern der DDR die Spreu vom Weizen trennte. Christa Wolf, Stefan Heym, Manfred Krug und einige andere veröffentlichten einen Protestbrief, der in den Tagen darauf von rund hundert weiteren Künstlerinnen und Künstlern unterschrieben wurde. Sie zahlten dafür zumeist einen hohen Preis, erhielten Auftrittsverbote, durften nicht mehr ausstellen oder publizieren, ihre Filme wurden verboten, bereits erhaltene Preise aberkannt. Viele verließen in den folgenden Monaten und Jahren die DDR.

Noch schlimmer erging es unzähligen Unbekannten, die auf ihre Weise gegen die Biermann-Ausbürgerung protestierten – mit Flugblättern, Aktionen oder Unterschriften. Sie wurden, wenn sie nicht widerriefen, abgestraft: Sie verloren ihre Arbeitsplätze, wurden exmatrikuliert, observiert, festgenommen und verhört, zu Haftstrafen verurteilt. Der Jenaer Jugenddiakon Thomas Auerbach zum Beispiel organisierte eine Unterschriftensammlung, auf die am nächsten Morgen eine Verhaftungswelle folgte. Acht der Festgenommenen blieben in Haft, die meisten von ihnen, darunter Auerbach selbst, wurden ein Jahr später in den Westen abgeschoben. Auch Robert Havemann, der prominenteste Regimekritiker der DDR, protestierte in einem offenen Brief an Erich Honecker scharf gegen Biermanns Ausbürgerung. Die Folge war ein mehrjähriger Hausarrest, von dem nicht nur Havemann selbst, sondern auch seine Familie betroffen war. Jürgen Fuchs wurde wenige Tage nach Biermanns Ausbürgerung wegen »Staatsfeindlicher Hetze« verhaftet, zwei Tage später die Musiker Gerulf Pannach und Christian Kunert. Alle drei wurden nach zehnmonatiger Haft ebenfalls in den Westen abgeschoben.

Die SED-Führung hatte mit derart dramatischen Auswirkungen der Biermann-Ausbürgerung nicht gerechnet. Eigentlich sollte das Jahr 1976 zum Erfolgsjahr werden. Im Mai war in Berlin der Palast der Republik eröffnet worden. Das SED-Politbüro hatte zusammen mit dem Ministerrat und der Einheitsgewerkschaft FDGB die »planmäßige Verbesserung der Arbeits- und Lebensbedingungen der Werktätigen« für die Zeit von 1976 bis 1980 beschlossen, einschließlich der Erhöhung von Mindestlöhnen und Mindestrenten. Seit Anfang der siebziger Jahre verfolgte die SED eine weniger restriktive Kulturpolitik, und der propagandistische Kulturkampf gegen Westsender, westliche Musik und Bekleidung gehörte mehr oder weniger der Vergangenheit an. Die außenpolitischen Bemühungen um die internationale Anerkennung der DDR waren erfolgreich verlaufen. Insbesondere die gleichberechtigte Beteiligung der Regierungen der DDR und der Bundesrepublik an den im Jahr zuvor abgeschlossenen KSZE-Verhandlungen wurde von der SED als großer Erfolg gefeiert. Bei den Olympischen Sommerspielen in Montreal schnitt die DDR hervorragend ab und belegte hinter der Sowjetunion Platz zwei in der Länderwertung. Erich Honecker war seit 1971 Erster Sekretär des Zentralkomitees der SED und damit der mächtigste Mann in der DDR sowie

Vorsitzender des Verteidigungsrats, 1976 wurde er Generalsekretär des ZK und im Oktober Staatsratsvorsitzender. Mehr ging nicht, und die Vormachtstellung Erich Honeckers war nun endgültig zementiert. In den Nachrichten der *Aktuellen Kamera*, bei der großer Wert auf die korrekte Bezeichnung von Funktionen und Ämtern gelegt wurde, nahm die vollständige Aufzählung aller Titel meist geraume Zeit ein, besonders, wenn es um Treffen mehrerer Politiker ging.

Zugleich aber sah sich die SED wachsenden Problemen gegenüber. Die angekündigten sozialen Erleichterungen waren kaum finanzierbar. Die Unterzeichnung der KSZE-Schlussakte, insbesondere jene Teile, die sich auf die Wahrung von Freiheits- und Menschenrechten und die Freizügigkeit bezogen, wurde von den Menschen in der DDR wie auch in den anderen Ostblockstaaten mit großer Aufmerksamkeit zur Kenntnis genommen und führte dazu, dass man sich von Jahr zu Jahr immer öfter auf sie berief. Im August verbrannte sich der evangelische Pfarrer Oskar Brüsewitz in Zeitz, um damit gegen die politische Unterdrückung in der DDR zu protestieren. Zwar hatte Erich Mielke zum Jahresbeginn noch festgestellt, »unser Staat« sei »gefestigter denn je«. Doch die Anzeichen dafür, dass der Staat wieder repressiver gegen seine Gegner vorgehen würde, mehrten sich. Das bekamen zuallererst unangepasste Jugendliche zu spüren. Schon »dekadentes Aussehen« – lange Haare und Jesuslatschen zum Beispiel – machte sie verdächtig. Im Mai gingen in Erfurt Polizei und Staatssicherheit am Rande eines Pressefestes mit brutaler Härte gegen eine Gruppe von »Trampern« vor – so hieß die DDR-Version der Hippies. Sogar Hunde hetzte man auf sie. Kein Einzelfall.

Wir verfolgten solche Ereignisse, soweit uns Nachrichten darüber – meist via Westfernsehen – erreichten, mit großem Interesse, diskutierten sie mit Freunden und versuchten, die Zeichen der Zeit zu entschlüsseln. Unser eigenes, dörfliches Alltags- und Familienleben verlief aber auch in diesem Jahr ziemlich gleichmäßig, und in den Briefen, die ich an Freunde und Verwandte schrieb, war überwiegend von den Kindern, von Besuchen und von unseren Aktivitäten in der Kirchengemeinde die Rede, auch von Alltagsproblemen wie der schwierigen Jagd nach passabler Kleidung und Schuhen für die Kinder, von meiner eigenen »Garderobe« ganz zu schweigen. Dass ich irgendwann gelernt hatte, ganz ordentlich zu nähen, ist nicht zuletzt diesem Mangel zu verdanken. Und dann die jedes

Jahr aufs Neue entnervenden Versuche, einen Urlaubsplatz für eine fünfköpfige Familie zu ergattern. Plätze in den großen Ferienheimen und den meisten Privatquartieren wurden fast ausschließlich vom FDGB bewirtschaftet, dem Freien Deutschen Gewerkschaftsbund. In den Genuss von FDGB-Reisen kam demzufolge nur, wer in einem staatlichen Betrieb arbeitete. Also blieben uns nur Zeltplätze, für die man sich schon zum Jahreswechsel über eine zentrale Verwaltung bewerben musste, für die Ostsee sogar noch früher. Und obwohl die riesengroßen Plätze dort dicht an dicht besetzt waren, ihre hygienische Ausstattung eine Zumutung war und die Lebensmittelversorgung miserabel, waren sie so begehrt, dass man auf dem Antrag schriftlich versichern musste, in den letzten beiden Jahren keinen Urlaub an der Ostsee gemacht zu haben.

Unsere älteste Tochter ging bereits zur Schule, und bald war es auch bei den Jüngeren so weit. Damit befanden wir uns wie alle Eltern in der DDR, die aus politischen oder religiösen Gründen in Distanz zum SED-System standen, in einem Dilemma: Sollten wir unsere Kinder zur Anpassung erziehen, um ihnen Konflikte zu ersparen und Zukunftschancen nicht zu verbauen? Oder muteten wir ihnen die Verweigerung zu, um sie zu einem ehrlichen Leben zu erziehen? Und sollten wir offen mit ihnen über unsere politischen Ansichten reden oder lieber vorsichtig sein, um sie keinem Zwiespalt auszusetzen? In jedem Fall war der Preis hoch. Den Kindern die eigene Meinung vorzuenthalten war uns zuwider. Aber würden sie nicht auch darunter leiden, wegen der Eltern Außenseiter zu sein, ganz zu schweigen davon, dass ihnen der Verlust von Bildungschancen drohte? Gezwungenermaßen gewöhnten wir sie also frühzeitig daran, nicht alles, was sie zu Hause hörten, in der Schule zu wiederholen. Wie wir feststellten, lernen Kinder bestürzend schnell, in dieser Art von Doppelwelt zu leben. Auch ich wusste, wie das ging. Ich hatte es als Schülerin selbst erfahren.

Als ich – noch vor Annas Einschulung – zur ersten Elternversammlung ging, war es vor allem der Geruch, der sofort Erinnerungen an die eigene Schulzeit wachrief. Seit meinem Abitur hatte ich kein Schulgebäude mehr betreten. Es fühlte sich an, als würde ich mein Kind ausliefern, einer Welt überlassen, auf die ich keinen Einfluss hatte, in der ich es nicht schützen konnte. Wahrscheinlich haben auch heute noch die meisten Eltern, wenn ihr erstes Kind eingeschult wird, ähnliche Gefühle. Aber hier ist von Schulen in der DDR die Rede, von Schulen, in denen der Lehrplan keine Rücksicht auf die Individualität der Kinder nahm. In denen der Unterricht so festgelegt und am besten so synchron verlaufen sollte, dass in jeder Schulklasse von Saßnitz bis Suhl in der fünften Unterrichtswoche des zweiten Schuljahrs das Gleiche passierte. In denen die Kinder angehalten wurden, mit verschränkten Armen dazusitzen und sich mit rechtwinklig erhobenem Arm zu melden. In denen Kinder bloßgestellt und zum Denunzieren aufgefordert wurden. Einmal schrieb ich Freunden zum Schuljahresende in einem Brief: »Ich bin bei beiden zur Zeugnisausgabe in der Klasse gewesen und habe sehr interessante Beobachtungen machen können. Die Kleinen waren noch ganz Auge und Ohr und haben alle Äußerungen der Lehrerin mit vielen Ohs und Ahs begleitet. Der dramatische Höhepunkt der Rede (... und denkt euch, Kinder, d r e i m a l musste ich eine V i e r auf das Zeugnis schreiben ...) wurde mit einem vielstimmigen Laut des Erschreckens aufgenommen. Ganz anders bei den Großen, in Annas 4. Klasse. Zunächst einmal fiel die Standpauke der Lehrerin wesentlich härter und kühler aus. Die Kinder saßen denn auch mit ziemlich verschlossenen Gesichtern da, je nach Güte des zu erwartenden Zeugnisses abgestumpft und nervös ...«

In einem anderen Brief heißt es: »Kürzlich brachte Anna eine Urkunde für den 1. Platz im Rezitatorenwettbewerb ihrer Klassenstufe nach Hause. Ansonsten kommen in jüngster Zeit oft Klagen darüber, daß sie während des Unterrichts Briefchen schreibt und liest. Da sie nicht so überzeugend wie ihre Schwestern die Schuldbewusste und Reumütige spielen kann, hat sie es immer schwer, wenn sie ertappt wird. Leider ist es üblich (und wird gefördert), daß die Kinder sich bei solchen ›Vergehen‹ gegenseitig dem Lehrer melden. So etwas war zu unserer Zeit als Petzerei schwer verpönt ...«

Glücklicherweise gab es wie einst, als ich Schülerin war, auch jetzt noch Lehrerinnen, deren Liebe zu den Kindern größer und deren menschliches Verhalten stärker war als alle autoritären Strukturen und politisch-ideologischen Richtlinien. Der neuen Lehrergeneration war trotzdem anzumerken, dass sie niemals etwas anderes kennengelernt hatte als die sozialistische Schule mit ihren bevormundenden, repressiven Regeln und dass vor der Zulassung zur Lehrerausbildung eine politische Auslese stattgefunden hatte, bei der beispielsweise ein christliches Bekenntnis ein Grund für die Nichtzulassung zum Pädagogikstudium war.

Für andere Studienrichtungen, bei denen es vor allem auf einen »klaren Klassenstandpunkt« ankam, wie zum Beispiel die Rechtswissenschaften, galt das auch. Für die Forstwissenschaften erfolgte eine besonders penible politisch-ideologische Überprüfung – immerhin waren in der DDR Förster die einzige zivile Berufsgruppe, die Waffen tragen durfte. Auch dort, wo die Nachfrage das Angebot bei weitem überstieg, kam es bei der Bewerbung um einen Studienplatz oftmals weniger auf gute Schulnoten an als auf eine untadelige politische Haltung. Besonders gute Karten hatte, wer sich freiwillig für einen dreijährigen Dienst bei der NVA bereiterklärte.

Viele wichen auf naturwissenschaftliche Fächer aus – teils gezwungenermaßen, teils freiwillig –, um den für die Zukunft absehbaren ideologischen Konflikten auszuweichen. Manche verzichteten aus diesem Grund ganz darauf, eine Karriere im staatlichen Bereich anzustreben, und entschieden sich für einen kirchlichen Beruf. Die Zahl derer, die unter anderen Bedingungen vielleicht Jura, Journalistik, Pädagogik oder Philosophie studiert hätten, sich aber für ein Theologiestudium oder eine gemeindepädagogische Ausbildung entschieden, war nicht gering.

In gewisser Hinsicht galt das auch für mich. Der Außenhandel kam für mich ohnehin nicht mehr in Frage, und alles sprach dafür, meine berufliche Zukunft in der Kirche zu sehen: Ich würde mich mit den Themen beschäftigen können, die mich interessierten, vergleichsweise selbstbestimmt arbeiten und vor allem nicht mehr mit den täglichen Zumutungen des sozialistischen Arbeitsalltags behelligt werden, mit dem FDGB, der DSF (Deutsch-Sowjetischen Freundschaft), dem sozialistischen Wettbewerb, mit Politinformationen, Brigadetagebüchern und den verlogenen Versammlungen, in denen es um alles Mögliche ging, nur nicht um eine vernünftige Diskussion zwischen den Beteiligten.

Im Juni 1976 meldete ich mich für den Fernunterricht im Burckhardthaus in Potsdam an, das als evangelischer Jungfrauenverein Ende des 19. Jahrhunderts von Pfarrer Johannes Burckhardt gegründet worden war. Junge Mädchen, die weit weg von zu Hause als Dienstmädchen arbeiteten, hatten dort an ihren freien Tagen eine Art Unterschlupf gefunden, waren in einem geschützten Raum mit anderen jungen Frauen ins Gespräch gekommen und hatten gelernt, was sie dereinst als fromme Ehefrauen und Mütter gebrauchen konnten. Später war das Burckhardthaus eine moderne kirchliche Ausbildungsstätte, und wie durch ein Wunder konnte diese auch in der DDR weiterexistieren.

Die monatlichen Lehrbriefe für den Fernunterricht wurden von unseren Dozentinnen und Dozenten eigenhändig verfasst und vervielfältigt. Alle paar Monate trafen wir uns zu mehrtägigen Konsultationen in Potsdam, und ich tauchte in eine mir bis dahin unbekannte Welt pädagogischer, methodischer und theologischer Themen ein. Allmählich gelang es mir, mich von der allzu engen Glaubenswelt meiner Konfirmandenjahre zu verabschieden. Die wichtigste Erfahrung für mich war aber, auf welche Weise wir lernten: Ein offener Unterricht, der statt auf Disziplin auf Inhalte und Diskurs setzte, der die Verschiedenheit und die Erfahrungen der Teilnehmerinnen und Teilnehmer nutzte und in dem ich und nur ich die Verantwortung dafür hatte, was und wie viel ich lernte – all das war für DDR-Verhältnisse geradezu exotisch. Ich sah immer deutlicher, was Kindern und Jugendlichen in den Schulen und Hochschulen der DDR vorenthalten wurde. Dort wurden Untertanen erzogen.

Nach vierjährigem Fernunterricht war ich zwar Katechetin und Gemeindehelferin, doch von einem beruflichen Neuanfang konnte keine Rede sein, denn in den Kirchengemeinden von Schwedt und Umgebung waren Stellen so knapp wie anderswo in der DDR auch. Ich machte also weiter wie bisher, organisierte Diskussionen und Veranstaltungen und wurde schließlich doch noch Mitglied des Gemeindekirchenrats.

Im Mai 1980 wurde ich eingeladen, an einem ökumenischen Seminar in den Niederlanden teilzunehmen. Ich? Eine Reise in den Westen? Noch vor meinem sechzigsten Geburtstag? Natürlich sagte ich sofort zu, es hätte sich von mir aus auch um ein Seminar über Geflügelhaltung oder steinzeitliche Werkzeuge handeln können. Ich traute mich kaum, irgendjemandem davon zu erzählen, weil ich selbst gar nicht glauben wollte, dass etwas daraus würde – und weil ich genau wusste, was anderen durch den Kopf ging, wenn sie davon hörten. Was hat sie dafür wohl getan? Hat sie sich angebiedert? Welche Zugeständnisse hat sie gemacht, um reisen zu dürfen? In meinem Fall gab es allerdings eine simple Erklärung: Die evangelische Kirche in der DDR erhielt im Rahmen der weltweiten Ökumene zahlreiche Einladungen aus aller Welt. Vornehmlich reisten Mitglieder der Kirchenleitungen, aber natürlich wollte sich die auf internationales Ansehen bedachte SED-Führung nicht vorwerfen lassen, dass sie nur Rentnern und altgedienten Kirchenfunktionären erlaubte, an internationalen Begegnungen teilzunehmen. Also gab es hier und da ein paar wenige Ausnahmen. Da ich verheiratet war und drei Kinder hatte, schien die Gefahr gering, dass ich wegblieb. Im Archiv der Staatssicherheit fand sich später ein Auskunftsbericht über mich, der Erörterungen darüber enthielt, ob meine Ehe intakt sei. Am Ende heißt es darin, dass »keine Einwände gegen eine Ausreise der B. in das NSW zur Teilnahme an einem ökomenischen (sic!) Seminar im Rahmen ihrer Arbeit in der Evangelischen Kirche« bestünden. Das Kürzel »NSW« stand für »Nichtsozialistisches Wirtschaftsgebiet«, also den Westen. Manche sprachen spöttisch vom »NNSW« – vom »*noch* nicht sozialistischen Westen«.

Ich erhielt klare Anweisungen: Beginn der Reise am Grenzübergang Friedrichstraße, im Tränenpalast, wo wir sonst immer unseren Westbesuch verabschiedeten, dann mit der S-Bahn zum Bahnhof Zoo. Dort wurden uns die Reiseunterlagen und ein bisschen Taschengeld ausgehändigt, dann stiegen wir in den Zug ein. Das Seminar fand in einem kleinen Ort nahe der Nordsee statt, von den Niederlanden sah ich, abgesehen vom Wattenmeer und einem Ausflug nach Groningen, wenig. Aber was für ein Gefühl, in Helmstedt über die Grenze zu fahren, raus aus der DDR! Hanfried Zimmermann, mein Reisekollege, und ich kamen nicht vom Fenster weg. Ein Mitreisender fragte uns, woher wir kämen und wohin wir reisten, und reagierte auf unsere Antwort in strengem Ton: Er wisse genau, dass normale DDR-Bürger nicht in den Westen fahren dürften. Das Gespräch erstarb, der Mann saß uns von nun an mit eiserner Miene gegenüber. Wir konnten uns denken, was er von uns hielt.

Für die Rückreise hatte ich mir einen Plan zurechtgelegt, um wenigstens einige Stunden in West-Berlin verbringen zu können. Ich stieg am Bahnhof Zoo nicht wie vorgeschrieben in die S-Bahn Richtung Friedrichstraße um, sondern ging aus dem Bahnhof hinaus, wo mich Wolfgang Priewe, ein West-Berliner Freund, erwartete. Als ich plötzlich auf dem Hardenbergplatz stand, heulte ich hemmungslos. Ich lief durch die Stadt, oder vielmehr: Ich tanzte wie Aschenputtel in silbernen Pantoffeln auf einem Ball. Um Mitternacht musste ich zurück sein.

Wir hatten uns schon in den Niederlanden aufgeregt die Zeitungen übersetzen lassen: Das große politische Thema des Sommers 1980 war die Streikbewegung in Polen. Streiks und Unruhen hatte es in Polen immer wieder gegeben – 1956, 1968, 1970, 1976 –, und immer waren sie blutig niedergeschlagen worden. In diesem Sommer war es anders. Die Streiks hatten sich in den Wochen zuvor von Lublin aus ausgebreitet und im August die Werft in Danzig erreicht. Aus der Streikbewegung wurde politischer Protest, und die Werftarbeiter erhielten die Unterstützung der polnischen intellektuellen Elite. Solidarność entstand – eine Gewerkschaft, vor allem aber eine starke politische Reformkraft, die zum Hoffnungsträger des kommunistisch beherrschten Teils von Europa wurde.

Die DDR-Führung reagierte nervös, Honecker hatte Angst vor dem »polnischen Bazillus« und sprach sich für eine Intervention der Warschauer-Pakt-Staaten aus. Zugleich startete die SED in den Medien eine schamlose Kampagne gegen Polen, bei der sie sich alte und neue antipolnische Ressentiments zunutze machte. Manche Bauern in unserer Umgebung hatten einst ihre Höfe östlich der Oder verlassen müssen und sich nahe der Grenze wieder angesiedelt, ihr Kummer und ihr Zorn waren immer noch spürbar. Viele ärgerten sich auch über »die Polen«, wenn diese in der DDR einkauften und das ohnehin dürftige Warenangebot noch schmälerten. Ende Oktober kündigte die SED den visafreien Verkehr zwischen Polen und der DDR auf. Mit viel Widerspruch seitens der DDR-Bevölkerung musste sie nun nicht mehr rechnen – die Propaganda hatte gewirkt.

Als im Jahr darauf das Kriegsrecht über Polen verhängt wurde, zeigte sich dann aber doch, wie viele Menschen in der DDR den Kampf der Polen mit Sympathie und Hoffnung begleiteten. Der Solidarność-Schriftzug wurde zum Symbol der Solidarität, und wie viele andere packten auch wir Päckchen mit Lebensmitteln, Schreibheften und Waschmitteln, um damit polnische Familien zu unterstützen. Das Verhältnis zwischen den Polen und der DDR-Bevölkerung blieb dennoch frostig, auch nachdem das Kriegsrecht im Juli 1983 wieder aufgehoben worden war. Wir waren per Dekret zu »Brudervölkern« erklärt worden, aber wirkliche Versöhnung hatte es, abgesehen vom Engagement der »Aktion Sühnezeichen«, deren Bedeutung nicht hoch genug eingeschätzt werden kann, und einigen privaten Initiativen nicht gegeben. Wie auch? Versöhnung setzt die Übernahme von Verantwortung für das Geschehene voraus. Eine Geste Honeckers, die dem Kniefall von Willy Brandt in Warschau nahegekommen wäre, war unvorstellbar.

Der Mut und der Freiheitswille des polnischen Volkes wurden schließlich zum Vorbild der Demokratiebewegungen im ganzen Ostblock. Die achtziger Jahre, an deren Ende die kommunistische Herrschaft in den mittel- und osteuropäischen Ländern überwunden werden sollte, hatten begonnen.

Für uns persönlich standen die frühen achtziger Jahre unter keinem guten Stern. Unsere Ehe brach auseinander – und damit auch die Familie. Wir hatten unser Leben teilen und miteinander alt werden wollen, doch dann reichte die Liebe nur für etwas mehr als zwölf Jahre. Hätte es Wege gegeben, den Kindern den Schmerz der Trennung zu ersparen? Schließlich haben unzählige Generationen von Müttern und Vätern mit Rücksicht auf ihre Kinder, auf die Konvention oder wirtschaftliche Sicherheiten ihre freudlosen Ehen durchgehalten – keine Statistik hat je erfasst, was das für die Kinder bedeutete. Ich konnte und wollte so nicht leben. Wolfgang heiratete einige Zeit später wieder, ich hatte andere Partner und lebte ansonsten mein Single-Leben – alles nichts Ungewöhnliches. In der DDR gab es so viele Trennungen und Scheidungen wie sonst nirgendwo. Die Zahl der Geschiedenen, der Zweit- und Drittehen, der Eltern-Kind-Fernbeziehungen, der Halb- und Stiefgeschwister war so groß, dass man über der scheinbaren Normalität leicht vergaß, wie viel Verzweiflung, wie viele Verletzungen und Schuldgefühle hinter jeder einzelnen dieser Geschichten steckten. Und wie viel Kinderschmerz. Millionenfache Erfahrung – nicht nur in der DDR natürlich –, aber jedes Mal einzeln durchlitten. Auch von uns.

Ich zog 1983 zurück in meine Stadt. Mein neuer Arbeits- und Lebensort wurde die Eliasgemeinde im Berliner Stadtbezirk Prenzlauer Berg.

7

Zurück in Berlin

Fetzen greller Vogelschreie
dringen durch die Mauerritzen
jetzt im Zug nach Genua sitzen
endlich auf dem Sprung ins Freie.
Fast im Mittelmeer ersaufen
in Sandstürmen trocken drehen
sprachlos übern Abgrund gehen
dann die Rückfahrkarte kaufen.

Aus Stephan Krawczyk, »Uns und einer fortgetriebnen Freundin«

Es ist kalt und regnerisch, und wir stehen verfroren und verloren vor dem Tränenpalast am Bahnhof Friedrichstraße, unsere Stimmung ist so verhangen wie der Himmel. Außer mir sind noch Gisbert und Sabine gekommen, um Gabi, ihren Mann Reinhard und ihre beiden kleinen Töchter Anna und Paula zu verabschieden. Ich kenne Gabi seit vier Jahren, wir trafen uns täglich, wenn sie Anna aus dem Gemeindekindergarten abholte. Wir freundeten uns an, erzählten uns unsere Leben, nähten Klamotten für unsere Kinder, brachten uns gegenseitig Lieder zur Gitarre bei und kauften von nun an alles, was es schwer zu kaufen gab, füreinander gleich mit ein. Viel war das nicht – wir waren alle chronisch knapp bei Kasse. Gabi ist Schauspielerin, schön, extrovertiert, kämpferisch und eigenwillig – also genau die Freundin, die ich nach den Jahren des braven Landlebens brauchte. Als wir uns einmal stritten, brachte sie mich dazu, sie anzuschreien, wofür ich ihr bis heute dankbar bin. Ich hatte noch nie jemanden angeschrien, und es tat sehr gut. Zwei Jahre später sagte Gabi mir, dass Reinhard und sie einen Ausreiseantrag gestellt hätten. Da schrien wir nicht, sondern weinten. Von nun an war vieles anders, ein Stück von ihr – ihre Zukunftspläne, ihre Hoffnungen – war schon im Westen, gehörte nicht mehr zu unserer gemeinsamen Welt. Sollte ich mir wünschen, dass es mit der Ausreise schnell ging, weil die Zeit des Wartens eine Quälerei sein würde? Oder dass es möglichst lange dauerte, um den Abschied hinauszuzögern? Zwei Jahre vergingen, bis der amtliche Bescheid eintraf, in dem Gabi und Reinhard mitgeteilt wurde, bis wann sie die DDR zu verlassen hätten – eine Wartezeit, die in etwa dem Durchschnitt entsprach.

Nun liegt alles, was zu organisieren und zu besprechen war, hinter uns. Tagelang habe ich dabei geholfen, auf der Schreibmaschine Listen zu tippen: Jedes Buch, jeder Stuhl, jede Kaffeetasse musste vor dem Einpacken für den Zoll erfasst werden. Die Möbel und Kisten werden erst Wochen später in den Westen folgen. Gabi und Reinhard haben wenige Koffer bei sich, die Kinder nur ihre Lieblingskuscheltiere. Dann gibt meine Freundin das Signal zum Abschied, und wir umarmen uns zum letzten Mal. Ob und wann wir uns wiedersehen werden, steht in den Sternen – an diesem Mittwoch, dem 11. Dezember 1985.

Gabi und Reinhard hatten mich als ihre Bevollmächtigte für den Umzug und die Abfertigung beim Zoll benannt. Keine angenehme Aufgabe: Die verwaiste Wohnung in der Lychener Straße am Helmholtzplatz machte mich traurig, es fühlte sich tatsächlich so an, als wären meine Freunde »in den Westen gestorben« – so hatte Wolf Biermann den Ausreise-Abschied in seinem Lied auf Florian Havemann genannt. Eine Wohnung voller Geschichten, voller Dinge, an denen das Herz hing: Gabi und Reinhard hatten ihre Einrichtung und viele Haushaltsgegenstände wie die meisten von uns über Jahre bei Haushaltsauflösungen, in Trödelläden, auf Sperrmülldeponien gefunden oder erstanden und sie dann repariert oder aufgemöbelt. Als »Hinterbliebene« hatte ich ein paar Sachen geerbt: einen großen Spiegel, zwei Liegesofas, von denen eines noch heute in der Küche meiner Tochter steht, sowie den alten Wandschrank mit den Glastüren. Ein paar Wochen nach der Ausreise wartete ich in einer zugigen Halle, die zum Zollamt in der Holzmarktstraße gehörte. Ich war für die Abfertigung des Umzugsguts meiner Freunde dorthin bestellt worden – sie selbst durften als Ausgereiste die DDR nicht mehr betreten. Die Zöllner behandelten mich, als trüge ich die Verantwortung dafür, dass die Familie Hertz die DDR verlassen hatte, und verlangten unfreundlich von mir, die eine oder andere Kiste zu öffnen und Fragen zum Inhalt zu beantworten; dabei war offensichtlich, dass längst jemand alles durchwühlt hatte.

Von nun an schrieben wir uns Briefe. Von Gabi kamen Karten aus Malta, aus Paris und Kopenhagen. Zwei Jahre später sahen wir uns wieder. Da ich nicht in den Westen durfte und Gabi nicht in die DDR, verbrachten wir ein paar gemeinsame Tage in Mariánské Lázně in der ČSSR. Prag, Budapest, Karlsbad, Marienbad – dorthin fuhren in diesen Jahren die vielen voneinander getrennten Deutschen, um sich wiederzusehen. Gabi bezahlte unser Hotel und alle Restaurantrechnungen mit Westgeld – und plötzlich lernte ich eine andere ČSSR kennen: eine, in der uns Blumen ins Zimmer gestellt wurden und in der uns der Kellner zuvorkommend den Tisch am Fenster anbot. Ein Ehepaar aus der DDR, das uns für zwei wohlhabende Westfrauen hielt, jammerte uns vor, wie wenig DDR-Geld sie in Kronen umtauschen durften und dass sich kein Kellner und kein Straßenverkäufer für Ostmark interessiere. Sie hatten recht, aber es war mir peinlich, ihnen zuzuhören; sie hatten etwas an sich, für das Jahre später der Begriff »Jammer-Ossi« erfunden wurde.

Immer wieder gingen Freundinnen und Freunde oder politische Weggefährten in den Westen, und immer wieder tat es weh. Jemand, der zu uns gehörte, verließ das gemeinsame Leben und machte uns bewusst, wie begrenzt unsere Welt war. Die Abschiede machten uns zu schaffen – wir wussten, dass wir, die kleinen kritischen Freundeskreise und Gruppen, wieder etwas schwächer werden würden; vor allem aber wurde uns mit jedem neuen »Antragsteller« schmerzlich bewusst, dass wir nicht nur Gefangene, sondern freiwillig Gefangene waren. Längst gab es eine Umkehrung der Beweislast: Argumente musste nicht haben, wer ging, sondern wer blieb. Um dem Schmerz zu entgehen oder ihn wenigstens zu lindern, überhöhten viele von uns moralisch ihr Bleiben. Die DDR nicht zu verlassen zeugte in unseren Augen von Stärke, von Verantwortungsbewusstsein und Standhaftigkeit, wohingegen Weggehen das Zeichen von Schwäche, ja von Egoismus war. Wir merkten nicht einmal, wie selbstgerecht wir uns verhielten. Die »Antragsteller«, die ja nicht plötzlich verschwanden, sondern bis zu ihrer Ausreise meist noch jahrelang in der DDR lebten, wurden nicht nur staatlicherseits diskriminiert und schikaniert, sondern bekamen auch von dem Moment an, als ihr Antrag bekannt wurde, unsere Distanzierung zu spüren, mit der wir unseren Schmerz verleugneten.

Seit der Rückkehr nach Berlin arbeitete ich als Katechetin und Gemeindehelferin in der Eliasgemeinde im Stadtbezirk Prenzlauer Berg. Der wichtigste Teil meiner Arbeit war die Christenlehre. In der DDR war der Religionsunterricht an den Schulen in den fünfziger Jahren abgeschafft worden. Seitdem wurde in den Gemeinden für alle Kinder der ersten bis sechsten Klasse wöchentlich eine Stunde Christenlehre angeboten, zumeist in je einer Gruppe für jede Klassenstufe. Zum Schulanfang waren es immer nur wenige Erstklässler, die von ihren Eltern angemeldet wurden. Doch die Kinder brachten ihre Freundinnen und Freunde mit, und bei den Zwölfjährigen nahm manchmal die halbe Klasse teil. Nicht alle Eltern waren damit einverstanden, dass ihr Kind am Nachmittag in die Kirche ging und biblische Geschichten hörte, und so musste ich manche Kinder schweren Herzens wieder wegschicken. In den Schulen wurde der Besuch der Christenlehre argwöhnisch registriert. Zwar waren die Zeiten der aggressiven antikirchlichen Propaganda vorbei, doch noch immer kam es vor, dass Lehrerinnen oder Lehrer Kinder, die in die Kirche gingen, bloßstellten.

Die Kinder brachten ihre Probleme aus der Schule oder aus dem Elternhaus in die Christenlehrestunden mit. Ich versuchte, sie zu unterstützen, hörte zu oder übte mit ihnen in Rollenspielen, wie sie sich gegen Ungerechtigkeiten behaupten konnten. Oder ich brachte ihnen Kinderlieder aus dem West-Berliner Grips-Theater bei: »Doof gebor'n wird keiner, doof wird man gemacht« oder »Wir werden immer größer«, wo es am Ende heißt: »Auch wenn man uns einsperrt oder uns verdrischt, wir werden immer größer, da hilft alles nischt.« Eines der Lieblingslieder der Kinder war: »Trau dich, trau dich, auch wenn du erst fünfe bist. Trau dich, trau dich, auch Große machen Mist. Glaub nicht alles, was du hörst, wenn du sie mit Fragen störst.«

Solche Lieder standen im Kontrast zur bevormundenden DDR-Pädagogik, die den Kindern eine festgefügte Welt suggerierte und deren Ideologie klar definierte, was böse oder gut, richtig oder falsch war. »Soll ich sagen, was richtig ist oder was ich denke?«, antwortete eine Zehnjährige einmal auf eine von mir gestellte Frage. Den größeren Kindern erzählte ich von Anne Frank, den Geschwistern Scholl und von Martin Luther King. Ich war ständig auf der Suche nach Geschichten und Liedern, in denen es um Respekt, um Freiheit und Wahrhaftigkeit ging, wie zum Beispiel in der »Story vom kleinen Jonny«, einem Song von Fritz Müller, der in der DDR von unzähligen Christenlehrekindern gesungen wurde und dessen Refrain lautete: »Hast du deine Zahnbürste dabei? Du wirst sie noch gebrauchen. Man sperrt heut noch viele Menschen ein, die gegen Unrecht sind.« Fast drei Jahrzehnte später erzählte mir mein früheres Christenlehrekind Christina, inzwischen selbst Mutter eines kleinen Mädchens, dass diese Lieder sie geprägt hätten und ihr als Erstes einfallen, wenn sie an die Christenlehre zurückdenkt.

Zu den festen Institutionen der Gemeindearbeit gehörten Gesprächskreise, in denen über Ökologie, Pädagogik und Frieden diskutiert wurde – Themen, die außerhalb kirchlicher Räume kaum vorkamen. Mehrmals im Jahr fanden Rüstzeiten für Kinder, Konfirmanden, Jugendliche oder Familien statt. Die zumeist einfach ausgestatteten kirchlichen Heime in Hirschluch, Wünsdorf, Grünheide oder Waldsieversdorf wurden für ein paar Tage zu Inseln der freimütigen Diskussion, des Vergnügens und der Gemeinschaft.

Die evangelische Kirche war für mich jetzt nicht mehr nur anregender Ort ehrenamtlicher Betätigung, sondern auch meine Arbeitgeberin, und ich lernte sie von einer anderen Seite kennen. Ich machte frustrierende Erfahrungen mit der Kirche als Institution, ihren verfestigten Regeln und hierarchischen Strukturen. Zwischen den ordinierten Pastoren einerseits und den Kantoren, Katecheten, Gemeindehelferinnen und -schwestern andererseits lagen Welten, und trotz der demokratisch verfassten Struktur der Gemeinde, in der es eigentlich ein gewähltes Leitungsgremium gab, hing es weitgehend von den Pfarrern und Pfarrerinnen ab, welcher Geist in einer Gemeinde herrschte. Es gab sehr konservative und strikt antikommunistische Pfarrer, solche, die der Blockpartei CDU nahestanden, die ängstlichen und auch die kritischen, die offen gegen die SED Stellung bezogen. Jugendpfarrer, die mitternächtliche Messen für Punks und unangepasste Jugendliche organisierten und eine unorthodoxe und freizügige Jugendarbeit vertraten, standen im Dauerkonflikt mit manchen ihrer Amtsbrüder und Gemeindekirchenräte. Je mehr Veranstaltungen zu politischen Themen stattfanden, desto mehr spitzte sich in den Gemeinden die Lage zu. Pfarrer Katzorke zum Beispiel, mein Vorgesetzter, hatte in den fünfziger Jahren, zu Zeiten des Kirchenkampfs, standhaft der SED getrotzt, doch für neue alternative Lebenskulturen und unsere gesellschaftspolitischen Themen fand er nicht viel Verständnis – vielleicht fürchtete er auch nur, wieder zum Rat des Stadtbezirks, Abteilung Kirchenfragen, zitiert zu werden und sich für die Veranstaltungen in seiner Kirche rechtfertigen zu müssen.

Zu den Ressourcen der innergemeindlichen Macht gehörte die ORMIG-Maschine, ein spiritusbetriebenes Vervielfältigungsgerät, nach dessen Gebrauch man tagelang mit blauverfärbten Händen herumlief. Derartige Geräte waren selten, vom Staat registriert und durften ausnahmslos nur für Gemeindezwecke, also zum Beispiel für die Vervielfältigung von Liedtexten und Gottesdienstliturgien, genutzt werden, weshalb jedes der hergestellten Blätter den Vermerk »nur für den innerkirchlichen Dienstgebrauch« zu tragen hatte. Das Gerät stand in einem Nebenraum des Gemeindebüros, der Zugang wurde streng kontrolliert. Wollte man Lieder des Grips-Theaters oder Thesen zu Umweltfragen vervielfältigen, blieb einem nichts anderes übrig, als dies entweder heimlich zu tun oder Kolleginnen oder Kollegen in anderen Gemeinden darum zu bitten, bei denen die Regeln lockerer gehandhabt wurden.

Ich wohnte im obersten Stockwerk des Gemeindehauses im »Göhrener Ei«, eigentlich der Göhrener Straße, aber wegen des ovalen Platzes in der Straße hieß sie eben »Ei«. Arbeit, politisches Engagement und Privatleben gingen deshalb nahtlos ineinander über. Im Gemeindehaus befanden sich außerdem ein großer Saal, ein Kindergarten, verschiedene Räume für Veranstaltungen, das Gemeindebüro und mehrere Wohnungen für Pfarrfamilien und kirchliche Mitarbeiter. Uta, meine zweitälteste Tochter, wohnte mit mir in Berlin, Anna kam 1985 nach, als sie ihre Berufsausbildung begann. Eva, unsere Jüngste, lebte, solange sie zur Schule ging, weiterhin in Berkholz bei ihrem Vater.

Dass Kinder nach einer Scheidung bei der Mutter lebten, war auch in der DDR der Normalfall. Aber Wolfgang und ich hatten ein gleichermaßen enges Verhältnis zu unseren Kindern – und sie brauchten beide Eltern. Wir trauten uns zu, selbst und einvernehmlich zu entscheiden, was das Beste für die Kinder und für uns war, und wollten diese Entscheidung nicht einem Gericht überlassen. Doch so wohlbegründet diese Überlegungen auch waren, so schwer fiel es mir, mit den Konsequenzen zu leben. Immer wieder kamen mir Zweifel, ob es richtig gewesen war, in diese Aufteilung der Familie einzuwilligen, anstatt darauf zu bestehen, mit allen meinen Kindern zusammenzuleben. Irgendwie versuchten wir in den folgenden Jahren, aus dieser Situation das Beste zu machen – doch es ist wohl die Sache unserer Töchter, zu beurteilen, ob uns das gelang. Wenigstens sollten die Geschwister so oft wie möglich an den Wochenenden und in den Ferien beieinander sein. Entweder kamen Anna und Eva die hundert Kilometer mit dem Zug zu uns nach Berlin, oder Uta fuhr nach Berkholz. Für die Kirche zu arbeiten hieß auch, sich für ein materiell bescheidenes Leben zu entscheiden. Ich verdiente sehr wenig. Wenn das Geld allzu knapp wurde, nähten eine Freundin und ich Platzdeckchen oder Taschen, die wir auf der Straße an Passanten verkauften. Während meiner Ehe hatte meine Mutter immer mit einer kleinen finanziellen Unterstützung zum Unterhalt der Familie beigetragen – das war jetzt vorbei. Sie hatte mir die Trennung von meinem Mann so übelgenommen, dass der Kontakt zwischen uns sich für längere Zeit auf Familienfeiern oder die wenigen Gelegenheiten beschränkte, bei denen ich die Kinder zu ihr brachte oder sie wieder abholte.

Anfang der achtziger Jahre wurde ein kreisrunder Aufnäher mit der Aufschrift »Schwerter zu Pflugscharen« zum Politikum. Er war ursprünglich als Lesezeichen auf Vliesstoff gedruckt worden und hatte als Einladung zur ersten Friedensdekade im Jahr 1980 gedient, einem zehntägigen Programm, das zum Ende des Kirchenjahres im November in zahlreichen Veranstaltungen in Gemeinden und Jugendgruppen die Themen Gerechtigkeit, Frieden und Bewahrung der Schöpfung in den Mittelpunkt stellte. Die Idee zu diesem Lesezeichen, das in einer Auflage von 120 000 Stück in der Druckerei der Herrnhuter Brüdergemeine produziert wurde, hatte der sächsische Landesjugendpfarrer Harald Bretschneider. Er verwendete Vliesstoff, weil der Druck so als »Textiloberflächenveredlung« galt und keine staatliche Druckgenehmigung erforderte. Auf dem Lesezeichen, das zum Aufnäher wurde, war eine stilisierte Abbildung der berühmten Skulptur zu sehen, die – ein Geschenk der Sowjetunion – seit 1959 vor dem New Yorker UNO-Hauptgebäude steht. Der zum geflügelten Wort gewordene Begriff »Schwerter zu Pflugscharen« geht auf eine biblische Friedensvision des Propheten Micha zurück. Es war denkwürdig genug, dass die sowjetischen Kommunisten als Zeichen ihres Friedenswillens ein alttestamentarisches Bild verwendeten – in Zeiten, in denen sie christliche und jüdische Gläubige verfolgten und nahezu alle Gotteshäuser niedergebrannt, geschlossen oder zweckentfremdet hatten. Auch in den Schulbüchern der DDR fand sich eine Abbildung der Skulptur, ebenso wie im Jugendweihebuch, das in der ganzen DDR jeder erhielt.

Nun aber nähten sich Zehntausende junger Leute das Zeichen auf ihre Parka-Ärmel, Mützen oder Taschen. Der Aufnäher war auch für Jugendliche, die sich sonst nicht mit Politik befassten, ein Anstoß, Fragen zu stellen: Ist das alles richtig so, was hier gerade passiert? Was sind das für Leute, die das nicht einfach hinnehmen? Später erzählte mir eine Kollegin, dies sei das erste Mal gewesen, dass aus den Friedens- und Oppositionskreisen etwas zu ihr, einer »normalen« Jugendlichen, »überschwappte«. Die SED-Führung reagierte empfindlich und verbot im Frühjahr 1982 das Tragen des Symbols. Wer dem Verbot nicht folgte, riskierte seine Ausbildungsstelle, wurde am Arbeitsplatz nicht geduldet, nicht zum Abitur zugelassen oder sogar der Schule oder der Universität verwiesen. Polizei und manchmal auch Lehrerinnen oder Lehrer entfernten die Abzeichen dort, wo sie nicht freiwillig abgelegt wurden, gewaltsam, gelegentlich wurden auch ganze Kleidungsstücke beschlagnahmt. Die Kirchenleitungen gestanden öffentlich ein, diejenigen nicht mehr schützen zu können, die den Aufnäher trugen. Der sächsische Bischof Johannes Hempel riet ebenso wie der Berlin-Brandenburgische Verwaltungschef der Kirche, Konsistorialpräsident Manfred Stolpe, sogar ausdrücklich davon ab, weil das Zeichen den Staat provoziere und die Handlungsspielräume der Kirche einenge. Außerdem würde es vom Westen als Oppositionssymbol missdeutet.

In den Augen der SED war das Symbol zur politischen Provokation geworden, und dies keineswegs zu Unrecht: Wer es trug, demonstrierte nicht nur seinen allgemeinen Friedenswillen, sondern protestierte auch gegen die Militarisierung des öffentlichen Lebens in der DDR, gegen den Wehrkundeunterricht und für einen sozialen Friedensdienst, einen Dienst ohne Waffen außerhalb der NVA. Und nahm dabei die Machthaber – was diese besonders übelnahmen – beim Wort, indem die demonstrative Friedenspolitik der SED eigenwillig interpretiert wurde.

Das Verbot wirkte auf doppelte Weise. Einerseits verschwanden die Aufnäher weitgehend aus dem öffentlichen Leben. Andererseits verstärkte die heftige Reaktion des Staates die Politisierung vor allem junger Menschen und schärfte deren Sinn für Bevormundung und Repression. Wo zuvor die Aufnäher gewesen waren, prangten nun weiße Kreise oder kreisrunde Löcher, und die Zahl der unabhängigen Friedensinitiativen in der DDR nahm zu.

Der Aufnäher, den ich damals am Ärmel trug, befindet sich bis heute in der kleinen Kiste, in der ich einige Andenken aufbewahre. Ich brauchte ihn damals nicht abzutrennen, denn ich war keinem Schuldirektor und keinem Vorgesetzten Rechenschaft schuldig. Dies zählte zu den Freiheiten kirchlicher Mitarbeiterinnen und Mitarbeiter – sofern sie ein Interesse daran hatten, sie zu nutzen.

Die atomare Katastrophe in Tschernobyl im April 1986 erschütterte weltweit das Vertrauen in die Kernkraft – auch in der DDR, obwohl die SED die Bevölkerung anscheinend glauben machen wollte, die Grenze hielte auch radioaktiv verseuchte Wolken von uns fern. Der Regen, der am nächsten oder übernächsten Tag fiel, machte mir schreckliche Angst. Was durften wir noch essen? Plötzlich verwandelten sich die Auslagen der Lebensmittelläden in Ost-Berlin auf wundersame Weise. Ich erinnere mich vor allem an prachtvolle Salatköpfe, die es nie zuvor gegeben hatte, schon gar nicht im April. Es war klar: Die DDR hatte vermutlich zu Spottpreisen frisches Obst und Gemüse aus den europäischen Risikoregionen aufgekauft. Doch wer wie die meisten Käufer die Nachrichten und Warnungen aus dem Westen verfolgt hatte, ließ die verlockende Ware liegen. Auch Anna, meine vegetarisch lebende Tochter, widerstand der Versuchung.

Der GAU von Tschernobyl wurde zum wichtigen Thema oppositioneller Arbeit, umso mehr, als vernünftige Informationen von offizieller Seite ausblieben. Jetzt zeigte sich, dass die bereits existierenden Umweltgruppen handlungsfähig waren. Nur kurze Zeit nach der Katastrophe fanden Informationsveranstaltungen statt, im Juni erreichte ein von den meisten Gruppen unterzeichneter Appell mit dem Titel »Tschernobyl ist überall« die Öffentlichkeit, und in der Berliner Zionsgemeinde wurde, unterstützt von Pfarrer Hans Simon, von Christian Halbrock, Wolfgang Rüddenklau, Carlo Jordan und anderen die Umweltbibliothek gegründet – eines der Zentren der Berliner Opposition, das noch von sich reden machen würde.

Im selben Jahr tauchten erstmals zwei Begriffe in den politischen Debatten auf: Glasnost und Perestroika. Der neue sowjetische Staatschef Michail Gorbatschow hatte tiefgreifende Veränderungen in seinem Land angekündigt und damit in West und Ost Aufmerksamkeit, Wohlwollen und Hoffnungen geweckt – noch nie hatte es einen sowjetischen Politiker gegeben, der so weltläufig und den westlichen Politikern so ebenbürtig erschien. Wenn es sogar in der Sowjetunion zu Veränderungen kam, wenn dort die Zügel ein wenig gelockert würden – dann konnte das für uns doch nicht ohne Folgen bleiben! Aber die SED dachte gar nicht daran, »Perestroika« als Vorbild für Veränderungen in der DDR anzusehen, im Gegenteil. »Von der Sowjetunion lernen, heißt siegen lernen« – mit dieser Losung waren wir alle groß geworden. Doch nun galt der Satz nicht mehr – er war sogar verdächtig, und als ein Junge aus unserer Gemeinde ihn auf einem Sticker am Revers trug, bekam er deswegen in der Schule Schwierigkeiten.

Je mehr Menschen in der DDR sich mit gesellschaftlichen und politischen Themen auseinandersetzten, desto spürbarer wurden für sie die Grenzen, die der Staat zog. Eine demokratische Öffentlichkeit existierte nicht. Die sich allmählich entwickelnde Zivilgesellschaft, die keine sein durfte, befand sich im Notstand. Zwar verloren immer mehr Bürgerinnen und Bürger ihre Angst, und der Staat zögerte, die zahlreichen Strafrechtsparagraphen, die zur Abwehr von »Feindtätigkeit« geschaffen worden waren, so oft und so offensiv anzuwenden wie in den zurückliegenden Jahren und Jahrzehnten. Dennoch erfüllten diese Bestimmungen immer noch ihren Zweck – allein schon ihr Vorhandensein hatte auf die meisten Menschen eine disziplinierende und einschüchternde Wirkung: Laut Strafgesetzbuch standen Zusammenkünfte von Personen jenseits familiärer oder privater Gründe ohne staatliche Genehmigung unter dem Generalverdacht der »staatsfeindlichen Gruppenbildung« beziehungsweise des »verfassungsfeindlichen Zusammenschlusses«, erst recht, wenn sie gesellschaftliche oder politische Themen zum Inhalt und die Gründung von Vereinen oder Interessengemeinschaften zum Ziel hatten. Die freie Meinungsäußerung konnte ebenso wie die Herstellung oder Verbreitung von Druckerzeugnissen ohne staatliche Erlaubnis oder die Weitergabe westlicher Publikationen verfolgt werden. Auch wer Zeitungsausschnitte zu bestimmten Themen sammelte oder Ereignisse oder Missstände dokumentierte, machte sich verdächtig, besonders, wer jenseits staatlicher Kampagnen Willensbildungsprozesse organisierte oder gar Unterschriften sammelte. Die Kontaktaufnahme zu westlichen Medien stand ebenfalls unter Strafe. Nichtstaatliche Demonstrationen waren verboten, und standen ein paar Menschen auf der Straße zusammen, ohne dass es sich um eine Warteschlange handelte, mussten sie damit rechnen, ins Visier des Sicherheitsapparats zu geraten – »Zusammenrottung« hieß das im Jargon der Stasi. Was sollten also beispielsweise Eltern eines behinderten Kindes tun, die den Wunsch hatten, regelmäßig zum Erfahrungsaustausch mit anderen Eltern zusammenzukommen? Sich einfach so abwechselnd in ihren Wohnungen zu treffen war riskant. Gleiches galt für Frauen und Männer, die etwas gegen vergiftete Luft und verseuchte Gewässer tun wollten oder die als Schwule oder Lesben einen Raum brauchten, um sich regelmäßig zu treffen und sich über ihre Lebenssituation zu verständigen.

Auf solche Fragen gab es nur eine einigermaßen realistische Antwort: Bittet in einer evangelischen Kirchengemeinde um einen Raum, in dem ihr euch regelmäßig treffen könnt. Damit war für die Gruppe nicht nur die Unterbringung geklärt, sondern vor allem auch ihr Status. Wenn sie von einer Kirchengemeinde aufgenommen worden war, galt sie als einer ihrer Arbeitskreise und war nicht mehr illegal.

Die Zahl der Gruppen, die auf diese Weise unter dem Dach der Kirche Schutz suchten und agierten, stieg in den achtziger Jahren stark an, und zusammen mit den Gesprächs- oder Friedenskreisen, die in den Gemeinden selbst entstanden waren, bildeten sie ein interessantes und vielfältiges Milieu, das immer mehr Menschen anzog. Allerdings sahen sich Gemeinden durch diese Entwicklung oft auch gestört oder gefährdet. Deshalb reagierte nur ein Teil von ihnen auf den zivilgesellschaftlichen Notstand in der DDR und öffnete in christlicher Verantwortung die Türen. Auch die Gemeindekirchenräte bestanden aus mutigen oder ängstlichen, politisch gleichgültigen oder wachen Menschen. Und manchmal blieben die Kirchentüren einfach nur aus Bequemlichkeit verschlossen oder aus Abneigung gegenüber Lebensformen, die den traditionellen Gepflogenheiten fremd waren. Die Verfasstheit der evangelischen Kirche, die den einzelnen Kirchengemeinden eine weitgehende Autonomie zugestand, ermöglichte diesen überhaupt erst, sich für die politische Opposition zu öffnen, und nicht selten fielen dort Entscheidungen, die von den Kirchenleitungen nicht gutgeheißen wurden – etwa für Auftrittsmöglichkeiten verbotener Künstler. Dagegen mag die übersichtliche Weisungsstruktur in der katholischen Kirche eine der Ursachen dafür gewesen sein, dass sie bei der Herausbildung der DDR-Opposition so gut wie keine Rolle spielte. Allerdings war der Anteil von Katholiken in der DDR auch nur sehr gering. In den Augen von SED und Staatssicherheit blieb die spezifische Verfasstheit der evangelischen Kirche rätselhaft. Sie gingen – ihrem eigenen Weltbild folgend – selbstverständlich davon aus, dass ein Bischof einer Gemeinde oder ein Superintendent einem Pfarrer jederzeit Anweisungen erteilen konnte. Die Entscheidungsstrukturen innerhalb der Kirche, auf die sich die Geistlichen beriefen, hielten sie für eine Ausrede und bezeichneten sie als »angeblich existierende Demokratie in der Kirche«, die »verhindere, daß sich vernünftige Entscheidungen durchsetzen« ließen.

Das Jahr 1986 brachte auch für mich wichtige Veränderungen mit sich. Mein neues Leben in Berlin war Alltag geworden. Ich wohnte wieder in dem mir vertrauten Bezirk Prenzlauer Berg und hatte zum ersten Mal einen Beruf, der mich erfüllte. Außerdem knüpfte ich neue Kontakte, die jenseits der kleinen Welt der Eliasgemeinde lagen. Ich wollte mehr, und die neuen Herausforderungen kamen wie von selbst auf mich zu. Diesmal war es mein Freund Ulrich Stockmann, der mir von dem Vorhaben erzählte, eine DDR-weite Reformgruppe zu gründen. Ulrich hatte Theologie studiert und im Pastoralkolleg in Wittenberg zusammen mit anderen, die sich wie er dort auf das Pfarramt vorbereiteten, die Idee für eine neue Organisation entwickelt, die ein Mittelding zwischen innerkirchlicher Gewerkschaft und politischem Netzwerk sein sollte. Und so wurde am 7. Oktober 1986 von ein paar Dutzend Menschen in den Räumen einer Kirchengemeinde in Berlin-Karlshorst der »Arbeitskreis Solidarische Kirche« (AKSK) gegründet, die erste DDR-weit agierende oppositionelle Organisation. Die Gründungsmitglieder, zumeist Pfarrerinnen oder Pfarrer oder, wie ich, in anderen kirchlichen Berufen tätig, verabschiedeten eine Basiserklärung, in der ein »Mangel an Solidarität, Partizipation und Demokratie« beklagt wurde – bezogen sowohl auf die Kirche als auch auf die Gesellschaft.

Ich gehörte der kleinen Gruppe an, die die Gründung des Arbeitskreises vorbereitet hatte. Die Idee begeisterte mich: Ein DDR-weites Netzwerk, mit dem wir auf Missstände reagieren könnten, würde viele Unzufriedene mobilisieren und zusammenbringen. Es würde den Austausch von Informationen und Meinungen erleichtern und praktische Solidarität mit all jenen ermöglichen, die innerhalb der kirchlichen Strukturen benachteiligt wurden – weil sie schwul waren, in Scheidung lebten oder sich politisch zu stark engagiert hatten. Und es würde ein Übungsfeld lebendiger Demokratie sein. Wir diskutierten und beschlossen Regeln der Zusammenarbeit, darunter die jährliche Wahl eines aus zehn Personen bestehenden Koordinierungsausschusses. Dass dieser paritätisch von Männern und Frauen besetzt sein sollte, war sowohl für DDR-Verhältnisse als auch für die Opposition exotisch. Uwe Lehmann hatte sich dafür starkgemacht und uns schließlich alle überzeugt. Uwe war Bauingenieur, wir kannten uns aus der Eliasgemeinde. Zur künftigen Struktur gehörten außerdem zweimal jährlich stattfindende Vollversammlungen, die Bildung von Regionalgruppen, eine Wahlordnung – kurz und gut: Wir legten im Unterschied zu anderen Oppositionsgruppen bewusst großen Wert auf Transparenz und demokratische Mandatierungen – in den Augen der sich zumeist spontan organisierenden anderen Initiativen, insbesondere der »Kirche von unten«, untrügliche Anzeichen bürgerlicher Zaghaftigkeit und bürokratischer Verkrustung.

Die Staatssicherheit sah das anders. Der »Arbeitskreis Solidarische Kirche« weckte mit seinem überregionalen Anspruch ihren Argwohn, noch bevor wir nennenswerte Aktivitäten vorweisen konnten. Zum Misstrauen staatlicher Stellen trug zweifellos auch bei, dass unsere Vollversammlungen immer am 1. Mai und am 7. Oktober, dem Staatsfeiertag der DDR, stattfinden sollten. Nach Ansicht von Partei und Staatssicherheit konnte es sich dabei nur um politische Provokationen handeln. Tatsächlich hatten wir diese Tage ausgesucht, weil sie Feiertage waren, an denen die Geistlichen in unseren Reihen keine Gottesdienste in ihren Gemeinden abhalten mussten.

Dass unsere Versammlungen beobachtet wurden, merkten wir natürlich an den Autos und den »unauffällig« herumstehenden Männern in der Umgebung unserer jeweiligen Tagungsorte. Wie planmäßig die Stasi vorging, erfuhren wir allerdings erst, als die Akten zugänglich wurden. Bereits im Oktober 1987 legte der Leiter der für die Überwachung der Opposition zuständigen Hauptabteilung XX/4 eine Einschätzung des AKSK und einen zehn Punkte umfassenden Maßnahmenkatalog zu seiner Beobachtung und Bekämpfung vor. Darin wurden die »territorial zuständigen Referate« angewiesen, die »operativ bekannt gewordenen Initiatoren und Organisatoren« abgestimmt »operativ zu bearbeiten«: »Dabei ist zwischen Personen zu differenzieren, welche politisch-operativ nutzbar sind, und solchen, welche dem politischen Untergrund zuzurechnen sind.« Daneben sollten alle »Hintermänner, Initiatoren und Organisatoren ... aufgeklärt«, das heißt ihre Identität einschließlich anderer bekannter Informationen festgestellt werden. Mehrere Inoffizielle Mitarbeiter berichteten hinter unserem Rücken intensiv über die Aktivitäten des Arbeitskreises und seiner Mitglieder. Einer von ihnen war Ibrahim Böhme – Deckname »Maximilian« –, der auf Einladung von Ulrich Stockmann von Beginn an regelmäßig als gerngesehener Gast bei den meisten Tagungen dabei war. Die IM sollten allerdings nicht nur berichten, sondern auch darauf hinwirken, dass der Arbeitskreis »sich selbst zerredet, uneinig bleibt und zersplittert«. Auf dem Umweg über »IM in kirchenleitenden Schlüsselpositionen« versuchte die Stasi außerdem zu erreichen, dass sich die Kirchenleitung mit dem AKSK auseinandersetzte und sich möglichst von ihm distanzierte. Die Herausgabe von Informationsmaterialien etwa sollte dadurch verhindert werden, dass die Kirchenleitung dem Berliner Stadtjugendpfarramt ihre Herstellung untersagte.

Spätestens mit meinen Aktivitäten in der »Solidarischen Kirche« war ich wieder ins Blickfeld der Stasi geraten. In Berichten des MfS war nun von der »operativ bekannten« Birthler die Rede. Die HA XX/4, also die für die Überwachung der Kirchen zuständige Abteilung des MfS, eröffnete zu mir allerdings erst Anfang 1989 eine OPK (»Operative Personenkontrolle«), diesmal unter dem Decknamen »Solidarität«. Der Eröffnungsbericht enthielt ausführliche Informationen zu meinem Lebenslauf und meinen politischen Aktivitäten seit 1986. Schließlich hieß es: »Die bisher vorliegenden Informationen lassen den Schluß zu, daß die B. über die politisch-ideologische Diversion und ihren politisch-negativen Umgangskreis beeinflußt selbst feindlich-negative Positionen zu Teilbereichen der Innen- und Außenpolitik (z. B. zur Volksbildung, der Politik gegenüber der VR Rumänien, der Informationspolitik usw.) vertritt und im Sinne politischer Untergrundtätigkeit Aktivitäten entwickelt.« Verantwortlich für den Vorgang war ein Hauptmann Jaschke, zum Einsatz sollten laut Plan fünf Inoffizielle Mitarbeiter kommen. Der restliche Vorgang ist nicht mehr auffindbar, laut Karteikarte wurde die OPK am 19. Dezember 1989 vernichtet.

Die Beobachtung durch die Staatssicherheit verdrängten wir irgendwie. Uns beschäftigte vielmehr, wie wir in unserer rasch wachsenden Organisation die Erwartungen bewältigen sollten, die wir selbst in unserer Begeisterung geweckt hatten. Der Arbeitskreis verfügte weder über ein Büro noch über eine Adresse oder ein Telefon, er durfte weder Mitgliedsbeiträge erheben noch ein Bankkonto eröffnen. Die Unkosten für Reisen, Verpflegung, Porto und Raummieten wurden von den jeweils Beteiligten getragen. Arbeitsmaterialien wie beispielsweise Papier stammten aus Gemeindebüros und kirchlichen Einrichtungen, in denen die rund 300 Mitglieder arbeiteten. Dort bestand auch die Möglichkeit, Einladungen oder Diskussionspapiere zu vervielfältigen. Die Zeit dafür musste an unseren jeweiligen Arbeitsplätzen abgezweigt werden.

Von Anfang an gab es enge Kontakte zwischen den Gruppen, viele waren ja zugleich in mehreren davon aktiv: in Friedens- und Ökologiekreisen, in der Initiative »Absage an Prinzip und Praxis der Abgrenzung« oder in der »Initiative Frieden und Menschenrechte« (IFM). Letztere, eine Berliner Oppositionsgruppe, entstand Anfang 1986, nachdem die Kirche ein geplantes Menschenrechtsseminar verhindert hatte. Sie verstand sich ausdrücklich nicht als kirchliche Gruppe, weil sie den Anspruch vertrat, dass politisches Engagement auch jenseits kirchlicher Schutzräume und der damit verbundenen Kontrolle möglich sein müsse. Die Mitglieder der IFM zahlten für diese Unabhängigkeit einen hohen Preis: Berufsverbote, intensive Überwachung, Festnahmen und »Zersetzung«. Wie sich später herausstellte, waren zeitweise ein Drittel der Mitglieder Informanten der Stasi.

Ich war den Mitgliedern der IFM gelegentlich auf Veranstaltungen begegnet und bewunderte sie, war aber anfangs viel zu schüchtern, um sie anzusprechen oder an ihrer Wohnungstür zu klingeln. Einige von ihnen gehörten zu den damals bekanntesten Gesichtern der Opposition: Gerd und Ulrike Poppe, Wolfgang Templin, Martin Böttger, Werner Fischer, Peter Grimm, Ralf Hirsch oder Bärbel Bohley genossen innerhalb der Szene Autorität, waren aber auch umstritten, weil sie radikaler als andere Kritik übten, mit spektakulären Aktionen die Öffentlichkeit suchten und zu diesem Zweck auch westliche Medien in Anspruch nahmen. Inhaltliche Konflikte gab es vor allem mit jenen Gruppen, deren Selbstverständnis sozialistische und kapitalismuskritische Überzeugungen einschloss, etwa die in Berlin-Friedrichsfelde angesiedelte Gruppe »Gegenstimmen«, zu der Reinhard Schult und Vera Wollenberger gehörten. Die Differenzen machten sich immer wieder schmerzhaft bemerkbar und bestanden bis zum Ende der DDR fort. Immerhin aber traten sie zumeist dann in den Hintergrund, wenn die Ereignisse der Jahre 1987 und 1988 Solidarität und Zusammenhalt erforderten.

Durch gemeinsame Aktionen und private Treffen kam ich allmählich in Kontakt mit der IFM; ihr zugehörig fühlte ich mich von 1988 an, als Werner Fischer mich regelmäßig zu den Treffen mitnahm. Es gab keine klar abgegrenzte Mitgliedschaft, aber als ich irgendwann spürte, dass ich von den anderen als eine von ihnen wahrgenommen und behandelt wurde, war ich darauf schon irgendwie stolz – die IFM war für mich immer noch etwas Besonderes, ihre Aktionen und die persönlichen Haltungen ihrer Mitglieder gefielen mir, und ich orientierte mich zunehmend an ihnen. Gerd Poppe – für uns alle »Poppoff« – sollte für mich über viele Jahre eine Art von politischem Eichmaß bleiben, nicht nur, weil er schon über langjährige Erfahrung in der Opposition verfügte, sondern auch durch sein Wissen, seinen unbestechlichen Blick auf Menschen oder Prozesse und seine oft kühne Urteilsfähigkeit. »Poppoff ist Opposition von Natur aus«, schrieb ich 1991 anlässlich seines 50. Geburtstags über ihn in einer Festschrift, »nicht ständig aufmüpfig, aus Prinzip widersprechend, sondern aus Prinzip infragestellend. Poppoff versucht das Machbare und weiß, daß es nicht wert ist, sich dafür billig zu machen. Seine Art, politisch zu leben und zu handeln, hat etwas von Vollkornbrot inmitten von *petit fours*.« Poppoff war Physiker, arbeitete aber, seit er wegen seines Protests gegen die Biermann-Ausbürgerung Berufsverbot hatte, als Maschinist in einer Schwimmhalle. Mitte der achtziger Jahre wechselte er ins Baubüro des Diakonischen Werks in der Großen Hamburger Straße.

Dort war auch sein Freund Reinhard Weißhuhn, von uns »Henne« genannt, Architekt und Stadtplaner, nach Jahren beruflicher Behinderungen untergekommen. Er stand im Kontakt zu Dissidenten in Ungarn und war ständiger Gast der privaten und inoffiziellen, aber viel besuchten literarischen Lesungen, die in den Wohnungen von Ulrike und Gerd Poppe, Ludwig Mehlhorn, Stephan Bickhardt, Ekkehard Maaß oder Werner Fischer stattfanden. Henne und ich sind inzwischen schon ein Vierteljahrhundert befreundet – seit wir 1988 feststellten, dass unsere wechselseitige Zuneigung in einer Freundschaft besser aufgehoben ist als in einer Liebe. Ich lernte viel von ihm, es machte Spaß, ihm zuzuhören, wenn er aus der Geschichte oder von anderen Ländern erzählte, die er auch nie gesehen hatte, und ich habe mir immer vorgestellt, was für ein wunderbarer Lehrer er sein könnte. Abgesehen von seiner Leidenschaft für Blues und Rockmusik hat Henne mich immer mit seinen Geographiekenntnissen beeindruckt. Er war im Besitz einer umfangreichen Sammlung von Postkarten aus aller Welt, und wann immer eine neue hinzukam, markierte er mit einem roten Punkt den Ort, aus dem sie stammte, auf einer eigens für diesen Zweck von ihm gezeichneten Landkarte. So half sich einer, der gern die ganze Welt bereist hätte und in einem kleinen Land eingesperrt war.

Wenn ich an Ulrike Poppe denke, fällt mir als Erstes ein, wie wir miteinander lachten und über alltägliche Dinge sprachen, darüber zum Beispiel, wie wir preiswerte Mahlzeiten auf den Tisch bringen und mit einfachen Mitteln Geschenke für die Kinder basteln oder nähen konnten. Ulrike hatte ursprünglich Kunsterziehung und Geschichte studiert, um Lehrerin zu werden, ihr Studium dann aber abgebrochen. Für eine, die so dachte und handelte wie sie, war kein Platz an den Schulen der DDR, es sei denn, sie hätte sich verleugnet, aber dazu war Ulrike nicht bereit. Als ich sie kennenlernte, war ihr Name eng mit den »Frauen für den Frieden« verbunden, einem Netzwerk, dessen Entstehung auf den März 1982 und den Protest gegen ein neues Wehrdienstgesetz zurückging, das auch Frauen in die allgemeine Wehrpflicht einbezog. Der Deckname des Operativen Vorgangs, den die Staatssicherheit dazu angelegt hatte, lautete »Wespen«.

Ulrike und Poppoff hatten 1980 zusammen mit anderen Eltern den ersten und einzigen Kinderladen in Ost-Berlin gegründet – er wurde nach drei Jahren auf Geheiß der Stasi geräumt und zugemauert. Diese Geschichte passte zu den beiden, aber auch zu vielen anderen aus der Bürgerbewegung, die dachten und handelten, als wären die Begrenzungen, die der Staat setzte, nicht vorhanden. Wir lebten in einem Staat, der das Recht für seine Zwecke verbog und missbrauchte, und deshalb fragten wir mehr nach dem, was legitim, als danach, was legal war. Das war keine leichtfertige Haltung, sondern geschah aus der Überzeugung heraus, dass Freiheit und Würde nicht gewährt, sondern gelebt werden.

Das galt auch und gerade angesichts von Überwachung und Verfolgung. Jedem von uns war bewusst, dass unter uns auch Spitzel der Stasi waren – den Begriff der »Inoffiziellen Mitarbeiter« kannten die meisten damals noch nicht. Uns war auch klar, dass unsere Telefone und wahrscheinlich auch unsere Wohnungen abgehört wurden. Poppoff zum Beispiel entdeckte ein Mikrofon oben in der Zimmerdecke, über dem Tisch, an dem die zahlreichen Gäste gewöhnlich saßen. Rainer Eppelmann fand in seinen Wohn- und Diensträumen Ende 1988, Anfang 1989 drei Wanzen, mit denen seine gesamte dienstliche, seelsorgerliche und private Kommunikation überwacht wurde. Trotzdem waren wir nicht bereit, uns von der Stasi aufzwingen zu lassen, was wir mit wem und wo besprachen. Und wenn der Verdacht der Spitzelei unsere Freundschaften beschädigte, hatte die Staatssicherheit, so viel war uns klar, schon einige ihrer Ziele erreicht. Wie recht wir damit hatten, bestätigte sich später, als in den Akten der Staatssicherheit die Maßnahmepläne zur »Zersetzung« von Personen und Gruppen auftauchten: Die Zerstörung von Freundschaften, von Liebesbeziehungen und familiären Bindungen gehörte fast immer dazu. Wir gaben uns also alle Mühe, so zu leben, als gäbe es keine Überwachung und keinen Verrat durch Freunde in den eigenen Reihen. Doch das Wissen darum war natürlich in uns, und es blieb sicher nicht ohne Wirkung. Eigentlich ein Wunder, dass wir es dennoch schafften, das Vertrauen zueinander zu bewahren.

So etwas wie einen Geschlechterkampf hat es innerhalb der Opposition nicht gegeben. Das lag nicht an der angeblichen Gleichberechtigung von Frauen und Männern in der DDR – die bestand ohnehin nur auf dem Papier, denn abgesehen davon, dass die meisten Frauen berufstätig und damit finanziell weniger von ihren Männern abhängig waren, lebten die alten Rollenbilder fort, und an den Schalthebeln der Macht, in Partei und Staat, saßen nahezu ausschließlich Männer. Die »gläserne Decke«, eine unsichtbare Barriere, die Frauen daran hinderte, im Beruf oder in der Politik so erfolgreich wie die Männer zu sein, gab es in der DDR zweifellos auch. Nein, dass Frauen und Männer sich in der Opposition zumeist auf Augenhöhe begegneten, ergab sich daraus, dass wir alle Ohnmächtige waren und es weder für die einen noch für die anderen Karrierechancen gab, von einflussreichen Positionen in Politik, Wirtschaft oder Medien ganz zu schweigen. Eigentlich war es sogar umgekehrt: Diejenigen, die in der Opposition die größte Autorität besaßen, schlugen sich zumeist mit schlecht bezahlten Hilfsjobs durchs Leben. Natürlich hätte sich mancher einen Beruf gewünscht, der ihn ausfüllte, oder auch etwas mehr Geld. Aber es ging uns nicht um das, wofür Menschen sich üblicherweise abrackern: Karriere, Wohlstand, Sicherheit oder öffentliches Ansehen. Wer das wollte, wäre in der Opposition ganz bestimmt unglücklich geworden. Das Recht auf eine eigene Meinung zu beanspruchen und dem Untertanengeist Eigensinn und Solidarität entgegenzusetzen – das war unter den gegebenen Umständen ehrgeizig genug. In diesem Leben spielten die überkommenen gesellschaftlichen Barrieren keine wichtige Rolle, und die Männer hatten den Frauen in Beruf oder Stellung ebenso wenig voraus wie ein Hochschulabsolvent demjenigen, der seinen Lebensunterhalt auf dem Friedhof verdiente.

Wer in der Kirche arbeitete, machte zwar auch nicht Karriere, brauchte aber kein Berufsverbot zu fürchten. Außerdem hatten Pfarrer, Gemeindepädagogen und Jugenddiakone vergleichsweise viele Freiheiten. So war das auch bei mir. Im Frühjahr 1987 fragte mich Wolfram Hülsemann, der Stadtjugendpfarrer von Ost-Berlin, ob ich Interesse hätte, im Stadtjugendpfarramt, einer Leitstelle der evangelischen Jugendarbeit, zu arbeiten. Ich zögerte nicht, sagte zu und begann im Mai mit meiner neuen Aufgabe. Sie sollte mein Leben erneut verändern. Im Stadtjugendpfarramt trafen sich regelmäßig kirchliche Mitarbeiterinnen und Mitarbeiter, um ihre Erfahrungen zu besprechen und gemeinsame Aktivitäten zu planen. Jugenddiakone und Jugendpfarrer waren, teils durch eigene Erfahrungen, teils durch ihre Arbeit, mit den Problemen Jugendlicher besonders vertraut – der Wehrdienstverweigerung zum Beispiel oder Bildungs- und Ausbildungsverboten. Auch die Diskriminierung von Punks und anderen unangepassten Jugendlichen war immer wieder ein Thema. Die Sozialdiakone schufen Freiräume, in denen Jugendliche ihre Kultur leben und ihre Musik hören konnten, oder standen ihnen in Konflikten mit Eltern, der Schule oder in der Ausbildung zur Seite. Daneben gab es natürlich auch die übliche kirchliche Jugendarbeit mit Bibelarbeiten und Themengesprächen, mit Gottesdiensten und Rüstzeiten. Allerdings existierte kaum ein Bereich, der von politischen Fragen unberührt blieb – dafür griffen Partei und Regierung viel zu sehr in das Leben Jugendlicher ein.

Wir wussten, dass die Staatssicherheit immer wieder versuchte, Jugendliche anzuwerben, vor allem dort, wo sie »Feinde« witterte, wo die jungen Leute durch Verweigerung, politisches Engagement oder ihre Lebenskultur die Allmacht der SED in Frage stellten. Wie konnten wir diese oft noch Minderjährigen vor dem Missbrauch durch die Stasi schützen, davor, ihre Freundinnen und Freunde zu verraten und sich damit womöglich lebenslang zu belasten? Die anwerbenden Offiziere gingen geschickt vor: Sie nutzten persönliche Notlagen aus oder lockten die Jugendlichen mit dem Gefühl, etwas Besonderes zu sein und gebraucht zu werden, sie versprachen Studienplätze oder andere Vorteile; gelegentlich drohten sie mit Strafverfolgung wegen unbedeutender Ordnungswidrigkeiten oder kleiner Delikte.

Ein bewährtes Gegenmittel war die Ankündigung, die geforderte Konspiration zu verletzen: »Ich bin bereit, mich mit Ihnen zu treffen, aber Sie müssen wissen, dass ich über alles mit meinem Pfarrer spreche« – so konnten die von der Stasi Angesprochenen ihren Hals aus der Schlinge ziehen, ohne dabei weitere Risiken einzugehen. Das funktionierte oft. »Dekonspiration« war für die Stasi so etwas wie für den Teufel das Weihwasser. Dennoch hatte die Staatssicherheit viel zu häufig Erfolg. Schülerinnen oder Schüler zum Beispiel wurden manchmal zur Schulleitung gerufen und trafen dort auf zwei fremde Männer, die sie anzuwerben versuchten. Sehr selten bestand der Direktor oder die Direktorin darauf, bei solchen Gesprächen anwesend zu sein und den Jugendlichen in einer extrem schwierigen Situation beizustehen.

Meine unschöne neue Berufsbezeichnung lautete jetzt »Stadtjugendwartin«. Das Stadtjugendpfarramt war im Erdgeschoss eines Wohnhauses neben dem Bahnhof Schönhauser Allee untergebracht und bestand aus ein paar Büroräumen, einem Versammlungsraum und einer großen Kammer, in der sich unsere technischen Geräte befanden. Unser kleines Amt wurde von Wolfram Hülsemann geleitet, außer ihm gab es die beiden Jugenddiakone Andreas Hein und Michael Frenzel sowie unsere Sekretärin Sybille Holz. Wir waren dem Evangelischen Konsistorium und damit unmittelbar Konsistorialpräsident Manfred Stolpe unterstellt. Das Stadtjugendpfarramt war für DDR-Verhältnisse technisch gut ausgestattet. Wir verfügten über ORMIG- und Wachsmatrizen-Vervielfältigungsgeräte, Dia- und Overhead-Projektoren und schließlich auch über einen

Thermokopierer der ersten Generation. Die Geräte stammten fast alle aus dem Westen und wurden nicht nur für das Stadtjugendpfarramt selbst, sondern für die Jugendarbeit in ganz Ost-Berlin genutzt, außerdem für allerhand politische Flugblätter, Aufrufe oder Protesterklärungen.

Das Stadtjugendpfarramt hatte neben seinen eigentlichen Aufgaben auch so etwas wie eine Scharnierfunktion zwischen der Kirche und der oppositionellen Szene Berlins. Wir verwandten viel Zeit und Energie darauf, die immer wieder auftretenden Konflikte zu moderieren, den Gruppen verständlich zu machen, dass sie einige Spielregeln ihrer Gastgeber zu akzeptieren hatten, und die Kirchengemeinden für die Unterstützung der Initiativen oder wenigstens für die gelegentliche Bereitstellung von Räumen zu gewinnen. Ich argumentierte damit, dass verantwortliches Christentum in der Geschichte schon immer auf gesellschaftliche Defizite reagiert hatte, etwa mit der Gründung von Schulen oder mit dem Bau von Krankenhäusern und Altenheimen. Und nun, in der DDR, bestand die größte Herausforderung darin, eine demokratische Öffentlichkeit herzustellen. Es ging also auch hier um Diakonie – um politische Diakonie.

Am Morgen meines ersten Arbeitstages als Stadtjugendwartin hatte mir meine große Tochter eine Schultüte geschenkt – ich würde viel zu lernen haben, da hatte sie recht. Anna war gerade achtzehn geworden, lebte inzwischen in Berlin, absolvierte eine Ausbildung zur Ergotherapeutin und interessierte sich zu meiner Freude lebhaft für politische Themen. Sie hatte sich ebenfalls dem »Arbeitskreis Solidarische Kirche« angeschlossen und gerade ihre erste eigene Wohnung bezogen. Uta war fünfzehn und hatte noch ein Jahr Schule vor sich, bald waren Entscheidungen über ihren beruflichen Weg fällig. Eine Bewerbung für die Erweiterte Oberschule, also für das Abitur, war aussichtslos. Das kannten wir schon von Anna, die von ihrer Klassenleiterin den gutgemeinten Rat bekommen hatte, sich rechtzeitig um einen interessanten Ausbildungsplatz zu kümmern, weil das mit dem Abitur bei diesen Eltern – gemeint war unser politisches Engagement – sowieso nicht klappen würde. Groß war die Auswahl allerdings nicht. Schließlich entschied Uta sich für eine Lehre als Bekleidungsfacharbeiterin – das kam ihrem Fernziel, Mode zu entwerfen, wenigstens etwas nah. Ich bewundere noch heute, wie entschlossen sie diese Ausbildung, die ihren Reiz, falls es je einen gab, sehr schnell verloren hatte, bis zum Ende durchhielt. Aber was würde dann folgen? Wir wussten ja nicht, dass sich unsere Welt zwei Jahre später dramatisch verändern würde. Eva, meine Jüngste, war nach wie vor nur an Wochenenden oder in den Ferien da – ich gewöhnte mich nie daran und sehnte die Zeit herbei, da auch sie nach Berlin ziehen würde. Aber bis es so weit war, würden noch drei Jahre vergehen.

Ich lebte also wieder, wie in meinen jungen Jahren, in einem Frauenhaushalt. Das einzige männliche Wesen, das dauerhaft unser Leben teilte, war Garfield, unser Kater, der zwei Jahre später, mitten in der Revolution, an den Spätfolgen eines Fenstersturzes starb und den wir heimlich neben der Gethsemanekirche begruben. Männer, die Freunde meiner Töchter eingeschlossen, lebten allenfalls zeitweise bei uns. Der schönste Raum unserer Wohnung war die große Wohnküche mit ihren weinumrankten Fenstern. Der Wein hatte es tatsächlich von seinem kleinen Pflanzloch im gepflasterten Hof bis zu uns in die fünfte Etage geschafft. Hier saßen wir am liebsten beieinander, feierten oder diskutierten, und hier schob mir Ibrahim Böhme mit konspirativer Miene bekritzelte Zettelchen mit geheimen Botschaften über den Tisch zu, von denen die Stasi, falls sie uns abhörte, womit durchaus zu rechnen war, nichts wissen sollte.

In der Küche saßen wir auch, wenn uns Wolfgang und Sylvia Priewe aus West-Berlin besuchten. Sylvia und ich kannten uns schon ewig – unsere Mütter waren Cousinen. Sie hatte früher immer mit ihrer Schwester und ihren Eltern meine Mutter besucht, um dort Tante Anna zu treffen, ihre Großmutter. Diese wohnte ein paar Bahnstationen östlich von Berlin, und West-Berliner durften in den siebziger und achtziger Jahren zwar Besuche in Ost-Berlin, aber nicht in Ortschaften außerhalb der Stadt, also jenseits der »Zonengrenze«, machen. Außerdem arbeitete ihr Sohn Helmut, wie wir später erfuhren, bei der Stasi, hatte jeden Kontakt zu seinen im Westen lebenden Geschwistern abgebrochen und dies auch von seiner Mutter verlangt. Die Wohnung meiner Mutter in der Singerstraße war deshalb wie viele andere in Ost-Berlin zum Ort der Begegnung für zerrissene Familien geworden. Im Lauf der Zeit hatte sich aus den verwandtschaftlichen Beziehungen Freundschaft entwickelt, und Sylvia und ihr Mann besuchten uns regelmäßig. Sie nahmen, obwohl sie alles andere als wohlhabend waren, den Zwangsumtausch klaglos in Kauf, brachten Rotwein mit, große Mengen Käse, frisches Obst und manchmal auch Kleidung für mich oder die Kinder. Wichtiger als diese Geschenke aber waren unsere Gespräche, die stets bis in die Nacht dauerten und ihr unnatürliches Ende erst kurz vor zwei Uhr fanden – zu dieser Stunde mussten West-Berliner spätestens die Grenze passiert haben. Ich verdanke Sylvie und Wolfgang meine lebhaftesten Bilder vom Westen, die, wie sich später herausstellte, auch eine große Realitätsnähe aufwiesen. Der Westen war frei, bunt und lebenswert – aber er war nicht das Paradies auf Erden. Es waren nicht zuletzt diese nächtlichen Gespräche, die mich vor überzogenen Erwartungen und damit vor späteren Enttäuschungen bewahrten.

Meine Kinder mussten sich wohl oder übel damit abfinden, dass sie keine stets erreichbare, fürsorgliche und kuchenbackende Mutter hatten. Wie viele Jahre war es her, dass ich täglich gekocht, im Garten Wäsche aufgehängt und fast jeden Abend zu Hause verbracht hatte? Eine gefühlte Ewigkeit. Jetzt arbeitete ich viel, vor allem nachmittags und abends, besuchte politische Veranstaltungen oder hatte Verabredungen. Das Putzen teilten wir uns auf, und für den Abwasch hatten wir eine bewährte Regelung: Wir waren in strenger Reihenfolge immer abwechselnd dran, jede von uns sah also zu, die Sache schnell hinter sich zu bringen, damit die Geschirrberge nicht allzu sehr anwuchsen.

In einem Frauenhaushalt spielen Bekleidungsfragen eine wichtige Rolle, und das bedeutete gleich zwei Probleme auf einmal: Es gab wenig Sachen zu kaufen, die uns gefielen, und wenn es welche gab, hatten wir dafür meist nicht genug Geld. Von 540 Mark im Monat zahlten wir 75 Mark Miete, hinzu kamen laufende Kosten für Strom, Gas, Versicherungen – da blieb am Ende auch für DDR-Verhältnisse nicht viel übrig. Meine Cousine Dagmar schickte ab und zu Pakete mit abgelegten, aber durchaus brauchbaren Kleidungsstücken, und auch von meiner Freundin Gabi kamen gelegentlich Sachen. Vor allem jedoch versorgten wir uns selber. Als in der Göhrener Straße eine Schneiderwerkstatt aufgelöst wurde, erstand ich eine wunderbare robuste Vorkriegsnähmaschine Marke Naumann, die auch Zickzacknähte konnte und die ich bis heute benutze und liebe. Wir nähten Hosen, Kleider, Röcke und aus Stoffresten die sehr begehrten Steppjacken. Wenn es den dafür notwendigen Vliesstoff nicht gab, polsterten wir sie eben mit handelsüblichen Scheuerlappen. Ich bekam sogar ein Nadelstreifenkostüm für Utas Konfirmation hin.

Improvisation war ohnehin für viele von uns zu einer Art Sport geworden. Wir sammelten die roten Wachshüllen von Babybel-Käse aus den Westpäckchen, kneteten sie und verzierten damit Kerzen. Oder bastelten runde Lampenschirme, indem wir Schnur um aufgeblasene Luftballons wickelten und sie mit Tapetenleim bestrichen, trocknen ließen und die Luftballons ganz vorsichtig herauszogen. Werner Fischer lackierte große Haushaltssiebe schwarz, schnitt in ihre Mitte ein Loch und befestigte Lampenfassungen darin. Seine Hängelampen, die auch heutigen Designeransprüchen genügen würden, hingen über unserem Küchentisch und den Tischen vieler Freunde. Improvisation war auch bei den Mahlzeiten gefragt. Am Beispiel meiner Tochter Anna, die von klein auf Fisch und Fleisch verschmähte, erlebte ich, welche Zumutung das Lebensmittelangebot für Vegetarier war – insbesondere im Winter, wenn es in den Gemüseläden außer Kohl und Möhren nicht viel zu kaufen gab.

Der Alltag war also manchmal nicht leicht zu bewältigen, aber dadurch, dass es all meinen Freundinnen und Freunden ähnlich ging, empfand ich ihn nicht als Last. Wie meine Freundin Gabi einen Ausreiseantrag zu stellen, habe ich nie ernsthaft in Erwägung gezogen. Natürlich sprachen wir gelegentlich im Freundeskreis oder in der Familie darüber, aber es war nie mehr als ein Gedankenspiel. Ich fühlte mich ja wohl mit dem, was ich tat und wie ich lebte, und wenn ich weggegangen wäre, hätte ich das Gefühl gehabt, ein erfülltes Leben leichtfertig aufzugeben – einschließlich meiner Heimat und vieler Freunde. Mein Glück, dachte ich, würde nicht davon abhängen, ob ich im Westen oder im Osten lebte. Ich weiß bis heute nicht, ob das wirklich meine Überzeugung war oder ob ich die Argumente, die viele von uns den Ausreisern entgegenhielten, so verinnerlicht hatte, dass ich es in gewisser Weise als Verrat angesehen hätte zu gehen – als Verrat an Freunden, an mir selbst und meinen Überzeugungen. Auch die Zukunft meiner Kinder, ihre Bildungs- und Entwicklungsmöglichkeiten, die Aussicht, dass sie in Freiheit aufwachsen würden und durch die Welt reisen könnten, ließen mich nicht von meiner Haltung abrücken. Vielleicht habe ich mir unbewusst verboten, mir diese Möglichkeiten auszumalen. Der Konflikt wäre womöglich zu schmerzhaft gewesen, und wer weiß, wie er ausgegangen wäre …

8

Der Druck im Kessel steigt

Wenn du schnell gehen willst, gehe allein.
Wenn du weit gehen willst, gehe mit anderen zusammen.

Aphorismus aus Kenia

Der Pilgerweg findet am Abend des 5. September 1987 statt. Mehrere hundert Teilnehmer ziehen mit Transparenten durch den Bezirk Prenzlauer Berg, in den Händen brennende Kerzen. In der Zionskirche haben wir mit einem Friedensgebet begonnen, die nächste Station war die Segenskirche, wo wir – begleitet von Paukenschlägen – auf einer projizierten Europakarte Orte eingeblendet haben, an denen Mittelstreckenraketen stationiert sind. Nun stehen wir Ecke Kollwitz-/Knaackstraße vor der berühmten Skulptur einer Mutter, die mit ausgebreiteten Armen ihre Kinder beschützt. Die Baulücke, in der sie steht, wird in den neunziger Jahren wieder geschlossen werden und die Skulptur auf das Gelände des Bezirksamtes Pankow in der Fröbelstraße umziehen. In dem Haus, das 1945 weggebombt wurde, am heutigen Kollwitzplatz, wohnten einst die Bildhauerin und Graphikerin Käthe Kollwitz und ihr Mann Karl. Letzterer, ein Arzt, war damals in der Gegend bekannter und beliebter als seine bereits berühmte Frau, weil er alle behandelte, die in seine Praxis kamen, auch wenn sie nicht bezahlen konnten. Rudi Pahnke, ein bekannter Berliner Jugendpfarrer, erinnert mit ein paar Worten an die beiden, ehe wir zur Elias- und danach zur Gethsemanekirche weitergehen. Passanten auf der Straße starren uns mit offenen Mündern an oder schauen schnell weg, einige schließen sich dem Zug an, und der Fahrer der Hochbahn über der Schönhauser Allee verlangsamt seine Fahrt und grüßt uns mit langanhaltenden Signalen. Der Pilgerweg verläuft ohne unangenehme Zwischenfälle. Ich bin euphorisch: Wir demonstrieren, und niemand hält uns auf, niemand wird verhaftet! In der folgenden Nacht liege ich schlaflos im Bett und lasse die Szenen, die mir jetzt fast unwirklich vorkommen, noch einmal an mir vorbeiziehen. Wenn das heute möglich war – was würde noch alles möglich werden?

Erst im Nachhinein stellte sich ein etwas zwiespältiges Gefühl ein. War es richtig gewesen, von den Teilnehmenden zu verlangen, dass sie sich auf das Thema Abrüstung beschränkten? Und hatte ich nicht beobachtet, wie Konsistorialpräsident Manfred Stolpe, der auf einmal zugegen war, sich am Rande mit Männern verständigte, die niemand von uns kannte? Was sollte das?

Ich war erst ein paar Wochen in meinem neuen Amt, als Freya Klier in Begleitung von Günter Jeschonnek ins Stadtjugendpfarramt kam und mir von der Idee eines Berliner Pilgerwegs erzählte. Freya kannte ich aus der Solidarischen Kirche, sie war Regisseurin, hatte aber Berufsverbot und führte zusammen mit ihrem Lebensgefährten Stephan Krawczyk politische Programme mit Liedern und Texten in kirchlichen Räumen auf. Auch Günter war Regisseur. Er hatte Berufsverbot, seit er einen Ausreiseantrag gestellt hatte. Im September 1987 sollten europaweit Friedensmärsche für einen atomwaffenfreien Korridor in Mitteleuropa stattfinden – im Gedenken an den ein Jahr zuvor ermordeten schwedischen Ministerpräsidenten Olof Palme. Der staatsnahe DDR-Friedensrat stimmte begeistert zu, denn der SED kam ein solcher Friedensmarsch gerade recht: Im September würde auch der seit langem geplante Besuch Erich Honeckers in der Bundesrepublik Deutschland stattfinden. Dass die Kirchen am Friedensmarsch beteiligt wurden, lag dagegen ganz und gar nicht im Interesse der SED. Man lud sie erst auf Druck der bundesdeutschen Vertreter im internationalen Vorbereitungskomitee ein. Damit war auch der Weg für die Beteiligung unabhängiger Friedensinitiativen, die sich unter dem Dach der Kirche gesammelt hatten, frei. Die Gruppen bereiteten sich darauf vor, mit eigenen Transparenten am geplanten Pilgerweg von Stralsund nach Dresden teilzunehmen – ein absolutes Novum in der DDR.

Berlin allerdings war bei der Planung ausgespart worden. Freya fand das nicht in Ordnung, und ich war sofort ihrer Meinung. Es brauchte nicht viel Mühe, meine Kollegen im Stadtjugendpfarramt zu überzeugen, und wir begannen damit, Interessierte aus den umliegenden Gemeinden und den Basisgruppen zusammenzubringen. Damit unsere Demo nicht gleich an der ersten Ecke von Polizei und Stasi gestoppt wurde, brachte Wolfram Hülsemann die Angelegenheit bei Dr. Mußler vor, dem Leiter des Referats für Kirchenfragen beim Magistrat von Groß-Berlin. Wolfram traf sich öfter mit ihm, entweder weil er einbestellt wurde oder weil er selbst ein Anliegen hatte, so wie diesmal. Für meinen Geschmack fanden solche Gespräche etwas zu oft statt, aber natürlich profitierten wir auch von diesen Kontakten, weil sie die oft angespannte Situation deeskalierten. Außerdem war ich sicher, dass Wolfram kein doppeltes Spiel spielte.

Nein, berichtete uns Wolfram anschließend, von staatlicher Seite gebe es keine Einwände gegen einen Pilgerweg in Berlin. Aber man wolle doch Genaueres zur Planung wissen. Und vor allem sollten die Veranstalter zusichern, dass keine Transparente oder Losungen mitgeführt würden, die mit dem Thema Abrüstung nichts zu tun hatten. Das Ganze sehe man schließlich auch als einen Test an. Nur wenn die Veranstalter die Verabredungen respektierten, könne man sich auch in Zukunft vorstellen, derartige Wagnisse einzugehen. Ob denn der Stadtjugendpfarrer gewährleisten könne, dass die Teilnehmer …?

Ja, das könne er, sagte mein Freund und Kollege Wolfram – und damit waren die Probleme vorgegeben. Schon in der ersten gemeinsamen Beratung krachte es zwischen den künftigen Pilgern. Sie dächten ja gar nicht daran, sich vorschreiben zu lassen, welche Transparente sie mit sich führten, riefen Ulrike Poppe und Wolfgang Templin. Und hatten recht damit. Ohne die Zusage, die Wolfram dem Magistrat gegeben hatte, würde es jedoch nicht nur keine zugelassene, sondern überhaupt keine Demo geben, hielten Wolfram und ich dagegen. Und hatten damit auch recht.

Der offizielle Friedensmarsch begann am 1. September in Stralsund und endete am 18. September mit einer Kundgebung in Dresden. Besondere Aufmerksamkeit galt der Wegstrecke zwischen Ravensbrück und Sachsenhausen. Für die 80 Kilometer zwischen den beiden KZ-Gedenkstätten hatte die Aktion Sühnezeichen zu einem Pilgerweg aufgerufen, an dem sich viele unabhängige Initiativen beteiligten. Die mehr als 500 Personen trugen Transparente und Schilder mit Losungen, deren Inhalt sonst verboten war, so zum Beispiel »Schwerter zu Pflugscharen« oder »Friedenserziehung statt Wehrunterricht«. Außerdem gab es Plakate für den Schutz der Umwelt und gegen Atomkraftwerke. In der *Aktuellen Kamera*, der Hauptnachrichtensendung des DDR-Fernsehens, war von alldem natürlich nichts zu sehen, und in Oranienburg tauchten plötzlich Tausende bestellter Demonstranten auf, die sich an die Spitze des Zuges setzten, um die Plakate der Unabhängigen möglichst unsichtbar zu machen. Die Bilder der für DDR-Verhältnisse sensationellen Transparente erreichten die Fernsehzuschauer in der DDR dennoch – via Westfernsehen. Die Rechnung der SED-Führung, die sich einen friedenspolitischen Prestigegewinn erhofft hatte, war nicht aufgegangen. Stattdessen war die unabhängige Friedensbewegung in der Öffentlichkeit so präsent wie nie zuvor.

Sobald Erich Honecker von seinem Besuch in der Bundesrepublik zurückgekehrt war, wurden jedoch alle weiteren Versuche unabhängiger Demonstrationen im Keim erstickt und Plakate beschlagnahmt. Der Olof-Palme-Pilgerweg blieb ein einmaliges Ereignis. Die Erfahrung der Beteiligten und die Bilder, die von den Demonstrationen bekannt wurden, wirkten dennoch ermutigend und motivierend. Die Opposition wurde von Monat zu Monat selbstbewusster und mutiger.

Die Staatssicherheit nahm diese Veränderungen genau wahr, registrierte »feindliche Tätigkeiten« sorgfältig und entwickelte großangelegte Gegenmaßnahmen. Am 25. November 1987 überfiel ein Stasi-Kommando die in der Berliner Zionsgemeinde beheimatete Umweltbibliothek und nahm einige ihrer Mitglieder fest. Der Schlag richtete sich nicht nur gegen die hier arbeitende Gruppe. Die Opposition als Ganzes sollte geschwächt und insbesondere die »Initiative Frieden und Menschenrechte« zerschlagen werden. Die Stasi ging aufgrund eines Spitzelberichts davon aus, dass deren Samisdat-Zeitschrift *Grenzfall* in der Umweltbibliothek gedruckt würde. Innerhalb weniger Stunden nach der Aktion formierte sich Protest, der sich nicht auf Versammlungen in kirchlichen Räumen beschränkte. An der Zionskirche bildete sich eine Mahnwache und forderte mit Transparenten die Freilassung der Gefangenen – umgeben von brennenden Kerzen, deren Zahl sich von Stunde zu Stunde vergrößerte. Ich schloss mich der Mahnwache an und wurde noch am Abend zusammen mit rund dreißig anderen Teilnehmern festgenommen.

Zunächst saßen wir längere Zeit in der Nähe der Kirche auf einem Lkw mit heruntergelassenen Planen. Martin Böttger von der »Initiative Frieden und Menschenrechte«, der schon mehrmals verhaftet worden war, kannte solche Situationen, und er nutzte die Wartezeit für eine kleine Fortbildung, indem er uns Neulingen erklärte, was üblicherweise bei einer »Zuführung« geschah, welche Fragen wir ohne Bedenken beantworten könnten und dass wir ansonsten gut beraten wären, wenig zu sagen –

insbesondere, wenn es um Namen ging. Seine Ruhe tat allen gut, den Rest der Zeit bis zum Abtransport sangen wir »Die Gedanken sind frei« und »We shall overcome«.

In der »Keibelstraße«, dem großen Polizeigebäude am Alexanderplatz, kletterten wir vom Lkw, wurden flüchtig abgetastet – Waffen vermutete man bei uns offenbar nicht – und standen dann lange in einer Reihe im Flur, wo unsere Personalien aufgenommen wurden. Ich kann mich nicht daran erinnern, Angst gehabt zu haben, war wohl eher neugierig, wenn auch etwas angespannt. Es schien mir, dass unsere Bewacher ebenfalls etwas ratlos waren. Die Nacht verbrachten wir alle gemeinsam in einem großen Raum mit Wandtafel und Stühlen, redeten, erzählten auch ein paar Witze oder versuchten zu schlafen. Es war eng, die meisten saßen auf dem Fußboden. Auf Anfrage und in Begleitung durften wir zur Toilette gehen, und irgendwann wurden wir mit ein wenig Tee versorgt. Am nächsten Tag wurde einer nach dem anderen zum Verhör geführt. Das Protokoll meiner Vernehmung ist anscheinend mit meiner Akte vernichtet worden. Soweit ich mich erinnere, beantwortete ich, Martins Empfehlungen folgend, Fragen zu mir selbst sparsam und zu anderen Personen überhaupt nicht, versuchte aber, die an der Protestaktion Beteiligten in Schutz zu nehmen. Ich glaube, ich fand mich ziemlich schlau, als ich die Jugendreferentin herauskehrte und davor warnte, dass junge Menschen, die sich zum Teil spontan den Protesten angeschlossen hätten, durch Verhaftungen und Verhöre eher verhärten als einsichtig würden. Die Unterschrift unter das Protokoll verweigerte ich mit der Begründung, zu müde zu sein, um mir das alles noch einmal durchzulesen. Fast genau vierundzwanzig Stunden nach der Festnahme wurden wir auf freien Fuß gesetzt. Niemand ging nach Hause, sondern wir warteten vor dem Polizeigebäude aufeinander, um gemeinsam zur Zionskirche zurückzugehen. Einer von uns, ein junger Schauspieler, war tags zuvor mit einem wallenden roten Mantel und einer großen Kerze zur Mahnwache gekommen. Nun führte er in dieser Aufmachung unsere kleine Prozession an. Warum wir diesmal im Vergleich zu anderen Gelegenheiten, bei denen man hart durchgegriffen hatte, geradezu milde behandelt wurden, lässt sich schwer sagen. Wahrscheinlich lag es daran, dass Wolfram Hülsemann inzwischen mit seinem Ansprechpartner beim Magistrat, dem Konsistorium und weiß Gott mit wem noch telefoniert hatte. Wolfram, der zunächst auch zu den Festgenommenen gehört hatte, war sofort nach der Ankunft in der Keibelstraße und der Feststellung der Personalien entlassen worden – den Berliner Stadtjugendpfarrer weiter festzuhalten und am nächsten Morgen davon in den Westnachrichten zu hören erschien den Genossen wohl zu riskant.

Auch die in der Umweltbibliothek verhafteten Aktivisten befanden sich bald wieder auf freiem Fuß. Das Ziel der »Aktion Falle« – so die stasiinterne Bezeichnung für den Überfall – hatte die Staatssicherheit nicht erreicht. Die Aktion wurde nicht zum entscheidenden Schlag gegen die Opposition, sondern löste stattdessen eine große Solidaritätswelle in der DDR aus. Die Oppositionsgruppen rückten näher zusammen, und die Umweltbibliothek hatte an Bekanntheit gewonnen, ja, die meisten Menschen erfuhren erst jetzt von ihrer Existenz.

Für mich selbst hatte die Verhaftung noch ein unverhofftes und erfreuliches Nachspiel. Nachdem ich seit Jahren immer wieder vergeblich Anträge auf einen Telefonanschluss gestellt und man mir gerade erst mitgeteilt hatte, dass ich in den nächsten fünf Jahren wegen mangelnder freier Leitungen nicht damit rechnen könne, ging es plötzlich ganz schnell. Binnen weniger Tage standen die Mechaniker von der Post vor meiner Tür, und ich war stolze Besitzerin eines Telefons. Natürlich war mir der Grund für dieses plötzliche Entgegenkommen klar, aber da sowieso alle stets mit der Möglichkeit rechneten, abgehört zu werden, kümmerte mich das nicht weiter.

Nach der Schlappe mit der Umweltbibliothek sann die Staatssicherheit auf andere Wege, gegen die »feindlich-negativen« Gruppen vorzugehen. So verlegte sie sich nun darauf, diejenigen, die sie für die Anführer der Opposition hielt, Richtung Westen loszuwerden. Als am 10. Dezember, dem Tag der Menschenrechte, eine Reihe von Oppositionsgruppen in die Gethsemanekirche einlud, wurden mehrere Mitglieder der »Initiative Frieden und Menschenrechte« zuvor verhaftet. Ehe man sie wieder freiließ, bot man ihnen die sofortige Ausreise in den Westen an, aber es verstand sich von selbst, dass niemand von diesem Angebot Gebrauch machte. Deutlicher als bisher üblich hatten sie in einer Erklärung, die trotz der Verhaftungen während der Veranstaltung verteilt worden war, Rechtsstaatlichkeit und Demokratie gefordert. Den nächsten großen Versuch, die Opposition öffentlich zu verleumden, zu schwächen und möglichst zu zerschlagen, plante die Stasi für den Januar 1988. Doch die Dinge liefen etwas anders als gedacht. Am 17. Januar, dem Tag der Demonstration zum Gedenken an die Ermordung von Karl Liebknecht und Rosa Luxemburg, die an jedem dritten Januarsonntag in Berlin stattfand, wurden mehr als hundert Menschen verhaftet, in der Mehrheit Mitglieder der »AG Staatsbürgerschaftsrecht«, die zum größten Teil aus »Ausreisern« bestand, also Menschen, die die DDR verlassen wollten. Sie hatten sich mit eigenen Transparenten unter die Demonstranten gemischt. Aber auch Akteure der Bürgerbewegung wurden festgenommen, darunter Andreas Kalk, Till Böttcher und Bert Schlegel von der Umweltbibliothek, ebenso Vera Wollenberger und der Liedermacher Stephan Krawczyk, der seit Jahren Auftrittsverbot hatte.

Viele aus den Oppositionsgruppen hatten gegenüber den sogenannten Ausreisern Vorbehalte: Die Erfahrung der letzten Monate hatte gezeigt, dass denen, die sich öffentlich an politischen Aktionen beteiligten, oft binnen weniger Tage die Ausreise erlaubt wurde. Oder sie wurden verhaftet und nach kurzer Zeit in den Westen abgeschoben. Kein Wunder, dass sich bald viele Ausreisewillige an Mahnwachen und Veranstaltungen der Opposition beteiligten und dort irgendwie aufzufallen versuchten. Dies stand natürlich im Gegensatz zum Anliegen der Bürgerbewegung, deren Akteure in der DDR bleiben und sich für die Veränderung der Verhältnisse engagieren wollten. Es kam zwangsläufig zu großen Spannungen. Wir, die Oppositionsgruppen, waren wütend darüber, dass unsere Aktionen für andere Zwecke benutzt wurden. Woher sollten wir außerdem wissen, ob es ein Stasi-Mann oder ein »Ausreiser« war, der da unsere Veranstaltung durch Zwischenrufe oder plötzlich entrollte Transparente zweckentfremdete? Unser Dilemma war uns durchaus bewusst: hier das Recht auf Freizügigkeit, für das auch wir uns einsetzten, dort der Versuch, mit politischem Aktionismus den Weg in den Westen zu erzwingen – auf unsere Kosten, wie uns schien. Erst im Rückblick zeigt sich, dass Opposition und Ausreisebewegung gleichermaßen die Macht der SED in Frage stellten – und schließlich zu deren Ende führten. Nur wenige aus der Opposition, darunter Regina (»Lotte«) und Wolfgang Templin, sahen in den »Ausreisern« Verbündete und solidarisierten sich mit ihnen. Der Staatssicherheit konnten diese Spannungen innerhalb der Opposition nur recht sein – und sie nutzte sie für ihre Zwecke.

Wie wenige Monate zuvor nach dem Überfall auf die Umweltbibliothek bildeten wir auch nach dem 17. Januar sofort eine Koordinierungsgruppe, die die Solidaritätsaktionen steuerte. Die Verhaftungswelle gegen die »Ausreiser« verstellte allerdings zunächst den Blick darauf, dass die Staatssicherheit ihre Aktion »Störenfried«, wie sie das geplante massive Vorgehen gegen die führenden Köpfe der »Initiative Frieden und Menschenrechte« nannte, gerade erst begonnen hatte.

Am Abend des 22. Januar forderte Freya Klier in einer vom Westfernsehen ausgestrahlten Videobotschaft die Freilassung von Stephan Krawczyk und appellierte an Künstlerinnen und Künstler im Westen, Auftritte in der DDR zu boykottieren. Just an diesem Tag wurde ich vierzig Jahre alt, und am Abend war die Wohnung voller Gäste. Aber natürlich drehten sich alle Gespräche einzig um die aktuellen Entwicklungen – und darum, ob Freyas leidenschaftlicher und dramatischer Appell wirklich klug gewesen sei.

Im Nachhinein wundert es mich, dass wir es fertigbrachten, inmitten dieser Ereignisse und trotz der bedrohlichen Situation zu feiern, zu lachen und zu trinken. Vielleicht war es aber auch gerade deswegen so, weil die Anspannung ein Ventil brauchte. Außerdem waren keineswegs nur ausgewiesene Oppositionelle zugegen, sondern auch Kollegen aus der Jugendarbeit, ein paar Freunde aus alten Zeiten und einige aus einem Kreis junger Erwachsener, den ich in der Gemeinde gegründet hatte. Letztere brachten mir als besonderes Geschenk eine alte Reisetruhe mit, die bis heute zu meinen Lieblingsstücken gehört und eine stumme Zeitzeugin des Jahres 1988 ist.

Drei Tage später, am 25. Januar, wurden sechs weitere bekannte Dissidenten festgenommen: Wolfgang und Lotte Templin, Bärbel Bohley, Werner Fischer, Freya Klier und Ralf Hirsch. Die Nachricht verbreitete sich in Windeseile, und die bereits in den Tagen zuvor angelaufenen Proteste erreichten bald den letzten Winkel der DDR. In Berlin fanden täglich Fürbittandachten in großen Kirchen statt, die von vielen tausend Menschen besucht wurden.

In der Koordinierungsgruppe der Opposition, der ich zusammen mit Ulrich Stockmann für den »Arbeitskreis Solidarische Kirche« angehörte, trugen wir Informationen zusammen, diskutierten die aktuelle Situation und mögliche Aktionen, verfassten Erklärungen und hielten den Kontakt zu Gruppen in anderen Städten. Die Proteste gegen die Verhaftungen wuchsen von Tag zu Tag an und erreichten ein noch nie dagewesenes Ausmaß, auch außerhalb der Kirchen und der Oppositionsgruppen. Wie weit die Proteste gingen und wie viele Menschen ihrer Empörung durch Flugblätter, an Häuserwände gesprühte Parolen oder offene Briefe Luft gemacht hatten, wurde teilweise erst nach der Öffnung der Stasi-Archive in den neunziger Jahren sichtbar, ebenso, wie viele Personen aus diesem Anlass festgenommen und zu Haftstrafen verurteilt wurden. Die Welle der Solidarität verlieh uns Kraft, und wir beobachteten mit Genugtuung, wie sich Staat und Partei in eine Sackgasse hineinmanövrierten und allmählich für immer mehr Menschen den Rest ihrer Glaubwürdigkeit verloren.

Die Ernüchterung folgte jedoch bald. Am 2. Februar reisten Freya Klier und Stephan Krawczyk in die Bundesrepublik aus, am 5. Februar folgten Ralf Hirsch, Lotte und Wolfgang Templin, Bärbel Bohley und Werner Fischer. Drei Tage später verließ Vera Wollenberger, die am 28. Januar zu einem Jahr Haft verurteilt worden war, mit zwei Kindern die DDR Richtung England, zunächst für ein Jahr, aus dem dann aber zwei wurden. Templins und ihren Kindern war die Rückkehr nach zwei Jahren zugesichert worden, von Bärbel Bohley und Werner Fischer hieß es, sie dürften nach einem halben Jahr wieder einreisen.

Sofort ebbte die Solidaritätswelle ab, und wir waren maßlos enttäuscht. Warum hatten unsere Freundinnen und Freunde so schnell aufgegeben? Hatten all die Solidaritätsbekundungen und all der Protest sie nicht gestärkt? Später stellte sich heraus, dass sie nichts davon erfahren hatten. Ihr Anwalt Wolfgang Schnur hatte ihnen kein Wort von den Protesten außerhalb der Gefängnismauern mitgeteilt; Gleiches galt für Knud Wollenberger, der seine Frau im Gefängnis besuchen durfte und sie täuschte. Warum das so war, klärte sich später auf: Schnur und Wollenberger waren Inoffizielle Mitarbeiter des MfS. Auch die Anwälte Gregor Gysi und Lothar de Maizière sowie Manfred Stolpe waren in die Ereignisse involviert, und es kann als sicher gelten, dass niemand von ihnen den Versuch gemacht hat, die Inhaftierten zum Bleiben zu ermutigen.

Den meisten Oppositionellen war spätestens jetzt klargeworden, wie sehr wir auch künftig aufeinander und auf ein gut funktionierendes Netzwerk angewiesen sein würden. Aus der nun eigentlich überflüssigen Koordinierungsgruppe heraus entstand deshalb ein Arbeitskreis mit Vertreterinnen und Vertretern einiger Gruppen, der zum Ziel hatte, ein permanentes Kontakttelefon der Berliner Opposition ins Leben zu rufen. Das würden wir brauchen, wenn wieder »die Luft brannte«, wie wir es nannten, wenn es zu Verhaftungen oder kritischen Situationen kommen sollte, die eine kurzfristige Abstimmung erforderten, aber auch, um Gerüchten und Falschmeldungen etwas entgegenzusetzen, die in dieser Zeit oft die Runde machten.

Bis es dieses Telefon gab, verging allerdings fast ein Jahr. Da wir weder einen Raum mieten noch einen eigenen Anschluss beantragen konnten, mussten wir auf eine Gemeinde hoffen, die uns aufnahm und eine Leitung zur Verfügung stellte. Ein Netzwerk der Opposition war jedoch politisch wesentlich brisanter als ein einzelner Umwelt- oder Friedenskreis, der sich monatlich in den Gemeinderäumen traf. Wo wir auch fragten, ernteten wir daher freundliche, aber entschiedene Absagen. Und die Kirchenleitung, bei der wir vorstellig wurden, half uns ebenso wenig. Die Staatssicherheit hatte – unter Nutzung »positiver Kräfte«, wie sie ihre Lieblingsgesprächspartner in Konsistorium und Synode nannte – Einfluss darauf genommen, dass wir nirgendwo Unterstützung fanden. Immerhin konnte ich dank Bettina Röder in der Wochenzeitung *Die Kirche* einen Artikel zu unserer Odyssee veröffentlichen.

Die einzigen legalen Printmedien der DDR, die Spielräume besaßen, waren die Kirchenzeitungen. Wenn die Redakteure diese Spielräume mutig nutzten, konnte man dort Informationen finden und Debatten verfolgen, über die anderswo nicht berichtet wurde. Die Redaktion der Berlin-Brandenburgischen Wochenzeitung *Die Kirche* zum Beispiel reizte stets alle Möglichkeiten aus. Die Journalistin Bettina Röder hatte einen »Berliner Redaktionskreis« einberufen, der sich regelmäßig traf, um Informationen aus Gemeinden und vor allem aus den kirchlichen Oppositionsgruppen zusammenzutragen. Zu diesem Kreis gehörten u. a. der Journalist Christoph Dieckmann, der Fotograf Harald Hauswald und ich. Wir berieten die Redaktion aber nicht nur. Christoph veröffentlichte selbst auch Texte, und ich verfasste neben dem schon erwähnten Bericht über das Kontakttelefon im Rahmen einer Porträtreihe über Dissidenten einen Beitrag über Ulrike Poppe, der im April 1988 erschien. Unter der Überschrift »Berliner Ansichten« fanden sich Fotos mit unverkennbar politischen Inhalten. Eines, das der Zensur zum Opfer fiel, zeigte einen zerstörten jüdischen Friedhof, darauf ein umgestürzter Grabstein, in den jemand »BFC« eingeritzt hatte – der Fußballklub BFC Dynamo unterstand dem besonderen Schutz von Erich Mielke. Auf einem anderen Foto war ein Straßenfeger zu sehen, auf dessen Müllschippe sich ein DDR-Emblem befand. Beide stammten von Harald Hauswald, der sich mit seinen künstlerisch hervorragenden und politisch aussagekräftigen Fotografien von zerfallenden Wohnvierteln, von grotesken Alltagsszenen, von Punks oder Hooligans immer am Rand der Illegalität bewegte.

Nachdem *Die Kirche* im Herbst 1987 einen Bericht über den Überfall der Stasi auf die Umweltbibliothek veröffentlicht hatte, wurden die Zensur und der staatliche Druck auf die Zeitung verstärkt. Eingriffe in die unmittelbare redaktionelle Arbeit gab es nicht – stattdessen war ein Vertreter des Presseamts vom Ministerrat in der Druckerei anwesend und begutachtete das jeweilige Andruckexemplar. Missfiel ihm ein Artikel zu Umweltfragen, zur Ausreiseproblematik, zu Bildungsfragen, zur Neonaziszene oder einem anderen Tabuthema, wurde der Bischof als Herausgeber oder sein Vertreter einbestellt. Weigerte sich die Redaktion, einen missliebigen Artikel zu verändern, durfte die Zeitung nicht erscheinen. Allein im Jahr 1988 war das fünfmal der Fall. Als in der Ausgabe vom 3. April 1988 Artikel zu den Themen Ausreise und Wahlen beanstandet wurden, wehrte sich *Die Kirche* damit, dass dort nur weiße Flächen zu sehen waren – in den Augen der SED eine nicht hinnehmbare Provokation, wiesen die leeren Stellen doch deutlicher als jeder Text auf die Tatsache der Zensur hin.

Die Schikanen und Übergriffe führten schließlich dazu, dass Berliner Sozialdiakone für den 10. Oktober 1988 zu einer Protestdemonstration gegen die Zensur von Kirchenzeitungen aufriefen. Sie sollte vom Gebäude des Evangelischen Konsistoriums in der Neuen Grünstraße aus in die Mohrenstraße zum Presseamt beim Ministerrat der DDR, der Lizenz- und Zensurbehörde, ziehen. Auf Drängen des Konsistoriums versammelten sich die rund zweihundert Demonstranten zuvor in einem Saal des Gebäudes. Der Chef des Hauses, Konsistorialpräsident Manfred Stolpe, versuchte mit allen Mitteln, den geplanten Protestzug zu verhindern. Die Anwesenden, überwiegend junge Leute und wie ich in der Mehrheit kirchliche Mitarbeiterinnen und Mitarbeiter, waren zwar bereit, mit der Kirchenleitung zu sprechen. Als uns aber deren Absicht klar wurde, verließen wir verärgert den Raum, sammelten uns vor dem Gebäude und marschierten los, an der Spitze Transparente, auf denen »Pressefreiheit für *Die Kirche*«, »Schluß mit der Verbotspraxis« und »Kein Lobgesang dem Presseamt« stand.

Wir kamen nicht weit. Nach ein paar hundert Metern wurde »die Zusammenrottung« vor dem Einbiegen in die Leipziger Straße von Sicherheitskräften aufgehalten. Viele Teilnehmer, darunter auch ich, wurden festgenommen, auf mehreren Lkws in die neben der Zentrale des MfS gelegene Untersuchungshaftanstalt Magdalenenstraße abtransportiert und dort einzeln verhört. Kurz vor Mitternacht wurde ich freigelassen. Am nächsten Tag riefen mich mehrere Freundinnen und Freunde an, um zu fragen, wie es mir gehe. Die *Tagesschau* hatte, wie ich nun erfuhr, von der Demo berichtet und ausgerechnet mich gezeigt, wie ich kaugummikauend auf das Gesicht eines Mannes deutete: Bei der Auflösung der Demo hatte es ein Handgemenge gegeben, bei dem auch der ZDF-Korrespondent Michael Schmitz angegriffen wurde. Einige Umstehende und ich befreiten ihn aus dem Klammergriff eines Stasi-Manns, und als der sich im Gedränge davonmachen wollte, hielten wir ihn fest und zeigten sein Gesicht in die Kamera eines ARD-Teams. Mir war diese etwas rabiate und wenig damenhafte Szene stets etwas peinlich, zumal Freunde mich noch Jahre später damit aufzogen.

Nur wenige Tage darauf beschäftigte uns ein anderes Ereignis. Einige Schüler des Abiturjahrgangs der Carl-von-Ossietzky-Schule in Berlin-Pankow waren der Schule verwiesen worden. Zwei von ihnen hatten an der Wandzeitung ihrer Schule Texte zu Streiks in Polen, gegen die alljährlich in Berlin stattfindenden Militärparaden und gegen Neonazis in Ost-Berlin veröffentlicht. Die Wandzeitung selbst, »Speaker's Corner« genannt, war erst kurz zuvor angebracht worden, um den offenen Meinungsaustausch in der Schule zu befördern. Außerdem hatten die betroffenen Schüler anlässlich des Staatsfeiertages eine Unterschriftenaktion gegen die Militärparade am 7. Oktober 1988 initiiert. Die Schulleitung ging auf Geheiß der SED und von Ministerin Margot Honecker mit großer Härte gegen die Verantwortlichen vor und warf ihnen »verräterische Gruppenbildung« sowie die Gründung einer »pazifistischen Plattform« vor. Die inkriminierten Schüler, darunter auch solche, die sich lediglich mit den Autoren der Wandzeitungsartikel solidarisiert hatten, wurden durch Mehrheitsbeschluss ihrer Schulkameraden aus der FDJ ausgeschlossen – nur bei einem von ihnen kam die dafür nötige Zweidrittelmehrheit nicht zustande. Am Tag darauf wurde eine große Versammlung einberufen, während deren die Beschuldigten einzeln vortreten mussten und ihnen die für sie festgelegte Strafe mitgeteilt wurde. Kai Feller, Benjamin Lindner, Katja Ihle und Philipp Lengsfeld wurden mit sofortiger Wirkung nicht nur der Schule verwiesen, sondern generell vom Abitur ausgeschlossen. Unmittelbar nach dem »Urteil« setzte man sie wortwörtlich vor die Tür. Zwei weitere Schüler wurden an eine andere Schule versetzt, zwei andere kamen mit einem Verweis davon.

Der ganze Vorfall war alles andere als eine Einzelerscheinung. Zwar waren in den achtziger Jahren solche offenen Disziplinierungen seltener geworden, zumindest in Berlin, wo die SED negative Meldungen vermeiden wollte, die sich über die Westmedien schnell verbreiten konnten, aber es gab sie immer noch: Peter Grimm zum Beispiel wurde, nachdem er im Frühjahr 1983 an der streng überwachten Beerdigung von Robert Havemann teilgenommen und danach einem Anwerbeversuch der Stasi widerstanden hatte, neun Tage vor dem Abitur relegiert. Ansonsten sorgte eine strenge Auslese bei der Zulassung dafür, dass sich die Schülerinnen und Schüler der Erweiterten Oberschulen angepasst verhielten. Auch hatten ihre Eltern in der Regel schon DDR-Schulen besucht und wussten, wie man sich zu verhalten hatte, um nicht in Schwierigkeiten zu geraten. In der DDR hatten Schülerinnen und Schüler mit abweichenden Meinungen schon immer riskiert, die Schule verlassen zu müssen – oft wurden sie gar nicht erst zur Oberschule zugelassen. Der Bildungsweg unzähliger junger Menschen wurde auf diese Weise unterbrochen, zumeist mit lebenslangen Folgen, denn wer einmal aus politischen Gründen von der Schule geflogen war, hatte zumeist auch jede Möglichkeit verspielt, sein Abitur nachzuholen. Manchen gelang das an der Abendschule, aber wenn es danach um einen Studienplatz ging, war wieder Schluss. Manchmal reichten kleine Anlässe: die Zugehörigkeit zur Jungen Gemeinde, ein leichtsinnig erzählter Witz, eine abfällige Bemerkung über die SED. Solche Vorgänge wurden über das enge Umfeld hinaus nicht bekannt, und wer davon wusste, hielt lieber den Mund.

Das Besondere an dem Vorfall im Herbst 1988 war also nicht, dass vier Schüler der Schule verwiesen wurden, sondern die öffentliche Aufmerksamkeit und eine DDR-weite Welle der Solidarität. Die Opposition reagierte sofort. Die Umweltbibliothek informierte über die Vorgänge und druckte Flugblätter. Mein Kollege Michael Frenzel und ich schrieben einen Brief an alle Berliner Gemeinden, in dem wir über den Vorfall berichteten, zur Solidarität aufriefen, aber auch anregten, das Thema Volksbildung stärker in die Arbeit der Gemeinden einzubeziehen. Das Echo war überraschend. Die Informationsveranstaltungen in den Kirchen fanden großen Zulauf, von überall her trafen Solidaritätsbekundungen ein, auch einige Prominente, darunter der Schriftsteller Christoph Hein, bezogen öffentlich Stellung. An vielen Orten bildeten sich Gruppen, die die Situation in den Schulen diskutierten.

Für die vier betroffenen Schüler mag all das eine Genugtuung gewesen sein – an der Tatsache, dass sie einer ungewissen Zukunft entgegensahen, änderte es aber nichts. Philipp Lengsfeld folgte seiner Anfang des Jahres in den Westen abgeschobenen Mutter Vera Wollenberger. Benjamin Lindner arbeitete nach dem Rausschmiss ebenso wie Kai Feller in der Stephanus-Stiftung, und Katja Ihle holte nach einer Zeit der »Bewährung« an der Volkshochschule ihr Abitur nach. Am meisten Kontakt hatte ich zu Kai – in den Gesprächen mit ihm begriff ich, dass der Vorfall an der Ossietzky-Schule nicht nur ein politisches Ereignis war, sondern die Zukunftspläne von vier jungen Menschen zunichtegemacht hatte. Kai wollte nicht klein beigeben und falsche Kompromisse eingehen, aber er wollte auch lernen. Zum Glück gelang es im darauffolgenden Herbst, ihn im Oberseminar Potsdam-Hermannswerder unterzubringen, einer von zwei evangelischen Internatsschulen in der DDR, in denen Jugendliche, denen der Zugang zur Erweiterten Oberschule verwehrt war, das Abitur ablegen konnten. Obwohl der Unterricht erstklassig war, wurde der Abschluss in der DDR nicht anerkannt, aber wenigstens ermöglichte er den Zugang zu kirchlichen Ausbildungen.

Den Gesprächen mit Kai verdanke ich die Idee zu einer alternativen Abendschule, die ich zusammen mit Hans-Peter Schneider und Rudi Pahnke, beide Jugendpfarrer, Ibrahim Böhme und dem inzwischen aus dem Westen zurückgekehrten Werner Fischer in den folgenden Monaten in die Tat umsetzte. Wir nannten das Projekt »Anders lernen« und wollten damit vor allem Schülerinnen und Schüler ansprechen, denen der Weg zum Abitur versperrt worden war, aber auch alle, die mehr und anderes lernen wollten als in der Schule. Wir bereiteten ein erstes Semester als Testphase vor, dem nach Auswertung der Erfahrungen weitere folgen sollten. Besonders wichtig war mir, dass die Teilnehmenden Einfluss darauf hatten, was und wie sie lernten. Wir luden Dozenten ein, vor allem aus den Oppositionsgruppen. Gerd Poppe zum Beispiel veranstaltete einen Robert-Havemann-Abend, und Ibrahim Böhme referierte zu geschichtlichen Themen. Das erste Semester, für das sich ungefähr zwei Dutzend Jugendliche angemeldet hatten, lief von Winter 1988 bis Frühjahr 1989. Der Erfolg ermutigte uns, weiterzumachen. Doch noch bevor wir ernsthaft beginnen konnten, weitere Kurse zu planen, hatten sich die Zeiten geändert, und wir waren von den Ereignissen des Jahres 1989 gänzlich in Anspruch genommen. Eine Revolution hatte begonnen, und unser kleines Projekt »Anders lernen« wurde zu einem der vielen kleinen Impulse zu einer bildungspolitischen Debatte, die wenige Monate später am Runden Tisch ihre Fortsetzung fand.

Bärbel Bohley und Werner Fischer waren tatsächlich nach sechs Monaten, am 3. August 1988, in die DDR zurückgekehrt – die SED wollte offenbar keine neue Solidaritätswelle riskieren, indem sie den beiden die zugesagte Einreise verwehrte.

Bärbel und Werner, die vor ihrer Verhaftung ein Paar gewesen waren, gingen inzwischen getrennte Wege. Werner stieg nach seiner Rückkehr sofort wieder in die Oppositionsarbeit ein, als sei er nie weg gewesen. Wir waren uns früher bei verschiedenen Anlässen zwar begegnet, kannten uns aber nicht besonders gut. Doch nun fanden viele Vorbereitungstreffen und Veranstaltungen wegen der Ossietzky-Affäre statt, an denen wir beide beteiligt waren. Meistens gingen wir danach noch etwas trinken, im »Wiener Café« in der Schönhauser Allee oder im »Mosaik« in der Prenzlauer Allee – groß war die Auswahl an Kneipen nicht, aber wir waren auch nicht anspruchsvoll. Es dauerte nicht lange, bis wir keine Versammlung mehr brauchten, um uns zu treffen – wir hatten uns ineinander verliebt und wurden ein Paar. Eine neue Liebe und aufregende Zeiten – das war eine wunderbare Mischung. Werner hatte zahlreiche Kontakte, war mit vielen in Ost-Berlin akkreditierten Journalisten per Du, hatte früher als andere Dissidenten die Rolle der Westmedien erkannt und nutzte sie geschickt für unsere Zwecke. Ich bewunderte, wie furchtlos er agierte, nicht ohne sich gelegentlich ein wenig über seine »intellektuellen Freunde« in der IFM lustig zu machen, zu denen er sich ausdrücklich nicht zählte. Manchmal schien mir, als sei die DDR für ihn nicht nur eine Diktatur, sondern auch ein Abenteuerspielplatz. Einmal standen wir am offenen Fenster, ein paar Freunde waren gekommen, und wir feierten. Unten auf der Straße stand der Lada der Stasi – mit fünf Männern drum herum, die offenbar den Auftrag hatten, Werners Haustür nicht aus den Augen zu lassen und dafür zu sorgen, dass er und seine Gäste das bemerkten. »Sieh sie dir an«, sagte er, »die armen Schweine. Was denen wohl durch den Kopf gehen mag, wenn sie uns hier sehen!« Er hatte recht. Seit Stunden standen sie da unten in ihren merkwürdigen Blousonjacken, an denen man Funktionäre und Staatsdiener meist schon von weitem erkannte, traten von einem Bein aufs andere, schauten zu unseren Fenstern hoch, hörten die Musik und das gut gelaunte Stimmengewirr, sahen, wie wir lachend am Fenster standen, Gläser und Zigaretten in der Hand. Wir, das spürten wir auf einmal deutlich, waren die Lebendigeren und Stärkeren, die mit der Lust am Leben. Jedenfalls an diesem Abend. Fast empfanden wir ein wenig Mitleid.

An anderen Tagen gab es weniger zu lachen: etwa, wenn Werner nach Hause kam und die Vorladung zum Verhör nicht im Briefkasten fand, sondern jemand sie direkt auf die Flurgarderobe in seiner Wohnung gelegt hatte. Oder wenn Dinge offenkundig an einem anderen Platz lagen als beim Verlassen der Wohnung. Ein paarmal wurde er morgens zur »Befragung« in die Stasi-Zentrale nach Berlin-Lichtenberg einbestellt, und ich setzte ihn, bevor ich ins Stadtjugendpfarramt fuhr, mit meinem Dienst-Trabant in der Normannenstraße ab. Da konnte er dann schon wieder lachen: »Ist ja, als wenn du mich zur Arbeit fahren würdest!«

Diese Art von Humor half ihm wohl auch, mit bösen Erinnerungen an seine Jugend fertigzuwerden. Lange Haare, Rockmusik, Freunde – alles, was ihm Spaß machte, war seinen Eltern verdächtig gewesen, und die Schlaghosen, für die er das Geld mühsam zusammengespart hatte, weil man sie in den späten sechziger Jahren einfach haben musste, wanderten vor seinen Augen in den Ofen. Als Sechzehnjähriger verließ er das Elternhaus, wurde Rohrleitungsmonteur und im Alter von neunzehn Jahren zu den Grenztruppen eingezogen, überstand das zum Glück, ohne sich schuldig zu machen, verdiente sich später sein Geld als Bühnenarbeiter am Theater, dann als Werbeorganisator. Von seinen Eltern sprach er nur voller Verachtung. Aus seinen Stasi-Akten erfuhr er später, dass die eigene Mutter der Staatssicherheit regelmäßig über ihren Sohn berichtet hatte, doch als er das las, war sie schon schwer krank und nicht mehr ansprechbar. »Das liest sich irgendwie«, erzählte er mir, »als hätte sie mich schützen wollen.« So ließ sich der Verrat durch die Mutter besser ertragen.

Nur ein gutes Jahr später, im Januar 1990, nachdem der Runde Tisch das Ende des Ministeriums für Staatssicherheit und der geplanten Nachfolgeorganisation, des Amts für Nationale Sicherheit, endgültig durchgesetzt hatte, ernannte Modrow auf Geheiß des Runden Tisches Werner Fischer zum Regierungsbevollmächtigten für die Auflösung des MfS/AfNS, eine Aufgabe, vor der man eigentlich nur kapitulieren konnte. Zu mächtig schienen die immer noch in der Zentrale, den Bezirksverwaltungen und dem Staatlichen Komitee zur Auflösung der Stasi verbliebenen Offiziere, zu undurchschaubar war, was sie alles taten, um Beweise zu vernichten oder zu retten, was zu retten war.

Im Herbst 1988 bereitete die »Initiative Frieden und Menschenrechte« einen Informationsabend über Rumänien vor. Die Nachrichten von dort waren alarmierend. Die Menschen lebten in Not, Frauen standen unter Gebärzwang, während Verhütungsmittel und Abtreibungen verboten waren. Kinder, die von staatlichen Kommissionen für behindert erklärt wurden, kamen in menschenunwürdige Heime, in denen Mangelernährung und Krankheiten zu einer hohen Sterblichkeitsrate führten. Die ungarische Minderheit wurde ihrer Sprache und ihrer Kultur beraubt, und die Auswanderung von Juden nach Israel erfolgte gegen Zahlung hoher Beträge. Informationen über die Situation in Rumänien bezogen wir aus westlichen Medien und aus persönlichen Kontakten. Ludwig Mehlhorn zum Beispiel war gerade von einer Reise nach Siebenbürgen zurückgekehrt und hatte Erschreckendes zu berichten: »Es gibt keinen Staat in dem jetzigen Europa, wo die politische Unterdrückung und das soziale Elend ein solches Geflecht düsterer Hoffnungslosigkeit bildet wie in Ceauşescus Rumänien.«

Der sorgfältig von uns vorbereitete Abend sollte am 17. November in der Gethsemanekirche stattfinden – dem Tag, an dem europaweit auf die Lage in Rumänien aufmerksam gemacht wurde. Da mit Lothar Pawliczak und Mario Wetzky gleich zwei IM an den Vorbereitungen beteiligt waren, war die Staatssicherheit bestens über unser Vorhaben informiert – was wir zum Zeitpunkt der Planung natürlich nicht wussten. Was wir ebenfalls nicht wussten: Am selben Tag würde Nicolae Ceaușescu, der rumänische Staatspräsident und Chef der rumänischen kommunistischen Partei, zu einem Staatsbesuch in der DDR sein.

Am frühen Vormittag dieses Tages erreichte mich im Stadtjugendpfarramt die Nachricht, dass Gerd und Ulrike Poppe, Reinhard Weißhuhn und Werner Fischer – die wichtigsten Akteure der Veranstaltung – unter Hausarrest standen und offenbar an ihrem Auftritt gehindert werden sollten. Ich musste mir also etwas einfallen lassen. Als Erstes fuhr ich mit meinem Dienst-Trabant zum Konsistorium. Der Bischof war außer Haus, aber Propst Furian, sein Stellvertreter, war da und für mich zu sprechen. Ich erklärte ihm die Situation und meine Idee: Nur mit dem Dienstauto des Bischofs, an das die Stasi sich bestimmt nicht herantraute, würde es möglich sein, meine Freunde in die Gethsemanekirche zu bringen. Der Propst gehörte zu den eher konservativen Mitgliedern der Kirchenleitung und hatte gewisse Probleme mit dem alternativen Lebensstil der Basisgruppen, aber wenn es »gegen die Kommunisten« ging, wie er es vielleicht ausgedrückt hätte, konnte man sich auf ihn verlassen. Er telefonierte mit dem Bischof und versprach mir, am Abend mitsamt dem Bischofsauto zur Verfügung zu stehen. Als Nächstes fuhr ich – Telefonate hätten das Vorhaben gefährdet – für ein paar Absprachen zur Sophiengemeinde, wo sich das Baubüro der Landeskirche befand, in dem Gerd Poppe und Reinhard Weißhuhn arbeiteten. Anschließend fuhr ich zu Ulrike Poppe in die Rykestraße und zu Werner Fischer in die Fehrbelliner Straße. Vor allen drei Häusern standen die bekannten Fahrzeuge vom Typ Lada, vollbesetzt mit Stasi-Leuten.

Am Abend lief dann alles wie am Schnürchen: Ich fuhr mit meinem Trabbi zum Konsistorium, um Propst Furian abzuholen, der mir im Volvo des Bischofs zur Sophienstraße folgte. Wir fuhren auf den Hof der Sophienkirche, Poppoff und Henne bestiegen den Volvo, und wir verließen das Kirchengelände durch eine zweite Ausfahrt, die – auch das war verabredet – kurz vorher geöffnet worden war. Die Stasi-Leute, die sich schon ins erste Tor gestellt hatten, um uns an der Ausfahrt zu hindern, hatten das Nachsehen. Der kleine Konvoi machte sich auf zur Gethsemanekirche, lud seine kostbare Fracht ab und fuhr wieder los, diesmal, um Werner Fischer abzuholen. Furian wies den Fahrer an, mit dem Wagenheck dicht an die Haustür zu fahren. Während wir beobachteten, dass die Stasi-Männer heftig telefonierten, aber nicht wagten einzugreifen, stieg Werner ein, und los ging es zur Gethsemanekirche, dicht gefolgt vom Lada mit fünf Insassen, denen es aber offenbar immer noch nicht gelungen war, eine Order einzuholen. Eine dritte Fahrt war nicht nötig: Ulrike hatte sich über ihren Dachboden und die Dächer der Nachbarhäuser schon selbst auf den Weg gemacht und war wohlbehalten in der Kirche angekommen. Die Gethsemanekirche war längst voll – Veranstaltungen dieser Art sprachen sich schnell herum. Alles nahm seinen Lauf, so, wie wir es vorbereitet hatten.

Hans-Otto Furian ist im Herbst 2012 verstorben, die Nachricht von seinem Tod hat mich traurig gemacht. In den zurückliegenden Jahren trafen wir uns manchmal, der frühere Propst und ich, in einem Gottesdienst, beide inmitten von Kindern und Enkeln. Dann lächelten wir uns an und erinnerten uns an unser Räuber-und-Gendarm-Spiel. Und wussten dabei genau, dass die Verfolgung durch die Staatssicherheit normalerweise nichts mit dem Charme eines Abenteuers gemein hatte.

Selbst wenn sich damals ein DDR-Journalist in die Kirche gewagt hätte, womit nicht zu rechnen war, wäre es undenkbar gewesen, dass die Medien der DDR über die Veranstaltung und die rumänischen Verhältnisse berichteten. Stattdessen prangten auf den Titelseiten der Zeitungen Berichte und Fotos einer freundschaftlichen Begegnung zweier Diktatoren, bei der Staats- und Parteichef Erich Honecker seinem Gast Nicolae Ceaușescu den Karl-Marx-Orden verlieh. In einigen Samisdat-Schriften mit ihren kleinen Auflagen war aber doch etwas über die wirkliche Situation in Rumänien zu lesen – in dem Heft *OSTKREUZ* beispielsweise, das von Gerd Poppe, Reinhard Weißhuhn und Peter Grimm im Januar 1989 herausgegeben worden war.

Seit Michail Gorbatschow im April 1987 in einer Rede in Prag deutlich gemacht hatte, dass »jede Bruderpartei vor dem Hintergrund der jeweiligen nationalen Bedingungen selbst über ihre politische Linie entscheidet«, galt die Breschnew-Doktrin als erledigt. Nach dieser war die Verteidigung der kommunistischen Herrschaft nicht allein eine nationale

Aufgabe, und Moskau und seine Verbündeten waren berechtigt, militärisch und politisch einzugreifen. Nun konnten die Freiheitsbewegungen in den kommunistisch beherrschten Ländern Europas, die auf Geheiß Moskaus immer wieder gewaltsam unterdrückt worden waren, neue Hoffnung schöpfen. Die Machthaber hingegen konnten sich in ihrem Kampf gegen das Aufbegehren in ihren Ländern fortan nicht mehr auf die Panzer der Roten Armee verlassen.

Gorbatschow wurde dafür bewundert und gefeiert und schließlich 1990 mit dem Friedensnobelpreis bedacht. »Letztlich«, so der Historiker Ilko-Sascha Kowalczuk, »dankt die Mehrheit der DDR-Bevölkerung den sowjetischen Soldaten und namentlich Gorbatschow bis heute dafür, dass sie nicht das taten, was man jahrzehntelang von Moskau gewöhnt war: Panzer auffahren zu lassen und friedliche Menschen zu erschießen. Diese Huldigung zeigt, wie sehr Diktatoren zivilisatorische Errungenschaften auf den Kopf zu stellen vermögen.« Besser als mit diesen lakonischen Sätzen kann man das Phänomen Gorbatschow wohl nicht auf den Punkt bringen.

Von dem, was innerhalb der Sowjetunion geschah, ging eine große Faszination aus. Im *Sputnik*, einem Magazin mit politischen und gesellschaftlichen Beiträgen aus der Sowjetunion, war von Ausgabe zu Ausgabe mehr Meinungsvielfalt zu spüren. Kritik am Stalinismus, Texte bis dahin verbotener Autoren, oppositionelle Artikel zur Breschnew-Ära – die Hefte gingen an den Kiosken der DDR weg wie warme Semmeln. Als im November 1988 schließlich der in der DDR verschwiegene Hitler-Stalin-Pakt und die Geschichte der KPD zum Thema wurden, reichte es der SED, und sie verbot den Vertrieb des *Sputnik*. Das Verbot schlug ein wie eine Bombe, und sogar viele SED-Genossen schüttelten den Kopf.

Den Jahreswechsel 1988/89 verbrachte ich mit einigen Freunden, darunter Ulrike und Gerd Poppe und ihren Kindern, in Göhren auf Rügen bei unserem gemeinsamen Freund Uli Bandt, der dort als Vikar arbeitete. Es tat uns allen gut, ein wenig Abstand zu den Berliner Turbulenzen zu gewinnen. Das Wetter erlaubte uns lange Winterspaziergänge am Strand, zu essen hatte jeder etwas mitgebracht, den Wein sowieso, und am Silvesterabend feierten wir ohne Böller und mit nächtlichem Blick über die Küstenlandschaft in das neue Jahr hinein. Wir fragten uns halb besorgt, halb hoffnungsvoll, was uns das neue Jahr bringen würde. Niemand ahnte, dass sich unsere Welt bis zum nächsten Jahreswechsel radikal ändern und es nur zwölf Monate später ein Riesenfeuerwerk am offenen Brandenburger Tor geben würde und dass wir zusammen mit Freunden aus Ost und West, die viele Jahre getrennt voneinander waren, in das Jahr 1990 hineinfeiern würden.

9

Gethsemanekirche

Marx sagt, die Revolutionen sind die Lokomotiven der Weltgeschichte. Aber vielleicht ist dem gänzlich anders. Vielleicht sind die Revolutionen der Griff des in diesem Zuge reisenden Menschengeschlechts nach der Notbremse.

Walter Benjamin

Der 9. Oktober 1989 ist ein Montag. Die Türen der Gethsemanekirche sind seit Tagen rund um die Uhr offen. Auf der niedrigen Mauerbrüstung vor dem Eingang brennen immerzu Kerzen, die mittlerweile ein kleines Wachsgebirge bilden. Über der Tür hängt ein weithin sichtbares Transparent mit der Aufschrift »Wachet und betet. Mahnwache für die zu Unrecht Inhaftierten«. Es herrscht ein ständiges Kommen und Gehen, die Kirche ist Zufluchtsort und Nachrichtenzentrale, Unruheherd und Ruhepunkt in einem.

Sie ist die schönste Kirche im Norden Berlins. Die Abendsonne steht ihr am besten – da leuchten die Backsteinwände in wunderbar warmen Rottönen. Obwohl sehr groß, wirkt der freistehende Bau nicht massig und bedrohlich, sondern geradezu einladend. Wer in den hinter der Kirche gelegenen Gründerzeithäusern wohnt, kann von Glück sagen: ein ruhiges Viertel mit einem Spielplatz und alten Bäumen, gleich daneben die Greifenhagener Brücke, von der aus man zum S-Bahnhof Schönhauser Allee gelangt.

Ist man eingetreten, werden die Schritte auf dem Weg vom Eingang zum Altar leichter. Das liegt daran, dass es ein wenig bergab geht, wie im Theater. Ein Zuschauerraum ist das Kirchenschiff trotzdem nicht. Mit den Emporen, die auf beiden Seiten bis zum Altarraum reichen, ähnelt es eher einem Forum. Allein schon dieser Raum hätte der Grund dafür gewesen sein können, dass die Gethsemanekirche zum Berliner Mittelpunkt der Revolution im Herbst 1989 wurde. Es gibt Orte und Gebäude, die über Generationen von einem guten Geist erfüllt sind. Dieser hier gehört dazu.

Das große Transparent hatten die Leute von der Mahnwache dort aufgehängt. Es galt einer Gruppe von Leipzigern, die drei Wochen zuvor nach einer der ersten Montagsdemonstrationen verhaftet worden waren, darunter die zwanzigjährige Katrin Hattenhauer – sie hatte ein selbstgemaltes Spruchband bei sich getragen: »Für ein offenes Land mit freien Menschen«. Dass sich die Berliner mit den Leipziger Oppositionellen solidarisierten, lag nahe – es bestanden schon seit langem sehr enge Verbindungen zwischen ihnen. Die Mahnwache gab es seit dem 2. Oktober, sie war eine Initiative der Kirche von unten, der Umweltbibliothek und des Weißenseer Friedenskreises, auch mehrere Sozialdiakone waren beteiligt. Manche der Gesichter kannte ich schon von früheren Aktionen oder über meine Arbeit im Stadtjugendpfarramt: Frank Ebert, Till Böttcher, Wolfgang Rüddenklau, Christian Halbrock, Peter Grimm, Tom Sello und Gerold Hildebrand, Mario Schatta, Michael Heinisch und Stefan Müller. Die Namen der Frauen – Uta Ihlow und Sarah Jasinczczak, Dorit Krusche, Kerstin Gierke, Franca Susanne Otto und Anke Müller – erfuhr ich erst, nachdem ich Tom Sello gefragt hatte, ob es denn in der Umweltbibliothek keine Frauen gegeben habe. Lag es an mir, dass ich sie damals nicht wahrgenommen hatte? Vielleicht war der Grund auch, dass sie im Hintergrund arbeiteten – unermüdlich und unauffällig in der Bibliothek, im Café und an der Druckmaschine.

Die Umweltbibliothek in der Zionsgemeinde verfügte außer über zwei Wachsmatrizenmaschinen sogar über einen Computer samt Nadeldrucker. Damit konnte die Mahnwache den ganzen Oktober über alle, die in die Gethsemanekirche kamen, mit aktuellen Informationen versorgen: Ungefähr alle vier Tage erschien der *telegraph* in einer Auflage von mehreren tausend Exemplaren, dazwischen gab es Flugblätter. Tom Sello fuhr ständig mit dem Auto hin und her, um die neuesten Drucksachen zu holen. Die Blätter wurden ihm in der Kirche förmlich aus den Händen gerissen, manchmal noch bevor sie sortiert und geheftet werden konnten. Das wurde alles von Hand gemacht, in zwei Nebenräumen, die die Gemeinde der Mahnwache überlassen hatte. Eines der größten Probleme war die Beschaffung von Papier – es war permanent knapp, die Kontingente der Schreibwarenläden reichten nicht aus, obwohl manche von ihnen den Organisatoren der Mahnwache ganze Lieferungen überließen.

Die Leute von der Umweltbibliothek und der Kirche von unten hatten einen anderen Lebensstil als die normalen Gottesdienstbesucher: Linke, Anarchisten, Punker waren unter ihnen, sie hörten lieber *Ton Steine Scherben* als Kirchenlieder und bevorzugten Kaffee, Wein, Bier und Zigaretten statt Tee und Saft. Damit strapazierten sie die Toleranz der Kirchengemeinde sicher mehr als andere Gruppen, andererseits waren sie Ansprechpartner für viele, die vielleicht zum ersten Mal in ihrem Leben eine Kirche betraten, die ihre Angst überwunden hatten und kamen, um sich zu informieren und zu solidarisieren. Die Mahnwache trug wesentlich zur Politisierung des Protestes bei: »Ihr löscht das Feuer mit Benzin. Ihr löscht den Brand nicht mehr« – das Biermann-Zitat stand als Überschrift auf dem ersten Flugblatt, mit dem die Öffentlichkeit am 2. Oktober auf die Mahnwache aufmerksam gemacht wurde. Auch der Ruf nach einem Runden Tisch erreichte über ein solches Flugblatt erstmals eine breitere Öffentlichkeit.

Innerhalb der Kirche zog ein Lager mit Schlafsäcken, Blumen und Teekannen im Altarraum die Aufmerksamkeit an. Seit dem 4. Oktober fastete dort eine Gruppe überwiegend jüngerer Leute. Sie waren dem Aufruf der angehenden Theologin Angela Kunze gefolgt, einer ruhigen Frau mit starker Ausstrahlung, die in ihrer Freizeit als Clown auftrat. Angela war mit ihrer Idee zur Mahnwache und zu uns ins Stadtjugendpfarramt gekommen und hatte Unterstützung gefunden. Damit sie unauffällig in die Kirche gelangen konnte, fuhr ich ihre Utensilien mit meinem Dienst-Trabbi aus ihrer Wohnung hierher – den Schlafsack, ihre Protesterklärung, die sie auf ein großes Tuch gemalt hatte, und ein paar Kisten mit Saft. Um Angela herum entstand ein Ort der Kontemplation, des stillen Protestes und der ruhigen Gespräche – ein guter Platz für all jene, die vor Angst und Sorge in die Kirche flohen und Zuspruch, Trost oder Orientierung suchten.

Zur Gruppe der Fastenden gehörte auch der sechzehnjährige Rocco. Ich lernte ihn kennen, als am späten Abend des 9. Oktober ein älterer, sehr bestimmt auftretender Mann in Begleitung seiner Tochter, Roccos Mutter, in die Kirche kam und die sofortige »Herausgabe« seines Enkels forderte, der minderjährig sei und nicht wisse, worauf er sich hier eingelassen habe. Er stellte sich als Mitarbeiter des Ministerrates der DDR vor, betonte, dass sein Besuch in der Kirche ausschließlich familiären Charakter habe, und verlangte, mit einem Pfarrer oder anderen Verantwortlichen zu sprechen. Schließlich nahm er etwas unwillig mit mir vorlieb. Ich bat Großvater, Mutter und Enkel zum Gespräch ins Gemeindehaus. Was dann folgte, war zunächst ein heftiger innerfamiliärer Wortwechsel. Der Großvater, der darauf bestand, dass sein Enkel den Aufenthalt in der Kirche abbrach und sofort nach Hause zurückkehrte, und die zwischen ihrem Vater und ihrem Sohn hin- und hergerissene Mutter standen einem fassungslosen und wütenden jungen Mann gegenüber. Voller Zorn warf er ihnen vor, ihn belogen zu haben, schrie ihnen ins Gesicht, welche Brutalität er in den letzten Tagen und Nächten erlebt habe und dass er hier in der Gethsemanekirche endlich Menschen begegnet sei, denen er vertrauen und die er ernst nehmen könne. Jedenfalls denke er nicht im Traum daran, die Kirche zu verlassen.

Unberührt von den Worten seines Enkels, drohte der Großvater, ihn von der Polizei aus der Kirche holen zu lassen. Währenddessen versuchte ich einen Weg zu finden, wie ich einerseits Rocco schützen und andererseits größeren Schaden abwenden konnte. Der Alte, schien mir, könnte tatsächlich Ernst machen und die Polizei rufen, und wie die Dinge lagen, würde daraus leicht ein Vorwand werden, in die Kirche einzudringen. Ich machte ihn darauf aufmerksam, dass er vielleicht die Macht habe, seinen Enkel mit Gewalt aus der Kirche herauszuholen, dass ich aber auch Kinder in diesem Alter habe und aus Erfahrung ziemlich sicher sei, dass er auf diese Weise gar nichts erreichen würde oder sogar das Gegenteil. Und er wolle doch nicht, dass sich sein Enkel vollends von der Familie entfremde? Meine Worte schienen zumindest Roccos Mutter zu erreichen, die der Auseinandersetzung bis dahin wortlos und zusehends bedrückt gefolgt war. Ich schlug Bedenkzeit für alle und ein weiteres Gespräch für den nächsten Tag vor, diesmal zusammen mit dem Stadtjugendpfarrer Wolfram Hülsemann. Rocco konnte bleiben, auch in den darauffolgenden Tagen. Zu meiner Überraschung sah ich seine Mutter in den folgenden Wochen ab und zu bei den Veranstaltungen in der Gethsemanekirche.

In den Unterlagen des MfS fand ich später zwei längere, handschriftlich verfasste Berichte über dieses Zusammentreffen. Der Großvater war in Wirklichkeit »Offizier im besonderen Einsatz« (OibE) gewesen und hatte auf der Gehaltsliste des MfS gestanden. Sein Erscheinen in der Kirche war auf die Empfehlung seines Vorgesetzten zurückzuführen, mit dem er sich abgesprochen hatte.

Ab und zu habe ich mich seitdem mit Rocco Pagel getroffen, der inzwischen Maler ist, ein bildender Künstler, der in Dresden studiert und unterrichtet hat. Bei unserem jüngsten Treffen erzählte er mir, was er inzwischen aus den Akten über seinen Großvater erfahren hatte. Die Erschütterung über dessen Lügen war ihm noch anzumerken.

Neben der Mahnwache und der Fastengruppe gab es noch das Kontakttelefon, zu dem unter anderem Ulrike Poppe, Christoph Singelnstein, Werner Fischer, Jürgen Gernentz, Klaus Kupler, Gerold Hildebrand und ich gehörten. Unsere fast einjährige Suche nach einem Ort für das Kontakttelefon hatte im Februar 1989 schließlich Erfolg gehabt. Nachdem es im Januar in Leipzig zu einer Reihe von Verhaftungen Oppositioneller gekommen war und wir in Berlin nach Möglichkeiten suchten, unsere Solidarität zu demonstrieren, hatte uns schließlich die Gethsemanegemeinde erlaubt, zweimal wöchentlich zwischen 18 und 22 Uhr einen kleinen Nebenraum des Gemeindebüros zu nutzen. In ihm befanden sich ein kleiner Tisch, zwei Sessel und ein Sofa – und natürlich ein Telefon. Das Gemeindebüro teilte mit uns dieselbe Telefonnummer – Nebenstellen oder Zweitnummern gab es nicht. Das war ein großes Zugeständnis, weniger wegen des politischen Risikos, sondern vor allem aus organisatorischen Gründen, denn das Gemeindebüro war nun kaum noch erreichbar: Es dauerte nicht lange, bis sich die Nummer 4 484 235 herumgesprochen hatte, und wie zu erwarten, hielten sich diejenigen, die das Kontakttelefon erreichen wollten, nicht an seine »Sprechzeiten«. Vom Gemeindehaus in der Gethsemanestraße 9 bis zur Kirchentür hinter dem Altarraum waren es nur ein paar Schritte über die Straße, und wir blieben auf diesem kurzen Weg unbehelligt von Polizei und Staatssicherheit. Wir sammelten Informationen über die Arbeit der Opposition und gaben sie am Telefon weiter: Welche Gruppen sich zu welchen Themen wann und wo trafen, wer die Experten für Umweltfragen und Kernkraft, Wehrdienstverweigerung oder Solidarität mit der »Dritten Welt« waren und wie man sie erreichen konnte, und welche Veranstaltungen in den nächsten Tagen wo stattfanden. Wir stellten einen ordentlichen Dienstplan auf, damit das Telefon zuverlässig zwischen 14 und 22 Uhr besetzt war, und notierten in einer Kladde, was für Anrufe eingingen – eine Verabredung, die sich später als wertvoll erwies.

Wir waren nie sicher, wie lange das Kontakttelefon funktionieren würde. Dass es abgehört wurde, war uns natürlich klar, aber würde die Staatssicherheit es nicht doch irgendwann abschalten? Dass sie das bisher nicht getan hatte, erklärten wir uns damit, dass sie nicht auf die Informationen verzichten wollte, die sie auf diese Weise erhielt. Später konnten wir in den Akten der Staatssicherheit dazu einiges nachlesen: Die Stasi hatte unser monatelanges Bemühen um ein dauerhaftes Kontakttelefon aufmerksam verfolgt. »Streng vertraulich« sei bekannt geworden, heißt es in einer Notiz vom Januar 1989, dass »die Birthler« beim Gemeindekirchenrat einen Antrag stellen würde, ein Kontakttelefon einzurichten. Und weiter: »Durch operative Einflußnahme wird die Einrichtung eines derartigen Kontakttelefons durch die Birthler verhindert. Falls es erforderlich ist, besteht entsprechend den gesetzlichen Bestimmungen die Möglichkeit, derartige Kontakttelefone abzuschalten.« Die »operativen Maßnahmen« erwiesen sich jedoch als wenig erfolgreich, und das Kontakttelefon wurde dank einer beherzten Entscheidung des Gemeindekirchenrats eingerichtet. Dafür, dass es nicht abgeschaltet wurde, findet sich in einem weiteren Vermerk eine Begründung: »Von politisch-operativer Bedeutung ist, dass bei kirchlichen Personenkreisen nach dem staatlichen Widerruf von Anschlussgenehmigungen in kirchlichen Einrichtungen ihnen wesenseigene Protesterscheinungen, wie z. B. in Form von innerkirchlichen Erklärungen und Mitteilungen sowie Eingaben an staatliche Organe, hervorgerufen werden.« Übersetzt in normale Sprache hieß das: Falls die Stasi den Telefonanschluss kappte, gäbe es öffentliche Proteste von kirchlicher Seite. Das aber wäre von den Westmedien aufgegriffen worden, und eine solche Berichterstattung lag nicht im Interesse der SED. Man spürt es beim Lesen dieser Vermerke förmlich, wie lästig den Stasi-Offizieren die ständige Rücksichtnahme auf den Wunsch der SED war, möglichst wenig negative Berichterstattung in den Westmedien zu riskieren.

Ein Staat, der sich in seinen Maßnahmen von der Angst vor Protesterklärungen und den Berichten darüber in den Westmedien leiten ließ! Fürchteten die Funktionäre im Politbüro, das Ansehen zu verlieren, das sie in Wirklichkeit gar nicht mehr besaßen? Hatten sie tatsächlich noch die Illusion, vom Volk geliebt und vom Ausland respektiert zu werden?

Wahrscheinlicher ist, dass sie besser als wir wussten oder ahnten, dass sich unsere Protesterklärungen, Appelle und Beschwerden, sollten sie öffentlich bekannt werden, wie die sprichwörtlichen Schneebälle zu Lawinen entwickeln würden. Das Ende von Diktaturen gibt den Hardlinern paradoxerweise immer recht: Diktaturen müssen auf Macht und Angst setzen und nicht auf die Zuneigung des Volks, sonst gehen sie unter. Die kleinen Zugeständnisse, die eine Diktatur dem Volk gewährt, werden nicht als Großzügigkeit, sondern als Schwäche wahrgenommen, und anstatt sich dankbar zu zeigen, bekommt das Volk, der große Lümmel, jetzt erst richtigen Appetit auf die Freiheit. Niemand von uns hätte das damals klar beschreiben können, aber nur so lässt sich erklären, dass wir mit jeder Schwäche der SED, mit jedem unserer kleinen Erfolge anspruchsvoller und mutiger wurden.

Manchmal war unser Kontakttelefon in den zurückliegenden Monaten auch rund um die Uhr besetzt gewesen, zum Beispiel während der Kommunalwahlen im Frühjahr. Im Vorfeld hatte es überall in der DDR Aufrufe gegeben, der Wahl fernzubleiben oder mit Nein zu stimmen. Dazu musste man allerdings erst einmal wissen, wie eine Nein-Stimme auszusehen hatte: Wahlzettel in der DDR enthielten nämlich keine Felder zum Ankreuzen; für eine Nein-Stimme musste man daher jeden einzelnen Namen durchstreichen – andernfalls wurde die Stimme bloß als ungültig gezählt.

Immer mehr Menschen besuchten die staatlichen Propagandaveranstaltungen und stellten den Kandidaten unangenehme Fragen. Die SED reagierte nervös. Wie sich später herausstellte, wurden Personen, von denen man bereits wusste, dass sie nicht zur Wahl gehen würden, von den Wahllisten gestrichen, um die übliche Wahlbeteiligung von etwa 99 Prozent nicht zu gefährden. Oppositionsgruppen in der ganzen DDR hatten dazu aufgerufen, in so vielen Wahllokalen wie möglich am Abend des 7. Mai bei der Auszählung der Stimmen dabei zu sein, die Ergebnisse zu notieren und später mit den offiziellen Zahlen zu vergleichen. Das war in einzelnen Fällen auch schon bei früheren Wahlen gemacht worden, aber diesmal sollte die Kontrolle in einigen Stadtbezirken möglichst flächendeckend erfolgen. In Berlin waren es vor allem Evelyn Zupke und Mario Schatta, die die Überwachung der Auszählungen organisierten, und in ihrem Stadtbezirk Weißensee schafften sie es, dass nahezu alle Wahllokale von der Opposition kontrolliert wurden.

Die Wahlbeobachtung war eine geniale Idee, noch dazu taten die Beteiligten ja nichts Verbotenes. Doch »legal« bedeutete noch lange nicht »erlaubt«, und wer konnte wissen, ob die Kontrolleure unbehelligt bleiben würden? Heutzutage würden bei einer solchen Aktion alle per Handy, Twitter oder Facebook miteinander in Verbindung stehen, damals konnte man nur das Kontakttelefon anrufen, um von den anderen zu erfahren, ob bei ihnen alles in Ordnung war. Das Ganze lief wie geplant, und am Abend fand in den Räumen der »Kirche von unten« in der Elisabethgemeinde eine gut besuchte und ausgelassene Wahlparty statt. Ich sehe noch Ibrahim Böhme vor mir, wie er auf Zuruf Zahlen in eine große Tabelle eintrug. Die Wahlbeteiligung in den beobachteten Wahllokalen betrug zwischen 60 und 80 Prozent, der Anteil der Gegenstimmen lag zwischen 3 und 30 Prozent. Später am Abend verkündete Egon Krenz, der Vorsitzende der Wahlkommission, das übliche Ergebnis von 99 Prozent Wahlbeteiligung und einem Prozent Gegenstimmen. Wir hatten also gute Gründe, uns zu freuen: Es war gelungen, den Wahlbetrug nachzuweisen – in Berlin und in vielen anderen Städten. Auf dem Umweg über die Westmedien, deren Korrespondenten bei unserer Wahlparty zugegen waren, erfuhren davon in der DDR alle, die es wissen wollten. In den folgenden Tagen wurden die Ergebnisse der unabhängigen Wahlkontrolle im Vergleich mit den offiziellen Zahlen mittels hektographierter Dokumentationen veröffentlicht und bewirkten Protestaktionen weit über Oppositionskreise hinaus.

Inmitten all der Aktivitäten von Oppositionsgruppen in der Gethsemanekirche war die eigentliche Gemeinde in den Oktobertagen 1989 auf den ersten Blick kaum sichtbar. Aber der Eindruck täuschte. Am 1. Oktober, in einer Sondersitzung nach dem Erntedankgottesdienst, hatte der Gemeindekirchenrat beschlossen, die weiter oben bereits beschriebene Mahnwache in den Kirchenräumen zu erlauben, von nun an die Kirche Tag und Nacht offen zu halten und allabendlich zu Fürbittgottesdiensten einzuladen. Damit stellte er sich klar auf die Seite der Opposition, ebenso wie die Pastoren Bernd Albani, Elisabeth Eschner und Werner Widrat sowie deren Mitarbeiterinnen und Mitarbeiter, darunter Jürgen Gernentz. Die Mitglieder des Gemeindekirchenrats – Bäcker, Apotheker, Künstler oder Verwaltungsangestellte – hatten die Zeichen der Zeit erkannt. Seitdem mussten sie freilich nicht nur tagtäglich zwischen den politischen Gruppen und der eigentlichen Gemeinde vermitteln, sondern waren oft schlicht damit beschäftigt, am Vorabend des sonntäglichen Gottesdienstes Kerzenreste von den Kirchbänken zu kratzen, Flaschen und Becher einzusammeln und den Teppich zu reinigen. Hinzu kam, dass die Pastoren wie auch der Gemeindekirchenrat gegenüber der Kirchenleitung und staatlichen Stellen für alles geradezustehen hatten, was in ihrer Kirche geschah.

Schon seit Mitte September hatte die Gethsemanegemeinde zu wöchentlichen Fürbittandachten für die in Leipzig immer noch Inhaftierten eingeladen. Anfangs kamen ein paar hundert, dann Abend für Abend zwei- bis dreitausend Menschen. Meist begannen diese Veranstaltungen, die eine Mischung aus Gottesdienst, Informationsabend und Diskussionsforum waren, mit Musik und einer kurzen Predigt, dann folgten Berichte zur aktuellen Lage oder es wurden Erklärungen und Resolutionen bekanntgegeben. Manchmal schien es, als wäre der geistliche Rahmen der Fürbittandachten nur so etwas wie eine religiöse Pflichtübung, die dazu diente, eine politische Veranstaltung legal erscheinen zu lassen – das heilige Mittel zum politischen Zweck. Aber gelegentlich wurde so eine Predigt für die, die es erkennen konnten, auch zu einer Sternstunde. Dann leuchtete ein hundertmal gehörter biblischer Text im Licht unserer Angst und unserer Hoffnung plötzlich ganz neu und anders auf, und es schien, als wären die Briefe des Paulus an seine bedrängten Glaubensgeschwister unmittelbar an uns adressiert. Hans Simon zum Beispiel, Pfarrer der benachbarten Zionsgemeinde, berührte nicht nur mich mit seinen Predigten und lehrte uns zu verstehen, dass biblische Texte unruhigen und angstvollen Zeiten entstammen und deshalb inmitten existentieller persönlicher oder gesellschaftlicher Notstände eine größere Wirkung entfalten als in ruhigen, alltäglichen Zeiten.

Am Ende wurde stets gemeinsam der Kanon »Dona nobis pacem« gesungen, ein für mich immer wieder bewegender Moment. Christen und Nichtchristen sangen ihn zusammen, und viele fassten sich bei den Händen. Der spirituelle Gesang war für manche fremd, vielleicht sogar befremdlich. Und doch wirkte er gemeinschaftsstiftend und wie ein Trost. Die Atmosphäre dieser Veranstaltungen stärkte bei vielen, auch den Kirchenfernen, die Bereitschaft zum friedfertigen Protest. Und nicht nur in der Gethsemanekirche. Sie war ja bloß eine von vielen Kirchen in der DDR, in der sich im Oktober 1989 wöchentlich und manchmal auch Abend für Abend Menschen zusammenfanden.

Die Bilder von den vollen Kirchen, den Kerzen und Transparenten sind zu Ikonen geworden. Aber auch wenn Hunderte oder Tausende die Kirchen besuchten oder wie in Leipzig oder Plauen demonstrierten, waren sie doch, gemessen an den siebzehn Millionen Bewohnern der DDR, nur eine kleine Minderheit, und die Zahl der Ausreisewilligen war nach wie vor größer als die der Demonstranten und aller Besucher von Fürbittandachten zusammen. Was erhofften oder fürchteten all jene – die große Mehrheit –, die wie immer ihrer Arbeit nachgingen, sich möglichst unauffällig verhielten und abends die Nachrichten anschauten? Wir wissen sehr wenig darüber. Meinungsumfragen gab es zu dieser Zeit nicht, aber die Akten der Staatssicherheit bezeugen immerhin, dass von Woche zu Woche mehr Menschen ihre Angst verloren und ihren Unmut hör- und sichtbar zum Ausdruck brachten. Einer von ihnen war Martin Rohde, ein zweiundzwanzigjähriger Berliner, der im Frühsommer damit begonnen hatte, auf eigene Faust politische Parolen an Wände und Zäune zu malen und sich nach seiner Verhaftung in den Verhören mutig und stolz verhielt. Er wurde zu 14 Monaten Haft verurteilt. Seine Arbeitskollegen aber distanzierten sich von ihm in einer Erklärung, in der es hieß, er müsse für seine Taten geradestehen – im September 1989!

Menschen wie Martin Rohde und unzählige andere, die in der DDR Zivilcourage zeigten, hatten stets mit Repressionen des Staates zu rechnen und waren auf sie eingestellt. Etwas anderes war es, wenn sich Kollegen, Klassenkameraden, Freundinnen oder Freunde abwandten, wenn sie schwiegen und sich zurückzogen, anstatt einem beizustehen, oder sich sogar öffentlich distanzierten, anstatt wenigstens den Mund zu halten – das traf die Seele an einer Stelle, die von den staatlichen Unterdrückungsmaßnahmen gar nicht erreicht werden konnte. Wenn mir viele Jahre später in meiner Zeit als Bundesbeauftragte Menschen ihre Geschichten erzählten, war es immer wieder der Verrat, der ihre Stimmen zittern ließ – sie waren gezeichnet von der Einsamkeit, die einen befällt, wenn man von Vertrauten oder Familienangehörigen im Stich gelassen wird.

Was war im Leben meiner oppositionellen Freundinnen und Freunde anders gelaufen, warum lebten sie nicht einfach genauso angepasst und unauffällig wie die meisten Menschen in der DDR? Niemand von ihnen hatte zu einem bestimmten Zeitpunkt und als Ergebnis gründlichen Nachdenkens den Entschluss gefasst, von nun an als Dissident zu leben. Vielmehr bestanden sie auf ihrem Recht, sich zu den Themen, die ihnen wichtig waren, Informationen zu beschaffen, sich eine Meinung zu bilden und diese auch kundzutun. Oder sie begannen irgendwann einfach, den Raum zu verteidigen oder wiederzuerobern, den ihnen der Staat streitig machte und den sie brauchten, um frei atmen zu können. Sie widersetzten sich still, offensiv oder auch gewitzt den vielfältigen Anpassungszwängen und der Konformität, und oft genug ließ sich gar nicht unterscheiden, ob ihre Rebellion zuerst den Eltern, der Schule oder dem Staat gegolten hatte. Den wenigsten meiner politischen Mitstreiterinnen und Mitstreiter wurde das Lied des Widerstands schon an der Wiege gesungen.

Widerspruch und Protest stießen in der DDR sehr schnell an die engen Grenzen, die das politische System setzte, und oft erfolgte die Politisierung späterer Dissidenten überhaupt erst dadurch, dass der Staat heftig und gewaltsam auf den in seinen Augen gefährlichen Eigensinn reagierte, sogar wenn dieser sich zunächst unpolitisch äußerte – durch Musik, Kleidung oder Lebensstil. Und wer sich in diesen Auseinandersetzungen erst einmal eine blutige Nase geholt hatte – im tatsächlichen oder übertragenen Sinne –, suchte die Nähe derer, denen es ähnlich ergangen war oder die ähnlich dachten. So entstanden solidarische Netzwerke und Freundschaften, von denen viele jahrzehntelang hielten. Das gegenseitige Vertrauen und die gemeinsamen Werte waren oft stärker als die Angst vor Verfolgung und Repression. Unvergesslich für mich war in diesem Zusammenhang eine Bemerkung von Kurt Scharf, einst Bischof der Evangelischen Kirche Berlin-Brandenburg und in den sechziger Jahren Ratsvorsitzender der EKD. Scharf hatte während der NS-Zeit zur Bekennenden Kirche gehört und war immer wieder in Konflikt mit den Nationalsozialisten geraten, die ihn vorübergehend auch inhaftierten. Als Bischof der Berlin-Brandenburgischen Kirche fiel er – ein Mann von ruhigem Temperament, aber ein Freund offener Worte – dann auch bei den Machthabern in der DDR schnell in Ungnade. Ich begegnete ihm in den achtziger Jahren, als er bei einer Veranstaltung mit überwiegend jungen Teilnehmern diskutierte. Einer der Anwesenden fragte ihn, ob er nicht oft auch Angst gehabt habe. Mit der Antwort ließ Scharf sich ein bisschen Zeit und gestand dann ein: »Ja, schon, natürlich hatte ich manchmal Angst. Aber ehrlich gesagt, die Angst, mich vor meinen Freunden zu blamieren, war größer.« Ich habe anderen gelegentlich davon erzählt und bin jedes Mal auf Zustimmung gestoßen. Der Wunsch, in den Augen von Freunden und Weggefährten zu bestehen, ist offenbar ein starkes Motiv.

Wie oft bin ich seither gefragt worden, ob ich damals Angst hatte. Ich kann mich kaum an Momente der Angst erinnern, eher an eine enorme Anspannung, an eine Art fiebriger Aufregung. Wir waren natürlich besorgt. Erst vier Monate zuvor hatten wir wie Millionen Menschen in der ganzen Welt die Fernsehberichte über die Demonstrationen auf dem Platz des Himmlischen Friedens in Peking verfolgt und auf den Erfolg der Proteste, auf Veränderungen gehofft. Umso größer war der Schock angesichts der Bilder von Panzern, die friedliche Demonstranten überrollten, und der bald folgenden Berichte von Verhaftungen und harten Strafen gewesen.

Wir hatten daraufhin in der Samariterkirche in Berlin-Friedrichshain einen Traueraltar errichtet und dazu aufgerufen, dort weiße Blumen niederzulegen, die in China als Zeichen der Trauer gelten. Rainer Eppelmann und ich hatten einen Solidaritätsbrief an die chinesischen Studenten verfasst, den wir ins Englische übersetzten und auf verschiedenen Wegen auf die Reise schickten, in der Hoffnung, er würde auf irgendeine Weise die Menschen dort erreichen. Eine Gruppe junger Demonstranten, die einen Protestbrief in der chinesischen Botschaft abgeben wollte, wurde weit vor dem Botschaftsgebäude abgefangen, festgenommen, stundenlang verhört und teilweise misshandelt; schließlich wurden Geldstrafen verhängt. An jedem Nachmittag versammelten sich Menschen in der Erlöserkirche in Berlin-Lichtenberg ebenso wie an anderen Orten zum Klagetrommeln. Vor der Kirche hing ein großes Transparent mit den chinesischen Schriftzeichen für »Demokratie«. Diese Zeichen waren von nun an oft zu sehen – als Aufkleber an Laternenpfählen, an Wohnungstüren und als Aufnäher auf Taschen und Kleidungsstücken.

Uns empörten die Solidaritätsadressen, die die DDR-Regierung und die SED-Führung – fast als Einzige weltweit – an die Machthaber in Peking richteten, und wir verstanden die Botschaft sehr gut: Wenn unsere Regierung das Vorgehen des Militärs in Peking begrüßte, dann war das auch eine Drohung in unsere Richtung. Der Begriff der »chinesischen Lösung« machte die Runde.

Sorgen machten wir uns auch um unsere Kinder. Ulrike Poppe übergab mir Anfang Oktober eine Vollmacht: Falls sie und Poppoff verhaftet würden, sollte ich berechtigt sein, ihre Kinder, neun und sieben Jahre alt, zu mir zu nehmen. Es war in der Vergangenheit immer wieder vorgekommen, dass Kinder von Verhafteten ohne Einverständnis der Eltern in ein Heim eingewiesen wurden. Meine Töchter waren nicht mehr klein, ihr Vater wäre im Falle meiner Verhaftung für sie da gewesen. Aber auch sie waren politisch wach, und insbesondere Anna, inzwischen erwachsen und in der Opposition engagiert, würde im Falle staatlicher Gewalt in Gefahr sein.

Der September 1989 war vor allem Gründerzeit: Innerhalb einer Woche wurde die Gründung des »Neuen Forums«, der Bürgerbewegung »Demokratie Jetzt«, des »Demokratischen Aufbruchs« und der »Vereinigten Linken« öffentlich bekanntgegeben. Das Vorhaben, eine sozialdemokratische Partei ins Leben zu rufen, hatte sich bereits seit dem Frühsommer herumgesprochen. Zusammen mit der schon seit drei Jahren existierenden »Initiative Frieden und Menschenrechte« waren es diese Vereinigungen, die dem zunehmenden und vielstimmigen Bürgerprotest in den folgenden Wochen Gestalt und Stimme geben würden.

Die breiteste öffentliche Wirkung hatte zweifellos das »Neue Forum«, dem sich binnen kurzer Zeit Tausende anschlossen. Sein Aufruf »Aufbruch 89 – Neues Forum« benannte in verständlicher Sprache politische und gesellschaftliche Probleme so, wie viele Menschen in der DDR sie alltäglich empfanden. Zugleich war er programmatisch offen genug, um möglichst viele Menschen anzusprechen, die dann auch ihre Unterschrift daruntersetzten. Die Initiatoren meldeten die Gründung des »Neuen Forums« unter Berufung auf die Verfassung der DDR an – ein aufsehenerregender Vorgang. Prompt ließ die staatliche Nachrichtenagentur ADN verlauten, es handele sich hierbei um eine verfassungs- und staatsfeindliche Vereinigung. Angesichts der großen öffentlichen Resonanz weit über frühere oppositionelle Kreise hinaus und bis in Parteikreise hinein wurden die Initiatoren und ihre Anhänger allerdings, abgesehen von Ordnungsstrafen, nicht strafrechtlich verfolgt. Die Forderung nach Legalisierung des »Neuen Forums« bekam symbolische Bedeutung und wurde in den folgenden Wochen zu einem zentralen Anliegen auf Demonstrationen im ganzen Land.

Zur Gründung einer landesweiten Organisation »Demokratie Jetzt« rief wiederum eine Gruppe mit dem Namen »Initiative Absage an Praxis und Prinzip der Abgrenzung« auf. Hintergrund dieses etwas umständlichen Namens war ein Antrag an die Görlitzer Bundessynode vom April 1987, den Ludwig Mehlhorn, Stephan Bickhardt, Hans-Jürgen Fischbeck und Reinhard Lampe verfasst hatten. Er hatte damals wegen seiner schonungslosen Kritik an der SED Aufsehen erregt, war von der Synode aber nicht angenommen worden. Am 13. August 1989, dem Jahrestag des Mauerbaus, kündigte Hans-Jürgen Fischbeck eine Sammlungsbewegung zur demokratischen Erneuerung in der DDR an, und am 12. September 1989 wurde der Gründungsaufruf von »Demokratie Jetzt« (»Aufruf zur Einmischung in eigener Sache«) verabschiedet. Er trug zwölf Unterschriften, darunter die von Ludwig Mehlhorn, Ulrike Poppe, Wolfgang Ullmann und Konrad Weiß.

Auch die bis dahin auf Berlin konzentrierte »Initiative Frieden und Menschenrechte«, die schon seit März ihre DDR-weite Öffnung vorbereitete, gehört in die Reihe dieser neuen Organisationen – ebenso die »Sozialdemokratische Partei in der DDR« (SDP), deren bevorstehende Gründung von den beiden evangelischen Theologen und Oppositionellen Martin Gutzeit und Markus Meckel bereits im August in der Berliner Golgathagemeinde öffentlich bekanntgemacht worden war und am 7. Oktober in Schwante bei Berlin erfolgte.

Der »Demokratische Aufbruch – sozial – ökologisch« (DA) war seit August vorbereitet und von einer Gruppe gegründet worden, die ebenfalls überwiegend aus Theologen bestand. Zu ihr gehörten Rainer Eppelmann, Friedrich Schorlemmer, Rudi-Karl Pahnke, Edelbert Richter und Ehrhart Neubert ebenso wie der später als Stasi-Spitzel enttarnte Anwalt Wolfgang Schnur, der das Statut entwarf. Die erste Mitgliederversammlung fand am 28. September in Erfurt statt, und die formale Gründungsveranstaltung, auf der Wolfgang Schnur zum Vorsitzenden gewählt wurde, am 29. Oktober. Im Dezember wählte der 1. Parteitag in Leipzig den Theologen Oswald Wutzke zum Generalsekretär der Partei, und die Physikerin Angela Merkel wurde Pressesprecherin. Das neue »Leipziger

Programm« verabschiedete sich von sozialistischen Zielen und öffnete sich hin zur Marktwirtschaft und zur Deutschen Einheit. Viele Mitglieder, darunter Friedrich Schorlemmer, Ehrhart Neubert, Edelbert Richter, Günter Nooke sowie die Schriftstellerin Daniela Dahn, wollten dies nicht mittragen und verließen daraufhin den DA.

Das Gründungsfieber im September 1989 hatte nicht nur eine mobilisierende, sondern teils auch eine verwirrende Wirkung. Die Vielfalt der Gruppierungen wurde durchaus als eine fatale Zersplitterung der oppositionellen Kräfte angesehen. Tatsächlich gab es ja keineswegs nur inhaltliche Gründe dafür, wer mit wem welche Vereinigung gründete. Freundschaften und familiäre Bindungen spielten ebenso eine Rolle wie Sympathien und Rivalitäten, und oft genug war schlicht Zufall im Spiel, wenn jemand sich für oder gegen eine bestimmte Initiative entschied. Manchmal steckten auch strategische Überlegungen dahinter: Bärbel Bohley, Katja Havemann und Rolf Henrich hatten beispielsweise beim »Neuen Forum« Wert darauf gelegt, dass die zwei Dutzend Gründungsmitglieder aus verschiedenen Regionen der DDR kamen, verschiedene Berufe hatten und dass unter ihnen nur wenige Pfarrer waren – eine durchaus vernünftige Überlegung. Allerdings war die Tatsache, dass kaum einer der bekannteren Berliner Dissidenten beteiligt war, mitunter persönlichen Differenzen und komplizierten privaten Beziehungsgeschichten geschuldet. Ich erinnere mich gut an unsere Überraschung, als Werner Fischer am Morgen des 10. September einen Anruf von einem Journalisten erhielt, der ihn fragte, was er denn vom gerade in Grünheide gegründeten »Neuen Forum« halte. Werner und ich hatten keine Ahnung, worum es ging, und wie sich bald zeigte, waren auch Ulrike und Gerd Poppe, Rainer Eppelmann, Ludwig Mehlhorn und viele andere Berliner Oppositionelle weder an den Vorbereitungen beteiligt gewesen noch eingeladen worden.

Wenig später blitzte Carlo Jordan bei Bärbel Bohley und Reinhard Schult mit seinem Vorschlag ab, eine ökologische Plattform im »Neuen Forum« zu verabreden. Carlo war 1986 am Zustandekommen der Berliner Umweltbibliothek beteiligt gewesen, hatte an Dokumentarfilmen mitgearbeitet, die die Umweltverschmutzung in der DDR anprangerten, und zusammen mit anderen 1988 das »Grün-ökologische Netzwerk Arche« gegründet. Von dieser Sammelbewegung ökologischer Gruppen, die im Herbst 1989 viel Zulauf erhielten, ging im November 1989 dann schließlich die Gründung der »Grünen Partei in der DDR« aus.

Was damals von vielen als schmerzhafte Zerrissenheit empfunden wurde, zeigt sich im Nachhinein jedoch als Beginn einer ganz gewöhnlichen demokratischen Ausdifferenzierung, die in den folgenden Wochen und Monaten zu immer neuen Veränderungen, Trennungen und Bündnissen führte. Wir waren bloß nicht darauf vorbereitet und hatten keine Übung darin. Trotz oftmals spürbarer Differenzen waren die Oppositionsgruppen über viele Jahre hinweg in eine Gemeinschaft gezwungen worden, die der tatsächlichen Vielfalt von Individuen und Gruppen nicht entsprach. Pluralität war von der Opposition zwar stets leidenschaftlich eingefordert worden. Wie sich zeigte, hatten aber auch wir diese Lektion erst einmal zu lernen.

Der 7. Oktober 1989 war der 40. Jahrestag der DDR-Gründung, von den staatlichen Medien »Republikgeburtstag« genannt. Nach dem Willen der SED sollte es ein besonderer Feiertag werden – mit viel Pomp, einer großen Militärparade und Volksfesten überall im Lande. Während die Machthaber – in Anwesenheit ihres Ehrengastes Michail Gorbatschow und weiterer Freunde aus dem Ostblock, wie Ceaușescu, aber auch von PLO-Chef Arafat und Staatsgästen aus Diktaturen wie Kuba, Syrien, dem Irak, Vietnam oder der Mongolei – sich und die DDR feiern ließen, nahm die Opposition den Jahrestag in vielen Städten zum Anlass für eine ganze Reihe von Aktionen. In der großen Erlöserkirche in Berlin-Lichtenberg etwa fand am Vorabend eine Zukunftswerkstatt mit dem Titel »Wie nun weiter, DDR?« statt. Diese Kirche war schon immer für unkonventionelle oder politische Veranstaltungen offen gewesen. Sie grenzte nicht unmittelbar an Wohngebäude und war mit ihrem großen Gelände der ideale Ort für die jährlich stattfindende Friedenswerkstatt kirchlicher und oppositioneller Gruppen, zuletzt auch für die legendären Blues-Messen, die Rainer Eppelmann ins Leben gerufen hatte, und für Open-Air-Veranstaltungen der Offenen Jugendarbeit – Punk-Konzerte unter freiem Himmel waren nichts für die dicht bebauten Wohnviertel in Prenzlauer Berg oder Berlin-Mitte.

Mittelpunkt des Abends war eine Podiumsdiskussion zur politischen Lage und der Zukunft der DDR. Im Verlauf dieser Diskussion verlas

Werner Fischer eine Erklärung, die zwei Tage zuvor in der Wohnung von Reinhard Weidauer in Berlin-Friedrichshain verabschiedet worden war. In der kurzen, von vierzehn Personen aus sieben verschiedenen Gruppen unterzeichneten »Gemeinsamen Erklärung« – Gerd Poppe und ich hatten sie für die IFM unterschrieben – wurden freie Wahlen unter Aufsicht der Vereinten Nationen gefordert. Freie Wahlen – das war zu diesem Zeitpunkt selbstredend eine utopische Forderung. Aber wir wollten zeigen, dass es uns ernst damit war, und kündigten deshalb in derselben Erklärung ein Wahlbündnis der Oppositionsgruppen und die Aufstellung eigener Kandidaten an. Ein weiterer Höhepunkt des Abends war der Auftritt einiger junger Künstler um Norbert Bischoff und Maike Nowak – ich hatte sie kurz zuvor im Franz-Club in der Schönhauser Allee gesehen und die Gruppe gleich tags darauf in die Erlöserkirche eingeladen. Der Titel des Programms, »Morgen hau'n wir auf die Pauke«, gab dem Ereignis am Vorabend des DDR-Jubiläums eine besondere Würze. Wie passend er tatsächlich war, sollte sich am nächsten Tag erweisen.

Die Veranstaltung in der Erlöserkirche mit ihren rund dreitausend Besuchern fand ungefähr zur selben Zeit statt wie der Fackelzug der FDJ mit etwa 75 000 Jugendlichen, die in Blauhemden an Partei- und Staatsführung vorbeimarschierten. Am nächsten Morgen, dem eigentlichen Jahrestag, rollten Panzer durch die Stadt – die traditionelle Militärparade. Danach fanden überall in der DDR die üblichen und von vielen Menschen besuchten Volksfeste statt. Die SED bemühte sich um Feierstimmung und Normalität, nichts deutete in der offiziellen Propaganda auf die kritische Situation hin. »Worauf wir stolz sind«, lautete die Überschrift auf den im ganzen Land geklebten Plakaten, und »Vorwärts immer, rückwärts nimmer!«, rief Erich Honecker in seiner Festtagsrede den Gästen zu. Das Protokoll vermeldete stürmischen Beifall. Die winkenden Funktionäre auf der Ehrentribüne, die Paraden, die traditionellen Ordensverleihungen und die demonstrative gute Laune wirkten gespenstisch. Wer zwei und zwei zusammenzählen konnte, bemerkte die latente Nervosität hinter der fröhlichen Fassade. Seit Monaten hatte man Vorkehrungen für den »inneren Spannungsfall« getroffen. Volkspolizei, Bereitschaftspolizei, NVA, MfS und Kampfgruppen befanden sich in erhöhter Alarmbereitschaft. Vage Informationen über diese Zustände mischten sich mit Gerüchten und erzeugten ein diffuses Gefühl der Anspannung.

Unser Kontakttelefon war ohne Unterbrechung abwechselnd von jeweils zwei Personen besetzt. Werner Fischer und ich hatten am Abend des 7. Oktober Dienst und ließen uns nur kurz vertreten, um in einer Kneipe jenseits der Schönhauser Allee etwas zu essen. Als wir auf dem Rückweg waren, hatte sich die Szenerie jäh verändert: Die Stargarder Straße, die zur Gethsemanekirche führt, war abgesperrt, in der Schönhauser Allee standen Polizeiautos, Lastwagen, Wasserwerfer und schwere Fahrzeuge, die an der Vorderseite Gitter trugen und offenbar gegen Menschenmengen eingesetzt werden sollten. Später erfuhr ich, dass die Gitterkonstruktionen »Räumschilder« hießen. Ich hatte solche Fahrzeuge noch nie gesehen, und sie waren mir unheimlich.

Wir machten einen großen Bogen und gelangten auf Umwegen zuerst zum Stadtjugendpfarramt, wo wir unsere Freunde vom Kontakttelefon anrufen konnten und den Stapel Flugblätter deponierten, den Werner bei sich trug. Dann liefen wir über die Greifenhagener Fußgängerbrücke zurück zum Gemeindehaus. Dort verbrachten wir schließlich auch die Nacht. Pausenlos gingen Anrufe mit Berichten von Verhaftungen ein, und nach und nach erfuhren wir, was sich in den letzten Stunden am Rande der Feierlichkeiten ereignet hatte. Am Alexanderplatz hatte am Nachmittag wie schon am 7. des Vormonats eine Gruppe junger Leute demonstriert, um an die Wahlfälschung vom 7. Mai zu erinnern. Gleich daneben hatte sich an der Weltzeituhr, einem bekannten Treffpunkt, eine spontane Demonstration formiert, die schnell zu einer großen Menschenmenge anschwoll. Die Leute zogen über die Rathausstraße zum Palast der Republik, in dem zu dieser Stunde noch die Feierlichkeiten andauerten. Die Demonstranten waren friedlich und riefen Parolen wie »Gorbi, Gorbi!«, »Wir sind das Volk«, »Keine Gewalt« und »Demokratie – jetzt oder nie«. Polizei und bewaffnete Sicherheitskräfte drängten die Menge, die beständig anwuchs, schließlich ab, und der Zug wandte sich nach Norden, über die Karl-Liebknecht-Straße zur Schönhauser Allee Richtung Gethsemanekirche. Wir nahmen alarmierende Anrufe entgegen: Die Polizei prügele auf die friedlichen Demonstranten ein, Dutzende Menschen würden an verschiedenen Orten gewaltsam auf bereitstehende Lastwagen verladen und abtransportiert. Wir waren entsetzt, behielten aber die Nerven und versuchten, rational zu handeln. Wir fragten nach Einzelheiten – Wie viele waren es? Habt ihr jemanden erkannt? – und notierten sorgfältig alle Informationen. Hier und da hatte einer der Verhafteten den Zurückbleibenden noch schnell seinen Namen zugerufen oder eine Telefonnummer mit der Bitte, Angehörige zu benachrichtigen. Zu später Stunde versuchten wir, einen Überblick zu bekommen. Zwei- bis dreihundert Personen waren nach unserer Schätzung festgenommen und abtransportiert worden. Später würde sich herausstellen, dass es wesentlich mehr waren. Alles deutete darauf hin, dass die SED versuchte, das immer mutiger und selbstbewusster werdende Volk mit Gewalt zu disziplinieren. War das jetzt das Ende unserer Hoffnungen? Drohte uns wirklich eine »chinesische Lösung«?

Der nächste Tag und auch die nächste Nacht schienen unsere Befürchtungen zu bestätigen. Wieder kam es zu Demonstrationen, vor allem in Prenzlauer Berg und in der Umgebung der Gethsemanekirche. Wieder gingen bewaffnete Polizisten und »Stasi-Zivilisten« brutal gegen friedliche Demonstranten vor, und wieder kam es zu Festnahmen – insgesamt waren mittlerweile etwa 1200 Personen verhaftet worden. Trotz der Gewalt und der Belagerung füllte sich die Kirche am Abend erneut, manche waren zwischendurch gar nicht zu Hause gewesen und hatten die Nacht in der Kirche verbracht. Während nach wie vor Menschen verhaftet wurden, kamen andere inzwischen wieder auf freien Fuß. Vielleicht geschah dies absichtsvoll, denn was die Freigelassenen zu erzählen hatten, war beängstigend. Sie berichteten von zügelloser Gewalt und Schikanen. Unzählige Stunden hatten sie mit dem Gesicht zur Wand stehend ausharren müssen, waren gedemütigt und misshandelt worden; bei dem Versuch, ihre Rechte zu fordern, hatten sie nur wüste Beschimpfungen zu hören bekommen.

Ich hörte den Berichten der Freigelassenen zu, nachdem sie bei uns eingetroffen waren, und machte Notizen. Die sichtlich aufgewühlten und verstörten Menschen, manche davon halbe Kinder, mussten ihre Geschichten irgendwie loswerden. Weil ich bald nicht mehr nachkam, gab ich ihnen Papier und einen Stift und bat sie aufzuschreiben, was ihnen widerfahren war. Und so hielten wir kurz darauf die ersten Gedächtnisprotokolle in den Händen. Nachdem ich sie gelesen hatte, war klar: *Alle* sollten festhalten, was passiert war, und zwar möglichst schnell, solange die Erinnerungen noch frisch und nicht von den Berichten anderer überlagert waren. Am nächsten Abend riefen wir während der Fürbittandacht dazu auf, und binnen weniger Tage hatten wir Hunderte Gedächtnisprotokolle gesammelt. Darin ist von nächtelangem Stehen mit gespreizten Armen und Beinen und dem Gesicht zur Wand die Rede, von Schlägen mit Gummiknüppeln, von Kindern, die zusammen mit ihren Müttern »zugeführt« und festgehalten wurden, und von gebrüllten Beschimpfungen, Demütigungen und Befehlen: »Wollen Sie eine Sonderbehandlung?«, »Lass sie stehen, bis sie weich sind!«, »Schiffen Sie sich in die Hosen oder schwitzen Sie es aus den Rippen!«, »Ich denke, ich spinne, der betet ja, der hat sie wohl nicht mehr alle, der Betbruder!«, »Wir werden euch zeigen, was Demokratie heißt!«. Einer der Festgenommenen bekam auf die Frage, wohin sie gebracht würden, die Antwort: »Auf die Müllkippe!«

Was wir mit den Protokollen tun würden, wussten wir noch nicht genau, und angesichts der damals weiterhin bestehenden Gefahr bewundere ich nachträglich den Mut all derer, die ihren Bericht mit Namen und Adresse zeichneten, bevor sie ihn uns überließen. In falsche Hände geraten, hätten die Gedächtnisprotokolle für ihre Verfasser eine Bedrohung dargestellt. Bald aber würde sich zeigen, wie wichtig und wertvoll sie waren.

Zwei Tage voller Angst, Unruhe und Empörung waren seit dem Ausbruch der Gewalt am Abend des 7. Oktober vergangen. Der 9. Oktober war ein Montag, und an Montagen wurde seit einigen Wochen in Leipzig demonstriert. Von Woche zu Woche nahmen mehr Menschen teil. Die Leipziger und viele andere, die eigens hierfür in die Stadt kamen, trafen sich in der Nikolaikirche zum Friedensgebet und zogen danach los auf die Straße. An diesem Montag nun wurden so viele Menschen erwartet, dass die Friedensgebete gleichzeitig in vier großen Kirchen der Innenstadt stattfanden. Die Parteiführung und die Sicherheitskräfte waren so nervös wie nie zuvor. Gerüchte, die niemand exakt zu bewerten wusste, machten die Runde: Schulen und Kindergärten in der Stadt seien geschlossen worden, die Krankenhäuser befänden sich in Alarmbereitschaft. Blutkonserven seien aus anderen Städten angefordert und Ärzte auf die Behandlung von Schussverletzungen vorbereitet worden. Es habe Truppenbewegungen gegeben, rund um das Leipziger Stadtzentrum stünden bewaffnete Bereitschaftspolizei und schwere Fahrzeuge bereit, um gegen

Demonstranten vorzugehen. Einige dieser Informationen bestätigten sich im Nachhinein – und ob am Abend Schüsse fallen würden oder nicht, stand für einige Zeit tatsächlich auf Messers Schneide.

Während die Leipziger in ihre Kirchen strömten, bereiteten wir in Berlin uns auf die Fürbittandacht um 18 Uhr vor – und auf eine weitere Nacht, in der es wahrscheinlich erneut zu Gewalt und Verhaftungen kommen würde. Die Gethsemanekirche füllte sich trotz der Belagerung durch Polizei und Staatssicherheit und trotz der Kontrollen in der Umgebung. Angesichts der bedrohlichen Szenerie draußen fühlten wir uns in der Kirche vergleichsweise sicher. Unsere Angst richtete sich auf Leipzig. An diesem Tag schien denkbar, was sich bisher noch niemand hatte vorstellen wollen: Dass die SED mit Waffengewalt gegen das eigene Volk vorgehen würde. Wir zögerten, die alarmierenden Berichte unserer Leipziger Freunde, die uns telefonisch erreichten, öffentlich weiterzugeben. Würden sie Panik erzeugen? Und wie sollten wir Gerüchte und Tatsachen unterscheiden? In der Kirche selbst befand sich kein Telefon. Zwei von uns blieben deshalb im Büro, um keinen Anruf zu verpassen und, sobald Nachrichten eintrafen, den in der Kirche Versammelten Bescheid zu geben.

Zu Beginn der Veranstaltung verlas Bischof Gottfried Forck einen am Vormittag von Pfarrern und Kirchenleitungsmitgliedern verfassten Aufruf mit dem Titel »Vier dringende Bitten«. Er rief zu Besonnenheit auf, forderte vom Staat glaubhafte Schritte zur Demokratisierung und bat die »beunruhigten Menschen«, von ungenehmigten Demonstrationen abzusehen, um die »politisch Verantwortlichen« nicht unter Druck zu setzen. Nur indirekt ging die Erklärung auf die staatliche Gewalt der beiden zurückliegenden Tage ein, indem sie »äußerste Zurückhaltung der Ordnungs- und Sicherheitskräfte gegenüber kritischen Bürgern« anmahnte. Die Menschen in der Kirche reagierten mit Befremden auf diesen seltsamen Appell, viele schüttelten den Kopf: Warum wurde vor Demonstrationen gewarnt? Auch nachträglich erscheinen die Motive dafür unklar. War es, wie vermutlich bei Gottfried Forck, Hans-Otto Furian und Rainer Eppelmann, vor allem die ernste Sorge um Menschenleben, oder versuchten Generalsuperintendent Günter Krusche und Manfred Stolpe, die, wie sich später herausstellte, heimlich in Kontakt mit der Staatssicherheit standen, die Menschen auf diese Weise von der Straße zurück in die Kirchen zu drängen? Vermutlich wird beides bei diesem Aufruf eine Rolle gespielt haben.

Auch die Mahnwachen-Gruppe verlas an diesem Abend einen Aufruf. Sein Inhalt war indessen wesentlich politischer und stellte einen in deutlichen Worten vorgetragenen Protest gegen die staatliche Gewalt dar. Gefordert wurden die Freilassung der politischen Gefangenen, freier Zugang zu Medien und die Legalisierung politischer Gruppierungen. Dann hieß es unvermittelt: »Wir grenzen uns ab von gesamtdeutschen und rechtsradikalen Bestrebungen.« Gesamtdeutsch und rechtsradikal? Heute fällt es leicht, über diesen merkwürdigen Satz den Kopf zu schütteln. Dabei zeigt er nur, unter welchem Verdacht in den achtziger Jahren jeder »gesamtdeutsche« Gedanke stand: Wer »gesamtdeutsch« sagte, meinte »großdeutsch«, und wer großdeutsch meinte, war potentiell ein Nazi – so tief saß die DDR-Propaganda, so tief saß aber auch bei vielen Menschen im Westen die Überzeugung, dass die Teilung Deutschlands die verdiente Strafe für den Nationalsozialismus sei und dass gesamtdeutsche Phantasien deshalb nur zurück in den nationalistischen Größenwahn führen würden.

Manche der Texte, die in den Tagen um den 9. Oktober entstanden, wurden später analysiert – nicht selten überheblich und selbstgerecht, so als hätte jeder wissen können und müssen, was die nachfolgenden Tage und Wochen bringen würden. Dabei lebten wir nur im Hier und Jetzt, sahen uns akuten Bedrohungen gegenüber und konnten mitten im Strom der Ereignisse nicht die nötige intellektuelle Distanz herstellen, aus der heraus Handlungsoptionen nüchtern betrachtet und gegeneinander abgewogen werden können. Wir waren hin- und hergerissen zwischen unseren politischen Forderungen und dem, was im Moment nötig schien, um Menschen zu schützen.

In der Gethsemanekirche war mittlerweile die Spannung mit Händen zu greifen. Mehr als zweitausend Menschen waren beisammen, sangen, hörten den Gebeten zu oder beteten selbst, folgten aufmerksam den Erklärungen und Informationen. Und spürten dabei, dass die Situation sich zuspitzte und auf eine Entscheidung zulief. Niemand sprach darüber, aber ich ahnte, dass es vielen so ging wie mir: Vor meinem inneren Auge blitzten Bilder auf, die ich aus Filmen und Nachrichten kannte, Panzer in den Straßen, Männer in Kampfanzügen und mit Maschinengewehren, blutüberströmte Menschen, Gewalt.

Endlich kam der Anruf aus Leipzig, auf den wir gewartet hatten. Till Böttcher hatte die Nachricht am Telefon mit seinem Diktiergerät mitgeschnitten, und nun spielte er die Aufnahme in der Gethsemanekirche ab. »Der Ring ist geschlossen«, lautete die Botschaft. Gemeint war die mehrspurige Straße, die das Leipziger Stadtzentrum umschließt und Schauplatz der Montagsdemonstrationen war. Die Leipziger demonstrierten unbehelligt. Voller Ungewissheit, was sie erwarten würde, hatten sie sich beim Verlassen der Kirchen bei den Händen gefasst oder einander untergehakt und waren losgelaufen. Die ergreifenden Szenen und Berichte über diesen Abend erreichten uns freilich erst später. Und den Vermerk des Protokollanten des MfS konnten wir erst Jahre danach lesen. Um 18.35 Uhr notierte er: »Vorbereitete Maßnahmen zur Verhinderung/Auflösung kamen entsprechend der Lageentwicklung nicht zur Anwendung.«

Während Till das Abspielgerät an das Mikrofon hielt, war es mucksmäuschenstill. Dann brach Beifall aus, und viele lagen sich vor Freude in den Armen. Unsere Erleichterung war grenzenlos. Und siehe da: Als jemand die schwere Kirchentür öffnete, hatte sich auch draußen die Situation verändert. Die Belagerung hatte sich aufgelöst, stattdessen brannten unzählige Kerzen, nicht mehr nur auf dem Vorplatz der Kirche, sondern in vielen Fenstern rundum und mitten auf der Stargarder und der Greifenhagener Straße – die Bewohner der umliegenden Häuser mussten sie dort aufgestellt haben. Werner Fischer und Jürgen Gernentz kletterten im Kirchturm nach oben und ließen die Glocken läuten. Es war kaum zu fassen: Die Machthaber waren auf dem Rückzug. Noch war nichts entschieden, das wussten wir, aber wir genossen ihn zum ersten Mal: den Geschmack der Freiheit. Wir waren erleichtert, übermütig, machten Witze, umarmten uns und erzählten uns gegenseitig immer wieder, was wir gerade erlebt hatten. Was Freiheit bedeutet, wird in meiner Erinnerung dauerhaft mit den Bildern und der Erfahrung dieses Abends verknüpft sein.

Heute ist es nicht der 9. Oktober, sondern der 9. November, der weltweit, in der Literatur und in Schulbüchern zum Symbol der Befreiung geworden ist. Doch nicht der Mauerfall brachte den Menschen in der DDR die Freiheit – es war umgekehrt: Der Fall der Mauer war möglich, nachdem die Bürgerinnen und Bürger sich ihre Freiheit erkämpft hatten. Und ohne den Freiheitskampf der Menschen in Polen, Ungarn und der ČSSR hätten sie es nicht geschafft. Für jene, die am Abend des 9. Oktober 1989 an den Fürbittandachten teilnahmen oder auf den Straßen demonstrierten, ist und bleibt dieser Abend das wahre Datum der Revolution.

Olof-Palme-Pilgerweg,
6. September 1987.

Fürbittandacht in
der Gethsemanekirche,
Oktober 1989.

Aufmarsch von Polizei und Sicherheitskräften gegen die friedlichen Demonstranten auf der Schönhauser Allee, 7. Oktober 1989.

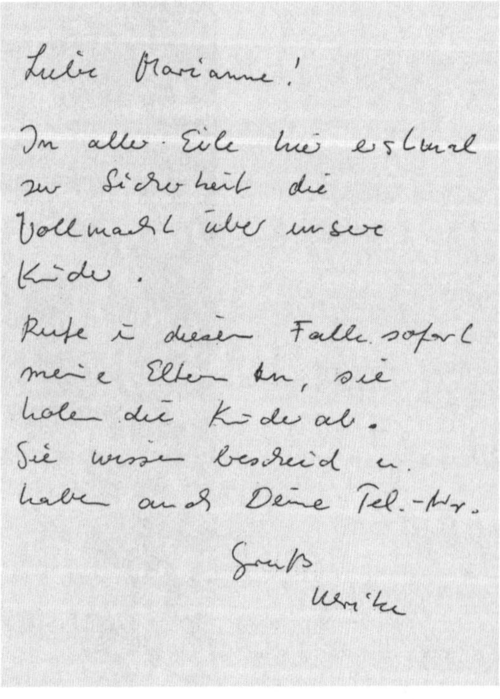

Liebe Marianne!

Im aller Eile hier erstmal zur Sicherheit die Vollmacht über unsere Kinder.

Rufe in diesem Falle sofort meine Eltern an, sie holen die Kinder ab.
Sie wissen bescheid u. haben auch Deine Tel.-Nr.

Gruß
Ulrike

Brief von Ulrike Poppe samt Vollmacht, im Ernstfall das Sorgerecht für ihre Kinder zu übernehmen, 7. Oktober 1989.

Mahnwache vor der Gethsemanekirche, 9. Oktober 1989.

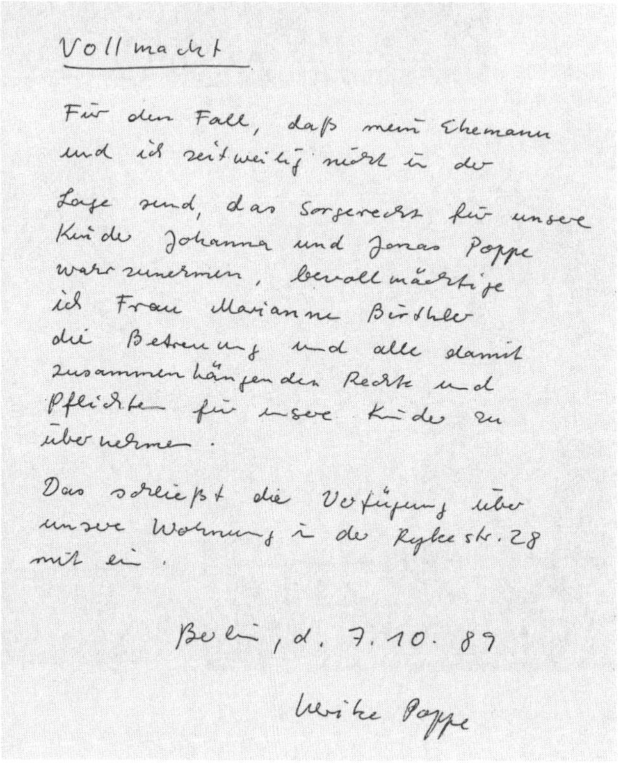

Vollmacht

Für den Fall, daß mein Ehemann und ich zeitweilig nicht in der Lage sind, das Sorgerecht für unsere Kinder Johanna und Jonas Poppe wahrzunehmen, bevollmächtige ich Frau Marianne Birthler die Betreuung und alle damit zusammenhängenden Rechte und Pflichten für unsere Kinder zu übernehmen.

Das schließt die Verfügung über unsere Wohnung in der Rykestr. 28 mit ein.

Berlin, d. 7.10.89

Ulrike Poppe

Rede auf dem Alexanderplatz,
4. November 1989.

Demonstration auf dem Alexanderplatz, 4. November 1989.

»Das Rad der Geschichte läßt sich nicht anhalten«: Ost-Berliner Innenstadt, 4. November 1989.

Die Mauer ist offen: Grenzübergang Bornholmer Brücke am Abend des 9. November 1989.

Empfang des Dalai Lama am Checkpoint Charlie, 6. Dezember 1989. Ganz links Ulrike Poppe, links neben dem Dalai Lama Marianne Birthler, rechts neben ihm Gert Bastian.

Zentraler Runder Tisch im Dietrich-Bonhoeffer-Haus, 7. Dezember 1989. Blick auf die Vertreter der Bürgerbewegung – v. l. n. r. Gerd Poppe für »Initiative Frieden und Menschrechte«, Wolfgang Ullmann und Ulrike Poppe für »Demokratie Jetzt«, Ingrid Köppe und Rolf Henrich für das »Neue Forum« und Carlo Jordan für die »Grüne Partei«.

Besetzung der Stasi-Zentrale in Berlin-Lichtenberg, 15. Januar 1990.

Mit Werner Fischer, 1990.

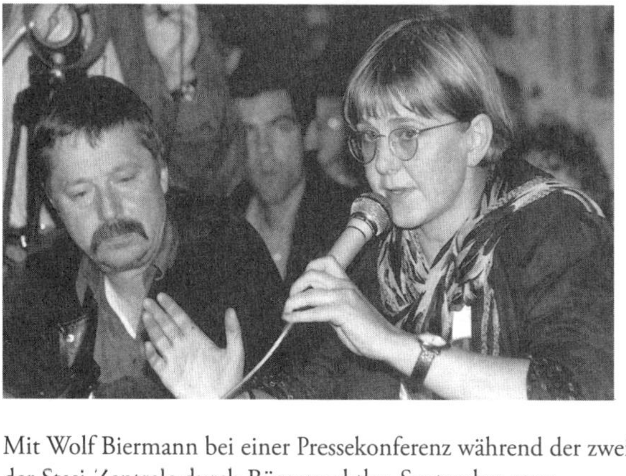

Mit Wolf Biermann bei einer Pressekonferenz während der zweiten Besetzung der Stasi-Zentrale durch Bürgerrechtler, September 1990.

Während einer Sitzung der ersten frei gewählten Volkskammer. In der Bildmitte u. a. Wolfgang Thierse, davor Richard Schröder, Marianne Birthler (lesend), Matthias Platzeck und Gregor Gysi.

Am 27. September 1990 bei einem Sitzstreik in der Volkskammer. Die Forderung: die Namen der Abgeordneten, die IM in der Stasi gewesen waren, bekanntzumachen. Von links: Vera Wollenberger, Christine Grabe, Angelika Barbe, Marianne Birthler, von rechts: Konrad Weiß, Werner Schulz (mit Bart). In der Mitte: Sabine Bergmann-Pohl und Reinhard Höppner, die als Präsidiumsmitglieder mit den Streikenden verhandeln.

10

Wahnsinn!

Das Wunder, wenn man es erlebt, ist nie vollkommen.
Erst die Erinnerung macht es dazu.

Erich Maria Remarque

Am Samstag, dem 4. November, demonstrieren die Berliner zusammen mit vielen, die aus dem Umland angereist sind. Ich gehe schon eine Stunde vor Beginn der Kundgebung zum Alexanderplatz, denn ich möchte etwas sicherer werden, Boden unter die Füße bekommen, mich ein bisschen umschauen und sehen, wo ich nachher stehen und reden werde. Werner Fischer begleitet mich. Ich habe seinen dicken Parka an, weil es kühl ist, aber auch, weil ich mich in seiner Jacke, wenn ich nachher da oben stehe, nicht so allein fühlen werde. In der Nacht zuvor habe ich lange an meiner Rede gearbeitet, sie am Ende Werner vorgelesen und in großer Schrift auf A5-Karteikarten geschrieben. Danach war es schon früher Morgen und an Schlaf nicht mehr zu denken.

Der Alexanderplatz füllt sich allmählich, die Menschen kommen von allen Seiten, zu Fuß, mit der S-Bahn, mit der U-Bahn. Viele haben Schilder und Transparente mitgebracht, mit mutigen, oft auch witzigen Texten, Forderungen und Karikaturen. »Großmutter, warum hast Du so große Zähne?«, steht auf einem Schild, das Egon Krenz zeigt. Werner und ich schauen uns um und staunen. »Dieser Demo bester Lohn Stasi in die Produktion«, »Wider den Schlaf der Vernunft«, »Straffreiheit für Honecker«, »Rechtssicherheit statt Staatssicherheit«, »Keine Macht für niemand«, »Fahrräder fürs Politbüro« und immer wieder Forderungen nach Demokratie, freien Wahlen, der Legalisierung des »Neuen Forums«. Was ich um mich herum sehe, rührt mich und erzeugt ein Gefühl der Demut. »Hättest du denen das zugetraut?«, fragt mich Werner. »Nee«, sage ich, »auf keinen Fall.« Wir schämen uns ein bisschen: So viel Mut und Witz hätten wir nach den langen bleiernen Jahren von der DDR-Bevölkerung nicht erwartet. Im Stillen entschuldige ich mich bei denen, die sich auf dem Platz versammeln. Und es werden immer mehr. Von einer halben

Million Menschen ist später die Rede. Das mag als gefühlte Zahl stimmen, tatsächlich dürften es nach Schätzung von Ilko-Sascha Kowalczuk hundertfünfzig-, vielleicht auch zweihunderttausend gewesen sein – nicht gerechnet die vielen, die es, weil der Platz voll war, vorzogen, die Demo zu Hause am Fernseher anzuschauen, Großbildschirme gab es damals noch nicht.

An diesem 4. November wurde nicht nur in Berlin demonstriert. Später wird sich herausstellen, dass niemals vorher oder danach so viele Menschen auf den Straßen der DDR gewesen sind wie an diesem Sonnabend. In mehr als fünfzig größeren und kleineren Städten versammelten sich Menschen, Schätzungen gehen von insgesamt einer Million aus. Zwei Tage später würden die Zahlen der Montagsdemonstrationen in Leipzig und Dresden Rekordwerte erreichen. Vorbei die Wochen, in denen diejenigen, die auf die Straße gingen, Gewalt, Verhaftungen und möglicherweise sogar Schüsse fürchten mussten. Von Tag zu Tag wuchs die Zuversicht, dass die alten Zeiten nicht zurückkehren würden, und zugleich nahm die Zahl der Menschen zu, die ihre Angst verloren und öffentlich demonstrierten. Die Parolen und Sprechchöre wurden entschiedener und radikaler. Aber sie konzentrierten sich nach wie vor auf die Durchsetzung der Bürgerrechte, auf einen Machtwechsel, auf Forderungen nach Freiheit und Demokratie. Die wunderbar einfache und selbstbewusste Feststellung »Wir sind das Volk« wurde zur Königin aller Losungen. Die Zahl der Nachrichten und Neuigkeiten, die uns täglich erreichten, war nahezu unüberschaubar, und je mehr Redakteure von DDR-Zeitungen vorsichtig probierten, ihre neuen und ungewohnten Spielräume zu nutzen, desto größer wurde die Nachfrage. Manche Tageszeitungen waren schon am frühen Morgen ausverkauft. Immer mehr Menschen hörten oder schauten jetzt DDR-Sender.

Die Initiative zur Demonstration am 4. November auf dem Alexanderplatz ging vom »Neuen Forum« aus, zu dessen Strategie es gehörte, nicht alle Aktionen selbst zu planen, sondern andere dazu zu bewegen, etwas zu tun. Jutta Seidel vom »Neuen Forum« hatte also mit der Schauspielerin Jutta Wachowiak gesprochen, um den Theaterleuten Berlins die Idee einer großen Demo auf dem Alex nahezubringen. Die nahmen die Anregung gern auf, und Jutta Wachowiak erzählte später lachend, dass sie auf der

Bühne selten so viel Beifall bekommen habe wie auf der Sitzung des Theaterverbandes, als sie den Vorschlag für eine Demonstration unterbreitete.

Dass Künstler sich auf die Seite derer stellten, die die SED herausforderten, war in den zurückliegenden Jahren alles andere als eine Selbstverständlichkeit gewesen. Stattdessen herrschte seit langem eher politische Friedhofsruhe. Die Folgen des Exodus vieler bekannter Künstlerinnen und Künstler mehr als zehn Jahre zuvor waren immer noch spürbar. Sie hatten sich mit Wolf Biermann nach dessen Ausbürgerung solidarisiert, waren daraufhin mit Auftritts- und Publikationsverboten schikaniert worden und hatten schließlich die DDR Richtung Westen verlassen. Mit einer doppelten Strategie von Bedrohung und Vergünstigungen hatte die SED seitdem dafür gesorgt, dass die meisten anderen sich still verhielten. Diejenigen, die gelegentlich für eine Lesung oder eine Ausstellung in den Westen reisen durften, fürchteten den Verlust ihres Privilegs.

Wer sich einen kritischen Geist bewahrt hatte, vollführte tagtäglich Balanceakte zwischen dem Bedürfnis nach authentischen Ausdrucksmöglichkeiten und dem Wunsch, die berufliche Existenz nicht zu gefährden. Dabei entstand wie in allen Diktaturen der Welt eine Kultur der Subtexte. Inmitten der Unterdrückung entwickelte sich die ausgeprägte Fähigkeit, Botschaften zu verschlüsseln und zu senden, die von den Adressaten verstanden wurden. Die Grenzen zwischen augenzwinkernden politischen Anspielungen, kritischer Auseinandersetzung, die die Zensur irgendwie passiert hatte, und dem, was die SED als staatsfeindliche Provokation identifizierte, waren fließend. Sie hingen vom aktuellen politischen und kulturpolitischen Kurs und manchmal auch von Zufällen ab, im Grunde aber waren sie unberechenbar.

Die ersten Künstler, die sich im Herbst 1989 offen gegen die SED stellten und bereits am 18. September eine Resolution veröffentlichten, waren eine Gruppe von Rock- und Jazzmusikern gemeinsam mit einigen Liedermachern. Die Resolution, deren Text zum großen Teil von Hans-Eckardt Wenzel und Steffen Mensching stammte, wurde in den folgenden Wochen während zahlreicher Konzerte zusammen mit dem Aufruf vom »Neuen Forum« verlesen und verteilt. Beide Texte erreichten auf diese Weise sehr viele, vor allem junge Menschen – was in den Augen von SED und Staatssicherheit besonders gefährlich war. Zwar versuchten Letztere, mit plötzlichen Konzertabsagen, Stromausfällen und ähnlichen Aktionen die Veranstaltungen zu verhindern oder zu stören, aber da sie sich nunmehr scheuten, die Initiatoren unmittelbar zur Rechenschaft zu ziehen, verpufften diese Maßnahmen. Die Verhaftung oder Ausweisung beliebter Künstlerinnen und Künstler hätte einen völlig unberechenbaren Sturm der Empörung ausgelöst. Das wollte und konnte sich die SED inzwischen nicht mehr leisten.

Nach dem 9. Oktober hofften wir, dass es nicht noch einmal zu brutaler Gewalt und zu massenhaften Verhaftungen friedlicher Demonstranten kommen würde. Wir konnten uns dessen jedoch nicht sicher sein. Auch waren noch nicht alle wieder auf freiem Fuß, die in den Nächten vom 7. bis zum 9. Oktober verhaftet worden waren. Immer neue Gedächtnisprotokolle wurden bei uns abgegeben. Viele von denen, die aus der Haft entlassen worden waren, standen unter Schock und hatten die erlittenen Misshandlungen, Demütigungen und ihre Ängste noch gar nicht verarbeiten können.

Ich weiß nicht mehr, wer genau auf die Idee kam, ein »Konzert gegen Gewalt« zu veranstalten. Tamara Danz? Toni Krahl? Jedenfalls waren wir uns sehr schnell einig, als die Musiker uns fragten, wo ein Solidaritätskonzert für die Opfer staatlicher Gewalt stattfinden könnte: Als Veranstalter kam nur das Stadtjugendpfarramt in Betracht, als Ort die Erlöserkirche in Berlin-Lichtenberg, denn da durfte es auch abends laut werden. Als Datum wurde der 15. Oktober festgelegt, für die Vorbereitung blieben uns also nur ein paar Tage. Schnell erklärten sich zahlreiche Künstler und Bands bereit mitzumachen. Unsere Aufgabe war es, die Verabredungen mit der Gemeinde zu treffen und uns um eine Bühne und so etwas wie Flyer und den Ablauf zu kümmern. Trotz der kurzfristigen Vorbereitung und obwohl es so gut wie keine Werbung gegeben hatte, war die Kirche am Ende überfüllt, und die Veranstaltung wurde ein großer Erfolg. Mehr als dreißig Rockgruppen, Liedermacher und Jazzmusiker waren dabei. Sie alle solidarisierten sich mit denen, die noch im Gefängnis saßen oder gerade erst entlassen worden waren. Die Staatssicherheit war natürlich ebenfalls vor Ort, machte draußen Fotos und notierte Autonummern, aber das löste nur noch Spott aus.

Pankow war da, *Silly* mit Tamara Danz, Toni Krahl von *City*, Conny Bauer, das *Bolschewistische Kurorchester*, *Die Zöllner* und Angelika Weitz.

Gerhard Schöne, der wegen einer Tournee nicht dabei sein konnte, spendete von dem Nationalpreis, den er am 7. Oktober bekommen hatte, 10 000 Mark. Niemand nutzte den Abend für die eigene Show, alle beschränkten sich auf ein, höchstens zwei Stücke. Die meisten Songs waren eigens für dieses Konzert entstanden; Toni Krahl zum Beispiel sang über den von der Tribüne winkenden Erich Honecker: »So winkt man, wenn der Zug abfährt, so winkt man hinter Schranken.«

Zwischen den Musikstücken wurden Erklärungen und Protestschreiben verlesen, Lehrer forderten eine unabhängige Interessenvertretung und Studenten die Gründung eines autonomen Studentenverbandes. Den größten Beifall bekam die Ankündigung einer Großdemonstration für Pressefreiheit am 4. November. Zum Abschluss sangen wir alle zusammen »All we are saying is give peace a chance« und fühlten uns für einen berauschenden Moment vereint mit allen, die sich weltweit gegen Gewalt und für Bürgerrechte einsetzten.

Natürlich erfuhren die Menschen in der DDR nur über die Westmedien von der staatlichen Gewalt. Als immer mehr Berichte darüber die Runde machten, bemühten sich die Behörden, das Thema herunterzuspielen, indem sie Falschmeldungen über gewalttätige Demonstranten lancierten und den Eindruck zu erwecken versuchten, dass Polizei und Sicherheitskräfte ruhig und besonnen vorgegangen seien. Sollte es gelegentlich anders gewesen sein, wären dies bedauerliche Einzelfälle, denen selbstverständlich nachgegangen würde. Wir wussten, dass dies nicht der Wahrheit entsprach, und konnten es mit Hilfe der Gedächtnisprotokolle beweisen. Die brutalen Einsätze waren zentral befohlen worden: Sie hatten an verschiedenen Orten gleichzeitig begonnen, und die zahlreichen »Zuführungspunkte«, also provisorische Haftorte, standen offenkundig schon im Voraus bereit. Es war klar – wir mussten mit diesen Beweisen an die Öffentlichkeit.

Obwohl die Staatssicherheit zusehends ihre Macht einbüßte, befürchtete ich, dass sie versuchen würde, die Gedächtnisprotokolle an sich zu bringen, um an die Namen der Verfasser heranzukommen und wichtige Beweismittel zu vernichten. Es hatte schon bei früheren Gelegenheiten Anzeichen dafür gegeben, dass die Stasi dem Stadtjugendpfarramt nächtliche Besuche abgestattet hatte. Also kopierte ich alle Berichte auf unserem Thermokopierer – damals noch eine Rarität – und schaffte die Originale so schnell wie möglich ins Konsistorium zu Martin-Michael Passauer, der neben seiner Pfarrstelle in der Berliner Sophiengemeinde als persönlicher Referent von Bischof Forck tätig war. Dort, im Büro des Bischofs, hoffte ich, wären die Original-Protokolle sicherer. Und dann begannen Sybille Holz, unsere Sekretärin im Stadtjugendpfarramt, und ich, die Berichte mit der Schreibmaschine auf Wachsmatrizen abzutippen, damit sie vervielfältigt werden konnten. Die Namen und Adressen der Verfasserinnen und Verfasser ließen wir natürlich weg. Ich nummerierte die Protokolle durch, es waren mehr als 200 Stück. Unsere Vervielfältigungsmaschine lief auf Hochtouren, von jedem Wachsmatrizenblatt ließen sich je nach Qualität bis zu 1000 Abzüge herstellen. Zweimal funktionierte die Maschine am Morgen nicht mehr, beide Male war das gleiche Teil kaputtgegangen, was normalerweise nicht passierte. Hatte die Stasi ihre Hand im Spiel? Egal, es nützte uns ja doch nichts, das zu wissen. Unsere Kollegen vom West-Berliner Stadtjugendpfarramt, zu denen wir seit Jahren engen Kontakt hatten, besorgten schnell Ersatz, und wir konnten weitermachen.

Werner Fischer, der für Pressekontakte schon immer ein gutes Gespür hatte, schlug vor, zu einer Pressekonferenz einzuladen. Die Fennpfuhlgemeinde in Berlin-Lichtenberg stellte uns dafür die Räumlichkeiten zur Verfügung, als Termin setzten wir den 23. Oktober fest, so würden wir noch ein paar Tage Zeit für die Fertigstellung der Dokumentation haben. Die Theologiestudentin Marianne Subklew vom Pankower Friedenskreis half mir. Sie war hochschwanger und froh, sich auf diese Weise nützlich machen zu können. Ohne ihre Hilfe hätte ich Mühe gehabt, beizeiten fertig zu werden.

Am 23. Oktober, wenige Stunden vor der Pressekonferenz, bestellte überraschend Konsistorialpräsident Manfred Stolpe einige Personen, vor allem Vertreter des Kontakttelefons, zu sich ein. Außer mir waren Christoph Singelnstein, Werner Fischer, Angelika Barbe und Ehrhart Neubert dabei. Stolpe hatte Bischof Forck gebeten, am Gespräch teilzunehmen, was nur bedeuten konnte, dass es um eine wichtige Angelegenheit ging. Das Wort führte allerdings er selbst, und es hatte nicht den Anschein, dass er, wie es eigentlich hätte sein müssen, im Auftrag des Bischofs agierte. Forck widersprach zwar Stolpe an keiner Stelle, ich hatte aber den Eindruck, dass er eher mit unserem Vorhaben sympathisierte. Das einzige Thema der Zusammenkunft war die für den Nachmittag angesetzte Pressekonferenz, die Stolpe als Provokation bezeichnete und mit allen Mitteln zu verhindern oder zumindest zu verschieben versuchte. Wir hatten das Datum festgesetzt, als noch nicht bekannt war, dass am Tag darauf Egon Krenz, seit dem 18. Oktober als Nachfolger des zurückgetretenen Erich Honecker SED-Generalsekretär, von der Volkskammer zum Staatsratsvorsitzenden gekürt werden sollte. Es hätte uns auch nicht gekümmert, im Gegenteil: Der Termin hätte besser nicht sein können. Presseberichte zu den Prügelorgien auf Ost-Berlins Straßen an einem solchen Tage, das konnte der SED natürlich nicht gefallen, vor allem weil Egon Krenz zuvor als Mitglied des Politbüros für den Bereich Sicherheit zuständig gewesen war – und damit die politische Verantwortung für die polizeilichen Exzesse trug.

Stolpe legte während des Gesprächs die bei ihm sonst übliche Nonchalance ab und übte starken Druck auf uns aus. Er scheute sich auch nicht, mir und Ehrhart Neubert als kirchlichen Mitarbeitern mit dienstrechtlichen Konsequenzen zu drohen. Doch wir gaben nicht nach, und offenbar war auch der Gemeindekirchenrat der Fennpfuhlgemeinde nicht eingeknickt. Wieder einmal erwies sich die demokratische Verfasstheit der evangelischen Kirche als ein Segen. Einige Wochen später stellte sich heraus, dass Stolpe der SED offenbar versprochen hatte, die Pressekonferenz zu verhindern. Ein Techniker hatte die Sitzung der SED-Parteigruppe in der Volkskammer, die vor der Wahl von Egon Krenz stattgefunden hatte, heimlich mitgeschnitten und uns zugespielt. Auf dieser Sitzung war es hoch hergegangen. Die völlig aus der Fassung geratenen Abgeordneten diskutierten die Berichte von Übergriffen auf Demonstranten, und während bei manchen die Ratlosigkeit fast die Stimme kippen ließ oder gar Tränen flossen, rief der 86-jährige Bernhard Quandt, Mitglied des Zentralkomitees der SED und des Staatsrats, in den Saal, es sei ein Fehler, nicht kurzen Prozess zu machen und auf die Verbrecher in den Straßen zu schießen. Schließlich ergriff Politbüromitglied Günter Schabowski das Wort und berichtete, dass Stolpe ihm zugesagt habe, die Pressekonferenz zu verhindern, was jedoch schiefgegangen sei. Von Schabowski daraufhin zur Rede gestellt, habe Stolpe geantwortet: »Tut mir schrecklich leid, der Arm war doch zu kurz.«

Wir waren schon öfter mit Manfred Stolpe in Konflikt geraten, aber es war kaum möglich, mit ihm zu streiten, dafür war er viel zu geschmeidig. Er spielte eine schillernde Rolle. Erst Jahre später verstanden wir, wie erfolgreich seine Strategie gewesen war, die politischen Aktivitäten der kirchlichen Gruppen zu verteidigen, sie dadurch aber auch zu kontrollieren und zu beeinflussen. SED und Stasi wussten natürlich, dass ein Verbot der Basisgruppen wenig sinnvoll gewesen wäre und oppositionelle Aktivitäten für sie nur unübersichtlicher gemacht hätte. Sie fuhren besser damit, regelmäßige Informationen zu bekommen, uns mit Hilfe vertrauter Gesprächspartner zu beobachten und auf unsere Aktivitäten einzuwirken. »Operative Einflussnahme« hieß das in der Sprache der Staatssicherheit, und neben den vielen kleinen und großen Spitzeln hatten in Berlin Konsistorialpräsident Stolpe und Generalsuperintendent Günter Krusche eine wichtige Rolle in diesem Spiel inne.

Die Pressekonferenz fand also statt und war sehr gut besucht. Zu unserer Überraschung tauchte Stolpe plötzlich auf und versuchte, das Ganze, nachdem er es nicht hatte verhindern können, wenigstens in seinem Sinne zu lenken. In seiner Begleitung befand sich ein Vertreter der Generalstaatsanwaltschaft, der den Anwesenden versicherte, dass in den bedauerlichen Einzelfällen, in denen es zur Anwendung von Gewalt gekommen sei, selbstverständlich gegen die Verantwortlichen ermittelt würde. Stolpe, der sich ebenfalls in diesem Sinne äußerte, hatte mit diesem Auftritt einigen Erfolg, denn für die abendliche Berichterstattung in den Westmedien war der bekannte Konsistorialpräsident interessanter als die unbekannten Dissidenten und die jungen Zeugen, die berichteten, was ihnen widerfahren war. Gleichwohl: Die Fakten waren jetzt öffentlich und damit auch der Beweis, dass es sich bei der Gewalt in den Straßen nicht um einzelne bedauerliche Übergriffe gehandelt hatte, sondern dass sie auf politische Befehle zurückging. Die SED musste reagieren, und die Stadtverordnetenversammlung von Berlin setzte einen Tag vor der großen Demonstration eilig eine eigene Untersuchungskommission ein – ein leicht durchschaubares Manöver. Die kurz zuvor gebildete unabhängige Kommission, die aus prominenten und vertrauenswürdigen Personen bestand, darunter Christa Wolf und Christoph Hein, die Schauspielerin Jutta Wachowiak, mehrere Vertreter der Oppositionsgruppen und der Kirchen sowie Anwälte, Ärzte und Psychologen, sollte auf diese Weise überflüssig werden. Später stellte sich heraus, dass Erich Mielke, der Minister für Staatssicherheit, dem Oberbürgermeister Berlins, Erhard Krack, entsprechende Vorschläge unterbreitet hatte. Die von diesem daraufhin ins Leben gerufene Kommission der Stadtverordnetenversammlung bot an, mit der bereits bestehenden unabhängigen Kommission zusammenzuarbeiten. Nachdem insbesondere Christa Wolf und Daniela Dahn diese Idee unterstützt hatten, kam es schließlich so. Als wir dann aber in der konstituierenden Sitzung der gemeinsamen Kommission am 9. November entdeckten, dass auch Personen berufen worden waren, die für das Vorgehen der Polizei Mitverantwortung trugen, verließen Walter Schilling, Werner Fischer und ich unter Protest die Versammlung.

Die Gewaltexzesse von Polizei und Sicherheit spielten auch am 4. November, dem Tag der Demonstration auf dem Alexanderplatz, eine Rolle. Das eigentliche Thema der Kundgebung waren aber die Artikel 27 und 28 der Verfassung der DDR, die jedem Bürger Meinungs-, Presse- und Versammlungsfreiheit garantierten. Diese Rechte waren in der DDR seit Jahrzehnten tagtäglich mit Füßen getreten worden, und nicht zuletzt deshalb waren sie der Dreh- und Angelpunkt all dessen, worum es in den Monaten der Revolution ging. Solche Rechte einzufordern erschütterte die Grundfesten der DDR und war, konsequent zu Ende gedacht, staatsgefährdend.

Ob die Initiatoren sich dessen bewusst waren, weiß ich nicht – ich halte es für unwahrscheinlich. Kaum jemand war zu diesem Zeitpunkt in der Lage, derartig gewagte Konsequenzen zu erkennen. Schwer zu sagen auch, was selbst die Klügsten an der eigentlich simplen Einsicht hinderte, dass die SED-Herrschaft – und damit die DDR – von dem Moment an, da politische Macht auf demokratische Legitimation angewiesen wäre, von der Landkarte verschwinden würde. Wenige Wochen später sollte diese Frage zum zentralen politischen Thema werden. Doch am 4. November auf dem Alexanderplatz ging es weder darum, die DDR abzuschaffen, noch darum, sie zu retten. Es ging um ein besseres, ein freieres Leben.

Die Theaterleute suchten mich ein paar Tage vorher im Stadtjugendpfarramt auf und baten mich nachdrücklich, als Vertreterin des Kontakttelefons und als diejenige, die die Gedächtnisprotokolle gesammelt hatte, auf der Kundgebung zu sprechen. Sie gaben dabei auch zu verstehen, dass es gar nicht so einfach gewesen sei, mich als Rednerin durchzusetzen. Hinter den Kulissen war offenbar heftig um die Frage gerungen worden, wer auftreten durfte – und wer nicht. Schließlich bestand die Liste aus rund zwei Dutzend Personen, zu mehr als der Hälfte Künstlerinnen und Künstler, darunter Hennig Schaller, Ulrich Mühe und Jan-Josef Liefers als Initiatoren und Moderatoren. Dazu kamen Ekkehard Schall, Stefan Heym, Steffie Spira, Heiner Müller, Christa Wolf und Christoph Hein. Für die Opposition sollten Friedrich Schorlemmer, Jens Reich, Konrad Elmer und ich sprechen, und als Vertreter der untergehenden Macht standen Manfred Gerlach, Günter Schabowski und Markus Wolf auf der Liste. Oder sollte Letzterer – genauso wie Gregor Gysi – sprechen, weil man ihm eine neue politische Rolle zutraute? Gysi war damals Vorsitzender sowohl des Kollegiums der Rechtsanwälte in Ost-Berlin als auch der fünfzehn Kollegien der Rechtsanwälte in der DDR.

Ich war nach Gregor Gysi und vor Markus Wolf dran – also nicht eben in bester Gesellschaft. Nie im Leben hätte ich mir so etwas zuvor träumen lassen – und mich später auch entschieden geweigert, mit den beiden zusammen auf einer Demo aufzutreten. Aber an diesem Tag war alles anders. Das Alte galt nicht mehr, und das Neue war noch nicht da. Wichtig war, dass ich mich ein paar Minuten später öffentlich über staatliche Gewalt gegen friedliche Menschen äußern konnte. Ich würde stellvertretend für diejenigen, die Opfer der Gewalt wurden, eine unabhängige Untersuchung fordern. Das würde für die einen eine Zumutung sein und für die anderen eine tiefe Genugtuung.

Die Erinnerungen sind sofort wieder da, wenn ich mir das Foto anschaue. Ich stehe auf dem Pritschenwagen vor dem Mikrofon, in Werners Parka, mit Nickelbrille und halblangen, vom Wind etwas verwehten Haaren, in der Hand meine Karteikarten. Meine Knie wurden ganz weich, als ich die paar Stufen hinaufging, so dass ich einen Moment dachte: Das bin gar nicht ich, die da jetzt ans Mikrofon geht, das kann ich gar nicht sein, ich doch nicht! Zugleich gab ich mir ganz vernünftige Regieanweisungen: Jetzt geh nach vorn ans Mikrofon, schau nicht nur auf deinen Text, sondern auch in die Gesichter der Menschen, sprich langsam, sei dir bewusst, worüber du gerade redest, na siehst du, geht doch. Ich wusste da noch nicht, dass diese zwei Stimmen in den kommenden Jahren immer dabei sein und sich vor allem in neuen, aufregenden Situationen bemerkbar machen würden: Als ich das erste Mal in der Volkskammer an das Rednerpult trat, immer wenn ich vor laufender Kamera auf dem Weg zu meinem Talkshow-Sessel war oder als ich vortrat, um meinen Amtseid als Ministerin abzulegen. Oder als ich vor zweihundert Wissenschaftlern eine Konferenz eröffnete und überzeugt war, dass jeder Einzelne im Saal klüger, erfahrener und weltläufiger war als ich. »Pass bloß auf, dass niemand merkt, wie ahnungslos du bist!«, sagte die eine Stimme. »Ist das nicht toll, was du hier machst? Und du machst es gut!«, meinte die andere. Zaghaftigkeit und Lust, Schüchternheit und Selbstvertrauen, das doppelte Lottchen in einer Person. Ich habe nie herausbekommen, ob das anderen auch so geht, darüber sprechen Politiker öffentlich nicht.

Gysi brachte die Zuhörer zuerst mit einigen gefälligen Forderungen wie »Rechtssicherheit statt Staatssicherheit« und »Telefone für alle« auf seine Seite. Dann aber verteidigte er die führende Rolle der SED und den neuen Generalsekretär Egon Krenz und erntete dafür Pfiffe. Krenz, so behauptete er fälschlicherweise, sei es zu danken, dass in Leipzig nicht auf Demonstranten geschossen wurde. Und über die DDR-Rechtsanwälte sagte er: »Wir haben einfach die Rechte und Interessen unserer Mandanten sehr ernst genommen.« An diesem 4. November, lange bevor die Stasi-Akten geöffnet wurden, wusste ja noch niemand von den Beziehungen des Rechtsanwalts Gregor Gysi zur Staatssicherheit.

Ich begann meine Rede: »Wir sind hier, weil wir Hoffnung haben. Auf diesem Platz ist hunderttausendfache Hoffnung versammelt. Hoffnung, Phantasie, Frechheit und Humor. Diese Hoffnung, die seit ein paar Wochen endlich in der DDR wächst, sollte, bevor sie so groß wurde wie heute, am Abend des 7. Oktober und in den Tagen und Nächten danach niedergeknüppelt werden.« Und dann berichtete ich, was in den Gedächtnisprotokollen stand, und forderte eine unabhängige Kommission, die die Festnahmen und Misshandlungen friedlicher Demonstranten untersuchte. Ich erinnere mich noch an den großen Beifall, mit dem diese Forderung bedacht wurde.

Ich kletterte wieder von der Bühne und konnte endlich entspannt den anderen Rednerinnen und Rednern lauschen. Markus Wolf und Schabowski bekamen verdientermaßen Buhrufe zu hören, und Jan-Josef Liefers stellte die gerade eben von Gregor Gysi verteidigte führende Rolle der

SED in Frage. Stefan Heym rief: »Es ist, als habe einer die Fenster aufgestoßen nach all den Jahren der Stagnation.« Jens Reich forderte freie Medien und schlug vor, Wolf Biermann in der DDR auftreten zu lassen. Dann baute er eine Gedankenbrücke nach Prag, wo immer noch Demonstranten verprügelt wurden, und nach Südafrika, das gerade damit begann, das Joch der Apartheid abzuschütteln. Christa Wolf feierte die Befreiung der Sprache, demaskierte das Wort »Wende« und sprach von revolutionärer Erneuerung. Hinter der Bühne, in dem Café, das den Organisatoren und Rednern vorbehalten war, sah ich sie später neben Markus Wolf sitzen – in vertrautem Gespräch, die beiden duzten sich. Wie ging das zusammen – Markus Wolf und die schöne Rede, die sie gehalten hatte? Christoph Heins Rede war voller Warnungen: »Lassen wir uns nicht von unserer eigenen Begeisterung täuschen!« Und am Ende erhielt die betagte Schauspielerin Steffi Spira stürmischen Beifall, als sie rief: »Ich wünsche für meine Urenkel, dass sie aufwachsen ohne Fahnenappell, ohne Staatsbürgerkunde und dass keine Blauhemden mit Fackeln an den hohen Leuten vorübergehen.«

Nicht alles in den Reden des Tages würde auf Dauer Bestand haben. Manches – beispielsweise, dass Friedrich Schorlemmer, der als Prediger an der Schlosskirche in der Lutherstadt Wittenberg oft die Stimme gegen die SED erhoben hatte, jetzt auf einmal Egon Krenz verteidigte – löste beim Zuhören und erst recht später Befremden aus. Aber an diesem Tag wurde nicht jedes Wort gewogen. Das Wichtigste war die öffentlich gesprochene, freie und unzensierte Rede.

Und nicht nur die Liste der Rednerinnen und Redner war widersprüchlich, der ganze Tag war es. Christoph Hein hatte recht mit seiner Warnung: »Die Kuh ist noch nicht vom Mist.« Wir hatten es noch nicht geschafft. Einerseits entschloss sich das Fernsehen der DDR kurzfristig, die Kundgebung auf dem Alexanderplatz zu übertragen, andererseits befanden sich noch politische Gefangene in Haft. Einerseits wurden Wolf und Schabowski ausgebuht und verlacht, andererseits hofften Egon Krenz und die SED immer noch, ihre Vormachtstellung zu behalten. Einerseits wurde niemand daran gehindert, an der Demonstration teilzunehmen, und keinem das Wort verboten, andererseits wurden an der Grenze unerwünschte Personen zurückgewiesen, unter ihnen Ralf Hirsch und Wolf Biermann.

Als sich der Platz längst geleert hatte und die Kehrmaschinen kreuz und quer über das Pflaster fuhren, saßen Werner und ich immer noch in einem Bus-Wartehäuschen und blickten über die jetzt leere Fläche. Das, sagten wir, kriegen die nicht wieder in die Löcher zurückgestopft. Hast du die Gesichter der Menschen gesehen? Das waren die Gesichter von Menschen, die ihre Angst hinter sich gelassen haben. Diese Leute wollen nicht mehr zurück, sie haben ihre Kraft gespürt, verlangen mehr. Nach so einem Tag kann man nicht zur Tagesordnung zurückkehren, als sei nichts gewesen.

Meine Arbeit als Stadtjugendwartin kam schon seit Wochen zu kurz. Zum Glück tolerierten meine Kollegen, dass ich mich in dieser Zeit um andere Dinge kümmerte, und hielten mir dafür den Rücken frei. Überhaupt: Alles, was uns sonst wichtig war, trat in den Hintergrund, auch das Privatleben. Vieles kann ich nur mühsam und mit Hilfe meiner leider spärlichen Kalendereintragungen, anhand weniger Fotos und Gespräche rekonstruieren. Anna arbeitete als Ergotherapeutin in einem kirchlichen Pflegeheim. Aber seit wann wohnte sie in ihrer eigenen Wohnung in der Dunckerstraße? Uta absolvierte die letzten Monate ihrer Berufsausbildung. Aber wann und wie ist sie auf die Idee gekommen, danach wieder zur Schule zu gehen und sich in Hermannswerder, der evangelischen Internatsschule in Potsdam, zu bewerben, die auch Kai Feller, der relegierte Ossietzky-Schüler, besuchte? Sie wohnte teilweise bei mir, teilweise bei ihrem Freund. Eva würde bald zu uns nach Berlin ziehen und einen Ausbildungsplatz brauchen. Sie wollte Krankenschwester werden, und wir hatten für sie etwas im Königin-Elisabeth-Hospital, einem evangelischen Krankenhaus, in Aussicht. Dass diese Wochen und Monate sich so vage darstellen, dass ich so gut wie keine Erinnerungen an gemeinsame Mahlzeiten, Kinobesuche oder Gespräche habe, kommt nicht von ungefähr. Die Revolution vernachlässigte ihre Kinder.

Die Eliasgemeinde hatte, nachdem ich nicht mehr ihre Mitarbeiterin war, im Mai 1987 den Mietvertrag für unsere Wohnung gekündigt, und es dauerte lange, eine annehmbare Alternative zu finden. Aber irgendwann im Oktober oder November 1989 zogen wir in eine Dreizimmerwohnung im nördlichen Prenzlauer Berg, Ecke Schönhauser Allee/Wisbyer Straße. Eine neue Wohnung – das bedeutete in der Regel viel Arbeit und erforderte Organisationstalent. Ich war ständig zwischen Stadtjugendpfarramt, Veranstaltungen, Gethsemanegemeinde, der alten und der neuen Wohnung unterwegs. Werner half mir beim Renovieren, und ich suchte die Stadt nach einem Spülbecken und nach Fußbodenbelag ab, machte einen Klempner ausfindig, der in den nächsten Wochen Zeit hatte, und eine Firma, die die Gasheizung im Wohnzimmer reparierte. In den anderen Räumen standen Öfen, es mussten also noch vor Einbruch des Winters »Hausbrandkarten« her, die Kohlen waren zu bestellen und der Kohlenmann zu überreden, mir die Lieferung auf den Balkon zu bringen, was eigentlich nicht erlaubt war.

Es war eine schön geschnittene Wohnung, mit einem geräumigen Eckzimmer, Fensterbögen, Parkettfußboden und großen alten Flügeltüren, die die Zimmer miteinander verbanden. Der Nachteil allerdings war die Geräuschkulisse. Unmittelbar vor unseren Fenstern fuhr donnernd die Hochbahn vorbei und brachte die Möbel zum Zittern, und durch die undichten Fenster drangen Lärm und Gestank unzähliger Zweitaktmotoren herein. »Stell dir mal vor«, sagte ein Freund nachdenklich, als er vom Balkon auf die etwas weniger befahrene Wisbyer Straße schaute, »stell dir mal vor, die Grenze wäre offen. Was dann hier los wäre!« Jenseits der Kreuzung wurde die Wisbyer zur Bornholmer Straße, und bis zur Grenze waren es nur tausend Meter. Wir lachten. Was für eine komische Idee!

Und dann der 9. November. Bei Werner zu Hause in der Fehrbelliner Straße hatte sich ein amerikanisches Fernsehteam für ein Interview angesagt. Werner schlug vor, dass wir gemeinsam bei ihm auf die Journalisten warten und danach vielleicht noch etwas essen gehen könnten. Wir saßen auf dem Fußboden und zappten zwischen den Nachrichtensendungen hin und her, kein noch so spannender Fernsehfilm konnte es in diesen Tagen mit ihnen aufnehmen. Die Meldungen überschlugen sich förmlich, vor allem traten reihenweise führende Funktionäre zurück, am 7. November die ganze Regierung, am 8. November das Politbüro. Das waren deutliche Zeichen politischer Erosion, auch wenn viele Parteifunktionäre und Minister sogleich wieder in ihren Ämtern bestätigt wurden.

Im Windschatten der großen politischen Veränderungen machten sich andere auf, endlich und ohne Tabus dringende Themen auf die Tagesordnung zu setzen. Sie legten damit den Grundstein für die ökologische, städtebauliche oder auch pädagogische Erneuerung der nächsten Jahre. Der turnusmäßig in Halle tagende Zentralvorstand der Gesellschaft für Denkmalpflege etwa forderte in nie dagewesener Deutlichkeit die Rettung der verfallsbedrohten historischen Stadtkerne und Sanktionen gegen ungerechtfertigte Abrisse. Eine Gesellschaft hatte begonnen, sich neu zu erfinden. Zugleich nahm, wie in einer Art von Gegenbewegung, die Zahl derer zu, die die inzwischen gelockerten Ausreisemöglichkeiten nutzten und die DDR über die ČSSR oder über Ungarn verließen. Allein von Sonnabend, dem 4. November, früh bis Montagmittag waren es mehr als zwanzigtausend Menschen – und es war kein Ende des Exodus abzusehen.

Ich verstand diejenigen nicht, die gingen – ausgerechnet jetzt, da sich alles veränderte, jetzt, da die Menschen in der DDR endlich begannen, ihre Kraft zu spüren und sich für Veränderungen einzusetzen. So spannend wie jetzt gerade war die DDR doch noch nie gewesen, und diejenigen, die in den Westen gingen, wurden so dringend gebraucht! Erst viel später habe ich begriffen, dass die Vision einer gewandelten, erneuerten DDR für viele denkbar unattraktiv war, ebenso wie der von Christa Wolf initiierte Aufruf vom 8. November 1989, mit dem sie die Menschen bat zu bleiben: »Was können wir Ihnen versprechen? Kein leichtes, aber ein nützliches Leben. Keinen schnellen Wohlstand, aber Mitwirkung an großen Veränderungen ... Helfen Sie uns, eine demokratische Gesellschaft zu gestalten, die die Vision eines demokratischen Sozialismus bewahrt ...« Die Wiedervereinigung war einen Tag vor dem Mauerfall für die allermeisten noch kein Thema, und viele Künstler und Oppositionelle stellten sich hinter diesen Aufruf: Christoph Hein, Stefan Heym, Ulrich Plenzdorf und Vertreter fast aller Oppositionsgruppen. Ende November würde Christa Wolf einen auf den ersten Blick ähnlichen Aufruf mit der Überschrift »Für unser Land« im Fernsehen verlesen, doch da hatte er einen sehr anderen, rückwärtsgerichteten Klang, denn unsere Welt hatte sich in der Zwischenzeit grundlegend verändert.

Werner und ich saßen immer noch mit einer Flasche Wein auf dem Teppich, als kurz nach 19 Uhr der Bericht über eine der berühmtesten Pressekonferenzen der Weltgeschichte und die gestammelten Äußerungen Schabowskis ausgestrahlt wurde. Dabei erfuhr ich am eigenen Leib, wie lange es dauern kann, bis eine Nachricht in Herz und Verstand eindringt:

Die Grenze war offen. Später wurde ich oft gefragt, was ich in diesen Momenten empfunden hätte. Ich weiß es bis heute nicht richtig. Wir sind jedenfalls weder aufgesprungen, noch haben wir »Wahnsinn!« geschrien.

Jemand rief an und teilte mit, dass sich das Fernsehteam verspäten werde. Ob Herr Fischer so freundlich wäre zu warten. Werner sagte zu, auch er hatte das, was passiert war, noch nicht richtig erfasst, und wir saßen fest. Es klingelte. Ein aufgeregter Poppoff stand an der Tür und fragte, ob wir mitkämen, in den Westen. Wir erklärten ihm, dass wir nicht wegkönnten, und weil Poppoff einfach so losgelaufen war, steckte ihm Werner noch schnell fünf Mark Westgeld zu, damit er sich drüben ein Bier kaufen konnte. Warum sind wir nicht einfach mitgegangen? Wir hätten dem Fernsehteam ja einen Zettel an der Tür hinterlassen können: »Sorry, aber aufgrund unvorhergesehener Ereignisse sahen wir uns veranlasst ...« Nein, wir warteten. Aus Pflichtbewusstsein. Und weil ein amerikanisches Fernsehteam doch etwas sehr Besonderes war. So öffneten wir eine weitere Flasche Wein und hatten Zeit zum Nachdenken, während auf dem Bildschirm von den Grenzübergängen berichtet wurde – Szenen, die heute jedes Kind kennt und die immer noch berühren. Erst da, ganz allmählich, erfasste auch uns Aufregung. Wir freuten uns und versuchten zu verstehen, was gerade passierte.

In die Freude mischte sich sogleich aber auch Sorge: Würden die Menschen jetzt lieber in den Westen laufen, statt zu demonstrieren und den Druck auf die SED zu verstärken? War dies heute etwa das vorzeitige Ende der Revolution? Und vielleicht sogar das heimliche Ziel, das die SED mit der Grenzöffnung verfolgte – den Druck aus dem Kessel zu nehmen und die Menschen abzulenken? Andererseits gingen uns keineswegs nur solch gewichtige Themen durch den Kopf, sondern auch anderes: Stell dir vor – endlich richtige Kneipen! Und Zeitungen. Und Bücher. Und Kinos. Endlich Freunde wiedersehen! Und unsere Kinder werden nicht wie wir hinter der Mauer eingesperrt leben! Schließlich klingelte es an der Tür, das Fernsehteam war da, und Werner gab das Interview, so gut es nach etlichen Gläsern Wein eben ging. Vorher handelte er noch aus, dass die Journalisten uns später zum Grenzübergang Heinrich-Heine-Straße fahren würden. Da war es schon lange nach Mitternacht.

Nach wie vor waren wir uns gar nicht sicher, ob wir wirklich »rüber« wollten, aber die offene Grenze wollten wir auf jeden Fall sehen. Wir stiegen aus dem Auto. Der Grenzübergang war hell erleuchtet. Die Menge, die sich noch ein paar Stunden zuvor an den Übergängen gestaut hatte, war inzwischen drüben. Doch einige kamen auch jetzt noch, die Szene machte fast den Eindruck eines normalen Grenzverkehrs. Einfach nur mal gucken – das ging jetzt nicht mehr, wir wollten wenigstens ein paar Schritte in den Westen machen, dann wieder zurückgehen. Wir zückten unsere Ausweise und schoben sie durch das Fenster. Der Grenzsoldat nahm sie mit unbeteiligtem Gesicht entgegen und knallte einen Stempel direkt neben mein Foto. Ich bekam Panik. Jemand hatte mir mal erzählt, dass auf diese Art Ausweise ungültig gemacht würden, wenn die Ausreiser die DDR verließen. Doch einer der Umstehenden beruhigte uns: Klar dürften wir wieder rein. »Schauen Sie doch mal, da kommen ja schon welche zurück!« Das stimmte – und dann standen wir auch schon auf der anderen Seite.

Neben uns hielt ein Auto, der Fahrer, ein junger West-Berliner, lehnte sich aus dem Fenster und fragte uns, wohin wir wollten. Er erzählte, dass er im Radio von der Öffnung der Grenze gehört und beschlossen habe, irgendetwas beizusteuern. Also veranstaltete er eine Art privaten Gratis-Taxidienst und brachte Ostler dahin, wo sie hinwollten, die einen zu Verwandten, die anderen zum Ku'damm, wohin auch immer. Uns setzte er in der Motzstraße vor dem Haus meiner Freunde Wolfgang und Sylvia ab. Wie sich herausstellte, hatten die beiden am Abend keine Nachrichten gesehen und schliefen schon. Sylvia öffnete die Tür und starrte uns an wie eine Erscheinung. Eine Flasche Sekt hatten die beiden zum Glück stets im Kühlschrank, und so ließen wir gemeinsam die Korken knallen und zogen los, zuerst in Wolfgangs Kneipe unten im Haus, wo ich einen ganzen Berg Pistazienkerne aß – wir hatten den ganzen Abend noch nichts gegessen. Ich kannte Pistazien nicht, sie schmeckten hervorragend. Dann liefen wir zum Kurfürstendamm, der voller lachender und aufgekratzter Menschen war. Irgendwann landeten wir bei »Joe am Ku'damm«, einer laut Wolfgang sehr beliebten Diskothek. Die Türen standen weit offen, Eintritt zahlte in dieser Nacht niemand, nirgendwo. Wir waren mitten in einer Riesenparty gelandet und feierten und lachten wie alle um uns herum. Eine Weile unterhielt ich mich mit zwei Männern, einem Taxifahrer und seinem Fahrgast aus dem Osten: Die beiden hatten einige Stunden zuvor während der Fahrt im Autoradio von der Maueröffnung gehört und waren – ohne einander näher zu kennen – unverzüglich zum Grenzübergang Bornholmer Straße und weiter in den Westen gefahren. Nun feierten sie gemeinsam.

Es war schon hell, als wir schließlich den Heimweg antraten. Werner kaufte mir am Bahnhof Zoo eine rote Rose, und wir fuhren mit der S-Bahn zurück. Noch immer war ich ganz durcheinander und aufgekratzt – ich liebte diese Stadt, und die Grenze war offen.

11

Frei gewählte Abgeordnete

Es wechseln die Zeiten. Die riesigen Pläne
Der Mächtigen kommen am Ende zum Halt.
Und gehn sie einher auch wie blutige Hähne
Es wechseln die Zeiten, da hilft kein Gewalt.

Bertolt Brecht

Am 18. März 1990 holt mich nach dem Frühstück eine Limousine ab und fährt mich zum Wahllokal; irgendjemand hat für alle Spitzenkandidaten einen Fahrdienst organisiert. Ich finde das reichlich albern, denn das Wahllokal ist nur ein paar hundert Meter von meiner Wohnung entfernt. Davon, dass das Vorfahren in einer Limousine nicht nur der Bequemlichkeit dient, sondern eine Statusfrage ist, habe ich noch nie gehört. Aber weil fast jeden Tag merkwürdige Dinge passieren, wundere ich mich nicht weiter und steige in den Wagen ein, an dessen Steuer Frau Rastig sitzt, die ich zehn Jahre später als Fahrerin in der Stasi-Unterlagen-Behörde wiedertreffe. Von den Medienvertretern aus aller Welt, die angeblich warten, um den Kandidatinnen und Kandidaten beim Wählen zuzusehen, keine Spur. Immerhin steht aber ein einzelner Journalist mit einem Notizblock in der Hand vor der Tür und fragt, wie ich mich fühle. Ganz wunderbar, sage ich ihm und komme mir dabei fast schon wie eine routinierte Politikerin vor – ganz wunderbar fühlte ich mich, denn es sei ja das erste Mal, dass in der DDR freie und geheime Wahlen stattfänden. Und dass damit die Bürgerbewegung eines ihrer wichtigsten Ziele erreicht habe.

Am Abend veranstaltet das »Bündnis 90« – so heißt die gemeinsame Liste von »Neuem Forum«, »Initiative Frieden und Menschenrechte« und »Demokratie Jetzt« – seine Wahlparty im Haus der Demokratie, einem hundert Jahre alten Gebäude in der Friedrichstraße 165, das einst von einer Brauerei errichtet wurde und seit 1955 als Sitz der SED-Kreisleitung von Berlin-Mitte diente. Auf Beschluss des Runden Tisches hat die SED das Haus im Dezember 1989 den »neuen Parteien und politischen Gruppen des Runden Tisches« gezwungenermaßen zur Verfügung gestellt. Im Erdgeschoss befindet sich ein runder fensterloser Saal, der später zum Robert-Havemann-Saal werden wird, jetzt aber noch Wilhelm-Pieck-Saal heißt.

Hier warten wir auf die ersten Wahlprognosen: Kandidatinnen und Kandidaten, Mitglieder des Bündnis 90, zahlreiche Journalisten der DDR- und der westlichen Medien und viele Neugierige. Die Spannung ist groß, denn wegen der fehlenden demoskopischen Erfahrungen gibt es keine wirklich seriösen Umfrageergebnisse. Für die zur Wahl angetretenen Gruppen der Bürgerbewegung ist immerhin von zweistelligen Ergebnissen die Rede. Die Voraussagen für die SPD sind zuletzt abgesackt, dafür ist die »Allianz für Deutschland« auf dem Vormarsch. Sie besteht aus der bisherigen Blockpartei CDU, der Oppositionsgruppe »Demokratischer Aufbruch« und der gerade erst gegründeten »Deutschen Sozialen Union« (DSU). Dieses Bündnis sollte als eine Art politisches Feigenblatt vermutlich auch eine Peinlichkeit mildern: Als die »Allianz für Deutschland« sechs Wochen zuvor mit starker Unterstützung der West-CDU der Öffentlichkeit präsentiert wurde, schüttelten wir ungläubig die Köpfe – ausgerechnet Helmut Kohl verbündet sich mit den Blockflöten? So nannten wir spöttisch die Mitglieder der Ost-CDU, die jahrzehntelang treue Erfüllungsgehilfin der SED war. Doch es ging ja gar nicht darum, die Ost-CDU zu wählen. Das Gesicht der Allianz war im Wahlkampf nicht das von Lothar de Maizière, ihrem Spitzenkandidaten, sondern das von Bundeskanzler Helmut Kohl. Dieser hatte zahlreiche Mitglieder der West-CDU mobilisiert, die ihren künftigen Ostfreunden beim Plakatekleben halfen und auch sonst den größeren Teil des Wahlkampfs managten. Helmut Kohl versprach Wohlstand und den schnellen Weg in die Einheit. Und auch mein Tankwart in der Stargarder Straße, mit dem ich ab und zu die Lage erörterte, erklärte mir: »Wissen Sie, Frau Birthler, am sympathischsten sind mir ja Sie, also die Leute vom Bündnis 90. Aber, verstehen Sie, das Geld hat Kanzler Kohl, und deshalb wähle ich ihn, jedenfalls diesmal.«

Dass mir Leute mitteilten, warum sie uns vom Bündnis 90 ganz prima fänden, aber lieber doch eine andere Liste wählten, war mir in letzter Zeit öfter passiert. Sogar meine Mutter hatte mich zur Seite genommen: »Nimm's mir nicht übel, Kind, aber ich habe mir mein Leben lang gewünscht, die SPD wählen zu können. Jetzt darf ich es endlich, und jetzt mache ich es auch.« Wie viele solcher Tankwarte und solcher Mütter mochte es in der DDR geben? Mir war ein wenig bange. Niemand konnte in den Tagen vor den Volkskammerwahlen die Stimmung im Land wirklich einschätzen, aber dass sie sich von Woche zu Woche änderte, war mit Händen zu greifen.

Die vier Monate seit dem Fall der Mauer waren wie im Zeitraffer vergangen. Meine Töchter Anna und Uta gingen gleich am nächsten Tag, dem 10. November, zusammen mit Freunden »rüber«. Uta kam danach zu mir ins Stadtjugendpfarramt gelaufen, in Tränen aufgelöst. Die vielen Menschen, die Aufregung, die fremde Stadt hinter der Mauer – das alles war mehr, als die Seele meiner siebzehnjährigen Tochter auf einmal verkraften konnte, und ich erlebte im Kleinen die hunderttausendfache Erschütterung von Menschen, die plötzlich die Grenzen überschritten, hinter denen sie eingesperrt gewesen waren – fast drei Jahrzehnte die Älteren, die Jüngeren ihr ganzes bisheriges Leben. Eva kam am Wochenende mit einer Freundin nach Berlin, und wir gingen zu dritt zur Grenze, dorthin, wo an der Bernauer Straße die Schwedter und die Oderberger Straße zusammenstoßen und wo heute der Mauerpark beginnt. Die Schwedter entlang hatte sich eine Menschenschlange gebildet, und wir stellten uns an. Es gab an dieser Stelle keinen Grenzübergang, nur eine provisorische Lücke in der Mauer, durch die die Leute kletterten. Links und rechts des Lochs standen Grenzsoldaten, die es längst aufgegeben hatten, die Ausweise zu kontrollieren. Hinter der Mauer erwartete uns ein dichtes Spalier jubelnder und klatschender West-Berliner, die uns auf die Schultern klopften und ihre Fotoapparate auf uns richteten. Die beiden Mädchen wichen vor diesem Ansturm zurück, und ich sah zu, dass ich sie schnell durch die Menge bugsierte, die Bernauer Straße entlang, vorbei an einem dieser Lastwagen, von dem herab Tüten mit Kaffee und Bananen an die Vorüberziehenden verteilt wurden. Eine sicher gut gemeinte Geste eines West-Berliner Unternehmers, der damit seine Freude über die Maueröffnung zum Ausdruck bringen wollte, aber ich fand es irgendwie peinlich, wie sich die Leute aus dem Osten mit ausgestreckten Armen um den Lkw drängten. Wir liefen die Brunnenstraße hinunter, im Wedding, einem alles andere als aufregenden oder eleganten Viertel. Ich hatte noch keinen Begriff davon, welchen Charakter die einzelnen Stadtteile hinter der Mauer hatten.

Noch während des ersten Jubels über die Grenzöffnung stellten sich zwiespältige Gefühle ein. Einerseits konnte ich gar nicht genug davon bekommen, durch die Straßen im anderen Teil meiner Stadt zu laufen, andererseits war ich etwas durcheinander. Am Tag nach dem 9. November und am darauffolgenden Wochenende, während sich der halbe Osten Richtung Westen aufmachte, waren alle Gespräche von der Frage bestimmt, was der Mauerfall für die nähere und fernere Zukunft politisch bedeutete. Wir ahnten sehr schnell, dass sich die gesamte Architektur der politischen Machtverhältnisse ändern würde, dass nichts so bleiben würde, wie es war. Aber was hieß das? Mir fiel ein Gespräch mit meinen Kollegen Wolfram Hülsemann, Michael Frenzel und Andreas Hein ein, das wir zwei Monate zuvor geführt hatten. Ungarn hatte am 11. September seine Grenzen endgültig geöffnet, auch für DDR-Bürger. Wir saßen im Stadtjugendpfarramt in kleiner Runde beisammen und dachten laut darüber nach, was dies für die Grenze durch Deutschland bedeutete. Der Eiserne Vorhang hatte sich geöffnet, wenn auch zunächst nur an einer Stelle. Ich dachte an einen Sack, der oben fest verschlossen war und in den man unten ein Loch geschnitten hatte. Nach drei, vier Gedankensprüngen waren wir uns plötzlich einig: Das Grenzregime sei politisch wie wirtschaftlich von existentieller Bedeutung für die DDR. Wenn es nicht mehr funktioniere, werde es die DDR bald nicht mehr geben. Wir erschraken vor uns selbst und wechselten schnell das Thema. Da hatten wir uns aber vergaloppiert! Das baldige Ende der DDR überstieg unsere Vorstellungskraft, und wir verbannten den Gedanken ins Reich der Phantasie. Dort blieb er erst einmal, auch wenn ich mir über die Gründe dafür bis heute nicht völlig im Klaren bin. Fürchteten wir unbewusst, dass unsere Entscheidung, in der DDR zu bleiben, und die Opfer, die wir dafür gebracht hatten, nun nichts mehr wert waren? Vielleicht folgten wir aber auch einer verborgenen Rationalität: Hätten wir anerkannt, dass die DDR nicht mehr lange bestehen würde – was hätte uns dann noch veranlasst, mit all unserer Kraft für Veränderungen zu kämpfen und die Risiken in Kauf zu nehmen, die damals noch drohten? Ein Staat, der sowieso bald unterging, wäre diese Mühe nicht wert gewesen.

Nach dem Mauerfall wurde innerhalb weniger Tage das Unvorstellbare zuerst möglich, dann immer wahrscheinlicher. Und es waren nicht die Oppositionsgruppen, die öffentlich die deutsche Frage auf die Tagesordnung setzten, sondern die Demonstranten auf den Straßen. Die Kommentare Oppositioneller aus dieser Zeit waren verhalten oder skeptisch, etwa die berühmt gewordene Feststellung von Bärbel Bohley: »Die Menschen sind verrückt, und die Regierung hat den Verstand verloren.« Auch Freya Klier, die seit ihrer Abschiebung im Februar 1988 in West-Berlin lebte, fürchtete, die DDR könne sich jetzt auflösen wie eine Brausetablette.

Anders als befürchtet, ließ der öffentliche politische Druck auf SED und Regierung allerdings nicht nach, sondern wurde in den Wochen nach dem Mauerfall immer stärker. Die Zielrichtung aber änderte sich. Aus dem Ruf »Wir sind das Volk« wurde zuerst vereinzelt, dann fast überall »Wir sind *ein* Volk«. Ich beobachtete diesen Wandel skeptisch. Wie die meisten, die seit Jahren gegen die SED opponierten, war ich dafür, das Land aus eigener Kraft zu verändern: Weil es unseren Stolz verletzt hätte, nur nach dem Westen zu rufen; weil wir uns sorgten, dass der Ruf nach Demokratie und Reformen neben dem nach der Einheit kaum noch wahrgenommen würde; weil auch wir Angst hatten vor einem zu großen, zu mächtigen Deutschland; und weil die Ersten, die ich auf den Berliner Straßen »Einheit« und »Deutschland« brüllen sah, Bierflaschen in der Hand hatten und schwankend herumpöbelten.

Ende November sorgte der von Christa Wolf initiierte Aufruf »Für unser Land«, zu dessen Erstunterzeichnern zahlreiche Intellektuelle und Künstler und auch einige Oppositionelle gehörten, für heftige Kontroversen. Wolf warb darin für einen eigenständigen politischen Weg der DDR und warnte vor einem »Ausverkauf unserer materiellen und moralischen Werte« sowie vor der Vereinnahmung durch die Bundesrepublik. Ich habe diesen Text nicht unterschrieben, vielleicht, weil ich gar nicht darum gebeten wurde, vielleicht aber auch, weil mir der Duktus nicht gefiel – ich weiß es nicht mehr genau. Der Aufruf war eine klare Absage an die deutsche Einheit, und er klang so, als sollten schon wieder Menschen beeinflusst und irgendwie unter moralischen Druck gesetzt, also »erzogen« werden. Das kam nicht gut an, zumindest nicht bei denen, die lieber alles hinter sich lassen wollten, als ihr Glück in einer wie auch immer erneuerten DDR zu suchen.

Der Gedanke eines dritten Wegs zwischen bundesdeutschem Kapitalismus und real existierendem DDR-Sozialismus hatte unter linken Intellektuellen im Osten wie im Westen Anhänger gehabt und war immer wieder Gegenstand theoretischer Debatten gewesen, die sich allerdings auf vergleichsweise kleine Zirkel beschränkt hatten. Jetzt lebte die Frage, ob es jenseits der konkurrierenden politischen Systeme noch einen anderen Weg gäbe, wieder auf. Der größte Teil der Menschen in der DDR war allerdings an solchen Gedankenspielen nicht interessiert. Noch wusste niemand, dass die Frage nach der Einheit nur ein paar Monate später wahlentscheidend werden würde.

Der überraschende Zehnpunkteplan von Helmut Kohl vom 28. November auf der einen Seite, in dem von einer Vertragsgemeinschaft zwischen beiden deutschen Staaten und konföderativen Strukturen als Schritte hin zur deutschen Einheit die Rede war, und der Aufruf »Für unser Land« zwei Tage zuvor auf der anderen Seite waren entgegengesetzte Optionen, die wie Katalysatoren einer Debatte um die Zukunft der DDR wirkten. Auch für die bisherige Bürgerbewegung der DDR stand die deutsche Frage nun auf der Tagesordnung, und bald gab es dort fast niemanden mehr, der die Frage nach der Einheit nicht positiv beantwortete. Was ich knapp drei Monate zuvor noch für ein abwegiges Gedankenspiel gehalten hatte, war binnen weniger Tage zu einer realistischen Perspektive geworden. Spätestens im Dezember stritten wir nicht mehr darum, ob es die deutsche Einheit geben solle, dafür aber umso mehr über den Weg dahin und wie viel Zeit es dafür brauchen würde.

Wie die meisten meiner politischen Freundinnen und Freunde wollte ich eine Vereinigung auf Augenhöhe und glaubte nebenbei, dass auch der Westen ganz gut ein paar Reformen gebrauchen könnte. Ein »selbstbewusstes Staatsvolk« der DDR, das nach Auffassung Wolfgang Ullmanns in der Revolution entstanden sei, entpuppte sich freilich schnell als Illusion. Doch es gab genug Bürgerinnen und Bürger, denen es unwürdig erschien, den eigenen Gestaltungswillen zugunsten eines schnellen Beitritts zur Bundesrepublik nach Grundgesetzartikel 23 aufzugeben. Sie waren deshalb für den im Artikel 146 vorgesehenen Weg in die Einheit – über eine vom Volk in freier Entscheidung beschlossene Verfassung.

Dieser entschiedene Wille, das Geschick in die eigenen Hände zu nehmen, zeigte sich am deutlichsten an den zahlreichen Runden Tischen, die sich vom Dezember an landauf, landab bildeten, um das bestehende politische Machtvakuum auszufüllen. Die Idee dafür stammte aus Polen.

Dort, wie ein paar Monate später auch in Ungarn, waren sie entstanden, um den gewaltfreien Übergang von der Diktatur in eine demokratische Gesellschaft zu gestalten. Von den Oppositionsgruppen der DDR waren Runde Tische schon seit dem Sommer ins Gespräch gebracht worden. Der Zentrale Runde Tisch der DDR, an dem die neuen demokratischen Parteien und Bewegungen den Vertretern der SED und der Blockparteien gegenübersaßen, konstituierte sich am 7. Dezember unter großer öffentlicher Anteilnahme in Berlin. Von der zweiten Sitzung an wurden die Beratungen live im Fernsehen übertragen. Meine Mutter beispielsweise verbrachte in diesen Wochen den größten Teil des Tages vor dem Fernseher, begierig auf alle Nachrichten und Meldungen über die sich rasant verändernde DDR. Um die wöchentlichen Tagungen des Runden Tisches am Bildschirm zu verfolgen, schaltete sie, die die Ostsender bis dahin verächtlich ignoriert hatte, sogar auf das DDR-Fernsehen um.

Die Oppositionsgruppen reklamierten für den Runden Tisch weder eine parlamentarische noch eine Regierungsfunktion, sondern verstanden ihn als Bestandteil der öffentlichen Kontrolle und, der entscheidende Punkt, als Wegbereiter freier und geheimer Wahlen. Sie forderten die Offenlegung der ökologischen, wirtschaftlichen und finanziellen Situation im Land und verlangten von der Volkskammer und der Regierung, rechtzeitig vor wichtigen Entscheidungen informiert und einbezogen zu werden. Es brauchte allerdings einige Zeit, bis SED und Regierung dies akzeptierten, und sie taten es auch erst dann, als sie immer stärker in die Defensive gerieten.

So wichtig der Runde Tisch als Garant eines halbwegs geordneten und vor allem friedlichen Abschieds von der Diktatur auch war, konnten die an ihm beteiligten Vertreter der Opposition doch nicht verhindern, dass die Monate seines Bestehens von den alten Parteien und unzähligen ihrer Profiteure und Funktionäre dazu genutzt wurden, ihre Schäfchen ins Trockene zu bringen. Viele wechselten mit Erlaubnis und Unterstützung der SED in die Wirtschaft, in Universitäten und Schulen, erhielten großzügige und zinsfreie Kredite für die Gründung einer neuen Existenz oder beschafften sich als Stasi-Offiziere eine Anwaltszulassung. Wer wollte, konnte seine Kaderakte eigenhändig bereinigen. Die Offiziere der Staatssicherheit vernichteten nach wie vor große Mengen von Unterlagen: Noch Anfang März 1990 wurde unter den Augen der Öffentlichkeit der größte Teil der elektronischen Datenträger der Staatssicherheit und mit ihm Millionen von Daten geschreddert, und in den Monaten zwischen Februar und Juni löste sich die Hauptverwaltung Aufklärung, also die Auslandsabteilung der Staatssicherheit, de facto selbst auf – mit dem wenig überraschenden Ergebnis, dass der größte Teil der dort geführten Akten und Karteien auf Nimmerwiedersehen verschwand.

Diese unschönen Begleiterscheinungen nahmen dem Runden Tisch aber nicht seine große Bedeutung: Er war das dringend benötigte öffentliche Forum, das aus dem Durcheinander von Meinungen, Konzepten, Berichten und Gerüchten eine einigermaßen strukturierte Debatte werden ließ. Die Beteiligten waren zudem gezwungen, ihre Positionen zu klären und offenzulegen – den Zuschauerinnen und Zuschauern, die die oft ganztägigen Sitzungen an den Fernsehern verfolgten, war es damit möglich, sich Informationen über die am Runden Tisch vertretenen Gruppierungen zu verschaffen und sich allmählich eine eigene Meinung zu bilden. Für die »Initiative Frieden und Menschenrechte« saßen Gerd Poppe und Wolfgang Templin am Runden Tisch. Ich gehörte zu einer der zahlreichen Arbeitsgruppen, die bald entstanden. Bildung und Jugend – das waren die Themen, mit denen ich mich intensiv beschäftigt hatte und bei denen ich etwas beitragen konnte.

Am Vorabend der Konstituierung des Runden Tisches versetzte uns allerdings ein anderes Ereignis in Spannung: Wir, die Bürgerbewegung, empfingen unseren ersten offiziellen ausländischen Gast. Petra Kelly hatte uns voller Empörung mitgeteilt, dass der auf der Durchreise nach Oslo in Deutschland erwartete Dalai Lama mit Rücksicht auf die Volksrepublik China weder von der Bundesregierung oder vom Bundestag noch vom Regierenden Bürgermeister von Berlin empfangen werden würde. Wir fanden das unerhört, und als jemand vorschlug, dass stattdessen doch wir ihm einen würdigen Empfang bereiten könnten, stimmten alle begeistert zu. Ulrike, Poppoff und Petra richteten eine schriftliche Einladung an den Dalai Lama, und einige Mitstreiter von »Demokratie Jetzt« kümmerten sich um geeignete Räumlichkeiten. Am Morgen des 6. Dezember holte ich Ulrike und Gerd Poppe mit meinem Trabbi zu Hause ab; die beiden mussten erst ihre Kinder zur Schule und in den Kindergarten schicken, und wir waren deshalb etwas knapp dran. Zum ersten Mal in meinem Leben sah ich Poppoff mit einem Schlips, unser erster »Staatsbesuch« war es ihm wert. Dann standen wir mit einer brennenden Kerze am Checkpoint Charlie und erwarteten unseren hohen Gast. Petra hatte nicht zu viel versprochen: Seine Heiligkeit kam uns lächelnd entgegen und bezauberte uns mit seiner Herzlichkeit und seiner Ausstrahlung. Wir besuchten mit ihm ein Denkmal in der Großen Hamburger Straße, das an die Deportation Berliner Juden erinnert, und am Nachmittag fand eine gut besuchte Veranstaltung im Bonhoeffer-Haus in der Ziegelstraße statt. Ulrike hielt eine kurze Begrüßungsrede, und dann hatte der Gast das Wort. Er würdigte insbesondere die Selbstbefreiung von der Diktatur in der DDR. Eine Parallele zu China stellte er nicht ausdrücklich her, aber das war auch nicht nötig: Alle im Saal wussten, dass der Dalai Lama, wenn er über das Ende einer Diktatur sprach, auch China und Tibet meinte. Die Besonderheit dieses Tages, der allen Anwesenden unvergesslich bleiben sollte, erklärte sich nicht nur mit der Gegenwart unseres verehrungswürdigen Gastes. Es war auch das Hochgefühl der guten Tat – immerhin, fanden wir, hatten wir uns anständiger verhalten als Bundesregierung und Berliner Senat. Und außerdem genossen wir es schlichtweg, öffentlich und ohne von Polizei oder Staatssicherheit gehindert zu werden, das zu tun, was wir für richtig hielten.

Die erste Silvesternacht nach dem Fall der Mauer feierten Zehntausende Menschen am Brandenburger Tor. Werner und ich waren zum Jahreswechsel zu Gast bei Elsbeth Zylla. Elsbeth gehörte wie Marie-Luise Lindemann zu der überschaubaren Zahl West-Berliner Freundinnen und Freunde im Umfeld der Grünen, die schon lange enge Kontakte nicht nur zur DDR-Opposition, sondern auch zu Dissidenten in anderen Ostblockländern pflegten. Die Nacht wurde zu einem ost-west-europäischen Jahreswechsel, mit reichlich Alkohol und russischen, englischen, ungarischen und deutschen Volksliedern, die wir laut in der Küche sangen, ergänzt durch einige Arbeiterkampflieder, die zu meiner Verblüffung alle kannten, wir aus dem Osten, weil wir sie in der Schule gelernt hatten, die anderen aus ihrer bundesdeutschen K-Gruppen-Vergangenheit.

Die darauffolgenden Wochen zwischen Januar und März 1990 habe ich als eine fast schlaflose, aufregende Zeit in Erinnerung. Ich verbrachte meine Tage und Nächte entweder im Stadtjugendpfarramt, in dem ich noch, oder im Haus der Demokratie, in dem ich schon arbeitete. Der »Arbeitskreis Solidarische Kirche« und die Kontakttelefongruppe existierten zunächst weiter. Sie waren unentbehrlich, weil sie Raum für Gespräche boten, auch für Vergewisserung. Später sagte Eva Laufer, meine damalige Nachbarin, dass sie sich in dieser Zeit wie schwer verliebt gefühlt habe, und da ist was dran. Unsere Gefühle wechselten zwischen Alles-ist-möglich und Das-schaffen-wir-nie, zwischen Hoffnung und Besorgnis. Mein Kalender aus diesem Jahr gibt nicht viel her – wo um alles in der Welt habe ich damals meine Termine notiert? Oder hatte ich das etwa noch alles im Kopf? Stattdessen finden sich Notizen, Adressen, Namen, dann tauchen die ersten Medientermine auf. Die Ost- und die Westmedien existierten jetzt nebeneinander, in beiden standen die Meldungen aus der DDR ganz vorn, immer mehr auch die bevorstehenden Wahlen. In meinem Kalender finde ich das Frühstücksfernsehen (West), eine Studiosendung »Mit dem Gesicht zum Volke« im Fernsehen der DDR in Adlershof, Interviews für das Radio DDR, den Deutschlandsender (Ost) und den Deutschlandfunk (West), Rias TV, Berliner Rundfunk. Zwischendurch beschäftigten mich laut Kalender nach wie vor zahlreiche Handwerkertermine in der neuen Wohnung in der Schönhauser Allee, und auch die alte Wohnung in der Göhrener Straße musste noch leergeräumt werden.

Die Debatten am Runden Tisch waren von einem überwiegend sachlichen, zuweilen sogar freundlichen Ton bestimmt. Für diejenigen, die aus der Bürgerbewegung kamen, entsprach der faire Umgangston ihrem Verständnis von demokratischer Kultur und dem, was sie erreichen wollten: einen glaubwürdigen Neuanfang und vor allem freie Wahlen. Freilich arbeiteten sie ohne Erfahrung, ohne Büros, Assistenten oder Berater unter ungleich schwereren Bedingungen als die ihnen gegenübersitzenden Vertreter der SED. Diese agierten vorsichtig und bemühten sich, ihre plötzliche Verwandlung in Demokraten unter Beweis zu stellen. Ebenso konziliant und dabei geradezu artistisch verhielten sich die Vertreter der Blockparteien, die ihre Plätze am Runden Tisch noch als Repräsentanten der alten Macht eingenommen hatten und ihn vier Monate später als frisch bekehrte Fürsprecher der freien Marktwirtschaft und einer schnellen Wiedervereinigung verließen.

Doch während die Opposition ihre Ziele mit offenem Visier und vielen guten Argumenten verfolgte, versuchten andere, für sich zu retten, was zu retten war. Dazu gehörten auch demonstrative Parteiausschlussverfahren und Verhaftungen von Funktionären und Regierungsvertretern; sie ähnelten eher willkürlichen Säuberungen als rechtsstaatlichen Verfahren, und ihr Zweck bestand vor allem darin, anstelle der SED als Staatspartei einzelne Personen zu beschuldigen. Gegen die SED-Spitzenfunktionäre Erich Honecker, Erich Mielke und Willi Stoph zum Beispiel wurde wegen des Verdachts auf Amtsmissbrauch und Korruption ermittelt.

Der Versuch, zu retten, was sich retten ließ, zeigte sich besonders deutlich im Kampf um das wichtigste Machtinstrument der SED: die Staatssicherheit. Ihr dichtes Netz von fast einer Viertelmillion hauptamtlichen und inoffiziellen Mitarbeitern war noch immer funktionsfähig, auch wenn eine beträchtliche Zahl von IM inzwischen ihren Dienst aufgekündigt hatte oder einfach nicht mehr zu den Treffen mit ihren Führungsoffizieren erschien. Gregor Gysi warb am Runden Tisch mit Eifer um den Erhalt wenigstens einiger Teile des MfS, und die stille Umwandlung des gefürchteten Ministeriums für Staatssicherheit in ein sogenanntes Amt für Nationale Sicherheit war im vollen Gange. Dass in diesem neuen Amt die alten Offiziere auch künftig arbeiten würden, verstand sich von selbst. In den Dienststellen, die das MfS in allen Bezirken und Kreisen, teilweise auch in Großbetrieben, besaß, vernichteten die Offiziere auf Befehl und systematisch große Mengen Akten. Das geschah zwar unter strenger Geheimhaltung, den aufmerksamen und zu Recht argwöhnischen Beobachtern draußen entgingen aber nicht die Lkw-Transporte und der Rauch, der aus den Schornsteinen drang. Empörung griff um sich, vor allem die Befürchtung, dass die Verbrechen der Staatssicherheit verschleiert und wichtige Beweise vernichtet werden könnten. Hier und da räumten dies Stasi-Offiziere später ein, so wie Oberstleutnant Werner Müller von der Bezirksverwaltung Neubrandenburg: »Man wusste: Die kommen irgendwann ins Haus. Das sind wahrscheinlich auch die, über die etwas in den Akten steht. Und dann ist es besser, die Akten sind nicht mehr da.«

In der Tat: Sie kamen irgendwann ins Haus. Das DDR-weite Signal dafür ging am Morgen des 4. Dezember 1989 von der Erfurter Gruppe »Frauen für Veränderung« aus. Aus einer kleinen Versammlung vor den Toren des Bezirksamtes für Nationale Sicherheit, wie die Stasi damals schon hieß, wurde dank ihrer Courage bald eine große Menschenmenge, die sich schließlich Einlass verschaffen konnte. Wenig bekannt ist, dass ein paar Männer und Frauen in der Kreisstadt Rathenow im heutigen Brandenburg noch schneller als die Erfurterinnen waren. Sie hatten nur wenige Minuten früher die MfS-Kreisdienststelle, die SED-Kreisleitung und das Gebäude der Polizei blockiert, um den Abtransport von Unterlagen zu verhindern.

Die Nachricht von der Besetzung der Erfurter Stasi-Dienststelle verbreitete sich wie ein Lauffeuer. Noch am selben Abend folgten Aktionen in Leipzig, Suhl und Rostock, in den nächsten Tagen und Wochen in Chemnitz, Cottbus, Dresden, Frankfurt (Oder), Gera, Halle, Magdeburg, Neubrandenburg und Potsdam. Nicht zu vergessen die ungezählten Kreisstädte. Die Besetzer leiteten damit – noch völlig ungewiss über den Ausgang und die persönliche Gefahr – den endgültigen Niedergang des wichtigsten Machtinstruments der SED in die Wege. Den Schlusspunkt markierte am 15. Januar 1990 die Besetzung der Zentrale des MfS in Berlin-Lichtenberg. Die Fernsehbilder davon gingen um die Welt und erreichten vor allem die Wohnzimmer der DDR. Nun war es für alle sichtbar: Dieser Apparat hatte keine Macht mehr über die Menschen. Die endgültige Auflösung der Stasi-Zentrale unter ziviler Kontrolle begann, das Ende der Staatssicherheit war unumkehrbar geworden.

Nur einen Tag zuvor, am 14. Januar, bewegte ein anderes Ereignis unsere Gemüter: Die ostdeutschen Sozialdemokraten, die sich jetzt nicht mehr »SDP in der DDR«, sondern »SPD« nannten, erteilten dem bis dahin geplanten Wahlbündnis mit den anderen Bürgerbewegungen eine entschiedene Absage. Das nahmen wir ihnen übel, nicht nur, weil die neuen politischen Kräfte dadurch geschwächt würden. »Die Pfarrer und die Dichter wandeln sich zu Funktionären; wo sind eure Träume geblieben, Freunde? Eure Augen beginnen stumpf zu werden, eure Gesichter schlaff, ihr seid besoffen von der Macht, von der ihr kostet.« Das war nicht fair, was Konrad Weiß von der Oppositionsgruppe »Demokratie Jetzt« dazu als Kommentar in der *taz* vom 15. Januar 1990 veröffentlichte. Dennoch hätten es viele von uns unterschrieben, enttäuscht – nicht nur politisch, auch persönlich. Markus Meckel, Stephan Hilsberg, der später als eifriger IM enttarnte Ibrahim Böhme, Martin Gutzeit, Steffen Reiche – unsere langjährigen politischen Gefährten hatten sich von uns entfernt, gingen eigene Wege und wurden, wenn auch nicht zu Gegnern, so doch zu politischen Konkurrenten. Die SPD hatte – ebenso wie die Grüne Partei – am Runden Tisch mit dem Vorschlag, dass nur Parteien zur Volkskammerwahl antreten dürfen, sogar versucht, die Bürgerbewegungen davon auszuschließen. Sie konnten sich damit aber nicht durchsetzen.

Zwei Wochen später bestätigte sich unser Eindruck, dass die SPD fortan den Alleingang bevorzugte. Die wirtschaftliche Lage in der DDR spitzte sich zu, und der neue Ministerpräsident Hans Modrow versuchte, die Oppositionsgruppen in die politische Verantwortung einzubeziehen. Am 29. Januar verhandelten Regierung und Opposition im Hotel Johannishof in einer eigens zu diesem Zweck einberufenen Sitzung, an der Gerd Poppe und ich für die IFM teilnahmen, über die Bildung einer »Regierung der nationalen Verantwortung«. Mit dieser sollte die Zeit bis zum 6. Mai, dem geplanten Termin für die ersten freien Wahlen, überbrückt werden. Da erhob sich plötzlich Ibrahim Böhme und brachte völlig überraschend den 18. März als neuen Wahltermin ins Gespräch, so, als sei ihm diese Idee gerade erst gekommen. Gerüchten zufolge gab es zuvor allerdings Absprachen. Nach einigem Hin und Her unterstützten zuerst die PDS, dann auch die CDU den Vorschlag. Als dieser frühe Wahltermin kurz darauf am Runden Tisch beschlossen wurde, waren die Vertreter der Bürgerbewegungen hoffnungslos in der Minderheit. Das Bündnis der neuen politischen Kräfte war endgültig zerbrochen. Dass es bei diesem Vorschlag nicht nur um die Lage im Lande ging, sondern auch darum, welcher Termin wessen Wahlchancen erhöhte oder verringerte, war allzu offensichtlich.

Bis zur Wahl waren es also nur noch sieben Wochen. Diese unterschieden sich in fast jeder Hinsicht von allem, was ich später als Wahlkampf kennenlernte. Das ging mit der Kandidatenaufstellung los. Unter normalen Bedingungen ist dies zumeist der härteste Teil der Vorbereitungen: Da werden Bündnisse geschlossen, parteiinterne Intrigen gesponnen und Freundschaften aufgekündigt, weil der eine sich auf Kosten des anderen in Stellung bringt. Bei uns war das anders. Anfang Februar saßen wir im Haus der Demokratie und handelten aus, wer von uns auf welcher der fünfzehn Bezirkslisten – Bundesländer gab es ja noch nicht – antreten sollte. Zwar bestand das ursprünglich breite Wahlbündnis aller Oppositionsgruppen vom Oktober 1989 nicht mehr, immerhin existierte aber die bereits erwähnte Listenverbindung aus der »Initiative Frieden und Menschenrechte«, dem »Neuen Forum« und »Demokratie Jetzt«, die im Wahlkampf den Namen »Bündnis 90« erhielt. Eineinhalb Jahre später, im September 1991, sollte aus diesem Wahlbündnis eine gemeinsame Partei werden.

Dass die Nominierung für die Volkskammerwahlen für manche von uns der Beginn einer politischen Karriere sein würde, war wohl den wenigsten bewusst. Für die meisten war die Kandidatur eher ein logischer nächster Schritt, der dem Engagement der zurückliegenden Monate folgte: Wer A sagt, muss auch B sagen. Kaum einer von uns wäre allerdings auf die Idee gekommen, von sich aus die Hand zu heben und womöglich gegen jemand anderen einen Listenplatz zu beanspruchen. Das gehörte sich einfach nicht. Anstatt uns also zu bewerben, ließen wir uns fragen, machten womöglich Gegenvorschläge und zierten uns ein bisschen.

Später habe ich diese Zurückhaltung, der auch ein wenig künstliche Bescheidenheit anhaftete, immer wieder beobachten können. Ähnlich der Haltung, die Frauen seit Jahrhunderten antrainiert worden war, war sie ein Stück ostdeutscher Kultur und nun oft ein handfester Wettbewerbsnachteil, wenn es um politische Ämter oder Stellenbesetzungen ging, ein Nachteil, der sich gelegentlich auch heute noch bemerkbar macht. Den meisten von uns war es anerzogen worden, sich nicht vorzudrängeln und nicht auf sich aufmerksam zu machen. Natürlich gab es trotzdem Konkurrenz und Ehrgeiz, aber beides wurde unterdrückt oder getarnt. Für uns aus der Opposition kam noch hinzu, dass bis dahin kein Anlass bestanden hatte, sich um ein Mandat oder ein Amt zu bewerben. Und so war die im Osten weitverbreitete und keineswegs immer echte Zurückhaltung in zweierlei Hinsicht Produkt einer Diktatur: zum einen verursacht durch einen seit Jahrzehnten propagierten ideologischen Gleichheitsanspruch und zum anderen durch die in der Opposition herrschende Kultur, in der jede und jeder Einzelne für sich stand und wo es allenfalls informelle Hierarchien und Konkurrenzen gab. Noch heute gilt es manchen aus unserem Milieu als verdächtig oder gar lächerlich, wenn jemand »sich gut verkauft«, wie man so sagt. »Wissen Sie, warum die im Westen dreizehn Jahre für das Abitur brauchen und wir hier nur zwölf?«, krähte Brandenburgs Sozialministerin Regine Hildebrandt ein Jahr später vergnügt und lieferte auch gleich die Antwort: »Na, weil bei denen da drüben ein Jahr Schauspielunterricht dabei ist!«

Auch ich zierte mich eine Weile, wobei hinter meiner Bescheidenheitsgeste wohl auch die Angst steckte, nicht gut genug zu sein. Da war sie also wieder, jene vertraute Stimme, die mir zuflüsterte: Das schaffst du nicht, du wirst dich blamieren, Finger weg, Hochmut kommt vor dem Fall. Sie übertönte die anderen, kühneren Gedanken: Sag ja! Das wird spannend! Siehst du hier eine, die es besser kann? Also los! Es war Werner Fischer, der mich in langen Gesprächen umstimmte, und ich bin ihm nachträglich dankbar dafür.

Im Februar fanden Werner und ich, dass wir uns eine Pause gönnen sollten. Wir packten unsere Sachen und fuhren mit dem Auto Richtung Westen, auf dem Rücksitz Werners Tochter Johanna und meine Tochter Eva. Dass wir mit dem Auto fuhren, war Luxus. Zwar hatten wir vorsorglich Benzinkanister im Kofferraum, dennoch verbrauchten wir unsere bescheidene Westgeld-Kasse nahezu ausschließlich an Tankstellen und starrten jedes Mal traurig auf die Anzeige an der Zapfsäule. In Köln besuchten wir Karl-Wilhelm Fricke, der als Journalist und Publizist über Jahrzehnte so gründlich und unbeirrt wie niemand sonst über die DDR berichtet hatte. 1955 war er in West-Berlin in eine Falle gelockt, betäubt, in die DDR entführt und dort zu vier Jahren Haft verurteilt worden. Niemals aber hatte ihm dieses persönliche Schicksal den nüchternen Blick auf die Tatsachen verstellt, und immer konnten sich Menschen, die in der DDR aus politischen Gründen verfolgt wurden, auf seine Solidarität verlassen. In Bonn trafen wir Petra Kelly, Gert Bastian, Heinz Suhr, den Pressesprecher der Grünen, und Lukas Beckmann – allesamt Grüne, die seit Jahren in intensivem Kontakt zur DDR-Opposition gestanden hatten. Mit Lukas Beckmann und Ulrike Poppe, die ebenfalls gerade in Bonn weilte, diskutierten wir eine halbe Nacht lang, ob man die Stasi-Akten erhalten oder vernichten solle. So mancher aus der früheren Opposition fürchtete zu dieser Zeit noch, dass die Akten – immerhin aufgezeichnet und zusammengetragen von Verbrechern – mehr Schaden anrichten als nützen würden und dass es nicht vertretbar sei, die sehr persönlichen Informationen aufzubewahren, die zumeist unter Verletzung der Menschenrechte gesammelt worden waren. Würde dies nicht die Macht der Staatssicherheit über uns weiter verlängern? Ich war noch unentschieden damals, ebenso wie Werner. Ulrike vertrat dagegen klar und hellsichtig die Position, dass alles aufbewahrt werden müsse. Die folgenden Jahrzehnte sollten ihr recht geben.

Die letzte Station auf unserer Reise waren Birgit und Hans-Joachim Voigt in Karlsruhe. Insbesondere Birgit hatte in den Jahren zuvor intensiv Oppositionelle in der DDR unterstützt und stets Kontakt zu ihnen gehalten, weshalb sie seit 1985 nicht in die DDR einreisen durfte. Sie gehörte den Grünen an und wurde für ihr Engagement von den Parteifreunden oft angefeindet. Als Werner gemeinsam mit Bärbel Bohley 1988 in den Westen abgeschoben worden war, hatten die Voigts ihnen ein Zuhause gegeben.

Wie könnt ihr gerade jetzt in den Urlaub fahren?, wurde uns in einem aufgeregten Telefonat aus Berlin signalisiert. Gemächlich und ohne schlechtes Gewissen fuhren wir zurück. Wer von uns wusste schon, was es bedeutete, einen Wahlkampf zu führen, und was er uns abverlangen würde? Mit Kampf hatte das Ganze bei uns sowieso wenig zu tun. Nachträglich erstaunt und rührt es mich, wie friedfertig, sanft und naiv wir auftraten. Elisabeth Weber, eine Freundin aus Köln, beschrieb die zentrale Wahlkampfveranstaltung von Bündnis 90 für Berlin, die in der Gethsemanekirche stattfand, einige Jahre später so:

> Die Kirche ist überfüllt mit Menschen … Es ist ein großes Familientreffen der Opposition. Viele haben Tränen in den Augen: Wird es je wieder so sein? Zum letzten Mal die stille, leise Kultur der DDR-Opposition. Die einfache Sprache der Fürbittgebete: Ich zünde eine Kerze an und denke an meine Freundin, die Angst hat, morgen verhaftet zu werden. – Ich zünde eine Kerze an und denke an meinen Onkel, der bei der Stasi ist und nicht den Mut hat auszusteigen. – Ich denke an meine Freundin im Knast, die Angst um ihre Kinder hat. Wie wird es weitergehen? Die Kandidaten stellen sich noch einmal in dieser Sprache vor: Ich bin Physiker, sagt Sebastian Pflugbeil. Ich zweifle an allem. Nur in einem bin ich mir sicher. Dass die Atomkraftwerke gefährlich sind. Diese Sprache ist jetzt nicht mehr nötig. Aber wie schön ist sie.

Ja, schön war sie, aber auch die Sprache einer untergegangenen Welt, einer Kultur der Ohnmacht. Diese Ohnmacht hatten wir uns nicht ausgesucht, sie war uns aufgezwungen worden. Wir hatten voneinander und miteinander gelernt, sie anzunehmen und in Würde damit zu leben, weil wir fürchteten, andernfalls korrumpiert oder aus dem Land getrieben zu werden oder zu verzweifeln. Zu dieser Würde der Ohnmacht gehörten die einfache, eindeutige Rede wie auch der Verzicht auf Selbstdarstellung. Doch unmerklich war unsere Machtlosigkeit selbst zur Tugend geworden, wir hatten uns darin eingerichtet – anders ist es nicht zu erklären, dass es gleich auf der Titelseite der Wahlkampfzeitung von Bündnis 90 hieß: »Wir wollen nicht die Macht, sondern Mitverantwortung.«

Eine politische Kraft, die um Wählerstimmen wirbt, indem sie zuallererst auf Macht verzichtet, hat es schwer im Wahlkampf. Erst recht, wenn die anderen Parteien ihr Wahlkampfmanagement längst den erfahrenen Helfern aus dem Westen überlassen haben. Allein die CDU soll zwanzig Millionen Flugblätter, zwei Millionen Aufkleber (»Wir sind ein Volk«) und eine halbe Million Plakate (»Nie wieder Sozialismus«) beigesteuert haben. Die Redner der Westparteien waren auch die Hauptattraktionen der großen Wahlkampfveranstaltungen. Von den Plakaten lächelten Helmut Kohl, Willy Brandt und Hans-Dietrich Genscher herab, personifizierte Hoffnungen auf ein besseres Leben. Abgesehen davon, dass es unserem Selbstverständnis widersprach, jemanden von den Westgrünen auf unseren Veranstaltungen auftreten zu lassen, gab es dort wohl auch niemanden, mit dem man im Osten hätte Stimmen gewinnen können.

Unsere Hoffnung auf ein respektables Wahlergebnis war in den vergangenen Wochen Zweifeln gewichen, zu deutlich waren die Signale gewesen, die wir während der oft nur mäßig besuchten Veranstaltungen von den freundlichen, aber nicht selten kopfschüttelnden Zuhörerinnen und Zuhörern erhalten hatten. Immer wieder hatte auch ich für einen sanfteren Weg in die Einheit geworben, für ein Aufeinanderzugehen auf Augenhöhe und mit genügend Zeit. Einmal war ein Mann aufgestanden und hatte mir mit freundlicher, fast flehender Stimme geantwortet: »Liebe Frau Birthler, wir haben ein vierzigjähriges Experiment hinter uns, jetzt wollen wir keine Experimente mehr. Wir wissen doch, dass im Westen nicht alles Gold ist, was glänzt, aber er funktioniert, und deshalb wollen wir ihn, und zwar so schnell wie möglich.«

Nun, am Abend des 18. März, warteten wir schließlich im Haus der Demokratie auf die Wahlergebnisse. Die erste Hochrechnung unterbot unsere ohnehin schon gedämpften Erwartungen. Magere 2,9 Prozent erreichte das Bündnis 90 im Landesdurchschnitt. In Berlin waren es immerhin 6,3 Prozent, aber das änderte nichts daran, dass wir enttäuscht waren und das Ergebnis als ungerecht empfanden. Das bekamen auch alle zu hören, die es wissen wollten. »Die Revolution hat ihre Kinder entlassen«, fasste Stephan Bickhardt von »Demokratie Jetzt« das Wahlergebnis zusammen, und mich zitierte die *taz* mit dem Kommentar: »Jetzt ist Kohl unser Chef.«

Trotz dieser Niederlage war ich aber nicht nur traurig. In einer Ecke meines Herzens regte sich auch Freude und Genugtuung. Wir waren ja nicht nur Verlierer! Wir waren freie Menschen in einem freien Land! In wenigen Tagen würde sich ein demokratisch gewähltes Parlament konstituieren, und ich würde als Abgeordnete alles tun, um den begonnenen Reformprozess fortzusetzen und einen würdevollen Weg in die Einheit zu ermöglichen.

Als sich die gewählten Abgeordneten dann am Morgen des 5. April vor der Konstituierung der Volkskammer in der Gethsemanekirche zu einem ökumenischen Gottesdienst versammelten, konnte mir nicht mal die Tatsache die Laune verderben, dass sich auch Abgeordnete auf den Kirchenbänken niederließen, die zuvor einen großen Bogen um jedes Gotteshaus, erst recht um die Gethsemanekirche, gemacht hatten. An diesem Morgen war ich eine ziemlich glückliche Verliererin.

Mehr Symbolik ging nicht: Die Arbeitsräume der frisch gewählten Abgeordneten befanden sich in einem großen Gebäude am Werderschen Markt in Berlin-Mitte, das dreißig Jahre lang der Sitz des Zentralkomitees der SED und damit das Machtzentrum der SED-Diktatur gewesen war. An seiner Vorderseite leuchtete nun weithin sichtbar eine helle Stelle: Zwei Monate zuvor hatten Bauarbeiter dort das fünf Meter große Symbol der SED abmontiert.

In den ersten Wochen teilte ich mir mit Gerd Poppe ein Büro – zusammen mit unseren Mitarbeiterinnen. Ich hatte Gudrun Frenzel und meine langjährige Freundin Anne Liepe angeheuert. Der große Raum war früher vom Leibarzt des Politbüros genutzt worden – nur wenige Schritte von dem Saal entfernt, in dem wöchentlich das Politbüro der SED getagt hatte. Angesichts des Alters mancher Mitglieder war stets mit dem Schlimmsten zu rechnen gewesen.

Die Arbeit der 1990 gewählten Volkskammer ist gut dokumentiert, es gibt eine mehrbändige Edition aller Wortprotokolle, und der Deutsche Bundestag hat die Videos fast aller Plenarsitzungen ins Netz gestellt. Sie wurden damals in voller Länge vom Fernsehen der DDR aufgenommen und ausgestrahlt – die Einschaltquoten waren hoch. Ich habe mir die Aufnahmen noch einmal angesehen, um nachempfinden zu können, wie es war, wie ich war, wie mir war. Später habe ich diese sechs Monate der Volkskammer immer wieder als einen erfüllten und glücklichen Lebensabschnitt beschrieben. Wir hatten so viel erreicht, wir waren frei, wir waren Akteure einer Zeit, die als eine der glücklichsten in die deutsche Geschichte eingehen würde, der Zeit zwischen einer erfolgreichen, demokratischen Revolution und der Herstellung der deutschen Einheit. Ich schaue der Zweiundvierzigjährigen mit halblangen blonden Haaren und Nickelbrille zu, wie sie zum Rednerpult geht, zumeist mit einer ihrer viel zu großen Blusen bekleidet, oft ein Tuch um den Hals. Ihrer selbst ist sie sich nicht ganz sicher, umso mehr aber dessen, worüber sie spricht – es ist das, wovon sie zutiefst überzeugt ist. Sie redet ernsthaft, manchmal beschwörend, hier und da etwas selbstgerecht.

Da steht keine strahlende Frau, keine siegreiche Revolutionärin am Rednerpult. Ich erinnere mich, wie angestrengt ich davon war, gegen die eigene Unsicherheit anzukämpfen. Und wie peinlich mir die CDU-Blockflöten erschienen, die noch vor wenigen Monaten vor den SED-Funktionären gekuscht hatten, nun plötzlich leidenschaftliche Anhänger von Helmut Kohl geworden waren und laut die freie Marktwirtschaft predigten, von der sie noch nicht viel verstanden. Wie enttäuscht ich von einigen langjährigen Freunden war, die nun rechts neben uns in der SPD-Fraktion saßen und – je nach Temperament und Charakter – überheblich oder schuldbewusst gegen ihre Überzeugung abstimmten, die sie eben in der Raucherecke im Treppenhaus noch von sich gegeben hatten. Wie mich die Versuche Gysis und seiner PDS-Truppe anwiderten, sich mit uns in der Opposition zu verbünden – nicht ohne uns spüren zu lassen, dass sie dreimal so viele Wählerstimmen auf sich hatten vereinigen können wie wir. Gysi wagte es tatsächlich, mehrere von uns, auch mich, zur Seite zu nehmen und in vertraulichem Ton aussichtsreiche Plätze auf den

Landeslisten für die ersten gesamtdeutschen Bundestagswahlen anzubieten. Petra Kelly und Bärbel Bohley erzählten später, dass er es auch bei ihnen versucht habe.

Es hätte mich nur verwirrt und gelähmt, Enttäuschungen, Kränkungen und Zorn an mich heranzulassen – ich war schon immer gut darin, derartige Störungen auszublenden, wenn es Wichtigeres zu tun gab. Außerdem war es ja auch eine aufregende Zeit voller Entdeckungen und neuer Erfahrungen. Eine davon war, zum ersten Mal in meinem Leben an einem Computer zu sitzen. Es war Liebe auf den ersten Blick, und sie hält bis heute an.

Unsere Fraktion zählte zwanzig Abgeordnete, zwölf vom Bündnis 90 und acht von den Grünen. Gerd Poppe, Wolfgang Ullmann, Konrad Weiß, Werner Schulz, Jens Reich und Vera Wollenberger kannte ich aus der Berliner Opposition, andere von gelegentlichen überregionalen Treffen von Basisgruppen oder aus dem Wahlkampf: Joachim Gauck aus Rostock, Matthias Platzeck aus Potsdam, Günter Nooke aus Forst, Hans-Jochen Tschiche und Ernst Dörfler aus Magdeburg sowie Christine Grabe aus Erfurt. Wir konstituierten uns als Fraktion; Jens Reich, Vera Wollenberger und ich wurden als Sprecher und Sprecherinnen gewählt, Matthias Platzeck zum Fraktionsgeschäftsführer, Wolfgang Ullmann nominierten wir als Vizepräsidenten der Volkskammer. Wir stellten Mitarbeiterinnen und Mitarbeiter ein, darunter Ulrike Poppe, Reinhard Weißhuhn und Wolfgang Templin. Von nun an mussten es unsere Freundschaften aushalten, dass wir uns in Strukturen und Hierarchien bewegten, dass die einen die Vorgesetzten der anderen waren, dass die einen in der Öffentlichkeit standen und die anderen ihnen zuarbeiteten. Das spielte im Sommer 1990 noch keine Rolle, wir hatten noch kein Gefühl dafür, was diese Unterschiede bedeuteten, und fühlten uns als Gleiche unter Gleichen. Als im Juli unsere Abgeordnetenbezüge erstmals in D-Mark überwiesen wurden, erschraken wir. Nun ja, wir hatten zwar gegen die schnelle Währungsunion gestimmt, aber so viel hatte bis dahin niemand von uns verdient, und dann noch in Westgeld! Das war schon toll, aber war es nicht auch ungerecht? Andere verloren ihren Job, und wir kassierten ab? War es überhaupt in Ordnung, Geld dafür zu nehmen, dass wir Politik machten? Noch nie hatte jemand von uns darüber nachgedacht, dass politische Arbeit auch einen Geldwert haben könnte, viele von uns hatten sie sogar teuer bezahlt. Abgeordnete der Volkskammer zu sein – das war für uns eher so etwas wie die Verlängerung unseres bisherigen politischen Engagements. Wir waren noch weit davon entfernt, uns als Berufspolitiker zu sehen.

Der 1. Juli 1990 war der Tag der Währungsunion, und trotz vieler Warnungen vor den wirtschaftlichen und finanzpolitischen Verwerfungen, die diese schnelle Einführung der D-Mark nach sich ziehen würde, war sie aus verständlichen Gründen von den meisten Menschen sehnsüchtig erwartet worden. Endlich würden sie ihre Gehälter in Westgeld bekommen, endlich nicht mehr angewiesen sein auf Geschenke oder darauf, ihr Geld zu schwindelerregenden Kursen umtauschen zu müssen. Fast alle erinnern sich daran, was sie damals mit ihren ersten D-Mark kauften. Bei mir war es ein langer schwarzer Ledermantel, den ich bis heute besitze. Werner und ich liefen am Vorabend neugierig über den Alexanderplatz, wo sich eine Menschenmenge eingefunden hatte, um auf die Öffnung der Deutschen Bank zu warten, die für Mitternacht angekündigt war. Die Stimmung war laut, aufgeheizt und aggressiv, und wir wandten uns schließlich ab, um zur Bernauer Straße zu fahren, denn dies war ja auch die Nacht, in der die Grenzkontrollen endgültig eingestellt wurden.

Nach dem Lärm auf dem Alexanderplatz umgab uns plötzlich Stille. Weit und breit war kein Mensch zu sehen, und wir standen mitten auf dem Todesstreifen, dort, wo die Häuserwände auf der südlichen Straßenseite einst die Grenze gebildet und wo sich nach dem Bau der Mauer erschütternde Szenen abgespielt hatten. Von hier stammen die Bilder, die später zu Ikonen wurden. Hier hatten sich Menschen an Seilen aus den Fenstern in den Westen herabgelassen, waren unter Lebensgefahr Tunnel gegraben worden, um Freunden und Angehörigen zur Flucht zu verhelfen, hier waren Menschen gefangen genommen oder getötet worden. »Das glaub ich alles nicht«, sagte Werner. »Ich auch nicht«, sagte ich, »ist aber wahr.« Und dann tanzten wir beide den Kolonnenweg entlang. Heute, fast ein Vierteljahrhundert später, wohne ich nur ein paar hundert Meter von dieser Stelle entfernt. Und wenn ich auf dem Weg zum Bahnhof Gesundbrunnen oder zum Trödelmarkt am Mauerpark die Bernauer Straße überquere, fällt mir fast immer die Nacht zum 1. Juli 1990 ein, in der wir das Ende der deutsch-deutschen Grenze feierten.

Die Erwartungen, die die Bevölkerung an das Parlament und die Regierung richtete, waren hoch. Die Übergangssituation hatte Verunsicherung und auch rechtsfreie Räume entstehen lassen, und die Hinterlassenschaften der Diktatur forderten schnelle Entscheidungen und Maßnahmen. Zahlreiche Gesetze, Verordnungen und Strukturen, die im Widerspruch zu demokratischen Prinzipien standen, mussten außer Kraft gesetzt oder modifiziert werden. Die Tagesordnungen der Volkskammer spiegelten den hohen Druck. In schneller Folge war von der finanziellen und sozialen Absicherung von Studenten die Rede, vom Schutz des Inlandmarktes, der Situation der Ausländer, von der Versorgung der Bevölkerung mit Waren des täglichen Bedarfs, von Arbeitsplätzen für Sonderschulabgänger, der Absicherung der Schulspeisung, vom Passgesetz und von rentenrechtlichen Bestimmungen. Per Gesetz wurde die Versorgungsordnung des früheren Ministeriums für Staatssicherheit aufgehoben und eine Regierungskommission gebildet, die sich mit den Vermögenswerten der Parteien und Massenorganisationen befasste. Die Legislaturperioden der Bezirkstage wurden beendet, das Schornsteinfegergesetz der Bundesrepublik eingeführt und Agrarstrukturen geändert.

In den ersten Wochen versuchte ich, die zahlreichen Vorlagen wenigstens alle zu lesen und wenn möglich zu verstehen. Wahrscheinlich gab es noch nie in einem deutschen Parlament im 20. Jahrhundert so viele Abgeordnete, die sich derart konzentriert über die vor ihnen liegenden Papierstapel beugten, wie wir es in der Volkskammer taten. Wir wollten verstehen, was wir da beschlossen. Dafür, dass wir die Geschicke des Landes kenntnisreich und verantwortlich mitgestalteten, waren wir schließlich gewählt worden. Und erst recht als Opposition wollten wir weder blind den Mehrheiten folgen noch alle Vorschläge der Koalitionsfraktionen abschmettern. Wir blieben notgedrungen hinter dem zurück, was wir von uns selbst erwarteten, waren oft überfordert, und unser Einfluss war äußerst begrenzt.

Die alles überragenden Fragen waren die nach der Einheit, dem Zeitpunkt dafür und dem Vertrag, der sie regelte. Leider lag die Verhandlungsführung seitens der DDR nicht in den besten Händen. Lothar de Maizière, der als Ministerpräsident weder über nennenswertes Charisma noch über Autorität verfügte, hatte ausgerechnet Günter Krause zum Chefunterhändler des Einigungsvertrages ernannt – einen Mann, der viele Jahre Mitglied der Blockpartei CDU gewesen war und der später wegen Betrugs, Untreue und Steuerhinterziehung rechtskräftig verurteilt werden sollte. Zwei Männer, die es den selbstbewussten und erfahrenen Unterhändlern der Bundesregierung nicht schwermachten. Für den größeren Teil der Menschen in der DDR, die der »Allianz für Deutschland« ihre Stimme gegeben hatten, war es allerdings nicht von Bedeutung, wer auf Seiten der DDR ihre Interessen vertrat. Sie hatten ohnehin nicht de Maizière und Krause, sondern Kohl, Waigel, Rühe und Schäuble gewählt, und von ihrer Regierung erwarteten sie vor allem, dass sie der Bundesregierung willig folgte und einfach nur alle Steine auf dem Weg in die deutsche Einheit beiseiteräumte – und zwar so schnell wie möglich.

Wenn der Prozess der deutschen Einheit heute zu Recht als Erfolgsgeschichte gilt, so ist dies nicht der kraftlosen DDR-Führung anzurechnen, sondern der Bundesregierung unter Helmut Kohl. Das gilt freilich auch für die Schwächen des Vertrages, zu denen die unbefriedigenden Regelungen von Eigentumsfragen und die Finanzierung der deutschen Einheit zählen. Es rührt mich, nachträglich zu lesen, wie ernsthaft wir in unseren Beiträgen auch dann noch an Vernunft und Einsehen unserer Parlamentskollegen appellierten, wenn die Entscheidungen längst gefallen waren. Dabei waren wir mit unseren Argumenten zwar keineswegs immer im Recht, machten manchmal aber auf Probleme aufmerksam, die sich in den folgenden Jahren bestätigen sollten: In meiner ersten Rede, in der ich für die Fraktion auf die Regierungserklärung des Ministerpräsidenten antwortete, wies ich auf mögliche Folgeschäden hin, die der als Entwurf bereits vorliegende Einheitsvertrag für die Ostdeutschen nach sich ziehen würde: »Herr Ministerpräsident, Sie haben davon gesprochen, wie wichtig es ist, zu vermeiden, dass die DDR-Bürger in dem Gefühl leben, zweitklassige Bundesbürger zu sein … Diese Zweitklassigkeit droht ja nicht nur angesichts wirtschaftlicher und finanzieller Defizite, sondern weil die Konditionen der Vereinigung uns zu Hinzugekommenen, Aufgenommenen machen. Hier liegt eins von vielen Risiken der Anwendung des Artikels 23.« Ich bin nicht stolz darauf, zusammen mit meinen politischen Weggefährten recht behalten zu haben. Allerdings erscheint es mir heute zweifelhaft, ob die von mir angesprochenen mentalen Folgen des Einheitsprozesses, die langandauernde Fremdheit zwischen West und Ost und das bis heute spürbare Gefälle bei den Lebensverhältnissen überhaupt hätten vermieden werden können. Zu verschieden waren die beiden Teile Deutschlands und zu groß der Entwicklungsrückstand der DDR.

Das Jahr 1990 hielt eine wichtige Lektion für mich und meine politischen Freundinnen und Freunde bereit: Demokratie hieß auch zu akzeptieren, sich geirrt zu haben oder sich mit seiner Meinung nicht durchsetzen zu können. Diese banale Feststellung verstand sich nicht von selbst. Wir waren es gewohnt, gegen eine übermächtige Mehrheit im Recht zu sein und uns nicht dadurch irritieren zu lassen, dass wir eine kleine Minderheit waren. Niemand von uns hatte je um Stimmen für die eigene Meinung werben müssen. Was für uns zählte, waren Klarheit und Mut – und nicht die Mehrheitsmeinung.

Doch ab und zu konnten in der Volkskammer auch die Initiativen einer kleinen Minderheit viel bewirken. Schon in der zweiten Sitzung des Parlaments am 12. April wurde einstimmig eine Erklärung beschlossen, die auf die Initiative von Konrad Weiß zurückging und mit der sich die Abgeordneten zur Verantwortung vor der Geschichte bekannten. Darin wurde an erster Stelle das unermessliche Leid benannt, dass Deutsche in der Zeit des Nationalsozialismus anderen Völkern, den europäischen Juden, den Sinti und Roma und insbesondere dem sowjetischen Volk zugefügt haben. Als Konsequenz der Erklärung, die auch die »Heuchelei und Feindseligkeit der offiziellen DDR-Politik gegenüber Israel« und die Niederschlagung des Prager Frühlings verurteilte, bekannte sich die Volkskammer zum Schutz und zur Förderung jüdischen Lebens in Deutschland, zur Freundschaft gegenüber Israel und zur Unverletzbarkeit der Oder-Neiße-Grenze. Diese Erklärung war mehr als ein geschichts- oder außenpolitisches Signal. Sie brachte vor allem zum Ausdruck, dass die Ostdeutschen mit ihrer Freiheit auch ihre historische Verantwortung annahmen – eine Verantwortung, der sich die DDR stets entzogen hatte.

In einer kleinen Fraktion wie der unseren gab es keine Hinterbänkler. Jeder und jede von uns musste sich mit einer ganzen Reihe politischer Themenfelder beschäftigen. Ich hätte sehr gern im Ausschuss für Jugend und Bildung mitgearbeitet, aber dahin wollte mein sächsischer Fraktionskollege Rainer Pietsch, also ging ich in den Ausschuss für Arbeit und Soziales. Zusammen mit meiner Rolle als Fraktionssprecherin war das ein ziemlich anspruchsvolles Programm. An einem Tag musste ich für die

Fraktion auf die Regierungserklärung des Ministerpräsidenten antworten, am nächsten vertiefte ich mich in das Thema Ehegattensplitting, von dem ich noch nie zuvor etwas gehört hatte, oder in die komplizierten Fragen der Rentenüberleitung. Ich machte mich darüber lustig, dass wir uns anschickten, zusammen mit dem gesamten Bürgerlichen Gesetzbuch auch den Paragraphen 1300 BGB in Kraft zu setzen, den sogenannten Kranzgeld-Paragraphen. Er regelte die materiellen Ansprüche unbescholtener Frauen, die ihrem Verlobten die »Beiwohnung« gestattet hatten und dann von ihm verlassen wurden – immer noch geltendes Recht in der Bundesrepublik Deutschland, erst Anfang der neunziger Jahre sollte dieser Paragraph schließlich gestrichen werden. In der Debatte über das Wahlrecht stritt ich mit Wolfgang Thierse wegen der Fünfprozentklausel, die ich undemokratisch fand. Und ich hielt eine flammende Rede gegen den Paragraphen 175, der Schwule diskriminierte und kriminalisierte. Als ich anfing zu reden, verließ eine größere Anzahl Abgeordneter der CDU den Plenarsaal. Dafür freuten sich auf der Tribüne zahlreiche Gäste aus der Schwulenszene über meine deutlichen Worte – ich erfuhr erst hinterher, dass das Thema noch nie in einem deutschen Parlament verhandelt worden war. Der Paragraph 175, den es in der DDR schon nicht mehr gegeben hatte, wurde in der Bundesrepublik erst 1994 außer Kraft gesetzt, aber die Volkskammer-Debatte nahm vorweg, was erst später politische Wirklichkeit werden sollte: die Möglichkeit anerkannter homosexueller Lebenspartnerschaften und deren Recht, Kinder zu adoptieren. Nicht zuletzt kämpfte ich dafür, dass die Verantwortung für die Stasi-Unterlagen künftig bei den neuen Ländern statt beim Bundesinnenministerium lag – Jahre später sollte ich froh sein, dass die Entscheidung anders ausgefallen war: Ob die Akten zum Beispiel unter einem Ministerpräsidenten Stolpe in Brandenburg offen geblieben wären, dürfte zumindest als fraglich gelten.

Wenige Tage vor dem Ende der DDR kam es zu einer Kontroverse zwischen Parlament und Regierung, bei der sich schließlich die Abgeordneten durchsetzten. Es ging um das Thema Staatssicherheit. Am 28. September, in der 37. Tagung der Volkskammer – derselben, in der Joachim Gauck seinen Bericht über die Auflösung des Ministeriums für Staatssicherheit bzw. des Amtes für Nationale Sicherheit ablieferte und zum Sonderbeauftragten für die Stasi-Unterlagen gewählt wurde –, stellte mein Fraktionskollege Peter Hildebrandt den Bericht des Überprüfungsausschusses vor. Das Parlament hatte bereits im April als öffentliches Zeichen der Glaubwürdigkeit die Stasi-Überprüfung der Abgeordneten und Regierungsmitglieder beschlossen. Am Ende einer langwierigen und sorgfältigen Einzelfallprüfung wurde festgestellt, dass von den Überprüften 56 Personen als IM geführt worden waren, neun Abgeordnete hatten sich der Überprüfung entzogen. Der Ausschuss empfahl in fünfzehn Fällen die sofortige Niederlegung des Mandats beziehungsweise den Rücktritt vom Amt. Namen wurden nicht genannt. Es folgte eine sehr emotional geführte Auseinandersetzung, in der ich für die Offenlegung warb, nicht ohne ausdrücklich die Namen zweier Fraktionskollegen zu nennen, die als IM geführt worden waren – wir hatten zuvor fraktionsintern und in großer Offenheit darüber diskutiert.

Während ich angesichts einiger meiner Volkskammer-Redebeiträge nachträglich eingestehen muss, mich geirrt zu haben, ist es hier anders. Diese Rede hätte ich auch viele Jahre später, als Bundesbeauftragte für die Stasi-Unterlagen, nicht anders gehalten:

> Muss man nicht befürchten, dass auf dem Namen einmal Genannter dauerhaft ein Schatten liegt? Kann dieser Schatten nicht schädlich für das Ansehen der Bürgerbewegungen sein? Geht man nicht erst recht in Wahlkampfzeiten sehr vorsichtig mit derartigen Informationen um? Und schließlich: Weiß man denn, was die Medien daraus machen? – Angst! Schon wieder soll Angst, dieses verfluchte Erbe der Staatssicherheit, unsere Entscheidungen beeinflussen. Wir haben Angst vor dieser Angst, dieser Angst, die uns lähmt und unsicher macht und korrumpierbar machen kann … Oder glaubt hier jemand, dass geflüsterte Namen und unausgesprochener Verdacht weniger schädlich sind als die offene Auseinandersetzung? Nur diese Offenheit, mit der die Volkskammer ein wichtiges Zeichen setzen könnte, macht es möglich, dass sich hierzulande ein Klima entwickeln kann, in dem auch ehemalige Täter über ihre Vergangenheit sprechen und damit einen Neuanfang wagen können … Ich bitte Sie im Namen meiner Fraktion sehr dringend, dafür zu stimmen, dass die Namen der am schwersten Belasteten öffentlich gemacht werden.

Die weitere Debatte verlief turbulent, unterbrochen durch mehrere Beratungspausen und einen Sitzstreik auf dem Fußboden vor dem Präsidium, mit dem wir die Nennung der Namen einforderten. Als diese auch durch Geschäftsordnungstricks nicht mehr aufzuhalten war, beantragte Günter Krause im Namen seiner Fraktion den Ausschluss der Öffentlichkeit, was wiederum dazu führte, dass einige Abgeordnete, solange die Kameras noch liefen, die Zeit für persönliche Erklärungen über ihre Stasi-Kontakte nutzten. Dann wurden Journalisten und Gäste aufgefordert, den Plenarsaal zu verlassen, Kameras und Mikrofone wurden abgeschaltet. Wir Abgeordneten waren unter uns.

Was innerhalb der darauffolgenden geschlossenen Sitzung passierte, ist im Protokoll nicht überliefert. Ich erinnere mich daran, dass der Streit noch heftiger als zuvor fortgesetzt wurde. Günter Krause, dessen Gesicht inzwischen eine grünliche Färbung angenommen hatte, ließ nun alle Beherrschung fahren, schrie herum und versuchte, Wolfgang Ullmann, der die Liste mit den Namen aus seiner Sakkotasche gezogen hatte und sich anschickte, sie zu verlesen, den Zettel zu entreißen. Vergebens. Die Namen wurden bekanntgegeben. Wie nicht anders zu erwarten, war die Liste außerdem längst einigen Medien zugesteckt worden. Es war eine Illusion zu meinen, Stasi-Belastungen von öffentlich bekannten Personen könnten auf Dauer geheim bleiben – das sollte die Zukunft uns noch des Öfteren lehren. Leider galt dies auch für ungerechtfertigte Vorwürfe. Später zeigte sich immer wieder, dass der beste Schutz vor falschen Beschuldigungen Transparenz und Ehrlichkeit waren.

Doch noch war ja nicht einmal sicher, dass die Akten der Staatssicherheit über den Tag der deutschen Einheit hinaus zugänglich bleiben würden. Die Pläne der Regierungen Kohl und de Maizière sahen anders aus, und erst nach einer zweiten Besetzung der Stasi-Zentrale – auf die ich später noch zurückkomme – und dem heftigen Protest der Abgeordneten war es entschieden: Die Akten würden offen bleiben.

Am 2. Oktober 1990 ging die Zeit der frei gewählten Volkskammer mit einer Festsitzung zu Ende. Jede Fraktion kam noch einmal zu Wort – für uns trat Jens Reich ans Mikrofon: »Meine Damen und Herren im Präsidium, sehr geehrte Damen und Herren Abgeordnete! Dieses Parlament löst sich jetzt gleich auf, und wir können uns selbst den Nachruf halten. Das ist ein seltenes Privileg für jemanden, der am Verbleichen ist.« Die Nachrufe fielen erwartungsgemäß unterschiedlich aus, enthielten Zuversicht und dunkle Prophezeiungen, Genugtuung und Kritik, Selbstzufriedenheit und Nachdenklichkeit. Das Schlusswort gehörte Sabine Bergmann-Pohl, der Präsidentin. Es war auf lange Zeit das letzte Mal, dass die zahlreich als Gäste anwesenden prominenten Politikerinnen und Politiker der Bundesrepublik ihren Landsleuten aus dem Osten eineinhalb Stunden lang wortlos, konzentriert und geduldig zuhörten.

12

Von Deutschland nach Deutschland

Deutschland, mein Deutschland ist wieder eins, nur ich bin noch zerrissen.

Wolf Biermann

Der Festakt im Schauspielhaus am Gendarmenmarkt am Vorabend der deutschen Einheit ist vorüber. Der größte Teil der Festgäste macht sich auf den Weg zum Reichstag, um dort auf das Ende des Tages und der DDR zu warten, aber ich gehe langsam allein nach Hause, von meinen Gefühlen hin und her gerissen. In wenigen Stunden wird es die DDR nicht mehr geben. Den Staat, in dem ich fast mein ganzes Leben verbracht habe. In dem ich erwachsen wurde, in dem ich gearbeitet und geliebt habe. In dem meine jetzt fast erwachsenen Kinder zur Welt gekommen und groß geworden sind. Der vorgab, es gut mit seinen Bürgern zu meinen, und sie dennoch eingesperrt hat. Der sie täglich belogen, gegängelt, entmündigt und, wenn sie nicht funktionierten, verfolgt und vertrieben hat. Ein Land, in dem das persönliche Wohlergehen davon abhing, wie gut man gelernt hatte, welche Grenzen und Regeln zu respektieren waren und welche man geschickt umgehen konnte. Das Land, in dem ich gelernt habe, mich anzupassen und zu widerstehen. Das Land, in dem Kinder daran gewöhnt waren, dass in der Schule andere Wahrheiten galten als zu Hause. Das Land, in dem einer dem anderen misstraute und in dem doch Freundschaften blühten. Ein Land, dessen Mangelwirtschaft uns zu Meistern der Improvisation werden ließ und in dem sich der Wert von Dingen daran maß, wie schwer oder leicht sie zu bekommen waren. Für das ich mich schämte, weil es so grau war, und das ich verteidigte, wenn Westbesucher es grau nannten. Das Land, das mir und meinen Freunden tagtäglich die Genugtuung verschafft hat, die Verlogenheit des politischen Systems zu durchschauen, es besser zu wissen und besser zu sein als die alten Männer im Politbüro und ihre zahllosen Anhänger und Helfershelfer. Das Land, das mir vertraut war wie das Haus, in dem ein Mensch sein Leben verbracht hat. Kein schönes Gebäude, eher eine Bruchbude, aber mein Zuhause, mein Da-lebe-ich.

Ich laufe durch die Stadt und weiß, dass es dieses Haus morgen nicht mehr geben wird. Vielleicht beginne ich an diesem Abend zu erahnen, dass auch die täglichen Auseinandersetzungen und die steten Reibungen, das Zerren an den Fesseln, starke Bindungen erzeugen – Bindungen, die sich nicht über Nacht lösen. Alle weitere Erinnerung an diesen Abend ist aus meinem Gedächtnis verschwunden. Ich weiß nicht mehr, ob ich allein war oder zusammen mit meinen Kindern oder Freunden. Dem mitternächtlichen großen Spektakel am Reichstag blieb ich jedenfalls fern; erst später sah ich es mir im Fernsehen an, wahrscheinlich am nächsten Tag, dem Tag eins in meinem Leben als Bundesbürgerin.

Bundesbürgerinnen würden nun auch meine Töchter sein, die, wie sie später feststellten, Glück hatten: Sie waren jung genug, um die Chancen eines Lebens in Freiheit wahrzunehmen, und alt genug, um noch eigene Erinnerungen an das Leben in der DDR und die Revolution zu haben. Ihre ersten Reisen in den Westen unternahmen sie nur wenige Wochen nach dem Mauerfall, noch mit Ostgeld in der Tasche. Vor allem aber standen ihnen jetzt schulisch oder beruflich Wege offen, die zuvor verschlossen gewesen waren. Eva, die gerade die zehnte Klasse abgeschlossen und eine Ausbildung zur Krankenschwester begonnen hatte, meldete sich in einer Schule im Wedding an, um in drei Jahren gymnasialer Oberstufe das Abitur zu machen. Uta hatte gleichfalls beschlossen, nach dem Ende ihrer Berufsausbildung wieder zur Schule zu gehen und das Abitur nachzuholen. Anna hatte ihre Ausbildung zur Ergotherapeutin absolviert und war als Einzige meiner drei Töchter schon zu DDR-Zeiten berufstätig. Es dauerte nicht lange, bis sie sich einen neuen Arbeitsplatz suchte – in der Karl-Bonhoeffer-Klinik in Reinickendorf, also im früheren West-Berlin.

Wie meine Töchter die Zeitenwende erlebt haben, was sie in Aufregung versetzt und was sie geängstigt hat, welche Hoffnungen sie hatten und wovon sie enttäuscht waren – ich weiß nicht genug darüber, sie müssten es selbst erzählen. Aber ich habe den Eindruck, dass es ihnen nicht schwergefallen ist, sich zurechtzufinden. Immerhin blieb es ihnen erspart, mühsam den ideologischen Ballast der DDR abzuwerfen – der hatte auch in den DDR-Jahren keinen Besitz von ihnen ergriffen.

Ich selbst hatte längst Entscheidungen getroffen, wie mein künftiges Leben aussehen würde. Die Beschäftigung mit politischen und gesellschaftlichen Themen, die für mich in den zurückliegenden Jahren immer größere Bedeutung erlangt hatte, war nun auch außerhalb kirchlicher und privater Räume möglich – und nötig. Ich war eine von den vielen, die in den zurückliegenden Monaten an den Runden Tischen, in der Kommunalpolitik oder in der Volkskammer Verantwortung getragen hatten, und wie die meisten von ihnen wollte ich mich in einer Mischung aus Verantwortungsbewusstsein, Lust auf Politik und dem Reiz der neuen Herausforderungen nun auch künftig politisch betätigen.

Ich überlegte noch, was mich mehr lockte, ein Bundestagsmandat oder ein Sitz im Berliner Abgeordnetenhaus, da nahmen mich meine Fraktionskollegen Günter Nooke und Matthias Platzeck beiseite, um zu fragen, ob ich nicht mit ihnen zusammen am 14. Oktober, wenn nach vier Jahrzehnten zum ersten Mal wieder ein Brandenburger Landesparlament gewählt werden würde, auf der Liste des Bündnis 90 kandidieren wollte. Matthias Platzeck saß zwar für die Grüne Partei in der Volkskammer. Er rückte jedoch immer mehr von dem kleinen Häuflein Grüner ab, das sich in Brandenburg anschickte, einen Landesverband zu gründen, und unter dem Einfluss linker Fundis aus dem Westen eine ungute Entwicklung nahm. Mag sein, dass bei Matthias' Entscheidung auch der Einfluss von Günter Nooke eine Rolle spielte, der von Anfang an ein Zusammengehen mit den Grünen im Westen zu verhindern trachtete und damit wenige Jahre später sowohl das Bündnis 90 als auch die Grünen Brandenburgs für lange Zeit ins politische Abseits beförderte. Für Günter standen die Westgrünen viel zu weit links, und er suchte den engen Kontakt zur kleinen, vor allem in Bayern aktiven und eher rechts-konservativen Ökologisch-Demokratischen Partei.

Ich zögerte nicht lange. Das neue Bundesland Brandenburg fing gerade erst an, sich zu sortieren. Es gab kein Parlament, keine Regierung, keine Verwaltungen, keine Landesgesetze. Dies alles würde in den nächsten Monaten und Jahren entstehen, und ich könnte daran mitwirken. Im Bundestag und im Berliner Abgeordnetenhaus würde es dagegen vor allem darum gehen, die im Westen gewachsenen Strukturen, Gesetze und Verordnungen auf den Osten zu übertragen und das Zusammenwachsen des Ost- und des Westteils zu organisieren. Zweifellos eine wichtige und interessante Aufgabe, aber war es nicht unvergleichlich interessanter, etwas Neues aufzubauen? Ein Bundesland neu zu gründen? Regierungen würden kommen und gehen. Aber die in den nächsten Monaten in den östlichen Bundesländern entstehenden Strukturen, so viel hatte ich schon begriffen, würden zäh die künftigen politischen Wechsel überdauern – und äußerst wirksam sein.

Unmittelbar nach der Wahl in den Brandenburger Landtag am 14. Oktober fragte mich ein Journalist: »Frau Birthler, das ist nun innerhalb eines Jahres das dritte Parlament, dessen Mitglied Sie sind. Wie geht es mit Ihnen weiter?« Ich stutzte, aber der Mann hatte recht: Mit dem Ende der DDR am 3. Oktober 1990 hörte auch die Volkskammer auf zu existieren, gesamtdeutsche Wahlen fanden aber erst am 2. Dezember 1990 statt. Um zu vermeiden, dass die Ostdeutschen zwei Monate lang keine parlamentarische Vertretung besaßen, wurde für diese Zeit ein Drittel der Volkskammerabgeordneten in den Bundestag übernommen. Und so reiste ich als eine von 144 ehemaligen Volkskammerabgeordneten nach Bonn und bezog im Hochhaus im Tulpenfeld, dem Sitz der grünen Bundestagsfraktion, mein Vorstandszimmer – neben denen von Willi Hoss und Antje Vollmer. Die Abgeordneten der Grünen hatten es sich nicht nehmen lassen, sich in »Die Grünen/Bündnis 90-Fraktion« umzubenennen und mich als eine der Neulinge aus dem Osten in den Fraktionsvorstand zu wählen. Wenn diese Entscheidungen auch praktisch keine Relevanz hatten – in den letzten zwei Monaten vor einer Bundestagswahl passiert im Parlament nicht mehr viel –, waren sie doch als politisches Symbol sinnvoll und respektabel. Dies ist umso bemerkenswerter, als die Mehrheit der Westgrünen der deutschen Einheit recht skeptisch gegenüberstand. Ihr Wahlplakat zur Bundestagswahl 1990 mit dem Slogan »Alle reden von Deutschland. Wir reden vom Wetter« ist legendär und wurde zum Symbol für den damaligen Mainstream der Westgrünen – und dafür, dass sie den Wiedereinzug in den Bundestag verpassten.

Zwei Monate lang pendelte ich zwischen Bonn und Potsdam, wo inzwischen die Koalitionsverhandlungen zwischen SPD, FDP und dem Bündnis 90 begonnen hatten, und obwohl ich deswegen eher selten im Hochhaus im Tulpenfeld auftauchte, haben sich einige starke und durchaus widersprüchliche Eindrücke in mein Gedächtnis eingegraben.

Die Bundestagsfraktion der Grünen befand sich am Ende ihrer zweiten Legislaturperiode im Bundestag in einem erbarmungswürdigen Zustand, verursacht zum einen durch die politische Zerstrittenheit vor allem in deutschlandpolitischen Fragen, zum anderen durch ein ideologisch bedingtes, unreifes Verhältnis zur Macht und zu vernünftigen inneren Strukturen. Die Leidensbereitschaft derjenigen, die einst voller Begeisterung die ersten grünen Trampelpfade in der bundesdeutschen Politik angelegt hatten und sich nach den Wahlerfolgen in den Ländern und dem Einzug in den Bundestag 1983 um eine konstruktive ökologische und bürgerrechtliche Politik bemüht hatten, wurde immer wieder auf harte Proben gestellt. Wir, das kleine Häuflein Bürgerbewegter aus dem Osten, waren schockiert und fühlten uns, als wären wir unvermittelt auf einem fremden Stern gelandet. War das nun die wahre Innenansicht des bundesdeutschen Parlamentarismus?

Nie werde ich vergessen, wie sich Wolfgang Ullmann zum ersten Mal auf einer der Fraktionsversammlungen zu Wort meldete, was zunächst natürlich in der kämpferischen Debatte von niemandem bemerkt wurde. Die Lautstärke, die verbalen Attacken und das Hohngelächter, mit dem gegnerische Argumente bedacht wurden, gehörten hier offenkundig zum normalen Umgangston. Uns war das fremd. Wir waren es gewohnt, uns bei allen Meinungsverschiedenheiten um Gemeinsamkeit zu bemühen, mit der wir unserem mächtigen Gegner gegenübertraten. Wir wussten, welche Wirkung auch halblaute Äußerungen und manchmal auch ein Schweigen haben konnten, wir konnten zwischen den Zeilen lesen und verstanden uns auf Andeutungen. Im Hochhaus im Tulpenfeld dagegen, so kam es mir vor, ging es weniger um Verständigung, sondern vor allem darum, sich gegen die anderen durchzusetzen.

Wolfgang Ullmann wurde als Einziger gesiezt, damals auch noch von uns, seinen Gefährten aus der Bürgerbewegung. Er war Dozent für Kirchen- und Rechtsgeschichte und lehrte an kirchlichen Ausbildungsstätten, war älter als wir alle, trug Anzug und Krawatte und war aufgrund seiner Bildung und seiner tadellosen bürgerlichen Manieren eine Respektsperson. Irgendjemandem muss schließlich aufgefallen sein, dass er sich immer noch meldete, und man erteilte ihm das Wort. »Ich kann dem, was Sie gesagt haben, Frau Kollegin, im Großen und Ganzen zustimmen. Aber es gibt da einen Punkt, wo ich Ihnen nicht beipflichten kann. Wenn Sie erlauben, würde ich das gern erläutern ...« Die Überraschung war den Versammelten anzusehen, und für einen kurzen Moment wurde es still. Zwei Welten waren aufeinandergestoßen. Was für Töne!

Der Kontrast der Kulturen sollte uns noch lange zu schaffen machen, und er brauchte Vermittler. Zum Glück gab es diejenigen, die unseren Aufbruch im Osten mit großer Sympathie verfolgt hatten und uns seit Monaten nach Kräften unterstützten: zum Beispiel die schon erwähnte Elisabeth Weber aus Köln, eine hervorragend vernetzte Osteuropa-Expertin, die schon Anfang 1990, zur Zeit des Volkskammerwahlkampfs, auf eigenen Wunsch von der grünen Bundestagsfraktion nach Berlin abgeordnet worden war. Sie hatte die Aufgabe, von ihrem eigens dafür eingerichteten Büro im Reichstagsgebäude aus die Kommunikation mit dem Bündnis 90 zu organisieren. Tatsächlich war sie unentwegt als Übersetzerin zwischen Ost und West unterwegs. Ihre Aufmerksamkeit und ihr analytischer Verstand machten sie schnell zu einer exzellenten Kennerin der unübersichtlichen und in Transformation befindlichen ehemaligen Bürgerbewegung. War sie zurück in Bonn oder in ihrem Wohnort Köln – wo sie sich, wie sie uns später gestand, gelegentlich von uns erholte –, erklärte sie ihren Fraktionskollegen und allen, die es sonst noch interessierte, den Osten im Allgemeinen und die Bürgerbewegungen im Besonderen. Und dann wanderte sie wieder durch unsere Räume im Berliner Haus der Demokratie, suchte das Gespräch, saß dabei, wenn wir uns berieten, teilte ihre Beobachtungen mit oder stellte Fragen. Etwa, warum wir kaum Zeitungen läsen – in ihren Augen ein unverzichtbares Bedürfnis eines politisch denkenden Menschen. Sie fand heraus, dass wir im Osten gelernt hatten, auf die Nachrichtenmedien des Westens zu vertrauen, wohingegen die DDR-Zeitungen uns wenig interessiert hatten. Sie fragte, warum wir um alles in der Welt nie Quittungen mitbrachten – wie denn eine ordentliche Abrechnung zustande kommen solle, wenn es keine Belege gebe. »Ach was, Geld!«, hörte sie von uns. Unsere mageren finanziellen Verhältnisse hatten nie nach einer Buchführung verlangt, und wenn es sich um Westgeld gehandelt hatte, wäre es sogar geradezu gefährlich gewesen, über seinen Verbleib Notizen zu machen.

Dann wieder saßen wir mit Pizza auf den Knien in irgendeinem Büro, ich kam gerade völlig frustriert aus einer Debatte, in der es darum gegangen war, in welchem Teil des Wahlprogramms die Kinderbetreuung abgehandelt werden solle. Für mich natürlich im frauenpolitischen Teil – schließlich müssten Frauen in die Lage versetzt werden, Beruf und Familie zu vereinbaren. Kommt überhaupt nicht in Frage, riefen die grünen

Frauen. Das hieße ja, dass Kinder Frauensache sind! Kitas gehören selbstverständlich in den sozialpolitischen Teil des Programms! Warum bloß waren sie so verbissen und empört?

Elisabeth teilte die Meinung der grünen Frauen wohl nicht, und vermutlich erschien ihr dieser kleine Konflikt unbedeutend. Aber sie nutzte wieder einmal die Gelegenheit, uns den Westen und die Grünen zu erklären; nicht indem sie sich auf deren Seite stellte, sondern indem sie frühere Zustände und Konflikte in der Bundesrepublik lebendig werden ließ – und damit die Vorgeschichte mancher Meinungen und verhärteter Haltungen lieferte. Voller Sympathie nahm sie, die zahlreiche polnische und russische Freundinnen und Freunde hatte, unsere Reaktionen auf den Westen ernst. Und hoffte darauf, dass wir mit unserer Geschichte und unseren Erfahrungen die politische Kultur bereicherten. Sie wünschte sich jedoch auch, dass wir ein differenziertes Bild bekamen und uns in der Vielfalt und Widersprüchlichkeit besser zurechtfanden.

Wir kamen aus einer sehr übersichtlichen Welt, in der Meinungen richtig oder falsch gewesen waren und ein anderer entweder »zu denen« oder »zu uns« gehört hatte. Diese bipolare Wahrnehmung war uns in der Schule eingeimpft worden – »Wer nicht für uns ist, ist gegen uns«. Wie tief mich dieses Weltbild geprägt hatte und wie sehr der kindliche Wunsch nach der klaren Unterscheidung des Guten vom Bösen auch noch meinen erwachsenen Verstand bestimmte, merkte ich erst, als ich mich allmählich davon zu befreien suchte. Die Vielfalt der Meinungen, das Nebeneinander verschiedener Wahrheiten, die Berechtigung und der Reiz unterschiedlicher Lebensentwürfe und Kulturen – all das gehörte zur Freiheit. Wir hatten diese Freiheit erkämpft und gewonnen, und nun hatten wir sie zu erlernen.

Zu dem aufregendsten Jahr meines Lebens gehörten deshalb nicht nur die gewaltigen politischen und gesellschaftlichen Umbrüche, sondern auch der Beginn einer inneren Befreiung. Selbst ich, die ich aus einer freiheitsliebenden Familie stammte, dann im kirchlichen und oppositionellen Milieu beheimatet und zeit meines DDR-Lebens in kritischer Distanz zur SED gewesen war, trug die Diktatur noch in mir.

Bis jetzt, bis zu dieser Nacht auf den 3. Oktober 1990, war die Bundesrepublik immer das andere Deutschland gewesen, das mir zwar nah und vertraut war, zu dem ich aber nicht gehörte. Das Leben in der DDR mit dem Leben in der Bundesrepublik zu vergleichen gehörte zu den Lieblingsbeschäftigungen der Deutschen, insbesondere der Ostdeutschen. Jetzt aber würde der Westen nicht mehr die andere, sondern die eigene Welt sein. Damit bekam jeder Vergleich, jeder Unterschied eine völlig andere Dimension. Aus »Wir sind verschieden« wurde nun »Wir sind noch verschieden«. Vor den Ostdeutschen stand eine enorme Anpassungsleistung, denn es war selbstverständlich, dass vor allem sie die Kluft zwischen Ost und West zu überbrücken hatten. Wenn in den folgenden zwei Jahrzehnten anlässlich von Jahrestagen gefragt wurde, wie es um die deutsche Einheit bestellt sei, ging es in Wahrheit immer um die Frage, wie viel Distanz die Ostdeutschen noch zu überwinden hätten, bis sie in der Bundesrepublik »angekommen«, das heißt, nicht mehr als Ostdeutsche erkennbar seien. Ich bin nicht besonders stolz darauf, bei diesen Tests zumeist gute Noten bekommen zu haben. Die Bestnote »Frau Birthler, man merkt gar nicht, dass Sie aus dem Osten kommen« habe ich immer als ein vergiftetes Kompliment empfunden.

Die ersten gesamtdeutschen Wahlen am 2. Dezember 1990 wurden von der deutsch-deutschen Frage bestimmt. CDU und FDP gingen als klare Sieger hervor und verdankten ihren Erfolg vor allem dem entschiedenen Handeln von Helmut Kohl und Hans-Dietrich Genscher in der Einheitsfrage. Umgekehrt war das enttäuschende Ergebnis der SPD nicht zuletzt ihrem Spitzenkandidaten Oskar Lafontaine anzulasten, der sich gegen eine schnelle Wiedervereinigung ausgesprochen und oft den Eindruck vermittelt hatte, französische Köche und italienische Strände seien für ihn interessanter als die »Brüder und Schwestern« im Osten.

Seit sich im Sommer 1990 abgezeichnet hatte, dass im Dezember gesamtdeutsche Wahlen stattfinden würden, verhandelten Vertreterinnen und Vertreter von »Neuem Forum«, »Demokratie Jetzt«, »Initiative Frieden und Menschenrechte«, der »Grünen Partei«, der »Vereinigten Linken«, dem »Unabhängigen Frauenverband« und der Westgrünen über mögliche Wahlbündnisse und Listenverbindungen. Die Gespräche verliefen außerordentlich zäh und gerieten immer wieder in Sackgassen: Mal ging es um den Unterschied zwischen Bürgerbewegungen auf der einen und Parteistrukturen auf der anderen Seite, mal um Abgrenzungen gegenüber der PDS, dann wieder um die Wahrung von Eigenständigkeit und die Sorge, die Westgrünen würden die Identitäten der anderen Gruppen ersticken. Auch der mögliche Name eines Wahlbündnisses sorgte für Kontroversen. Die Dinge entspannten sich, als das Bundesverfassungsgericht in Karlsruhe entschied, dass es zwei Wahlgebiete geben müsse. Geklagt hatten sowohl die Grünen als auch die PDS. Um in den Bundestag zu kommen, genügte es für Parteien nun, in einem der Wahlgebiete die Fünfprozenthürde zu überwinden. Dieser Regelung verdankte die PDS ihren Einzug ins Parlament, obwohl sie im Westen nur magere 0,3 Prozent erreichte.

Für die Westgrünen zahlte sich die Klage allerdings nicht aus: Ich hatte zwar nicht für den Bundestag kandidiert, verbrachte aber den Wahlabend in Bonn auf der gemeinsamen Party von Bündnis 90 und Grünen in der Biskuithalle. Nach der Prognose und den ersten Hochrechnungen war klar, dass unsere ostdeutsche Listenverbindung den Einzug ins Parlament geschafft hatte. Für die Westgrünen sah es jedoch nach einem langen und dramatischen Wahlabend aus, die ersten Hochrechnungen lagen mal knapp über, dann wieder knapp unter fünf Prozent, noch bestand Hoffnung.

Die sogenannte Bonner Runde rückte näher, das von ARD und ZDF gemeinsam ausgestrahlte Fernsehgespräch mit den Vorsitzenden aller künftig im Bundestag vertretenen Parteien. Christian Ströbele für die Grünen und ich für das Bündnis 90 (und seit knapp zwei Wochen Brandenburger Ministerin) saßen zusammen mit Oskar Lafontaine, Helmut Kohl, Otto Graf Lambsdorff und Gregor Gysi im ARD-Studio und warteten auf den Beginn der Sendung. Schließlich wurden wir ins Studio gebeten, doch unmittelbar an der Tür wurde Christian Ströbele zurückgehalten: »Tut uns leid, Herr Ströbele, aber die Hochrechnungen für Ihre Partei liegen jetzt deutlich unter fünf Prozent. Sie nehmen nicht an der Runde teil.« Während Christian Ströbele noch protestierte und diskutierte, geriet ich in Panik – ehrlich gesagt weniger wegen der Wahlprognose, sondern weil ich mich nun herausgefordert sah, in der Fernsehrunde außer für das Bündnis 90 nun auch für die Grünen Stellung zu beziehen. Wie sollte ich diesen Balanceakt hinbekommen? Wie sollte ich mich öffentlich darüber freuen, dass unser Wahlbündnis in den Bundestag einzog, während unsere Partner nach zwei Legislaturperioden aus dem Bundestag ausschieden? Hinzu kam, dass derlei Fernsehauftritte für mich ohnehin mit großem Lampenfieber verbunden waren. Ich kannte die Spielregeln solcher Runden nicht, und prompt verletzte ich eine davon mit Bravour: »Mich beschäftigt heute Abend vor allen Dingen die Frage, warum so sehr viele Menschen gegen ihre eigenen Interessen gewählt haben, und das ist nach meiner Auffassung der Fall.« Erschrocken ruderte der Moderator mit den Armen, um sogleich die Gegenfrage zu stellen: »Frau Birthler, wenn Sie sagen, die Menschen haben gegen ihre eigenen Interessen gewählt, in großer Zahl … also, das klingt für mich so, als seien die ein bisschen dumm. Ich meine: Wer macht das schon freiwillig?«

Hatte ich das tatsächlich gemacht: die Menschen für dumm erklärt? Bestimmt nicht, aber zumindest haben mich viele so verstanden, und das tat mir ehrlich leid. Im Nachhinein habe ich die Aufregung verstanden: Politiker, die eine Niederlage zu verkraften haben, sind zwar mehr oder weniger gekränkt, wenn ihnen das umworbene Wahlvolk die gelbe oder rote Karte zeigt. Aber es wäre fatal, wenn diese Kränkungen und die damit verbundenen Vorwürfe am Wahlabend öffentlich zelebriert würden. Dann schon lieber die goldene Regel: Der Wähler wird nicht kritisiert, Punktum. Ich hätte meine Bemerkung wirklich besser heruntergeschluckt.

In den nächsten Stunden wurde ich auf der Wahlparty in der Bonner Biskuithalle Zeugin der mit jeder Stunde wachsenden Verzweiflung der Grünen. Später wurde viel darüber diskutiert und geschrieben, und zweifellos hatte es die Partei ihrer desolaten Verfasstheit, ihren deutschlandpolitischen Irrtümern und damit sich selbst zuzuschreiben, dass sie den Einzug in den Bundestag verfehlt hatte. Am Abend der Wahl jedoch beobachtete ich, wie die bittere Niederlage allmählich von den Umstehenden Besitz ergriff. Wie sich Ratlosigkeit ausbreitete und wie erste Erklärungen und auch Schuldzuweisungen die Runde machten. Rückblickend erscheint die Niederlage der Grünen im Dezember 1990 nicht nur als selbstverschuldet, sondern auch als heilsamer Schock, notwendig, um einen Erneuerungsprozess einzuleiten. Aber wann immer ich an den Wahlabenden kommender Jahre Berichte über die Verlierer sah, kamen mir diese aufwühlenden Stunden in den Sinn. Hinter den Niederlagen prominenter Politiker und Funktionäre stehen stets viele Menschen, die aus Leidenschaft und mit Überzeugung gekämpft haben und die deshalb auch als Verlierer Respekt verdienen.

Die acht ostdeutschen Abgeordneten von Bündnis 90 und Grüner Partei bildeten wegen ihrer kleinen Zahl keine Fraktion, sondern erhielten den Status einer Bundestagsgruppe. Wie sich bald erweisen sollte, würden sie in den folgenden vier Jahren ihre Sache sehr gut machen. Vor allem Gerd Poppe, Konrad Weiß, Werner Schulz und Wolfgang Ullmann waren politische Schwergewichte, die, gestützt auf ein hervorragendes Ost-West-Team mit Elisabeth Weber, Reinhard Weißhuhn, dem Geschäftsführer Lukas Beckmann, dem Menschenrechtspolitiker Uli Fischer und den Juristen Birgit Laubach und Jürgen Roth erheblich dazu beitrugen, dem ramponierten Ruf grüner Politik im Bundestag etwas Neues entgegenzusetzen: eine Politik, die pragmatisch und werteorientiert zugleich war, und eine von der Bürgerbewegung geprägte politische Kultur.

Aber noch lag der 3. Oktober erst neun Wochen zurück, und grüne Bauchschmerzen kümmerten die Deutschen, die sich mehrheitlich von Herzen über die Einheit freuten, wenig. Sie befanden sich im Honeymoon und blickten laut dem Allensbacher Meinungsforschungsinstitut so zuversichtlich in die Zukunft wie nie zuvor – und wie sie es auch in den folgenden Jahrzehnten nie wieder tun würden.

Warum also war ich, die ich den Tag der deutschen Einheit rückblickend als glückliches Ereignis ansehen werde, an seinem Vorabend, während ich durch die Stadt lief, so melancholisch? Das soeben vergangene Jahr zwischen Herbst 1989 und Herbst 1990 war das bisher aufregendste in meinem Leben gewesen. Wir hatten eine Diktatur gestürzt. Ich hatte zu den ersten und letzten frei gewählten Abgeordneten der Volkskammer der DDR gehört, hatte nein zum Einigungsvertrag, aber ja zur deutschen Einheit gesagt und weinte der DDR keine Träne nach.

Der Abschied von der ungeliebten DDR war das eine. Das andere war Enttäuschung und Kränkung. Wie viele meiner politischen Freunde hatte ich auf einen anderen, besonneneren Weg in die deutsche Einheit gehofft als den des Beitritts. Das Grundgesetz erlaubte zwei sehr unterschiedliche Wege in die deutsche Einheit: den Beitritt nach Artikel 23 GG und die Herstellung der Einheit nach Artikel 146. Wir waren für den zweiten Weg und plakatierten »Artikel 23 – kein Anschluss unter dieser Nummer«. Eine gemeinsame Verfassung, die durch eine gesamtdeutsche Volksabstimmung in Kraft gesetzt wird – das wäre nach meiner Ansicht der angemessene Weg in die Einheit gewesen, ein sichtbares, würdiges Zeichen für das Ende von Teilung und Diktatur und den historischen Schritt in ein vereintes, demokratisches Deutschland.

War die deutsche Einheit nicht eine Chance gewesen, Neues zu wagen und Entscheidungen zu treffen, die auch den Westen verändern könnten? Es war kein Geheimnis, dass in der Bundesrepublik 1990 erheblicher Reformbedarf bestand, der nach politischen Veränderungen rief. Diese wurden angesichts der deutsch-deutschen Begeisterung zunächst einmal von der Tagesordnung gestrichen, und nicht nur Helmut Kohl vermittelte in den vielen festlichen Reden anlässlich der Vereinigung den Eindruck, dass sich im Osten alles und im Westen eigentlich gar nichts verändern müsse. Genau das sollte zum Programm der nächsten Jahre werden: Der Osten holt auf, der Westen bleibt, wie er ist. In der Selbstverständlichkeit, mit der alles, aber auch alles, was im Westen entstanden, entschieden oder gewachsen war, nun auch für den Osten gutgeheißen wurde, lag etwas Autoritäres und Selbstgerechtes, das dem Selbstbewusstsein der ehemals Ostdeutschen nicht guttat.

Ausgerechnet die Bestimmungen zu Schwangerschaftskonflikten wurden zur Ausnahme von der Regel. Der Einigungsvertrag sah vor, dass für eine Übergangszeit zweierlei Recht gelten würde, also im Westen das Abtreibungsverbot, im Osten die uneingeschränkte Fristenregelung. Zwei Jahre später trat nach ausführlicher öffentlicher Beratung eine Regelung in Kraft, die sich sowohl von der bisherigen DDR-Regelung als auch von der des Westens unterschied. Sie erwies sich als tragfähig. Bis heute bin ich der Meinung, dass solche Moratorien auch auf anderen Politikfeldern sinnvoll gewesen wären – nehmen wir nur das System der Sozial- und Krankenversicherungen, das auch nach zwei Dutzend Jahren deutscher Einheit noch dringend reformbedürftig ist. Abgesehen davon, dass so manche dringende Reform im Schwung der frühen neunziger Jahre chancenreicher gewesen wäre als in späteren Jahren, hätten die Altbundesbürger erfahren können, dass die Einheit nicht nur kostspielig wird, sondern auch für sie einen deutlichen politischen Mehrwert mit sich bringt. Vielleicht wäre die bis heute nach wie vor spürbare mentale Kluft zwischen Ost und West dann weniger groß geworden.

Aber hatten wir, die Vertreter der Bürgerbewegung, die besseren Konzepte? Um ehrlich zu sein: hier und da vielleicht schon, aber bestimmt nicht generell. Nachträglich bin ich sogar froh, dass manche unserer Forderungen ungehört verhallt sind, etwa die Vorstellung, Deutschland solle ein neutrales Land außerhalb der NATO werden. Das war freilich nicht nur unsere Idee. Die große Mehrheit der Friedensbewegung in West und Ost forderte seit den frühen 1980er Jahren, dass die Blöcke verschwinden sollten, um eine weitere Aufrüstung zu verhindern und die Gefahr eines Atomkriegs zu bannen. Dies machten sich zunächst auch die Oppositionsgruppen der DDR, einschließlich der SDP/SPD, zu eigen, denn kaum jemand konnte sich vorstellen, dass Gorbatschow einer NATO-Zugehörigkeit des wiedervereinigten Deutschlands zustimmen würde.

Meine Enttäuschungen vom Oktober 1990 wichen in den kommenden Jahren einer milderen Sicht. Es gab kein Vorbild für einen so gewaltigen Veränderungsprozess wie den der deutschen Einheit, der alles in allem eine Erfolgsgeschichte ist. Wie sollten da nicht auch Fehler gemacht worden sein?

Die Dominanz des Westens kam ja nicht von ungefähr. Wirtschaftlich, politisch, wissenschaftlich, gesellschaftlich und kulturell war er dem, was die SED-Diktatur hinterlassen hatte, haushoch überlegen. Auch für diejenigen, die dem System getrotzt hatten, würde es nicht leicht werden: Wie sollten sich zum Beispiel meine Freunde Josef Huber, Manfred Butzmann, Martin Hoffmann, Harald Hauswald und die anderen tapferen unangepassten Künstlerinnen und Künstler, die um ihrer Überzeugungen willen jahrzehntelang auf Sicherheit, Geld und Verbandsmitgliedschaften verzichtet hatten, künftig auf dem Kunstmarkt behaupten? Wie sollten diejenigen meiner Freundinnen und Freunde überleben, deren Berufswege aus politischen Gründen verbaut gewesen waren und die in den letzten Jahren nur Hilfsjobs gehabt hatten? Und welche Zukunft hatte der Besitzer des kleinen Fernsehreparaturgeschäfts bei mir um die Ecke, der seinen Laden schlecht und recht durch die DDR gebracht hatte und nun auf das Wunder der Marktwirtschaft hoffte: Würde er in der Konkurrenz bestehen – ohne Markterfahrung, ohne finanzielle Rücklagen, ohne die Sicherheiten, die man für einen Kredit brauchte? In den folgenden Jahren sollte ich Zeugin vieler Erfolgsgeschichten werden – aber auch immer wieder erfahren, wie hart es für viele »gelernte Ostler« war, nach den Regeln des Westens zu leben, und wie schwer es Traditionen, Erfahrungen und Innovationen hatten, wenn sie aus dem Osten kamen und quer zu den westlichen Gepflogenheiten standen.

Auf einer Hauswand in der Brunnenstraße in Berlin-Mitte, nahe dem Haus, in dem ich heute wohne, steht in weißen Lettern geschrieben, so groß, dass sie die ganze Wand ausfüllen: »Dieses Haus stand früher in einem anderen Land.« Derselbe Satz scheint in unsichtbarer Schrift auch auf der Stirn derer zu stehen, die wie ich bis 1990 in der DDR lebten: Ich wohnte früher in einem anderen Land. Wir haben unsere Stadt, unsere Straße, unsere Wohnung nicht verlassen, aber es ist, als wären wir mit all dem Vertrauten um uns herum in eine andere Welt versetzt worden. Eine Welt, die wir zu kennen glaubten, die aber viel fremder war als vermutet.

Fast scheint mir, als hätte ich einiges von den bevorstehenden Unsicherheiten und Kränkungen geahnt, als ich am Vorabend der deutschen Einheit durch die Stadt nach Hause lief. Aber vielleicht war es auch nur Erschöpfung. Wir hatten immerhin eine Diktatur abgeschafft.

13

Ministerin in Brandenburg

Wenn sie von Demokratie sprechen, gebrauchen sie das Wort wie eine ausgelutschte Apfelsinenschale. Sie setzen es mit allem gleich, was nach ihrer Ansicht unfähig ist. Für sie ist Demokratie gleich Niederlage, Hunger, Elend, Korruption und Bürokratismus. Wenn das Zugabteil keine Fensterscheiben hat, wenn die Toilette zu dicht besetzt ist, wenn der Zug mit Verspätung ankommt, dann sagen sie: »Seht, das ist die Demokratie.«

Hans Werner Richter, Oktober 1946

Meine Kollegen haben alles mit Bedacht inszeniert. Vor mir liegt das auf Büttenpapier gedruckte »Erste Schulreformgesetz für das Land Brandenburg«, daneben ein nagelneuer, edel aussehender Füllfederhalter, im Vorzimmer stehen Tabletts mit Sektgläsern bereit. Ich nehme den Füllfederhalter in die Hand, atme tief durch und unterschreibe. Dann lehne ich mich zurück, schließe die Augen und gebe für einen Moment einem Gedanken Raum, den ich noch nie gedacht, geschweige denn ausgesprochen habe: Es ist toll, Macht zu haben. In mir mischen sich Stolz und Genugtuung, auch Ungläubigkeit. Es würde dieses Gesetz ohne die Macht, die ich als Ministerin habe, nicht geben. Vielleicht ein anderes, weniger gutes. Es wäre überhaupt alles ganz anders.

Ich kehre zurück und schaue in die Gesichter der Kolleginnen und Kollegen um mich. Gerd Harms ist da, mein Staatssekretär. Boris Fahlbusch, der Leiter der Rechtsabteilung, Jürgen Hegemann, Klaus Hanßen, Herrmann Budde, Andreas Volbracht, alles Fachleute für Schulrecht, für Öffentliches Dienstrecht, für Verwaltungsrecht oder Schulentwicklung. Jochen Schweitzer, den Leiter der Grundsatzabteilung, kenne ich am längsten – er hat uns schon zu DDR-Zeiten besucht, weil ihm der Kontakt zur DDR-Opposition wichtig war, für einen Mitarbeiter der GEW, der Gewerkschaft Erziehung und Wissenschaft, keineswegs selbstverständlich. Jan Hofmann, den Referatsleiter für Grundsatzangelegenheiten, kenne ich aus der Arbeitsgruppe Bildung am Runden Tisch. Anne Liepe, jetzt Leiterin des Ministerbüros, die mir aus dem Volkskammerbüro hierher gefolgt ist, hat begonnen, die Gläser zu verteilen. Noch einige andere sind da, die ihren Anteil am Zustandekommen des neuen Gesetzes geleistet haben. Fast alles Männer, die meisten aus dem Westen – ein paar Jahre später würde mich das stören, jetzt ist es noch nicht wichtig.

Ich bedanke mich mit einer kleinen Rede bei allen, blicke mit ihnen zurück auf das vergangene halbe Jahr. Wir sind alle stolz und erleichtert an diesem Tag im Mai 1991, fühlen uns durch den Erfolg verbunden, aber auch durch die Plackerei der letzten Monate, in denen wir alle mehr Zeit miteinander verbracht haben als mit unseren Familien und Freunden. Kaum einer verließ das Ministerium abends vor 22 Uhr, morgens um acht ging es weiter. Niemand von uns wird diese Zeit vergessen. Über die aufregenden Anfänge der frühen neunziger Jahre gibt es viele Geschichten. Auch in der Stasi-Unterlagen-Behörde schwärmen sie später immer noch davon: Was haben wir für ein Chaos vorgefunden, und was haben wir gearbeitet. Was mussten wir jeden Tag lernen. Und improvisieren. Und was hatten wir für Energie. Und für Spaß. Wie müde waren wir abends, und wie glücklich.

Fast vierzig Jahre nachdem das Land Brandenburg im Juli 1952 von der SED-Führung aufgelöst und durch die drei Bezirke Potsdam, Frankfurt (Oder) und Cottbus ersetzt worden war, fanden am 14. Oktober 1990 wie in den anderen wiedererstandenen Ländern zum ersten Mal Landtagswahlen statt. Kaum eine von der Volkskammer getroffene Entscheidung war auf so viel Zustimmung gestoßen wie die Wiedererrichtung der Bundesländer. Die Menschen aus der DDR, die sich noch jahrelang schwer damit tun würden, Bundesbürgerinnen und Bundesbürger zu sein, wurden binnen weniger Wochen wieder zu Thüringern, Brandenburgern, Sachsen, Sachsen-Anhaltinern oder Mecklenburgern.

Ein Wahlplakat zeigt Matthias Platzeck, Günter Nooke und mich als Spitzenkandidaten des Bündnis 90, wie wir nah beieinanderstehen und nach oben in die Kamera schauen, selbstbewusst und zuversichtlich. Da wussten wir noch nicht, dass wir acht Jahre später, als Evelyn Roll von der *Süddeutschen Zeitung* uns überredete, das Foto an gleicher Stelle noch einmal aufzunehmen, in drei verschiedenen Parteien sein würden.

Der Wahlabend in Brandenburg brachte eine Überraschung: Wir, das Bündnis 90, waren nicht nur mit dem guten Ergebnis von 6,4 Prozent im Landtag vertreten, sondern würden mitregieren. Das Ergebnis der folgenden nur zweiwöchigen Verhandlungen mit SPD und FDP war eine sogenannte Ampelkoalition, ein Begriff, der streng genommen nicht korrekt war, denn Grüne waren an der Koalition in Brandenburg gar nicht beteiligt – sie waren bei den Landtagswahlen mit 2,8 Prozent gescheitert. Aber in der Öffentlichkeit wurden das Bündnis 90 und die Grünen wie selbstverständlich miteinander in Verbindung gebracht, was insbesondere Günter Nooke ärgerte, der zu den Grünen stets ein distanziertes Verhältnis hatte.

Schnell war klar, dass wir in den Koalitionsverhandlungen das Umweltministerium mit Matthias Platzeck an der Spitze beanspruchen würden und dass die Koalitionspartner das auch so akzeptierten. Darüber, welches Ressort wir als zweites fordern würden, herrschte zunächst Uneinigkeit. Während Günter Nooke das Landwirtschaftsressort favorisierte, sprachen in meinen Augen gewichtige Gründe für das Bildungsressort: Erstens war die »Volksbildung« unter Margot Honecker systematisch zur ideologischen Stütze des Systems entwickelt worden, weshalb es hier besonders dringenden Reformbedarf gab. Und zweitens war die Schulpolitik von jeher Sache der Bundesländer – das bedeutete viel Gestaltungsraum und viele Möglichkeiten, neue Akzente zu setzen. Schon in der Opposition hatten wir uns kritisch mit dem Bildungssystem der DDR auseinandergesetzt, und in den Zeiten des Runden Tischs und der Volkskammer hatte die Zukunft der Schulen zu den am meisten diskutierten Themen gehört. Nun bestand die Chance, etwas davon in die Praxis umzusetzen, und ich traute mir das zu. Doch erst in der Nacht vor Unterzeichnung des Koalitionsvertrags fiel die endgültige Entscheidung. Die SPD, die Steffen Reiche bereits als Bildungsminister nominiert hatte, erklärte sich schweren Herzens bereit, uns das Ressort zu überlassen. Steffen, den ich schon seit Jahren aus der Ost-Berliner Opposition kannte, trug die Entscheidung mit Fassung und konzentrierte sich auf seine Aufgabe als Landesvorsitzender der SPD.

Tags darauf, am 1. November, wurden die Entscheidungen veröffentlicht, und ich war designierte Ministerin für Bildung, Jugend und Sport. Wie aber baut man ein Ministerium auf? Ich hatte noch nie eines von innen gesehen. Was zum Beispiel waren Referate? Und wofür brauchte man einen Staatssekretär? Ich tat, was ich seitdem immer tue, wenn ich

Wichtiges zu entscheiden habe: Ich lud Wegbegleiter, Experten und Personen meines Vertrauens zu einer großen Beratungsrunde ein, die mir helfen sollten, die ersten Schritte zu planen und inhaltliche und strukturelle Schwerpunkte zu identifizieren, die am dringendsten einer Klärung bedurften. Da unsere Landtagsfraktion in Potsdam noch nicht über geeignete Räume verfügte und die Mehrheit der Eingeladenen ohnehin in Berlin lebte, fand die Besprechung in den Räumen der Volkskammer am Werderschen Markt statt, dort, wo einst das Zentralkomitee der SED geherrscht hatte und wo sich heute das Auswärtige Amt befindet. Wir saßen ausgerechnet in dem Saal beisammen, in dem früher das SED-Politbüro getagt hatte. Den alten Genossen hätte sich der Magen umgedreht, wenn sie gesehen hätten, was für eine bunte Truppe aus Ost und West sich hier versammelt hatte, um darüber nachzudenken, wie das Erbe von Margot Honecker zu überwinden sei: Frank Otto aus Potsdam kannte ich aus der Solidarischen Kirche und den Arbeitsgruppen, in denen die Opposition Bildungsfragen diskutiert hatte, Elisabeth Schönlein aus Potsdam, Gerd Harms und Andreas Hilliger aus der Berliner Senatsverwaltung für Jugend, Familie und Frauen. Boris Fahlbusch und Hans-Jürgen Kuhn waren für Sybille Volkholz gekommen, die grüne Berliner Senatorin für Schule, Berufsbildung und Sport. Jochen Schweitzer war da, Bildungsexperten aus mehreren anderen Bundesländern und ein oder zwei Fachleute, die etwas von Sportpolitik verstanden. Es war ein offenes Gespräch. Ich machte mir viele Notizen, merkte mir, mit wem ich unbedingt in Kontakt bleiben wollte, und wusste am Ende des Tages vor allem, dass ich ab sofort mit der Arbeit beginnen musste.

In Potsdam verfügte ich nach wie vor nur über meinen kleinen Schreibtisch als Abgeordnete. Die Fraktion war provisorisch im Gebäude der früheren Abteilung Volksbildung im Rat des Bezirkes in der Heinrich-Mann-Allee untergebracht. Noch bevor ich meine Ernennungsurkunde bekommen hatte, landeten auf meinem Schreibtisch Kisten mit Briefen. Ein paar Glückwunschschreiben waren darunter, die meisten aber enthielten jede Menge Erwartungen, die sich an die neue Ministerin richteten. So ging es nicht weiter – ich brauchte ein Ministerium! Am 22. November wurde das Kabinett vor dem Landtag vereidigt, und noch am selben Abend malte ich mit der Hand ein Schild mit der Aufschrift »Ministerium für Bildung, Jugend und Sport«, suchte mir zwei freie, ineinander übergehende Räume in der ersten Etage, befestigte das Schild an einer Tür, packte meine Habe zusammen und zog um. Hier würde ich am nächsten Tag loslegen.

Am Morgen bat ich die Leute vom Aufbaustab zu mir, ein paar Beamte aus Nordrhein-Westfalen, die damit beschäftigt waren, die Gründung des Bildungsministeriums vorzubereiten, und bisher keine Veranlassung gesehen hatten, sich mit mir in Verbindung zu setzen. »Stellt euch vor, unser neuer Chef ist eine Frau«, soll einer von ihnen am Telefon seinen Kollegen im Düsseldorfer Kultusministerium erschrocken mitgeteilt haben, »und dann ist sie noch nicht mal Genossin!« Für Sozialdemokraten in NRW, wo die SPD seit zehn Jahren allein regierte, schien ein Koalitionspartner eine pure Zumutung zu sein, und man hätte ihn am liebsten ignoriert.

Allmählich wurde sichtbar, was mein neues Amt alles von mir verlangte und welchen Herausforderungen ich vor allem bezüglich der Schulen gegenüberstand. Ich sah meine Aufgabe ja nicht darin, lediglich die Strukturen und Lehrpläne den bundesweit üblichen Standards anzupassen. Ich wollte anstelle von DDR-Kommandopädagogik und Gleichmacherei Schulen, in denen Kinder wertgeschätzt und zu Selbstverantwortung und Solidarität ermutigt wurden. Ich wollte Schulen, in denen die Individualität der Kinder respektiert wurde und in denen niemand Angst hatte. Einen Unterricht, der die Lust am Lernen, Wissen und Können weckte, und Lehrerinnen und Lehrer, die statt ideologischer Schwarzweißmalerei Meinungsvielfalt und Werte förderten und die ihren Beruf ebenso mochten wie ihre Schülerinnen und Schüler. Und nicht zuletzt Schulstrukturen, die jedem Kind eine Chance boten. Kurz gesagt – ich wollte alles: die mächtigen Gespenster der Diktatur aus den Schulen verbannen und in Brandenburg eine Bildungslandschaft etablieren, die in das Land passte und den kommenden Generationen von Kindern und Jugendlichen guttat. Das hieß aber auch zu verhindern, dass alles, was sich in vierzig Jahren westlicher Schulpolitik entwickelt hatte, automatisch auf den Osten übertragen wurde.

Mir war von Anfang an klar, dass das, was wir erreichen konnten, weit hinter diesen Visionen zurückbleiben würde. Aber Visionen waren noch nie dafür da, in Erfüllung zu gehen, sondern dafür, Menschen in Bewegung zu setzen, sie eines Ziels zu vergewissern und ihnen zu helfen,

Schwierigkeiten und Durststrecken zu überwinden. Der Traum von der guten Schule war im Übrigen eher ein Thema für Stunden der Besinnung, und die waren knapp. Jetzt musste erst einmal ganz pragmatisch ein Ministerium her, und zwar schnell. Abgesehen von den offensichtlichen Problemen bot ein »leeres« Ministerium ja auch die große Chance, durch Strukturen und die Auswahl des Personals politische und inhaltliche Akzente zu setzen. Ich brauchte die besten Fachleute, die ich kriegen konnte.

Das Gebäude in der Heinrich-Mann-Allee hatte zuvor der Fachabteilung Volksbildung beim Rat des Bezirks Potsdam gehört. Deren ehemalige Mitarbeiterinnen und Mitarbeiter befanden sich wie ihre Kollegen aus Cottbus und Frankfurt (Oder) in der sogenannten Warteschleife, einer Art bezahlter Freistellung, und hofften darauf, in einem der neuen Ministerien weiterbeschäftigt zu werden. Beamte aus den alten Bundesländern, vorwiegend aus Nordrhein-Westfalen, waren zunächst befristet nach Brandenburg abgeordnet worden, um beim Aufbau der neuen Verwaltung zu helfen. Nicht wenige von ihnen konnten sich vorstellen, dauerhaft hier zu arbeiten – weil sie gebraucht wurden, weil es spannend war, weil sie Karrierechancen sahen oder alles zusammen. Auch Aktivisten der Bürgerbewegung und der Runden Tische, die sich schon seit langem mit Bildungsfragen beschäftigt hatten, zeigten Interesse. Und natürlich gab es zahlreiche Bewerbungen aus Brandenburg, von Menschen, die auf eine neue Aufgabe hofften, entweder weil sie in ihren bisherigen Berufen nicht mehr gebraucht wurden oder weil sie zuvor aus politischen Gründen keine Chance gehabt hatten, in der Verwaltung beschäftigt zu werden.

Was tun? Die Leute aus der DDR-Administration beherrschten wohl ihr Handwerk, hatten aber jahrelang die Bildungspolitik der SED nicht nur mitgetragen, sondern oft auch aus Überzeugung in die Tat umgesetzt. Die Leute aus der Bürgerbewegung standen mir inhaltlich am nächsten und waren motiviert, hatten aber keinerlei Kenntnis von Verwaltung. Die Fachleute aus dem Westen wiederum waren mit dem Osten und seiner Geschichte nicht vertraut – würden sie sich nicht wie Elefanten im Porzellanladen verhalten und mit ihrer Erfahrung und ihrem Vorwissen alles dominieren? Das gäbe ein massives Akzeptanzproblem. Ich legte deshalb Regeln für die Einstellungsverfahren fest.

Regel Nummer eins: Wer früher Parteifunktionär gewesen war oder eine verantwortliche Position im staatlichen Dienst und in der Volksbildung gehabt hatte, wurde nicht eingestellt. Gleiches galt für eine Zusammenarbeit mit der Staatssicherheit. Regel Nummer zwei: Niemand von den ehemaligen Beschäftigten der Bezirksverwaltungen wurde automatisch übernommen, aber alle konnten sich bewerben, wobei ich mir in jedem Einzelfall die letzte Entscheidung über ihre Einstellung vorbehielt. Regel Nummer drei: Es fand kein Bewerbungsgespräch ohne eine Person meines Vertrauens statt. Aus anderen Verwaltungen und Behörden war mir bekannt, dass die Personalfachleute aus dem Westen noch viel zu wenig Ost-Erfahrung besaßen, um zu beurteilen, wen sie vor sich hatten. Ich benannte also ein knappes Dutzend Personen, denen ich das Gespür zutraute, bei Bewerbungen zu unterscheiden, wer wirklich geeignet war und wer mit scheinheiligem Augenaufschlag beteuerte, schon immer für ein demokratisches Schulsystem gewesen zu sein. Legte meine Vertrauensperson ein Veto gegen die beabsichtigte Einstellung ein, wurde mir der Vorgang zur Entscheidung vorgelegt.

Ein Jahr später lief ich mit Armen voller Rosen von Raum zu Raum durch das Ministerium und verteilte die Blumen einzeln an alle, um mich für die ersten anstrengenden und aufregenden Monate der Zusammenarbeit zu bedanken. Das Ministerium war jetzt arbeitsfähig: Es gab Abteilungen und Referate, ein Leitungsbüro und eine Pressestelle. Zum Personal gehörten erfahrene Verwaltungskräfte, Fachleute für Bildungs-, Jugend- und Sportpolitik sowie eine beträchtliche Zahl sogenannter Quereinsteiger, die zwar vielfältige Berufs- und Lebenserfahrungen mitbrachten, zunächst jedoch mit Verwaltungsabläufen kaum vertraut waren.

Die Geschichte des Verwaltungsaufbaus in den ostdeutschen Ländern ist auch eine Geschichte der deutsch-deutschen Annäherung. Plötzlich arbeiteten in einer Abteilung oder einem Referat die Cottbuser Lehrerin mit dem Ministerialrat aus Düsseldorf zusammen, der ehemalige Personalrat der GEW mit einem ehemaligen Mitarbeiter der Akademie der Pädagogischen Wissenschaften der DDR, der Theologe aus Potsdam mit dem Erziehungswissenschaftler aus Bremen – und das bis zu 14 Stunden täglich.

Jedes der neuen Bundesländer hatte eines oder mehrere westdeutsche Partnerländer, die es beim Aufbau der Landesverwaltungen mit Rat und

Tat, aber auch mit viel Geld unterstützten. Neben dem kleinen Saarland war es vor allem das mächtige Nordrhein-Westfalen, das Brandenburg in den Jahren des Wiederaufbaus zur Seite stand. Zwar wurde NRW im Brandenburger Volksmund mit »Nun Regieren Wir« übersetzt, aber das in der Öffentlichkeit der ostdeutschen Länder häufig kolportierte Bild vom arroganten oder unfähigen Westbeamten, der die Arbeit im Osten vor allem als Karrierechance sah, wird den Erfahrungen, die ich in dieser Zeit gemacht habe, nicht gerecht. Bei den allermeisten Kolleginnen und Kollegen aus den alten Bundesländern war das stärkste Motiv die Freude daran, etwas aufzubauen und Erfahrungen weiterzugeben. Ganz bestimmt spielte auch Verantwortungsgefühl eine Rolle – und das Abenteuer, das für manchen in Ehren und im bundesdeutschen Verwaltungsalltag ergrauten Beamten als Herausforderung willkommen war.

Allerdings zeigten sich auch die Schattenseiten dieser Ost-West-Kooperation. Noch so viel Motivation und auch partnerschaftliche Zusammenarbeit konnten nicht darüber hinwegtäuschen, dass die ostdeutschen Kolleginnen und Kollegen in die Rolle von Lehrlingen gerieten. Die psychologische Wirkung dieses Gefälles war groß, hinzu kam die besondere Belastung, die darin bestand, nicht nur bis an den Rand der Kräfte zu arbeiten, sondern zugleich alles erst lernen zu müssen. Außerdem waren die Westkollegen überproportional in Leitungsfunktionen vertreten, wurden nach anderen, besseren Tarifen bezahlt und erhielten Sondervergütungen – die sogenannte Buschzulage.

Außer vielleicht in meinen ersten Lebensjahren habe ich noch nie so viel gelernt wie in diesen ersten Monaten im Ministerium. Gerd Harms, mein aus West-Berlin stammender Staatssekretär, weihte mich geduldig in die Geheimnisse der Verwaltung ein – dass es beispielsweise durchaus vorteilhaft sei, Dienstwege einzuhalten und wichtige Vorgänge nicht im Schreibtisch zu horten. Boris Fahlbusch, Leiter der Rechtsabteilung, beobachtete entsetzt, wie Personalunterlagen offen im Vorzimmer herumlagen. Ob wir denn noch nie was von Datenschutz gehört hätten? Anne Liepe, Chefin des Leitungsbüros, erzog mich geduldig und schließlich mit Erfolg dazu, Termine nicht freihändig zu verabreden, sondern mit ihr abzustimmen und vor allem in den Kalender einzutragen. Ich gewöhnte mir an, über wichtige Gespräche kurze Vermerke anzufertigen, damit »das Haus« wusste, was ich mit Abgeordneten, Schülervertretern oder Kabinettskollegen verabredet hatte – besser noch, ich hatte jemanden dabei, der die Ergebnisse notierte. Auch dass ich lernte, erst einmal Informationen aus den Fachreferaten einzuholen, anstatt Journalistenfragen spontan zu beantworten, erwies sich als nützlich.

Aber das war alles Handwerk. Weitaus schwieriger war es, in die neue Rolle hineinzuwachsen und Führung zu übernehmen. Zu lernen, dass manche öffentlich gemachten Bemerkungen plötzlich ein ungeahntes Gewicht bekamen, nur weil sie jetzt nicht mehr von einer Privatperson, sondern von einer Ministerin geäußert wurden. Und dass Kritik oder Anerkennung nicht mehr beiläufig zur Kenntnis genommen oder überhört wurden, sondern sich mitunter in mächtige Instrumente verwandelten, die ermutigen oder korrigieren, aber auch Angst, Kränkung oder Neid hervorrufen konnten. Die Unterscheidung, ob es richtig ist, ein Problem mit meinen Mitarbeitern so lange zu diskutieren, bis sich alle einig sind, oder ob jetzt einfach mal eine klare Ansage der Chefin dran ist, fiel mir auch zehn Jahre später noch schwer, als ich längst die Stasi-Unterlagen-Behörde leitete.

Manche meiner früheren Weggefährten kamen schwer damit zurecht, dass ich jetzt nicht mehr jederzeit ansprechbar war und sie sich einen Gesprächstermin im Vorzimmer besorgen mussten. Dagegen fand der für Organisation zuständige Ministerialrat, dass es im Büro der »Frau Ministerin« zugehe wie im Taubenschlag und dass dies nicht in Ordnung sei, schon gar nicht, wenn meine alten Freunde ständig alle Formalitäten umschifften und dringend »die Marianne« sprechen wollten.

Zu meiner neuen Rolle gehörte auch, dass andere Angst vor mir hatten oder befangen waren. Einer meiner leitenden Mitarbeiter fand es offenbar nötig, mir stets und in jeder Beziehung, gefragt oder ungefragt, recht zu geben: »Das sehe ich ganz so wie Sie, Frau Ministerin«, »Wenn ich mir erlauben darf, Sie zu zitieren, Frau Ministerin«, »Das ist eine wunderbare Idee, Frau Ministerin«, »Das werde ich sofort veranlassen, Frau Ministerin«. Er ging mir auf die Nerven, und ich nahm mir im Stillen vor, ihn dazu zu bringen, mir irgendwann auch mal zu widersprechen. Eines Tages hatte ich es geschafft: »Ich fürchte, dass ich Ihnen da widersprechen muss, Frau Ministerin.« Er war sichtlich nervös, aber ich strahlte ihn an und bezog mich später vor aller Ohren auf das, was er gesagt hatte. Das wirkte. Von nun an riskierte er öfter mal eine eigene Meinung. So hoffte ich wenigstens. Womöglich hatte er aber auch nur eine neue Form der Anpassung gewählt: Diese merkwürdige Ministerin liebt es, wenn ihr gelegentlich widersprochen wird. Ich habe es nie herausgefunden.

Jeden Morgen stand vor meinem Haus in der Schönhauser Allee ein Wagen, mit dem ich nach Potsdam fuhr. Am Steuer saß Siegfried Fleischer, ein einst weit über die DDR hinaus bekannter Artist, der mittlerweile nicht mehr jung genug für Kunststücke am Trapez war. Außerdem war sein Zirkus gerade abgewickelt worden. Seine Schwester, die ich als Kollegin und Nachbarin aus der Eliasgemeinde kannte, hatte mir ans Herz gelegt, ihn einzustellen, weil er zuverlässig und stresserprobt sei und unbedingt eine Arbeit brauche, bei der er in Bewegung blieb. Er war eine gute Wahl, und wir mochten uns. Wie wichtig das ist, kann nur ermessen, wer täglich mehrere Stunden einen Autoinnenraum mit einem anderen Menschen zu teilen hat – eine wahrhaft intime Situation. Herr Fleischer hielt mich gleichbleibend freundlich und diskret aus: meine Müdigkeit am Morgen und am späten Abend, meine Gereiztheit nach Ärger oder wenn ich überlastet war, mein Lampenfieber vor wichtigen Terminen, meine Enttäuschungen nach Niederlagen ebenso wie privaten Kummer. Andersherum hatte ich mich an seinen rasanten Fahrstil gewöhnt, dem anzumerken war, dass dem Artisten gelegentlich der Nervenkitzel der Zirkusarena fehlte. Mir fiel das bald nicht mehr auf, allerdings nahm ich wahr, dass sich Kollegen oder Gäste, die mit uns fuhren, die ganze Zeit über etwas ängstlich an den Griffen festhielten.

Im übertragenen Sinne galt dies auch für das Tempo, mit dem wir die Veränderungen in Angriff genommen hatten. »Ihr baut ja ein Schiff auf hoher See«, rief ein Bildungsexperte aus dem Westen aus, der gekommen war, um sich ein Bild von unseren Reformen zu machen. In der Tat: Der hohe Zeitdruck, unter dem wir standen, grundlegende Entscheidungen, die zugleich Strukturen und Inhalte betrafen, sowie eine pädagogische und personelle Erneuerung – das alles zusammen konnte einen geradezu seekrank machen, zumal sich überall im Land, in Gesellschaft und Politik ein dramatischer Wandel vollzog. Hierin ähnelte sich die Ausgangslage überall im Osten: umfassende Bildungsreformen in Ländern, die selber gerade im Entstehen begriffen waren, und mit Verwaltungen, die noch gar nicht existierten oder bestenfalls als »Ministerium in Gründung« bezeichnet werden konnten. So nötig es war, diese Reformen schnell in Angriff zu nehmen, so absehbar waren die Probleme, die durch dieses Entwicklungstempo entstehen würden.

Als Ministerin konnte ich für gute Rahmenbedingungen sorgen, konnte Vorbild sein, Maßstäbe setzen und für Veränderungen werben. Aber das A und O einer guten Schule würden die Lehrkräfte sein, ohne sie würde es eine innere, demokratische Schulreform nicht geben. Doch hatten wir überhaupt die richtigen Lehrer? Für die richtigen Fächer? Staatsbürgerkunde oder polytechnischer Unterricht zum Beispiel fielen weg, und Russischunterricht würde es nur noch hier und da geben. Dagegen war für Englisch und Französisch, für musische Fächer und politische Bildung ein dramatischer Mangel an Fachlehrern absehbar. Neben diesen eher quantitativen Problemen bestand auch hinsichtlich der Unterrichtsinhalte und in Bezug auf Didaktik und allgemeines pädagogisches Handeln enormer Entwicklungsbedarf. Ein umfangreiches Angebot von Fort- und Weiterbildungen musste her, um Tausende von Lehrkräften in die Lage zu versetzen, den neuen Anforderungen zu entsprechen.

Viele Lehrerinnen und Lehrer waren verunsichert oder verweigerten sich neuen Ideen. Die neue und offene Situation überforderte sie, nicht zuletzt, weil sie mit einem zentralisierten Einheitsschulsystem vertraut waren, das wenig pädagogische Freiheit zuließ und in hohem Maße ideologisiert war. Sie waren nicht dafür ausgebildet worden, Pluralität zu akzeptieren und zu Meinungsstreit und Eigenverantwortung zu ermutigen. Hinzu kam die Angst vor dem, was politisch als »personelle Erneuerung« gefordert wurde.

Zum Glück gab es auch jene, die ihre Ärmel hochgekrempelt und schon seit November 1989 die de facto rechtsfreien Räume genutzt hatten, um ihre Schule zu öffnen, zu experimentieren und neue Konzepte zu entwickeln. Sie hofften nun auf Unterstützung seitens der neuen Landesbehörden. Nicht selten waren solche reformwilligen Lehrkräfte in ihren Schulen aber in der Minderheit und konnten sich gegen die zähe Mehrheit ihrer Kollegen nicht durchsetzen. Wenn ich Schulen besuchte, ließ sich der Geist, der in ihnen herrschte, oft schon beim Betreten des Gebäudes mit Händen greifen. Wie gingen Schüler und Lehrer miteinander um? Wurden Gäste freundlich und offen oder verdruckst und mit gesenktem Blick begrüßt? Fühlten sich die Kinder und Jugendlichen in ihrem

Schulgebäude wohl oder deuteten Schmierereien und Dreck darauf hin, dass es ihnen gleichgültig war? Ich lernte schnell, solche Zeichen zu lesen, und selten habe ich mich getäuscht.

Im Einigungsvertrag war festgelegt worden, das Verwaltungspersonal der DDR, also auch alle Lehrkräfte, in den öffentlichen Dienst der Länder zu übernehmen. Zwar bestand in Einzelfällen die Möglichkeit einer ordentlichen Kündigung des Arbeitsverhältnisses wegen mangelnder fachlicher Qualifikation oder mangelnder persönlicher Eignung. Gründe für eine außerordentliche Kündigung waren aber nur dann gegeben, wenn der Betreffende gegen Grundsätze der Menschlichkeit oder Rechtsstaatlichkeit verstoßen oder für die Staatssicherheit gearbeitet hatte.

Wir machten uns also daran, zu prüfen, welche der 34500 bisherigen Beschäftigten im brandenburgischen Schuldienst verbleiben konnten und welche nicht. Dabei ging es nicht nur um Stasi-Belastungen – die Konzentration auf dieses Thema erfolgte erst im Laufe der folgenden Jahre. Manche Überprüfungen fanden auch wegen wichtiger Parteifunktionen statt oder weil es konkrete Vorwürfe gab, Schüler aus politischen Gründen benachteiligt zu haben. Zwischen Dezember 1989 und März 1990, also in der Regierungszeit von Hans Modrow, waren außerdem rund 700 Beschäftigte aus dem Staatsapparat der DDR, dem Ministerium für Staatssicherheit oder der Polizei mit Posten im Schuldienst versorgt worden, die sogenannten Modrow-Lehrer. Alle Lehrkräfte hatten Fragebogen auszufüllen, in denen sie Angaben zu früheren politischen Funktionen und gegebenenfalls auch zu einer Zusammenarbeit mit der Staatssicherheit zu machen hatten – wohl wissend, dass es zur Kündigung führen würde, wenn sich später herausstellte, dass falsche Angaben gemacht worden waren. In allen Landkreisen wurden Personalkommissionen eingerichtet, die in sorgfältiger Einzelfallprüfung zu klären hatten, ob die persönliche Eignung für die Weiterbeschäftigung vorlag oder nicht. Zu jeder Kommission gehörten fünf Personen: je ein Vertreter der evangelischen und der katholischen Kirche, der Dezernent für Bildung und zwei Vertreter des Kreistages. Geleitet wurden die Sitzungen von den zuständigen Kreisschulräten.

Ich legte großen Wert darauf, dass die Überprüfungen rechtsstaatlichen Kriterien entsprachen – zum einen, um Fehlentscheidungen zu vermeiden, zum anderen, um in einer Zeit von Rechtsunsicherheit und Misstrauen deutlich zu machen, dass wir keine willkürlichen Entlassungen vornahmen, sondern jeden einzelnen Fall nach transparenten Kriterien sorgfältig prüften. Vor jeder Entscheidung über eine Weiterbeschäftigung oder Kündigung wurden die Betreffenden angehört, und sie hatten außerdem die Möglichkeit, eine Person ihres Vertrauens hinzuzuziehen. Am Ende erhielten sie ein Protokoll, das den Verlauf der Anhörung wiedergab und die Empfehlung der Personalkommission hinsichtlich der Weiterbeschäftigung beinhaltete. Wer mit dem Ergebnis nicht einverstanden war, hatte das Recht auf eine erneute Prüfung.

In eineinhalb Jahren wurden von diesen ehrenamtlich tätigen Kommissionen fast 1300 Gespräche geführt. Sie erarbeiteten Stellungnahmen für die dienst- und arbeitsrechtlich zuständigen Schulräte. Wollten diese vom Votum der Kommission abweichen, hatten sie dafür die Genehmigung des Ministeriums einzuholen. Das Verfahren bewährte sich und führte dazu, dass nach einem Jahr knapp 700 Beschäftigten entweder gekündigt oder deren Kündigungsverfahren eingeleitet worden war. Größer war die Zahl derjenigen, die von sich aus den Schuldienst Brandenburgs verließen – 4600 Lehrerinnen und Lehrer unterzeichneten Auflösungsverträge oder gingen in den Vorruhestand, manche davon auch, um den Dienst vor den in Aussicht gestellten Überprüfungen zu quittieren. Allein in der Stadt Brandenburg verließen so ein ehemaliger Oberbürgermeister, ein ehemaliger Offizier des MfS und drei ehemalige hauptamtliche Parteisekretäre den Schuldienst.

Von den Überprüfungen ging ein klares öffentliches Signal aus, auf das viele im Land, insbesondere auch die Eltern, gewartet hatten: Lehrer, die Schüler aus politischen Gründen benachteiligt, hohe Parteifunktionen übernommen oder ihre Mitmenschen bespitzelt hatten, wurden in den Schulen nicht geduldet. Allerdings hatten unsere Bemühungen um eine personelle Erneuerung auch deutliche Grenzen: Es gab keine einfache Handhabe gegen Lehrkräfte, die unfähig oder unwillig waren, sich auf ein demokratisches und plurales Bildungssystem einzulassen.

Ich meldete das Thema »Überprüfungen« für die Tagesordnung des Kabinetts an und stellte dort unser Konzept vor – in der Annahme, dass meine Kabinettskollegen dankbar sein würden, darauf zurückgreifen zu können, wenn sie sich mit der Frage des belasteten Personals in ihren Ressorts beschäftigen würden. Denn belastetes Personal gab es ja überall: bei der Polizei, im Justiz- und Gesundheitswesen, in der Forst- und Landwirtschaft oder an den Hochschulen. Doch meine Kabinettskollegen nahmen eher kühl als interessiert zur Kenntnis, was ich ihnen da mitgebracht hatte, und Ministerpräsident Stolpe rief den nächsten Tagesordnungspunkt auf. Das Thema spielte, soviel ich weiß, für die Landesregierung nie wieder eine Rolle, und wie die einzelnen Minister in ihrem jeweiligen Ressort damit umgingen, war ihre Sache.

Die Personalkommissionen in den Landkreisen erarbeiteten nicht nur Empfehlungen, in denen es um die Weiterbeschäftigung oder Kündigung von Lehrkräften ging. Ihre Aufgabe war es auch, Fälle von Lehrerinnen oder Lehrern zu begutachten, die aus politischen Gründen die Schule hatten verlassen müssen und die nun ihre Rehabilitierung und Wiedereinstellung beantragten. Es war mir gelungen, in den Haushaltsverhandlungen trotz strikten Einstellungsverbots einen Stellenpool zu sichern, der die Wiedereinstellung von dreißig solcher Lehrkräfte ermöglichte. Für sie war die Rückkehr in den Schuldienst oft eine tiefe Genugtuung. Allerdings machten manche von ihnen später nicht nur gute Erfahrungen. Ein Lehrer, der an seine frühere Schule zurückgekehrt war, bat mich ein paar Monate später in einem Vieraugengespräch um seine Versetzung. Seine alten Kollegen hatten ihn gemieden und gemobbt. Vielleicht wollten sie nicht damit konfrontiert werden, dass sich einer von ihnen damals nicht angepasst hatte. Oder dass sie, als er gehen musste, geschwiegen hatten.

Erschwerend zu alldem kam noch hinzu, dass in Brandenburg wie in allen ostdeutschen Ländern die Zahl der Lehrkräfte binnen eines Jahres um etwa zwanzig Prozent verringert werden sollte. Als Begründung hieß es, die Finanztransfers aus dem Westen seien an die Bedingung geknüpft, das Personal im öffentlichen Dienst auf die bundesdeutschen Standards abzuschmelzen. Wochenlang zerbrachen wir uns den Kopf, wie wir das bewerkstelligen könnten. Der in meinen Augen naheliegende und verlockende Gedanke, sich bei dieser Gelegenheit von ungeeigneten Lehrkräften zu trennen, entpuppte sich schnell als Illusion. Ich absolvierte einen ersten Schnellkurs in Öffentlichem Dienstrecht und musste widerwillig einsehen, dass bei haushaltsbedingten Kündigungen die Auswahl der zu kündigenden Lehrkräfte nach sozialen Gesichtspunkten vorzunehmen sei, also z. B. nach Alter, Betriebszugehörigkeit, Familienstand usw. Nicht die untragbaren, wenig motivierten und fachlich nur bedingt geeigneten Lehrkräfte würden die Schulen verlassen, sondern hauptsächlich die Jüngeren mit der geringsten Zahl von Dienstjahren und die frisch Ausgebildeten. Dadurch wäre das ohnehin nicht allzu üppige Innovationspotential in den Schulen noch mehr verringert worden. Und damit, dass jeder fünfte Lehrer politisch so belastet war, dass eine Kündigung vor einem Arbeitsgericht Bestand gehabt hätte, war nicht zu rechnen. Ich wollte außerdem nicht riskieren, dass politisch oder fachlich begründete Entlassungen in den Ruf gerieten, in Wahrheit nur der Haushaltsbereinigung zu dienen – das hätte die Idee der personellen Erneuerung diskreditiert und nebenher noch Misstrauen und die Denunziation missliebiger Kollegen befördert.

Schließlich baten mich die Kollegen, die die Entscheidung vorbereiteten, um ein ausführliches Gespräch, am besten außerhalb des Ministeriums. Sie hätten da eine Idee. Wir verabredeten uns an einem Nachmittag bei mir zu Hause und diskutierten so lange, bis ich nicht nur keine Gegenargumente mehr wusste, sondern überzeugt war, dass wir die richtige Lösung gefunden hatten. Der Weg, den wir gingen, sollte in den folgenden Wochen Schlagzeilen machen, im Landtag diskutiert werden und bundesweit für Kontroversen sorgen – ganz zu schweigen von den Debatten in der Brandenburger Lehrerschaft. Der Kerngedanke war, sowohl die Arbeitszeit als auch das Einkommen aller Lehrkräfte auf 80 Prozent zu reduzieren und so Kündigungen zu vermeiden. Je nachdem, wie viele von ihnen in den folgenden Monaten die Schulen verlassen würden, könnten dann andere zur Vollbeschäftigung zurückkehren – vor allem in Fächern, in denen Lehrermangel herrschte.

Die Idee war das eine, aber genauso wichtig war, die Gewerkschaften und Berufsverbände in dieses Vorgehen einzubinden. Denn nur wenn es gelang, möglichst alle von diesem Modell zu überzeugen, konnten betriebsbedingte Kündigungen vermieden werden. Wochenlang waren meine Kollegen und ich landauf, landab unterwegs, um Schulämter, Lehrkräfte und die Öffentlichkeit vom Sinn des »80-Prozent-Modells« zu überzeugen. In Anbetracht der Tatsache, dass die Ost-Gehälter zu dieser Zeit nur 60 Prozent der Einkommen im Westen betrugen, bedeutete die Regelung eine enorme Zumutung für viele und stieß entsprechend auf heftigen Widerstand der Betroffenen wie auch eines Teils der Gewerkschaften auf Bundesebene. Arbeitszeitverkürzung ohne vollen Lohnausgleich gehörte 1991 noch zu den Tabuthemen. Einzig Dieter Wunder, damals GEW-Bundesvorsitzender, erkannte frühzeitig die Zeichen der Zeit und begrüßte unsere Entscheidung. Schließlich setzten wir uns durch. Dass wir den richtigen Weg gegangen waren, stellte sich erst im Laufe der nächsten Jahre heraus, vor allem im Vergleich mit den anderen neuen Bundesländern; dort hatte es massenhafte Kündigungen und in der Folge zahlreiche Prozesse vor den Arbeitsgerichten gegeben, die die Länder dann in der Regel verloren. In Brandenburg dagegen zählte man nicht einmal zehn Klagen von Beschäftigten gegen dieses Modell – und kein einziges Verfahren endete mit einer arbeitsgerichtlichen Niederlage des Ministeriums.

Wir versuchten, Erfahrungen aus den westlichen Bundesländern zu nutzen und dort, wo es für Brandenburg gut war, eigene Wege zu gehen. Sechs Jahre Grundschule statt vier, dreizehn Jahre bis zum Abitur, der Verzicht auf Hauptschulen, die Gleichberechtigung von Gymnasien und Gesamtschulen, die möglichst vollständige Integration von Kindern mit sonderpädagogischem Förderungsbedarf und weitreichende Mitwirkungsmöglichkeiten von Eltern, Schülerinnen und Schülern – alles Entscheidungen zu Fragen, die in der bildungspolitischen Debatte der Bundesrepublik seit vielen Jahren heiß umstritten waren. Wie heiß, das hatte ich unterschätzt. Später bin ich gelegentlich gefragt worden, ob ich mir rückblickend wünschte, in meiner Zeit als Ministerin etwas anders gemacht zu haben. Eine meiner Antworten lautete, dass ich die Gesamtschulen nicht »Gesamtschulen« genannt hätte. Die jahrzehntealte schulpolitische Kontroverse um Gesamtschulen versus gegliedertes Schulsystem hatte schnell auch die neuen Bundesländer erreicht. Das deutsche Schulsystem, das die Kinder zumeist schon im zehnten Lebensjahr in Gymnasien, Realschulen und Hauptschulen einsortiert, zählt bis heute europaweit eher zu den Ausnahmen. Doch wenn sich eine Politikerin aus dem Osten für ein integriertes Schulsystem aussprach, geriet sie schnell in Verdacht, die Einheitsschule der DDR retten zu wollen. Das hatte schon etwas Lächerliches, wenn mir ein solcher Vorwurf gemacht wurde – ausgerechnet von den schnell gewendeten Blockflöten!

In den frühen neunziger Jahren traf die Erwartung der westdeutschen Bundesländer hinsichtlich der Übernahme ihrer Regelungen in Ostdeutschland auf die zu dieser Zeit im Osten noch weitverbreitete Bereitschaft, Strukturen der alten Bundesrepublik kritiklos und komplett zu kopieren. Der Wunsch, so schnell wie möglich westdeutsche Standards zu etablieren, war übermächtig – vom Waschmittel bis zu den Schulformen. Auf dem Müllhaufen der Geschichte drohte auf diese Weise nicht nur die Schulpolitik Margot Honeckers zu landen, die sich diesen Platz redlich verdient hatte, sondern auch eine ausreichende Versorgung mit Hortplätzen, der Stellenwert technischer Bildung oder die Berufsbildung mit Abitur, deren Erhaltung ich für durchaus diskutabel hielt.

Nach den ersten freien Kommunalwahlen im Mai 1990 hatten außerdem bildungsinteressierte Eltern, Lehrer und Kommunalpolitiker in vielen Kreisen und Städten Initiativen gebildet, die vor allem an einer »Wiederbelebung« des örtlichen Gymnasiums arbeiteten. Sie sahen darin die bildungspolitische Antwort auf das in der DDR praktizierte und nun abgelehnte Einheitsschulsystem. Eine inhaltliche Auseinandersetzung fand zu diesem Thema eigentlich nicht statt. Die Kultusministerkonferenz hatte beschlossen, den neuen Ländern zwei Jahre Zeit zu geben, um ihre Schulstrukturen zu erneuern; bis zum Ende dieser Frist sollten Schulabschlüsse nach DDR-Recht Gültigkeit besitzen. Doch der Vorschlag, sich für die Entscheidungen über Schulstrukturen Zeit zu nehmen, löste bei Teilen der ostdeutschen Eltern Protest und Panik aus. Sie sahen die Zukunftschancen ihrer Kinder bedroht, wenn diese weiterhin »Polytechnische Oberschulen« besuchten. Es ging nicht mehr darum, die DDR-Schulen zu öffnen, sondern darum, sie zu schließen. Und so wurden sehr schnell neue Schilder an die Schulen geschraubt, die jetzt Grundschulen, Gymnasien, Realschulen oder Gesamtschulen hießen. Im Inneren der Schulen selbst war es jedoch sehr viel schwerer, die pädagogischen Hypotheken der Vergangenheit zu überwinden. Das Verhalten der Lehrkräfte, das Verständnis von Schule und die pädagogischen Grundhaltungen änderten sich nur sehr langsam. Vielerorts herrschten noch lange der obrigkeitsfixierte Geist der DDR und ein unfrohes Klima von Enge und Anpassung.

Die Forderung, Schulen für alle Kinder einzurichten, bezog sich auch auf Kinder, die besondere Unterstützung oder Förderung brauchten. In der DDR hatte es viele Sonderschulen gegeben – und Einrichtungen für

Kinder, die als »nicht beschulbar« galten. Menschen mit Behinderungen befanden sich zumeist am Rand des sozialen Lebens. Wir hatten schon vor der friedlichen Revolution gefordert, die Schulpflicht auf alle Kinder auszudehnen, also auch auf solche mit sonderpädagogischem Förderungsbedarf. Ich war stolz darauf, dass das erste Brandenburger Schulgesetz ihre Integration als Ziel festschrieb.

Zum DDR-Bildungswesen hatten nicht zuletzt Horte, Kindergärten, Kinderferienlager, Ferienobjekte, Kreiskabinette für die Lehrerfortbildung, Sportschulen, Internate und Jugendwerkhöfe gehört: In jedem einzelnen Fall hatten wir über Weiterexistenz, künftige Trägerschaft oder Auflösung zu entscheiden – und darüber, was mit dem jeweiligen Personal geschehen solle. Soweit wir Heime und Jugendeinrichtungen nicht sofort auflösten, galten sie fortan als Einrichtungen der Jugendhilfe und wurden in freie Trägerschaften überführt – auch, um die Zahl der Landesbediensteten möglichst schnell zu verringern. Dass dabei das Personal wichtiger pädagogischer Einrichtungen nicht nach den in den Schulen gültigen Standards überprüft wurde, stellte sich erst später als böse Hypothek heraus: Wir wussten nicht, dass die freien Träger – darunter bundesweite Organisationen, Kirchen und neugegründete Sozialverbände – wenig Wert auf eine gründliche personelle Erneuerung legten.

Die DDR-Vergangenheit war in allen meinen Arbeitsbereichen stets präsent – ob es sich nun um inhaltliche, strukturelle oder personalpolitische Diskussionen und Entscheidungen handelte. Ich richtete im Leitungsbereich ein Referat mit dem etwas umständlichen Namen »Vergangenheitsaufarbeitung und Förderung demokratischer Kultur« ein. Hier sollten alle Aktivitäten zusammengeführt und Strategien entwickelt werden, wie die Auseinandersetzung mit der Vergangenheit gestärkt werden könne. Außerdem brauchten die schon erwähnten Personalkommissionen in den Landkreisen Ansprechpartner im Ministerium, die ihnen mit Rat und Tat zur Seite standen.

Für die Auseinandersetzung mit der Vergangenheit benötigten wir einigermaßen zuverlässige Wissensgrundlagen. Um Erkenntnisse über die tatsächlichen Verhältnisse in der Bildungs- und Jugendpolitik zu gewinnen und sie für die Aufarbeitung und die Lehrerfortbildung nutzen zu können, initiierte ich dreizehn Forschungsprojekte zur »Geschichte,

Struktur und Funktionsweise der DDR-Volksbildung«. Dass ich dafür die notwendigen Haushaltsmittel zur Verfügung hatte, grenzte an ein Wunder und war wahrscheinlich nur dem Chaos der ersten Jahre zu verdanken, das den Haushaltsausschuss und den Landtag hinderte, jeden einzelnen Haushaltsposten zu diskutieren und zu begutachten. Die Ergebnisse dieser Forschung wurden im Jahr 1997 von meiner Nach-Nachfolgerin in vier Bänden veröffentlicht und fanden Eingang in Materialien für die Fortbildung und Handreichungen für den Unterricht. Zwei dieser Forschungsprojekte befassten sich mit den Jugendwerkhöfen in der DDR, in denen Tausende Kinder und Jugendliche ohne rechtskräftiges Urteil »umerzogen« werden sollten – einige von ihnen, vor allem der Geschlossene Jugendwerkhof Torgau, nichts anderes als ein brutales Kindergefängnis, waren schon zu DDR-Zeiten berüchtigt. Trotz der Publikation dieser Arbeiten sollte es noch mehr als zehn Jahre dauern, bis die Öffentlichkeit begann, sich des Themas anzunehmen und den Opfern der Jugendwerkhöfe die notwendige Aufmerksamkeit zu schenken.

Das Brandenburger Fortbildungsinstitut erhielt die Aufgabe, die Auseinandersetzung mit der SED-Diktatur in ihre Angebote einzubeziehen. Ich hoffte, dass damit ein Prozess der Selbstreinigung in Gang käme, eine offene und kritische Reflexion der Vergangenheit, die zur Demokratisierung der Schulen beitragen würde. Möglichst in jeder Schule sollte darüber gesprochen werden, welche Rolle das Bildungswesen in der DDR gespielt hatte. Meine Hoffnungen entpuppten sich allerdings bald als Illusion. Die Widerstände waren zumeist unüberwindlich. Ich erinnere mich an Veranstaltungen in Schulen, bei denen ich, wenn das Gespräch auf die DDR kam, auf eine Wand des Schweigens traf. Oder, noch schlimmer, auf Jugendliche, die heftig die DDR verteidigten, während im Hintergrund Lehrerinnen und Lehrer schweigend und mit verschränkten Armen die Diskussion verfolgten. Manchen Äußerungen der Jugendlichen konnte ich unmittelbar entnehmen, wie bei ihnen zu Hause über die DDR gesprochen wurde. Viele identifizierten sich in erster Linie mit ihren Eltern und Lehrern und verteidigten sie und den DDR-Sozialismus manchmal so leidenschaftlich, dass ich erschrocken und gerührt zugleich war. Ich spürte, dass sie die Erwachsenen, die sich einst angepasst hatten und nun desorientiert waren, vielleicht auch Angst vor der Zukunft hatten, nicht verraten wollten.

Der Streit um das Schulgesetz war für mich eine wichtige Lektion: Ich warb leidenschaftlich für das, was ich für richtig hielt, lernte aber auch, Kompromisse auszuhandeln, sie zu akzeptieren und zu ihnen zu stehen. Das war etwas anderes, als mit Freunden kontrovers über den Text einer Protesterklärung zu diskutieren. Jetzt ging es ums Regieren, um politische Konzepte und Entscheidungen, die sehr konkrete Folgen für Menschen hatten.

Mitunter tat das noch richtig weh. Zum Beispiel nach mühsamen Haushaltsverhandlungen, in denen ich einiges erreichen konnte, aber auch Niederlagen einstecken musste. Dann war das »Paket« geschnürt und würde den Landtag passieren, und ich würde ihm zustimmen. Doch bevor es so weit war, stellte die Opposition manchmal Anträge, deren Inhalt ganz in meinem Sinne war, ob es nun um die Erhöhung des bescheidenen Taschengelds für Heimkinder ging, um die Verringerung von Klassenstärken oder um mehr Mittel für die Weiterbildung von Lehrkräften. Genau für solche Anliegen hatte ich mich ja in den vorausgegangenen Verhandlungen eingesetzt, mich aber nicht durchsetzen können. Dann saß ich jedes Mal auf meinem Platz auf der Regierungsbank des Landtags und kämpfte mit mir: Sollte ich, Abgeordnete eines frei gewählten Parlaments, nicht bei jeder Abstimmung meiner Überzeugung folgen? Eine einzelne Stimme würde das Ergebnis ohnehin nicht beeinflussen, aber darum ging es nicht: In mir sperrte sich alles dagegen, einen Antrag, den ich inhaltlich befürwortete, abzulehnen und damit gegen meine Überzeugung zu stimmen. Doch dann, als die Neinstimmen aufgerufen wurden, starrte ich geradeaus und hob meine Hand. Es war richtig so. Aber ich fühlte mich nicht gut dabei.

Das ist eine banale Geschichte, über die gestandene Politikerinnen und Politiker nur den Kopf schütteln können. Politik ist die Kunst des Kompromisses, und wer einen mühsam ausgehandelten Kompromiss unter Berufung auf das Gewissen unterläuft, ist nicht automatisch der bessere Mensch. Es könnte sich auch um egoistisches Beharren handeln, um mangelnden Respekt gegenüber hart erkämpften gemeinsamen Positionen, um die Unfähigkeit, politisch zu denken. Doch wo liegt die Grenze? Wo wandelt sich angebliche Politikfähigkeit in Selbstverleugnung und Opportunismus, und wo wird die Treue zur eigenen Meinung zur Prinzipienreiterei und führt in die Isolation? Es sollte in den folgenden Jahren genügend Gelegenheiten geben, darüber nachzudenken, ob ich unter allen Umständen zu meiner Überzeugung stehen würde oder ob ich bereit wäre, sie um eines anderen Ziels willen zurückzustellen. Irgendwann half ich mir damit, mich für einen Moment in die Zukunft zu beamen: Wie würde ich in fünf Jahren auf meine heutige Entscheidung zurücksehen? Das half mir nicht immer, aber ziemlich oft. Die geschilderten Abstimmungen im Landtag jedenfalls sollten auf immer in meinem Gedächtnis bleiben. Kein Zweifel, ich war in der Welt der Realpolitik angekommen.

Zur realen Welt der Politik gehört es auch, dass die Opposition Fehler der Regierung nicht nur aufdeckt, sondern sie ausschlachtet – auch das sollte ich bald am eigenen Leibe erfahren. Als das im Mai 1991 verabschiedete Schulreformgesetz im Amtsblatt veröffentlicht werden sollte, bat die Landtagsverwaltung mein Ministerium um Amtshilfe. Ein Jurist aus unserem Hause prüfte den Text und berichtigte einige Ungenauigkeiten, die sich im Durcheinander der parlamentarischen Abstimmung eingeschlichen hatten. Die Verantwortung für den veröffentlichten Text lag zwar beim Landtag, aber als die Textkorrekturen im September vom Landtag entdeckt wurden, hieß es, das Ministerium habe den Text bewusst verändert und damit den Willen des Gesetzgebers unterlaufen. Der Präsident des Landtags dachte nicht daran, sich zu seiner Verantwortung zu bekennen, und so blieb die Sache an meinem Ministerium bzw. an mir hängen. Was folgte, war ein Gewitter von Beschuldigungen, ich hätte das Gesetz gefälscht. In der Plenardebatte, in der die CDU meinen Rücktritt forderte, wäre ich am liebsten in den Boden versunken. Der Fehler, an dem ich immerhin beteiligt war, war mir peinlich, aber ich war auch fassungslos darüber, was mir da vor den Augen der Öffentlichkeit an böser Absicht unterstellt wurde. Ich war so etwas noch nicht gewohnt und deshalb umso dankbarer dafür, dass sich der Ministerpräsident demonstrativ neben mich setzte und lächelnd ein paar Worte mit mir wechselte. Später habe ich ähnliche Szenen während parlamentarischer Debatten gelegentlich beobachtet – so machen das Politiker, wenn sie einander beistehen wollen.

In den lautstarken Debatten darüber, wie aus dem autoritären Bildungswesen einer Diktatur ein demokratisches Schulsystem werden könne, waren Zwischentöne kaum noch zu hören. Die Positionspapiere der DDR-

Opposition und des Runden Tisches interessierten niemanden mehr. Ob es für sie überhaupt politische und gesellschaftliche Mehrheiten gegeben hätte, steht dahin. Immerhin aber waren sie der Beginn einer bildungspolitischen Debatte gewesen, die in der DDR nicht hatte geführt werden dürfen. Die Ideen, Initiativen und Reformanfänge der Jahre 1989 und 1990 waren Ausdruck von Gestaltungsenergie, von neuerwachtem Selbstbewusstsein und von Bereitschaft zur Verantwortung gewesen. Manches hätte sich als zukunftstauglich erwiesen, anderes wäre in einer Sackgasse gelandet. So ist das immer, wenn eine Gesellschaft das enge Korsett vormundschaftlicher Strukturen abstreift. Umwege und Irrtümer gehören zum Erwachsenwerden, auch zum Erwachsenwerden einer Gesellschaft. Doch die in und nach der Revolution gewachsenen bürgerschaftlichen Pflänzchen wurden von der Wucht des Einheitsprozesses niedergedrückt. Zu verlockend schien es, die fertigen Lösungen des Westens zu übernehmen, zu selbstsicher und mächtig kam der Westen daher. Der Westen hatte sich zu Recht durchgesetzt – der Osten wollte ihn ja. Wozu also die Mühe, die Ideen aus den Küchen und Hinterzimmern der DDR zu prüfen? »Ein interessanter Gedanke, Frau Birthler. Erinnert mich an die siebziger Jahre, da haben wir das auch mal diskutiert. Hat sich aber nicht durchgesetzt.« – »Könnte man machen, ja, funktioniert aber nicht. Sind halt Erfahrungswerte.« Nein, da vergeht einem einfach die Lust, wenn bei jeder neuen Idee einer über die Schulter schaut und gleich schon mal erklärt, was geht und was nicht – auch dann, wenn er recht hat.

Das Unterrichtsfach LER war wirklich etwas Neues. Eigentlich wollte ich es ja »Gott und die Welt« nennen, da hätte jeder gleich gewusst, was gemeint war, doch mir wurde abgeraten – das klinge nicht seriös genug, was auch nicht ganz falsch war. Aber lebendiger wäre es schon dahergekommen. Und die Gegner des neuen Unterrichtsfachs hätten etwas dumm ausgesehen, wenn sie gegen »Gott und die Welt« vor das Bundesverfassungsgericht gezogen wären statt gegen »LER«. Die Abkürzung steht für Lebensgestaltung-Ethik-Religionskunde.

In meinen Jahren als Katechetin hatte ich erlebt, was für Folgen es hatte, dass Religion und Kirche generationenlang aus dem Leben der meisten Menschen verschwunden waren. Den Kindern, die noch nie eine Kirche von innen gesehen hatten und nun neugierig mit ihren Klassenkameraden zur Christenlehre kamen, hatte nie jemand erzählt, warum wir Weihnachten oder Ostern feierten und welche Bedeutung das Kreuz auf dem Altar besaß. Woher sollten ihre Eltern das auch wissen? Deren Väter und Mütter waren seit Mitte der fünfziger Jahre reihenweise aus den Kirchen ausgetreten. Damals waren die atheistische Propaganda der SED und die Verleumdung von Christen zur realen Gefahr geworden. Die Distanz blieb, auch als der Kampf der SED gegen die Kirchen längst einer widerwilligen Duldung gewichen war. Auch war der militante ideologische Atheismus der frühen DDR-Jahre inzwischen einer weitverbreiteten, unreflektierten, manchmal auch vulgären Antireligiosität gewichen. Karriereschädlich war es aber allemal, sich zu einer Kirche zu bekennen. Was für ein Verlust an Tradition, an Kultur, an Sinnstiftung! Ich wusste aus Gesprächen mit vielen Vätern und Müttern, dass sie spürten, was ihnen vorenthalten worden war, und dass sie es für ihre Kinder anders wünschten, auch wenn ihre eigene Distanz zur Kirche fortbestand.

Die Öffnung des schulischen Unterrichts für religiöse Themen und allgemeine Sinnfragen entsprach dem Wunsch der meisten Eltern und hatte schon seit längerem zu den Forderungen der Oppositionsbewegung gehört. An konfessionellen Religionsunterricht, wie er in fast allen Bundesländern im Westen praktiziert wurde, hatten wir dabei freilich nicht gedacht, denn dieser hätte ja nur die Kinder erreicht, deren Eltern eine Nähe zur Kirche hatten, und uns ging es doch gerade um Kinder und Jugendliche aus kirchenfernen Familien. Religiöse Erziehung, das Hineinwachsen in die Welt des Glaubens und der Gemeinden – das war nach unserer Auffassung ohnehin keine Sache der Schulen, sondern der Christenlehre in den Gemeinden. So beurteilten es damals auch die evangelischen Kirchen in der DDR. Noch im Sommer 1990 sah die Konferenz der Evangelischen Kirchenleitungen der DDR keinen Handlungsbedarf für die Einführung eines konfessionellen Religionsunterrichts und plädierte stattdessen für »Ethik« als ordentliches Lehrfach für alle Jahrgangsstufen. Zugleich boten sie an, sich an einem religionskundlichen Unterricht in den Schulen zu beteiligen.

Ich war also in guter Gesellschaft, als ich dafür sorgte, dass dieser Gedanke in den Brandenburger Koalitionsvertrag aufgenommen wurde. Im Februar 1991 lag ein erstes Konzept für das neue Unterrichtsfach vor, und ich lud die beiden Kirchen und die Jüdische Gemeinde zu einem Treffen in kleiner Runde ein, um ihnen davon zu berichten. Ich war guter Dinge. Meine Gesprächspartner würden, da war ich ganz sicher, die Initiative mit Interesse und Zustimmung aufnehmen. Wie naiv ich war! Und wie enttäuscht, als meine Gäste sich kühl verabschiedeten, nachdem sie ihre Skepsis und ihre Ablehnung deutlich gemacht hatten. Nicht einmal Oberkonsistorialrätin Rosemarie Cynkiewicz, die ich aus meiner früheren Tätigkeit kannte und sehr schätzte, machte eine Ausnahme. Was war in den wenigen Monaten seit dem letzten Sommer anders geworden? Offenbar standen auch in den Kirchen die Zeichen auf Übernahme aller westlichen Standards, ob es sich nun um die Kirchensteuer, die Militärseelsorge oder den Religionsunterricht handelte.

Ich ließ mich nicht beirren, bereitete einen Modellversuch vor und konnte mit einigen Zugeständnissen wenigstens die evangelische Kirche dazu bewegen, sich daran zu beteiligen. Mit der Leitung des Modellversuchs beauftragte ich den Theologen und Alttestamentler Christian Lange, meinen früheren Dozenten im Burckhardthaus. Ein Glücksgriff. Er und seine Mitarbeiterinnen und Mitarbeiter, von denen nicht wenige zuvor im kirchlichen Dienst gestanden hatten, betraten pädagogisches Neuland und schufen in den folgenden Jahren die theoretischen und praktischen Voraussetzungen für ein Unterrichtsfach ohne Beispiel. Das Wichtigste daran war, dass die Kinder gemeinsam lernten und nicht in konfessionell oder weltanschaulich voneinander getrennte Gruppen aufgeteilt wurden. Es ging ja um Werte, um Sinnfragen, um verschiedene Weltanschauungen und Religionen. Unterricht soll zusammenführen und Kinder und Jugendliche in all ihrer Verschiedenheit miteinander ins Gespräch bringen, nicht trennen. Wo, wenn nicht in der Schule, sollten sie voneinander lernen, warum die einen das Abendmahl feiern und die anderen Jom Kippur und wieder andere das Fastenbrechen nach dem Ramadan?

Doch die Kirchen blieben auf Distanz. Die evangelische Kirche stieg nach dem Ende des dreijährigen Modellversuchs aus der ohnehin nur halbherzigen Zusammenarbeit aus, nicht ohne das neue Unterrichtsfach nach Kräften zu diffamieren: Ein staatliches Wertemonopol sei das, mit dem die Kirchen aus den Schulen verdrängt werden sollten. Der Gegner war ausgemacht: das »glaubensferne Brandenburg«, das Land, in dem zur Gottvergessenheit erzogen wurde. Das Fach sei nichts als Weltanschauungsunterricht wie zu Zeiten der DDR und würde außerdem nur früheren Staatsbürgerkundelehrern eine Weiterbeschäftigung verschaffen. Dass die Idee für LER im Raum der evangelischen Kirche entstanden war und seine Entwicklung immer auch den Versuch darstellte, den in DDR-Zeiten entstandenen Defiziten etwas entgegenzusetzen, wurde geflissentlich übersehen. Auch, dass nicht ein einziger früherer Staatsbürgerkundelehrer am Modellversuch beteiligt war.

Als der Modellversuch auslief, war ich nicht mehr Ministerin, verfolgte die Debatte um das Fach LER aber genau und beteiligte mich auch an ihr. Nachdem Wolfgang Huber 1994 zum neuen Bischof der Evangelischen Berlin-Brandenburgischen Kirche ernannt worden war, hoffte ich, er würde dem Unterrichtsfach unvoreingenommen gegenüberstehen, und erläuterte ihm in einem persönlichen Gespräch, dass die Wurzeln dafür in der evangelischen Kirche selbst zu finden seien; es gebe auch aus evangelischer Sicht gute Gründe für das neue Fach und erst recht dafür, dass sich die Kirchen an ihm beteiligten. Es war vergebens, Huber kämpfte noch vehementer für die Einführung von Religionsunterricht als ordentlichem Unterrichtsfach als sein Vorgänger Martin Kruse. Ich verstand meine Kirche nicht mehr und war enttäuscht. Warum setzte sie sich lediglich für die Minderheit jener Kinder und Jugendlichen ein, die den Religionsunterricht besuchten? Warum war sie nicht bereit, im Rahmen von LER Gesprächspartnerin aller Schülerinnen und Schüler zu sein und christliche ebenso wie nichtchristliche Kinder und Jugendliche auf ihrer Suche nach Orientierung zu unterstützen?

Schließlich verklagten einige Eltern und beide Kirchen das Land Brandenburg beim Bundesverfassungsgericht mit dem Ziel, LER abzuschaffen und stattdessen konfessionellen Religionsunterricht als ordentliches Fach einzurichten. Die Klage scheiterte. Hinter all den Debatten ging es natürlich nicht nur um Wertevermittlung und die Rechtslage, sondern auch um handfeste materielle Interessen. In Berlin und Brandenburg boten die Kirchen in den Schulen Religionsunterricht an, der nicht wie anderswo von staatlichen Lehrkräften, sondern von Theologen und kirchlich angestellten Religionslehrern abgehalten wurde. Und obwohl dafür beträchtliche Steuermittel aufgewandt wurden, waren die Bereitstellung von Unterrichtsmaterialien, die Entwicklung der Rahmenpläne, die Aus- und Weiterbildung der Lehrkräfte, ihre Bezahlung und ihre Pensionsbezüge kostspielig. Für die Kirchen wäre es also durchaus lohnend gewesen, die Verantwortung dafür dem Staat zu überlassen.

Zwanzig Jahre später ist es um den Streit still geworden. Die Frage, welche gesellschaftliche Rolle die christlichen Kirchen angesichts zunehmender Säkularisierung einerseits und Multireligiosität andererseits in Zukunft haben werden, bleibt freilich auf der Tagesordnung. Längst interessieren sich auch Religionspädagogen aus den alten Bundesländern für Unterrichtsmodelle, die dem Brandenburger Fach LER ähnlich sind.

Seit der Wiedervereinigung wurde in besorgniserregendem Ausmaß sichtbar, wie verbreitet Ausländerfeindlichkeit, Rassismus und Gewaltbereitschaft in den ostdeutschen Ländern waren. Sie richteten sich nicht nur gegen die vergleichsweise wenigen dort lebenden Ausländer, sondern gegen alle, die anders zu sein schienen und als Schwule, Linke, Behinderte oder vermeintlich Asoziale den Hass Rechtsradikaler auf sich zogen. Ausländerhass und rechte Gewalt hatte es auch in der DDR gegeben, ebenso wie feste Strukturen, innerhalb derer rechtsradikales Gedankengut weitergegeben und verfestigt wurde. Das Phänomen wurde allerdings offiziell nicht zur Kenntnis genommen oder, wenn es bekannt wurde, von staatlicher Seite zumeist als Folge westlicher Einflüsse bezeichnet. Als einige dutzend Neonazis am 17. Oktober 1987 nach einem Punkkonzert West-Berliner Gruppen wahllos auf die Besucher einprügelten, schaute die Polizei tatenlos zu, und Hans-Dieter Schütt warf in der *Jungen Welt* Neonazis und »Mahnwächter«, also die Opposition, in einen Topf. Im September 1991 kam es dann in Hoyerswerda und im August 1992 in Rostock zu heftigen Ausschreitungen überwiegend Jugendlicher gegen ehemalige Vertragsarbeiter und Flüchtlinge. NPD-nahe Gruppierungen versuchten, durch Einschüchterung und Gewalt sogenannte »national befreite Zonen« zu schaffen, und in Thüringen bildete sich Ende der neunziger Jahre die Terrorgruppe »Nationalsozialistischer Untergrund«, die mindestens neun Menschen ermordete und zahlreiche weitere Straftaten beging. Doch das waren nur die traurigen Höhepunkte einer dramatischen Entwicklung, die bis heute Anlass zu großer Sorge gibt. Zuvor erschütterten auch in den alten Bundesländern rechtsradikale Gewalttaten immer wieder die Öffentlichkeit. Im Osten aber war und ist die Gefahr für Menschen, Opfer rechtsradikaler Gewalt zu werden, um ein Mehrfaches größer.

Über die Ursachen dafür entspann sich Anfang der neunziger Jahre eine erbitterte Diskussion. Waren die gewalttätigen Jugendlichen das

Produkt der DDR, also einer geschlossenen Gesellschaft und des verordneten Antifaschismus, der eine tiefer gehende Auseinandersetzung mit dem Nationalsozialismus verhindert hatte? Oder eher ein Ergebnis des gesellschaftlichen Wandels nach 1990: Kinder sozial verunsicherter Eltern und einer Zeit, in der es zu einem gefährlichen Wertevakuum gekommen war? Auch die Gesinnung in den ostdeutschen Elternhäusern könnte eine Rolle gespielt haben. Der Osten hatte überproportional viele Vertriebene aufgenommen. Die erste öffentliche Analyse rechter Gewalt in der DDR konnte man bereits im März 1989 in der Samisdat-Zeitschrift *KONTEXT* lesen – sie stammte von Konrad Weiß.

Als Bildungs- und Jugendministerin eines ostdeutschen Landes war ich in dieser Debatte gefragt. Dahinter stand zumeist die Hoffnung, dass man nur genügend Geld in die Bildung und die Jugendhilfe investieren müsse, um die Probleme zu lösen. Und natürlich setzte ich mich dafür ein, dass Schulen vorbeugend tätig wurden und dass ausreichend finanzielle Mittel für Jugendeinrichtungen und Projekte zur Verfügung standen, in denen demokratische Werte und Haltungen vermittelt wurden. Auch mehrere deutsch-polnische Schulprojekte, die wir Anfang der neunziger Jahre initiierten, sollten dazu beitragen, Vorurteile abzubauen und die europäische Idee zu fördern.

Ein wichtiger Gesprächspartner in dieser Zeit war für mich Ralf-Erik Posselt, Referent für Gewalt und Rassismus in der Evangelischen Kirche von Westfalen. Wir kannten uns aus den Begegnungen zwischen dem Ost-Berliner Stadtjugendpfarramt und dem westfälischen Amt für Jugendarbeit und hatten uns angefreundet. Ralf-Erik hatte 1983 die Initiative »SOS-Rassismus-NRW« ins Leben gerufen und bald darauf die »Edition Zebra«, in der zahlreiche Publikationen mit theoretischen und praxisorientierten Arbeitsmaterialien gegen Gewalt und Rassismus erschienen. Ich lernte eine Menge von ihm und brachte ihn mit Menschen in Brandenburg zusammen, die sich für dieselben Ziele engagierten. Nebenher sorgte Ralf-Erik immer mal wieder für einen Ausgleich mitten im Regierungsstress: Mal fuhr er mit mir ein paar Tage an die See, ein anderes Mal fuhr er mit einem Autoanhänger voller riesiger Kübelpflanzen vor und verwandelte mein Büro in eine Art Gewächshaus.

Wenn ich von den Wurzeln rechter Gesinnung sprach, die in der DDR zu suchen seien, zum Beispiel davon, dass ich als Jugendliche in der Schule zwar viel über den Faschismus (den Begriff »Nationalsozialismus« gab es in den DDR-Schulen nicht) und über die Verfolgung von Kommunisten gelernt hätte, aber fast nichts über den Holocaust, dann schlug mir Ablehnung, manchmal auch blanker Hass entgegen. In all den Jahren nach 1989 habe ich immer dann die meisten Anfeindungen erlebt, wenn ich den antifaschistischen Mythos der DDR in Frage stellte. Anscheinend war der Antifaschismus, der für viele Menschen, auch für viele Lehrerinnen und Lehrer, gewiss eine Herzenssache darstellte, zugleich die letzte Bastion der DDR, die es zu verteidigen galt. Auch den Gedanken, dass die autoritären Strukturen der DDR, der Anspruch der SED, im Besitz der Wahrheit zu sein, und der fortwährende Kampf gegen abweichende Ideen und Lebensformen die Entstehung von rechtsextremen Weltbildern begünstigt hätten, empfanden manche als Propaganda, die einzig dem Zweck diente, die DDR zu delegitimieren.

Manchmal fürchte ich, dass ich mit meinen Gedanken und Argumenten zu diesem Thema vielleicht nur Menschen erreicht habe, die ohnehin so ähnlich dachten wie ich. Demokratische Kultur ist so leicht zu zerstören. Sie wiedererstehen zu lassen braucht dagegen unendlich viel Geduld und Kraft. Ein russischer Journalist, den ich einmal während einer Podiumsdiskussion traf, sagte es so: »Es ist einfach, aus einem Aquarium eine Fischsuppe zu machen. Aber umgekehrt?«

Auch wenn ich als Bildungs- und Jugendministerin täglich viel dazuzulernen hatte, so waren dies doch Politikfelder, für die ich durch meinen früheren Beruf und meine politische Arbeit viel Erfahrung und Wissen mitbrachte. Anders beim Sport. Ich hatte mich zwar als Jugendliche in allerhand Sportarten von Turnen über Handball bis zum Kunstspringen versucht, später aber das Interesse daran verloren, und es musste sich schon um Olympische Spiele oder Weltmeisterschaften handeln, wenn ich mir freiwillig Wettkämpfe im Fernsehen ansah. Die *Sportschau* und das *Aktuelle Sportstudio* hatte ich früher oft mitgeschaut, als ich noch verheiratet gewesen war, aber das lag schon einige Jahre zurück. Jetzt blickte ich, wenn ich im Landtag als Ministerin am Rednerpult stand, immer direkt ins Gesicht meines Exmannes, der als Fraktionschef der SPD in der ersten Reihe saß, und mir schien, dass er sich jedes Mal, wenn ich mich zum Thema Sport äußerte, nur mühsam ein Grinsen verkniff.

Sport war auch selten ein politisches Thema für die DDR-Opposition gewesen – abgesehen davon, dass wir den Ehrgeiz der SED, ihre internationale Anerkennung mit möglichst vielen Medaillen zu festigen, verlachten. Wir diskutierten weder die frühe sportliche Auslese noch die Lebens- und Trainingsbedingungen der dann ausgewählten Kinder, die oft schon unverantwortbar früh in Internaten lebten und hartem Leistungsdruck ausgesetzt waren. Von unfreiwilligem Doping wussten wir nichts, aber gab es nicht genug Anzeichen dafür? Ich erinnere mich, wie wir uns über die Geschichte von dem Schwimmtrainer amüsierten, der von einem Westjournalisten gefragt wurde, warum seine Schwimmerinnen so tiefe Stimmen hätten, und dessen schnoddrige Antwort lautete: »Die sollen ja nicht singen, sondern schwimmen.«

Der Umbau des Schulwesens nahm fast meine gesamte Aufmerksamkeit und Energie in Anspruch, so dass ich als Sportministerin mehr, als es für ein politisches Amt gut ist, auf die Kompetenz, die Erfahrung und die Meinung anderer angewiesen war. Dass es nicht zu dramatischen Fehlentscheidungen kam, habe ich engagierten und vertrauenswürdigen Mitarbeitern zu verdanken, die mich außerdem noch vor Blamagen schützten: Den jährlichen Empfang, zu dem ich als Ministerin die Spitzensportlerinnen und Spitzensportler einlud, überstand ich nur mit der Assistenz meines Mitarbeiters Karl Petzold, der ganz in meiner Nähe blieb und mir, bevor ich sie begrüßte, die Namen prominenter Sportler wie Birgit Fischer oder Henry Maske zuflüsterte. Ich musste daran denken, dass so ein Prozedere früher bei Hofe üblich gewesen war. Peinlich.

Mehr aber bedrückt mich nachträglich, dass ich den Bemühungen von Manfred Kruczek, einem meiner Mitarbeiter, der mit dem Sportbetrieb bestens vertraut war, zu wenig Zeit und Interesse schenkte. Er versuchte, meine Aufmerksamkeit auf das Thema Doping zu lenken, und warnte mich frühzeitig davor, dass sich ein Teil der alten Sportstrukturen regenerierte und die für die Deformationen des DDR-Sports Verantwortlichen schon wieder fest im Sattel saßen. Heute pfeifen es die Spatzen von den Dächern, dass der Sport in Brandenburg ein Refugium alter Seilschaften war und teilweise immer noch ist. Vermutlich hätte ich es gar nicht verhindern können, aber ich werfe mir vor, nicht aufmerksam genug gewesen zu sein.

Vielleicht gehörte ja meine Mutter zu den wenigen, die davon profitierten, dass ich Sportministerin war. Nach meiner Ernennung stellte ich erschrocken fest, dass das für sie einfach zu viel war. Sie war noch nie einem Politiker, geschweige denn einem Regierungsmitglied persönlich begegnet – und nun das: ihre Tochter Ministerin! Sie verhielt sich mir gegenüber unsicher, fast schüchtern, und so war ich froh, als sich eines Tages eine Gelegenheit bot, bei der sich das ändern konnte. Ein Potsdamer Ruderverein hatte mich eingeladen, ein Ruderboot zu taufen, und ich nahm meine Mutter mit. Schon beim Rundgang über das Gelände blühte sie geradezu auf und stellte unseren Gastgebern zu einzelnen Booten sachkundige Fragen, die mir im Leben nicht eingefallen wären. Als dann bei der offiziellen Begrüßung für alle hörbar nicht nur die Ministerin begrüßt wurde, sondern auch »ihre Frau Mutter, die früher aktive Ruderin war«, war das Eis gebrochen. Meine Mutter nickte würdig, strahlte und legte an diesem Tag ein für alle Mal die unpassende Schüchternheit gegenüber ihrer Tochter ab – Ministerin hin oder her.

An jedem Dienstagnachmittag war Kabinettssitzung. Der große rechteckige Sitzungstisch stand im Arbeitszimmer des Ministerpräsidenten Manfred Stolpe. Dieser saß an der Stirnseite, eingerahmt von Jürgen Linde, dem Leiter der Staatskanzlei, und Alwin Ziel, Innenminister und stellvertretender Ministerpräsident. Neben Ziel saß Hans-Otto Bräutigam, der Europa- und Justizminister, dann kam ich, gefolgt von Umwelt- und Raumordnungsminister Matthias Platzeck. Uns gegenüber saßen Finanzminister Klaus-Dieter Kühbacher, Wirtschaftsminister Walter Hirche, der Wissenschafts- und Kulturminister Hinrich Enderlein und Regine Hildebrandt, Arbeits- und Sozialministerin. Weiter unten waren die Plätze von Landwirtschaftsminister Edwin Zimmermann und von Jochen Wolf, Minister für Stadtentwicklung, Wohnen und Verkehr. Hirche und Enderlein saßen für die FDP im Kabinett, Platzeck und ich für das Bündnis 90, alle anderen für die SPD.

Ein Bundesland entstand quasi aus dem Nichts. Ein beispielloser Transformationsprozess hatte seinen Anfang genommen, verbunden mit unzähligen kleinen und großen Problemen. Das Kabinett war der Ort, an dem ich deshalb auch viele Themen diskutierte, die nicht mein Ressort betrafen. Meine Mitarbeiter bereiteten mich stets sorgfältig auf diese Themen vor, denn Matthias Platzeck und ich vertraten ja nicht nur unsere eigenen Politikfelder, sondern generell die Politik des Bündnis 90. Ich beschäftigte mich also unter anderem mit dem Polizeiorganisationsgesetz, der Verwaltungsreform des Landes, der Weiterbeschäftigung von Förstern, dem militärischen Charakter der für Potsdam geplanten Internationalen Luftfahrtausstellung oder der Direktwahl von Bürgermeistern, die die SPD gern verhindert hätte.

Dass ich Woche für Woche am Kabinettstisch neben Hans-Otto Bräutigam saß, erwies sich als Glücksfall. Bräutigam hatte seit 1982 die Ständige Vertretung der Bundesrepublik Deutschland bei der DDR geleitet und war Anfang 1989 als deutscher UN-Botschafter nach New York entsandt worden, bis ihn Manfred Stolpe als Minister nach Brandenburg berief – aus der großen weiten Welt an den Potsdamer Kabinettstisch. Er war ein glänzender Jurist und hatte erheblichen Anteil daran, dass sich im Land Brandenburg eine Rechtskultur zu entwickeln begann, die tatsächlich einem Rechtsstaat angemessen war. Manchmal musste ich freilich daran denken, dass die Ständige Vertretung auch unter seiner Leitung die DDR-Opposition überwiegend ignoriert hatte. Wenn gelegentlich alle möglichen Leute aus der DDR dort zu Gesprächen und Veranstaltungen zu Gast gewesen waren, wurden Dissidenten so gut wie nie eingeladen. Gleichwohl: Ich profitierte sehr von den kleinen Hinweisen, Hilfestellungen oder Erläuterungen, die ich durch Bräutigam erfuhr – übrigens ohne den geringsten Anflug von Überheblichkeit oder Besserwisserei. Hinzu kamen seine Umgangsformen, seine gepflegte Sprache und die Tatsache, dass er niemals seine Contenance verlor oder im Ärger die Stimme erhob – das alles machte ihn zu jemand Besonderem in unserer Runde.

In gewisser Weise war Regine Hildebrandt das Gegenstück zu Hans-Otto Bräutigam: laut, sehr direkt, witzig und ausgestattet mit einem kräftigen Berliner Dialekt. Ihren Ruhm im Lande Brandenburg zu beschreiben erübrigt sich – Hildebrandt, die von ihren »Landeskindern« innig geliebt und verehrt wurde, zählt bis heute zu den wenigen Politikerinnen Ostdeutschlands, die in der ganzen Republik bekannt wurden und es auch blieben. Selten wurde nach dem Tod einer Politikerin in Deutschland so aufrichtig getrauert wie um Regine Hildebrandt, als sie ihrer Krankheit, um die sie nie ein Geheimnis gemacht hatte, erlegen war. Ihre Beliebtheit verdankte sich ihrer lebendigen Art, auf Menschen zuzugehen, und ihrer Ausdrucksweise, die sich für viele wohltuend von der üblichen Politikersprache unterschied. Mehr noch waren es wohl ihre Authentizität und Glaubwürdigkeit, die den oft verunsicherten und desorientierten Brandenburgerinnen und Brandenburgern guttaten. Insofern war Regine Hildebrandt die ideale weibliche Ergänzung zu Manfred Stolpe.

Einmal waren mehrere Vertreter des Kabinetts zu einer Veranstaltung in einer Kleinstadt eingeladen – wo genau und weshalb, ist mir nicht mehr in Erinnerung. Ich wartete zusammen mit allen anderen in einer Sitzreihe auf die Ankunft des verspäteten Ministerpräsidenten. Er kam, ging mit schnellen Schritten nach vorn, vorbei am Bürgermeister, an allen Honoratioren und Abgeordneten, schloss eine kleine, alte Frau in die Arme, drehte sich mit ihr zu den Wartenden um und rief: »Der Bürgermeister kann warten, denn Frau M. hat heute Geburtstag. Herzlichen Glückwunsch, Frau M.! Und nun singen wir alle ›Happy Birthday to you‹!« Ein wohliges Raunen ging durch den Saal, alle sangen mit, und als wir uns wieder setzten, seufzte eine Frau neben mir voller Wonne und wandte sich zu ihrer Nachbarin: »Ach, ist das nicht wunderbar? Wenn jetzt nur noch unsere Regine hier wäre!« Stolpe und Hildebrandt, der Landesvater mit der sonoren Stimme und die Landesmutter, die sich den Menschen im Land fürsorglich zuwandte – die beiden waren das, was die geschundene ostdeutsche Seele brauchte.

Nein, ich war nicht neidisch auf Regine, ich wollte Politik anders machen als sie. Aber einen Stich hat es mir manchmal doch gegeben, wenn ich beobachtete, wie sie umjubelt wurde, während ich beim Verlassen einer Veranstaltung oft genug zwar mit höflichem Beifall, aber auch mit skeptischen Blicken bedacht wurde. Ich hatte offenbar meinen Zuhörerinnen und Zuhörern mal wieder zu viel zugemutet. So zum Beispiel während einer Veranstaltung, bei der Regine und ich, beide verantwortlich für Kindertagesstätten, gefühlten fünfhundert unzufriedenen Erzieherinnen gegenübersaßen. Es ging um Strukturveränderungen, mit denen die Erzieherinnen nicht einverstanden waren. Sie hatten den Eindruck, bei den kommunalen Trägern auf taube Ohren zu stoßen, und hofften nun auf Unterstützung der beiden Ministerinnen. Ich entwickelte, im Podium sitzend, eine Strategie: »Also, ich bin der Meinung, dass es vernünftig wäre, sich als Erstes mit den Eltern zu verständigen. Als Nächstes könnten Sie sich gemeinsam an den zuständigen Ausschuss des Kreistags wenden und Ihre guten Argumente vortragen. Und wenn es Ihnen gelungen ist, die

Abgeordneten zu überzeugen, dann …« Noch während ich sprach, spürte ich die Abwehr. Ich hatte die Erwartungen enttäuscht. Nicht so die neben mir sitzende Regine. Als eine der Erzieherinnen ein weiteres Beispiel für das Problem schilderte, rief sie ihr zu: »Also das gibt's ja nicht! Wie heißt denn dieser Bürgermeister? Den ruf ich morgen an!« Ein Befreiungsschlag. Alle im Saal klatschten vor Vergnügen und Erleichterung. Ja, so war es ihnen recht. Das, so war es von ihren Gesichtern abzulesen, war doch mal eine Ministerin, die verstand, was sie wollten! Ich habe die Sache nicht weiter verfolgt, bin aber ziemlich sicher, dass Regine den Bürgermeister am nächsten Tag tatsächlich angerufen hat. Und gut möglich, dass sie damit auch Erfolg hatte. So etwas sprach sich herum. Dass sich auf diese Weise – über den Einzelfall hinaus – Probleme lösen lassen, kann man allerdings bezweifeln.

Das Tempo, mit dem die Landesregierung arbeitete, war atemberaubend – wahrscheinlich fielen in jedem einzelnen der ersten Monate so viele Entscheidungen wie unter Normalbedingungen in einer ganzen Legislaturperiode. Die Atmosphäre war trotz vieler Konflikte zumeist kollegial und freundlich. Stolpe ließ als Moderator alle einigermaßen gleichberechtigt zu Wort kommen und sorgte bei Konflikten für Ausgleich, oft auch jenseits der Kabinettssitzungen. Das war nicht allzu schwer, denn die gemeinsame Anstrengung, die ersten Jahre des Aufbaus zu bewältigen, dämpfte das Konfliktpotential. Und gegensätzliche Auffassungen zwischen SPD, FDP und dem Bündnis 90 wurden gewöhnlich im Koalitionsausschuss geklärt, dem auch die Fraktionsvorsitzenden angehörten. Für die SPD war das Wolfgang Birthler. Die anderen in der Runde bekamen schnell mit, dass wir beide mit dieser ungewöhnlichen Konstellation kein Problem hatten, also war es auch für sie keines. Nur die Boulevardpresse versuchte, daraus eine Geschichte zu machen, allerdings vergeblich.

Umso härter und schmerzhafter war der Konflikt um die Stasi-Kontakte des Ministerpräsidenten, der sich im Laufe des Jahres 1992 aufbaute und schließlich für mich nicht mehr zu überbrücken war.

Die ersten Vorwürfe tauchten bereits im Dezember 1990 auf. Zwei Tage vor Weihnachten berichtete *DIE WELT* von hartnäckigen Gerüchten in Bonn, Manfred Stolpe sei Inoffizieller Mitarbeiter der Staatssicherheit gewesen. Wir waren empört. Das konnte ja nur der Versuch sein, nach Lothar de Maizière, der zwei Tage zuvor aufgrund von Stasi-Vorwürfen von seinem Amt als Bundesminister zurückgetreten war, nun auch einen prominenten Politiker der SPD zu demontieren. Eine Welle von Solidaritätsbekundungen und Ehrenerklärungen schwappte übers Land: Prominente aus Ost und West, Bischöfe und Vertreter verschiedener Parteien und Organisationen verteidigten Stolpe, die Koalitionspartner sprachen dem Ministerpräsidenten ihr Vertrauen aus, und auch die Opposition hielt zu ihm – die PDS bei diesem Thema sowieso, und für die Brandenburger CDU gab der Fraktionsvorsitzende Peter-Michael Diestel den Ton vor, der von Anfang an ein Gegner der Aktenöffnung gewesen war. Stolpe hatte sich seinerseits kurz zuvor schützend vor Lothar de Maizière gestellt, was nicht verwunderlich war: Im März 1990 hatten beide – zusammen mit Gregor Gysi – Gelegenheit gehabt, die Akten sowohl von de Maizière als auch die von Gregor Gysi in aller Ruhe und weitgehend unbeaufsichtigt zu lesen: De Maizière hatte sich, als im März 1990 der erste Verdacht gegen ihn auftauchte, überprüfen lassen. Zu dieser »Überprüfung« hatte er Manfred Stolpe als Vertrauensperson und Gregor Gysi als Rechtsbeistand hinzugebeten. Nun erklärte Stolpe in eigener Sache, »ein gutes Gewissen« zu haben und sich der Überprüfung durch den Landtag zu stellen. Das Thema war damit vorerst erledigt, auch die Medien ließen es fallen.

Dass Stolpe gemeinsame Sache mit der Staatssicherheit gemacht haben sollte, war zu dieser Zeit in meinen Augen eine böswillige Unterstellung, für die ich nur eine Erklärung hatte: Da sollte der einzige ostdeutsche Ministerpräsident, der der SPD angehörte, abgesägt werden. Dabei sah ich das Verhalten Stolpes zu DDR-Zeiten keineswegs unkritisch. Er hatte allzu intensive Kontakte zur SED unterhalten, uns gegenüber nicht mit offenen Karten gespielt und stets etwas Schillerndes, Unklares an sich gehabt. Einerseits war er derjenige gewesen, an den wir uns mit Problemen und Konflikten zwischen den Kirchengemeinden und den Oppositionsgruppen gewandt hatten. Andererseits hatten seine Manöver immer wieder unser Misstrauen geweckt – ob es nun um seine Reaktion auf das Verbot der Aufnäher »Schwerter zu Pflugscharen« ging, um die Friedenswerkstatt, den Kirchentag von unten oder das Kontakttelefon. Der »Arbeitskreis Solidarische Kirche« hatte sich nicht nur einmal gegen dieses Taktieren ausgesprochen.

Aber Stolpe ein Mann der Stasi? Nein, das war unmöglich. Jeder, der in der Kirche arbeitete, wusste, dass man mit denen nicht sprach, und wenn die Staatssicherheit versuchte, Kontakt aufzunehmen, war das Gebot Nummer eins, der Gemeindeleitung, dem Superintendenten oder dem Bischof, jedenfalls einem Vorgesetzten, davon Mitteilung zu machen. Jeder und jedem von uns war klar, welchen Wert die Stasi auf Konspiration legte, und es hatte sich immer wieder bewährt, dieses Prinzip der Konspiration zu unterlaufen. Dekonspiration war deshalb auch eine sehr wirksame Methode, sich gegen Anwerbeversuche zu schützen. Sie war der beste Rat, den man jemandem für den Fall geben konnte, dass »die mal kommen« und mit einem reden wollen. Selbstverständlich gingen wir davon aus, dass auch Stolpe sich an diese klare Regel gehalten hatte.

Wir irrten. Ein Jahr später, im Januar 1992, erschien im *SPIEGEL* ein Auszug aus einem Buch, das Stolpe, wie er erklärte, kurz darauf veröffentlichen wollte. Darin berichtete er von rund tausend Gesprächen, die er mit der SED, staatlichen Stellen und der Staatssicherheit geführt hatte, darunter auch solche, die geheim waren und in konspirativen Wohnungen stattfanden. Später würde er immer wieder darauf verweisen, dass er von sich aus an die Öffentlichkeit gegangen sei, denn er habe nichts zu verbergen und wolle die offene Debatte. Dass zu diesem Zeitpunkt die Veröffentlichung journalistischer Recherchen kurz bevorstand, wusste noch niemand. Und niemand fragte ausdrücklich danach, warum Stolpe diese Offenheit vermieden hatte, als er als Abgeordneter des Landtags überprüft worden war. Ob wohl die beiden Kirchenvertreter Monsignore Karl-Heinz Ducke und Generalsuperintendent Günther Bransch, die mit der Überprüfung der Brandenburger Landtagsabgeordneten beauftragt worden waren, von diesen konspirativen Kontakten wussten?

Erwin Huber, der damalige Generalsekretär der CSU, forderte Stolpes Rücktritt mit Verweis auf de Maizière. Die *Süddeutsche Zeitung* sprach von einem Grenzfall. Ansonsten schlugen die Wellen der Solidarität noch am selben Tag hoch, höher als ein Jahr zuvor. Rainer Eppelmann hielt es für unvorstellbar, dass Stolpe Informationen weitergegeben haben könnte. Auch Joachim Gauck nahm den Ministerpräsidenten in Schutz. Abends forderte der Journalist Klaus Mertes im Fernsehmagazin *Report München* Stolpe zum Rücktritt auf. Damit war es in den Augen vieler ausgemachte Sache: Der Westen wollte Stolpe plattmachen. Alle aufgestauten Demütigungen und Kränkungen mündeten nun in die kollektive Verteidigung Stolpes ein, der sich diese Haltung in den folgenden Jahren immer wieder zunutze machte. Wann immer neue Vorwürfe gegen ihn erhoben wurden, spielte er die Ost-Karte aus, die sinngemäß lautete: Da soll eine ostdeutsche Biographie kaputtgemacht werden – das lassen wir (!) uns aber nicht gefallen! Diese erfolgreiche Verteidigungsstrategie war im Übrigen bei prominenten Ostdeutschen, denen eine Zusammenarbeit mit der Stasi vorgeworfen wurde, verbreitet. Den meisten Menschen fiel dieser Widerspruch nicht auf. Ich habe Szenen erlebt, bei denen eigentlich unbeteiligte Ex-DDR-Bürger angesichts der in ihren Augen infamen Unterstellungen mit Wut und Tränen reagierten, so als träfe der Vorwurf sie persönlich.

Politiker und Kirchenleute standen nahezu geschlossen hinter Stolpe, und als David Gill, der Sprecher der Stasi-Unterlagen-Behörde, mitteilte, dass es sich bei dem gesichteten Material eher um Opfer- als um Täter-Akten handele, regnete es Ehrenerklärungen. In der *FAZ* wurde aus Stolpes Stasi-Kontakten »behutsame Gegenkonspiration«. Auch manche ehemaligen Dissidenten stellten sich hinter Stolpe, und ich selbst erklärte am 21. Januar nach unserer Fraktionssitzung gegenüber dem *Tagesspiegel*: »Niemand sieht einen Anlass, dem Ministerpräsidenten das Vertrauen zu entziehen.«

Aber stimmte das überhaupt noch? Mir und vielen anderen war längst ziemlich mulmig zumute: War an der Sache doch was dran? Zumindest gab es jede Menge Erklärungsbedarf. Auch Bischof Gottfried Forck ging vorsichtig auf Distanz. Auf die Frage, ob er von Stolpes Stasi-Kontakten gewusst habe, antwortete er: »Nein. Wären sie mir bekannt gewesen, hätte ich ihm gesagt, dass damit die Grenzen der kirchlichen Möglichkeiten überschritten seien. Weil die Glaubwürdigkeit der Kirche aufs Spiel gesetzt wird.«

Von nun an blieben die Stasi-Kontakte des Ministerpräsidenten ein kontroverses Thema. Nachdem der »Stolpe-Untersuchungsausschuss« des Landtages Brandenburg den Bundesbeauftragten für die Stasi-Unterlagen um ein Gutachten gebeten hatte, legte dieser Ende März 1992 einen Recherchebericht vor, in dem es hieß, dass Stolpe »nach den Maßstäben des MfS über einen Zeitraum von ca. 20 Jahren unter dem Decknamen ›Sekretär‹ ein wichtiger IM im Bereich der Evangelischen Kirchen der DDR war«. Obwohl die eigentlichen Akten des IM »Sekretär« nicht mehr auffindbar waren, wurde immer mehr an belastendem Material entdeckt, immer brüchiger und widersprüchlicher wurde Stolpes Verteidigung. Allerdings nur für jene, die bereit waren, hinzuschauen und darüber zu sprechen. Dazu gehörte Mut, denn wer Stolpe angriff, hatte nicht nur mit wütenden Briefen voller Beleidigungen und mit öffentlichen Angriffen zu rechnen, sondern manövrierte sich zumindest in Brandenburg ins politische Abseits.

Ich kann nicht mehr sagen, ab wann genau ich den Erklärungsversuchen des Ministerpräsidenten keinen Glauben mehr schenkte. Gründe und Anlässe für eine allmähliche Ernüchterung gab es reichlich, und bald wandelte sich meine Enttäuschung in Zorn darüber, wie Stolpe versuchte, die Öffentlichkeit zu täuschen, und das ihm entgegengebrachte Vertrauen zum Zweck der Verteidigung missbrauchte.

Anders als Gregor Gysi, der eine Zusammenarbeit mit der Staatssicherheit stets bestritten hatte, räumte Stolpe seine Kontakte zum MfS ein, deutete sie aber um. Immer sei es ihm, einem Mann der Kirche, darum gegangen, deren Auftrag zu erfüllen und Menschen zu helfen. Er habe eben mit dem Teufel frühstücken müssen, um ihm etwas abzuringen. Er sei um der Kirche und der Menschen willen in den Kanal gestiegen, da sei es doch kein Wunder, wenn ihm hinterher ein Geruch anhänge. Er verwendete immer wieder solche Sprachbilder, und seine Verteidiger griffen sie begierig auf.

Über Stolpes Motive ist viel nachgedacht und diskutiert worden. Ich bezweifelte seine Darstellung, aber das tat wenig zur Sache: Es gab so viele frühere Inoffizielle Mitarbeiter, die nachträglich behaupteten, »das Gute« gewollt zu haben, auch mit ihrem Verrat. Zwanzig Jahre lang hatte die für Kirche und Opposition zuständige Hauptabteilung XX/4 der Staatssicherheit Stolpe als IM geführt. Er hatte Informationen geliefert, Aufträge erfüllt, Geschenke entgegengenommen und schließlich auch noch einen Orden. Als er entgegen jeder Wahrscheinlichkeit schließlich auch noch behauptete, dieser sei nicht von der Staatssicherheit, sondern vom Staatssekretariat für Kirchenfragen verliehen worden, konnte ich ihm endgültig nicht mehr glauben. Zugleich musste ich mit Entsetzen verfolgen, wie viele Menschen sich weigerten, die Fakten anzuerkennen – weil sie die Enttäuschung nicht ertragen konnten oder weil sie spürten, dass sie dann auch ihre eigenen Lebenslügen erkennen würden. Oder weil sie in früheren Jahren von Stolpe profitiert und seine Hilfe in Anspruch genommen hatten. Oder weil, wie es Finanzminister Kühbacher zu Beginn der Stolpe-Krise in kleiner Runde zum Besten gab, schließlich jeder schon mal einen Schinken geklaut hatte.

Stolpes Ausflüchte und die weitverbreitete Bereitschaft, ihm Glauben zu schenken, rückten in Brandenburg alle Bemühungen um Aufarbeitung ins Zwielicht. Was sollte ich einem Schulamtsleiter entgegenhalten, der mich fragte, warum ich Lehrer wegen Stasi-Belastungen entließ, beim Ministerpräsidenten aber andere Maßstäbe gelten ließ? Er hatte recht: Wäre Stolpe Lehrer gewesen, ich hätte ihm gekündigt.

Ich machte keinen Hehl aus meiner Meinung, und wer mich nach Stolpe fragte, bekam sie zu hören. Hier und da wurde ich um ein persönliches Gespräch gebeten – auch Regine Hildebrandt und Hans-Otto Bräutigam versuchten auf diese Weise, mich zur Umkehr zu bewegen. Ich schätzte die beiden, und es fiel mir schwer, ihnen zu widersprechen. Zunehmend begegneten mir Unverständnis und Ablehnung, auch bei meinen eigenen Leuten im Bündnis 90. Ende September 1992 veröffentlichte der *SPIEGEL* ein längeres Interview, in dem ich kein Blatt vor den Mund nahm. Nur auf die Frage, wann ich denn den Rücktritt des Ministerpräsidenten fordere, antwortete ich ausweichend, dass es doch nötig sei, die Ergebnisse des Untersuchungsausschusses abzuwarten. Ich wollte nicht im Abseits stehen, und ich wollte Ministerin bleiben.

Noch vor der nächsten Landtagssitzung bestellte Stolpe mich zu einem Vieraugengespräch ein. Ihm sei dringend geraten worden, Klartext mit mir zu reden. Zwar sei er selbst ja eher bereit, Kritik, auch von mir, auszuhalten, aber man habe ihn überzeugt, dass das so nicht weitergehe. Ich möge ihm doch zusichern, mich künftig öffentlicher Äußerungen zu enthalten, die ihn beträfen. Ansonsten wäre es wohl schwer, weiterhin gut zusammenzuarbeiten, und das wäre in seinen Augen sehr bedauerlich. Ich verstand. Für sich genommen hielt ich seinen Anspruch sogar für legitim. Ein Kabinettsmitglied hat den Ministerpräsidenten, der es berufen hat, öffentlich nicht zu kritisieren. Ich versprach, seine Forderung zu akzeptieren.

Schnell merkte ich jedoch, dass ich mich an dieses Versprechen nicht halten konnte. Als ich bei einer Diskussionsveranstaltung von Jugendlichen nach Stolpe gefragt wurde und mir die Antwort abpresste, dass ich mich zu diesem Thema öffentlich nicht mehr äußern würde, rebellierten nicht nur Verstand und Gefühl, sondern auch mein Körper. Ich rannte aufs Klo und übergab mich. Jetzt nur nichts überstürzt entscheiden! Zwei oder drei Tage lang wog ich die Möglichkeiten ab – es gab nicht viele. Sollte ich den Maulkorb ignorieren? So schnell hätte Stolpe mich wegen der zu erwartenden öffentlichen Reaktionen nicht entlassen. Aber ich fürchtete, dass man mich auf Umwegen dazu bringen würde, das Handtuch zu werfen: durch Isolation oder mangelnde Unterstützung, aufgrund irgendeines Fehlers oder mit Hilfe konstruierter Vorwürfe. Ich wäre nicht das erste Beispiel dafür gewesen, wie man unbequeme Politiker kaltstellt. Nein: Wenn ich Stolpe gegenüber nicht loyal sein konnte, blieb mir nur der Rücktritt.

Ich beschloss, den Ministerpräsidenten am 29. Oktober 1992 von meiner Entscheidung in Kenntnis zu setzen und danach die Öffentlichkeit zu informieren. Am Vorabend gab ich Matthias Platzeck und Günter Nooke Bescheid. Sie verstanden mich nicht und reagierten vor allem mit Sorge um die Koalition. Würde sie trotz meiner Entscheidung zu halten sein? Am Morgen suchte ich in Begleitung von Günter den Ministerpräsidenten auf. Stolpe war sichtlich überrascht, blieb aber ganz Staatsmann, hörte zu, straffte seinen Rücken, schaute mich an und sagte: »Ein großer Verlust für dieses Land, Frau Birthler!« Dass er wütend werden oder versuchen würde, mich zum Aufschub zu bewegen, das alles hätte ich verstanden, aber diese Abspaltung von Gefühlen war gespenstisch. Ein paar Stunden später ließ er mich zu sich rufen, um mir meine Entlassungsurkunde auszuhändigen. »Ich habe Sie vorhin schon vertreten«, lächelte er mich an. »Sie hatten einen Termin mit einer Schulklasse, den ich übernommen habe.« Ich stand völlig neben mir und murmelte irgendetwas wie »Kann jetzt kein Smalltalk machen, bin gerade Ihretwegen zurückgetreten«, woraufhin er schnell aufstand und mir steif die Hand zum Abschied reichte.

Viel schlimmer war es, meinen Mitarbeiterinnen und Mitarbeitern gegenüberzutreten und ihnen die Entscheidung mitzuteilen. Wir hatten uns noch so viel miteinander vorgenommen, und jetzt enttäuschte ich sie maßlos. Selbst diejenigen, die meine Meinung über Stolpe teilten, reagierten verständnislos: »Das Thema Stolpe war dir wichtiger als deine Aufgabe im Ministerium, wichtiger als unsere gemeinsame Arbeit.« Meine Entscheidung polarisierte. Während sich die einen von mir zurückzogen, mir enttäuschte Briefe schrieben oder mich öffentlich angriffen, erhielt ich zahlreiche solidarische und begeisterte Briefe aus der ganzen Bundesrepublik, Ost und West: Ich hätte Zivilcourage bewiesen, ja sogar die Ehre der Bürgerbewegung gerettet. Ich konnte mich über diesen Zuspruch kaum freuen, dazu fühlte ich mich viel zu jämmerlich. Vielleicht war es gut, dass ich zuvor die Vor- und Nachteile meines Rücktritts und seine Folgen nicht kühl kalkuliert hatte. Ich hatte auch keine Pläne für die Zukunft gemacht, irgendwie würde es schon weitergehen, das war ja bisher immer so gewesen. Anfang der neunziger Jahre war es im Osten normal, dass das Leben unerwartete Wendungen nahm und Menschen sich immer wieder neu sortierten, ohne an Karrierepläne und Absicherungen für die Zukunft zu denken. Das Kriterium für mich war die Frage, mit welcher Entscheidung ich besser leben konnte. Wie schwer es mir tatsächlich fallen würde, die Konsequenzen meiner Entscheidung zu tragen, konnte ich nicht wissen. Ich litt darunter, dass sich diejenigen, mit denen ich die Schulreform auf den Weg gebracht hatte, im Stich gelassen fühlten. Und ich vermisste die Einflussmöglichkeiten in einem Bereich, der mir so sehr am Herzen gelegen hatte.

Zwei Jahre später, kurz vor dem Ende der Legislaturperiode im Herbst 1994, schloss der Untersuchungsausschuss seine Arbeit ab. Die Ergebnisse waren wie zu erwarten höchst gegensätzlich und wurden als Mehrheits- und Minderheitenvotum veröffentlicht. Während der abschließenden Plenardebatte hielt Günter Nooke im Landtag eine Rede, die an Klarheit und Deutlichkeit nichts zu wünschen übrig ließ. Ich las sie mit Genugtuung, war aber auch traurig. Nach meinem Rücktritt hätte ich mir solch klare Worte von Günter gewünscht, aber da hatte er geschwiegen und hier und da sogar angedeutet, dass ich vielleicht gar nicht wegen Stolpe zurückgetreten sei, sondern um Parteivorsitzende der Bündnisgrünen zu werden. Wie absurd! Günter hatte offenkundig kein Interesse daran, mich zu unterstützen: Er wollte die Regierungsbeteiligung des Bündnis 90 nicht riskieren und profitierte ja auch davon, dass ich von der Bildfläche verschwunden war – längst waren wir in der Frage, ob sich das Bündnis 90 mit den Grünen vereinigen sollte, zu politischen Kontrahenten geworden.

Aus den nächsten Landtagswahlen im September 1994 gingen die SPD und ihr Ministerpräsident als strahlende Sieger hervor und regierten fortan mit absoluter Mehrheit. Das von Günter Nooke ohne die Grünen neugegründete BürgerBündnis verschwand in der politischen Bedeutungslosigkeit, und der durch die Spaltung geschwächte junge Landesverband Bündnis 90/Die Grünen sollte fünfzehn Jahre brauchen, bis er wieder im Landtag vertreten war.

14

An der Spitze der Partei

Es ist noch nachträglich ein Skandal, daß wir nicht schon vor Jahr und Tag freie Wahlen in der DDR (und den anderen realsozialistischen Staaten) gefordert haben – ganz in der unseligen Tradition, im Zweifel die Demokratie dem Sozialismus zu opfern.

Der Bremer Grüne Ralf Fücks im November 1990

Die beiden Veranstaltungen, die am 16. und 17. Januar 1993 parallel im Kongresszentrum in Hannover stattfinden, könnten unterschiedlicher kaum sein. Die überwiegend westdeutschen Grünen und das ostdeutsche Bündnis 90 haben ihre Bundesversammlungen einberufen, um den Assoziationsvertrag zu verabschieden, die Grundlage einer künftigen gemeinsamen Partei.

Ich mache einen Abstecher in die große, unüberschaubare Halle, in der sich rund 600 Grüne versammelt haben. Es ist laut, die Atmosphäre unruhig oder angespannt. Die polarisierenden Parteitagsdebatten sind mir nicht mehr fremd, aber ich fühle mich nicht wohl damit, auch heute nicht. Ist es die Übermacht der Westgrünen, die ich fürchte? Ihre andere Kultur, der laute, selbstgewisse Ton? Vielleicht beunruhigt mich auch, dass ich unsicher bin und vieles nicht verstehe. Bezogen auf Österreich und Deutschland soll Karl Kraus einmal gesagt haben: »Was uns trennt, ist die gemeinsame Sprache.« Auf viele Ost- und Westdeutsche trifft das genauso zu. Den meisten Delegierten aus dem Westen ist der Osten herzlich egal, sie haben sich früher nicht für ihn interessiert und tun es auch heute nicht. Ich habe die nur mühsam verhohlene Ungeduld der Grünen während der vorausgegangenen Verhandlungsmonate gespürt, die Gereiztheit, wenn wir auf unseren Forderungen bestanden, statt uns anzupassen. Insbesondere der linke Flügel der Partei befürchtet einen »Rechtsruck« durch das geplante Zusammengehen mit dem aus der DDR-Opposition hervorgegangenen Bündnis 90.

Ich halte nach bekannten Gesichtern Ausschau. Glücklicherweise habe ich in den zurückliegenden Monaten auch viele Grüne kennengelernt, die in uns so etwas wie natürliche Partner sehen und sich vehement für die Vereinigung der Grünen mit dem Bündnis 90 einsetzen. Ich freue mich, Frieder Wolf, Marieluise Beck, Elke Kiltz, Margareta Wolf und Helmut Lippelt zu treffen. Und Lukas Beckmann, der als Geschäftsführer für die kleine Bundestagsgruppe aus dem Osten arbeitet, genauso wie Birgit Laubach, Jürgen Roth, Günter Saalfeld, Elisabeth Weber und Uli Fischer. Überhaupt kommt mir die Bundestagsgruppe vor wie eine schöne Insel. Dort funktioniert das Miteinander von Ost und West, und alle erleben sich gegenseitig als Bereicherung. Hier in der Halle der Grünen ist es anders, und ich gehe erleichtert zurück in den wesentlich kleineren Saal, in dem sich die rund 100 Delegierten des Bündnis 90 versammelt haben. Was ich hier sehe und fühle, ist mir vertraut. Die Zahl der Anwesenden ist überschaubar, der Umgangston ruhig und freundlich, und ich kenne die meisten, darunter enge Freunde und politische Weggefährten. Natürlich herrscht auch hier nicht die pure Idylle, und es gibt zwischen uns Spannungen und Konflikte. Aber es sind meine Leute, ich verstehe ihre Sprache und ihre Signale, und sie verstehen mich.

Manche vom Bündnis 90 begegneten an diesem Tag real existierenden Grünen in dieser Überzahl zum ersten Mal, zumindest hatten sie noch nie einen ihrer Parteitage erlebt, und nach einem kurzen Besuch in der Halle nebenan stand einigen die Sorge ins Gesicht geschrieben. Zu übermächtig, zu bedrohlich erschienen ihnen »die da drüben« im anderen Saal. »Die werden uns einfach verschlucken«, hörte ich sie sagen, »da bleibt nichts mehr von uns übrig.« Natürlich wussten sie längst, dass die Grünen etwa 35 000 Mitglieder hatten, davon rund 1000 im Osten, das Bündnis 90 dagegen nur knapp 3000. Aber hier auf dem Weg zwischen Saal und Halle erlebten sie erstmals sinnlich die zahlenmäßige Übermacht der Westgrünen. Angst ging um, und wenn sie nicht gewusst hätten, dass das Bündnis 90 allein politisch verloren gewesen wäre, wären viele bestimmt lieber wieder abgereist. Es waren ja nicht nur die Grünen, die so bedrohlich wirkten. Es war auch – wieder einmal – der Westen, der den Osten schluckte. Jemand zitierte später meine Antwort auf die Frage, wie denn die Mehrheit im Bündnis 90 die Vereinigung mit den Grünen gesehen habe: »Das Herz sagt nein, doch der Verstand sagt ja.«

Noch war nichts entschieden, alles hing nun von den beiden Versammlungen ab. Nebenan kämpften die grünen Befürworter des Vertrages teils aus politischer Überzeugung, teils allein aus machtpolitischen Überlegungen heraus um die erforderlichen Mehrheiten – unter anderem für den Parteinamen Bündnis 90/Die Grünen, der in den Augen vieler Grüner eine Zumutung darstellte. Bei uns lief der Versuch, die Versammelten von der Sinnhaftigkeit einer Frauenquote zu überzeugen. Es gibt ein Foto, auf dem Katrin Göring-Eckhardt und ich nebeneinander im Präsidium sitzen und für das Ergebnis unserer Verhandlungen werben. Wir redeten mit Engelszungen, aber viele schüttelten die bürgerbewegten Köpfe. Mindestquote? Dass es vernünftig war, die Listen je zur Hälfte mit Männern und Frauen zu besetzen, hatten die meisten inzwischen ja eingesehen. Aber warum sollte auf jedem ersten Platz einer jeden Wahlliste eine Frau kandidieren? Bei den voraussichtlich auch künftig geringen Wahlchancen im Osten war abzusehen, dass höchstens Platz eins jeder Liste in den Bundestag einziehen würde. Nach Lage der Dinge wären Männer damit vollständig außen vor gewesen.

Die Hauptrede zu Beginn unserer Beratungen hatte Gerd Poppe gehalten – als Vorstandsmitglied und Autorität. Er machte keinen Hehl aus seiner Abneigung gegenüber den linken Flügelkämpfern der Grünen. Aber er erzählte auch von seinen Begegnungen mit der Minderheit derer, die seit Jahren der DDR-Bürgerbewegung nahestanden und auch jetzt mit ihr sympathisierten. Die Rede überzeugte viele: Wenn einer wie Poppoff dafür eintrat, es mit den Grünen zu versuchen, dann war das wohl der einzige und vernünftige Weg.

Anders als die im November 1989 gegründete »Grüne Partei in der DDR«, die Ost-SPD und die Blockparteien, die sich mit dem Tag der deutsch-deutschen Vereinigung aufgelöst und vorbehaltlos der jeweils passenden Westpartei angeschlossen hatten, war unser Ziel ehrgeiziger: Zwar würden auch wir – formaljuristisch gesehen – den Grünen beitreten. Politisch aber sollte es eine Neugründung sein, eine Vereinigung von Bündnis 90 und Grünen auf Augenhöhe. Das war angesichts der auf beiden Seiten vorhandenen Widerstände und des Größenunterschieds der beiden Parteien ein ziemlich mutiges Unterfangen. Doch es gab nicht nur Widerstände. Auch viele Westgrüne sahen im Zusammengehen mit den Bürgerbewegungen der DDR eine politische Bereicherung und hatten verstanden, dass wir nicht einfach die eigene politische Identität aufgeben und bei einer Westpartei unterschlüpfen konnten – das wäre ein Verstoß gegen unsere Würde gewesen.

Ein ganzes Jahr lang war der Assoziationsvertrag beraten worden. Ich hatte als Sprecherin von Bündnis 90 mitverhandelt, zur Verhandlungskommission hatten auf unserer Seite u. a. Katrin Göring-Eckhardt, Uwe Lehmann, Christiane Ziller, Werner Schulz, Uwe Dähn, Hans-Jochen Tschiche und Reinhard Weißhuhn gehört. Seitens der Grünen waren u. a. Christine Weiske, Ludger Volmer, Heide Rühle, Henry Selzer, Helmut Lippelt, Friedrich Heilmann und Claudia Roth beteiligt gewesen. Nun warben wir gemeinsam dafür, dass der Entwurf des Vertrages von den Delegierten beider Parteien beschlossen wurde. Danach sollte er mit einer Urabstimmung von der jeweiligen Basis bestätigt werden.

Der Assoziationsvertrag enthielt einige Übergangsbestimmungen, die der ostdeutschen Minderheit Sonderrechte einräumten. Dazu gehörten ein günstigerer Delegiertenschlüssel für die Bundesversammlungen und die Festlegung, dass mindestens drei Mitglieder des Vorstands aus dem Osten waren. Einer der beiden Sprecherposten würde vom Bündnis 90 besetzt, und ein Ost-Länderrat sollte die gemeinsamen Interessen der Ost-Landesverbände koordinieren und gegenüber der Gesamtpartei vertreten. Sitz der Partei wäre von nun an Berlin, Bundesgeschäftsstellen sollte es in Bonn und Berlin geben.

Obwohl sich später herausstellen sollte, dass nicht jedes dieser strukturellen Zugeständnisse die erhoffte Wirkung zeigte, zeugten sie doch vom ernsthaften Bemühen um Gleichberechtigung. Die wirklichen Knackpunkte des Vertrages waren dagegen der Name der künftigen Partei und der von uns geforderte Grundkonsens, der den gemeinsamen politischen Neuanfang kennzeichnen sollte. In ihm wurden die Grundwerte unseres politischen Handelns beschrieben und begründet: Menschenrechte, Demokratie, Ökologie, die Gleichstellung der Geschlechter, soziale Gerechtigkeit und Gewaltfreiheit. Der Grundkonsens gefiel vielen Grünen nicht, wahrscheinlich wegen der besonderen Betonung der Menschenrechte oder weil er scharfe Angriffe auf die bundesdeutsche Politik ebenso vermissen ließ wie grundsätzliche Kapitalismuskritik. Er wurde dennoch als Teil des Assoziationsvertrages mit großer Mehrheit beschlossen. Und danach ignoriert: Kein Programm und keine Wahlplattform würde sich später auf ihn beziehen.

Auch Matthias Platzeck und Günter Nooke waren nach Hannover gekommen. Matthias in beobachtender, abwartender Haltung, Günter dagegen machte aus seiner Ablehnung der Parteienvereinigung keinen Hehl. Längst hatten er und ich uns in der Frage des Zusammengehens mit den Grünen entzweit, der Streit war bitter und nicht immer fair. Günter, neben Matthias das bekannteste Gesicht des Bündnis 90 in Brandenburg, setzte alles daran, die Zustimmung des Brandenburger Landesverbandes zur Fusion mit den Grünen zu verhindern. Als er dort eine Urabstimmung mit dem Ziel einer Absage an die Grünen herbeiführte, organisierte ich zusammen mit den Cottbusern Petra und Achim Weissflog, mit dem Potsdamer Frank Otto und vielen anderen eine Gegenbewegung unter der Überschrift »Einstieg statt Ausstieg«. Auch eine Reihe ehemaliger Berliner Grüner, die jetzt in Brandenburg wohnten oder arbeiteten und inzwischen zum Bündnis 90 übergetreten waren, unterstützten uns. Die Befürworter der Fusion mit den Grünen setzten sich knapp durch, und wir waren erleichtert.

Doch das Bündnis 90 in Brandenburg war unverkennbar gespalten. Während der eine Teil zusammen mit den Grünen einen gemeinsamen Landesverband gründete, traten die anderen in den folgenden Wochen in das von Günter Nooke gegründete »Bürgerbündnis« ein, darunter die bekanntesten Abgeordneten und Mitarbeiter der Fraktion und damit die erste Generation derer, die politische und parlamentarische Erfahrungen gesammelt hatten. Vom Bürgerbündnis blieben bald nur noch ein paar kommunale Vertreter übrig, andere schlossen sich früher oder später verschiedenen Parteien an: Günter Nooke selbst trat 1996 der CDU bei und war für sie von 1998 bis 2005 Bundestagsabgeordneter, der bisherige Fraktionsgeschäftsführer Markus Derling war später für die CDU Stadtrat zuerst in Cottbus und dann in Frankfurt (Oder), Wolfgang Pohl, Oberbürgermeister in Frankfurt (Oder), schloss sich der SPD an, und Peter Schüler kehrte zurück zu den Bündnisgrünen, wurde Rechtsanwalt und Stadtverordnetenvorsteher in Potsdam. Matthias Platzeck blieb nach seinem Austritt aus dem Bündnis 90 zunächst parteiloser Minister, trat 1995 in die SPD ein, wurde 1998 Oberbürgermeister von Potsdam und schließlich 2002 als Nachfolger von Manfred Stolpe Ministerpräsident Brandenburgs.

In Hannover beschlossen beide Versammlungen den Assoziationsvertrag mit großer Mehrheit. Nur einige Ostgrüne, die der Vereinigung mit dem Bündnis 90 skeptisch gegenüberstanden, nahmen übel, dass man so viel Aufhebens um die Fusion mit dem Bündnis 90 machte, während sie selbst den Westgrünen 1990 schnell und geräuschlos beigetreten waren. Ihre Bundesvorstandssprecherin Christine Weiske trat am späten Abend mit der Begründung zurück, dass im Osten das grüne Frauenstatut nicht gelte und dass die Mehrheit der Grünen für den neuen Namen »Bündnis 90/Die Grünen« und damit ihrer Ansicht nach gegen ostdeutsche Interessen gestimmt hätte – ein nicht ganz einleuchtendes Argument, wie die meisten fanden. Andere sprachen von einem »Rechtsruck« der Partei und behaupteten, dass das Bündnis 90 die Westgrünen zu Lasten der Ostgrünen erpresst habe und diese »geopfert« worden seien.

In der Urabstimmung wenige Wochen später war das Ergebnis noch deutlicher als in Hannover: Bei den Grünen sprachen sich 91,8 Prozent, bei uns 85,7 Prozent für ein Zusammengehen aus. Ich war erleichtert: Die Anstrengung hatte sich gelohnt. Trotz aller Bauchschmerzen, trotz der zu erwartenden Schwierigkeiten und Konflikte gab es in meinen Augen keine Alternative zu einer gemeinsamen politischen Zukunft von Bündnis 90 und Grünen. Ohne die Fusion mit den Grünen würde das Bündnis 90 endgültig von der bundespolitischen Bühne verschwinden. Als die Mitglieder des Bündnis 90 sich kurz vor der Fusion noch einmal in Berlin versammelten, erinnerte Gerd Poppe abermals an die langjährigen engen und guten Beziehungen einiger grüner Politikerinnen und Politiker zur DDR-Opposition. Zwei von denen, die er erwähnte, erlebten die Vereinigung der beiden Parteien nicht mehr: Im Oktober 1992 hatte Gert Bastian Petra Kelly und dann sich selbst erschossen. Die Hintergründe dieser Tat konnten nie ganz geklärt werden.

An einem Maiwochenende des Jahres 1993 wurde in Leipzig der erste Bundesvorstand der neuen Partei Bündnis 90/Die Grünen gewählt, an der Spitze Ludger Volmer und ich als Sprecher und Sprecherin – den Begriff der Parteivorsitzenden gab es zu dieser Zeit noch nicht. Unsere Kandidatur spiegelte, wie es die grünen Sitten verlangten, gleich mehrfach die verschiedenen satzungsmäßigen oder politischen Quoten. Volmer: links, grün, West, Mann. Birthler: Reala, Bündnis 90, Ost, Frau. War ich wirklich eine Reala? Nun gut, jedenfalls gehörte ich nicht zum linken Flügel der Partei. Aus dessen Sicht standen wir aus der Bürgerbewegung sowieso viel zu weit rechts. Merkwürdig, bis dahin hatte ich mich immer als Linke verstanden. Mit den Etiketten »Linke« und »Realos« konnte ich zunächst auch wenig anfangen.

Ich hatte mich um das Amt der Parteisprecherin nicht gerissen. Grund dafür war nicht das vertraute Zögern wie vor der Volkskammerkandidatur, die Angst vor der exponierten, öffentlichen Rolle – die war ich inzwischen gewohnt. Nein, diesmal ahnte ich bereits unterschwellig, dass dieser Weg für mich nicht der richtige war. Aber ich hörte nicht auf meine innere Stimme, sondern auf die Argumente derer, die mich drängten zu kandidieren. Und sicher schmeichelte es mir auch, dass mir so viele diese wichtige Aufgabe zutrauten. Freilich kam nicht alles Drängen aus reinem Herzen. Gemäß der Quotenarithmetik konnte nur die Kandidatur einer Bündnis-Frau aus dem Osten dem Westlinken Ludger Volmer den Platz an der Parteispitze sichern. Am Abend nach der Wahl feierten Hunderte Delegierte der neuen Partei ein großes Fest in der Leipziger Moritz-Bastei, einem großen Kellergewölbe. Auch mir war etwas unterirdisch zumute, und ich zog es daher vor, mit ein paar Freunden essen zu gehen. Danach ging ich schlafen.

Der Vorstand nahm unverzüglich seine Arbeit auf – im Haus Wittgenstein, das, idyllisch im Grünen gelegen, auch so ein Relikt alter grüner Ideologie war: Die Bundesgeschäftsstelle befand sich nicht etwa in Bonn, der Hauptstadt, sondern in Roisdorf, einer kleinen Ortschaft an der Bahnlinie zwischen Köln und Bonn. Die Villa mit großem Garten und Nebengebäuden war früher einmal eine Nervenheilanstalt gewesen und diente nun als Parteizentrale. Ich bewohnte ein kleines Zimmer, das zu ebener Erde in einem Nebengebäude gelegen war. Nicht einmal Fotos habe ich aus diesen Monaten, nur mühsam setze ich ein Bild von der Villa und vom Garten zusammen – beides war, scheint mir, sehr schön.

Der Schock der verlorenen Bundestagswahl 1990 hatte die bundesdeutschen Grünen aufgerüttelt und verändert. Auf einem Parteitag in Neumünster im April 1991, an den sich wegen der dort geführten heftigen Auseinandersetzungen und der Wasserpistolen noch viele gut erinnern, wurde ein umfangreiches Reformprogramm verabschiedet und die Parteiarbeit professionalisiert. Vor allem aber verabschiedeten sich die Grünen von der Idee der Systemopposition und bekannten sich erstmalig zur parlamentarischen Demokratie. Daraufhin trat eine Reihe linker Fundamentalisten, darunter Jutta Ditfurth, Thomas Ebermann, Rainer Trampert, Verena Krieger und Jürgen Reents, aus der Partei aus. Als Vertreter ganz unterschiedlicher linker Strömungen gingen sie auch jetzt verschiedene Wege. Ditfurth zum Beispiel gründete die Partei Ökologische Linke, und Reents wurde Chefredakteur der Zeitung *Neues Deutschland*, des früheren SED-Zentralorgans. Zu denen, die die Partei verließen, gehörten auch Dirk Schneider und Klaus Croissant; beide waren, wie bald bekannt wurde, über viele Jahre emsig als Inoffizielle Mitarbeiter für die Stasi tätig gewesen.

Trotz dieses Exodus war der linke Flügel der Partei immer noch stark, agierte von einem erkennbaren ideologischen Konsens aus und besaß einigermaßen klare Konturen und Wortführer. Schwerer zu definieren war der realpolitische Flügel der Partei, zu dem wir aus der Bürgerbewegung der DDR gezählt wurden. Dies war allerdings eher eine arithmetische und »lagerpolitische« Zuordnung. Inhaltlich und mehr noch hinsichtlich unseres Politikverständnisses blieb mir, wie vielen meiner politischen Freunde, die Politik der Realos fremd. Umgekehrt war das ähnlich. Weder wurde die Politik der Bundestagsgruppe als Teil der eigenen Politik ernst genommen, noch gab es regelmäßige Kontakte, Gespräche oder gar Absprachen zwischen mir, der Bundesvorstandssprecherin, und den führenden Häuptern der Realos in Frankfurt und Stuttgart.

Der Grund dafür lag vor allem darin, dass die beiden mächtigen Flügel der Partei, die nach wie vor durch Westgrüne dominiert wurden, bei allen Gegensätzen ein elementares Interesse verband – Wahlerfolge. Und so wurde der Kuchen streng und unter Aufsicht geteilt. Im Reißverschlussverfahren wurden Landeslisten, Partei- und Fraktionsvorstände mit Linken und Realos besetzt. Das klingt vernünftig, brachte aber als fatale Folge mit sich, dass die Lager nicht überwunden, sondern zementiert wurden: Nur wer sich die Unterstützung eines der Flügel gesichert hatte, wurde gewählt – zum Nachteil derer, die eine unabhängige Politik jenseits der Flügelkämpfe anstrebten, und zum Nachteil der Exoten aus dem Osten. Weil es sowieso auf eine Verständigung zwischen den beiden großen Flügeln ankam, regelte der Oberrealo Joseph (Joschka) Fischer, in den Augen vieler der wahre Parteichef, die Dinge direkt mit dem Oberlinken Ludger Volmer – eine Allianz, die mich und die anderen Vertreter des Bündnis 90 nicht eben stärkte.

Der Frieden des Vereinigungsparteitags vom Mai 1993 hielt nur ein paar Monate. In den Ländern Ex-Jugoslawiens herrschte Krieg, und die Frage, ob militärische Einsätze zum Schutz von Menschenrechten und Menschenleben gerechtfertigt seien, drohte die Partei beinahe zu zerreißen. Einige Abgeordnete und Mitarbeiter der Bundestagsgruppe hatten – nicht zum ersten Mal – unter der Leitung von Gerd Poppe, dem außenpolitischen Sprecher, im September 1993 das bosnische Kriegsgebiet besucht. Die Einladung an weitere Mitglieder der Bündnisgrünen, sich an der Reise zu beteiligen, war von Marieluise Beck aus Bremen und Winfried Hermann aus Baden-Württemberg angenommen worden. Die Gruppe kehrte schockiert zurück und berichtete von den massiven Menschenrechtsverletzungen, den Vergewaltigungslagern und davon, dass humanitäre Hilfskonvois von bosnischen Kroaten angegriffen, ausgeraubt und die Fahrer zumeist umgebracht worden waren. Gerd Poppe, Marieluise Beck und Uli Fischer, der Menschenrechtsexperte der Bundestagsgruppe, die nach ihrer Rückkehr aus Bosnien versucht hatten, in Washington und New York Kongressabgeordnete von der Notwendigkeit zu überzeugen, dass die USA ihre Zurückhaltung aufgaben, berichteten dem Länderrat der Partei von der Situation in Bosnien, woraufhin dieser in einem Beschluss den radikalen Pazifismus der Partei in Frage stellte. Dem Prinzip der Gewaltfreiheit solle, so der Beschlusstext, als »gleichrangiges Prinzip« der Schutz der Menschenrechte an die Seite gestellt werden, weshalb »jeder Einsatz von Zwang und Gewalt nicht von vornherein völlig ausgeschlossen werden könne«. Große Teile der Partei, vor allem Vertreter des linken Flügels, sahen diese eher vorsichtige Formulierung als eine nicht hinnehmbare Provokation an und forderten einen Sonderparteitag, um den Beschluss des Länderrats aufzuheben und »den politischen Flurschaden aus der Welt zu schaffen«, wie Jürgen Trittin es nannte.

Der Parteitag wurde für den 9. Oktober 1993 einberufen. Die Bonner Beethovenhalle war rappelvoll und die Stimmung angespannt. Ich saß auf meinem Platz in der ersten Reihe und wünschte mich weit weg. Weg aus diesem Saal, weg aus Bonn. Dabei musste ich gleich die Begrüßungsrede halten. Ich war gründlich darauf vorbereitet, wollte die Gemeinsamkeiten beschwören und die Bereitschaft, einander zuzuhören und Respekt für die jeweils andere Meinung zu zeigen. Doch wie fast immer, wenn ich auf Veranstaltungen der Partei das Wort ergriff, kam meine Stimme irgendwo her, nur nicht aus meinem Inneren. Kein Wunder, dass ich höchstens ein paar Köpfe, aber nicht die Herzen meiner Zuhörer erreichte. Erst recht nicht, als ich den Versammelten zurief: »Das Festhalten an einer Utopie darf nicht Abertausende Menschenleben kosten!«

Mein Co-Vorsitzender Ludger Volmer schien dagegen in bester Kampflaune zu sein. Die Zustimmung im Saal war ihm sicher, denn nach den vorangegangenen Debatten in Partei und Bundesvorstand war längst klar, was die allermeisten Delegierten wollten: eine deutliche Absage an jegliche Einmischung in den mörderischen Krieg in Ex-Jugoslawien. Dabei ging es nicht einmal um Kampfeinsätze. Schon der Schutz von Hilfskonvois mit militärischen Mitteln verstieß gegen das pazifistische Reinheitsgebot. Als Gerd Poppe einen entsprechenden Antrag einbrachte und Parallelen zu 1939 und der Appeasement-Politik der Weltmächte gegenüber dem aggressiven Gebaren Hitlers 1939 zog, wurde er ausgebuht. Die übergroße Mehrheit der Versammelten lehnte den Antrag strikt ab.

Die Stimmung kochte. Wer sich in der Debatte als Befürworter des Antrags outete, wurde als »Menschenrechtsbellizist« beschimpft und beleidigt. Es gehörte Mut dazu, trotzdem eine solche Meinung zu vertreten. Einige im Saal brachten ihn auf, Marieluise Beck zum Beispiel, die das Schicksal bosnischer Frauen in den Vergewaltigungslagern schilderte. Doch die aufgeheizte Atmosphäre im Saal duldete keine nachdenklichen Argumente. Sie verlangte nach Bekenntnissen zur Identität der grünen Mehrheit, und das hieß nichts anderes, als bedingungslosen Pazifismus über Menschenrechte zu stellen. »Ich bin Jude«, rief dagegen Daniel Cohn-Bendit in den Saal, »ohne die Alliierten gäbe es mich nicht!« In klaren Worten forderte der von ihm eingebrachte Antrag eine militärische Intervention der UNO in Bosnien-Herzegowina. Der Appell der Bosnier für ihr Recht auf Leben, »nachdem uns Europa und die Welt das Recht auf Selbstverteidigung abgesprochen haben«, dürfe nicht ungehört verhallen – wie damals die Hilferufe der Aufständischen im Warschauer Ghetto. »Die Gnade der späten Geburt darf bei den Grünen nicht Mehrheitsmeinung werden.«

Die johlende Ablehnung im Saal und die Pfiffe galten Cohn-Bendit persönlich, drückten aber auch die Wut darüber aus, dass seine Argumente stark waren und ihnen kaum etwas entgegengesetzt werden konnte. »Ihr treibt uns aus der Partei, nicht politisch, sondern menschlich«, hatte Dany am Ende seiner Rede noch gewarnt. Wenige Minuten später traf ich ihn zufällig im leeren Foyer. Er war allein und weinte. Jemand hatte beim Hinausgehen, nur hörbar für ihn, »du brauner Jude« gezischt. Wir umarmten uns traurig und gingen zurück in die Halle.

Mag sein, dass unter denen im Saal, die den Einsatz von Militär aus Gewissensgründen generell ablehnten, auch etliche waren, denen die Art der Auseinandersetzung nicht gefiel und die es vorgezogen hätten, respektvoll mit anderen Auffassungen umzugehen. Aber von ihnen war im Tumult nichts zu hören. Längst ging es auf diesem Sonderparteitag nicht mehr um den Krieg in Ex-Jugoslawien, um die mörderischen Hetzjagden auf unschuldige Menschen und um Massenvergewaltigungen, sondern um Ideologie und darum, wer die Macht in der Partei besaß. »Ihr müsst wissen, was für eine Partei ihr sein wollt!«, rief Volmer in den Saal – und: »Wenn die Mächtigen der Welt den Frieden nicht wollen, dann dürfen wir, die Ohnmächtigen, nicht nach Waffen rufen.« Die Menge im Saal war begeistert und folgte ihm in der abschließenden Abstimmung mit großer Mehrheit.

Manche, die anders dachten, schwiegen ängstlich oder aus Gründen, die sie für kluge Strategie hielten. Womöglich drohte eine Spaltung der Partei? Und nicht zu vergessen: In den Landesverbänden würden in ein paar Monaten die Listen für die nächste Bundestagswahl aufgestellt werden. »Bellizisten« würden es dann schwer haben. Die Unterlegenen verließen erbittert die Halle, einige von ihnen, darunter ich, saßen noch eine Weile deprimiert und ratlos in einer nahe gelegenen Kneipe beisammen. War das die Partei, für deren Zustandekommen wir uns ein halbes Jahr zuvor so ins Zeug gelegt hatten? Und was bedeutete dieses Desaster für mich, die dieser Partei als Sprecherin vorstand? Hatte ich versagt? Würde ich die Kluft, die zwischen mir und der Parteimehrheit aufgerissen war, überbrücken können? Und wollte ich das überhaupt?

Es war noch nicht lange her, dass ich selbst jegliche Waffengewalt abgelehnt hatte. »Nie wieder Waffen in deutsche Hände« – das hatte ich schon als Kind von meiner Mutter gelernt. Als Jugendliche hatte ich eine Reproduktion des Holzschnitts von Otto Pankok mit dem Titel »Christus zerbricht das Gewehr« an meine Wand gehängt. Meine Sympathien gehörten den Wehrdienstverweigerern in Ost und West, und ich war stolz auf meinen Mann gewesen, als er sich für den Dienst ohne Waffe entschieden hatte. Im Jahr 1982 wurde in der DDR ein Wehrdienstgesetz verabschiedet, das auch für Frauen eine Wehrpflicht vorsah. Ich unterschrieb den Protestbrief an Erich Honecker, den eine Gruppe von Frauen, darunter Bärbel Bohley, Ulrike Poppe, Irena Kukutz und Jutta Seidel, verfasst hatte. Und als sich in meiner Zeit als Ministerin in Brandenburg Jugendoffiziere der Bundeswehr bei mir zum Gespräch anmeldeten, ließ ich sie nur widerwillig vor, nicht ohne für die gleiche Woche ein Gespräch mit dem Verband der Wehrdienstverweigerer verabredet zu haben.

Das Ende des Kalten Krieges hatte in uns wie bei vielen die euphorische Hoffnung auf ein friedliches Europa geweckt. Doch diese Hoffnung wurde mit dem Krieg in Ex-Jugoslawien schon bald enttäuscht. Zugleich musste das wiedervereinte Deutschland seine Rolle in der Welt und in Europa neu definieren – und mit ihr die Frage nach seiner internationalen Verantwortung für Frieden und den weltweiten Schutz von Menschenrechten. Dieser Veränderungsprozess war nicht nur eine Angelegenheit der Politik und der publizistischen Debatte – er griff tief in das Wertebewusstsein von Millionen Menschen ein. Ich habe in dieser Zeit am eigenen Leib erlebt, wie schwer es ist, sich von langgehegten Überzeugungen zu lösen, Feindbilder zu überprüfen und es auszuhalten, dass Freunde sich wegen neu entstehender politischer Divergenzen voneinander entfernen.

Vielen ist der von ideologischen wie persönlichen Feindseligkeiten geprägte Sonderparteitag im Oktober 1993 als Tiefpunkt in der politischen Kultur der Partei in Erinnerung geblieben. Dennoch kann man den Bündnisgrünen zugutehalten, dass sie die bitteren Debatten über die Notwendigkeit militärischer Einsätze in den folgenden Jahren stellvertretend für andere, vielleicht sogar für die Gesellschaft insgesamt geführt haben. In keiner anderen Partei wurde in der zweiten Hälfte der neunziger Jahre so offen und so erbittert um Krieg und Frieden und die – auch militärische – Verantwortung Deutschlands gerungen. Die Debatte war deshalb ein wichtiger Markierungspunkt auf dem Weg zu einer realitätsnäheren und verantwortlicheren Außenpolitik nicht nur der Bündnisgrünen, sondern der bundesdeutschen Politik.

Die Partei Bündnis 90/Die Grünen verdankt insbesondere der kleinen Bundestagsgruppe wichtige Impulse für diese Veränderung. Vor allem

Gerd Poppe setzte, unterstützt von seinem Mitarbeiter und Freund Reinhard Weißhuhn sowie vom Menschenrechtsexperten Uli Fischer und der Osteuropa-Kennerin Elisabeth Weber, neue Akzente. Die Abgeordneten der Gruppe hatten, wie viele Politiker, die aus der Bürgerbewegung der DDR stammten, die Nase voll von Ideologien und besaßen schon deswegen ein eher pragmatisches Politikverständnis. Sie hatten eine Diktatur erlebt und gegen sie opponiert. Freiheit, Demokratie und Menschenrechte waren für sie nicht nur politische Kategorien, sondern gleichzeitig auch elementare Werte, und nicht wenige hatten für sie Überwachung und Verfolgung in Kauf genommen und auf berufliche Karrieren verzichtet. Gründe genug, nun als Bürgerinnen und Bürger eines freien Landes zu diesen Überzeugungen zu stehen und sie nicht neuen Opportunitäten und Karriereverlockungen, und sei es in Form sicherer Plätze auf Landeslisten, zu opfern.

Aber auch die Westgrünen waren zu allen Zeiten vielfältiger und lebendiger, als es die öffentlichen Schaukämpfe und die heimlichen Deals zwischen den beiden Flügeln vermuten ließen. Während der vielen Besuche, die ich als Bundessprecherin in den Kreisverbänden machte, lernte ich sie kennen – diejenigen, die sich ein Jahrzehnt oder mehr zuvor aus tiefer Überzeugung aufgemacht hatten, um zunächst in kleinen Initiativen und später in der Partei gegen Atomkraftwerke und für die Bewahrung der Schöpfung einzutreten, für ungeteilte Menschenrechte und gegen das Wettrüsten, für Frauenrechte, Basisdemokratie und eine veränderte politische Kultur. Ohne sie wären die Grünen nie zu der Partei geworden, die sie heute sind. Ich hörte von den Erfahrungen und Kämpfen der ersten Jahre, auch davon, wie viele die Partei enttäuscht verlassen hatten oder aus ihr vergrault worden waren. Und nicht zuletzt spürte ich bei meinen Gastgebern Interesse und Respekt uns gegenüber, die wir als Friedens-, Umwelt- und Menschenrechtsgruppen gegen die SED opponiert hatten. Ich traf auf Menschen, die sich aufrichtig über das Ende der Diktatur und das vereinte Deutschland freuten und die in der Vereinigung der Grünen mit den ostdeutschen Bürgerbewegungen einen großen Gewinn und eine politische Chance sahen. Mir war wohl bewusst, dass die Eindrücke, die ich auf diesen Reisen sammelte, keineswegs repräsentativ waren und dass in manchen Regionen niemand auf die Idee gekommen wäre, mich einzuladen und näher kennenlernen zu wollen. Ich war dort zu Gast, wo sich ein grüner Kreisverband für den Osten, für die DDR-Bürgerbewegung oder für mich interessierte, und das war, grob gesagt, häufiger in Baden-Württemberg als in Nordrhein-Westfalen der Fall. Die Gründe dafür schienen mir in den unterschiedlichen politischen Herkunftsmilieus zu liegen, die für die Entstehung der Grünen jeweils maßgeblich gewesen waren. Da, wo nach wie vor bürgerlich-ökologische Wurzeln die Kultur der Grünen beeinflussten, war das Interesse an der Bündnisfrau aus dem Osten einfach größer als dort, wo ehemalige Mitglieder der K-Gruppen und Radikalökologen den Ton vorgaben. Umso wichtiger, dass es auch in den linksdominierten Landesverbänden Grüne gab, die ihren eigenen Kopf hatten – Lukas Beckmann, Christa Nickels oder Jürgen Roth aus Nordrhein-Westfalen sind dafür nur drei von vielen Beispielen.

Dieses aufgeschlossene Gesicht der westdeutschen Grünen war uns schon vor 1989 begegnet, und deshalb lag es für uns nahe, in den Grünen politische Partner zu sehen. Auch in der Opposition der DDR hatten die Themen Umwelt und Frieden eine zentrale Rolle gespielt. Vor allem aber gab es politische und persönliche Freundschaften, die im Laufe vieler Jahre gewachsen waren und sich bewährt hatten. Zwar durften die meisten derjenigen, die engen Kontakt zu Oppositionellen hielten, schon seit Jahren nicht mehr in die DDR einreisen, aber ich kannte ihre Namen durch meine Freunde in der »Initiative Frieden und Menschenrechte«: Lukas Beckmann und Elisabeth Weber, Birgit Voigt, Milan Horacek und Marie-Luise Lindemann. Der Kontakt blieb trotz der Reiseverbote bestehen: per Telefon, über befreundete Journalisten und vor allem über Bundestagsabgeordnete, die die SED an der Grenze nicht abweisen durfte. Insbesondere auf Petra Kelly war Verlass: Sie versorgte uns mit Informationen, solidarisierte sich öffentlich mit der Friedens- und Ökologiebewegung der DDR und warb im Westen um Aufmerksamkeit für deren Aktivitäten, wofür sie aus den eigenen Reihen ihrer Parteifreunde heraus oft argwöhnisch betrachtet und bekämpft wurde.

Noch Ende der 1980er Jahre galt die DDR einem Teil der bundesdeutschen Linken und damit auch einem Teil der Grünen als eigentlich begrüßenswerte Alternative zum kapitalistischen System der BRD, wie sie ihr eigenes Land nannten. Mauer und Stacheldraht, Denkverbote und politische Verfolgung waren in ihren Augen bedauerliche Randerscheinungen eines ansonsten politisch legitimen Versuchs, eine sozialistische Gesellschaftsordnung aufzubauen. Zwar hätten wohl die wenigsten von ihnen in der DDR leben wollen, aber sich mit der Opposition gegen eine sozialistische Regierung gemeinzumachen – das lehnten sie ab. Noch Mitte der neunziger Jahre, in meiner Zeit als Parteivorsitzende, spürte ich mitunter diesen ideologischen Gegenwind, so als wäre ich dafür verantwortlich, dass manchen Linken der Bundesrepublik nach dem Verschwinden der DDR und des Ostblocks die Projektionsfläche für ihre politischen Träume abhandengekommen sei.

Derartige ideologische Vorbehalte waren aber nicht die Regel. Eher war das, was uns trennte, Fremdheit. Über die Gründe dafür habe ich mit meinen West-Freundinnen und -Freunden oft gesprochen, manchmal auch gestritten. Auch heute, ein Vierteljahrhundert nach dem Fall der Mauer, steht das Thema gelegentlich unvermittelt zwischen uns, obwohl wir seit vielen Jahren eng befreundet sind, miteinander europäische Städte von Tallinn bis Dublin bereist haben, unsere Geburtstage miteinander feiern und manchen anderen Anlass auch. Warum haben sie damals Geld für den Befreiungskampf in Nicaragua gesammelt, aber die Menschenrechtsverletzungen im Ostblock ignoriert? Und warum galten diejenigen, die darauf bestanden, die Deutsche Frage zu thematisieren, als Kalte Krieger? Es ist nicht nur Unverständnis, es ist auch eine Kränkung: Wir im Osten haben immer auf den Westen geschaut, aber sie haben uns nicht gesehen.

Ich habe Antworten bekommen, die mir nicht gefielen, die aber glaubhaft und plausibel waren. Die Grünen waren die Partei der Nachkriegsgeneration, nur wenige empfanden die Teilung Deutschlands als schmerzhaft. Viele sahen darin schlicht die Strafe für den Nationalsozialismus. Die Frage allerdings, warum diese nur den Ostdeutschen aufgebürdet worden war, wurde nicht gestellt. Politische Menschen waren meine West-Freundinnen und -Freunde in der Auseinandersetzung mit der Bundesrepublik der sechziger und siebziger Jahre geworden – im Streit um die nationalsozialistische Vergangenheit, in der Frauen-, Friedens- oder Anti-Atombewegung. Ihr Blick war nach Westeuropa gerichtet, ihre Solidarität galt den Völkern, die sich gegen den »amerikanischen Imperialismus« wehrten. Der miefige, provinzielle Osten hinter der Mauer mit seinen grauen Häuserfassaden war für die meisten uninteressant und erinnerte irgendwie an die Enge, die sie mit dem Aufbruch von 1968 glaubten hinter sich gelassen zu haben. Sie hatten die Welt bereist, waren gut ausgebildet und lebten freier, als sie oft wahrhaben wollten – was scherte sie der Osten?

Wenn selbst so enge Freunde wie wir sich gelegentlich beim Streit um die deutsch-deutsche Vergangenheit in die Haare kriegten – wie sah es dann erst bei allen anderen aus? Es zeigte sich, dass der Weg hin zu einer gemeinsamen politischen Kraft steinig war. Wir hatten das Misstrauen und die Widerstände auf beiden Seiten unterschätzt, und die politischen und kulturellen Differenzen traten deutlicher und schmerzhafter zutage als vermutet.

Obwohl Ludger Volmer und ich gleichberechtigte Bundessprecher waren, gab es von Anfang an eine klare Rollenzuschreibung durch die Öffentlichkeit und die Medien. Er wurde als Bundessprecher angesehen, ich als eine Art Ost-Beauftragte. Das führte gelegentlich zu kuriosen Situationen. Am Abend der Bürgerschaftswahlen in Hamburg zum Beispiel, zu der ich als Vertreterin des Bundesvorstands gereist war, wurde ich freundlich, aber erstaunt von einer Journalistin gefragt, was ich denn eigentlich mit Hamburg zu tun hätte. Während es für Journalisten als selbstverständlich galt, dass sich der Bundessprecher zu bundespolitischen Themen einschließlich bestimmter Entwicklungen in, sagen wir, Leipzig oder Mecklenburg-Vorpommern äußerte, waren die Fragen an mich anderer Art. Von mir wurden vor allem politische Statements zu Ost-Themen erwartet, und das hieß damals Arbeitslosigkeit oder rechte Gewalt, PDS-Wahlergebnisse oder Stasi-Enthüllungen. Wenn ich mich daran nicht hielt und über Baden-Württemberg oder Bremen sprach, schauten mich die Journalisten an, als würde ich in einer fremden Wohnung die Schränke verschieben: Was versteht die denn davon?

Wie ich allmählich herausfand, hatten damals alle Bundespolitiker aus Ostdeutschland auf der Bonner politischen Bühne mehr oder weniger dasselbe Problem. Egal, was die eigenen Politikfelder waren: Journalistenanfragen waren vor allem dann zu erwarten, wenn es um spezifische Ost-Themen ging. Darin galten wir als kompetent, für den Westen wurden wir nicht gebraucht. Schließlich war man ja vierzig Jahre lang ganz gut ohne uns ausgekommen.

Auf meiner Festplatte habe ich im Archivordner noch ein paar Dateien mit unverständlichen Bezeichnungen gefunden – Anfang der neunziger Jahre bestanden Dateinamen noch aus maximal acht Zeichen. Es ist mir gelungen, die Dateien in ein lesbares Format zu bringen. Unter ERÖFFBLN finde ich Stichworte für die Begrüßungsrede, mit der ich am 18. Oktober 1993 die Berliner Bundesgeschäftsstelle der Partei, ein kleines Büro in der Dircksenstraße 47, eröffnete. Dass es diese Bundesgeschäftsstelle geben sollte, war vom Bündnis 90 in den Assoziationsverhandlungen gegen erheblichen Widerstand durchgesetzt worden. Noch lief der Politikbetrieb in Bonn weiter, als hätte es den Hauptstadtbeschluss des Bundestages im Juni 1991 nie gegeben. Es überstieg offenbar die Vorstellungskraft der Ministerialbeamten, der Vorstände aller Parteien, der meisten Abgeordneten und Journalisten, dass sich das politische Zentrum Deutschlands ein paar hundert Kilometer nach Osten verschieben sollte. Die Grünen unterschieden sich in dieser Hinsicht keineswegs von den anderen Parteien. Deshalb ließ Ludger Volmer auch keinen Zweifel daran, dass es sich in seinen Augen bei der Einrichtung der Berliner Bundesgeschäftsstelle um rausgeschmissenes Geld handelte, das besser für den Wahlkampf verwendet worden wäre. Die Idee, mit dem Berliner Büro einen Ort zu schaffen, um »den Wessis in unserer Partei den Zugang zum Osten zu ermöglichen – und umgekehrt«, wie ich es in meiner Eröffnungsrede ankündigte, entpuppte sich letztlich als Illusion. Ohne das Interesse der Gesamtpartei oder des Bundesvorstands gelang es auch mir und meinen Mitstreitern nicht, diesem ungeliebten Berliner Ableger Leben einzuhauchen. Hinzu kam, dass nicht einmal die ostdeutschen Landesverbände das Berliner Büro einmütig stützten: In Dresden, Leipzig oder Erfurt war das aus DDR-Zeiten stammende Misstrauen gegenüber Berlin, das jahrzehntelang auf Kosten der anderen Städte mit Baukapazitäten, Kultur, Lebensmitteln und Südfrüchten bevorzugt bedient worden war, noch nicht geschwunden.

Schon eine Woche nach der Eröffnung der Bundesgeschäftsstelle fand eine erste Veranstaltung statt, die die Westgrünen und ihre potentiellen Wähler und Unterstützer aus Ostdeutschland einander näherbringen sollte: ein Gespräch zwischen Joschka Fischer und etwa zwanzig Intellektuellen und Künstlern aus dem Osten, die meine Einladung zum Abendessen freundlich und interessiert angenommen hatten, darunter Jens Reich, Christoph Hein und Reimar Gilsenbach. Wir trafen uns in den etwas plüschigen »Offenbach Stuben« in Prenzlauer Berg, einem der wenigen

Restaurants, das schon zu DDR-Zeiten ein beliebter und mangels vergleichbarer Lokalitäten stets überfüllter Treffpunkt gewesen war. Joschka Fischer kam mit einiger Verspätung und ließ vom ersten Moment an keinen Zweifel daran aufkommen, dass ihm die ganze Sache lästig war. Er stocherte wortkarg in seinem Salat herum, trank Mineralwasser und verbreitete schlechte Laune. Der Termin war denkbar ungünstig gewählt: Fischer hatte gerade beschlossen abzunehmen. Vielleicht waren ihm die Leute, die sich an diesem Abend eingefunden hatten – bereit, von ihren Erfahrungen zu erzählen, und neugierig auf den prominenten Gast aus dem Westen –, aber auch einfach nicht wichtig genug. Fischer war durch und durch Westler, mehr noch, er kam aus Frankfurt am Main, der politisch gesehen wohl westlichsten Stadt der Bundesrepublik. Der Osten war für ihn unbekanntes Land, und was ihn interessierte, war wahrscheinlich einzig die Frage, ob dort das Ergebnis der bevorstehenden Bundestagswahlen im Oktober 1994 versaut werden könnte. Und die da vor ihm saßen, schienen nicht diejenigen zu sein, die maßgeblich zu einem Erfolg beitragen würden.

Der Dank der Teilnehmer beim Abschied und am Tag danach fiel gedämpft aus. Niemandem waren die Lustlosigkeit und das Desinteresse Fischers entgangen, es war einfach nur peinlich gewesen. Der Schatzmeister ließ verlauten, dass so ein kostspieliger Abend wohl kaum Wiederholung finden würde – eine überflüssige Bemerkung. Ob meine Gäste noch einmal zu einer ähnlichen Veranstaltung kommen würden, war ohnehin höchst zweifelhaft.

Die Wahlschlappe bei der Bundestagswahl im Dezember 1990 war inzwischen längst Vergangenheit. Nach mehreren erfolgreichen Landtagswahlen und einem glänzenden Ergebnis bei den Wahlen zum Europaparlament sahen sich die Grünen im Sommer 1994 wieder im Aufwind und freuten sich darauf, endlich in den Bundestag zurückzukehren. Zurückzukehren? Ja, so hieß das, und die Tatsache, dass es acht bündnisgrüne Mitglieder im Bundestag gab, schien unterhalb der Wahrnehmungsschwelle zu liegen. Dazu passte, dass es allenfalls sporadische Kontakte, aber nie eine regelmäßige Kommunikation zwischen den Bundestagsabgeordneten und den Spitzen der Partei oder ihrem geheimen Vorsitzenden Joschka Fischer und seinem Umfeld gegeben hat. Dabei galten Wolfgang Ullmann, Gerd Poppe, Konrad Weiß, Ingrid Köppe oder Werner Schulz in der Öffentlichkeit keineswegs als politische Leichtgewichte.

Zur gleichen Zeit, da die Westgrünen wieder Wind unter den Flügeln spürten, ging es mit der Partei im Osten bergab. Der Bürgerbewegungsbonus, ohnehin wahlpolitisch nicht von großem Gewicht, war endgültig verbraucht, und eine grüne Wählerschicht, die im Westen Jahrzehnte für ihre Entstehung gebraucht hatte, existierte im Osten noch nicht. »Ach, Frau Birthler«, sagten mir die Leute im Wahlkampf auf Brandenburgs Straßen, »das ist ja alles ganz interessant, was Ihre Partei will und sagt. Aber wir brauchen erst das Wirtschaftswunder, und dann wählen wir grün. So war es schließlich im Westen auch.«

Ludger Volmer meinte längst zu wissen, wo das Problem lag. Seiner Ansicht nach hatten sich die Grünen im Osten mit dem Bündnis 90 einfach die falschen Partner ausgesucht – das habe er übrigens von Anfang an gesagt, aber auf ihn habe ja niemand gehört. Die Bündnisleute würden im Osten einfach nicht diejenigen erreichen, die im Westen zu den stärksten Wählergruppen der Grünen gehörten, erklärte er uns während einer Vorstandssitzung: die Lehrer nämlich. Und die Universitäten. Und die Beamten. Der PDS sei das ja schließlich auch gelungen. Damit, dass die früheren Staatsdiener im Osten bevorzugt die PDS wählten, hatte er allerdings recht. Aber warum sollten diejenigen, die erst wenige Jahre zuvor in der DDR zu den am meisten angepassten Berufsgruppen gehört hatten, jetzt ausgerechnet jene wählen, die maßgeblich am Sturz des SED-Systems beteiligt gewesen waren?

Dass mich die Brandenburger Bündnisgrünen zur Spitzenkandidatin ihrer Landesliste für die Bundestagswahlen kürten, verstand sich nicht von selbst: Viele nahmen mir immer noch übel, dass ich wegen Stolpe, dem landauf, landab verehrten Ministerpräsidenten, vom Ministeramt zurückgetreten war. Aber da Platzeck und Nooke nicht mehr zur Verfügung standen, hatte der Landesverband nicht mehr viele bekannte Gesichter aufzubieten – und außerdem war ich Parteivorsitzende.

Die Wochen des Wahlkampfs im Herbst 1994 waren hart, im Osten sowieso, aber besonders in Brandenburg. Allerorten war zu spüren, dass die Brandenburger nicht daran dachten, uns ihre Stimme zu geben: die Spaltung des Bündnis 90, die gerade erfolgte Aufkündigung der Koalition durch Günter Nooke, die dem Bündnis 90 angelastet wurde, und ich als Kandidatin – ein erfolgreicher Wahlkampf sah anders aus.

Allerdings wäre es auch ohne diese hausgemachten Umstände fraglich gewesen, ob es von den Brandenburger Bündnisgrünen jemand in den Bundestag geschafft hätte. Der Wahlabend am 16. Oktober 1994 bestätigte alle Befürchtungen. Zwar zogen Bündnis 90/Die Grünen mit sieben Prozent in den Bundestag ein, doch in Brandenburg lag das Ergebnis bei nur kläglichen drei Prozent. In den anderen ostdeutschen Bundesländern sah es nicht viel besser aus. Von den 49 Abgeordneten der Bundestagsfraktion kamen schließlich ganze fünf aus dem Osten, darunter Gerd Poppe und Werner Schulz. Bei den Landtagswahlen ergab sich ein ähnliches Bild: Am Ende des Wahljahrs waren die Ost-Bündnisgrünen mit Ausnahme von Sachsen-Anhalt in keinem Landesparlament mehr vertreten.

Ich fühlte mich verantwortlich, nicht nur wegen des Misserfolgs in Brandenburg, sondern auch angesichts der politischen Schwäche im Osten, die ich als persönliche Niederlage und als mein Versagen empfand. Und verdammt, ich wollte nicht, dass Nooke und andere Skeptiker mit ihrer Prophezeiung recht behielten, das Bündnis 90 würde, wenn es sich mit den Grünen vereinigte, untergehen.

Am liebsten hätte ich mich für ein paar Tage verkrochen, um meine Wunden zu lecken, aber ich stand an der Spitze der Partei und hatte das Wahlergebnis zu kommentieren. Ich riss mich also zusammen, kämpfte meine Traurigkeit nieder, verwandelte mich vor den Mikrofonen und Kameras in die Sprecherin einer jubelnden Partei, die soeben mit einem stattlichen Ergebnis in den Bundestag eingezogen war. Erst Jahre später verstand ich, dass ich nicht versagt, sondern gar keine Chance gehabt hatte. Bis die Bündnisgrünen im Osten Fuß gefasst hatten, wieder in allen Landtagen vertreten waren und sich endgültig zu einer gesamtdeutschen Partei gemausert hatten, sollten noch fünfzehn Jahre vergehen.

Im Rückblick erscheint mir die Zeit an der Parteispitze als die härteste in all den Jahren, seit ich Politikerin wurde. Das Parteiamt und ich – wir passten einfach nicht zueinander, aber es mangelte auch an der nötigen politischen und logistischen Unterstützung, die für die Ausübung eines solchen Amts notwendig war. Nun, da ich nicht in den Bundestag gewählt worden war, hätte ich theoretisch wieder für den Bundesvorstand kandidieren können. Doch abgesehen davon, dass niemand ernsthaft versuchte, mich dazu zu ermutigen, hatte ich längst meine Entscheidung getroffen: Nie wieder ein Parteiamt!

Dass ich das Jahr 1994 nicht als glückliche Zeit in Erinnerung behalten würde, hatte allerdings auch ganz persönliche Gründe. An einem Januarwochenende 1994 traf sich das Präsidium des Evangelischen Kirchentags, dessen Mitglied ich viele Jahre lang war, zu einer seiner regelmäßigen zweitägigen Sitzungen, diesmal in Frankfurt am Main. Während des Abendessens wurde ich ans Telefon gerufen, und Anna, meine große Tochter, sagte mir, dass meine Mutter bei einem Verkehrsunfall ums Leben gekommen sei. Jemand buchte für mich den nächsten Flug und brachte mich zum Flughafen. Alles lief wie automatisch. Es war erst wenige Wochen her, dass wir den achtzigsten Geburtstag unserer altersweisen und unternehmungslustigen Mutter gefeiert hatten. »Ach Kinder, manchmal fühle ich mich wie, also wirklich wie eine alte Frau!«, hatte sie seufzend gesagt, und wir hatten einander lächelnd angeblickt. Nun saß ich im Flieger und redete in Gedanken beschwörend auf sie ein: Nein, du kannst doch nicht auf einmal weg sein. Das glaube ich nicht, dass du nicht mehr da bist, ich komme doch gleich zu dir, werde an deiner Wohnungstür stehen, und dann wirst du die Tür öffnen, freudig wie jedes Mal, wenn eine deiner Töchter dich besucht … Merkwürdig, ich weiß gar nicht mehr, ob ich während des Fluges geweint habe. Aber ich erinnere mich noch, wie ich kurz all die Menschen um mich herum registrierte und staunte, dass das für sie offensichtlich ein völlig normaler Flug war, an einem ganz normalen Abend.

Später saß die ganze Familie in der Wohnung meiner Mutter beisammen, und ich erfuhr, was passiert war. Ein Auto war bei einem Überholmanöver von der Fahrbahn abgekommen und hatte meine Mutter auf dem Gehweg erfasst. Nach Auskunft der Ärzte war sie noch bei Bewusstsein, als sie in die Unfallklinik kam. Sie starb, bevor meine Schwester eintraf.

Das Schlimmste war, dass ich mich nicht von ihr verabschieden konnte. Noch für lange Zeit hoffte ich beim Klingeln des Telefons unwillkürlich, dass sie es wäre, die anrief – um zu fragen, wie es mir und den Kindern ging, und um zu erzählen, was sie für Pläne hatte.

Mit Matthias Platzeck und Günter Nooke als Spitzenkandidaten von Bündnis 90, Foto für ein Wahlplakat zu den ersten Landtagswahlen in Brandenburg am 14. Oktober 1990.

Mit Ministerpräsident Manfred Stolpe und den Kabinettsmitgliedern der brandenburgischen Landesregierung, November 1990.

Im Gespräch mit Regine Hildebrandt, der Ministerin für Arbeit und Soziales.

Einweihung des ersten brandenburgischen Landesleistungsstützpunkts in Potsdam, Juni 1992.

Mit Wolfgang Birthler im brandenburgischen Landtag, 1991.

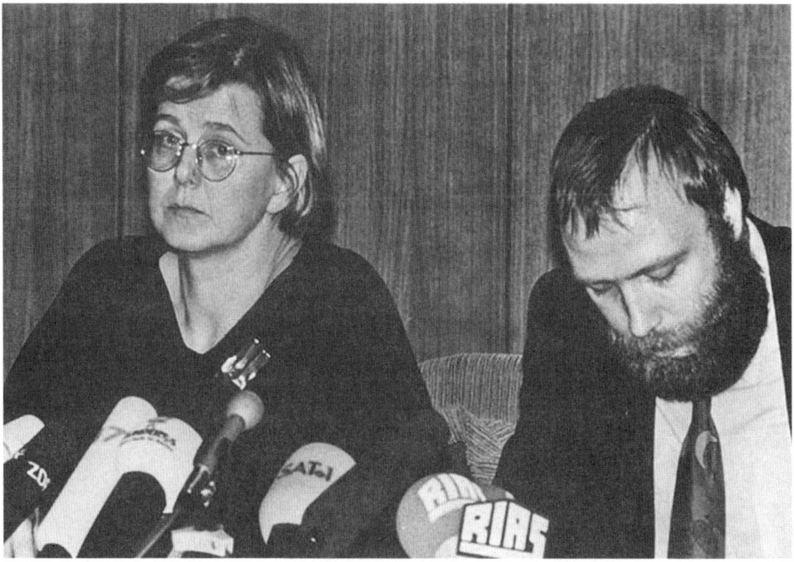

Pressekonferenz anlässlich des Rücktritts vom Ministeramt aus Protest gegen Stasi-Verwicklungen von Ministerpräsident Manfred Stolpe, 29. Oktober 1992. Rechts Günther Nooke.

Erster Bundesvorstand von Bündnis 90/Die Grünen: Mit Ludger Volmer nach der Wahl auf der Bundesdelegiertenkonferenz in Leipzig, Mai 1993.

Mit Petra Kelly, Gert Bastian, Antje Vollmer und Waltraud Schoppe in Frankfurt/Main, 1992.

Mit Werner Schulz auf der Landesdelegiertenkonferenz von Bündnis 90 (Brandenburg) in Frankfurt/Oder, Dezember 1992.

Mit Katrin Göring-Eckhardt auf der Bundesversammlung von Bündnis 90 in Hannover, Januar 1993.

Mit Joschka Fischer auf der 1. Bundesdelegiertenkonferenz von Bündnis 90/Die Grünen in Leipzig, Mai 1993.

Mit Joachim Gauck bei der privaten Feier anlässlich der Wahl zur Bundesbeauftragten am 29. September 2000. Links vorn Klaus Hartung.

Im Archiv.

Vereidigung durch Innenminister Otto Schily, 11. Oktober 2000.

Karikatur vom 3. Juli 2001.

Bei den Feierlichkeiten zum 20. Jahrestag des Mauerfalls auf der Bornholmer Brücke mit Michail Gorbatschow, Angela Merkel, Joachim Gauck und Lech Wałesa, November 2009.

Verabschiedung im Bundestag,
28. Januar 2011.

Mit Roland Jahn und Joachim Gauck nach dem Festakt im Deutschen Historischen Museum anlässlich der Amtsübergabe, 14. März 2011.

La Croix-Valmer, Mai 2012.

15

Zwischenzeit

Umwege erhöhen die Ortskenntnis.

Meine Schwiegermutter

Schon wieder Wahlkampf. Eigentlich wollte ich das ja nicht mehr. Aber nun bin ich doch wieder unterwegs und klappere im Oktober 1995 das kleine Neubauquartier Ecke Moll-/Otto-Braun-Straße ab. Es liegt ganz am Rand des Wahlkreises Nr. 4 im Stadtbezirk Prenzlauer Berg. Ich fahre mit dem Fahrstuhl immer ganz nach oben und arbeite mich dann bis nach unten durch, klingle an jeder Wohnungstür. Die Bewohner des Hauses sind vorgewarnt, unten hängt ein Zettel, auf dem mein Besuch angekündigt wird. Wenn auf mein Klingeln nicht geöffnet wird, weiß ich nicht, ob niemand zu Hause ist oder ob jemand hinter der Tür steht und darauf wartet, dass ich wieder verschwinde. Das ist in Ordnung für mich – ich selber hätte vermutlich auch keine Lust auf so einen Besuch. Aber viele Türen öffnen sich: »Guten Tag, mein Name ist Marianne Birthler, ich kandidiere in Ihrem Wahlkreis für das Berliner Abgeordnetenhaus. Haben Sie etwas Zeit für ein Gespräch?« Zu meinem Erstaunen wird die Frage öfter bejaht, als ich vermutet habe, mal mit einem zurückhaltenden »Worum geht's denn bitte?«, mal auch mit einem »Na, dann kommse mal rein!«. Manchmal wechseln wir nur ein paar Sätze in der Tür, manchmal sitze ich eine Stunde im Wohnzimmer und höre mir an, was meine Gastgeber ärgert, was sie schon längst mal einem Politiker erzählen wollten oder was heutzutage alles anders ist als früher. »Früher« – das war vor sechs Jahren, als es die DDR noch gab. »Ich wähl Sie ja nicht«, sagen mir einige, »aber ich find's schön, dass hier mal einer von denen vorbeischaut.« »Von denen« – damit sind Politiker gemeint, ganz egal, von welcher Partei. Matthias Dittmer, der meinen Wahlkampf organisiert, war dafür, dass ich gerade hier Hausbesuche mache, hier, wo die meisten Bewohner bei den letzten Wahlen die PDS gewählt haben.

Um es vorwegzunehmen: Viele Wählerstimmen werden mir die Besuche in dieser Gegend nicht bringen, dafür aber eine Reihe von unvergesslichen Eindrücken. Ich treffe auf einige Menschen, die sich freuen, dass überhaupt mal jemand an ihrer Tür klingelt. Dann wieder teilt mir eine Frau mit, wie gut sie meinen Rücktritt wegen Stolpe fand. Ihre Begründung überrascht mich etwas: »Wissen Sie, ich war nämlich auch beim MfS und bin jetzt arbeitslos. Dann soll so einer auch nicht Ministerpräsident sein!« Ein älteres Ehepaar freut sich über meinen Besuch und bietet Kaffee an. Die beiden haben sich noch nicht damit versöhnt, dass es die DDR nicht mehr gibt. Sie öffnen das Fenster und zeigen mir empört, wie unten vor dem Haus das Unkraut wuchert – das habe früher alles ganz ordentlich ausgesehen. Auf meine Frage, wer die kleine Anlage denn früher in Ordnung gehalten habe, kommt die Antwort: »Na, wir natürlich!«

Meine Erfolgsaussichten bei dieser Wahl sind eher gering, aber vielleicht kann ich mit meiner Kandidatur ja Zweitstimmen für die Berliner Bündnisgrünen ziehen. Matthias hat mich dazu überredet und einen originellen Wahlkampf mit Kneipengesprächen, prominenten Gästen und witzigen Aufklebern organisiert. Hier, wo ich wohne, macht Wahlkampf Spaß, ich fühle mich sicher, und auch die Leute merken, dass ich hierhergehöre. Am Abend des 22. Oktober, als alle Wahlzettel ausgezählt sind, liege ich nur knapp hinter dem Sieger Bernd Holtfreter, der für die PDS angetreten war. Dass ich den Wahlkreis nicht gewinne, ist politisch gesehen bedauerlich, persönlich bin ich erleichtert: Ich will ja gar nicht ins Abgeordnetenhaus. Aber 29 Prozent der Erststimmen und 24,5 Prozent bei den Zweitstimmen – das ist für eine grüne Politikerin in einem Wahlkreis im Osten allerhand, und es tut mir nach der Brandenburger Wahlschlappe im Jahr zuvor gut. Am nächsten Morgen erreichen mich Glückwünsche aus Bonn, die Partei- und die Fraktionsspitzen gratulieren mir. Schau an, ein paar neue Zahlen, und schon bin ich wieder jemand in der Partei!

Es war mir nach dem Abschied aus dem Bundesvorstand nicht schwergefallen, auf den Status einer prominenten Politikerin zu verzichten. Interviewanfragen und Scheinwerferlicht, Hintergrundgespräche und Arbeitsessen, Einladungen zu Staatsakten und Preisverleihungen, ein vom Protokoll reservierter Platz in einer der ersten Reihen, dort, wo die wichtigen Leute sitzen – das war manchmal schmeichelhaft und manchmal lästig, aber, so jedenfalls das Ergebnis meiner Selbstbeobachtung, ich war nicht zum Politjunkie geworden. Dafür, so hatte ich beobachtet, waren

Männer etwas anfälliger als Frauen. Für sie springt ja auch ein bisschen mehr dabei heraus: Macht und Prominenz steigern den männlichen Sex-Appeal. Mächtige Frauen dagegen machen Männern meistens Angst, zumindest scheint Macht die weibliche Anziehungskraft nicht gerade zu fördern – die traditionellen Rollenbilder sind in uns noch wirksam. Ende der neunziger Jahre war ich eines Abends von der Katholischen Akademie in einen Kurs junger Frauen zum Thema Karriere eingeladen worden, um – als die Ältere, Erfahrene – Rede und Antwort zu stehen. Ich wurde gefragt, ob Frauen anders mit Macht umgingen als Männer, ob ich es jemals genossen hätte, mächtig zu sein, oder ob es eher eine Last gewesen sei. Ich antwortete mit einem Vergleich: Mit der Macht verhalte es sich wie mit dem eigenen Auto. Dieses sei für die meisten Männer nicht nur Mittel zum Zweck, sondern Statussymbol, fast so etwas wie eine Erweiterung ihrer selbst. Für Frauen hingegen sei das Auto – ebenso wie die Macht – eher ein Mittel zum Zweck, ein Vehikel eben, mit dem man ein Ziel zu erreichen versucht.

Ich hatte im Januar 1995 die Leitung des Berliner Büros der Bundestagsfraktion übernommen. In der Partei und in der Fraktion gingen alle davon aus, dass ich weiterhin politisch aktiv bleiben und bei den nächsten Wahlen wieder für den Bundestag kandidieren würde. Für mich war das keineswegs sicher. Weder damals beim Rücktritt vom Ministeramt noch jetzt bei meinem Abschied aus dem Parteivorstand hatte ich konkrete Pläne für meine Zukunft. Ich hatte mich ja nie endgültig festgelegt, auf Dauer Politikerin zu bleiben. Stattdessen war ich davon überzeugt, dass sich eine neue Aufgabe für mich finden würde; ich schloss auch nicht aus, wieder für die Kirche zu arbeiten oder eine Pause einzulegen, irgendetwas würde sich schon ergeben. Und so kam mir das Angebot, in der Fraktion zu arbeiten, gerade recht. Ich würde zusammen mit einer Handvoll Mitarbeiterinnen und Mitarbeitern den Umzug der bündnisgrünen Bundestagsabgeordneten nach Berlin vorbereiten, Öffentlichkeitsarbeit in den neuen Bundesländern organisieren und den Besuchergruppen, die die Abgeordneten nach Berlin einluden, die Herkunft und die politischen Anliegen von Bündnis 90/Die Grünen erläutern. Das war eine Mischung aus Politik und Bildungsarbeit, die mir gefiel.

Nach vier Jahren, in denen acht ostdeutsche Abgeordnete die Bündnisgrünen im Bundestag vertreten hatten, war die Fraktion nun wieder fest in westgrünen Händen. Sie bestand aus 49 Abgeordneten. Joschka Fischer führte die Fraktion, seine Co-Sprecherin war Kerstin Müller, die neben ihm allerdings kaum sichtbar wurde. Antje Vollmer wurde Vizepräsidentin des Bundestages. Werner Schulz, der in den zurückliegenden Jahren erfolgreich die Bundestagsgruppe geführt hatte, ging, was Spitzenämter in der neuen Fraktion betraf, leer aus und war verbittert – zu Recht, wie ich fand. Seine Genugtuung sollte er erst fünfzehn Jahre später bekommen, als er im Januar 2009 an den Verabredungen der Parteistrategen vorbei nach einer fulminanten Rede von der Bundesdelegiertenkonferenz auf einen sicheren Listenplatz zur Europawahl 2009 gewählt wurde. Gerd Poppe blieb wie in der vorangegangenen Legislaturperiode außenpolitischer Sprecher und Mitglied der Enquetekommission des Bundestages zur Aufarbeitung der SED-Diktatur. Nach den chaotischen Verhältnissen, die bis 1990 in der grünen Fraktion geherrscht hatten, führte Fischer die Abgeordneten jetzt mit fester Hand. An ihm vorbei oder erst recht gegen ihn wurden keine wichtigen Entscheidungen getroffen; wer dagegen aufmuckte, hatte nichts zu lachen, und die meisten versuchten das auch gar nicht. Die einst antiautoritäre Kultur der Grünen war, zumindest hier, ins Gegenteil umgeschlagen, so als gäbe es nichts dazwischen. Ich schluckte anfangs ein bisschen, als ich feststellte, dass ich in Fraktionssitzungen als Mitarbeiterin kein Rederecht hatte. Auch gut, sagte ich mir, und nahm es als eine Übung in Demut. Außerdem merkte ich, dass ich nun, wo ich nicht mit eigenen Redebeiträgen beschäftigt war, viel genauer zuhören konnte – eine Lehre, die mir in den folgenden Jahren öfter in den Sinn kam, auch wenn ich sie leider viel zu selten beherzigte.

Am 9. Oktober 1995, dem sechsten Jahrestag der Revolution, verlieh der damalige Bundespräsident Roman Herzog in Leipzig einigen Akteuren der DDR-Bürgerbewegung das Bundesverdienstkreuz. Manche meiner West-Freunde waren irritiert: Willst du das wirklich annehmen? Ist dir überhaupt klar, wer das schon alles verliehen bekommen hat? Ich entgegnete, dass ich es völlig in Ordnung fände, wenn in einem demokratischen Land Menschen öffentlich gewürdigt werden, die Besonderes geleistet haben, erst recht, wenn es sich dabei um Ehrungen von Menschen handelt, deren Werte wir teilen. Zusammen mit einigen meiner Berliner Freundinnen und Freunde aus der Bürgerbewegung fuhr ich also nach Leipzig. Aus Berlin waren auch Werner Fischer, Gerd Poppe, Jens Reich,

Joachim Gauck, Katja Havemann, Ulrike Poppe, Günter Nooke, Markus Meckel, Konrad Weiß, Bärbel Bohley und ich da, von den Leipzigern Christian Führer, Christoph Wonneberger und Uwe Schwabe – insgesamt wurden 28 Personen ausgezeichnet. Nur Ingrid Köppe hatte den Orden abgelehnt. Wir anderen nahmen die Auszeichnung gern entgegen, aber uns war bewusst, dass sie nicht nur uns persönlich galt, sondern all jenen, die mit uns zusammen in der Opposition gewesen waren. Die meisten von uns waren seit 1990 Abgeordnete, hatten öffentliche Funktionen inne oder gehörten zu den ehemals prominenten Dissidenten und hatten bekannte Namen. Ich dachte an die anderen, an jene, die unsere Mitstreiter gewesen waren, die inzwischen aber kaum noch jemand kannte. Manche hatten sich zurückgezogen, weil sie es nach den langen Jahren der Benachteiligung in der Schule oder im Beruf nicht vermochten, selbstbewusst nach einer neuen Perspektive Ausschau zu halten. Viele von denen, die einst am mutigsten gewesen waren, mussten dies damit bezahlen, dass sie keinen Ausbildungsabschluss und nach Jahren mühsamer Hilfsjobs schlechte Chancen beim Start in ein neues Berufsleben hatten. Welchen Verlauf ihr Leben seit 1990 genommen hatte, war oft dem Zufall oder seltenen günstigen Gelegenheiten zu verdanken, und etliche schafften es trotz großer Anstrengungen nicht, beruflich Fuß zu fassen oder in die Politik zu gehen – Letzteres war ja auch nicht jedermanns Sache.

Und dann gab es noch diejenigen, die damit haderten, dass ihre persönlichen politischen Träume unerfüllt geblieben waren. Sie kritisierten wahlweise den Kapitalismus, die traurigen politischen Verhältnisse oder ihre ehemaligen politischen Freunde aus der Opposition, die jetzt Abgeordnete waren oder politische Ämter bekleideten und die sie für Karrieristen und Opportunisten hielten, die dem Westen auf den Leim gegangen waren. Ihrer Ansicht nach lebten wir nun in einem korrupten, kalten System, das immer mehr Menschen an den Rand der Gesellschaft stellte und dessen Soldaten ohne jedes Recht in anderen Ländern Krieg führten. Andere waren stets zur Stelle, wenn es galt, den Ausverkauf der DDR an den Westen zu beklagen oder der jeweiligen Bundesregierung zu unterstellen, sie werde heimlich von den Konzernen gesteuert. Fünf Jahre nach dem Ende der DDR gab es auch zwischen uns, die einst gleichberechtigte und gleichwertige Akteure der Bürgerbewegung gewesen waren, große und schwer überwindbare Unterschiede.

Roman Herzog war seit Mai 1994 Bundespräsident. Jens Reich, den die Bündnisgrünen für das Amt nominiert hatten, und die von der FDP benannte Hildegard Hamm-Brücher hatten keine Chance gehabt, auch der SPD-Kandidat Johannes Rau war unterlegen. Ich war enttäuscht: Eine Frau wie Hamm-Brücher oder auch ein Bundespräsident aus dem Osten wären ein schönes Zeichen gewesen, erst recht die Wahl des klugen und sympathischen Jens Reich. Gleich bei der Antrittsrede ärgerte ich mich über Roman Herzog: Deutschland, sagte er, sei 1990 größer und bevölkerungsreicher geworden. Soso. Und wo hatte ich seiner Ansicht nach vorher gelebt? Etwa nicht in Deutschland?

Doch ich korrigierte mein Bild bald. Der neue Bundespräsident füllte sein Amt gut aus, ohne Eitelkeit und mit großem Interesse für den Teil des Landes, der ihm noch nicht vertraut war. Meine Erinnerung an seine Amtszeit ist vor allem mit einem Staatsbesuch in Frankreich im Oktober 1996 verbunden. Zum Zeichen, dass er als Präsident eines wiedervereinigten Landes nach Paris reiste, hatte er Bärbel Bohley, Joachim Gauck, Jürgen Fuchs, Friedrich Schorlemmer, Ulrike Poppe, Arnold Vaatz, Konrad Weiß und mich eingeladen, ihn zu begleiten. Keiner von uns hatte je zuvor einen Staatsbesuch erlebt, das Protokoll und das minutiös festgelegte Programm beeindruckten und amüsierten uns gleichermaßen. An einem der Abende gab es in einem prächtigen Saal des Élysée-Palastes ein Abendessen – es war, als würden wir an der kaiserlichen Tafel Ludwigs XIV. sitzen. Jakobsmuscheln, exotische Früchte, erlesene Weine – Jacques Chirac ließ sich nicht lumpen. Für die Damen waren eigentlich Abendkleider, für die Herren Frack oder Smoking vorgeschrieben; ich erinnere mich nicht mehr, was wir anhatten, zumindest bei Jürgen Fuchs dürfte es kein Smoking gewesen sein – wir Frauen hatten immerhin lange Röcke dabei. Die Diplomaten der bundesdeutschen Botschaft, die uns Paris zeigten, meinten, sie hätten lange nicht mehr so unkomplizierte Gäste aus Deutschland betreut.

Von Paris aus ging es weiter nach Bordeaux im Südwesten Frankreichs. In der Nähe der Stadt liegt das Schloss La Brède, in dem Baron de Montesquieu die meisten seiner Werke geschrieben und seine Theorie zur Gewaltenteilung entwickelt hat – bis heute eine der Grundlagen des liberalen Rechtsstaats. Der Besuch dieses Schlosses weckte ganz offensichtlich die Begeisterung des Staatsrechtlers und ehemaligen Präsidenten des Bundesverfassungsgerichts Roman Herzog. Nach der Schlossbesichtigung gab es in Bordeaux noch ein Expertenpodium zum geistigen Erbe Montesquieus. Am Ende bat der Moderator den Bundespräsidenten unvorbereitet um eine kurze Zusammenfassung, die dieser auf beeindruckende Weise lieferte.

Einige von uns waren bereits von Paris aus nach Berlin zurückgereist, die anderen saßen auf dem Rückflug von Bordeaux aus mit dem Bundespräsidenten plaudernd im »Salon« der Sondermaschine, nach all den Erlebnissen in guter Stimmung. Plötzlich wurden wir aufgeschreckt. In der Tür stand mit blassem Gesicht der Bordingenieur und forderte uns auf, uns anzuschnallen und auf unseren Plätzen zu bleiben. Ein Fremdkörper habe die äußere Frontscheibe zertrümmert, die Maschine werde in niedriger Höhe den nächstgelegenen Flughafen ansteuern und notlanden. Der Bundespräsident suchte seine Kabine auf. Wir blickten uns an. Wie ernst war die Lage? Würden wir abstürzen? Wir reagierten unterschiedlich. Friedrich Schorlemmer vertiefte sich in ein Buch und war für niemanden ansprechbar, Jürgen Fuchs redete ohne Unterlass auf uns ein: Was das für ein Fremdkörper gewesen sein könnte? Ein Vogel? Vögel flögen doch nie so hoch! Auf uns sei bestimmt geschossen worden. »Warum sollte jemand auf uns schießen?«, fragten Ulrike und ich. Mir schräg gegenüber saß eine Stewardess, hatte die Augen geschlossen und bewegte die Lippen. Betete sie? Ich erinnerte mich, mal gehört zu haben, dass man in gefährlichen Situationen die Gesichter der Stewardessen beobachten solle – die wüssten Bescheid, wie es steht. Na prima. Ulrike und ich taten so, als sei alles in Ordnung, irgendwann baten wir Jürgen, doch bitte mal eine Redepause einzulegen. Nach ungefähr 45 Minuten landeten wir auf dem Militärflughafen Köln/Bonn. Wir hatten es geschafft – und eine ziemlich lange Dreiviertelstunde hinter uns. Alle anderen kletterten erleichtert und munter aus dem Flugzeug, nur Ulrike und ich nicht. Jetzt, wo wir sicheren Boden unter den Füßen hatten, sackten uns fast die Knie weg. In einem ungemütlichen Warteraum tranken wir irgendwas Doppeltes, und gleich noch einmal dasselbe, dann ging es wieder, und wir erzählten uns ganz aufgekratzt Geschichten aus unserem Leben, in denen wir dem Tod von der Schippe gesprungen waren. Ulrike berichtete noch, dass sie vor dem Aussteigen ins Cockpit zum Piloten gegangen sei und ihn gefragt habe, wie groß die Gefahr gewesen war. Dem Piloten hätte noch der

Schweiß auf der Stirn gestanden. »Danken Sie Gott, dass wir heil heruntergekommen sind!«, lautete seine Antwort. Der Bundespräsident war zu diesem Zeitpunkt schon mit seinem Mitarbeiter- und Journalistentross in einer anderen Maschine weitergeflogen. Uns brachte ein kleines Militärflugzeug zurück nach Berlin.

Es hatte nach dem Mauerfall einige Zeit gedauert, bis ich es normal fand, einfach so in einen Flieger nach Paris oder London zu steigen, mit dem Auto über die Alpen nach Italien und durch Irland zu fahren oder über die Ostsee nach Bornholm und Kopenhagen zu segeln. Aber was heißt schon normal: Mein Herz macht auch heute noch manchmal kleine Hüpfer vor Glück, wenn ich wenige hundert Meter von meiner Haustür entfernt den ehemaligen Mauerstreifen überquere, mit dem Bus am Reichstagsgebäude vorbeifahre oder mit dem Fahrrad an der Spree entlang zu meiner Freundin Sybille nach Moabit radele. Ganz ähnlich ergeht es mir während der »Brückenfahrt«, einer dreistündigen Dampfertour durch Berlin, 23 Kilometer und 60 Brücken. Vom Köllnischen Park aus Richtung Südosten und unter der Oberbaumbrücke hindurch, rechts in den Landwehrkanal rein, links das Maybach- und rechts das Paul-Lincke-Ufer, dann immer weiter durch Kreuzberg an der Hochbahn der Linie 1 entlang. Danach zwischen Reichpietsch- und Lützowufer zum Tiergarten und unter der Straße des 17. Juni nach Moabit, wieder in die Spree einbiegen, rechter Hand die Technische Universität und später der Schlosspark Bellevue, durch das Regierungsviertel und zum ehemaligen Tränenpalast, »dort wo die Friedrichstraße sacht den Schritt über das Wasser macht«, wie Wolf Biermann gesungen hat. Schließlich an Museums- und Fischerinsel vorbei durch den ältesten Teil Berlins, weiter zur Jannowitzbrücke, wo die Fahrt endet. Ich könnte auf dieser Tour jedes Mal heulen vor Glück. Meine Stadt ohne Mauer und Stacheldraht, und so schön vom Wasser aus!

Endlich war ein bisschen Ruhe in mein Leben eingekehrt. Was hatte sich alles in den letzten fünf Jahren verändert! Auch privat: Meine Kinder waren inzwischen erwachsen. Die Dauerbelastung, die Reisen und das Pendeln zwischen Berlin und Bonn hatten viel zu wenig Zeit und Aufmerksamkeit für sie übrig gelassen. Seit meine Mutter nicht mehr lebte, war noch etwas anders geworden: Jetzt gab es keinen Menschen mehr auf der

Welt, dessen Tochter ich war. Wie man sich nach der Frage »Wie geht es dir denn, mein Kind?« sehnen kann! Meine Schwester und ich waren jetzt »oben angekommen«, die Ältesten in der Familie.

Seit 1992 wohnte ich mit zweien meiner Töchter am Kollwitzplatz, mitten in Prenzlauer Berg. Ulrike und Gerd Poppe hatten mir den Tipp gegeben, dass in ihrem Haus eine große Wohnung frei geworden sei. Ich war froh, von der ungemütlichen und lauten Kreuzung Schönhauser Allee und Wisbyer Straße wegzukommen, und überlegte nicht lange. Allerdings kam mich der neue Mietvertrag teuer zu stehen. Der kommunalen Wohnungsverwaltung fehlten die Mittel für die Sanierung unzähliger baufälliger Häuser, und sie vermietete mir die Wohnung nur unter der Bedingung, dass ich für die Sanierung einschließlich der gesamten Elektro- und Sanitärinstallation und der Fußböden sorgte und diese auch bezahlte. Zum Glück half mir Harald Müller, ein guter Freund, der eine kleine Handwerkerfirma hatte, und übernahm die ganze Organisation. Ich ließ ihn, was Anfang der neunziger Jahre noch ziemlich ungewöhnlich war, das Berliner Zimmer zu einer großen Wohnküche umbauen, kaufte helle Teppiche und schwarze Bücherregale, einen schwarzen Schreibtisch und zwei grüne Ledersofas. Nach ein paar Monaten, im Herbst 1992, zogen Uta, Eva und ich endlich ein, Anna hatte schon ihr eigenes Zuhause. Die Einweihung feierten wir mit Nachbarn und vielen Freunden an meinem 45. Geburtstag im Januar 1993. Die Fotos, die Uwe Lehmann an diesem Abend gemacht hat, zeigen, wie sich mein Freundeskreis in den zurückliegenden Jahren erweitert hatte, vor allem durch Freundinnen und Freunde aus dem Westen. Aber auch meine neuen Nachbarn Eva Laufer und Jo Doese waren da, und Werner Schulz, der ebenfalls an einem 22. Januar zur Welt gekommen war, brachte seine Gäste einfach gleich mit. Ein paar von uns machten Musik, und wir sangen die halbe Nacht. Die große Küche mit dem ovalen Esstisch in der Mitte hatte sich zum ersten Mal bewährt – in den folgenden Jahren sollte es hier noch viele Diskussionen und Feste geben.

Kurz vor Jahresende 1994 erfuhr ich eher zufällig von der Möglichkeit einer Ausbildung zur Organisationsberaterin, und zwar am IGG, dem Institut für Gestalttherapie und Gestaltpädagogik Berlin. Ich fragte nach und wusste schnell, dass es genau das war, was ich wollte. Die Anmeldefrist für die vierjährige Ausbildung war zwar längst verstrichen, aber ich wurde trotzdem angenommen. Nun würde ich mehr darüber erfahren, wie Organisationen sich verändern und wie solche Veränderungsprozesse begleitet werden können. Schon lange faszinierte und interessierte es mich, welche Kräfte und Kulturen wirken, wenn Menschen zusammenarbeiten, und wie Interaktionen und Entscheidungsprozesse gelingen oder auch scheitern. Darüber hinaus wurde für mich eine neue berufliche Perspektive sichtbar. Auch wenn ich gern in der Politik tätig war – ich wollte nicht auf sie angewiesen sein, nur weil ich nichts anderes konnte.

Im Herbst 1998, ein Jahr nachdem ich die Ausbildung abgeschlossen hatte, standen erneut Bundestagswahlen bevor. Nach einigem Zögern und gutem Zureden von Freunden entschloss ich mich, noch einmal zu kandidieren. Ob mich die Mehrheit des von den Parteilinken dominierten Berliner Landesverbands wählen würde, war allerdings fraglich. Manche nahmen mir immer noch übel, dass ich mich sechs Jahre zuvor als Brandenburger Ministerin für die Bewerbung Berlins um die Olympischen Spiele eingesetzt hatte, während die Berliner Bündnisgrünen, die damals noch Alternative Liste hießen, strikt dagegen gewesen waren.

In meinem Wahlkreis wurde ich allerdings unterstützt und als Direktkandidatin aufgestellt. Doch eine kleine Partei wie die Grünen erringt fast nie Direktmandate, der Weg in den Bundestag führt über die Landeslisten, und die wird von einer Landesmitgliederversammlung gewählt. Die dort bestehende linke Mehrheit war darüber verärgert, dass ich bei der Wahl für den Listenplatz zwei gegen den prominenten Parteilinken Hans-Christian Ströbele antrat, und verhinderte zur Strafe meine Wahl auf Platz drei. Nachdem alles entschieden war, grinste mich Hans-Christian Ströbele im Vorbeigehen an und sagte leise: »Tja, vor vier Jahren hättest du den Spitzenplatz haben können …« Hintergrund dieser Bemerkung war ein Angebot, das mir vor den Bundestagswahlen im Jahr 1994 ein paar Abgesandte der Grünen um Ströbele überbracht hatten: Ich könne doch für Platz eins der Landesliste kandidieren, sie würden schon dafür sorgen, dass ich auch gewählt würde. Ich hatte damals dankend abgelehnt, die Sache war zu durchsichtig: Wenn ich kandidiert hätte, wäre der Osten »versorgt« gewesen und Gerd Poppe, der aussichtsreiche Kandidat für Platz zwei, hätte das Nachsehen gehabt – zugunsten von Hans-Christian Ströbele. Nicht dumm gedacht, aber auch nicht klug genug.

Nun, 1998, hatte Poppoff jedoch keine Chance und trat deshalb gar nicht erst an – nicht nur, weil es keine Ostquote mehr für die Landesliste gab, sondern auch, weil es ihm zuwider war, zwecks Stimmenfang durch die Berliner Kreisverbände zu tingeln. Er hatte sich konsequent auf seine Themen konzentriert, weltweit Kontakte zu Menschenrechtsaktivisten geknüpft und mit seinen Kenntnissen und seiner Urteilsfähigkeit dafür gesorgt, dass die Außen- und Menschenrechtspolitik der Bündnisgrünen nicht nur im Bundestag, sondern auch international geschätzt wurde. Doch er blieb den linken Berliner Westgrünen fremd, und vor allem rechnete man ihn wegen seines Eintretens für Militäreinsätze in Ex-Jugoslawien den sogenannten Bellizisten zu – schlimmer ging's nicht.

Auch ich sollte bei den Berliner Grünen nie wirklich heimisch werden. Es gab allerdings kleinere realpolitische Zirkel, darunter die »Grünen Panther«. Sie hatten sich 1989 zusammengefunden, um für eine rot-grüne Koalition zu werben, die in der Partei damals noch umstritten war. Zu dieser Gruppierung, die nur wenige Jahre bestand, zählten etliche bekannte grüne Politikerinnen und Politiker wie Bernd Köppl, Michaele Schreyer, Sybille Volkholz und Peter Sellin. Ich gehörte der später daraus hervorgegangenen »Sonntagsrunde« an, die sich regelmäßig traf, um realpolitische Ansätze im Landesverband zu vertreten. Sie besteht bis heute, hat sich im Lauf der Jahre aber in einen Freundeskreis verwandelt, der politische Themen diskutiert, sich jedoch kaum noch aktiv in die grüne Landespolitik einmischt.

Verlorene Wahlen kränken immer. Am Abend nach der Abstimmung war ich enttäuscht, und auch die in solchen Fällen übliche Kneipen-Trost-Runde mit ein paar Freunden half da nicht viel. In den folgenden zwei Tagen setzte ich mich noch mit einer Freundin auseinander, die ebenfalls zur Wahl angetreten war, sich auf unfeine Art einen Vorteil verschafft und damit durchgesetzt hatte, aber dann war das Hadern auch schon vorbei: Ich schlief wunderbar, wachte gut gelaunt auf und fühlte mich erleichtert. Offenbar war etwas in mir sehr einverstanden damit, dass ich nicht in den Bundestag einziehen würde. Vielleicht hatte ich nun endlich begriffen, dass dies nicht mein Weg war.

Meine Direktkandidatur im Wahlkreis nahm ich dennoch ernst. Ich stand im Wort bei denen, die sich für mich eingesetzt hatten, aber es war bestimmt auch der Ehrgeiz, mir und anderen zu beweisen, dass ich ein gutes Ergebnis erzielen konnte. Über den Berliner Wahlkreis 249, Prenzlauer Berg-Mitte, wurde 1998 in den Medien viel berichtet, nicht nur, weil dort Regierung und Parlament ihren Sitz hatten. Hier kandidierten gleich vier bekannte Ostdeutsche gegeneinander: Wolfgang Thierse für die SPD, Günter Nooke für die CDU, Petra Pau für die Linke und ich für die Bündnisgrünen. Bei den Erststimmen lag Petra Pau knapp vor Wolfgang Thierse und gewann damit den Wahlkreis für sich, doch bei den Zweitstimmen zeigte sich, dass der Wahlkreis künftig eine rot-grüne Hochburg sein würde: Die CDU kam hier nur auf 12 und die FDP auf 2 Prozent, während Bündnis 90/Die Grünen mit 17 Prozent weit über ihrem Berliner und dem bundesweiten Ergebnis lagen.

Schon nach den ersten Hochrechnungen am Abend des 27. September 1998 war klar, dass es in Deutschland zu einem Machtwechsel kommen würde. Sechzehn Jahre war Helmut Kohl Kanzler der Bundesrepublik gewesen – die Jüngeren kannten es gar nicht anders. Ich war voller Erwartungen: Was würde sich nun im Land ändern? Würde eine rot-grüne Regierung mit Gerhard Schröder, Oskar Lafontaine und Joschka Fischer notwendige Reformen anpacken und die Arbeitslosigkeit wirksam bekämpfen? Und würden die Bündnisgrünen stark genug sein, einen ökologischen Umbau einzuleiten und dafür zu sorgen, dass das Staatsbürgerschaftsrecht modernisiert wurde? Und was würde diese Regierung für den Osten tun – waren die drei die Richtigen, das Land weiter zusammenwachsen zu lassen? Und wie würden die Bündnisgrünen, würde ein grüner Außenminister internationale Verantwortung wahrnehmen?

Die Debatte um die Beteiligung deutscher Soldaten an internationalen Einsätzen war in den Jahren zuvor nicht zur Ruhe gekommen. 1995 hatte das Thema UN-Schutzzonen in Bosnien und Herzegowina zu neuen und heftigen Kontroversen geführt – nicht nur bei den Bündnisgrünen, sondern in der Gesellschaft insgesamt. Der Auslöser war ein schreckliches Ereignis gewesen: In Srebrenica waren im Juli 1995 – trotz der Anwesenheit niederländischer Blauhelmsoldaten – 8000 bosnische Männer und Jungen von serbischen Paramilitärs ermordet worden. Die Befürchtungen derer, die in den Monaten zuvor auf die akute Gefahr für die bosnischen Enklaven hingewiesen hatten, waren auf das Fürchterlichste bestätigt worden. Die Mehrheit der bündnisgrünen Bundestagsfraktion hatte noch kurz zuvor mehrheitlich gegen deren Schutz mit militärischen Mitteln gestimmt. Joschka Fischer wandte sich nach dem Völkermord von Srebrenica in einem Brief an die Mitglieder der Grünen, in dem er für den militärischen Schutz der bedrohten Regionen warb – doch die Mehrheit änderte ihre Meinung nicht, und diejenigen, die sich wie Waltraud Schoppe, Gerd Poppe, Marieluise Beck oder Helmut Lippelt offen dafür einsetzten, waren nach wie vor in der Minderheit und wurden dafür von Kerstin Müller, Jürgen Trittin, Ludger Volmer und vielen anderen heftig angegriffen. Erst ein Jahr später, im Angesicht der seit Jahren andauernden Belagerung von Sarajewo, änderte sich die Stimmung allmählich.

Jetzt, nach dem Regierungswechsel, unterstützte Fischer als Außenminister die deutsche Beteiligung am Kosovokrieg. Ludger Volmer und andere »Regierungslinke« standen nun wohl oder übel hinter ihm. Als Fischer schließlich für den Einsatz der NATO warb, galt er für Teile der Friedensbewegung als Kriegsverbrecher, aber nicht nur er: Mit Hassattacken wurde auch Gerd Poppe, inzwischen Menschenrechtsbeauftragter der Bundesregierung, überzogen. Doch die Mehrheitsverhältnisse in der Partei hatten sich verändert: Auf dem Parteitag der Bündnisgrünen in Bielefeld, der unter Polizeischutz stattfand und bei dem Fischer mit einem Farbbeutel beworfen und dabei verletzt wurde, stimmte die Mehrheit für den Antrag des Bundesvorstands, der Fischers Position unterstützte.

Mit der Regierungsbeteiligung von Bündnis 90/Die Grünen spielten die Flügelkämpfe innerhalb der Partei eine immer geringere Rolle. Joschka Fischer verstand es geschickt, die bekanntesten Parteilinken einzubinden: Ludger Volmer zum Beispiel wurde Parlamentarischer Staatssekretär im Auswärtigen Amt und Jürgen Trittin Umweltminister. Es war schon erstaunlich zu beobachten, wie schnell sich auf diese Weise diese bis dahin kämpferischen Gegenspieler der Realos in zahme »Regierungslinke« und Stützen der rot-grünen Koalition verwandelten. Für die Bundestagsfraktion hingegen, die bis dahin das Bild der Bündnisgrünen in der Öffentlichkeit bestimmt hatte, ging mit der Regierungsbeteiligung ein Bedeutungsverlust einher. Parlamentarische Initiativen oder öffentliche Äußerungen von Abgeordneten, die nicht mit den eigenen Regierungsmitgliedern abgestimmt worden waren, gab es praktisch nicht mehr.

Die Regierungsmitglieder von Bündnis 90/Die Grünen und die Fraktionsvorsitzenden kamen alle aus dem Westen. Wie in der vorherigen Legislaturperiode war der Einfluss der wenigen aus dem Osten stammenden Abgeordneten auf die Politik der Fraktion gering. War die »Vereinigung in Augenhöhe« gescheitert? Auf den ersten Blick mochte es so scheinen. Die Wahlergebnisse in den ostdeutschen Bundesländern waren in den neunziger Jahren miserabel, nicht wenige der dort ehemals Aktiven hatten sich aus der Politik zurückgezogen. Dass der Westen das öffentliche Bild der Partei dominierte, trug zu dieser Entwicklung bei. Doch insgesamt hatte sich die Partei zum Positiven verändert, war vor allem näher an der Realität angekommen und weniger von Ideologien geprägt. Das war zumindest teilweise auch dem Zusammenschluss mit dem Bündnis 90 zu verdanken. Werner Schulz brachte es damals auf den Punkt. Auf die Frage, was bei den Grünen aus dem Bündnis 90 geworden sei, antwortete er: »Mit dem Bündnis 90 verhält es sich wie mit einem Stück Zucker im Tee. Der Zucker ist weg, aber der Tee schmeckt besser.«

Im März 1998 kam mein erstes Enkelkind, Noa, zur Welt. Wie die meisten werdenden Großmütter schaffte ich es, nachdem Uta mir von ihrer Schwangerschaft erzählt hatte, an keinem Geschäft mit Babysachen mehr vorbei. Doch das war nur die Außenseite dessen, was in mir vorging. Eine neue Generation kündigte sich in unserer Familie an. Das Leben ging weiter, für mich ein tiefes, auch tröstliches Gefühl, gemischt mit etwas Wehmut. War Uta nicht gerade selbst noch ein Baby gewesen?

Der Anfang war schwer. Noa verbrachte die ersten Wochen ihres Lebens wegen einer Fruchtwasservergiftung auf der Kinderstation. Ihre Eltern wechselten sich an ihrem Bett ab, um ständig im engsten Kontakt mit dem Baby zu bleiben. Noa verließ bald gesund das Krankenhaus, aber kurze Zeit später erkrankte ihre Mutter an einer seltenen Krebsart. Sechs quälende Monate der Chemotherapie folgten, in denen unsere Sorge um Uta den Alltag der ganzen Familie bestimmte. Jetzt war ich froh, nicht in Bonn zu arbeiten, sondern in der Nähe zu sein und einigermaßen flexibel mit meiner Arbeitszeit umgehen zu können. Ein Jahr später, am 16. Mai 1999, feierten wir auf unserem Wochenendgrundstück in Schönwalde mit vielen Gästen Utas siebenundzwanzigsten Geburtstag. Die Folgen der monatelangen Chemotherapie waren ihr noch anzusehen, aber sie war wieder gesund. Es regnete fast den ganzen Tag, doch das kümmerte niemanden, denn wir feierten das Leben.

Ich war allerdings erst später dazugestoßen, als das Familienfest schon in vollem Gange war. Der Gegensatz konnte größer nicht sein: Ein paar Stunden zuvor hatten wir Jürgen Fuchs zu Grabe getragen, unseren Freund, der in der DDR politisch verfolgt und inhaftiert worden war und der nach seinem Freikauf vom Westen aus vieles getan hatte, um die Opposition in der DDR zu unterstützen. Natürlich durfte er die DDR nie wieder besuchen, und so hatte ich ihn erst 1990 persönlich kennengelernt. Seine Krankheit, Blutkrebs, hatte er mit seiner Haft in Verbindung gebracht – wie andere ehemalige DDR-Häftlinge war auch er davon überzeugt, im Gefängnis heimlich bestrahlt worden zu sein. Bewiesen werden konnte dies nie. Vielleicht bestand aber auch auf andere Weise ein Zusammenhang zwischen Verfolgung und Erkrankung: Jürgen Fuchs wurde selbst noch im Westen von der Staatssicherheit überwacht und »bearbeitet«, in seiner Stasi-Akte fanden sich schauerliche Belege von »Zersetzungsmaßnahmen«. Es braucht oft weniger, um einen Menschen krank zu machen.

Mit dem Umzug nach Berlin im Sommer 1999 war der Bundestag endlich dort, wo er meiner Ansicht nach hingehörte. Die erste Plenarsitzung nach der parlamentarischen Sommerpause fand bereits im sanierten Reichstagsgebäude statt. Berlin war wieder politisches Zentrum des Landes. Abgesehen davon verknüpfte ich mit dem Umzug die Hoffnung, dass der Osten damit stärker in das Blickfeld von Parlament und Regierung geraten würde.

Manchen Mitarbeiterinnen und Mitarbeitern der Fraktion fiel der Umzug nach Berlin schwer, und ich staunte, wie groß die Vorbehalte bei einigen waren. Die Angst vor dem »Moloch Berlin« ging um. Wo würden sie eine Wohnung finden? Gab es in Berlin gute Schulen? Und bestand nicht die Gefahr, dass ihre Töchter und Söhne in der Großstadt drogensüchtig oder kriminell würden? Auch wenn mich diese Sorgen ein wenig belustigten, lud ich zusammen mit meinen Berliner Kolleginnen für Mai 1997 zu zwei Info-Touren für unsere Bonner Kolleginnen und Kollegen ein. Mit Bussen fuhren wir durch die Stadtbezirke Charlottenburg, Friedrichshain, Schöneberg und Pankow und besichtigten dann ehemalige Alliierten-Siedlungen. Hier, so der Plan, würden künftig viele Wohnungen für Bundesbedienstete zu guten Konditionen angeboten werden. Anschließend ging es nach Zehlendorf im Südwesten, dorthin, wo die Amerikaner gewohnt hatten, dann nach Reinickendorf im Nordwesten, wo die Straßen durch die Franzosen in Allée St.-Exupéry oder Rue Ambroise Paré umbenannt worden waren, und zuletzt nach Karlshorst im Osten der Stadt, in die ehemalige »Russensiedlung«, wie wir sie genannt hatten. Nach der Stadtrundfahrt gab es Informationsgespräche mit Berliner Behörden, vor allem über Schulen und Kindergärten. Am Ende der Expedition kehrten unsere Gäste ein wenig beruhigt zurück und sahen dem Umzug nun gelassener entgegen: Berlin schien doch noch im Bereich der zivilisierten Welt zu liegen.

Die Fraktion Bündnis 90/Die Grünen bezog ein Übergangsquartier in einem schönen alten Gebäude in der Luisenstraße, in dem sich ursprünglich das Kaiserliche Patentamt befunden hatte und zu DDR-Zeiten die Generalstaatsanwaltschaft. Mein Aufgabenbereich hatte sich verändert, ich war nun Referentin für Personalentwicklung und Weiterbildung. Meine Ausbildung zur Organisationsberaterin war inzwischen abgeschlossen, so dass ich die nächsten Schritte in eine neue berufliche Zukunft gehen konnte. Ich plante, meine Arbeitszeit in der Fraktion zunächst auf die Hälfte zu reduzieren und mich nebenher als Beraterin selbständig zu machen; wenn es gut liefe, würde ich gänzlich in die Selbständigkeit wechseln. Aber es kam doch wieder ganz anders.

Eines Tages im Sommer 2000 stand plötzlich Rezzo Schlauch, unser Fraktionsvorsitzender, bei mir in der Tür. Er kam gerade von einer Beratung mit dem Koalitionspartner SPD und bot mir nun überraschend an, die Nachfolgerin von Joachim Gauck als Bundesbeauftragte für die Stasi-Unterlagen-Behörde zu werden. Ganz neu war dieser Vorschlag nicht für mich, denn mehr als ein Jahr zuvor hatte mich Joachim Gauck während eines privaten Besuchs gefragt, ob ich mir das vorstellen könne. Damals hatte ich dankend abgelehnt, und auch diesmal reagierte ich mit großer Zurückhaltung. In der Nacht setzte ich mich an meinen Schreibtisch und schrieb Rezzo einen ausführlichen Brief, in dem ich erläuterte, warum ich das ehrenvolle Angebot nicht annehmen würde. Diesmal lag es weniger daran, dass ich mir die Aufgabe nicht zutraute. Vielmehr war ich so sehr mit meinen neuen beruflichen Plänen beschäftigt, dass ich mich nicht so ohne weiteres von ihnen verabschieden wollte. Außerdem schreckte ich davor zurück, mich tagtäglich mit der DDR-Staatssicherheit und damit dem düstersten Kapitel unserer DDR-Vergangenheit beschäftigen zu müssen. Gewiss spielte auch eine Rolle, dass ich es inzwischen schätzte, wieder zur Privatperson geworden zu sein: Die Aussicht, erneut in der Öffentlichkeit zu stehen, noch dazu in einem so umstrittenen Amt, erschien mir alles andere als verlockend. Der Brief lag am nächsten Morgen auf Rezzos Schreibtisch.

Schon tags darauf riefen mich gleich mehrere Freundinnen und Freunde an, um mit mir zu reden, fast alle, um mich von meiner ablehnenden Haltung abzubringen. Helga Hirsch redete mir gut zu, und Werner Schulz hatte – wie auch andere – Argumente, die ich nicht so leicht von der Hand weisen konnte: Jemand aus der DDR-Bürgerbewegung sollte das Amt übernehmen, darüber waren sich alle einig, obwohl kein Gesetz dies vorschrieb. Außerdem verfügte ich durch mein früheres Ministeramt über Verwaltungs- und Führungserfahrung. Manche meinten, ich hätte mir durch meinen damaligen Rücktritt Autorität auf dem Gebiet der Aufarbeitung verschafft. Es waren nicht viele Namen für das Amt im Gespräch, und meiner schien der einzige zu sein, der im Bundestag mehrheitsfähig sein würde. Ich wunderte mich, dass sogar die SPD bereit war, mich zu wählen – immerhin hatte ich mich acht Jahre zuvor deutlich von Manfred Stolpe distanziert, einem ihrer »Vorzeige-Ossis«.

Welches Gespräch oder welches Argument mich schließlich umstimmte, weiß ich nicht mehr, jedenfalls rief ich ein paar Tage später Rezzo an und sagte: »Vergiss meinen Brief. Wenn ihr immer noch wollt, mache ich es.« Ich habe diese Entscheidung nie bereut.

Zuständigkeitshalber lud mich wenig später Innenminister Otto Schily zu einem Vieraugengespräch ein. Die Entscheidung über das Amt wurde zwar durch den Deutschen Bundestag getroffen, den Wahlvorschlag aber musste die Bundesregierung machen, und Otto Schily hatte als Innenminister die Aufgabe, den entsprechenden Kabinettsbeschluss vorzubereiten. Das Innenministerium hatte seinen Sitz in einem Hochhaus in Moabit, Schilys Büro lag im obersten Stockwerk. Ich klopfte an die Tür, er öffnete und begrüßte mich mit den Worten: »Komm, setz dich. Willst du was trinken?« Warum duzte er mich? Hielt er mich für ein SPD-Mitglied oder erinnerte er sich an seine Zeiten als Grüner? Wie auch immer, bald nach unserem kurzen und freundlichen Gespräch entschied das Kabinett auf seinen Vorschlag hin, dem Bundestag meine Wahl zur Bundesbeauftragten zu unterbreiten. Damit war ich offiziell für das Amt nominiert. Alle Fraktionen des Bundestags luden mich nacheinander ein, um mir Gelegenheit zur Vorstellung zu geben und Fragen zu stellen. Ich wurde überall freundlich begrüßt, insbesondere natürlich in der Fraktion Bündnis 90/Die Grünen, die meine Arbeit in den folgenden Jahren konsequent unterstützte.

Auch in der CDU-Fraktion, die mich später mit hohem Stimmenanteil wählte, wurde ich wohlwollend aufgenommen. In einer der hinteren Reihen entdeckte ich Helmut Kohl, der aufmerksam meinen Ausführungen folgte. Wenige Wochen zuvor hatte der Streit um seine Stasi-Akten die Öffentlichkeit erreicht, und die Medien rätselten darüber, ob sich darin womöglich Informationen befanden, die Licht in das Dunkel der sogenannten Spendenaffäre bringen konnten. Diese Affäre beschäftigte die CDU seit Ende 1999 und hatte Helmut Kohl den Ehrenvorsitz gekostet. Vielleicht würden ja die Namen der anonymen Parteispender, die Helmut Kohl sich weigerte zu nennen, in den Akten der Staatssicherheit auftauchen?

Gut möglich, dass sowohl er als auch Innenminister Schily hofften, ich wäre – neu im Amt und noch unsicher – leicht dazu zu bewegen, die Akten unter Verschluss zu halten. Schon in der ersten Sitzung des Innenausschusses, die meiner Wahl folgte, stellte ein CDU-Abgeordneter dem Innenminister die Frage, warum dieser nicht noch zu Zeiten von Joachim Gauck dieses Thema »begradigt« habe. Schily antwortete sinngemäß, dass er »diese Sache« Joachim Gauck nicht mehr habe zumuten wollen. Es hat in der Politik manchmal sein Gutes, unterschätzt zu werden, und bei einer Frau, namentlich aus dem Osten, kann das leicht passieren.

Am 29. September 2000 wurde ich vom Deutschen Bundestag mit 419 Stimmen gewählt, also nicht nur mit Stimmen der Koalition, sondern auch mit einem großen Anteil aus den anderen Fraktionen. Darauf hatte ich gehofft, denn für eine parteiunabhängige Amtsführung schien es mir wichtig, sowohl von der rot-grünen Regierungsmehrheit als auch der konservativ-liberalen Opposition gewählt worden zu sein. Sogar einige Abgeordnete der PDS hatten mir ihre Stimme gegeben, wie mir Gregor Gysi, als er mir gratulierte, versicherte.

So viel Zustimmung musste gefeiert werden. Am Abend der Wahl trafen sich in meiner Wohnung viele alte und neue Freundinnen und Freunde und Bekannte, Mitstreiter und Weggefährten, um mir zu gratulieren. Diesen Abend mit ihnen zu verbringen war mir wichtig: Ich war nicht allein, und ich würde ihren Rat und ihre Unterstützung brauchen.

Mit der Parteienunabhängigkeit meines neuen Amtes war es mir im Übrigen ernst. Obwohl nicht vorgeschrieben, gab ich gleich nach meinem Amtsantritt bekannt, dass ich für die Dauer meiner Tätigkeit als Bundesbeauftragte meine Parteimitgliedschaft ruhen lassen würde.

An meinem letzten Arbeitstag in der Bundestagsfraktion überraschten mich die Kollegen mit einem Abschiedsempfang, und zwar dort, wo das alte Gebäude am schönsten war, auf der großen geschwungenen Haupttreppe. Als Gast war Wolf Biermann eingeladen und sang mir in dem ehemaligen Gebäude der Generalstaatsanwaltschaft der DDR die *Stasiballade* vor. Seit diesem Tag sind wir befreundet, und nicht nur das: Wolf begleitete in den folgenden Jahren aufmerksam und solidarisch meine Arbeit als Bundesbeauftragte, und ich bekam als Ausgleich für die Akten, mit denen ich es fortan täglich zu tun hatte, regelmäßig und aus erster Hand anrührende und aufregende Gedichte und Texte zu lesen.

16

Bundesbeauftragte I

Es wäre sehr unverständig, das traurige Erbe der letzten vierzig Jahre als etwas Fremdes zu begreifen, das uns ein entfernter Verwandter hinterlassen hat. Wir müssen im Gegenteil dieses Erbe als etwas akzeptieren, das wir selbst an uns haben geschehen lassen.

Václav Havel, 1990

Drei Monate nach meinem Amtsantritt, am 10. Januar 2001, werde ich ins Kanzleramt einbestellt. Otto Schily, der Innenminister, hat Kanzler Gerhard Schröder gebeten, ein Machtwort zu sprechen. Das Kanzleramt befindet sich seit dem Regierungsumzug und bis das neue Gebäude im Spreebogen fertig ist, im ehemaligen Staatsratsgebäude am Schlossplatz. Schily verlangt von mir, Helmut Kohls Akten unter Verschluss zu halten. Anordnen kann er das nicht, und genau hier liegt sein Problem: Der Innenminister darf mir in der Frage, welche Akten ich herausgebe und welche nicht, keine Weisungen erteilen, und das ärgert ihn. Der Bundestag hat diese Unabhängigkeit im Gesetz festgelegt – über den Umgang mit den Akten sollen kein einzelner Minister oder gar Parteiinteressen entscheiden. Natürlich gibt es eine Rechtsaufsicht über die Behörde, aber die übt nicht der Innenminister, sondern das Bundeskabinett aus. Schily braucht also einen Kabinettsbeschluss, wenn er durchsetzen will, dass Kohls Akten verschlossen bleiben. Seiner Ansicht nach bin ich im Begriff, gegen geltendes Recht zu verstoßen, denn nach dem Bundesarchivgesetz sei die Herausgabe von Unterlagen zu Personen der Zeitgeschichte nun mal nur mit deren Zustimmung oder erst dreißig Jahre nach deren Tod erlaubt, das müsse ich mir von ihm, dem Juristen, schon sagen lassen. Beim Stasi-Unterlagen-Gesetz sei das ja vielleicht anders, räumt der Innenminister ein. Aber das genau sei das Problem, denn bei diesem Gesetz handele es sich, wie er es einmal ausdrückte, um »Revolutionsrecht«, weshalb es nach zehn Jahren deutscher Einheit abgeschafft gehöre. Otto Schily ist nicht der Einzige, der so denkt und für den das Stasi-Unterlagen-Gesetz ein Fremdkörper ist, eine Art Meteorit, der ins Rechtssystem der Bundesrepublik eingeschlagen ist und dort eigentlich nicht hingehört. Viele solcher Brocken gibt es ja nicht, die nach 1989 Eingang in das bundesdeutsche Rechtssystem gefunden haben, genau genommen ist die Stasi-Unterlagen-Behörde, seit es die Treuhandanstalt nicht mehr gibt, das einzige institutionelle Überbleibsel. Die Akzeptanz des Stasi-Unterlagen-Gesetzes im Westen hängt also auch davon ab, ob man bereit ist anzuerkennen, dass sich die Bundesrepublik mit der deutschen Einheit verändert hat. Nicht allen fällt das leicht.

Ein Mitarbeiter begleitet mich zum Büro des Kanzlers, dieser nimmt mich freundlich in Empfang, Otto Schily kommt hinzu, und wir setzen uns in die Sesselecke. Gerhard Schröder öffnet eine Flasche Rotwein und zündet sich eine Zigarre an. Nach der freundlichen Frage, wie es mir denn in den ersten drei Monaten in der Behörde ergangen sei, ein paar launigen Sätzen über die Zigarrensorte, den richtigen Rotwein und das Fraktionsfest der SPD, zu dem die beiden anschließend noch wollen, kommt der Kanzler zur Sache: »Meine Leute haben mir hier aufgeschrieben, Frau Birthler«, er deutet auf ein Stück Papier in seiner Hand und lächelt, »dass mich Ottos Argumente mehr überzeugen als Ihre.« Aha. Ich verstehe, was ich offenbar verstehen soll: dass ihn das Thema nicht sonderlich interessiert, dass er aber der Bitte seines Innenministers nachkommen möchte, indem er mir ein bisschen droht.

Er erklärt mir in aller Ruhe, dass es keinerlei Schwierigkeiten bereiten würde, einen Kabinettsbeschluss herbeizuführen, der mir die Herausgabe der umstrittenen Unterlagen verbietet, und vergisst nicht zu erwähnen, dass die Grünen »wegen dieser Sache« bestimmt nicht die Koalitionsfrage stellen würden. Und dann stünde ich doch ziemlich allein da, jedenfalls wäre ich gut beraten, auf die Herausgabe der Akten zu verzichten und mir die zu erwartende Niederlage zu ersparen. Ich überlege kurz – wahrscheinlich hat er recht. Mir hilft jetzt nur noch, den Spieß umzudrehen. Ob ich damit Erfolg haben werde, ist unsicher, aber es ist einen Versuch wert. Ja, antworte ich, natürlich traute ich ihm zu, einen solchen Beschluss herbeizuführen, und natürlich würde dieser mich binden. Aber ob es für die Bundesregierung ratsam sei, per Kabinettsbeschluss die Herausgabe von Akten zu Altkanzler Helmut Kohl zu verhindern? Ich hätte dann immerhin alles versucht, die Akten herauszugeben, und das wäre ja schließlich das, was die Öffentlichkeit von mir erwarten würde. Der politische Schaden, der mit einem solchen Beschluss für den

Kanzler einer rot-grünen Regierung entstünde, wäre bestimmt größer als meiner.

Wahrscheinlich sieht der Instinktpolitiker Schröder dies längst auch so und hat den Kabinettsbeschluss, den Schily sich von ihm wünscht, nie wirklich erwogen. Um mich zum Einlenken zu bewegen, so hatte er wohl gehofft, würde es genügen, mir einfach mal zu zeigen, wo der Hammer hängt. Als er einsieht, dass dies nicht funktioniert, ist die Sache für ihn erledigt. Er verabschiedet mich freundlich und kümmert sich danach nie wieder um das Thema. Otto Schily siezt mich von nun an wieder. Der Streit um die Kohl-Akten, in dem es in Wahrheit um sehr viel mehr geht als um ein Konvolut nur mäßig interessanter Informationen über den früheren Bundeskanzler und CDU-Vorsitzenden, wird weitergehen und in den folgenden vier Jahren Gerichte, Bundestag und Medien beschäftigen. Es ist das politische Thema geworden, das die ersten Jahre meiner Amtszeit wesentlich mitbestimmen wird.

Meine Zeit in der Stasi-Unterlagen-Behörde hatte am 11. Oktober 2000 mit einer festlichen Veranstaltung begonnen, während deren auch mein Vorgänger Joachim Gauck aus dem Amt verabschiedet wurde. Wir trafen uns in seinem Büro, um gemeinsam zum Festsaal in der nahe gelegenen Jägerstraße zu laufen. Ich war aufgeregt und hatte Lampenfieber, er fühlte sich hundeelend. Der Abschied, den er gewollt hatte, tat nun doch ziemlich weh. Zehn Jahre lang hatte Joachim Gauck an der Spitze der Behörde gestanden und dem Amt zu Respekt und großer öffentlicher Bedeutung verholfen. Er hatte leidenschaftlich für die Auseinandersetzung mit der Vergangenheit geworben und dafür, dass sie mit rechtsstaatlichen Mitteln erfolgte. Der Druck, unter dem er und der noch kleine Mitarbeiterstab in der Anfangszeit der Behörde gestanden hatten, muss schier unbeschreiblich gewesen sein. Die Archive undurchdringlich und teilweise in erbarmungswürdig ungeordnetem Zustand. Zugleich eine Flut von Anfragen. Immer neue Stasi-Enthüllungen erreichten Anfang der neunziger Jahre die Öffentlichkeit, und vom Bundesbeauftragten wurde erwartet, dass er das verwirrende Durcheinander von Vorwürfen, Gerüchten, Aktenbefunden und Verteidigungsversuchen klärte. Zum ersten Mal in der Geschichte und international ohne Beispiel standen die Archive einer Diktatur für die Öffentlichkeit zur Verfügung, und die Hinterlassenschaft der Geheimpolizei war von allen die spektakulärste. Joachim Gauck war nicht nur der Chef eines großen und ungewöhnlichen Archivs, sondern auch wortgewaltiger Lehrmeister eines gigantischen gesellschaftlichen Lern- und Aufarbeitungsprozesses, der mit dem Ende der SED-Diktatur begonnen hatte.

Nach meiner Wahl wollten die Journalisten vor allem von mir wissen, was ich anders machen würde als mein Vorgänger. Was sollte ich da sagen? Inhaltlich waren wir uns sehr nahe. Ich teilte seine Auffassungen zum Wert der Aufarbeitung und seinen Respekt für den Rechtsstaat. Auch in der Skepsis gegenüber Eiferern und der Verachtung für das wehleidige Heimweh nach der untergegangenen Diktatur waren wir uns nahe. Was mich von ihm unterschied, würde sich im Alltag erweisen. Vielleicht würde ich einen Schwerpunkt meiner Arbeit im Bildungsbereich und in der Arbeit mit Kindern und Jugendlichen sehen, weil ich auf diesen Gebieten viele Erfahrungen gemacht hatte. Und ich hatte mich in den letzten Jahren viel mit dem Innenleben von Institutionen befasst. Bestimmt würde ich deshalb auch auf die Struktur der Behörde achten, auf Personalfragen und die innere Kommunikation. Ich war halt anders als Joachim Gauck, und ich war eine Frau. Was das für die Amtsführung bedeutete, erklärte ich den Journalisten, wisse ich noch nicht genau.

Meine Kinder, meine Schwester, meine liebsten Freundinnen und Freunde waren zu dem Festakt gekommen, und auch Joachim hatte Angehörige und Freunde eingeladen. Die Vorstände der meisten Parteien und Bundestagsfraktionen waren zugegen, unter ihnen Außenminister Joschka Fischer und Angela Merkel, seit einem halben Jahr Vorsitzende der CDU. Die Kirchen waren vertreten, ebenso eine Reihe von Botschaften, dann Stiftungen und Verbände, vor allem aber die »Aufarbeitungsszene«: Opferverbände, Gedenkstätten, Vereine, Initiativen und Forschungseinrichtungen. Die Stasi-Unterlagen-Behörde war Teil dieser Szene und zugleich deren größte und wirkmächtigste Institution. Sie genoss deshalb nicht nur viel Aufmerksamkeit, sondern war auch umstritten, wenngleich die Kritik meist hinter vorgehaltener Hand geäußert wurde. Offener Streit, so fürchteten viele nicht ganz zu Unrecht, freute immer die Falschen.

Zuerst sprach Wolfgang Thierse, der Präsident des Deutschen Bundestags, danach Richard Schröder als Vorsitzender des Beirats der Behörde und schließlich Hannelore Köhler für den Personalrat. Joachim Gauck bekam seine Entlassungs- und ich meine Ernennungsurkunde, und Otto Schily nahm mir den Amtseid ab. Meine Einführungsrede hatte ich sorgfältig vorbereitet. Ich sprach von der Verantwortung gegenüber den Opfern von Repressionen und politischer Justiz, auch von den Älteren, denen Jahrzehnte ihres Lebens gestohlen worden waren und die entweder nicht mehr lebten oder zu kraftlos und enttäuscht waren, um ihre Interessen wahrzunehmen. Und dann über die kulturellen und zivilisatorischen Folgeschäden einer Diktatur, die weit über einzelne Schicksale hinausreichten. Ich wollte es gleich an meinem ersten Tag deutlich machen: So wichtig die Staatssicherheit auch war – sie war nur ein Instrument, dazu geschaffen, als »Schild und Schwert der Partei« die Macht der SED zu sichern. Die SED-Diktatur war mehr als die Tätigkeit der Stasi, sie durchdrang den Alltag und beeinträchtigte und beschädigte das Leben aller Menschen in der DDR – auch wenn viele das bis heute nicht wahrhaben wollen.

Nach dem Festakt fuhren wir in den »Seeblick« in der Rykestraße in Prenzlauer Berg und feierten noch eine Weile weiter. Der »Seeblick« gehört bis heute Hans-Jürgen Buntrock, von uns allen »Friedenskoch« genannt. Einst Aktivist in der Friedensbewegung, flog er Anfang 1988 aus der DDR raus, kam nach dem Mauerfall zurück und gründete unsere künftige Stammkneipe. Hier gibt es Rouladen und Kartoffelsuppe statt Vitello Tonnato und Pasta, der Friedenskoch steht selbst in der Küche, wir sitzen hier nach Veranstaltungen, um uns auszuruhen oder weiterzudiskutieren, oft bis spät in die Nacht. Diesmal blieb ich nicht sehr lange. Am folgenden Morgen würde mein erster Tag als Bundesbeauftragte beginnen.

Eigentlich grenzte es an ein Wunder, dass es das Stasi-Unterlagen-Gesetz überhaupt gab. Die Öffnung der Akten eines Unterdrückungsapparates – ein bis dahin weltweit einmaliger Vorgang – war von Anfang an umstritten gewesen: »Hexenjagd«, »Siegerjustiz«, »Racheakte« – kein Szenario war Anfang der neunziger Jahre zu dramatisch, um nicht als Warnung zu taugen. Die Reihe der Bedenkenträger war lang: Die einen sahen die Errungenschaften langjähriger Debatten um den Daten- und Persönlichkeitsschutz in Gefahr, Kanzler Helmut Kohl und Innenminister Wolfgang Schäuble fürchteten, dass der Streit um die Vergangenheit die innere Einheit Deutschlands belasten würde. Manch einer bemühte, wenn auch zumeist hinter vorgehaltener Hand, als Argument die bundesdeutschen Erfahrungen nach 1945. Konrad Adenauer jedenfalls sei schließlich auch gegen die »Naziriecherei« gewesen. »Man schüttet kein dreckiges Wasser aus, wenn man kein reines hat«, hatte er mit Bezug auf frühere Nazis im Auswärtigen Amt gesagt. Die meisten von ihnen hätten sich doch schließlich zu guten Demokraten entwickelt. Es gab wahrscheinlich noch eine andere Befürchtung: Was würden die Akten des MfS alles über Politiker des Westens zutage fördern? Nein, seitens der Bundesregierung und des Bundestages bestand zunächst wenig Interesse, die Akten zu öffnen. Und die einstigen Verantwortlichen und Täter im Osten, die ahnten, dass ihre millionenfachen Gemeinheiten und Untaten öffentlich bekannt würden, waren sowieso dagegen.

Dass die Stasi-Akten heute trotzdem zugänglich sind, ist vor allem jenen Frauen und Männern zu verdanken, die noch im Winter 1989/90 mutig die Dienststellen des MfS besetzt hatten, um dem Treiben der Staatssicherheit eine Ende zu bereiten und die Vernichtung der Akten zu stoppen. »Freiheit für meine Akte« hatte jemand auf eine Tür gesprüht, und »Die Akten gehören uns!« hieß es auf den Transparenten vor den Stasi-Dienststellen.

Zwei elementare Bedürfnisse begründeten die Forderung nach der Öffnung der Akten: mit ihrer Hilfe herauszufinden, wie die Stasi in das eigene Leben eingegriffen hatte, zu erfahren, wer die Täter waren, und zu verhindern, dass sie unentdeckt neue Ämter übernahmen. Nachdem schon der Runde Tisch die ersatzlose Auflösung der Staatssicherheit durchgesetzt hatte, beschloss die erste frei gewählte Volkskammer der DDR im August 1990 nahezu einstimmig ein »Gesetz über die Sicherung und Nutzung der personenbezogenen Daten des ehemaligen MfS/AfNS«. Umso größer das Unverständnis, als wenige Tage später bekannt wurde, dass dieses Gesetz im Einigungsvertrag nicht verankert war: Die beiden verhandelnden Regierungen waren sich offenbar einig, dass das Thema mit dem Ende der DDR erledigt sein sollte. Die Abgeordneten waren empört, und Innenminister Peter-Michael Diestel erklärte, sich vor dem Mikrofon windend, dass die Vertreter der DDR gegenüber der Bundesrepublik nun mal in der schwächeren Position seien. Noch am selben

Tag, dem 30. August, stimmte die Volkskammer mit überwältigender Mehrheit einer Erklärung zu, die ich im Auftrag meiner Fraktion eingebracht hatte: Die Regierung sollte durchsetzen, dass das Gesetz über die Stasi-Unterlagen im Einigungsvertrag zum fortgeltenden Recht erklärt wurde. Parallel versuchte Joachim Gauck, Abgeordneter von Bündnis 90 und Vorsitzender des Sonderausschusses zur Kontrolle der Auflösung des MfS/AfNS, im Innenministerium in Bonn einen Sinneswandel herbeizuführen.

Die größte Wirkung aber hatte eine Aktion von Aktivisten der Bürgerbewegung: Stephan Konopatzky, Christian Halbrock und ungefähr dreißig weitere Personen, darunter Ingrid Köppe, Bärbel Bohley, Till Böttcher, Hans Schwenke, Frank Ebert, Tom Sello und Reinhard Schult, besetzten am 4. September erneut die Stasi-Zentrale und forderten mit einem Hungerstreik, die Akten auch im vereinten Deutschland zugänglich zu machen. Wolf Biermann beteiligte sich, Kamerateams belagerten den Ort, das Interesse im In- und Ausland war groß, und viele Abgeordnete der Volkskammer solidarisierten sich mit den Besetzern. Vier Wochen vor dem 3. Oktober schien die Zustimmung zum Einigungsvertrag plötzlich nicht mehr sicher zu sein. Schließlich lenkten die Regierungen ein, und der Einigungsvertrag erhielt eine eilig aufgesetzte Zusatzklausel: Darin wurde zum einen der Bundestag beauftragt, ein Gesetz zu verabschieden, das die Grundsätze des Volkskammergesetzes berücksichtigte, und zum anderen die Bundesregierung, einen noch von der Volkskammer nominierten Sonderbeauftragten für die Stasi-Unterlagen zu ernennen. Es war geschafft! Gemeinsam hatten sich die Hungerstreikenden in der Normannenstraße und Abgeordnete der Volkskammer gegen den Willen der Regierungen Kohl und de Maizière durchgesetzt. Die Akten sollten offen bleiben.

Das neue Stasi-Unterlagen-Gesetz war dennoch nicht nur ein Ost-, sondern auch ein Westkind: Aufarbeitungswille Ost traf auf Rechtsstaat West, Aktenöffnung auf Datenschutz, Leidenschaft auf Vorsicht und Verwaltungserfahrung: Die Gegensätze prallten während des Gesetzgebungsverfahrens ziemlich heftig aufeinander, aber gerade in ihrer Verbindung lag das Geheimnis des Erfolges. Ende Dezember 1991 verabschiedete der Bundestag das neue Stasi-Unterlagen-Gesetz, die bis dahin provisorische Behörde des Sonderbeauftragten Gauck arbeitete von da an auf gesetzlicher Grundlage, und am 2. Januar 1992 saßen rund zwei Dutzend prominente Ex-Dissidenten in einem provisorisch hergerichteten Lesesaal der Behörde und lasen unter großer öffentlicher Anteilnahme ihre Akten.

Die Aufmerksamkeit der Medien richtete sich verständlicherweise zunächst auf die bekannten Oppositionellen und auf die Spitzel, deren Namen nun allmählich bekannt wurden. Doch für die Generationen vor ihnen war der Zugang zu den Akten mindestens genauso bedeutsam. Auch Karl-Wilhelm Fricke, Redakteur beim Deutschlandfunk, Publizist und DDR-Experte, gehörte zu den Ersten, die ihre Akten lesen konnten. Er beschreibt das in seinem Buch *Akteneinsicht*:

> Der 10. Januar 1992, ein Freitag, war der Tag meiner ersten Einsicht in MfS-Akten … In einem großen, holzgetäfelten Zimmer mit hohen Fenstern standen vier einfache Tische, neben denen Akten in voluminösen Aluminiumkästen aufgeschichtet waren. Außer mir waren weitere drei ehemals Verfolgte zugegen, darunter der unvergessene Jürgen Fuchs. Wir saßen vor unseren Akten, vertieften uns in sie, lasen, mitunter kopfschüttelnd. Vor mir lagen elf Schnellhefter … Mein erstes Gefühl war Genugtuung, Frohlocken: Jetzt haben wir, die Verfolgten, die Akten, die sie, die Täter, einst über uns angelegt hatten. Meine zweite Empfindung war Staunen über die Überfülle an Akten – Spitzelberichte zu meiner Person, interne dienstliche Weisungen. Haftbeschluss und Haftbefehl. Vernehmungsprotokolle, Gerichtsakten und so weiter. Welch' ein absurder Aufwand! … Neu und unvermutet war die Erkenntnis, daß meine Entführung am 1. April 1955 aus West-Berlin, wo ich damals als Journalist arbeitete, monatelang planmäßig vorbereitet worden war … Gefunden wurde im ehemaligen MfS-Archiv auch ein Maßnahme-Plan, in dem genau festgelegt worden war, wie ich »überführt« werden sollte: nach Betäubung in einem Schlafsack per Pkw … Künftig ließ sich alles belegen: die Tag-und-Nacht-Vernehmungen in der U-Haft im Stasi-Gefängnis Berlin-Hohenschönhausen, die Sinnlosigkeit vielstündiger Vernehmungen, die ein Protokoll aus sechs Zeilen erbrachten, der Geheimprozeß vor dem Obersten Gericht, die Verfügung, mich in Einzelhaft zu halten …

Über eine Million Menschen haben inzwischen gelesen, was die Stasi über sie an Informationen und Einschätzungen zusammengetragen und wie sie in ihr Leben eingegriffen hat. Den einen konnten wir nur eine Karteikarte zeigen, andere saßen an einem Tisch, auf dem sich ein Dutzend Ordner stapelte. Manche haben den Lesesaal erschüttert oder traurig verlassen, manche kopfschüttelnd oder belustigt, manche enttäuscht, weil sie die erhofften Antworten auf quälende Fragen nicht fanden. Wieder andere fühlten sich nach der Lektüre wie von einer großen Last befreit. »Ich habe jahrelang gezögert, einen Antrag auf Akteneinsicht zu stellen, weil ich Angst vor bösen Enttäuschungen hatte«, erzählte mir eine Frau. »Doch jetzt, nachdem ich meine Akten gelesen habe, weiß ich endlich, dass mich niemand von meinen Leuten verraten hat.« Die große Erleichterung war ihr anzusehen, und ich verstand, wie quälend Zweifel und Misstrauen zwischen Menschen sind. Diese Gefühle gibt es zwar immer, auch unabhängig von den politischen Verhältnissen, doch nirgendwo so ausgeprägt wie in Diktaturen.

Am wichtigsten war die Lektüre für diejenigen, die von der Staatssicherheit verfolgt, inhaftiert oder »zersetzt« worden waren. Endlich konnten sie Licht in das Dunkel ihrer Lebensgeschichte bringen, endlich hatten sie Beweise für das ihnen widerfahrene Unrecht. Wie wichtig diese Genugtuung war, habe ich oft in Gesprächen erfahren. Und anders als von vielen befürchtet führte die Öffnung der Archive nicht zu Unfrieden und Racheakten. Diejenigen, die die Namen ihrer Verräter und Peiniger erfahren hatten, gingen fast immer besonnen mit ihrem Wissen um.

Die langen Wartezeiten, die Enttäuschung, wenn Namen in den Akten geschwärzt wurden – all das hat der Behörde regelmäßig den Vorwurf eingebracht, zu bürokratisch zu sein. Ich hatte Verständnis dafür, aber gerade weil ich die Vorwürfe verstand, bemühte ich mich, den Sinn der Vorschriften und Regeln immer wieder zu erklären: »Stellen Sie sich vor, Ihre Nachbarin hat bei uns Akteneinsicht, und niemand von uns hat vorher ihre Akte gelesen. Gut möglich, dass dort auch Informationen über Sie enthalten sind. Aber Ihre Nachbarin hat kein Recht zu erfahren, an welchen Krankheiten Sie gelitten haben, ob Sie verschuldet waren oder Eheprobleme hatten. Deshalb muss jemand von uns alle Unterlagen lesen, bevor wir sie ihr vorlegen.« Natürlich wanderten die Akten mit ihren manchmal sehr persönlichen Inhalten bei uns nicht von Hand zu Hand, sondern wurden möglichst nur von den jeweils zuständigen Mitarbeitern für die Akteneinsicht vorbereitet. Diese waren dann oft auch die ersten Gesprächspartner, wenn jemand etwas in seinen Akten gelesen hatte, das ihn aufwühlte oder enttäuschte.

In der seit vielen Jahren von Joachim Förster geleiteten Auskunftsabteilung zu arbeiten, das war eine Aufgabe, für die es keine Ausbildung gab – da musste man hineinwachsen und Erfahrungen sammeln. Hier galt es, auf Recht und Gesetz zu achten und zugleich denen, die zitternd die Akten in die Hand nahmen, den Rücken zu stärken. Wer hier tätig war, musste die Adressen von Beratungsstellen für Opfer parat haben, wissen, was POZW bedeutet (»politisch-operatives Zusammenwirken«) oder was ein IMK/DA ist (»Inoffizieller Mitarbeiter zur Sicherung der Konspiration und des Verbindungswesens/Deckadresse«). Und er oder sie musste Akten lesen – Tag für Tag. Die Mitarbeiter kamen aus allen möglichen Berufen und Milieus: Sie waren zuvor Lehrer oder Gärtner, Krankenschwester oder Goldschmied gewesen, stammten aus der Opposition oder waren früher in der SED. Die Beschäftigung mit den Akten bedeutete für die einen Bestätigung und Genugtuung, andere lernten mit Erschrecken eine DDR kennen, von der sie zuvor nichts gewusst hatten. Der psychische Druck, der durch die Arbeit mit den Akten insbesondere im Archiv und in der Auskunftsabteilung entstand, war sehr groß, und es war kein Wunder, dass der Krankenstand in der Behörde schon immer höher als anderswo war. Eigentlich hätten diese Mitarbeiter eine professionelle Begleitung gebraucht, eine Team-Supervision, die Möglichkeit von Fallbesprechungen beispielsweise. Aber wer sollte das für Hunderte von Mitarbeitern bezahlen? Die Motivation, trotz dieser enormen Belastung durchzuhalten, war hoch: Schließlich warteten die Opfer der Staatssicherheit dringend darauf, ihre Akten zu sehen. Also musste das kollegiale Gespräch, die gegenseitige Beratung genügen.

Neben dem »Recht auf die eigene Akte« war es die Frage nach den Tätern, die die Menschen bewegte. Die meisten waren entschieden dagegen, dass ehemalige Stasi-Mitarbeiter neue Ämter und Mandate eroberten oder unerkannt im öffentlichen Dienst arbeiteten. Das hatte nicht nur moralische Gründe: Wer seine frühere Zusammenarbeit mit der Stasi verheimlichte, war auch erpressbar, und diejenigen, die sein Geheimnis kannten, könnten ihren Vorteil daraus ziehen, etwa wenn es um die Erteilung einer Baugenehmigung oder um eine Beförderung ging. Wenigstens im öffentlichen Dienst waren solche Überprüfungen vom Gesetz erlaubt. In der Privatwirtschaft war das anders. Die Deutsche Bank zum Beispiel hatte mehrere tausend Mitarbeiter der Staatsbank der DDR übernommen, ohne dass jemand von ihnen überprüft worden wäre. Ähnliches galt für viele andere Unternehmen, aber auch für Anwaltskanzleien, Einrichtungen der Jugendhilfe, privat geführte Schulen, Krankenhäuser oder Heime sowie für Verlage und Redaktionen.

Doch dort, wo Überprüfungen zulässig waren, waren sie auch umstritten. Insbesondere einige Prominente, die der Zusammenarbeit mit dem MfS bezichtigt worden waren, bemühten sich eifrig, die Beweiskraft der Akten in Zweifel zu ziehen und die Vorwürfe als Versuche darzustellen, unbequeme Stimmen zum Schweigen zu bringen oder eine beliebte ostdeutsche Persönlichkeit zu diffamieren. Das war die Strategie von Manfred Stolpe und Gregor Gysi, aber auch die von Heinrich Fink: Der Theologieprofessor aus Ost-Berlin war 1990 zum Rektor der Humboldt-Universität berufen worden. 1991 tauchten Teile seiner MfS-Akte auf, die zweifelsfrei auf eine Zusammenarbeit mit dem MfS unter dem Decknamen als IM »Heiner« hinwiesen. Fink wurde 1992 entlassen, klagte dagegen und verlor jeden Prozess, zuletzt 1997 vor dem Bundesgerichtshof. Während meiner Amtszeit, im Jahr 2005, wurden mehrere hundert weitere Blätter seiner einst zerrissenen Akte rekonstruiert. Fink hatte von 1968 bis Oktober 1989 Spitzelberichte und Beurteilungen verfasst und Geldprämien, Geschenke und Auszeichnungen von der Stasi entgegengenommen. Diese schätzte besonders, dass er von sich aus auf Einzelpersonen aufmerksam gemacht, über seine Studierenden und über Details aus vertraulichen seelsorgerlichen Gesprächen berichtet hatte. Heinrich Fink streitet die Zusammenarbeit bis heute ab und vergleicht die Vorwürfe gegen ihn mit mittelalterlicher Inquisition.

So weit, so schlecht – Inoffizielle Mitarbeiter, die bestreiten, IM gewesen zu sein, gibt es wie Sand am Meer. Das Besondere am Fall Fink war, dass er es zuließ, dass sich junge Menschen, die ihm offenkundig glaubten, mit ihm solidarisierten. Es gefiel ihm, wie die Studierenden 1991 zu Tausenden gegen seine Entlassung demonstrierten, Protestveranstaltungen abhielten und »Unsern Heiner nimmt uns keiner« riefen.

Wie jene berichten, die nicht zu Finks Unterstützern zählten, herrschte eine fürchterliche Stimmung an der Universität – der kleinen Gruppe der Studierenden, Mitarbeiter und Professoren, die offen gegen Fink auftraten, begegnete man mit Verachtung, Hass und Drohgebärden. Er hat die Studierenden bewusst für sich missbraucht. Und auch wenn die damals Beteiligten die Dinge heute etwas nüchterner sehen mögen: Das Gefühl, dass unter Zuhilfenahme von Stasi-Akten Unrecht geschehen sein könnte, mag viele bis heute nicht ganz verlassen haben. Das gilt auch für andere, die sich damals lautstark mit Fink gemeingemacht hatten: Die Gewerkschaft Erziehung und Wissenschaft zum Beispiel sprach vom offenkundigen Versuch, »alle Ansätze einer selbstbestimmten Demokratisierung der Universität zu ersticken und sie insgesamt unglaubwürdig zu machen«. Und Günter Grass äußerte mit Bezug auf Fink: »Nie ist der Staatssicherheitsdienst der ehemaligen DDR so erfolgreich gewesen wie nach seiner Abschaffung. Er wirkt jetzt fort. Das ist ein Gift, das gesetzt worden ist und sich offenbar überträgt.« Beispiele ähnlicher Kommentare prominenter Zeitgenossen ließen sich seitenlang fortführen.

Der Wunsch, die Täter und Verräter zu benennen, und die Forderung, endlich einen Schlussstrich unter die Vergangenheit zu ziehen, standen seit 1990 gegeneinander und sorgten immer wieder für Streit. Es ist nicht verwunderlich, dass sich der Zorn derer, die die Wahrheit über die Täter fürchteten, zuerst gegen die Stasi-Unterlagen-Behörde richtete. »Nein, die Behörde überprüft niemanden. Wir erteilen nur Auskünfte aus den Akten, und auch nur, wenn diese bei uns beantragt wurden. Wem gekündigt wird und wem nicht, wird dort entschieden, wo die Überprüfung erfolgt.« Gefühlte tausend Mal habe ich das erklärt, doch in der Öffentlichkeit hatte sich unverrückbar die Meinung festgesetzt, dass in der Stasi-Unterlagen-Behörde über Schicksale entschieden wird, und zwar nur auf der Grundlage der Akten. Tatsächlich aber sind es die Parlamente, die Rathäuser, die Schulämter oder Universitäten, die bestimmen, ob ihr Personal auf frühere Tätigkeit für die Staatssicherheit überprüft wird oder nicht, wie die Überprüfung erfolgt und wer am Ende bleibt oder gehen muss. Keine leichte Aufgabe für alle Beteiligten, vor allem, wenn sie ihren Auftrag ernst nehmen und erst nach gründlicher Prüfung entscheiden. Ich wurde in all den Jahren nicht müde, dazu zu ermutigen: »Bitte sehen Sie immer genau hin. Kein Fall ist wie der andere, auch wenn auf beiden

Akten ›IM‹ steht. Es ist ein großer Unterschied, ob jemand vor zwanzig Jahren als Siebzehnjähriger angeworben wurde und nach zwei Jahren ausgestiegen ist oder ob jemand bis zum Herbst 1989 zahlreiche Berichte über seine Mitmenschen abgeliefert hat.« Über eineinhalb Millionen solcher Auskunftsersuchen wurden im Lauf der Jahre bearbeitet. Gelegentlich fiel es mir und meinen Mitarbeitern schwer, IM-Akten mit der gebotenen Neutralität herauszugeben. Manchmal hätte ich auch gern einen Zettel drangeklebt: »ganz kleiner Fisch« oder »bitte die Lebensumstände berücksichtigen« oder »Achtung, ganz schlimmer Finger!«. Aber das war – aus guten Gründen – natürlich nicht erlaubt.

»Ersuchen« war eines von den Wörtern, die ich nicht mochte und an die ich mich nur schwer gewöhnte. Noch schlimmer, wenn es hieß, jemand sei »beauskunftet« worden. Auch den Begriff »Verwendung von Beamten« fand ich immer seltsam. Die Verwaltungssprache kriecht einem ins Blut, ehe man sich's versieht. Dabei hat sie durchaus ihren Sinn, so wie es in jedem Beruf notwendigerweise eine Art Soziolekt gibt. Nur nach außen hin, da muss man sehr aufpassen. Ich legte großen Wert darauf, dass Briefe und Auskünfte, die das Haus verließen, freundlich formuliert und verständlich waren. Nicht wenige Mitarbeiter waren zu Beginn meiner Amtszeit spürbar genervt, wenn ich die von ihnen entworfenen Briefe immer wieder zurückschickte und erst dann unterschrieb oder abzeichnete, wenn sie einigermaßen lesbar waren. Aber in meinen Augen war das keine Nebensache, sondern Ausdruck von Respekt gegenüber Menschen, die sich an unsere Behörde wandten. Freundlich und höflich geschriebene Briefe, der gute Ton am Telefon, ein zuvorkommender Pförtner – all das entscheidet darüber, ob jemand sich gut behandelt oder abgewimmelt fühlt. Vielleicht steckt hinter der allseits bekannten Politikverdrossenheit ja manchmal auch nur ein Problem mit einer erstarrten Bürokratie: Ämter und Behörden sind ja nun mal so etwas wie die »Benutzeroberfläche« der Demokratie. Ich führte den zähen Kampf gegen die leblose Behördensprache zum Glück nicht allein – und ganz allmählich veränderte sich etwas.

Regelmäßig brachte mir Frau Liebermann, meine Sekretärin, nach Wichtigkeit sortierte dicke Postmappen, stapelte sie auf meinem Schreibtisch und achtete darauf, dass sie dort nicht allzu lange liegenblieben.

Manchmal fand ich es ganz angenehm, für eine Weile nicht zu reden oder zuzuhören, sondern ungestört ein paar Stunden am Schreibtisch zu sitzen, die Schuhe auszuziehen und mir einen Vorgang nach dem anderen vorzunehmen: Briefe, die an mich persönlich gerichtet waren. Briefe, die ich zu unterschreiben hatte (blaue Tinte), und solche, bei denen ich die Verfügung, also die Kopie, abzeichnete (grüner Stift). Vermerke und Protokolle zur Kenntnisnahme. Vorlagen zur Entscheidung. Einladungen zum Annehmen oder Ablehnen, Entwürfe für Reden, Pressemitteilungen, Tagesordnungen, Veranstaltungsabläufe. Und Urkunden – anlässlich von Verbeamtungen, Beförderungen, Dienstjubiläen und Verabschiedungen aus dem Amt. »Für die dem deutschen Volke geleisteten treuen Dienste spreche ich Ihnen Dank und Anerkennung aus« stand auf Letzteren, jedenfalls, wenn Beamte in den Ruhestand verabschiedet wurden. Irgendwann stutzte ich: Stammte der Mitarbeiter, dessen Name auf der Urkunde stand und den ich zufällig kannte, nicht aus dem Osten? Was hatte er denn bis 1990 gemacht, dass ich ihm dafür »Dienst am deutschen Volk« bescheinigte? Also erst mal keine Unterschrift, sondern gelber Haftzettel: »Bitte Dienstlaufbahn beifügen«. Nach ein paar Tagen lag der Vorgang wieder auf meinem Tisch, auf einem beigefügten Blatt waren die bisherigen Tätigkeiten aufgeführt. So, so, Bereitschaftspolizei Blankenburg, von 1982 bis 1990. Diesen Ort kannte ich aus den Gedächtnisprotokollen, die ich zwölf Jahre zuvor abgetippt hatte, auch dorthin hatten sie in den Nächten vom 7. bis zum 9. Oktober 1989 die Festgenommenen gebracht. Ich wusste nicht, was der scheidende Behördenmitarbeiter damit zu tun gehabt hatte, aber darum ging es ja nicht. Es war generell absurd, der DDR-Bereitschaftspolizei »Dienst am deutschen Volk« zu attestieren. Ich bat Peter Busse, den damaligen Direktor, zu mir und teilte ihm mit, dass ich die Urkunde nicht unterschreiben würde, erklärte meine Gründe und dass meine Entscheidung auch für alle gleichgelagerten Fälle gelte. »Klar«, sagte der Direktor, »verstehe ich, Herr Gauck wollte so was auch nicht unterschreiben, geben Sie her, ich mache das an Ihrer Stelle.« Als ob das etwas geändert hätte. Nein, entschied ich, so eine Urkunde wird in unserem Haus überhaupt nicht unterschrieben, und ich hätte gern einen Vorschlag für eine abgeänderte Dankesformel. Nach nur wenigen Tagen war die Lösung da: Wir verwendeten statt der Beamten-Dankesformel die für Angestellte, bei dieser hieß es nämlich »Für die der Bundesrepublik geleisteten treuen Dienste«. Gesagt, getan, das Problem war aus der Welt. Nun konnte sich jeder Beamte, wenn er in den Ruhestand ging, selber ausrechnen, für wie viele Jahre harter Arbeit ihm der Staat dankte.

Ich wusste nicht, dass dies der Beginn einer weiteren Auseinandersetzung war, die über Jahre andauern, aber schließlich zum Erfolg führen würde – weitab der öffentlichen Wahrnehmung, aber von grundsätzlicher Bedeutung. Es begann mit einem Erlass aus dem Innenministerium – ein Beamter hatte sich dort über meine Regelverletzung beschwert. Die Danksagungstexte seien durch den Bundespräsidenten bindend vorgegeben, und ich möge doch sicherstellen, dass in meiner Behörde »gemäß den vorbezeichneten Durchführungsbestimmungen verfahren« werde. Ich antwortete, dass die »vorbezeichnete Durchführungsbestimmung« aus dem Jahre 1969 stamme und der Bundespräsident da noch nicht wissen konnte, dass es einmal eine deutsche Einheit geben würde und damit auch ehemalige Diener eines Staates, der keineswegs dem deutschen Volk gedient, sondern es unterdrückt hatte. Und dass es mir überhaupt nicht darum gehe, die Lebensleistung eines Mitarbeiters in Frage zu stellen, der einst, sagen wir, das Magdeburger Stadtarchiv aufgebaut hatte. Es hätte ja, wenn man ehrlich sei, auch nicht jeder Westbeamte tatsächlich dem deutschen Volk gedient. Vielmehr gehe es mir ums Prinzip: Wenn ein Staat nicht demokratisch legitimiert ist, leisten die Staatsdiener dem Grunde nach auch keinen Dienst am Volk. Die Antwort ließ nicht lange auf sich warten, ihr Kernsatz lautete: »Mit Tätigkeiten in Behörden der ehemaligen DDR wurde Dienst am deutschen Volk geleistet, gleich wie diese Tätigkeiten subjektiv bewertet werden.« Und ich möge doch »die durch die Durchführungsbestimmungen zur Anordnung des Bundespräsidenten von Ernennung und Entlassung von Bundesbeamten verbindlich vorgegebene Formulierung … verwenden«. Diesmal hatte Staatssekretär Rudolf Körper unterschrieben. Es half nichts, ich musste zu Bundespräsident Johannes Rau ins Schloss Bellevue. Sein Staatssekretär Rüdiger Frohn nahm sich der Sache gern an: Der Bundespräsident habe erst kürzlich angewiesen, dass in den Urkunden nicht »dem Deutschen Volk«, sondern »dem deutschen Volk« stehen solle, da sei er für mein Anliegen ganz gewiss aufgeschlossen. Das war im Januar 2003. Was danach im Detail geschah, entzieht sich meiner Kenntnis, und Verwaltungsmühlen mahlen langsam. Zweieinhalb Jahre später, im Juli 2005, also kurz vor

Ende der Legislaturperiode, erging ein neuer Erlass in der Sache: Das Innenministerium teilte mit, dass »anlässlich der Beendigung des Dienstverhältnisses zwischen Dankesformeln mit verschiedenem Wortlaut gewählt werden« könne. Wir konnten also bei unserer Dankesformel bleiben.

Ruhige Tage am Schreibtisch, die es mir erlaubten, mich in ein Thema zu vertiefen, waren freilich die Ausnahme. Allein schon die Aufgaben, die innerhalb der Behörde auf mich warteten, hätten meine Zeit reichlich ausfüllen können. Natürlich sorgte Direktor Hans Altendorf, Nachfolger von Peter Busse, der Ende März 2001 in den Ruhestand gegangen war, zusammen mit dem Leitungsbüro, den Abteilungs- und den Außenstellenleitern dafür, dass der Laden lief. Doch zu meinem Verständnis von Führung gehörte es, die Behörde nicht nur nach außen hin zu repräsentieren, sondern auch Verantwortung nach innen wahrzunehmen. Das war leichter gesagt als getan, denn weder wollte ich meinen Kolleginnen und Kollegen, die von ihrem jeweiligen Fachgebiet viel mehr verstanden als ich, ständig ins Handwerk pfuschen noch im blinden Vertrauen darauf, dass sie schon alles richtig machen werden, die Dinge laufenlassen. Und so, wie ich mich für das »Innenleben« der Behörde interessierte, sollten auch die Führungskräfte nicht nur ihren eigenen Verantwortungsbereich im Blick haben, sondern das Ganze. Eine solche Behördenkultur entsteht nicht von allein.

Natürlich musste ich bei mir selber anfangen. Ich verließ mich lieber nicht darauf, dass ich schon irgendwie in meine neue Rolle hineinwachsen würde, sondern bat Wolfgang Looss, meinen früheren Dozenten in der Ausbildung zur Organisationsberaterin, mich zumindest während der ersten Monate zu coachen. Bis heute bin ich froh, dass es in dieser Zeit, in der ich mich nicht nur in meinem neuen Amt zurechtfinden musste, sondern fast vom ersten Tag an auch inmitten einer heftigen Debatte um die Kohl-Akten stand, einen Ort gab, an dem ich ab und zu die Dinge ein wenig sortieren konnte – wo die Prioritäten lagen, welche Erwartungen realistisch waren, wie ich mit Konflikten und widersprüchlichen Gefühlen umging.

Die Zusammensetzung der Mitarbeiterinnen und Mitarbeiter war vergleichsweise exotisch. Es gab wohl keine Behörde in der Bundesrepublik, in der so viele Quereinsteiger arbeiteten, die aus ganz unterschiedlichen

Berufen kamen und sich ihre Verwaltungserfahrung erst erarbeiten mussten. Auch das Verhältnis zwischen den aus dem Westen stammenden Fachleuten und den Beschäftigten aus dem Osten war nicht immer spannungsfrei. Letztere waren zwar die übergroße Mehrheit, doch die meisten Spitzenpositionen waren von Westlern besetzt. Hinzu kam, dass Beschäftigte aus dem Osten bis zum Jahr 2008 tariflich deutlich weniger Gehalt erhielten: Wenn eine Mitarbeiterin viele Jahre lang das Gleiche leistete wie ihr Kollege, aber aufgrund ihrer ostdeutschen Herkunft zehn Prozent weniger ausgezahlt bekam, war das nicht nur eine Frage des Geldes. Es wurde auch als Diskriminierung empfunden. In der Behörde arbeiteten zu Beginn meiner Amtszeit mehr als 2600 Menschen, davon kamen rund fünf Prozent aus dem Westen. Rund sechzig Prozent der Belegschaft arbeiteten in Berlin, die anderen in den Außenstellen, die sich in Leipzig, Rostock und anderen früheren Bezirksstädten der DDR befanden. Das sind ein paar Leute mehr als in einem Handwerksbetrieb, in dem der Chef morgens seine Leute mit Handschlag begrüßt und stets ein offenes Ohr für ihre Sorgen oder Vorschläge hat. Tief in mir drin gab es aber eine Stimme, die genau das von mir verlangte: Überall präsent zu sein, hier zu loben, da nachzufragen, dort Probleme zu lösen, bei allem nicht nur die Arbeitskraft, sondern immer auch den ganzen Menschen zu sehen. Das alles selbstredend, ohne dabei die Arbeitsergebnisse der Behörde, ihre Stellung in Politik und Gesellschaft, das Umfeld von Opferverbänden und Aufarbeitungsinstitutionen oder so nebensächliche Dinge wie mein Auftreten und mein Äußeres zu vernachlässigen.

Lösungen gab es für dieses Dilemma nicht, aber einen Weg, damit zu leben. Der hieß, nicht nur meine Rolle anzunehmen, sondern auch Zeit und Kraft in Kommunikation und vertrauensvolle Arbeitsbeziehungen zu investieren. Klar, dass dieses Bemühen immer wieder an Grenzen stieß – einschließlich meiner eigenen – und Enttäuschungen mit sich brachte. Aber dann gab es auch die guten Erfahrungen: Die Runde der Abteilungsleiter verwandelte sich allmählich in einen Kreis von Kollegen, die in den wöchentlichen Sitzungen und gelegentlichen Klausuren offen diskutierten und stritten und mit denen ich alle wichtigen Probleme vertraulich und vertrauensvoll besprechen konnte. Die Außenstellenleiter, mit denen ich zu Beginn manchmal heftig aneinandergeriet, wurden für mich zu wichtigen Verbündeten und nahmen ihrerseits ihre Rolle als so etwas wie »Bundesbeauftragte vor Ort« sehr ernst. Und ab und zu, beispielsweise, wenn wir einen Tag der offenen Tür veranstaltet hatten und Hunderte von Mitarbeitern von morgens bis abends im Einsatz gewesen waren, um die zahlreichen Besucherinnen und Besucher durch das Archiv zu führen und unsere Arbeit zu erklären, gab es schon so etwas wie ein gemeinsames Gefühl von Stolz darauf, an welchem besonderen Ort wir arbeiteten und was wir miteinander auf die Beine stellen konnten. Solche Erfahrungen waren wichtig – und sie waren ein kleiner Ausgleich für jene Tage, an denen uns der Wind kräftig ins Gesicht blies oder interne Spannungen uns das Leben schwermachten.

Sehr viel Zeit verbrachte ich unterwegs. Wenn ich nicht den Zug nahm oder einen Flieger, saß ich neben meinem Fahrer Andreas Bracke. In seiner Herkunft deutete wenig darauf hin, dass er eines Tages die Bundesbeauftragte für die Stasi-Unterlagen chauffieren würde – in den Augen mancher früherer Genossen eine Hexe. Und andersherum gelang es mir nicht, in dem nachdenklichen und politisch interessierten Mann, mit dem ich während langer Fahrten ausführlich über Gott und die Welt diskutierte, den einst »Systemnahen« zu sehen, der als Kraftfahrer bis 1990 für das DDR-Innenministerium gearbeitet hatte. So ein Dienstauto ist während langer Arbeitstage, an denen Verabredungen, Pressetermine, Verhandlungen und Gremiensitzungen dicht aufeinanderfolgen und abends dann noch ein Vortrag zu halten oder ein Stehempfang zu absolvieren ist, oft der einzige Rückzugsraum. Herr Bracke wusste aus Erfahrung, ob ich meine Ruhe brauchte oder reden wollte, und hatte ein gutes Gespür dafür, wann es Zeit war für Vertrautheit und wann für professionellen Abstand.

Vorträge gab es reichlich: in Schulen, an Universitäten, bei Ausstellungseröffnungen und Kongressen, vor Unternehmern oder Gewerkschaftern, im Rotarier-Club und in Kirchengemeinden, in Landtagen und Akademien, Vereinen oder Rathäusern. Zumeist überließen die Gastgeber es mir, das Thema zu wählen. Dann sprach ich über die Öffnung der Stasi-Archive und über unsere Arbeit in der Behörde, über das, was wir aus den Akten lernen können und wofür sie gebraucht werden. Ich sprach über die Erfahrungen von Menschen in der Diktatur und wie die Staatssicherheit Leben beeinträchtigt und manchmal auch zerstört hatte. Es dauerte nicht lange, und ich konnte bei diesen Themen auf ein Redemanuskript verzichten. Natürlich hatte ich längst gelernt, auch mit einem Manuskript vor der Nase einigermaßen flüssig und lebendig zu sprechen. Aber frei zu reden machte mir und wahrscheinlich auch meinen Zuhörern mehr Spaß. Ausgefeilte Formulierungen gingen dabei zwar verloren, aber ich mochte es, in die Gesichter vor mir zu schauen.

Es gab einige Themen, die ich in fast jedem dieser Vorträge unterbrachte, zum Beispiel die Zahl der hauptamtlichen und inoffiziellen Mitarbeiter der MfS. Fragte ich meine Zuhörer danach, wie groß der Anteil der DDR-Bevölkerung gewesen sei, der für die Staatssicherheit gearbeitet hatte, lagen die Schätzungen oft um die dreißig, manchmal sogar bei fünfzig Prozent. Tatsächlich waren es jedoch weniger als zwei Prozent gewesen, und regelmäßig erntete ich für diese Information ungläubiges Raunen im Saal. Der Sinn dieses kleinen Kunstgriffs bestand darin, mit meinen Zuhörern zu überlegen, wie es denn zu dieser Fehleinschätzung kam: Das Gefühl, permanent überwacht zu werden, war offenbar Absicht und gehörte zum System der Kontrolle. Vielleicht lag es aber auch daran, dass sich frühere IM gern mit dem Argument verteidigten, dass ihnen in ihrem Beruf angeblich gar nichts anderes übriggeblieben sei, als mit der Stasi zu kooperieren. Es mag noch einen dritten Grund für die verzerrte Wahrnehmung gegeben haben: Die öffentliche Debatte über den Unrechtsstaat DDR war von Anfang an sehr stark auf das Thema Staatssicherheit fixiert. Dass die DDR nicht ein Stasi-Staat, sondern eine Diktatur der SED gewesen war, geriet dabei viel zu oft in den Hintergrund.

Den Akten der Staatssicherheit, fuhr ich fort, entnehmen wir also nicht nur, wie Menschen unterdrückt und verfolgt wurden. Sie erzählen uns auch, dass die DDR-Bürger kein Volk von Spitzeln und Verrätern waren. Wenn ich so im Osten zu meinen Zuhörern sprach, nickten manche zustimmend, und manchmal schien mir, dass sie sich danach ein wenig aufrechter hinsetzten. Vielleicht gehörten sie zu denjenigen, die schon die Erfahrung gemacht hatten, im Westen schräg angeschaut zu werden: Aha. Abteilungsleiter. Da muss er ja bei der Stasi gewesen sein. Klar, dass ich über dieses Thema erst recht in den alten Bundesländern sprach.

Oft erwähnte ich auch die Nein-Sager: Menschen, die von der Stasi angeworben werden sollten und sich geweigert hatten, mit ihr zusammenzuarbeiten. Schätzungen von Wissenschaftlern gehen davon aus, dass sich mehr als die Hälfte derer, die angeworben werden sollten, einer Zusammenarbeit verweigerten oder geschickt entzogen. Die Botschaften, die ich mit dieser Information verband, waren mir wichtig: Erstens zeigt sich damit, dass Menschen eine Wahl hatten. Und zweitens galt es ganz offensichtlich auch für die meisten DDR-Bürger als unanständig, die eigenen Mitmenschen zu bespitzeln.

Natürlich berichtete ich in meinen Vorträgen auch davon, wie die Staatssicherheit gegen tatsächliche und vermutete Feinde vorgegangen war. Ich staunte oft, wie wenig davon bekannt war. Die Staatssicherheit hatte es zwar vermocht, flächendeckend für eine diffuse Angst zu sorgen, aber jetzt, wo der Spuk vorbei war, wollten die meisten es lieber doch nicht so genau wissen. Überwachung, »Zersetzung«, Verhöre, Haft – davon waren in den Augen der großen Mehrheit nur wenige betroffen gewesen. Das hatte alles nichts mit dem eigenen Leben in der DDR zu tun. Wenn ich darüber sprach, dass es in den vier Jahrzehnten der DDR eine Viertelmillion politischer Gefangener gab, welches Ausmaß die Überwachung hatte und dass bis zum Ende der DDR Isolierungslager für den »Tag X« bereitgehalten wurden, erntete ich ungläubiges Staunen und Erschrecken. Zum sogenannten Vorbeugekomplex gehörten Listen mit etwa 86 000 Personen, die innerhalb weniger Stunden nach einem entsprechenden Befehl verhaftet, in Isolierungslager gebracht oder unter verstärkte Kontrolle gestellt werden sollten. Die Aktualisierung dieser Listen, die in den Panzerschränken aller Stasi-Bezirksverwaltungen und Kreisdienststellen lagen, erfolgte fortlaufend bis zum November 1989.

Es war nicht schwer, mit solchen Informationen Nachdenklichkeit zu erzeugen. Erst recht öffneten die Besichtigung früherer Haftstätten und das direkte Gespräch mit ehemals Verfolgten und Inhaftierten vielen Menschen die Augen und heilten sie davon, die DDR als den humanen Staat anzusehen, der sie in den Augen vieler immer noch ist. Doch solange Menschen der Meinung sind, dass eine Diktatur nur denjenigen wehtut, die überwacht werden oder in Gefängnissen sitzen, haben sie den prinzipiellen Unterschied zwischen Demokratien und Diktaturen noch nicht verstanden. Deshalb sprach ich vor allem über die alltäglichen Erfahrungen: darüber, dass ein Volk eingesperrt worden war, dass es in der DDR weder eine unabhängige Justiz noch freie Medien gegeben hatte, dass Kinder zum Lügen erzogen worden waren und Erwachsene anstelle freier Wahlen fertig ausgefüllte Zettel zu falten und in Kisten zu stecken hatten.

Der Streit um die Stasi-Akten von Altkanzler Kohl blieb in den ersten fünf Jahren meiner Amtszeit ein Dauerthema. Gleich zu Beginn meiner Arbeit hatte ich klargestellt, dass ich Abhörprotokolle und private Informationen aus Datenschutzgründen ohne die Erlaubnis der Betroffenen generell nicht herausgeben würde. Wissenschaftler und Journalisten hatten zwar Zugang zu den Akten, aber nur, wenn dabei die Privatsphäre gewahrt blieb und wenn die Einsicht in Stasi-Unterlagen dem Zweck diente, die Tätigkeit des MfS aufzuarbeiten. Wer also nur herausfinden wollte, welche möglicherweise kompromittierenden Informationen die Staatssicherheit über Helmut Kohl oder andere Prominente zusammengetragen hatte, stellte seinen Antrag umsonst. Der Altkanzler gab sich mit meiner Erklärung jedoch nicht zufrieden und ließ seinen Anwalt Klage beim Berliner Verwaltungsgericht einreichen, um die Herausgabe ihn betreffender Stasi-Unterlagen grundsätzlich zu verhindern. Das widersprach der bisherigen Praxis der Behörde: Informationen, die die Stasi über prominente Politiker gesammelt hatte, waren bisher, soweit es sich nicht um private oder vertrauliche Inhalte handelte, herausgegeben worden. Dafür gab es gute Gründe: Wenn in den Unterlagen beispielsweise nachzulesen war, in welch absurdem Umfang und mit welchen Maßnahmen der Besuch von Bundeskanzler Willy Brandt 1970 in der DDR durch die Staatssicherheit abgesichert wurde, so waren sie von allgemeinem Interesse und durften Journalisten oder Wissenschaftlern nicht vorenthalten werden.

Diese Angelegenheit überließ ich allerdings nicht allein den Justitiaren meiner Behörde. So wie ich es auch später immer machte, wenn es um grundsätzliche Fragen, noch dazu von politischer Tragweite, ging, berief ich eine Runde erfahrener Kollegen ein, mit denen ich fortan jeden Schritt beriet. Ich befragte sie und diskutierte stundenlang mit ihnen, las Gesetzestexte, Kommentare und Vermerke und wollte möglichst jede Einzelheit verstehen. Wenn auch der Anlass unerfreulich war – es machte mir Spaß, mich in ein Thema zu vertiefen, bei dem juristische und politische Denkweisen und Argumente aufeinandertrafen. Gemeinsam mit Jörg Pietrkiewicz, Hans Altendorf, Herbert Ziehm, Joachim Förster,

Karin Kopka, Günter Bormann, Lorenz Prell, Korinna Weichbrodt und manchen anderen diskutierte ich Sachlagen und Strategien und lernte sehr viel dabei. In all ihrer Verschiedenheit lehrten mich die Kollegen zu verstehen, dass sich politische Absichten und Interessen zwar in Gesetzen materialisieren, dass es umgekehrt aber oft auch darauf ankommt, das Recht vor politischem Zugriff zu schützen. Meine Bewunderung für die Tradition und die Prinzipien eines Rechtsstaats wuchs, ebenso mein Respekt gegenüber der Rechtswissenschaft und dem Erfahrungswissen derer, die mittlerweile seit mehr als zehn Jahren die Unterlagen des MfS nach strengen Regeln für die Medien und die Wissenschaft herausgaben.

Im konkreten Fall der Kohl-Akten diskutierten wir einen Konflikt, bei dem es nicht um Recht und Unrecht, Sieg und Niederlage ging, sondern darum, verschiedene in Spannung zueinander stehende Normen in Einklang zu bringen: die Öffnung der Stasi-Akten als Vermächtnis der Revolution, das in der Bundesrepublik gewachsene Datenschutzrecht, die Freiheit der Wissenschaft, den Zugang der Medien zu Informationen und das Recht Einzelner auf Schutz ihrer persönlichen Daten.

Das erste Ergebnis unserer Suche nach dem politisch Vernünftigen und rechtlich Vertretbaren war im April 2001 eine neue Verwaltungsrichtlinie: Personen der Zeitgeschichte sollten künftig informiert werden und Gelegenheit zur Stellungnahme bekommen, bevor Unterlagen herausgegeben wurden, die sie betrafen. Das war meiner Ansicht nach auch unabhängig vom aktuellen Rechtsstreit überfällig: Ich fand es nicht in Ordnung, wenn Künstler oder Politiker erst aus der Zeitung oder einem Buch erfuhren, dass es Akten über sie gab und was darin stand.

Im Mai 2001 besuchte Helmut Kohl die Behörde – allerdings nicht, wie es sonst bei Besuchen von Politikern üblich ist, um einen Rundgang durch das Archiv zu machen und sich unsere Arbeit erläutern zu lassen. Ich hatte die für die Herausgabe vorgesehenen Unterlagen zu ihm zusammenstellen lassen und den Altkanzler eingeladen, sich davon zu überzeugen, dass wir seine Persönlichkeitsrechte wahrten. Ich hatte die beiden Ordner persönlich durchgesehen und blickte dem Besuch nun guter Dinge entgegen: Sehr wahrscheinlich würde Kohl nach Prüfung der Unterlagen beruhigt sein, denn diese enthielten weder private noch vertrauliche Details. Doch es kam anders. Ich begrüßte Helmut Kohl in einem kleinen Büro in unserer Auskunftsabteilung, er war in Begleitung seines Anwalts, der das Wort führte, und eines seiner Söhne. Nachdem ich das Verfahren der Akteneinsicht erläutert hatte, blätterte der Anwalt ein wenig in den Akten herum, und dann war der Besuch auch schon zu Ende. Die Klage gegen die Herausgabe der Unterlagen wurde aufrechterhalten.

Zwei Monate später entschied das Berliner Verwaltungsgericht zugunsten Helmut Kohls. Grund dafür war eine missverständliche Formulierung im Stasi-Unterlagen-Gesetz, die bis dahin noch niemandem aufgefallen war: § 32 StUG erlaubte die Herausgabe von Unterlagen mit personenbezogenen Informationen über »Personen der Zeitgeschichte, Inhaber politischer Funktionen oder Amtsträger in Ausübung ihres Amtes, soweit sie nicht Betroffene oder Dritte sind«. »Dritte« sind Personen, die nicht gezielt ausgeforscht wurden, aber in den Akten Erwähnung finden, also etwa die Nachbarin eines Dissidenten. Das Gericht legte diesen Paragraphen so aus, dass Informationen zum Beispiel über bekannte Politiker nur mit deren Einwilligung für die Forschung zur Verfügung gestellt werden dürfen. Damit wurden sie allen anderen Betroffenen und Dritten gleichgestellt. Zwar betraf das Urteil nur einen Einzelfall, es stellte jedoch die gesamte bisherige Praxis der Behörde bei der Herausgabe von Akten zu Personen der Zeitgeschichte in Frage. Ich kündigte an, gegen diese Entscheidung in Berufung zu gehen, und wandte mich an den Deutschen Bundestag mit der Bitte, das StUG in dieser Frage klarzustellen. Zugleich sicherte ich zu, die Unterlagen zu Helmut Kohl bis zu einer endgültigen gerichtlichen Entscheidung nicht herauszugeben. Dem Innenminister genügte das nicht. Er ließ mir ein Ultimatum zukommen, überbracht von einer Botin des Ministeriums, die die Order hatte, mir und nur mir persönlich den Brief auszuhändigen. Darin hieß es, ich solle dem Bundesinnenminister bis zum 9. Juli, 12 Uhr mittags, schriftlich versichern, dass ich Akten zu Personen der Zeitgeschichte generell nicht herausgeben würde: »Sollten Sie wider Erwarten beabsichtigen, Ihr bisheriges Verfahren beizubehalten, sähe ich mich zu meinem Bedauern gezwungen, rechtsaufsichtliche Maßnahmen herbeizuführen. In beiderseitigem Interesse hoffe ich, dass sich das vermeiden lässt.« Schilys Forderung hätte bedeutet, dass nicht nur Kohls Akten, sondern Hunderte für die Aufarbeitung unverzichtbare Unterlagen unter Verschluss geblieben wären. Dabei war das Urteil noch gar nicht rechtskräftig. Ich erläuterte Schily in einem Brief, dass ich eine andere Rechtsauffassung hätte, und ließ das Ultimatum verstreichen –

folgenlos. Die Zeitungen machten sich über den Vorgang lustig, und ein SPD-Abgeordneter wurde mit dem vergnügten Satz zitiert: »Der Schily hat auf das Kohl-Urteil gewartet wie ein dicker Kater vorm Mauseloch. Und als es so weit war, hat er ausgeholt – und danebengehauen.«

Der Rechtsstreit freilich nahm seinen Lauf. Im März 2002 wurde das Berliner Urteil durch das Bundesverwaltungsgericht abschließend bestätigt: Die Stasi-Akten von Helmut Kohl blieben gesperrt, und nicht nur sie. Jetzt erst wurde in der Öffentlichkeit deutlich, welche weitreichenden Folgen das Urteil hatte: Informationen zu Personen der Zeitgeschichte, Amtsträgern und Inhabern politischer Funktionen konnten ab sofort nur noch mit deren Einwilligung genutzt werden. Leider gehörten zu diesem Personenkreis auch SED-Funktionäre, Richter oder Staatsdiener der DDR – sie würden ihre Akten, die für die Aufarbeitung überaus wichtig waren, bestimmt nicht freiwillig zur Verfügung stellen.

Nun konnte nur noch der Bundestag helfen: Der Gesetzestext musste so gefasst werden, dass er dem ursprünglichen Willen des Gesetzgebers entsprach. Mit der Zustimmung der CDU-Fraktion war nicht zu rechnen – zu groß war die Furcht, dass dies als Affront gegen den Altkanzler verstanden werden konnte. Dank der rot-grünen Mehrheit würde die Gesetzesnovelle zwar im Bundestag verabschiedet werden, aber was nützte das? Der Bundesrat, in dem die CDU-geführten Länder die Mehrheit hatten, würde das Gesetz stoppen. Und damit wären die Akten weiterhin verschlossen. Einen Tag vor der Abstimmung im Bundestag saß ich bedrückt an meinem Schreibtisch, malte Kringel aufs Papier und zählte mit dem immer gleichen traurigen Ergebnis die Stimmen zusammen, die im Bundesrat für eine Blockade genügen würden. Doch plötzlich fiel mir eine Lösung ein, und binnen zweier Stunden saß ich im Büro der FDP-Politikerin Cornelia Pieper, die bis vor kurzem im Innenausschuss des Bundestags für unsere Behörde zuständig gewesen war und jetzt als Fraktionsvorsitzende im Landtag von Sachsen-Anhalt saß. Dort regierten CDU und FDP in einer Koalition, und es war üblich, dass sich Landesregierungen, wenn die Meinungen der Koalitionspartner voneinander abwichen, im Bundesrat der Stimme enthielten. Das war unsere Chance. Ich rechnete. Wenn sich auch nur ein einziges schwarz-gelb geführtes Land der Stimme enthielte, würde der Bundesrat die Gesetzesnovelle nicht blockieren können. Cornelia Pieper war sofort meiner Meinung, sie tat, was zu tun war, und am 4. Juli 2002 verabschiedete der Deutsche Bundestag gegen die Stimmen von CDU/CSU bei Stimmenenthaltung der PDS die Gesetzesnovelle. Anstelle des zuvor umstrittenen Paragraphen erlaubte das Gesetz nun die Herausgabe von »Unterlagen mit personenbezogenen Informationen über Personen der Zeitgeschichte, Inhaber politischer Funktionen oder Amtsträger, soweit es sich um Informationen handelt, die ihre zeitgeschichtliche Rolle, Funktions- oder Amtsausübung betreffen«. Am selben Tag verkündete Wolfgang Böhmer, seit zwei Wochen Ministerpräsident des Landes Sachsen-Anhalt, dass seine Regierung »trotz erheblicher rechtlicher Bedenken« das Gesetz im Bundesrat passieren lassen werde. Geschafft! Vom 6. September an wurden die seit vier Monaten verschlossenen Unterlagen wieder an Wissenschaftler und Journalisten herausgegeben.

Doch Kohls Rechtsanwalt bemühte erneut die Gerichte. Per Zwangsvollstreckungsantrag wollte er nun durchsetzen, dass das Urteil des Bundesverwaltungsgerichts weiter gelte. Das hieß im Klartext: Unterlagen zu anderen Prominenten durften zwar herausgegeben werden, aber nicht die Kohl-Akten. Meine kleine Beratungsrunde kam also noch immer nicht zur Ruhe. Diesmal lernte ich von meinen klugen Kollegen, was eine Abänderungsklage ist: Ich beantragte beim Berliner Verwaltungsgericht, es möge klarstellen, dass die neue Rechtslage auch die Unterlagen zu Helmut Kohl beträfe. Zwei Jahre waren seit der ersten Klage vergangen. Dieser neue Rechtsstreit sollte weitere zwei Jahre dauern, bis zum Juni 2004. Da bestätigte das Bundesverwaltungsgericht in allerletzter Instanz, dass öffentliche Personen es unter bestimmten Umständen hinzunehmen haben, dass ohne ihre Einwilligung Akten verwendet werden. Gleichzeitig wurde das Verfahren für die Herausgabe von Akten durch das Gericht jedoch komplizierter gestaltet, als vom Gesetzgeber ursprünglich vorgesehen war. Insbesondere Journalisten waren fortan gegenüber Wissenschaftlern benachteiligt. Der mehr als vierjährige Rechtsstreit um die Kohl-Akten war beendet.

Einige Zeit später erreichte uns ein Brief mit Einwänden gegen diesen und jenen Teil des Aktenkonvoluts, doch wurden diese Einwände bald darauf ohne weitere Begründung zurückgezogen. Ab Ende März 2005 schließlich wurden die Unterlagen an zahlreiche Antragsteller herausgegeben.

Über die Gründe dafür, dass Helmut Kohl in dieser Angelegenheit so vehement gekämpft hat, sind viele Mutmaßungen angestellt worden. Gelegentlich musste ich ihn sogar vor Behauptungen in Schutz nehmen, er führe diesen Rechtsstreit aus Angst vor kompromittierenden Enthüllungen. Die Spendenaffäre war zwar der Auslöser für den Streit um die Akten gewesen, tatsächlich aber wusste er von Anfang an, dass ihm der Inhalt der Unterlagen, die wir herausgeben durften, nicht schaden würde. Nein, es schien ihm ums Prinzip zu gehen. Als Kanzler hatte Helmut Kohl nie einen Hehl daraus gemacht, dass er von der Öffnung der Stasi-Akten wenig hielt. Gegenüber der Enquetekommission des Bundestages hatte er schon 1993 geäußert: »Das, was in den Stasi-Akten steht, hat mich nie sonderlich berührt, weil ich es immer für gleichermaßen unappetitlich gehalten habe. (…) wenn ich völlig frei entscheiden könnte, wüsste ich, was mit den Akten geschehen müsste. Wir haben keine Freude daran, und Historiker werden später auch keine daran haben.« Obwohl selbst Historiker, lag ihm demzufolge nicht viel an einer allzu intensiven Beschäftigung mit der vergangenen Diktatur und ihren Hinterlassenschaften, auch nicht daran, die Verantwortung der Täter aufzuzeigen und ihre Namen zu benennen.

Vielleicht lag es am Streit um die Kohl-Akten, dass Otto Schily die Stasi-Unterlagen-Behörde loswerden wollte, vielleicht aber verfolgte er auch weiter gehende Pläne, als er mich am 3. Dezember 2004 zu einem Gespräch einbestellte und mir in Anwesenheit von Christina Weiss, der Beauftragten für Kultur und Medien, kurz und knapp mitteilte, dass meine Behörde zum bevorstehenden Jahreswechsel aus dem Geschäftsbereich des Bundesministeriums des Innern zur Kulturstaatsministerin ins Kanzleramt verlagert werden würde. Als Begründung hieß es, dass damit die Zuständigkeiten für die Aufarbeitung der Nazi- und SED-Diktatur in einer Hand lägen. Meinen Einwand, dass die BStU laut Stasi-Unterlagen-Gesetz »eine Bundesoberbehörde im Geschäftsbereich des Bundesministers des Innern« sei und die von Schily geplante Veränderung deshalb ohne gesetzliche Grundlage erfolge, fegte dieser mit dem Argument vom Tisch, dass die Veränderung durch das Organisationsrecht der Bundesregierung gedeckt sei. Für den Nachmittag sei außerdem eine Pressekonferenz anberaumt, auf der Christina Weiss die Entscheidung bekanntgeben würde – ich könne mir ja überlegen, ob ich daran teilnehmen wolle oder nicht. Und damit war das Gespräch auch schon beendet.

Seine Mitteilung hatte mich kalt erwischt. Sollte ich protestieren? Schilys Argumentation war fragwürdig. Aber es sah alles danach aus, dass ich seine Entscheidung nicht rückgängig machen konnte, und ein wirkungsloser Protest würde meine Position eher schwächen als stärken. Nach kurzer Überlegung machte ich gute Miene zum bösen Spiel, setzte mich im Bundespresseamt neben Christina Weiss und erklärte den Journalisten, dass die Entscheidung der Regierung mich zwar überrascht habe, inhaltlich jedoch in die richtige Richtung weise. Tatsächlich gab es ja einige Argumente, die für die neue Anbindung sprachen – immerhin unterstand auch das Bundesarchiv dem Kulturressort, und hatte ich nicht die Aufarbeitung selbst immer auch als eine Frage gesellschaftlicher Kultur beschrieben? Mein mulmiges Gefühl blieb dennoch bestehen: Diese handstreichartige Entscheidung gefiel mir überhaupt nicht. Was steckte dahinter? Auch meine Kollegen, mit denen ich mich noch am selben Tag beriet, reagierten skeptisch: Das Kulturressort war weitaus schwächer als das Innenministerium. Würde durch den Wechsel nicht auch die Stasi-Unterlagen-Behörde an Bedeutung verlieren?

Meine unguten Ahnungen bestätigten sich wenige Tage später: Die *Berliner Zeitung* zitierte aus einem internen Thesenpapier aus dem Hause der Kulturstaatsministerin, nach dem das Archiv der Stasi-Unterlagen-Behörde in das Bundesarchiv eingegliedert und die Bildungs- und Forschungsaufgaben an die »Stiftung Aufarbeitung« oder an andere Institute übertragen werden sollten. Kurz darauf hielt ich dieses »non-paper« in der Hand. Es stammte aus der Feder von Knut Nevermann, dem Abteilungsleiter, und mir wurde zugetragen, dass er und der Innenminister die Sache ausgeheckt hätten, auch Markus Meckel soll seine Hand im Spiel gehabt haben. Das wunderte mich nicht – der Vorsitzende des Stiftungsrats der Bundesstiftung Aufarbeitung hatte schon bei anderer Gelegenheit deutlich gemacht, dass er die Zeit für das Ende der Behörde gekommen sah. Ich protestierte öffentlich und heftig.

Unter den Mitarbeitern war der Teufel los. Pläne, die Behörde abzuwickeln, wurden von ihnen ja nicht nur als aufarbeitungspolitischer Skandal gesehen – für sie ging es auch um die berufliche Zukunft. Ich berief umgehend eine außerordentliche Personalversammlung ein, um sie zu informieren und zu beruhigen. Tatsächlich hatte sich Christina Weiss inzwischen bemüht, die Bedeutung des »Nevermann-Papiers« herunterzuspielen, und sich davon distanziert. An den Aufgaben und an dem Status der Behörde, so beteuerte sie, würde sich mit der Zuständigkeitsverlagerung in ihr Ressort nichts ändern, außerdem wolle sie im kommenden Jahr gemeinsam mit mir eine langfristige Perspektive erarbeiten. Tatsächlich beauftragte sie bald darauf eine aus Fachleuten und Politikern zusammengesetzte Kommission unter der Leitung von Martin Sabrow, Direktor des Zentrums für Zeithistorische Forschung in Potsdam, damit, die Strukturen der Aufarbeitung zu untersuchen und Vorschläge für die Zukunft zu entwickeln. Die Kuh war also erst einmal vom Eis, aber das Thema sollte mich weiter verfolgen.

Meine erste Amtszeit neigte sich dem Ende zu, und spätestens bis zum Oktober 2005 würde der Bundestag zu entscheiden haben, ob ich für weitere fünf Jahre im Amt bleiben könnte. An mir sollte es nicht liegen – ich war gerne bereit, weiterzumachen. Die intensive Beschäftigung mit der DDR im Allgemeinen und der Staatssicherheit im Besonderen hatte meinen Blick erweitert: Die Begegnungen und Gespräche mit Zeitzeugen verschiedener Generationen halfen mir, die DDR nicht nur aus der Perspektive meiner eigenen Erfahrungen zu sehen. Ebenso wichtig waren mir die Diskussionen mit den Wissenschaftlern unserer Forschungsabteilung. Ich lernte dabei, wie wichtig die nüchterne und systematische Sicht auf die Vergangenheit ist – gerade auch als Korrektiv persönlicher Erinnerungen. Leider schaffte ich es nie, alle Monographien und Aufsätze der in der Behörde beschäftigten Forscher zu lesen – umso mehr schätzte ich das Privileg, dass mir diese Mitarbeiter ihr Wissen und ihre Einschätzungen zur Verfügung stellten. Das galt auch für die Archivfachleute. Was hatte ich seit meinem ersten Rundgang vor fünf Jahren von ihnen schon alles über ihr »Handwerk« gelernt, und wie bewunderte ich die uralte Archivkultur – kunstvolle Handarbeit und Wissenschaft in einem. Es waren dieses Nebeneinander und manchmal auch das spannungsvolle Verhältnis ganz unterschiedlicher Kulturen und Traditionen, die mich an meiner Aufgabe am meisten faszinierten: In den zugegebenermaßen seltenen Stunden, in denen Juristen, Forscher, Archivwissenschaftler, Verwaltungsfachleute und die erfahrenen Praktiker der Auskunftsabteilung mit ihren unterschiedlichen Sichtweisen um einen Tisch saßen, ein bestimmtes Problem diskutierten oder miteinander über die Vorhaben der nächsten Jahre nachdachten, empfand ich manchmal pures Glück. Daraus schöpfte ich dann auch die Energie für die weniger erfreulichen Stunden, in denen ich mich mit Fehlern und Versäumnissen, mit Konflikten und Blockaden auseinandersetzen musste – von zu langen Wartezeiten bei der Akteneinsicht über den Verdacht radioaktiv verseuchter Unterlagen, verschleppten Entscheidungen in Einspruchsfällen, einem Mitarbeiter, der Akten in seinem Büro hortete, bis hin zum permanent hohen Krankenstand oder Fällen von Mobbing war fast alles dabei. Das war kein Wunder in einer Behörde mit mehr als zweitausend Mitarbeitern, deren Zahl sich bei gleichbleibend hohen Anforderungen ständig verringerte, von 2650 fünf Jahre zuvor auf inzwischen nur noch 2040 – der stetige Personalrückgang war ein großes Problem.

Während meiner ersten Amtsjahre war in der öffentlichen Wahrnehmung aus der »Gauck-Behörde« die »Birthler-Behörde« geworden. Das erstaunte mich, denn eigentlich hatte ich angenommen, dass das Amt auch weiterhin »Gauck-Behörde« genannt werden würde. Der Begriff war in den ersten zehn Jahren zum Markenzeichen geworden. Das lag zum einen an der nahezu unaussprechlichen Amtsbezeichnung »Der Bundesbeauftragte für die Unterlagen des Staatssicherheitsdienstes der ehemaligen Deutschen Demokratischen Republik«, zum anderen daran, dass Joachim Gauck die Behörde und die Debatten der ersten Jahre über die Stasi-Unterlagen geprägt hatte. Dass in der Öffentlichkeit nun von der »Birthler-Behörde« die Rede war, sah ich zwar auch als ein Zeichen von Anerkennung, aber es gefiel mir trotzdem nicht, dass eine wichtige öffentliche Institution so sehr mit einer Person verknüpft wurde. Ich selber benutzte diese Bezeichnung deshalb nie und sprach stattdessen von der Stasi-Unterlagen-Behörde.

Ob der Bundestag mich für weitere fünf Jahre wählen würde, war zunächst unsicher. Nachdem Gerhard Schröder im Sommer 2005, um vorzeitige Neuwahlen zu ermöglichen, im Bundestag die Vertrauensfrage gestellt und verloren hatte, waren diese auf den 18. September festgesetzt worden – ein Jahr vor dem Ende der Legislaturperiode. Das Angebot von SPD und Bündnisgrünen, meine Wiederwahl noch schnell »durchzuziehen«, um sie für den Fall eines Machtwechsels nicht zu gefährden, mochte ich nicht annehmen: Die Unabhängigkeit von einem politischen Lager hatte dem Amt bisher immer gutgetan. Ich war auch in den zurückliegenden Jahren keine »rot-grüne« Bundesbeauftragte, sondern – abgesehen vom größten Teil der PDS – vom ganzen Parlament unterstützt worden. Ob dies so bleiben würde, war allerdings fraglich – in der CDU hatte mir manch einer übelgenommen, dass ich im Streit um die Akten von Helmut Kohl nicht nachgegeben hatte.

Nach den Wahlen im September regierte eine Große Koalition, und die Wahl von Angela Merkel zur Kanzlerin war eine doppelte Sensation: Eine Frau, und noch dazu eine aus dem Osten, stand an der Spitze der Regierung! Nicht jedem gefiel das, auch nicht in ihrer eigenen Partei. Die Fragen, ob eine Frau anders regiert als ein Mann und ob mit Angela Merkel der Osten gestärkt würde, beschäftigten die Medien für eine Weile mindestens so sehr wie die Frage, was in den nächsten Jahren von einer CDU-geführten Großen Koalition zu erwarten war. Eine Ostfrau an der Spitze – das hatte auch etwas mit mir zu tun, und obwohl ich weder eine Anhängerin der CDU war noch eine Große Koalition befürwortete, wünschte ich Angela Merkel natürlich Glück. Mein Gegenüber im Kanzleramt war allerdings nun Bernd Neumann, der neue Beauftragte für Kultur und Medien. Neumann kam aus Bremen und hatte sich nicht ausgesucht, dass zu seinem neuen Arbeitsgebiet nun auch die Aufarbeitung der SED-Diktatur gehörte. Sein inhaltliches Interesse daran blieb auch in den folgenden Jahren mäßig, er war vor allem an einem störungsfreien Betrieb ohne schlechte Meldungen in der Presse interessiert. Daran, dass für seine Entscheidungen stets die Meinung der CDU/CSU-Fraktion maßgeblich sein würde, ließ er mir gegenüber nie einen Zweifel. Immerhin ergaben seine Erkundungen in der Fraktion, dass eine Mehrheit meine erneute Kandidatur unterstützte, und so beschloss das Bundeskabinett auf seinen Antrag hin, dem Bundestag meine Wiederwahl vorzuschlagen. Schließlich wurde ich im Januar 2006 nicht zuletzt mit den Stimmen vieler Abgeordneter von CDU/CSU und FDP für weitere fünf Jahre im Amt bestätigt. Dass mich auch Abgeordnete der PDS gewählt hatten, war äußerst zweifelhaft. Ich hatte unmittelbar nach der Bundestagswahl öffentlich behauptet, dass in der Linksfraktion mindestens sieben der neu einziehenden Abgeordneten früher als Inoffizielle Mitarbeiter für das Ministerium für Staatssicherheit tätig gewesen seien. Das war insofern falsch, als sich diese Zahl auf die aussichtsreichen Kandidaten der Partei bezog, von denen tatsächlich aber nicht alle gewählt worden waren. Ich ärgerte mich sehr über meinen Fehler, nicht zuletzt deswegen, weil es der PDS gelang, mit lautstarker Empörung und der Forderung nach meinem Rücktritt davon abzulenken, dass auch vier oder fünf frühere Stasi-Mitarbeiter in den eigenen Reihen skandalös genug sind.

Die Beschäftigung mit der Vergangenheit ließ mich auch außerhalb der Behörde nicht los. In meinem Stadtbezirk Prenzlauer Berg gehörte ich fünf Jahre lang einer Bürgerinitiative an, die sich für ein Denkzeichen einsetzte, dort, wo sich in der Prenzlauer Allee seit 1945 ein Haftort der sowjetischen Geheimpolizei und später dann des MfS befunden hatte. Das Haus 3 des heutigen Bezirksamts steht direkt an der Prenzlauer Allee, von der Straße aus kann man das Kellergeschoss erkennen, in dem die Zellen lagen. Heinz-Joachim Schmidtchen war der Erste, der uns von diesem Ort erzählte: Er war im Mai 1946 als Siebzehnjähriger verhaftet und in diesem Keller drei Wochen gefangen gehalten worden. Dann folgte ein achtjähriges Haft-Martyrium in den Speziallagern Hohenschönhausen und Sachsenhausen, danach im Zuchthaus Waldheim. Sein »Verbrechen« hatte darin bestanden, dass er Plakate gegen die Zwangsvereinigung der SPD mit der KPD zur SED geklebt hatte. »SPD + KPD = Diktatur« stand darauf. Wie für den jungen Schmidtchen war der Haftkeller in der Prenzlauer Allee für viele größtenteils unschuldige Menschen die erste Station eines langen Leidenswegs gewesen, der für nicht wenige mit dem Tod endete. Allein in Berlin existierten sechzig solcher sowjetischer Haftkeller. Die sowjetische Geheimpolizei übergab dann ihrem verlängerten Arm, der Stasi, das Gebäude, und die nutzte den Keller bis 1956 als Gefängnis. Kaum jemand kannte die Geschichte dieses Ortes. In der frühen DDR sprachen die Anwohner nur hinter vorgehaltener Hand darüber.

Ende der neunziger Jahre hatten wir, ein paar Freunde und Nachbarn um den Kollwitzplatz herum, ein kleines Gesprächsforum ins Leben gerufen, in dem sich neue und alte Bewohner aus dem Kiez trafen, um miteinander ins Gespräch zu kommen. Einer unserer ersten Gäste war Heinz-Joachim Schmidtchen, und noch an dem Abend, an dem er uns von seiner Zeit als Gefangener erzählt hatte, beschlossen wir, die Geschichte des Haftorts zu erkunden und sie ins öffentliche Bewusstsein zurückzuholen. Wir ahnten nicht, dass uns ein mühseliger Weg von mehr als fünf Jahren bevorstand – mit zahlreichen Hindernissen und Konflikten, aber auch bewegenden Begegnungen und vielen Erkenntnissen. Zumeist trafen wir uns an dem großen ovalen Tisch in meiner Wohnküche. Im Oktober 2005 schließlich wurde das Denkzeichen, das von der Künstlerin Karla Sachse gestaltet worden war, im Beisein zahlreicher ehemaliger Gefangener eingeweiht. Ihre Genugtuung entschädigte uns reichlich für alle Mühe. Aber auch frühere Stasi-Offiziere waren mit ihren Anhängern erschienen. Mit Parolen und Erklärungen protestierten sie gegen das Denkzeichen und die angebliche Verharmlosung von NS-Verbrechen und versuchten, die Veranstaltung zu stören. Außer dass sie sich selbst mit dieser Aktion bis auf die Knochen blamierten, erreichten sie nichts, und die ehemaligen Häftlinge hatten die Größe, gelassen mit den Provokationen umzugehen.

17

Bundesbeauftragte II

> Was die Zukunft bringen wird, das weiß ich nicht; und denen, die es zu wissen glauben, glaube ich nicht. Mein Optimismus bezieht sich nur auf das, was man von der Vergangenheit und der Gegenwart lernen kann; und das ist, daß vieles möglich war und möglich ist, Gutes und Böses; und daß wir keinen Grund haben, die Hoffnung aufzugeben – und die Arbeit für eine bessere Welt.
>
> Karl R. Popper

An einem Abend Anfang März 2006 sitzen wir – wie fast immer, wenn wir uns nicht in unserer Stammkneipe »Seeblick« treffen – um meinen Küchentisch herum: Ulrike Poppe, Ilko-Sascha Kowalczuk, Roland Jahn, Petra Morawe und ich, diesmal ist auch Wolf Biermann dabei. Wir streiten heftig bis tief in die Nacht. Es geht um *Das Leben der Anderen*, den Film, der demnächst in den Kinos anlaufen wird. Ich habe die DVD vor ein paar Tagen vom Regisseur bekommen, nach der Voraufführung im Kino Babylon, zu der ein paar meiner Mitarbeiter und ich als Dank für unsere Unterstützung eingeladen waren. Einige Szenen sind in unserem Archiv gedreht worden. Natürlich ließ ich es mir nicht nehmen, das Team während der Dreharbeiten zu besuchen. Der Name des jungen Regisseurs Florian Henckel von Donnersmarck sagte mir damals noch nichts, der des Hauptdarstellers Ulrich Mühe dafür umso mehr. Ich schätzte ihn als Schauspieler, außerdem war er einer der Organisatoren der großen Demonstration auf dem Alexanderplatz am 4. November 1989, so etwas vergisst man nicht. Schon während der Preview war mir klar, dass es, sobald der Film angelaufen war, endlose Fragen geben würde: Wie ich den Film finde? Ob die Stasi wirklich so gearbeitet hat? Und gab es tatsächlich solche Stasi-Leute wie den Hauptmann Wiesler? Wie immer, wenn ich nicht genau weiß, was ich von einer Sache zu halten habe, möchte ich erst einmal mit anderen darüber reden. Ich lege die DVD ein. Der Film ist spannend, zieht uns sofort in seinen Bann, und wir schauen ihn gemeinsam fast ohne Zwischenbemerkungen an. Aber das heißt noch nichts, ich kenne meine Freunde und weiß, wie sie einen Text oder einen Film sezieren können, manchmal hart, manchmal voller Anerkennung und Lob.

Ulrike und Ilko kritisieren vor allem die Figur des von Ulrich Mühe gespielten Hauptmann Wiesler. Ein derart sensibler Stasi-Offizier, der so von einer Klavier-Etüde und einem Brecht-Gedichtband berührt wird, dass er denen, die er überwachen soll, hilft – das verzerre die Realität der Staatssicherheit ja nun völlig. Das sei aber, hält Wolf dagegen, ein in der Kunst übliches und außerdem wirkungsvolles Mittel, das Allgemeine mit dem Besonderen, mit der Ausnahme sichtbar zu machen. Auf ihn jedenfalls habe der Film eine große Wirkung gehabt, und er sei sicher, dass dieser erfolgreich sein würde. Gut möglich, erwidern die anderen: Dass der Anlass für die Überwachung keinen politischen Grund hat, sondern dass es dabei um eine Frau geht, das komme dem Publikumsgeschmack ja auch sehr entgegen – nur mit der Realität der Stasi habe das alles wenig zu tun. Und ob, kontern Roland und Wolf, die Stasi habe sich sogar über alle Maßen für das Privatleben interessiert. Aber so wie in diesem Film habe die Stasi einfach nicht funktioniert, sagt Ilko. Niemals hätte ein einzelner Offizier so allein und unkontrolliert seiner Tätigkeit nachgehen können, viel zu groß war die interne Geheimhaltung und Überwachung. Überhaupt die Sache mit dem Dachboden: Habt ihr in der DDR je so einen leeren und aufgeräumten Dachboden gesehen? Da sind wir uns einig: Dachböden standen zu DDR-Zeiten voller Gerümpel, und dazwischen wurde Wäsche aufgehängt. Und Ostschlager haben wir auf unseren Feten auch nicht gehört. Dann reden wir noch über das Geschlechterbild, das in diesem Film vermittelt wird: Die einzige Frau in der Geschichte, die von Martina Gedeck dargestellte Schauspielerin Christa-Maria Sieland, ist passiv, verführerisch, unpolitisch, tablettenabhängig und am Ende tot. Und zum Schluss widmet ihr Geliebter ausgerechnet dem Menschen, der sie in den Tod getrieben hat, sein Buch.

Ja, das stimmte alles. Ich verteidigte *Das Leben der Anderen* aber trotzdem. Es gab noch nicht viele Filme zu DDR-Themen, die ein großes Publikum erreicht hatten. Wolfgang Beckers *Good bye, Lenin!* und Leander Haußmanns *Sonnenallee* vielleicht, und *Wir können auch anders* von Detlev Buck. Ihr Erfolgsgeheimnis bestand vermutlich darin, dass sie ihre Geschichten in Klamauk verpackten und es damit erlaubten, über die DDR zu lachen. So ließ sich Erinnerung aushalten. Dieser Film war anders. Er machte Ernst. Er zeigte, wie die Staatssicherheit Personen überwachte, manipulierte und zerstörte. Und wie verschieden sich Menschen in der DDR verhielten: wie sie sich anpassten oder andere verrieten, verzweifelten oder Mut fassten und widerstanden. Der Film wurde eine Erfolgsgeschichte, was ihn zwar nicht besser, dafür aber zu einem der wirkmächtigsten Beiträge mit Bezug auf die DDR und die Stasi machte. Millionen Menschen in Deutschland und der ganzen Welt interessierten sich zum ersten Mal für diese Themen, und es sollte in den folgenden Jahren kaum eine öffentliche Diskussion geben, in der ich vom Publikum nicht nach meiner Meinung zu dem Film gefragt wurde. Das Wort »Stasi« wurde spätestens mit ihm weltweit zum Synonym für Geheimpolizeien.

Natürlich gab es schon in den neunziger Jahren sehenswerte und kritische Filme über die DDR – Heiner Carows *Verfehlung* (1991), Frank Beyers *Der Verdacht* (1991) und Margarethe von Trottas Ost-West-Tragödie *Das Versprechen* (1995) gehören dazu, außerdem eine Reihe dokumentarischer und biographischer Filme, von denen viele Verfolgungs- und Hafterfahrungen zum Inhalt hatten, wie zum Beispiel *Verriegelte Zeit* von Sybille Schönemann. Doch keiner dieser Filme war von der Art, dass er ein Massenpublikum erreichte.

Wahrscheinlich war dafür die Zeit auch noch nicht reif. Erst wenn die Auseinandersetzung mit einer historischen Epoche in der Mitte der Gesellschaft angekommen ist, gibt es darüber eine größere Zahl populärer Filme und Bücher – wahrscheinlich sind diese sogar ein untrügliches Zeichen dafür, dass eine Gesellschaft beginnt, die eigene Geschichte nicht mehr zu verdrängen. Fünfzehn Jahre nach dem Ende der DDR schien das so zu sein: Immer mehr Spiel- und Fernsehfilme thematisierten das Alltagsleben in der Diktatur, beschäftigten sich mit Unterdrückung, Verfolgung, Widerstand und Verrat – freilich in sehr unterschiedlicher Qualität. Zu den herausragenden Produktionen, von denen einige schon Anfang der 2000er Jahre entstanden waren, gehörten *Jeder schweigt von etwas anderem* von Marc Bauder und Dörte Franke, *Novemberkind* von Christian Schwochow, *Wie Feuer und Flamme* von Connie Walter, *Boxhagener Platz* von Matti Geschonnek und *Wir sind das Volk – Liebe kennt keine Grenzen* von Thomas Berger. Ähnliches galt für die Bücher: *Das Krokodil im Nacken* von Klaus Kordon, *Weggesperrt* von Grit Poppe, *Die Montagsangst* von Caritas Führer, *Der Turm* von Uwe Tellkamp und das Kinderbuch *Der Vorhang fällt* von Viola Türk.

Kein Zweifel, es hatte sich etwas verändert: Noch nie zuvor waren DDR-Themen öffentlich so präsent gewesen. Vielleicht lag der Beginn dieser neuen Entwicklung auch schon im Jahr 2003: Der fünfzigste Jahrestag der gescheiterten Revolution vom Juni 1953 wurde von den Medien groß aufgemacht und über Wochen hinweg thematisiert, die Zeitungen veröffentlichten Berichte von Zeitzeugen, und das Fernsehen sendete Spielfilme und Dokumentationen. Die wissenschaftlichen Mitarbeiter unserer Behörde veranstalteten einen Kongress und brachten verschiedene Publikationen heraus, darunter das Buch *17. 6. 1953: Volksaufstand in der DDR* von Ilko-Sascha Kowalczuk, das viele neue Erkenntnisse enthielt und erheblich dazu beitrug, das öffentliche Bild des Volksaufstands zu korrigieren. Landauf, landab – auch im Westen – gab es Veranstaltungen mit Zeitzeugen. Schwer zu sagen, ob Anlässe wie dieser Jahrestag oder der Erfolg des Films *Das Leben der Anderen* das neue öffentliche Interesse bewirkt hatten oder ob umgekehrt so viel Zeit seit dem Ende der DDR vergangen war, dass solche Jahrestage jetzt anders wahrgenommen wurden als noch zehn Jahre zuvor.

An der Stasi-Unterlagen-Behörde ging diese neue Entwicklung nicht spurlos vorbei. Nachdem die Zahl der Anträge auf Akteneinsicht bis dahin von Jahr zu Jahr etwas rückläufig gewesen war, stieg sie nun wieder an. Mit dem öffentlichen Interesse an DDR-Themen nutzten zudem immer mehr Wissenschaftler und Journalisten die Akten des MfS für Recherchen und Publikationen, und auch die Nachfrage nach Materialien für den Schulunterricht nahm zu. In der Behörde würde es – allen Erwartungen zum Trotz – künftig nicht weniger, sondern mehr Arbeit geben.

Dass immer mehr Anfragen aus Schulen kamen, freute mich besonders, auch wenn das Interesse, sich im Unterricht mit der SED-Diktatur allgemein und speziell mit der Staatssicherheit zu beschäftigen, nach wie vor beklagenswert gering war. Das galt im Osten wie im Westen – wenn auch aus verschiedenen Gründen. Aus Sicht der meisten westdeutschen Lehrer blieb die DDR ein eher regionales Thema, das mit der eigenen Geschichte wenig zu tun hatte. Im Osten war es vermutlich eine Mischung aus Verweigerung und Unsicherheit, die Lehrerinnen und Lehrer davon abhielt, sich im Unterricht kritisch mit der DDR zu beschäftigen. Nach den Erfahrungen, die ich als Ministerin in Brandenburg gemacht hatte, widmete ich diesem Thema auch als Bundesbeauftragte große Aufmerksamkeit. In einem Brief an die Bildungsminister in den neuen Bundesländern machte ich im Sommer 2001 auf die Defizite aufmerksam und bot Gespräche und Unterstützung an. Innerhalb der Behörde wurde ein neues Sachgebiet für Bildungsarbeit gegründet. Dass Axel Janowitz im Jahre 2003 dieses Arbeitsgebiet übernahm, erwies sich als Glücksgriff: Er arbeitete eng mit unseren Außenstellen und den Landeszentralen für Politische Bildung zusammen, vor allem aber entstanden auf seine Initiative hin Unterrichtsmaterialien, die von den Schulen in den folgenden Jahren ausgiebig genutzt wurden. Besonders erfolgreich war die Reihe »Quellen für die Schule«: für den Unterricht aufbereitete Stasi-Akten, in denen es meist um Jugendliche ging, die in die Fänge der Staatssicherheit gerieten, weil sie aus der DDR fliehen wollten oder sich politisch engagierten oder auch nur bunte Haare hatten. Immer wieder erwies sich, dass Jugendliche durch authentische Materialien und konkrete Einzelfälle dieser Art am besten zu erreichen und zu interessieren waren.

Einmal besuchte ich ein Gymnasium in Kronshagen bei Kiel, dessen Schülerinnen und Schüler das Theaterstück »Anne in den Fängen der Stasi« aufführten, in dem es um eine Siebzehnjährige ging, die in einer schwierigen persönlichen Situation als IM angeworben worden war. Die jungen Schauspieler hatten sich zum ersten Mal in ihrem Leben mit einem solchen Thema auseinandergesetzt, und ich merkte ihnen an, wie sehr sie davon bewegt waren. Das Stück war von Mitarbeiterinnen unserer Erfurter Außenstelle geschrieben worden, und es wurde von Schulen in der ganzen Bundesrepublik aufgeführt.

Die nächste Generation fing an, ihre eigenen Fragen zur DDR zu stellen. Immer öfter erlebte ich Jugendliche, die 1989 noch kleine Kinder gewesen waren und jetzt wissen wollten, was die DDR war. Nicht selten beklagten sie sich darüber, dass sie weder von ihren Eltern noch von ihren Lehrern etwas darüber gehört hatten. Wir brauchten noch mehr anschauliches Material, und zwar solches, das auch die Lehrer gern nutzten. Die Berliner Firma Facts and Files produzierte für uns deshalb einen Unterrichtsfilm mit dem Titel *Ein Volk unter Verdacht*. Unter der Regie von Franziska Schlotterer werden darin Informationen über das MfS mit den Erfahrungen von Betroffenen verknüpft, die bereits als Jugendliche ins Visier des Staatssicherheitsdienstes geraten waren.

Die Dinge entwickelten sich also in die richtige Richtung – aber es gab keinen Grund, sich zufrieden zurückzulehnen. Die Schulen, die sich für eine gründliche Auseinandersetzung nicht nur mit dem Nationalsozialismus, sondern auch mit dem Kommunismus starkmachten, waren nach wie vor in der Minderheit. Aus den anderen erreichten mich Klagen junger Lehrerinnen und Lehrer, die mit ihren Schülern die Gedenkstätten Bautzen oder Hohenschönhausen besuchen wollten, aber auf Unverständnis und Ablehnung bei ihren älteren Kollegen und manchmal auch bei den Eltern stießen. Andere, die aus dem Westen gekommen waren, trafen im Kollegium auf eine Mauer des Schweigens, wenn sie nach der DDR fragten. Untersuchungen und Umfragen bestätigten den mageren Kenntnisstand von Schülerinnen und Schülern über die SED-Diktatur. Wenn es Jugendliche gab, die »Stasi« für einen Schokoriegel hielten und Honecker für einen früheren Bundeskanzler, wenn die Mehrheit der ostdeutschen Jugendlichen glaubte, dass die Umwelt in der DDR intakter war als zwanzig Jahre später, musste etwas schiefgelaufen sein, und zwar keineswegs bloß an den Schulen in Ostdeutschland, denn die Umfrageergebnisse im Westen waren nicht wesentlich besser. Allerdings war das Schülerwissen zu anderen historischen Epochen ebenfalls äußerst lückenhaft – entsprechende Vergleiche erbrachten ernüchternde Ergebnisse.

Ein Baum ohne Wurzeln fällt um. Zum Erwachsenwerden gehört es, sich die eigene Geschichte anzueignen, kognitiv und emotional, und mit der eigenen Vergangenheit zu leben – das war schon immer Teil der Identität und damit der politischen Kultur einer Gesellschaft. Das wird auch niemand bestreiten, solange es um die attraktiven Seiten der eigenen Geschichte geht. Die Kultur des Erinnerns, von der hier die Rede ist, braucht jedoch ebenso den ungeschminkten Blick und darf sich nicht auf Heldengeschichten, Triumphe und die selbstgebrachten Opfer beschränken. Wenn sie die eigene Verantwortung, das eigene Versagen und den eigenen Verrat an der Freiheit verleugnet, wird sie zur Nostalgie oder zur handfesten Geschichtsfälschung. Freiheit und Lüge schließen einander aus. Oder um es mit Wolf Biermann zu sagen: Eine halbe Wahrheit ist eine ganze Lüge.

Dafür, dass ich von »beiden deutschen Diktaturen« sprach, bin ich gelegentlich scharf angegriffen worden, so als hätte ich sie damit gleichgesetzt. Der Verdacht, mit der Aufklärung über kommunistische Verbrechen die der Nationalsozialisten zu verharmlosen oder zumindest zu relativieren, schwebte ohnehin stets über allen Bemühungen, die SED-Diktatur aufzuarbeiten. »Die Nazis haben Berge von Leichen hinterlassen, die Kommunisten nur Berge von Akten.« Dieser unsägliche Vergleich wurde oft benutzt – meist sollte damit all jenen der Mund verboten werden, die es wagten, kommunistische und nationalsozialistische Verbrechen in einem Atemzug zu nennen. Aber der Satz ist falsch. Denn es geht auf beiden Seiten um Millionen Tote in Europa: um diejenigen, die dem Holocaust, dem Zweiten Weltkrieg und dem nationalsozialistischen Terror zum Opfer fielen, und um diejenigen, die in den Ländern des Ostblocks ermordet wurden oder im Gulag endeten. Es wäre zynisch, beides gegeneinander aufzurechnen. Aber während der Nationalsozialismus inzwischen von zivilisierten Menschen durchweg und zu Recht geächtet wird, gilt der Kommunismus vielen immer noch als ursprünglich gute und gerechte Idee, die nur falsch in die Tat umgesetzt wurde. In dieser Haltung liegt der wahre Zynismus, der eine große Herausforderung nicht nur für die politische Bildung ist, sondern auch für die gesellschaftliche Debatte insgesamt.

Diejenigen, die an den Kommunismus geglaubt hatten, befanden sich nach dem Ende der DDR und angesichts der Verbrechen, die allmählich öffentlich bekannt wurden, in einer tiefen Weltanschauungskrise. Das, woran sie sich mit aller verbliebenen Kraft klammerten, war die Überzeugung, dass die DDR ein wahrhaft antifaschistischer Staat gewesen sei. Wann immer dieser Mythos in Frage gestellt wurde – wie zum Beispiel schon in den neunziger Jahren von der Historikerin Annette Leo und der Psychoanalytikerin und Autorin Annette Simon –, hagelte es Protest, und auch ich habe dafür so hasserfüllte Reaktionen bekommen wie kaum sonst. Gründe, solche Fragen zu stellen, gab es genug: wenn zum Beispiel mit Berufung auf den Antifaschismus der SED die Treue geschworen, Feinde verfolgt oder die Mauer gebaut wurde oder wenn es um die Ursachen für Rechtsextremismus ging, die auch im politischen System der DDR zu finden waren – ganz zu schweigen davon, dass eine Diktatur, die ihre eigenen Bürger einmauert, per se keine glaubwürdige Antwort auf den nationalsozialistischen Terror sein kann. Spätestens seit Ende der vierziger Jahre hatte die SED-Führung auch keine Skrupel mehr gehabt, früheren NSDAP-Mitgliedern Verantwortung in der Partei oder in der Verwaltung zu übertragen.

So brachten denn auch die offenen Akten der Staatssicherheit weitere Erkenntnisse ans Tageslicht, die selbst eingefleischte SED-Gegner noch überraschen konnten: Die Staatssicherheit hatte umfangreiche Aktenbestände aus der NS-Zeit an sich gebracht, um sie für sich nutzbar zu machen. Nur zum Teil ging es dabei darum, NS-Täter zu überführen und vor Gericht zu bringen. Solche Akten dienten auch dazu, sich Menschen gefügig zu machen oder die Bundesrepublik als Hort des Faschismus darzustellen. Zum Beispiel enthielt das 1965 von der SED veröffentlichte *Braunbuch. Kriegs- und Naziverbrecher in der Bundesrepublik*, das unter den »68ern« im Westen auf große Resonanz stieß, nicht nur konkrete Beispiele ehemaliger Nazis, die inzwischen in einflussreichen Positionen waren, sondern auch überspitzte und verfälschte Behauptungen, wie etwa die gegen den damaligen Bundespräsidenten Heinrich Lübke, der gewiss ein Rädchen im Gefüge der Nazis gewesen war, aber kein »KZ-Baumeister«.

Die von der Staatssicherheit gehorteten NS-Akten wurden in der Regel weder im Rahmen der internationalen Rechtshilfe noch für anerkannte Institutionen zur Verfügung gestellt, die sich der Aufarbeitung nationalsozialistischer Verbrechen widmeten. Zu diesem Zweck waren sie erst nach dem Ende der DDR einsehbar. Auch die Stasi-Unterlagen-Behörde hat seit ihrem Bestehen Abertausende Kopien an die israelische Holocaust-Gedenkstätte Yad Vashem, das Holocaust Memorial Museum in Washington, D. C., das Simon-Wiesenthal-Zentrum sowie an Wissenschaftler und Journalisten, die sich der Aufarbeitung der NS-Zeit widmen, herausgegeben.

Im Jahr 2005 veröffentlichte Henry Leide, ein Mitarbeiter unserer Behörde, unter dem Titel *NS-Verbrecher und Staatssicherheit* eine umfangreiche und aufsehenerregende Analyse, mit der er nachwies, wie Ermittlungen gegen NS-Täter in der DDR blockiert wurden, wenn sie der SED-Politik zuwiderliefen, wie nie verurteilte NS-Verbrecher als Informanten und Agenten angeworben oder wie Ermittlungen und Strafverfahren gegen belastete DDR-Bürger vereitelt wurden. Der DDR-Antifaschismus entpuppte sich als »instrumentelles Kampfprogramm in der deutsch-deutschen Systemkonkurrenz«. Leides fundierte Untersuchung, einer der wichtigsten Beiträge zu diesem Thema überhaupt, brachte ihm und der Behörde neuen Hass und Zorn von DDR-Liebhabern ein. Zwar

war die Stasi wahrscheinlich die einzige Institution in der DDR, die wirklich keine Alt-Nazis in ihren Reihen duldete. Als Dienstleister der SED trug sie, wie Leide nachwies, dennoch wesentlich zur Instrumentalisierung des Antifaschismus bei.

Um die Abteilung Bildung und Forschung gab es von Beginn an immer wieder Streit: Viele externe Forscher beklagten, dass die Wissenschaftler der Behörde einen privilegierten Zugang zu den Akten besaßen, also auch mit MfS-Unterlagen arbeiten konnten, die noch nicht erschlossen waren oder die aus Datenschutzgründen nicht herausgegeben werden durften. Genau das war aber einer der Gründe dafür, dass es die Forschungsabteilung überhaupt gab: Die BStU-Wissenschaftler waren den strengen Regeln des Stasi-Unterlagen-Gesetzes verpflichtet. Ohne den internen Aktenzugang, den sie besaßen, hätten diese Archivalien wissenschaftlich gar nicht genutzt werden können. Vor allem aber hatten sie die Aufgabe, Grundlagenforschung zu wichtigen Schwerpunktthemen zu betreiben, und übernahmen damit eine wichtige Dienstleistungsfunktion sowohl für die allgemeine zeitgeschichtliche Forschung als auch für verschiedene Arbeitsbereiche der Behörde. Im Zentrum ihrer Arbeit standen stets die Struktur und die Wirkungsweise des MfS-Apparats und die Edition wichtiger Dokumente. Der Erforschung von Widerstand und Opposition kommt dabei bis heute eine ebenso große Bedeutung zu wie der Untersuchung von Herrschaftsstrukturen der DDR im Allgemeinen.

Einer der Forschungsschwerpunkte war die Auslandsarbeit der Staatssicherheit – allein dazu veröffentlichten die Wissenschaftler der Behörde mehr als ein Dutzend Untersuchungen. Für die Aktivitäten der Stasi außerhalb der DDR war nicht nur, aber vor allem die Hauptverwaltung A zuständig, die dreieinhalb Jahrzehnte lang – bis 1986 – unter der Leitung von Markus Wolf stand, einem Stellvertreter von Erich Mielke. Die HV A konzentrierte sich auf Geheiß des KGB vorrangig auf die Bundesrepublik Deutschland und den freien Teil Berlins. Die »Kundschafter« – so hießen Inoffizielle Mitarbeiter im »Operationsgebiet«, also im Westen – beschränkten sich freilich nicht auf Spionage, auch wenn ihr besonderes Interesse der Informationsbeschaffung aus Politik, Wissenschaft, Technologie und der Rüstungsproduktion galt. Als »Schild und Schwert der Partei« beobachteten sie im Auftrag der SED auch politische Gruppierungen und Parteien, versuchten, diese zu beeinflussen, und sie bekämpften Personen, die sie als Feinde identifiziert hatten: Das waren vor allem Fluchthelfer oder Personen, die vom Westen aus die DDR-Opposition unterstützten. Besondere Aufmerksamkeit galt auch Sportlern aus der DDR, die sich zu Wettbewerben im Westen aufhielten, Künstlern, denen eine Ausstellung oder Tournee im Westen genehmigt worden war, oder Unternehmern, die sich aus geschäftlichen Gründen in der DDR aufhielten. Eine klare Trennung von Inlands- und Auslandstätigkeiten gab es deshalb nicht, und die Methoden waren in der Westarbeit der Stasi moralisch genauso verwerflich wie die im Osten. Entführungen, die »Zersetzung« von Feinden, der Einsatz von »Romeos«, also Stasi-Männern, die Liebesbeziehungen zu Frauen eingingen, um sie für die Beschaffung von Informationen zu missbrauchen, und die Bestechung von Abgeordneten: Von Anfang an war die Auslandsabteilung keinesfalls ein normaler Geheimdienst – und damit so etwas wie der saubere Arm der Stasi –, wie Markus Wolf und sein Nachfolger Werner Großmann es darzustellen versuchten.

Das Thema Westarbeit der Stasi war während meiner Amtszeit oft Anlass für wilde Spekulationen. Nicht wenige sprachen von einer »Unterwanderung« der Bundesrepublik oder davon, dass ihre Geschichte neu geschrieben werden müsse, wenn erst alles bekannt würde. Gelegentlich war sogar davon die Rede, die Staatssicherheit habe »in Fraktionsstärke« im Deutschen Bundestag gesessen. Meine Bemühungen, die Debatte wieder auf ein vernünftiges Maß herunterzudimmen, wurden mir von einigen Journalisten und auch Bundestagsabgeordneten prompt als Versuch ausgelegt, die Tätigkeit der Stasi im Westen zu verharmlosen und damit womöglich – gesteuert von Westlinken – politische Freunde schützen zu wollen. Manchmal konnten Verdächtigungen wirklich so hanebüchen sein, dass es mir fast die Sprache verschlug.

Nahrung erhielten diese Spekulationen auch durch die sogenannten »Rosenholz«-Dateien. Dabei handelte es sich um mikroverfilmte Karteien der HV A aus dem Jahr 1988, die auf nicht geklärten Wegen zur CIA gelangt und nach jahrelangen Verhandlungen auf CDs kopiert an uns zurückgegeben wurden – jedenfalls, soweit die Daten deutsche Staatsbürger betrafen. Nach ihrer Erschließung standen sie seit 2003 für Recherchen und die Forschung zur Verfügung. Die Bezeichnung »Rosenholz« stammte, obwohl manche Journalisten gern von »Rosewood«-Akten sprachen, nicht von den Amerikanern, sondern von den deutschen Ermittlungsbehörden. Diese hatten schon in den neunziger Jahren die Möglichkeit gehabt, nach Washington, D.C., zu reisen und die Daten zu sichten, um noch vor der Verjährung von Spionage-Straftatbeständen Ermittlungen einzuleiten. Diese Informationsbeschaffung lief beim Verfassungsschutz unter dem Namen »Rosenholz«. Tatsächlich wurden in den neunziger Jahren auch zahlreiche Strafverfahren eröffnet und abgeschlossen. Insofern waren spektakuläre neue Enthüllungen über Personen des öffentlichen Lebens der früheren Bundesrepublik kaum noch zu erwarten. Aber sachliche Informationen haben Verschwörungstheoretiker jeglicher Couleur noch nie gehindert, hinter jedem Busch einen Dieb zu wittern.

Da die Unterlagen der HV A größtenteils vernichtet worden waren, kam den »Rosenholz«-Dateien, zusammen mit SIRA, einer von dem Archivmitarbeiter Stephan Konopatzky entschlüsselten Datenbank der HV A, dennoch große Bedeutung zu. Sie ermöglichten neue Einblicke in die Tätigkeit des MfS im »Operationsgebiet«, und in einer Reihe von Fällen gaben sie Aufschluss nicht nur über Stasi-Verbindungen von Bundesbürgern, sondern auch über Agenten der HV A in der DDR.

Georg Herbstritt, ein Wissenschaftler unserer Forschungsabteilung, legte im Jahr 2007 mit dem Buch *Bundesbürger im Dienst der DDR-Spionage* eine sehr aufschlussreiche Untersuchung vor. In seinem im Jahr 2013 veröffentlichten Gutachten über den Deutschen Bundestag, das dieser noch zu meiner Zeit als Bundesbeauftragte veranlasst hatte, wird detailliert beschrieben, an welche Informationen das MfS gelangte und durch wen, es zeigt aber zugleich, dass die wichtigsten Quellen nicht Abgeordnete waren, sondern Referenten oder Sekretärinnen. Der hohe Aufwand, mit dem das MfS versuchte, Parlamentarier als IM zu gewinnen, war nur selten von Erfolg gekrönt. In vier Jahrzehnten arbeiteten nach heutigem Kenntnisstand neun Bundestagsabgeordnete aktiv und bewusst mit der HV A zusammen.

Auch wenn nicht die Rede davon sein kann, dass das MfS den Westen unterwandert hat, bleibt doch die erschreckende Tatsache bestehen, dass in der Bundesrepublik im Laufe von vierzig Jahren Tausende Menschen mit der Staatssicherheit zusammenarbeiteten. Die Frage, was Bürgerinnen und Bürger eines freien Landes veranlasste, mit der Geheimpolizei einer Diktatur gemeinsame Sache zu machen, können wohl nur sie selbst beantworten.

Im Mai 2009 machten zwei Mitarbeiter der Forschungsabteilung einen aufsehenerregenden Aktenfund: Der West-Berliner Polizist Karl-Heinz Kurras, der am 2. Juni 1967 den Studenten Benno Ohnesorg erschossen hatte, war viele Jahre Mitarbeiter der Staatssicherheit der DDR und Mitglied der SED gewesen. Der Mord an Ohnesorg hatte damals Entsetzen ausgelöst und Teile der Studentenbewegung radikalisiert. War der Mord, wie der Fund zunächst vermuten ließ, ein Werk der Staatssicherheit? Darauf deutete jedoch nach Aktenlage nichts hin. In den Augen seiner Polizeikollegen und großer Teile der Öffentlichkeit hatte Kurras in Notwehr geschossen, nachdem er angeblich von Demonstranten brutal angegriffen worden war. Die Gewerkschaft der Polizei spendete für seine Verteidigung 60 000 DM, und Kurras wurde in zwei Gerichtsverfahren freigesprochen. Dafür, dass die Staatssicherheit, wie manche vermuten, auf die Prozessführung Einfluss genommen hat, um die Identität von Kurras geheim zu halten, gibt es keinen Beleg.

In der Öffentlichkeit haben die »Rosenholz«-Daten ebenso wie der 2009 aufgedeckte Fall Kurras viel Aufmerksamkeit auf sich gezogen. Ich fragte mich, warum das so war, während sich das Interesse an den Menschenrechtsverletzungen durch die Staatssicherheit *in* der DDR zumeist in Grenzen hielt. Vielleicht war der Grund das Erschrecken darüber, dass die Staatssicherheit damit endgültig von einem ostdeutschen Thema zu einer gesamtdeutschen Angelegenheit geworden war. Vielleicht lag es aber auch daran, dass im vereinten Deutschland ein politisches Thema erst dann wirklich relevant wurde, wenn es die Realitäten im Westen berührte. Und das tat es: Das frühere Verhältnis der bundesdeutschen Öffentlichkeit im Allgemeinen und der Linken im Besonderen zur DDR ist bis heute ein Thema, das noch auf seine detaillierte Aufarbeitung wartet.

Nach den Bundestagswahlen im Herbst 2005 veränderte sich die bis wenige Monate zuvor gut funktionierende Kommunikation zwischen meiner Behörde und den Bundestagsfraktionen spürbar: Bis dahin waren die Innenpolitiker für uns zuständig gewesen, und die meisten von ihnen waren seit langem mit unserer Arbeit vertraut. Einige, zum Beispiel der

SPD-Abgeordnete Dieter Wiefelspütz oder auch Hartmut Büttner von der CDU, waren schon an der Verabschiedung des Stasi-Unterlagen-Gesetzes beteiligt gewesen. Die Berichterstatter der Fraktionen, also jene Abgeordneten, die für uns zuständig waren, trafen sich regelmäßig mit mir, um auf dem Laufenden gehalten zu werden und unsere Arbeit zu unterstützen. Diese Berichterstatter-Runden, die sich auf den Informationsfluss zwischen Parlament und Behörde besonders positiv ausgewirkt hatten, fanden nun nicht mehr statt. Mit dem schon beschriebenen Wechsel vom Innen- zum Kulturressort änderte sich auch die parlamentarische Zuständigkeit – sie lag jetzt beim Ausschuss für Kultur und Medien. Vielen Kulturpolitikern war und blieb das Thema jedoch fremd. Nun zeigten sich die Nachteile des ein knappes Jahr vorher eilig vollzogenen Ressortwechsels.

Auch die Große Koalition wirkte sich ungünstig für uns aus. Abgesehen davon, dass Große Koalitionen ohnehin dazu neigen, wichtige Themen hinter verschlossenen Türen zu verhandeln und die verhältnismäßig kleine Opposition außen vor zu lassen, sahen diejenigen, die sowohl in der SPD als auch in der CDU schon lange Vorbehalte gegen die Behörde hegten, nun ihre Stunde gekommen.

Nach den Abwicklungsplänen, die 2004 im Hause der SPD-Kulturstaatssekretärin Christina Weiss entstanden waren, wurden nun auch in der CDU Stimmen laut, die die Existenz der Behörde zeitlich enger begrenzen wollten. Arnold Vaatz beispielsweise teilte mir mit, dass er mich nur wiedergewählt habe, damit sie mit dem Ende meiner Amtszeit abgewickelt werden könne. Seine bizarre Begründung bestand nicht zuletzt darin, dass die Behörde von »Altlinken« aus dem Westen gesteuert werde. Hubertus Knabe, früherer BStU-Mitarbeiter und in Unfrieden gegangen, stand ihm zur Seite, ebenso Klaus Schroeder vom Forschungsverbund SED-Staat an der Freien Universität Berlin. Ein paar Journalisten stimmten in den Chor ein, sekundiert von ganz unterschiedlichen Personen, die mit je eigenen Interessen das Ende der Behörde einläuten wollten. Das Gutachten der noch von Christina Weiss eingesetzten Sabrow-Kommission, das im Mai 2006 der Öffentlichkeit vorgestellt worden war, enthielt bezogen auf die Zukunft der Stasi-Unterlagen-Behörde interessante Perspektiven, wurde im Amt des Kulturstaatsministers Neumann aber mehr oder weniger ad acta gelegt.

Zu alldem passte, dass der Öffentlichkeit im November 2006 eine angebliche Enthüllung aufgetischt wurde: In der Stasi-Unterlagen-Behörde gebe es Mitarbeiter, die früher beim MfS angestellt waren. Dass dieser Sachverhalt dem Deutschen Bundestag, dem Beirat der Bundesbehörde und der Öffentlichkeit seit langem bekannt war und dass die Medien darüber bereits in den neunziger Jahren intensiv berichtet hatten, ging in der allgemeinen Empörung unter. Ich erläuterte vor dem Ausschuss für Kultur und Medien und dem Innenausschuss des Deutschen Bundestages den Sachverhalt: Zu dem 1990 vom Innenministerium aus dem Staatsdienst der DDR übernommenen Personal gehörten auch Mitarbeiter, die früher, überwiegend als Personenschützer, für das Ministerium für Staatssicherheit gearbeitet hatten. Sie waren vom Bundesinnenministerium mit der Bewachung der Gebäude beauftragt worden, in denen sich die Archive der Staatssicherheit befanden. Von diesen waren, so berichtete ich in den Ausschüssen, noch 41 Personen bei uns beschäftigt. Außerdem waren vom damaligen Sonderbeauftragten Gauck einige hauptamtliche Mitarbeiter übernommen worden, die er aus fachlichen Gründen für unverzichtbar gehalten hatte – von diesen waren noch elf Mitarbeiter in der Behörde tätig. Natürlich wusste ich von ihnen, als ich Bundesbeauftragte geworden war, ich hatte mich Jahre zuvor ja heftig mit Joachim Gauck gestritten, als die zunächst befristeten Verträge der ehemaligen MfS-Beschäftigten in unbefristete Arbeitsverhältnisse umgewandelt worden waren. Und natürlich hatte ich als Bundesbeauftragte geprüft, ob eine Möglichkeit bestand, diese Mitarbeiter anderswohin zu versetzen – ohne Erfolg. Das Arbeitsrecht ließ mir keinen Spielraum, die Mitarbeiter waren nun einmal da, und wir mussten damit klarkommen. Ich wusste auch, dass manche von ihnen, die 1990 noch junge Männer gewesen waren, inzwischen begriffen hatten, wem sie damals gedient hatten – die Arbeit, die wir in der Behörde leisteten, war an ihnen nicht spurlos vorbeigegangen. Aber auch wenn sie heute anderen Sinnes waren und es keine Anhaltspunkte dafür gab, dass von ihnen irgendeine Gefahr ausging, waren sie doch ein Ärgernis vor allem in den Augen derer, die bei uns ein und aus gingen, um ihre Akten zu lesen. Ich konnte das gut verstehen. Viele dieser Besucher hatten unter der Stasi gelitten, und jetzt stand ihnen womöglich ein ehemaliger Stasi-Mitarbeiter gegenüber und verlangte ihren Ausweis, wenn sie unser Haus betreten wollten. Wenigstens konnte ich dafür sorgen, dass die »Ehemaligen« möglichst wenig mit den Besucherinnen und Besuchern unseres Hauses in Berührung kamen. Mit deren Betreuung bei der Akteneinsicht hatten sie ohnehin nichts zu tun.

Doch die Debatte um das Thema hatte sich längst verselbständigt und war von Sachargumenten kaum noch zu beeinflussen. Einige Politiker ereiferten sich lautstark, mehrere Journalisten schossen sich auf mich ein. Allmählich begriff ich, dass es nicht nur um die früheren Stasi-Mitarbeiter ging. Der politische Wind hatte sich gedreht. Andere Vorwürfe tauchten auf: Die Behörde setze die falschen Schwerpunkte. Sie vernachlässige die Westarbeit der Stasi. Sie arbeite zu langsam. Anstelle der Bildungsarbeit, die Sache der Bundeszentrale für politische Bildung und der Stiftung Aufarbeitung sei, solle sie sich besser auf die Erschließung der Akten konzentrieren und so weiter. Die immer neuen Meldungen und giftigen Kommentare in den Medien stammten aus der Feder von nur zwei, drei Journalisten, wurden von vielen anderen aber bereitwillig weiterverbreitet.

Wieder einmal war ich froh, dass ich von der Natur mit der Fähigkeit ausgestattet war, abends und an freien Tagen abzuschalten. Und ich hatte einen guten Schlaf: Wenn ich – was selten vorkam – nicht einschlafen konnte, lag das jedenfalls nicht an beruflichen oder politischen Sorgen.

Aber es machte mir zu schaffen, dass die Debatte das Bild der Behörde in der Öffentlichkeit beschädigte und dass viele meiner Mitarbeiterinnen und Mitarbeiter darunter litten. Natürlich wusste ich, dass es Schwachstellen in unserer Arbeit gab, ich ärgerte mich selbst oft genug darüber. Doch allmählich fürchtete ich mich davor, am Morgen die Zeitung aufzuschlagen. Welche Sau würde heute wieder durchs Dorf getrieben? Ein Journalist erzählte mir von einer Stammtischrunde, in der das Birthler-Bashing zur neuesten Mode geworden sei. Ich mochte keine Verschwörungstheorien, aber auf eine Strategie, die Behörde sturmreif zu schießen, um sie dann leichter abwickeln zu können, deutete allmählich einiges hin. Dabei ging es wohl auch um Ressourcen: Hubertus Knabe zum Beispiel klärte die Abgeordneten während einer Anhörung absichtsvoll darüber auf, dass man mit dem Haushalt der BStU hundert Gedenkstätten finanzieren könnte. Auch die Bundeszentrale für politische Bildung und die Stiftung Aufarbeitung sahen in der großen Stasi-Unterlagen-Behörde nicht nur einen Partner, sondern auch eine Konkurrenz. Und manchmal schien mir, dass es einigen Männern aus dem Westen immer noch schwerfiel, eine Frau, und dann noch eine aus dem Osten, in einer so herausgehobenen Stellung zu akzeptieren.

Es war schwer, in dieser Atmosphäre den Ruf der Behörde zu schützen und gegen die niedergeschlagene Stimmung der Mitarbeiterinnen und Mitarbeiter anzukämpfen. Im Kulturausschuss und beim Beauftragten für Kultur und Medien standen die Zeichen auf Abwicklung. Darauf mit der Verteidigung des Status quo zu antworten war eine ziemlich undankbare Aufgabe. Ich argumentierte unter anderem damit, dass der Gesetzgeber seinerzeit der Behörde ganz bewusst den Auftrag erteilt hatte, nicht nur zu archivieren und zu forschen, sondern die DDR-Diktatur aktiv aufzuarbeiten. Letztlich hatte vor allem diese gesellschaftspolitische Aufgabe die Behörde zu der bedeutenden Institution gemacht, die sie inzwischen war. Einmalig, aber auch angreifbar. Mir ging es nicht darum, dass alles so blieb, wie es war. Ich sah aber zugleich die Risiken, die mit einem vorzeitigen Ende der Behörde verbunden gewesen wären. Abgesehen davon, dass die Forschungs- und Bildungsarbeit dann auf der Strecke bliebe, war es auch noch zu früh, das allgemeine Archivrecht auf die Stasi-Unterlagen anzuwenden: Weder wäre der Rechtsanspruch Betroffener auf Akteneinsicht damit zu gewährleisten noch der Zugang zu Unterlagen über Stasi-Mitarbeiter. Hinzu käme die Aufteilung der regionalen Bestände auf die Landesarchive – im Fall der Stasi-Unterlagen sachlich höchst fragwürdig.

Einige Bundestagsabgeordnete, darunter Wolfgang Thierse, Wolfgang Wieland, Monika Grütters und Beatrix Philipp, unterstützten mich und waren bemüht, die Debatte zu versachlichen. Auch auf den Beirat der Behörde, der von Richard Schröder geleitet wurde, konnte ich mich verlassen. Schröder war als Philosoph und Theologe seit 1991 Professor an der Humboldt-Universität und mit seiner Lehrtätigkeit und zahlreichen Ehrenämtern voll ausgelastet. Aber wenn es um die Aufarbeitung der SED-Diktatur und unsere Behörde ging, war er stets auf dem Laufenden. Ich schätzte sein unabhängiges Urteil und seine, wenn nötig, unerschrockenen Stellungnahmen. Und natürlich half es mir, dass er mit der Autorität, die er in der Öffentlichkeit besaß, die Arbeit der Behörde verteidigte.

Und das hatte durchaus seine Berechtigung. Während allgemein über die Abwicklung der Behörde spekuliert wurde, gingen immer mehr Anfragen von Privatpersonen, von den Medien und aus der Wissenschaft bei uns ein. Allein die Zahl der Anträge auf persönliche Akteneinsicht war im Jahr 2006 gegenüber dem Vorjahr um zwanzig Prozent angestiegen – auf 97 000. Ganz ähnlich sah es bei den Besucherzahlen der Ausstellungen und bei Veranstaltungen aus, und auch die Anfragen zu Projekttagen und Materialien seitens der Schulen nahmen zu. Die Behörde wurde also noch gebraucht, und ich wollte tun, was in meiner Macht stand, um sie zu erhalten.

Im Jahr 2008 beschloss die Bundesregierung auf Vorschlag des Kulturstaatsministers Bernd Neumann ihr angekündigtes Gedenkstättenkonzept. Darin war vom schnellen Ende der Behörde nicht mehr die Rede; stattdessen wurde für die Zeit nach der Bundestagswahl 2009 eine unabhängige Kommission in Aussicht gestellt, die Vorschläge zur künftigen Arbeit der Stasi-Unterlagen-Behörde entwickeln sollte. In meiner Stellungnahme zu Neumanns Konzept begrüßte ich das Ende der Debatte um die vorzeitige Auflösung der Behörde und die damit gegebene Planungssicherheit für die nächsten Jahre. Nebenbei: Die Kommission wurde auch in der folgenden Legislaturperiode nicht einberufen, aber nun soll es sie bald geben, so steht es jedenfalls im Koalitionsvertrag vom November 2013.

Die letzten Monate hatten viel Kraft gekostet, zwei- oder dreimal träumte ich, dass ich eine große schwere Kiste an einem Seil einen glitschigen Berg hinaufziehen musste und nicht von der Stelle kam. Nach einem Hörsturz musste ich ins Krankenhaus und notierte dort meine Gedanken:

> Morgen werde ich nach einer Zwangspause aus der Parkklinik Weißensee nach Hause entlassen: 6 Tage hochdosiertes Cortison und Infusionen mit durchblutungsfördernden Mitteln wegen eines Hörsturzes … und schon breitet sich wieder große Unruhe in mir aus: Kränkung, Ohnmacht, Hilflosigkeit? Ich fühle mich nicht stark in diesem Kampf und würde ihm gern aus dem Wege gehen … Wenn ich die verbleibenden drei Jahre gut durchstehen will, muss ich herausbekommen, was ich mir an Auseinandersetzung zumute und was nicht. Kampf – oder diese Art von Kampf, die hier von mir verlangt wird –, macht mich krank und kostet Lebenslust, Kreativität und Kraft. Nicht die Menge der Arbeit ist es, sondern öffentliche Angriffe, gegen die ich mich nur

schwer zur Wehr setzen kann. Persönliche Attacken fordern mich nicht zur Gegenwehr heraus, sondern erzeugen ein Bedürfnis nach Schutz und Rückzug.

Doch nicht nur ich – auch meine Gegner waren allmählich müde geworden. Vielleicht hatten sie einfach keine Lust mehr an diesem Spiel oder die Hoffnung aufgegeben, dass die Behörde bald am Ende sein oder ich mein Amt aufgeben würde. Die Angriffe ließen nach, und als im Bundestagsausschuss für Kultur und Medien im Februar 2008 unser achter Tätigkeitsbericht diskutiert wurde, nahmen ihn die Abgeordneten durchweg mit Zustimmung und Dank auf. Am 15. Januar 2009 schließlich besuchte Bundeskanzlerin Angela Merkel die Stasi-Unterlagen-Behörde. Im Mittelpunkt des anderthalbstündigen Besuchs stand ein Rundgang durch das Archiv, anschließend widmeten wir uns gemeinsam den zahlreich erschienenen Journalisten. Am Tag darauf wurde die Kanzlerin in den Medien mit den Worten zitiert: »Ich stehe dazu, dass die Stasi-Unterlagen-Behörde gerade jetzt im zwanzigsten Jahr des Mauerfalls ihre Arbeit so weiterführt, wie sie das im Augenblick tut.«

Diese komplizierte, belastende Phase, die nun endlich vorüber war, wäre ohne einen seelischen Rückhalt schlecht auszuhalten gewesen. Für mich bestand dieser vor allem in meiner Familie und meinen Freundinnen und Freunden. Ich liebte es, wenn die ganze Familie um meinen Tisch herum saß und das Essen allen schmeckte. Was wir kochten und aßen, hatte sich seit DDR-Zeiten sehr verändert, nicht bloß, weil es jetzt viel mehr zu kaufen gab. Die Essgewohnheiten und Vorlieben wandelten sich allmählich mit den Reisen, den Einladungen bei Freunden und den vielen auch exotischen Restaurants rundum. Salat und Gemüse, einst nur Beilagen, waren jetzt wichtiger als Kartoffeln oder Nudeln, die unterschiedlichsten Fischsorten wurden zubereitet, von denen ich zuvor nicht einmal gehört hatte, auch Rinderfilet oder Lamm – beides damals, wenn überhaupt, nur unter dem Ladentisch zu bekommen. Olivenöl hatte meine Küche ebenso erobert wie mir bis dahin unbekannte Kräuter und Gewürze. Manchmal freilich gab es aber doch die guten alten Kohlrouladen, Kesselgulasch oder Grüne-Bohnen-Eintopf. Vermutlich haben alle Menschen seit ihrer Kindheit ein paar Lieblingsgerichte. Neu war übrigens auch, abends warm zu essen – das Abendbrot hatte früher, wie der Name schon verriet, aus Brot, Butter, Wurst und Käse bestanden, je nach Saison auch aus Tomaten, Gurken oder Radieschen. Wenn alle da waren, musste der Tisch für das Familienessen jetzt immer zweifach verlängert werden: Inzwischen hatte ich vier Enkelkinder.

Kurz vor meinem sechzigsten Geburtstag, im Dezember 2007, zog ich vom Kollwitzplatz in die Brunnenstraße. Meine große alte Wohnung mit ihren hohen Decken und Flügeltüren hatte zwar Charakter, aber sie war dunkel, und ich vermisste einen Balkon. Nun wohnte ich ganz nah am Himmel, konnte morgens auf der Terrasse meinen Milchkaffee trinken und beim Sonnenuntergang manchmal Wein – glückliche Momente, die ich nach wie vor als puren Luxus erlebte. Den Umzug bestritt ich mit Hilfe meiner Schwester, die Berge von Brötchen für die Jungs von der Umzugsfirma schmierte, und Freunden, die abends mit Brot und Salz und Blumen vor der Tür standen und dann Möbel zusammenschraubten oder Geschirr- und Bücherkisten auspackten.

Jede Menge Glücksmomente gab es auch auf Reisen zusammen mit Freundinnen und Freunden. Bis heute besuchen wir jedes Jahr zu Pfingsten eine europäische Stadt, und weil Bilbao unser erstes Ziel war, nennen wir uns nun »Bilbao-Gruppe«, auch wenn mittlerweile unter anderem Dublin, Marseille, Triest, Görlitz, Madrid, Ljubljana und Dresden das Ziel waren. Oder ich war mit Freunden auf dem wunderbaren Oder-Neiße-Radweg unterwegs, an der Saale oder Elbe entlang oder im Spreewald.

Abgesehen von wenigen Ausnahmen zog es mich in meiner freien Zeit aber nicht weit weg, dazu war ich viel zu oft als Bundesbeauftragte unterwegs – in Deutschland ebenso wie im Ausland. Unsere erste große Wanderausstellung »Staatssicherheit – Garant der SED-Diktatur«, die 1996 für die alten Bundesländer und fürs Ausland konzipiert worden war, wurde von Flensburg bis Konstanz und von Trier bis Regensburg in vielen deutschen Städten gezeigt, in fast allen Landeshauptstädten sowieso. Unser leider viel zu früh verstorbener Kollege Christian Ladwig war der »Vater« dieser Ausstellung. Er hatte das Konzept entwickelt, vor allem aber knüpfte er die Kontakte zu den geplanten Ausstellungsstandorten und überzeugte Bürgermeister und andere, dass sich die Halle ihres Rathauses für zwei Wochen in ein kleines DDR-Museum verwandeln sollte: mit großen

Transparenten aus der Zeit der friedlichen Revolution, einem Riesenfoto von der Stasi-Bezirksverwaltung in Rostock, mit Vitrinen, in denen sich Utensilien der Stasi befanden, darunter eine Friedhofsgießkanne, in die eine Kamera eingebaut war, und die berühmten »Geruchskonserven«, Weckgläser mit gelben Tüchern darin; nicht nur Festgenommene mussten sich beim Verhör auf diese Tücher setzen – das konnte einem, ohne dass man es merkte, auch bei einer Betriebsärztin oder einem Lehrmeister passieren, wenn diese mit der Stasi zusammenarbeiteten. Die Tücher sollten den Körpergeruch annehmen – so konnte man später, wenn nötig, »Geruchsspurendifferenzierungshunde« einsetzen, um Personen zu identifizieren. Der Clou der Ausstellung aber waren ein kleines Auto, Marke Isetta, das einst als Fluchtfahrzeug genutzt worden war, und eine Art von selbstgebautem Sessellift, mit dem sich eine ganze Familie vom Dach des Hauses der Ministerien, dem heutigen Detlev-Rohwedder-Haus mit Sitz des Bundesfinanzministeriums, buchstäblich in den Westen abgesetzt hatte. »Republikfluchten« zu vereiteln und, wenn das nicht gelang, die Fluchtumstände genau zu untersuchen war eine der Hauptaufgaben der Staatssicherheit gewesen. Christian Ladwig organisierte begleitende Veranstaltungen und sorgte dafür, dass alle, die in der gastgebenden Stadt Rang und Namen hatten, bei der Eröffnung anwesend waren. Nach ihm übernahm Elvira Walter diese Aufgabe. Im Oktober 2008 war es höchste Zeit für eine neue Ausstellung, die wissenschaftlich und gestalterisch auf dem neuesten Stand war. Sie wurde von Gabriele Camphausen, der Chefin des Fachbereichs Politische Bildung, kuratiert.

Ich bemühte mich, möglichst bei jeder Eröffnung dabei zu sein, und kam oft mit den Besucherinnen und Besuchern ins Gespräch. Für manche war dies die erste Gelegenheit, sich mit der DDR und der Staatssicherheit zu beschäftigen. Andere – und sie machten einen nicht geringen Teil aus – wussten besser, worum es ging: Sie hatten Angehörige im Osten oder waren selbst, manchmal schon als Kind, aus der DDR in den Westen gekommen. Oft befanden sich auch ehemalige Häftlinge unter den Besuchern, die nach Verbüßung ihrer Haftstrafe in den Westen geflohen oder dorthin abgeschoben worden waren. Nun kamen sie mit ihren Ehepartnern, Kindern oder Enkeln, und es berührte mich zu beobachten, wie wichtig ihnen war, dass hier, wo sie jetzt lebten, im Westen, etwas von ihrem früheren Leben in der DDR sichtbar wurde.

Regelmäßig wurde unsere Wanderausstellung auch im Ausland gezeigt, meist in den Ländern des ehemaligen Ostblocks. Zu den Stationen gehörten unter anderem Budapest, Krakau, Bukarest, Tallinn, Plovdiv, Warschau, Breslau, Vilnius, Riga und Belgrad. Das Interesse war groß, aber wir spürten auch, wie unterschiedlich in den Ländern mit dem Thema umgegangen wurde. Die in den neunziger Jahren vielerorts bestehende Zurückhaltung gegenüber jeder Art von Auseinandersetzung mit der kommunistischen Vergangenheit war allmählich gewichen, wenn auch aus verschiedenen Gründen. In Polen beispielsweise, wo selbst frühere Dissidenten anfangs mit großer Reserviertheit auf die Deutschen geschaut hatten, die – typisch! – nichts Besseres zu tun hatten, als eigens für die Akten der Geheimpolizei eine große Behörde zu gründen, zeigte sich im Laufe der Zeit, dass die verschlossenen Archive ein größeres Gefahrenpotential für den gesellschaftlichen Frieden darstellen als geöffnete. Keine der posttotalitären Gesellschaften war davor sicher, dass Menschen – auch unbegründet – in den Verdacht gerieten, einmal Kollaborateure der Geheimpolizeien gewesen zu sein. Doch um die Wahrheit herauszufinden, auch um Menschen vor falschen Beschuldigungen zu schützen, durfte man die Augen nicht vor der Vergangenheit und den überlieferten Akten verschließen. Vielleicht waren es auch schlechte Erfahrungen mit alten Seilschaften, die einen Sinneswandel beförderten, und natürlich wollten Menschen wissen, ob Politiker, Geistliche, Künstler und andere öffentliche Personen vertrauenswürdig waren. Heute gibt es in Warschau ein großes Institut für Nationales Gedenken, das Instytut Pamięci Narodowej, unter dessen Dach sowohl die Verbrechen der Nationalsozialisten wie die der Kommunisten erforscht und auch strafrechtlich untersucht werden.

Ganz sicher spielte in den Ländern, die sich Anfang der 2000er Jahre auf den Beitritt zur Europäischen Union vorbereiteten, eben auch dies eine Rolle. Als ich im Mai 2002 unsere Wanderausstellung im Historischen Nationalmuseum in Bukarest im Beisein des Staatspräsidenten Ion Iliescu eröffnete, gab dieser mir zu verstehen, dass er von der Öffnung der Geheimpolizeiarchive eigentlich nichts halte. Aber das Land wolle ja nach Europa, meinte er dann, und deshalb müsse man da wohl mitmachen. Unsere seit dem Jahr 2000 bestehende rumänische Partnerbehörde, der Nationale Rat für das Studium der Archive der Securitate, hatte denn auch in den ersten Jahren kaum Zugriff auf die Archive der gefürchteten Geheimpolizei Securitate – diese befanden sich in den Händen des rumänischen Nachrichtendienstes, von dem sich ohne Übertreibung sagen lässt, dass eine gewisse personelle Kontinuität mit der Securitate und der kommunistischen Partei besteht. Erst im Jahr 2004 wurde damit begonnen, die umfangreichen Aktenbestände an den *CNSAS* zu übergeben – daran, dass sie bei der Übergabe noch vollständig waren, bestanden von Anfang an erhebliche Zweifel.

Da es mir wichtig war, den Austausch mit den Kollegen zu stärken, gründeten wir im Dezember 2008 in Berlin das »Europäische Netzwerk der für die Geheimpolizeiakten zuständigen Behörden«. Darin arbeiten Institutionen aus Polen, Ungarn, Tschechien, der Slowakei, Rumänien, Bulgarien und Deutschland zusammen, die in ihren Ländern für die geheimpolizeilichen Archive zuständig sind. Sie veröffentlichten einen Reader, in dem sich jede der beteiligten Institutionen vorstellte, und veranstalteten gemeinsame Tagungen und Ausstellungen. Die Gründe für ein solches Netzwerk waren einleuchtend: Zum einen hatten die Geheimpolizeien im Ostblock unter Führung des KGB eng zusammengearbeitet, es lag also nahe, diese Verflechtung auch in der Forschung zu berücksichtigen. Der zweite Grund war aber nicht in der Vergangenheit, sondern in der Zukunft der Europäischen Union zu suchen: Von der Einsicht, dass nach dem Nationalsozialismus auch die zweite Schreckensherrschaft des 20. Jahrhunderts und die von ihr verursachten Leiden der Menschen in den kommunistisch beherrschten Ländern zum gemeinsamen Gedächtnis gehören, ist das vereinte Europa noch weit entfernt.

Der spanische Schriftsteller Jorge Semprún, der als Kommunist in der Résistance gekämpft und den die Gestapo ins KZ gesperrt hatte, brachte diesen Gedanken am 10. April 2005 in einer Rede anlässlich des 60. Jahrestages der Befreiung der Konzentrationslager auf den Punkt:

> Eine der wirksamsten Möglichkeiten, der Zukunft eines vereinten Europas, besser gesagt, des wiedervereinten Europas einen Weg zu bahnen, besteht darin, unsere Vergangenheit miteinander zu teilen, unser Gedächtnis, unsere bislang getrennten Erinnerungen zu einen … Hoffen wir, dass bei der nächsten Gedenkfeier in zehn Jahren, 2015, die Erfahrung des Gulag in unser kollektives europäisches Gedächtnis ein-

gegliedert worden ist. Hoffen wir, dass neben die Bücher von Primo Levi, Imre Kertész oder David Rousset auch die »Erzählungen aus Kolyma« von Warlam Schalamow gerückt wurden. Das würde zum einen bedeuten, dass wir nicht länger halbseitig gelähmt wären, zum anderen aber, dass Russland einen entscheidenden Schritt auf dem Weg in die Demokratisierung getan hätte.

Nicht nur die Länder des ehemaligen Ostblocks interessierten sich für unsere Arbeit. Immer öfter besuchten uns Politiker, Wissenschaftler oder Journalisten aus aller Welt. Sie kamen insbesondere aus Ländern, die wie wir Diktaturen überwunden hatten – manchmal vertraten sie Minderheiten, die sich in ihren Ländern gegen große Widerstände für die Aufarbeitung der Vergangenheit einsetzten. Was sie bei uns erfuhren, stärkte ihnen den Rücken. Der Verweis auf Deutschland, wo die Akten der Geheimpolizei geöffnet worden waren, ohne dass die Menschen sich die Köpfe einschlugen und Rache übten, konnte für sie ein wichtiges Argument im Streit um den richtigen Umgang mit der Vergangenheit sein.

Manche Gäste interessierten sich für die rechtlichen Grundlagen unserer Tätigkeit, andere für die Besonderheiten von Geheimpolizeiakten oder für das Archiv. Im Dezember 2003 besuchte mich der argentinische Friedensnobelpreisträger Adolfo Pérez Esquivel, der auf Einladung der katholischen Kirche in Deutschland war, und erzählte mir eine atemberaubende Geschichte: Die von ihm initiierte Comisión por la memoria, eine Menschenrechtsgruppe, die sich der Aufarbeitung der Militärdiktatur in Argentinien widmete, der zwischen 1976 und 1983 dreißigtausend Menschen zum Opfer gefallen waren, nutzte für ihre Arbeit ein Gebäude in Buenos Aires, das früher dem Militär gehört hatte. Die Gruppe, die zum großen Teil aus gläubigen Katholiken bestand, nahm das Gebäude in Besitz, nicht ohne es mit einer religiösen Zeremonie »umzuwidmen« und damit den Geist der Diktatur aus seinen Mauern zu bannen. Als danach die verbliebenen Einrichtungsgegenstände entfernt wurden, tauchte hinter einem Schrank eine verborgene Tür auf, die in einen großen Raum voller Akten führte – allesamt Dokumente der Militärdiktatur. Die Überraschung war groß, denn bis dahin waren so gut wie keine schriftlichen Beweise für deren Verbrechen aufgefunden worden. Gemeinsam mit der Heinrich-Böll-Stiftung und der Konrad-Adenauer-Stiftung organisierten wir für den Herbst 2004 also eine Reise für mehrere Mitarbeiter der Kommission. Ihr besonderes Interesse galt der Archivierung und den vielfältigen rechtlichen Problemen.

Prinz Norodom Sirivudh von Kambodscha, der Vorsitzende des Cambodian Institute for Cooperation and Peace, stattete uns im April 2005 einen Besuch ab. Zu seiner Delegation gehörten auch Opfer des Terrorregimes der Roten Khmer und leitende Mitarbeiter des Documentation Center of Cambodia. Im November 2004 war dann der irakische Minister für Menschenrechte, Bakhtiar Amin, mit einer Delegation zu Gast, und wir erfuhren, dass politische Verfolgung, Übergriffe und Zwangsumsiedlungen im Irak viele Jahre lang detailliert dokumentiert worden waren und es umfangreiche Aktenbestände dazu gab. Um Menschenrechtsverletzungen in Uruguay und Paraguay ging es bei einem Arbeitsbesuch im Februar 2006. Das Gespräch mit Martin Almada, Träger des alternativen Nobelpreises, und seinen Begleitern war unvergesslich für mich: Sie berichteten uns davon, wie Angehörige und Freunde umgebracht worden waren, aber auch von den Gefahren, die den Menschen drohten, die diese Verbrechen aufklären wollten.

In manchen der Gespräche, die ich mit diesen Gästen führte, blieben mir die Worte im Halse stecken. Sie, die am eigenen Leib Brutalität und unermessliches Leid erfahren hatten oder zu Zeugen von Gewalt und Mord geworden waren, besuchten uns, um Rat zu bekommen? Was sollte ich ihnen sagen? Ja, wir hatten auch in einer Diktatur gelebt, aber unsere Erfahrungen waren mit dem, was sie berichteten, kaum vergleichbar. Wenn wir genug Zeit zum Reden hatten, machten wir dann jedoch immer wieder dieselbe Entdeckung: So verschieden die Diktaturen auch waren – nach ihrem Ende stellten sich, überall auf der Welt, stets wenige, ganz ähnliche Fragen: Was brauchen die Opfer? Wer trägt die Verantwortung für ihr Leid? Wie gehen wir mit den Tätern um? Wie erfahren wir, was genau geschehen ist? Und wie kann eine Gesellschaft zu freiheitlicher Ordnung und zu ihren Werten zurückfinden?

Diese Themen standen auch im Mittelpunkt meiner Reisen. Im Februar 2007 veranstaltete das Büro der Heinrich-Böll-Stiftung in Istanbul eine internationale Konferenz mit dem Titel »From the Burden of the Past to Societal Peace and Democracy. Coming to Terms with the Past«, zu der Teilnehmer aus Deutschland, Österreich, Irland, Südafrika, Chile und natürlich der Türkei eingeladen waren. Unausgesprochener Hintergrund der Tagung war die innertürkische Debatte zur Armenienfrage. Die Stimmung unter den türkischen Teilnehmern war angespannt, die Veranstaltung musste unter Polizeischutz stattfinden. Vier Wochen zuvor war Hrant Dink auf offener Straße erschossen worden, ein sehr populärer armenischstämmiger Journalist und Publizist.

»Coming to Terms with the Past« – endlich hatte ich, als ein kleines Nebenprodukt dieser Reise, einen adäquaten englischen Terminus für den deutschen Begriff »Aufarbeitung« gefunden. Ich hatte schon lange danach gesucht, und er ging mir wieder durch den Sinn, als ich im selben Jahr auf Einladung der Heinrich-Böll-Stiftung, die auch in Kapstadt ein Büro unterhielt, nach Südafrika reiste. Neben vielen anderen Gesprächspartnern begegnete ich dort der Menschenrechtsaktivistin Mary Burton, gebürtige Argentinierin, die seit 1961 in Südafrika lebte. Mary war Mitte der 1990er Jahre als eine von siebzehn Personen in die Truth and Reconciliation Commission (TRC) berufen worden. Nicht zuletzt, weil ich in Deutschland immer wieder gefragt wurde, warum nicht auch wir solche Wahrheits- und Versöhnungskommissionen eingerichtet hätten, interessierten mich ihre Berichte. Die Arbeit der TRC war laut Mary sehr wichtig gewesen und hatte viele Hoffnungen geweckt. Hunderte von Opfern hatten von ihrem Schicksal berichtet – und erst, wenn sie um eine Amnestie für »ihren« Täter baten, wurde diese gewährt. Doch inzwischen war sie ernüchtert: Eine weiter gehende Entschädigung der Opfer hatte nämlich nicht stattgefunden, und die kathartische Wirkung der Anhörungen allein war für die Angehörigen nicht von Dauer. Während einer Veranstaltung im Nelson Mandela Gateway Auditorium, zu der ich als Referentin eingeladen worden war, berichtete Verne Harris von der Nelson Mandela Foundation, dass es so gut wie keinen Zugang zu wichtigen Unterlagen der Regierung, der Polizei und der Armee gebe – auch die der TRC seien nicht zugänglich. Die Wirkung seines Vortrags war groß. Vielleicht auch vor dem Hintergrund meines Berichts meldeten sich im Auditorium mehrere Zuhörer zu Wort, die die Öffnung auch der südafrikanischen Archive forderten. Alex Boraine, der Gründer des International Centre for Transitional Justice und frühere Vize-Vorsitzende der TRC, bestätigte später die von Verne Harris gegebenen Informationen: Er erzählte auch, dass die frühere Regierung Akten in großem Stil vernichtet habe – sie habe sogar eine regelrechte Fabrik dafür errichtet. Während der berüchtigte Polizeiminister ihm einst aus einer dicken Akte detailliert vorgehalten hatte, was er getan und wen er getroffen hatte, fand sich später nur noch eine »gesundete« Akte mit unverfänglichen Inhalten. Durch Zufall erfuhr er, dass jemand aus seinem engsten Umkreis Berichte geliefert hatte. Er befragte seine Mitarbeiter, und eine Frau brach zusammen: Sie war erpresst worden und hatte die Post vor dem Abliefern immer zu einer bestimmten Adresse gebracht, wo sie geöffnet und kopiert worden war.

Das Ende meiner zweiten Amtszeit rückte näher. Ich verband den Rückblick auf meine zehnjährige Tätigkeit mit einer Bilanz dessen, was die Stasi-Unterlagen-Behörde in den zwei Jahrzehnten ihres Bestehens geleistet hatte. Der durchaus umstrittenen Entscheidung, die Akten der Geheimpolizei der DDR zu öffnen, waren wichtige Beiträge zur Erinnerungskultur im vereinten Deutschland zu verdanken: Die intellektuelle Auseinandersetzung mit der SED-Diktatur wurde gefördert, der Repressionsapparat wurde mit seinen Mechanismen und Wirkungsweisen erstmals transparent, unzählige Opfer konnten ihr Leben rekonstruieren und sich ihr Recht zurückholen. Die Schicksale Inhaftierter und auch anderer Opfer wurden öffentlich. Die Namen der Täter wurden bekannt, ihre Entlastungsversuche und Legenden widerlegt.

Die Enquetekommissionen des Bundestages, die Bundesstiftung Aufarbeitung, die Stasi-Unterlagen-Behörde, die zahlreichen Gedenkstätten, Opferverbände, Museen, privaten Archive und Aufarbeitungsvereine – sie alle können einerseits beachtliche Erfolge vorweisen. Die Aufarbeitung der zweiten Diktatur in Deutschland ist gesellschaftlich akzeptiert und wird politisch unterstützt. Die Archive wurden vor der Vernichtung gerettet und sind zugänglich. Zahlreiche Publikationen belegen einen beeindruckenden Forschungsstand. Durch die Medien wurden wichtige öffentliche Debatten angeschoben – entgegen weitverbreiteter Meinungen keineswegs nur zu Stasi-Belastungen. Filmemacher, Autoren und bildende Künstler trugen in erheblichem Maße zur Erinnerungskultur bei. Besondere Jahrestage wie der 17. Juni, der 9. Oktober und der 9. November werden würdig begangen. Deutschland hat international Maßstäbe für den Umgang mit einer diktatorischen Vergangenheit gesetzt.

Dieser stattlichen Bilanz stehen allerdings beunruhigende Befunde gegenüber: Die Opfer wurden zwar rehabilitiert, viele von ihnen, insbesondere jene, deren Gesundheitszustand durch Haft und Verfolgung beeinträchtigt wurde oder denen eine berufliche Entwicklung versagt blieb, leben heute aber in prekären Verhältnissen. Als besonders bitter wird dies angesichts der Tatsache empfunden, dass sich ihre früheren Peiniger heute oft ansehnlicher Ruhestandsbezüge erfreuen und dass sich jene, die früher als Stasi-Offiziere, als Richter, als Parteifunktionäre oder Heimerzieher Teil des Unterdrückungssystems gewesen waren, fast nie vor Gericht zu verantworten hatten. Vielen Lehrern und Professoren, SED-Funktionären, Polizisten, FDJ-Funktionären oder Kaderleitern ist es gelungen, neue Karrieren zu starten oder in der Politik zu reüssieren. Selten kommt es vor, dass sich jemand von ihnen öffentlich zu seinen Verfehlungen bekennt oder die von ihm Geschädigten um Verzeihung bittet. Nicht wenige frühere Stasi-Mitarbeiter versuchen heute immer noch, in öffentlichen Auftritten und Äußerungen ihr einstiges Treiben als rechtskonform und als normale Geheimdiensttätigkeit zum Schutz der Bürger darzustellen. Von größerer Bedeutung als diese zwar aktiven, doch zahlenmäßig begrenzten Zirkel alter Männer sind jedoch gesellschaftliche Strömungen, die nach wie vor den Kommunismus im Allgemeinen und die DDR im Besonderen als den legitimen, wenn auch fehlerbehafteten Versuch sehen, eine humanere Gesellschaft aufzubauen.

Besorgniserregend ist darüber hinaus der Befund mancher Befragungen, die nicht nur einen signifikanten Mangel an Wissen über die SED-Diktatur offenbaren, sondern auch eine Verharmlosung der Diktatur bezeugen – ebenso wie eine mangelnde Wertschätzung demokratischer Verfahren und Institutionen.

Für manche Menschen scheint die DDR im Rückblick immer attraktiver zu werden. Vor dem Hintergrund schöner persönlicher Erinnerungen, die sie nicht missen möchten, phantasieren sie ein menschenfreundliches, gerechtes und friedliches Land zusammen, das es so nie gegeben hat. Die Unfreiheit, die alltäglichen Zumutungen des Systems wurden von vielen Menschen gar nicht mehr als solche empfunden: Wer sich nicht bewegt, spürt keine Ketten.

Eine im Frühsommer 2009 lebhaft geführte Debatte darüber, ob man die DDR als Unrechtsstaat bezeichnen dürfe, offenbarte das weitverbreitete Unvermögen, zwischen dem persönlichen Erleben von Menschen und der Beurteilung eines gesamten politischen Systems zu unterscheiden. Gesine Schwan, rot-grüne Kandidatin für das Amt der Bundespräsidentin, behauptete überraschend, der Begriff »Unrechtsstaat« habe, angewandt auf die DDR, einen »totalisierenden« Charakter und stelle die Lebenswirklichkeit der Menschen, die in der DDR gelebt hätten, unter einen moralisierenden Generalverdacht. Dabei war Gesine Schwan eigentlich unverdächtig, die SED-Diktatur zu verharmlosen – sie hatte das politische System der DDR schon zu einer Zeit schonungslos kritisiert, als viele Linke der Bundesrepublik sich diesbezüglich noch sehr bedeckt hielten. Was war also in sie gefahren? Wollte sie sich einfach nur ein paar ostdeutsche Stimmen in der Bundesversammlung sichern, oder gehörte sie zu den »Ossiverstehern«, die vor lauter Angst, ihre ostdeutschen Landsleute zu kränken, beim Thema DDR den politischen Schongang wählten? Ich schätzte Gesine Schwan, und als Mitglied der Bundesversammlung hätte ich sie beinahe auch gewählt. Aber hier musste ich ihr entschieden widersprechen, und ich tat das in einem längeren Artikel in der *ZEIT*: Warum identifizierten sich viele Ostdeutsche noch nachträglich mit einem System, das sie einst bevormundet, unterdrückt und hinter einer Mauer eingesperrt hatte? Was für eine fixe Idee, die Bezeichnung »Unrechtsstaat« würde »alle Lebensbereiche der DDR diskreditieren«! Die Bundesrepublik Deutschland sei schließlich nicht deshalb ein Rechtsstaat, weil es hierzulande nur Recht und kein Unrecht gebe, sondern weil die Existenz des Staates, weil Regierung und Gesetzgeber an allgemeingültige Werte und Rechtsnormen gebunden seien und diese Bindung durch unabhängige Gerichte gesichert werde. Dementsprechend sei auch die Bezeichnung »Unrechtsstaat« nicht erst dann zutreffend, wenn nichts als Unrecht geschehe: Auch in Diktaturen gibt es schließlich »normale« Gesetze, nach denen Diebstahl bestraft oder der Straßenverkehr geregelt wird. Vielmehr gehe es darum, dass die Prinzipien des Rechtsstaats keine Geltung hätten und staatliche Macht nicht rechtmäßig begründet sei. Einen Staat, dessen unrechtmäßiges Zustandekommen und dessen unrechtmäßige Praxis unbestritten sei, nicht Unrechtsstaat nennen zu dürfen oder zu sollen beleidige meiner Ansicht nach den Verstand.

Der 11. März 2011 nahte – an diesem Tag würde ich bei einer Feierstunde aus meinem Amt verabschiedet und zugleich mein Nachfolger Roland Jahn zum neuen Bundesbeauftragten ernannt werden. Ich freute mich auf ein Leben ohne ständigen Termindruck, ein Leben, in dem ich, wenn ich mich überhaupt öffentlich äußern würde, dies nur für mich selbst tun würde, ohne stets die Verantwortung als Amtsträgerin und Vorgesetzte mitdenken zu müssen. Auch ein Leben ohne Kameras und Mikrofone war für mich kein Schrecken, sondern eine ziemlich verlockende Aussicht. Dennoch verstand ich ein bisschen, warum Joachim Gauck damals, als er aus dem Amt schied, recht wehmütig gewesen war. Bundesbeauftragte zu sein hatte einen großen Teil meines Lebens ausgemacht, ich war an den Erfolgen und Schwierigkeiten gewachsen, und ich hatte mit wunderbaren Menschen zusammengearbeitet, die ich vermissen würde. Als ich in den letzten Wochen meiner Amtszeit nacheinander alle Außenstellen besuchte, um mich zu verabschieden, wurde mir das noch einmal vor Augen geführt. Regina Schild in Leipzig und Konrad Felber in Dresden waren schon da, als ich mein Amt antrat, und auch mit Rüdiger Sielaff in Frankfurt (Oder), Jörg Stoye in Magdeburg und Uta Leichsenring in Halle verband mich langjährige Zusammenarbeit. Beim Abschied in Gera flossen Tränen: Andreas Bley, der Leiter der Außenstelle, hatte in den für mich bestimmten Otto-Dix-Bildband einen Abschiedsgruß geschrieben, konnte mir das Buch aber nicht mehr selbst überreichen – wenige Tage zuvor war er völlig unerwartet verstorben.

Auch die Abteilungen in Berlin verabschiedeten mich freundlich – Helge Heidemeyer zum Beispiel, der seit drei Jahren die Abteilung Bildung und Forschung leitete, überreichte mir zum Abschied das druckfrische und mit den Unterschriften der Mitarbeiterinnen und Mitarbeiter versehene *MfS-Lexikon* – die allerneueste Publikation der Abteilung.

Auch der Abschied von Renate Liebermann fiel mir nicht leicht. Sie hatte mir in all den Jahren den Rücken freigehalten, und was ich besonders an ihr schätzte, war ihre Fähigkeit, intuitiv den richtigen Ton zu finden, je nachdem, wen sie vor sich oder an der Strippe hatte, ob das nun das Büro des US-Botschafters war, ein verärgerter Antragsteller oder die Sprecherin einer Schulklasse aus Berlin-Neukölln. Im Laufe der Jahre waren wir zu Vertrauten geworden und sahen auf den ersten Blick, wenn bei der jeweils anderen irgendetwas im Argen lag.

Ich hatte den Amtswechsel gründlich vorbereitet – zusammen mit Hans Altendorf, dem Leitungsbüro unter der Führung von Ute Michalsky, dem Pressesprecher Andreas Schulze, den Abteilungen und Außenstellen und nicht zuletzt mit Sabine Stadelmann, die als externe Beraterin die Arbeit auf der Leitungsebene über Jahre begleitet hatte. Mit ihr zusammen hatten wir eine ganze Leitungsklausur dem Thema »Behörde im Übergang« gewidmet: Ich wollte meinem Nachfolger ein gut bestelltes Haus hinterlassen, und ich war zugegebenermaßen ein wenig stolz darauf zu wissen, dass die Mitarbeiterinnen und Mitarbeiter alles tun würden, um die Kontinuität der Arbeit zu wahren und ihn während der Zeit seiner Einarbeitung nach Kräften zu unterstützen. Wenn er dieses Angebot annehmen würde, brauchte ich mir keine Sorgen um die Zukunft der Behörde zu machen.

Die zukünftige Arbeit der Behörde, so viel war schon klar, würde auch in den kommenden Jahren Gegenstand politischer Diskussionen sein. Schon der letzte Bundestag hatte das Jahr 2019 für das Ende der Stasi-Unterlagen-Behörde ins Auge gefasst. Ich sah dieses Datum gelassen: Erstens gab es nicht zum ersten Mal Pläne, die Arbeit der Behörde einzustellen – ursprünglich sollte es sie ja überhaupt nur zehn, höchstens fünfzehn Jahre geben, dann war das Jahr 2011 im Gespräch und nun eben 2019. Man würde sehen. Viel wichtiger als das Datum war, was eines fernen Tages, wenn die Behörde nicht mehr existierte, aus ihren wichtigen Aufgabenbereichen würde. Ich würde mich an den Überlegungen beteiligen, indem ich hier und da mit jemandem einen Kaffee trinken gehe oder meine Gedanken zu Papier bringe, um sie dem einen oder der anderen vor Koalitionsverhandlungen oder Ausschusssitzungen zuzustecken. So machen das Politiker im Ruhestand.

Kurze Zeit nach dem Abschied aus dem Amt verbrachte ich, während es in Deutschland noch kühl war, eine warme, sonnige Woche zusammen mit meiner Freundin Gabriele von Arnim in der Nähe des kleinen Städtchens La Croix-Valmer an der Côte d'Azur. Mittelmeer und Hängematte, Pinien und frischer Fisch und Gemüse vom Markt – alles genau das Richtige für eine angehende Ruheständlerin. Entgegen allen Ratschlägen hatte ich, abgesehen von ein paar Verabredungen und Reiseplänen, mal wieder nichts Konkretes für die Zukunft ins Auge gefasst. Es hatte mich auch niemand gefragt, ob ich jetzt dieses oder jenes neue Amt übernehmen wollte. Teils kränkte mich das ein wenig, weil ich schon gern gehört hätte, dass ich dringend gebraucht würde, aber nur, um dann freundlich zu danken und nein zu sagen. Zugleich war ich heilfroh: Wenn ich es nun nicht geschafft hätte, nein zu sagen, und meine neugewonnene Freiheit gleich wieder dahin gewesen wäre?

»Du«, sagte ich zu Gabriele, »ich glaube, Hildegard Hamm-Brücher ist gestern neunzig geworden. Hast du ihr gratuliert?« Wir hatten es beide versäumt. Ich hatte Hamm-Brücher 1990 kennengelernt, ich meine, in Potsdam. Sie hatte ihre Arme um Günter Nooke und mich gelegt und gesagt: »Ach Kinder, wenn ich nicht schon so alt wäre, würde ich bei euch eintreten und mitmachen!« Sie meinte das Bündnis 90. Danach sind wir uns immer wieder begegnet, zum Beispiel in einer überparteilichen Runde von Frauen aus Ost und West, die sich eine Zeitlang regelmäßig traf. Zuletzt saßen wir nebeneinander in der quälend langen vierzehnten Bundesversammlung im Juni 2010, in der Lukrezia Jochimsen von der Linkspartei gar nicht, Joachim Gauck fast und Christian Wulff erst im dritten Durchgang gewählt worden war. Hildegard Hamm-Brücher, die ich mir zehn Jahre zuvor auch sehr gut als Bundespräsidentin hätte vorstellen können, war von den Bündnisgrünen in die Bundesversammlung berufen worden, und wir verbrachten an diesem heißen Sommertag die langen Auszählpausen und die von den Fraktionen beantragten Auszeiten miteinander. Weil meine wunderbare alte Sitznachbarin an diesem Tag nicht gut zu Fuß war, legten wir die Wege zwischen Plenar- und Fraktionssaal gemeinsam zurück, sie an meinem Arm, nicht ohne Gesprächspausen mit einigen Freidemokraten, denen sie, obwohl aus der Partei ausgetreten, noch freundschaftlich verbunden war.

Gabriele und ich riefen sie also an, um wenigstens nachträglich zu gratulieren. Die Stimme am Telefon war fröhlich, und kaum hatten wir gratuliert, fragte sie in ihrer wunderbar zugewandten Art jede von uns nach diesem und jenem, zeigte sich gut informiert über uns und über verschiedene aktuelle Themen, die ihr ganz offensichtlich unter den Nägeln brannten. Was für eine Frau, welch eine lebendige Einmischung in den Lauf der Welt. Wir sprachen noch am Abend über sie.

Tags darauf lernte ich Renate Lasker-Harpprecht kennen. Gabriele hatte mir von ihr erzählt: Sie war zusammen mit zwei Schwestern in Breslau aufgewachsen und war gemeinsam mit ihrer Schwester Anita 1943 inhaftiert, später nach Auschwitz deportiert und schließlich in das Konzentrationslager Bergen-Belsen verschleppt worden. Renates Schwester war Cellistin im Lagerorchester und konnte so das eigene Leben und das der Schwester retten. Beide Eltern wurden ermordet, die dritte Schwester überlebte in England. Nach der Befreiung und nach Aufenthalten in England, den USA und Frankreich arbeitete Renate als Journalistin und Redakteurin. Seit den achtziger Jahren lebt sie zusammen mit ihrem Mann Klaus Harpprecht in La Croix-Valmer. Gabriele und ich trafen die lebhafte und elegant gekleidete 87-Jährige in einer kleinen Brasserie. Zuvor hatten wir sie schon nebenan gesehen, in ihrem Stammcafé, wo sie sich fast täglich mit ein paar Bekannten trifft, um Angelegenheiten der Gemeinde und die große Politik zu diskutieren. Während sie schnell und manchmal mit spitzer Zunge über Freunde, Nachbarn und den aktuellen Bauskandal der Stadt sprach, konnte ich sie beobachten und war von ihrem Charme, ihrer Beobachtungsgabe und ihrer Ironie hingerissen. Anderntags besuchten wir sie noch einmal, und sie schenkte mir das Buch ihrer Schwester, in dem diese das Leben und Überleben der beiden festgehalten hat.

»Das hat etwas zu bedeuten«, sagte ich am Abend vor unserem Rückflug. »Ich bin ganz sicher, dass das Telefonat mit Hamm-Brücher und die Begegnung vorgestern ein Zeichen für mich waren.« – »Wenn du meinst«, sagte Gabriele. »Doch«, sagte ich. »Es ist wie ein Tritt in den Hintern: Hör auf, dich aufs Nichtstun einzustellen und das Altwerden abzuwarten. Mach stattdessen lieber Pläne für die nächsten zwanzig Jahre!« – »Da kannst du recht haben«, erwiderte meine Freundin und erhob ihr Weinglas, um mit mir anzustoßen.

18

Neue Freiheiten

Manchmal kommt mir in den Sinn,
Nach Amerika zu segeln,
Nach dem großen Freiheitsstall,
Der bewohnt von Gleichheitsflegeln.

Heinrich Heine, aus »Jetzt wohin?«

Der Wirbelsturm »Irene« ist mir auf den Fersen, aber noch habe ich etwas Vorsprung. Am späten Nachmittag des 24. August 2011 komme ich in Cape May an, einer kleinen Stadt am südlichen Zipfel der Küste von New Jersey. Ich nehme ein Zimmer in einem schönen alten Hotel mit einer breiten, rund um das Haus laufenden und mit vielen Holzschnitzereien versehenen Veranda. Drinnen ist alles schön plüschig, mit alten Puppen und Hüten, Quilts und Himmelbetten, schweren Vorhängen. Ich mache gleich nach meiner Ankunft einen Spaziergang. Die meisten Urlauber sind wegen des drohenden Hurrikans abgereist, und entlang den Strandpromenaden haben Hauseigentümer und Ladenbesitzer Bretter und große Spanplatten vor die Fenster genagelt oder die Scheiben mit breiten Klebstreifen gesichert. Die Strände sind wie leergefegt, Tische, Liegen, Stühle, überhaupt alles Bewegliche ist angeschlossen oder festgezurrt. Außer mir sind nur ganz wenige Menschen unterwegs, ich genieße es, den Strand fast für mich allein zu haben und barfuß am Wasser entlangzulaufen. Die buchstäbliche Ruhe vor dem Sturm erzeugt in mir ein kribbelndes Wohlgefühl, und ich muss mich zur Ordnung rufen: Das ist hier kein Romantikprogramm, sondern es ist Gefahr im Verzug, weiter südlich hat »Irene« schon schwere Schäden angerichtet. Niemand weiß, was morgen Abend oder übermorgen hier passieren wird – das Städtchen Cape May liegt völlig ungeschützt am Atlantik.

Am Abend setze ich mich auf der Veranda in einen der Schaukelstühle, und der Hausherr – trotz tropischer Temperaturen mit blütenweißem Hemd und Fliege – bringt mir ein Glas Wein. Zum warmen Regen zirpen Grillen, und ich fühle mich in die Südstaaten des vorigen Jahrhunderts zurückversetzt.

Ein Traum ist für mich in Erfüllung gegangen: Vor mir liegen fast vier Monate in den Vereinigten Staaten von Amerika! Das Woodrow Wilson Center (WWC) und die George Washington University haben mich zu einem Studienaufenthalt eingeladen. Das Programm beginnt jedoch erst in zehn Tagen, und ich habe noch Zeit für Long Island und New York City. Vor zwei Tagen – gleich nach der Einschulung meiner Enkeltochter Rosa, die ich noch abwarten wollte – bin ich von Berlin aufgebrochen. Gestern Abend, nach der Landung in Washington, traf ich mich mit Sebastian Gräfe von der Heinrich-Böll-Stiftung am Eastern Market zum Abendessen. Dort, im Stadtteil Capitol Hill, habe ich für die nächsten Monate eine kleine Wohnung gemietet. In der Stadt herrscht noch Aufregung. Am Tag zuvor hat es ein Erdbeben gegeben, mehrere Türme der Washington National Cathedral sind beschädigt worden, ansonsten ist nicht allzu viel passiert. Am nächsten Morgen bin ich mit meinem gemieteten weißen Ford Richtung Osten losgefahren, nach Annapolis und über die sieben Kilometer lange Chesapeake Bay Bridge, dann auf kleineren Straßen durch Nationalparks, an riesigen Maisfeldern entlang und quer durch Ortschaften mit idyllischen kleinen Häfen, schließlich mit der Autofähre von Lewes nach Cape May.

Der elegante Hotelbesitzer mit der Fliege serviert ein üppiges Frühstück, fragt nach meinem Woher und Wohin und empfiehlt, auf dem Weg nach Norden angesichts der Lage vielleicht doch nicht die Küstenstraße zu nehmen. Aber »Irene« ist heute noch nicht zu erwarten, und ich möchte gern in der Vergnügungsstadt Atlantic City haltmachen und wenigstens ein Stündchen die berühmte Strandpromenade mit ihren vielen Casinos, Hochhäusern und Hotels auf und ab laufen, nicht schön, aber sehr US-amerikanisch, und davon möchte ich so viel erleben wie möglich. Auch hier gibt es außer mir auf der normalerweise überfüllten breiten hölzernen Promenade höchstens ein Dutzend Spaziergänger, die meisten Restaurants und Casinos sind geschlossen, ihre riesengroßen, zur See gewandten Fenster verklebt und abgestützt. Dann geht es weiter, inzwischen sind die Küstenstraßen gesperrt worden, und ich fahre etwas landeinwärts auf der vollen Autobahn nach Norden, nonstop durch New Jersey nach New York, durch Staten Island, Brooklyn und Queens immer weiter bis fast ans Ende von Long Island. Hier kommen mir jetzt doch sehr viel mehr Autos entgegen, als in meine Richtung fahren, aber soll ich jetzt etwa umkehren? Spät am Abend erreiche ich – Navi sei Dank – erleichtert das an einem See gelegene Haus von Christine Kruchen und Thomas Hoepker. Wir kennen uns noch nicht lange – Wolf und Pamela Biermann haben uns miteinander bekannt gemacht. Der Anlass war die Eröffnung einer Ausstellung in Berlin mit DDR-Fotos von Thomas Hoepker. In den Siebzigern hatte er für die Zeitschrift *STERN* die DDR bereist, dabei waren genaue, liebevolle, ironische und entlarvende Fotos entstanden, auf denen ich das Land wiedererkenne, in dem ich gelebt habe.

»Irene« hat die amerikanische Küste noch nicht erreicht, und Christine und Thomas zeigen mir am nächsten Tag, einem Freitag, die Umgebung und Southampton – auch hier der mir inzwischen vertraute Anblick einer Stadt, die sich auf einen Hurrikan vorbereitet. Am Nachmittag treffen auch wir Vorkehrungen für den Sturm, holen das Boot an Land und zurren es auf den Böcken fest, sichern die Möbel auf der Terrasse und kaufen das Wichtigste für zwei bis drei Tage ein, vor allem Kerzen und Batterien, denn die Stromleitungen verlaufen hier überall oberirdisch von Mast zu Mast – der erste Baum, der auf eines dieser hängenden Kabel fällt, wird die Stromzufuhr unterbrechen.

Die Fernsehbilder zeigen am Abend die aufgepeitschte See, mehrere Bundesstaaten an der Ostküste erklären vorsorglich den Notstand, und in New York werden zum ersten Mal in der Geschichte tiefer liegende Stadtteile evakuiert. Christine richtet derweil für alle Fälle den Keller des Hauses her, im Notfall können wir uns dorthin zurückziehen.

Am Sonnabend erreicht uns der Sturm, nachdem er weiter im Süden, auch in Cape May, schwere Schäden angerichtet hat. Für New York und Long Island geht die Sache glimpflich aus. Als alles vorbei ist, ist die Gegend und auch das Grundstück um unser Haus übersät mit Ästen und Zweigen, ein Baum hat das Dach des Schuppens durchschlagen. Erwartungsgemäß ist der Strom weg – und damit auch Telefon- und Internetverbindungen, bald machen auch die Handys schlapp. Am anderen Ufer des Sees wohnen Freunde von Christine und Thomas, dort funktioniert noch alles, und wir können unsere Mobiltelefone aufladen. Am Montag gibt es eine Freezer-Party: Wegen des Stromausfalls müssen die Vorräte aus den Gefrierschränken aufgebraucht werden. Dienstag ist noch kein Ende der stromlosen Zeit in Sicht, und wir fahren nach Manhattan, wo die beiden eine Wohnung haben. In New York bin ich ein paar

Tage zu Fuß, mit dem Bus oder mit der Metro unterwegs, von morgens bis abends. Am Ende bin ich wie berauscht von dieser Stadt aller Städte. Ein paar Tage später, am Labor Day, fahre ich mit dem Zug zurück nach Washington, nach Hause sozusagen. Es ist nicht meine erste Reise in die USA, aber diesmal bin ich nicht bloß Touristin, sondern möchte am Leben und am Alltag teilhaben.

Seit ich 1994 anlässlich einer Studienreise zum ersten Mal – damals für drei Wochen – in den USA war, gab es immer nur Kurzreisen: Flughafen, Hotel, Vortrag, Dinner, manchmal noch ein kleiner Stadtrundgang und dann schon wieder Flughafen. Nur sehr selten erlaubte ich mir, noch ein oder zwei private Tage dranzuhängen – in Berlin wartete viel Arbeit. Die erste Reise damals, die von der U. S. Information Agency (USIA) organisiert und von privaten Organisationen unterstützt und finanziert worden war, hatte bei mir allerdings starke Eindrücke hinterlassen. In einer kleinen Gruppe von sechs Frauen und in Begleitung einer Reiseleiterin und eines Dolmetschers reisten wir quer durch die USA von Washington nach Chicago und San Francisco, dann folgten Tulsa/Oklahoma, Charlotte/North Carolina und schließlich New York.

Das Thema der Reise lautete »Frauen und Arbeit in den USA«. Wir trafen Vertreterinnen einer Stiftung, die Unternehmerinnen unterstützte, informierten uns im Gespräch mit Abgeordneten und in Ministerien über das Gleichstellungsgesetz und besuchten eine Bank, die mit Erfolg Frauen in Führungspositionen förderte. Vor allem aber lernten wir eine Reihe von Initiativen kennen, in denen sich Frauen für ihre eigenen Interessen einsetzten. Tulsa, eine Großstadt im Mittleren Westen, war in mehrfacher Hinsicht ein Kontrast zu San Francisco und damit wohl auch typischer für die USA als Chicago oder New York. Als wir am ersten Abend aus einem Restaurant ins Hotel zurückgekehrt waren, schrieb ich in mein Reisenotizbuch: »Alles erinnert hier irgendwie an die DDR: weiträumig, geschmacklos und nahrhaft.« Am nächsten Tag jedoch konnte der Gegensatz zu dem Land, in dem ich früher gelebt hatte, gar nicht größer sein, da besuchten wir ein Begegnungszentrum, in dem sich Frauen aus den ärmeren Stadtteilen trafen; auf dem Programm standen Vorträge und Diskussionen, vor allem aber Gesundheits-, Finanz- und Rechtsberatung. Was ich kaum glauben konnte: Achtzig Prozent der benötigten Mittel stammten aus Spenden, und fast alle Angebote erfolgten durch Freiwillige – Anwältinnen, Ärztinnen oder Praktikantinnen der Universität. Sie kamen jeweils für ein paar Stunden in der Woche in das Zentrum und boten ihre Dienste ohne Gegenleistung an, andere sorgten am Counter oder in der Cafeteria dafür, dass der Laden lief. Wenn ich später in Deutschland von dieser und ähnlichen Erfahrungen berichtete, wurde mir allzu oft achselzuckend erwidert: »Klar, müssen die doch so machen, wenn der Staat sich nicht darum kümmert …« Auch wenn Letzteres zweifellos richtig ist und die Sozialausgaben der öffentlichen Hand schon immer arg begrenzt waren, fand ich diese Auffassung doch ziemlich arrogant – und außerdem ging sie an der Sache vorbei. Abgesehen davon, dass es etliche Länder gibt, in denen die Gesellschaft keineswegs dadurch aktiviert wird, dass der Staat soziale Leistungen vernachlässigt, ignorierte sie eine in den USA weitverbreitete Grundhaltung: Es gehört zum Selbstverständnis und zur Würde der meisten Menschen in Amerika, einen Teil ihrer Zeit und ihres Geldes für das Gemeinwesen zur Verfügung zu stellen. Ein Notstand, welcher Art auch immer, wird von der amerikanischen Gesellschaft stets zuerst als eine Herausforderung ihrer selbst gesehen, erst dann wird nach dem Staat gerufen.

Die zweite Auffälligkeit war, in der Öffentlichkeit fast ausnahmslos auf freundliche und aufmerksame Menschen zu treffen. Auch beim Erzählen hierüber begegnete mir sofort deutscher Dünkel: »Ist alles nur oberflächlich. Die Amis fragen zwar freundlich nach dir und lächeln dich an, aber ein paar Minuten später haben sie dich vergessen.« Ja, und? Als ob ich beim Einkaufen erwartete, eine Freundschaft fürs Leben zu schließen! Es tut einfach gut, beim Bezahlen angelächelt zu werden, auf der Straße von einer älteren Dame unvermittelt ein Kompliment fürs Kleid zu erhalten oder einen Platz im Bus zu bekommen, weil die anderen ein Stück zusammengerückt sind. Mir fällt dazu meine Mutter mit einem ihrer Lieblingssprüche ein: »Freundlichkeit ist wie ein Luftkissen. Es steckt nichts dahinter, aber es mildert die harten Stöße des Lebens.« Recht hatte sie, wenngleich hinter der Offenheit und Freundlichkeit, die ich erlebte, keineswegs nur Luft steckte, sondern oft auch echte Anteilnahme und ernstgemeinte Hilfsbereitschaft.

Siebzehn Jahre später vergleiche ich meine Erfahrungen mit denen von damals. Vieles hat sich inzwischen gewandelt. Nach »Nine Eleven«, den Terroranschlägen auf das World Trade Center am 11. September 2001, hat sich das Land unter der Regierung von George W. Bush innen- und außenpolitisch nicht zum Guten verändert, und die 2007 durch den aufgeblähten Immobilienmarkt ausgelöste Finanz- und Wirtschaftskrise hat die sozialen Gegensätze verschärft. Der 2008 gewählte neue Präsident Barack Obama, dessen Wahl von vielen, vielleicht zu vielen Hoffnungen begleitet war, konnte bisher nicht verhindern, dass die USA politisch und wirtschaftlich so tief gespalten sind wie seit langem nicht.

Würde ich also im Jahr 2011 jene Vereinigten Staaten von Amerika wiedererkennen, die ich 1994 bereist und schätzen gelernt hatte? Trotz aller besorgniserregenden Entwicklungen und Zustände lautet meine kurze Antwort: Ja.

Das Woodrow Wilson Center, im Herzen Washingtons gelegen, ist so etwas wie ein lebendiges Denkmal für den 28. Präsidenten der USA, Thomas Woodrow Wilson, der nach dem Ersten Weltkrieg den Völkerbund schuf und dem 1919 der Friedensnobelpreis verliehen wurde. Das Zentrum wurde zu einem Ort des Forschens und des Austauschs zwischen Wissenschaft und Politik. Es war in meinen Augen ein Privileg, hier Public Policy Fellow zu sein. Ich war mit allem ausgestattet, was ich zum Arbeiten brauchte, hinzu kam eine internationale Gemeinschaft überwiegend jüngerer Stipendiaten. Saßen sie beisammen, drehten sich die Gespräche im schnellen Wechsel um Russland, die Ukraine, Äthiopien, China und Aserbaidschan.

Das Thema, für das ich eingeladen worden war, lautete »Zwei Jahrzehnte deutsche Einheit – zwei Jahrzehnte Aufarbeitung der SED-Diktatur«. Insbesondere bei den Stipendiaten, die aus Osteuropa kamen, stieß ich damit auf großes Interesse. Vor meinem ersten Referat war ich sehr aufgeregt, vor allem wegen der Englisch-Hürde: Mit der Verständigung in englischer Sprache ging es mal besser, mal schlechter. Am Ende waren alle so höflich und lobten den Vortrag so sehr, dass ich zwar gestärkt vom Platz ging, aber eigentlich nicht richtig wusste, wie gut oder schlecht ich tatsächlich gewesen war. Es war im Übrigen üblich und gehörte zum guten Ton, sich kurz zu fassen, also keinesfalls länger als 30 Minuten zu reden. Die Frage- und Diskussionsrunden waren zumeist sehr lebhaft und selbst bei heftigem Widerspruch stets von gegenseitiger Wertschätzung geprägt.

Manchmal empfand ich die vorherrschende Höflichkeit allerdings auch als unangebracht: Einer der vielen prominenten Gäste, die in der Zeit meiner Anwesenheit das Wilson Center besuchten, war der chinesische Minister für Kultur, der mit nicht aus dem Gesicht weichendem Lächeln um engere kulturelle Zusammenarbeit mit den USA warb und dabei auf die jahrtausendealte ununterbrochene (!) chinesische Kultur verwies. Die grausame »Kulturrevolution« hatte er wohl vergessen, ebenso wie das Massaker auf dem Tiananmen-Platz. Es fragte jedoch keiner nach, obwohl der Saal voller Wissenschaftler und Journalisten war. Ich hatte zufällig, aber passenderweise gerade am Tag und in der Nacht zuvor *Für ein Lied und hundert Lieder* von Liao Yiwu gelesen, einen Erfahrungsbericht über vier Jahre Knast in China – schwer auszuhalten, ebenso wie das Schweigen im Saal tags darauf. Auch ich schwieg – bei mir war es vor allem die Sorge, mich auf Englisch nicht richtig ausdrücken zu können. Vielleicht hätte ich aber lieber ein paar Fehler riskieren als den Mund halten sollen.

An Schönwettertagen genoss ich Washington: Nach einem Frühstück in der Sonne zuerst zweihundert Meter zu einer Radstation, die es ebenso wie die Radwege überall in der Stadt seit kurzer Zeit gab. Dann also ein Stückchen die 7th Street South East nach Norden und nach links die East Capitol entlang. An der Folger Shakespeare Library vorbei, in der Rhea, meine Vermieterin, arbeitete, dann bergab links oder rechts um das Capitol herum, die Pennsylvania Avenue hinunter, am modernen Ostflügel der National Art Gallery und dem Newseum vorbei, bis zur Freedom Plaza, nachschauen, was die hiesigen Blockupy-Demonstranten an diesem Tag machten (schliefen alle noch in ihren Zelten), und dann rein ins Wilson Center mit Eingangskontrolle wie am Flughafen.

Mein erstes Museum war eher zufällig die National Portrait Gallery – es regnete an diesem Tag in Strömen, und das Museum war der einzige Ort, an den ich vom Wilson Center aus per Metro und damit trockenen Fußes gelangte. Ehrlich gesagt rechnete ich auch mit einer etwas trockenen Ausstellung: Porträts, nun ja. Dann aber staunte ich nicht schlecht – alle waren sie da: Joan Baez und George Gershwin, Leonard Bernstein und Grace Kelly, Ginger Rogers und Elvis Presley, Ernest Hemingway und Josephine Baker, Mark Twain und Harriet Beecher Stowe. Außerdem natürlich alle Präsidenten, die Helden des Bürgerkriegs und alle großen Erfinder. Auf Leinwand, auf Fotos, in Bronze oder Marmor. Was für ein Land!

Manche Ausflüge machte ich zusammen mit Hope Harrison, Professorin an der George Washington University, die gleichzeitig mit mir Fellow am WWC war. Von ihrem 86-jährigen Vater, einem großen Fontane-Verehrer, erfuhr ich, dass die *Wanderungen durch die Mark Brandenburg* bisher nur auszugsweise ins Englische übersetzt worden waren – sein großer Kummer, denn er sprach nur einige Sätze Deutsch, die er gelernt hatte, als er als junger Mann ein paar Jahre in Deutschland stationiert war. Beim Dinner erzählte ich ihm und seiner Frau auf Hopes Bitte hin von 1989. Wie viele hier waren sie sehr begierig auf meine persönliche Revolutionsgeschichte und begleiteten meinen Bericht, der trotz allem recht sachlich war, mit vielen Ahs und Ohs. Diese echte Begeisterung für große historische Momente ist mir sympathisch, auch die Bereitschaft, sich berühren zu lassen und dieses Gefühl miteinander zu teilen. Vielleicht entgeht uns in Deutschland einiges dadurch, dass wir so kühl sind und das auch noch für cool halten – andererseits würde ich mich ja irgendwann vielleicht gerade deswegen wieder auf Deutschland freuen.

Allmählich wurde es sowieso Zeit, wieder an Berlin zu denken, immerhin wartete dort ein neues, noch unbekanntes Leben auf mich: eines ohne den täglichen Weg in die Behörde, dafür mit mehr Zeit und innerer Ruhe. Ich war nicht naiv und wusste, dass ich meine Zeit auch künftig gut würde einteilen müssen. Zwar war ich mit dem Ausscheiden aus dem Amt als Bundesbeauftragte auch einige damit verbundene Ehrenämter los – doch es blieben noch genug übrig: unter anderem in der Heinrich-Böll-Stiftung, der Evangelischen Akademie, der Körber- und der Friede-Springer-Stiftung und in der Gedenkstätte Berliner Mauer. Außerdem hatte ich mir eine große Sache vorgenommen: Ich würde ein Buch mit meinen Erinnerungen schreiben.

Ich flog also voller Vorfreude nach Berlin zurück. Auf mich warteten lauter angenehme Pflichten, vor allem aber meine Freundinnen und Freunde, meine Töchter und vier Enkelkinder. Bald nach meiner Rückkehr teilten mir Uta und Eva mit, dass zwei weitere Enkel unterwegs seien. Enkelkinder: Das ist für mich nicht nur die Freude an ihrem Heranwachsen, ihrer Verschiedenheit und unserer Liebe füreinander, das ist auch eine tiefer liegende Beruhigung, so als hätten mich meine Enkelkinder mit der Endlichkeit des Seins versöhnt. Das Leben wird weitergehen, auch wenn ich eines Tages alt sein und die Welt verlassen werde.

Bis dahin ist aber, wie ich natürlich hoffe, noch allerhand Zeit. Irgendwann las ich einmal, dass man erwachsene Menschen im Grunde in zwei

Gruppen einteilen könne: in solche, die meinen, die interessantesten Ereignisse ihres Lebens lägen hinter ihnen, und in solche, die glauben, sie noch vor sich zu haben. Und dass diese Unterscheidung völlig unabhängig vom Alter sei. Ich denke, dass das stimmt. Und dass ich – entgegen jeder Logik – vermutlich doch zur zweiten Gruppe gehöre.

Danksagung

Allein hätte ich es nicht geschafft. Dieses Buch zu schreiben war auch eine Erfahrung von Freundschaft, Unterstützung und Ermutigung.

Gabriele von Arnim, Andreas Schulze, Elisabeth Ruge und Ilko-Sascha Kowalczuk verdanke ich, dass ich mich überhaupt auf dieses Abenteuer eingelassen habe. Ute Michalsky, Sybille Volkholz und Gerd Poppe haben mich über die ganze Wegstrecke des Schreibens begleitet: Alle drei haben gelesen, gelobt, kritisiert, eigene Erinnerungen beigesteuert, mir gelegentlich den Kopf gewaschen und mich im besten Sinne belehrt. All das gilt auch für meinen Freund und früheren Kollegen, den Historiker Ilko-Sascha Kowalczuk. Bei ihm kommt aber noch hinzu, dass er mich in zeitgeschichtlichen Fragen beriet, ganz zu schweigen von dem, was ich seinen Büchern an wichtigen Fakten, Daten und Zusammenhängen entnehmen konnte.

Anne Liepe, Wolfgang Birthler, Werner Fischer, Ulrike Poppe, Boris Fahlbusch, Elisabeth Weber, Sebastian Fuhrmann, Michaele Schreyer, Reinhard Weißhuhn, Petra Morawe, Peter Sellin, Wolf und Pamela Biermann, Uli Bandt und Dorothee Teller, alles Weggefährtinnen und Weggefährten aus verschiedenen Zeiten meines Lebens, bin ich überaus dankbar dafür, dass sie mit mir gemeinsam, manchmal in langen Gesprächen, verschüttete Erinnerungen aufgespürt haben oder bereit waren, die eine oder andere noch unfertige Passage zu lesen oder vorgelesen zu bekommen, um sie dann zu hinterfragen und mit ihren Erfahrungen zu bereichern. Manchmal staunten wir nicht schlecht, wie verschieden wir uns an ein und dieselbe Begebenheit erinnerten.

Meine einstigen Klassenkameraden Hans-Joachim Müller, Michael Hinze, Wolfram Grolms und Brigitte Heinrich halfen mir einen kurzweiligen Abend lang, unsere gemeinsame Schulzeit zu vergegenwärtigen – Brigitte verdanke ich außerdem die Idee, die zum Buchtitel führte. In Gesprächen mit Rocco Pagel und Tom Sello lebten noch einmal die aufregenden Tage in der Gethsemanekirche auf, und mit Kai Feller die Ereignisse in der Ossietzkyschule 1987. Wolfram Hülsemann und Sibylle Holtz beantworteten bereitwillig die Fragen, die ich zu unserer gemeinsamen Arbeit im Stadtjugendpfarramt hatte, Konrad Weiß und Werner Schulz zur Volkskammerzeit sowie Hans Altendorf, Birgit Salamon, Hans-Joachim Petter, Gabriele Camphausen, Axel Janowitz und Bert Rosenthal zur Stasi-Unterlagen-Behörde.

Meine Schwester Monika Drews erzählte mir Familiengeschichten aus Zeiten, in denen ich noch gar nicht auf der Welt war oder die meinem Gedächtnis nicht zugänglich waren. Meinen Töchtern Anna und Eva Birthler und Uta Fuhrmann bin ich sehr dankbar für die Ermutigung, die ich von ihnen erfuhr, für ihre Bereitschaft, eigene Erinnerungen beizusteuern, und vor allem für ihre Großzügigkeit, mit der sie es hinnahmen, dass ich über längere Zeit wenig Freiraum für die Familie hatte und manchmal wohl auch etwas abwesend oder zerstreut war. Letzteres gilt nicht nur für sie, sondern auch für meine Freundinnen und Freunde, bei denen ich mich vor allem in den letzten Wochen meiner Schreiberei rarmachte. Ohne ihre vielen Zeichen des Zutrauens und der Bestärkung hätte ich in dem ständigen Hin und Her zwischen Das-wird-ja-doch-nichts und Das-schaffe-ich-nie-im-Leben oft ziemlich blass ausgesehen.

Ein zunehmend großer Teil des Lebens, auch des eigenen, ist nur noch zwischen Aktendeckeln und in Archivkartons auffindbar: Renate Liebermann wälzte mit mir Ordner, um Daten und Namen aus meinen Behördenjahren aufzufinden, und Petra Riewaldt und Roberto Welzel halfen mir bei der Einsicht in Stasi-Unterlagen. Im Archiv der DDR-Opposition in der Robert-Havemann-Gesellschaft förderten Tina Krone und Christoph Ochs wichtige Dokumente und Fotos zutage, ebenso wie Christoph Becker-Schaum, Robert Camp und Steffi Rönnefarth im Archiv Grünes Gedächtnis.

Die Begleitung durch Elisabeth Ruge und Ludger Ikas vom Verlag Hanser Berlin und durch Malte Ritter vom Goldesel-Büro beschränkte sich nicht auf das Lektorat, sondern bereicherte meine Arbeit durch Vertrauen, Wertschätzung und die Sicherheit, die sie mir durch ihre erfahrungsgesättigten und professionellen Nachfragen und Empfehlungen gaben.

Ich danke den Genannten von ganzem Herzen.

Anmerkungen und Literaturhinweise

9 »Die Erinn'rung ist eine mysteriöse«: »In memoriam memoriae (1950)«, abgedruckt in Rudolf Walter Leonhardt (Hrsg.): *Kästner für Erwachsene*, Frankfurt am Main 1966, S. 100 © Atrium Verlag, Zürich.

17 »In der Unfreiheit muß die Freude ersticken«: Klaus Harpprecht (unter dem Pseudonym »Stefan Brant«): *Der Aufstand. Vorgeschichte, Geschichte und Deutung des 17. Juni 1953*, unter Mitarbeit von Klaus Bölling, Stuttgart 1954, S. 119.

33 »Im halben Land und der zerschnittenen Stadt«: aus dem Lied »Halb und Halb« der Band City: LP *Casablanca*, Amiga 1987, Text: Kuno Kleinfelt, Titi Flanell.

39 Tatsächlich aber kam die Mehrheit der jungen Lehrkräfte ...: Ministerium für Bildung, Jugend und Sport des Landes Brandenburg (Hrsg.): *In Linie angetreten. Die Volksbildung der DDR in ausgewählten Kapiteln*, Berlin 1996, S. 323 ff.

54 Angaben zu Manfred Schulze: Dietmar Linke: *Theologiestudenten der Humboldt-Universität. Zwischen Hörsaal und Anklagebank. Darstellung der parteipolitischen Einflußnahme auf eine Theologische Fakultät in der DDR anhand von Dokumenten*, Neukirchen-Vluyn 1994, S. 176–187.

56 »Die einst vor Maschinengewehren«: aus »Antrittsrede des Sängers«, in: Wolf Biermann: *Die Drahtharfe. Balladen, Gedichte, Lieder*, Berlin 1965.

64 »Briefe ihr / weißen läuse im ...«: Reiner Kunze, *Das weiße Gedicht*, S. Fischer Verlag GmbH, Frankfurt am Main 1989, S. 95.

69 »In Westberlin demonstrierten die Studenten mit roten Fahnen«: Dienstbesprechung am 14.3.1968 im MfS. BStU, Ast. Chemnitz, MfS, AKG 1225, Bl. 12.

83 Buchhandel in der DDR: Dietrich Löffler: *Zwischen Literaturvertrieb und Buchmarkt. Der Buchmarkt der DDR seit den siebziger Jahren*, Halle 2000.

85 »Der Sohn Wolfgang Birthler und dessen Ehefrau Marianne«: BV Frankfurt/O. AOP 1530/78, Bd. XII.

88 »Noch während der Hausarrestzeit hat er dieses Interview-Buch«: zitiert nach Fritz Pleitgen (Hrsg.): Die *Ausbürgerung. Anfang vom Ende der DDR*, © 2001 Ullstein Buchverlage GmbH, Berlin, S. 160.

88 Wolfgang und ich sitzen zusammen: Siehe ebenda, S. 190 ff.

88 »Mensch Gott, wär uns bloß der erspart geblieben«: aus »Großes Gebet der alten Kommunistin Oma Meume in Hamburg«. In: Wolf Biermann: *Alle Lieder*, Köln 1991, S. 197.

91 »Einzelne reaktionäre Kräfte aus Kirchenkreisen«: MfS – BdL / Dok Nr. 005680 vom 21. September 1976.

102 »Fetzen greller Vogelschreie«: aus Stephan Krawczyk: »Uns und einer fortgetriebnen Freundin«. In: *Wieder stehen*, München 1988, S. 8.

108 Verwendung des Symbols »Schwerter zu Pflugscharen«: Siehe Ilko-Sascha Kowalczuk: *Endspiel. Die Revolution von 1989 in der DDR,* München 2011, S. 206 ff.

113 »angeblich existierende Demokratie in der Kirche«: Gesprächsnotiz MfS mit Krusche, 18. 9. 1986, zitiert nach Joachim Goertz (Hrsg.): *Die Solidarische Kirche in der DDR. Erfahrungen, Erinnerungen, Erkenntnisse*, Berlin 1999, S. 189.

142 »Es gibt keinen Staat in dem jetzigen Europa«: Stephan Bickhardt (Hrsg.): *In der Wahrheit leben. Texte von und über Ludwig Mehlhorn,* Leipzig 2012, S. 91.

145 »Letztlich dankt die Mehrheit der DDR-Bevölkerung«: Kowalczuk: *Endspiel*, a. a. O., S. 14.

147 »Marx sagt, die Revolutionen sind die Lokomotiven der Weltgeschichte«: Ralf Tiedemann (Hrsg.): Walter Benjamin, Gesammelte Schriften: Bd. 5: *Das Passagen-Werk*, Frankfurt am Main 1982, S. 1232.

152 »Durch operative Einflußnahme wird die Einrichtung«: MfS HA XX/4/ 1533.

152 »Von politisch-operativer Bedeutung ist«: Ebenda.

154 Wahlbeobachtung durch DDR-Opposition: Siehe Kowalczuk: *Endspiel*, a. a. O., S. 319 ff.

156 Martin Rohde: Vgl. ebenda, S. 343 ff.

169 »Der Ring ist geschlossen«: Gemeindekirchenrat der Evangelischen Kirchengemeinde Prenzlauer Berg-Nord, Arbeitsgruppe 89 (Hrsg.): *Wachet und betet. Herbst 89 in der Gethsemanekirche – 20 Jahre danach*, Berlin 2009, S. 131.

169 »Vorbereitete Maßnahmen zur Verhinderung/Auflösung«: MfS, ZAIG, Nr. 452/89.

171 »Das Wunder, wenn man es erlebt«: Erich Maria Remarque: *Die Nacht von Lissabon*, © 1963, 1988, 1998, Verlag Kiepenheuer & Witsch GmbH & Co KG, Köln 1964, S. 136.

172 Schätzung der Zahl von Demonstranten auf dem Alexanderplatz am 4. November 1989: Vgl. Kowalczuk: *Endspiel*, S. 451 f.

177 »Tut mir schrecklich leid, der Arm war doch zu kurz«: enthalten in: Mitschnitt der Sitzung der SED-Parteigruppe der Volkskammerabgeordneten vom 24. 10. 1989 (im Robert-Havemann-Archiv).

189 »Es wechseln die Zeiten«: aus Bertolt Brecht *Werke*. Große kommentierte Berliner und Frankfurter Ausgabe, Bd. 15: Gedichte 5. © Bertolt-Brecht-Erben/Suhrkamp Verlag 1993.

193 die DDR könne sich jetzt auflösen wie eine Brausetablette: Siehe *taz* vom 11. November 1989.

195 Die Oppositionsgruppen reklamierten für den Runden Tisch: Siehe Uwe Thaysen: *Der Zentrale Runde Tisch der DDR. Wortprotokoll und Dokumente*, Bd. 1, S. 62.

199 »Man wusste: Die kommen irgendwann ins Haus«: NDR 1: »›Die nackte Angst, dass das da eskaliert.‹ Friedliche Revolution im Bezirk Neubrandenburg«, www.ndr.de.

204 »Die Kirche ist überfüllt mit Menschen«: Elisabeth Weber: Zwischenbericht über das Verbindungsbüro der Bundestagsfraktion Die Grünen zur Volkskammerfraktion Bündnis 90/Grüne, 1990.

205 Wahlkampf der CDU: Vgl. Peter Pragal: »Kohl war der wahre Sieger«, *Das Parlament* 11/2010.

217 »Deutschland, mein Deutschland ist wieder eins«: aus »Um Deutschland ist mir gar nicht bang«. In: Wolf Biermann, *Paradies uff Erden*, Köln 1999.

231 »Wenn sie von Demokratie sprechen«: Hans Werner Richter: »Unterhaltungen am Schienenstrang«. In: Tilo Köhler/Rainer Nitsche (Hrsg.): *Stunde 1 oder die Erfindung von Ost und West*, Berlin 1995, S. 11.

266 »Nein. Wären sie mir bekannt gewesen«: Zitiert in Katrin Bluhm/Peter Schüler: *Fraktion Bündnis 90 / Bündnis. Ein Tagebuch aus Brandenburg*, Münster 1996, S. 71.

272 »Es ist noch nachträglich ein Skandal«: Zitiert in Wolfgang Templin, »What is left? Von der scheinbaren Folgenlosigkeit grüner Einsichten«, in Lothar Probst (Hrsg.): *Kursbestimmung Bündnis 90/Grüne. Eckpunkte künftiger Politik*, Köln 1994, S. 162.

280 »jeder Einsatz von Zwang und Gewalt«: Siehe Klaus Hartung: »Zurück zur reinen Moral«, *DIE ZEIT* 42/1993.

312 »Es wäre sehr unverständig«: Václav Havel: *Am Anfang war das Wort. Texte von 1969 bis 1990*, Reinbek 1990, S. 237.

317 »Man schüttet kein dreckiges Wasser aus«: zitiert in Sven Felix Kellerhoff, »Adenauers Schmutzwasser – ›Hitlers Diplomaten in Bonn‹«, *Die Welt*, 18. Januar 2006.

319 »Der 10. Januar 1992, ein Freitag«: Karl-Wilhelm Fricke: *Akteneinsicht. Rekonstruktion einer politischen Verfolgung*. 4., aktualisierte Auflage, Berlin 1996.

323 »alle Ansätze einer selbstbestimmten Demokratisierung«: Heinrich Fink: »Wie ich ›unzumutbar‹ wurde«, 7. Mai 2011, http://www.nrw.vvn-bda.de/texte/0787_fink.htm.

323 »Nie ist der Staatssicherheitsdienst der ehemaligen DDR«: Zitiert ebenda.

334 »Sollten Sie wider Erwarten beabsichtigen«: Brief BMI vom 5. Juli 2001.

335 »Der Schily hat auf das Kohl-Urteil gewartet«: *Stern* 30/2001, S. 72.

337 »Das, was in den Stasi-Akten steht«: 53. Sitzung der Enquetekommission am 4.11.1993 in Berlin, auf eine Nachfrage von Bernd Faulenbach (Enquete, Bd. V/1, S. 927–928).

344 »Was die Zukunft bringen wird«: Karl R. Popper: *Auf der Suche nach einer besseren Welt. Vorträge und Aufsätze aus dreißig Jahren*, München 1997, S. 156f.

351 »instrumentelles Kampfprogramm in der deutsch-deutschen Systemkonkurrenz«: http://www.bstu.bund.de/DE/Wissen/Publikationen/Publikationen/band-28_ns-verbrecher.html.

361 »Ich stehe dazu, dass«: http://www.bstu.bund.de/DE/BundesbeauftragterUndBehoerde/Chronologie/2009/2009_node.html.

365 »Eine der wirksamsten Möglichkeiten«: Zitiert nach: Landesbeauftragter für Stasi-Unterlagen Sachsen, http://www.justiz.sachsen.de/lstu/content/1187.php.

371 ich tat das in einem längeren Artikel in der *ZEIT*: Marianne Birthler: »Liebe Ossiversteher!«, *DIE ZEIT* 28/2009.

376 »Manchmal kommt mir in den Sinn«: aus »Jetzt wohin?«, in: *Heines Werke in fünf Bänden*, Bd. 5, Weimar 1961, S. 131.

Bildnachweis

Bildteil 1

Mit Kapitänsmütze: Privatarchiv Marianne Birthler
Mit dem Vater auf dem Segelboot: Privatarchiv Marianne Birthler
Das elterliche Geschäft: Privatarchiv Marianne Birthler
Großmutter Martha Gotter: Privatarchiv Marianne Birthler
Weihnachten 1952: Privatarchiv Marianne Birthler
Im vierten Schuljahr: Privatarchiv Marianne Birthler
NVA-Soldaten auf der Oberbaumbrücke: ullstein bild – Alex Waidmann
An der Ostsee: Privatarchiv Marianne Birthler
Mit Mutter und Schwester: Privatarchiv Marianne Birthler
1964: Privatarchiv Marianne Birthler
Mit Ehemann und Kindern: Privatarchiv Marianne Birthler
Mit den Töchtern: Privatarchiv Marianne Birthler
Rüstzeit: Privatarchiv Marianne Birthler
Eliasgemeinde: Privatarchiv Marianne Birthler
Ausgebürgert: Robert-Havemann-Gesellschaft/Johanna Elbauer
Abschied am »Tränenpalast«: Privatarchiv Marianne Birthler
Gerd Poppe und Reinhard Weißhuhn: BStU, MfS, HA VIII, Nr. 2266, Bd. 13, S. 6
Werner Fischer und Marianne Birthler: BStU, MfS, HA XX/Fo/390 Bild 44

Bildteil 2

Olof-Palme-Friedensweg: Robert-Havemann-Gesellschaft/Bernd Weu
Fürbittandacht in Gethsemanekirche: Privatarchiv Marianne Birthler
Aufmarsch von Polizei und Sicherheitskräften: Robert-Havemann-Gesellschaft/Ralf Herzig
Brief und Vollmacht von Ulrike Poppe: Privatarchiv Marianne Birthler
Mahnwache vor der Gethsemanekirche: picture-alliance/epd (Foto: Bernd Bohm)
Rede auf dem Alexanderplatz: Bundesarchiv, Bild 183–1989–1104–043 / Fotograf: Hubert Link
Demonstration auf dem Alexanderplatz: Robert-Havemann-Gesellschaft/Andreas Kämper
»Das Rad der Geschichte …«: Robert-Havemann-Gesellschaft/Rolf Walter
Grenzübergang Bornholmer Brücke: Robert-Havemann-Gesellschaft/Andreas Kämper
Empfang des Dalai Lama: Gerhard Zwickert, Berlin
Zentraler Runder Tisch: Robert-Havemann-Gesellschaft/Rolf Zöllner

Besetzung der Stasi-Zentrale: picture alliance/ASSOCIATED PRESS (Foto: Jockel Finck)
Mit Werner Fischer: Privatarchiv Marianne Birthler
Pressekonferenz mit Wolf Biermann: Johannes Beleites, Neudietendorf
Sitzung der Volkskammer: ullstein bild – Christian Bach
Sitzstreik in der Volkskammer: Andreas Schoelzel, Berlin

Bildteil 3

Mit Matthias Platzeck und Günter Nooke: Manfred Uhlenhut, Berlin
Kabinett Stolpe: picture alliance/dpa (Foto: Peter Kneffel)
Mit Regine Hildebrandt: Simone Römhold, Gnevsdorf
Einweihung von Landesleistungsstützpunkt: Privatarchiv Marianne Birthler
Mit Wolfgang Birthler: Simone Römhold, Gnevsdorf
Pressekonferenz zum Rücktritt vom Ministeramt: Simone Römhold; Gnevsdorf
Mit Ludger Volmer: Andreas Schoelzel, Berlin
Mit Petra Kelly u. a.: Privatarchiv Marianne Birthler
Mit Werner Schulz: Andreas Schoelzel, Berlin
Mit Katrin Göring-Eckhardt: Heide Reiss, Berlin
Mit Joschka Fischer: Andreas Schoelzel, Berlin
Mit Joachim Gauck und Klaus Hartung: Privatarchiv Marianne Birthler
Im Archiv: Martin U. K. Lengemann, Berlin
Vereidigung durch Otto Schily: picture-alliance/dpa (Foto: Bernd Settnik)
Karikatur »Aktenbeschwerer«: Götz Wiedenroth, Flensburg
Feierlichkeiten auf der Bornholmer Brücke: ullstein bild – AP/Eckehard Schulz
Verabschiedung im Bundestag: picture alliance/dpa (Foto: Rainer Jensen)
Mit Roland Jahn und Joachim Gauck: Robert-Havemann-Gesellschaft/Frank Ebert
La Croix-Valmer: Privatarchiv Marianne Birthler

Personenregister

Bodells zum Biertrinken und Kartenspielen. Bestimmt hatte er ihr viel über die Kinder und Enkel dieser Leute zu erzählen. Gleichaltrige, mit denen sie aufgewachsen war und die nun als Erwachsene Supermarktfilialen leiteten, in Banken arbeiteten, Minivans fuhren, selbst anderthalbgeschossige Häuser bewohnten und blondschopfige Kinder und große lebhafte Hunde hatten. Ehemalige Spielkameraden, die ein normales und glückliches Leben führten.

Manchmal, kurz nachdem es geschehen war, hatte sie sich gefragt, warum es nicht einen von ihnen getroffen hatte. Warum waren nicht sie dem blauen Chevy begegnet? Weshalb hatten nicht sie sich verleiten lassen, stehen zu bleiben und bei der Suche nach einem angeblich entlaufenen Hund zu helfen?

Mein Gott, wie sehr es ihr widerstrebte, in diese Straße einzubiegen.

Catherine stellte ihren Mercedes in der Auffahrt ab. Ihr Vater hatte die Terrassenbeleuchtung angelassen, sodass die niedrige Backsteinmauer und die vier Stufen der Vortreppe gut zu sehen waren. Catherine holte tief Luft, sagte sich, dass sie nicht von ihrem Ziel abweichen durfte, und stieg aus.

Eisige Kälte schlug ihr entgegen, und sie begann, heftig zu zittern. Dann blickte sie die Straße hinauf, wo sich die Dunkelheit unter den Bäumen verdichtete und einen nachtschwarzen Tunnel bildete, aus dem es kein Entrinnen gab. Als sie in die andere Richtung schaute, sah sie dasselbe.

Und plötzlich wurde sie von einem unbändigen Hass auf diese Straße ergriffen. Auf das Haus, den Garten, die in den Siebzigern erbaute Siedlung. Ein ungnädiges Schicksal hatte ihre Eltern damals hierher geführt. Und soweit es Catherine betraf, hatten sie die Grausamkeit ganz bewusst fortgeschrieben, indem sie hier geblieben waren.

»Schließlich ist nicht das Viertel schuld«, hatte ihr Vater ihrer Mutter immer wieder und wieder gesagt, nachdem es geschehen war. »Es war ein einzelner Mann. Was wird Catherine glauben, wenn wir jetzt umziehen?«

Ich hätte geglaubt, dass ich euch wichtig bin.

Catherine holte tief Luft und bemerkte, dass sie im Begriff war, die Beherrschung zu verlieren. Sie ballte fest die Fäuste. Denk an etwas Schönes, befahl sie sich leicht verzweifelt. Zum Teufel damit, fügte sie hinzu und ging zur Tür.

Ihr Vater erwartete sie schon. Als sie die Stufen hinaufging, öffnete er die Holztür, sodass sie nur noch die Fliegengittertür aufklappen musste, während er ihr geduldig Platz machte.

Drinnen nahm er ihr den Mantel ab. »Wie war die Fahrt?«, fragte er wie immer.

»In Ordnung.«

»Viel Verkehr?«

»Ging so.«

»Aber die Rückfahrt in die Stadt an einem so Samstagabend ...«, brummte er.

»Ich kriege das schon hin.«

Wieder ließ er eine Bemerkung über den Verkehr fallen – er mochte, die Gegend, in der sie wohnte, ebenso wenig wie umgekehrt – und wies dann mit einer vagen Geste in das kleine Wohnzimmer. Es war noch immer mit demselben goldbraunen Teppichboden und dem braun geblümten Sofa ausgestattet. Catherine hatte sich erboten, ihm neue Möbel zu kaufen, aber er hatte abgelehnt. Das Sofa sei bequem, der Teppich praktisch. Er brauche keinen Schnickschnack.

Die Hände auf den Knien, nahm Catherine auf der Kante des schmalen Zweisitzers Platz. Wenn sie dieses Zimmer betrat, fühlte sie sich stets wie in einer Zeitmaschine, und sie wusste nicht, wo sie hinschauen oder wie

sie sich fühlen sollte. Heute suchte sie sich eine Stelle auf dem Teppich aus und fixierte sie mit Blicken.
»Ich muss etwas mit dir besprechen«, begann sie leise.
»Hast du Durst? Möchtest du etwas trinken?«, versuchte er, seine Unruhe zu überspielen.
»Nein.«
»Ich habe Limo da. Du hattest doch schon immer eine Schwäche für Kräuterlimonade.«
»Ich habe keinen Durst, Dad.«
»Was ist mit Wasser? Nach so einer langen Fahrt bist du doch sicherlich halb verdurstet. Ich hole dir ein Glas Wasser.« Catherine gab den Widerstand auf. Er trottete in die Küche und brachte zwei mit Gänseblümchen bedruckte Plastikbecher voll Wasser. Dann ließ er sich in dem braunen Fernsehsessel mit der ausklappbaren Fußstütze nieder. Sie blieb auf dem Sofa sitzen und trank schließlich doch einen Schluck Wasser.
»Du weißt, was passiert ist«, sagte sie zu guter Letzt. Offenbar brachte ihr Vater es nicht über sich, sie anzusehen, denn sein Blick huschte unruhig durch den Raum, bis er an dem Porträt ihrer Mutter über dem Kaminsims hängen blieb. Sie fand, dass sein Gesicht alt und traurig wirkte.
»Ja«, erwiderte er nur.
»Tut mir leid, dass es so geendet hat. Es tut mir leid ... es tut mir leid, dass Jimmy tot ist.«
»Er hat dich geschlagen«, entgegnete ihr Vater. Es war das erste Mal, dass er das so deutlich aussprach.
»Ab und zu.«
»Er war kein guter Mann.«
»Nein.«
»War sein Geld dir denn so wichtig?«, fragte ihr Vater dann, und sein plötzlich zorniger Tonfall erschreckte sie.
Catherine hatte Mühe, sich zu beherrschen, und ihre

Hände bebten heftiger. Als sie noch einen Schluck Wasser trinken wollte, zitterte der Becher in ihrer Hand. Am liebsten wäre sie einfach hinausgerannt.
»Er hat sich um Nathan gekümmert.«
»Er hat sich einen Dreck für euch interessiert, und das weißt du ganz genau.«
»Dad ...«
»Du hättest ihn verlassen sollen.«
»Es ist komplizierter ...«
»Er hat dich geschlagen, und du hättest ihn verlassen sollen. Du hättest hierher kommen können.«
Catherina öffnete den Mund. Sie wusste nicht, was sie sagen sollte. Dieses Angebot hatte ihr Vater bis jetzt nie gemacht. Eigentlich hatte er überhaupt niemals ein Wort über ihre Ehe verloren. Er war bei der Hochzeitsfeier gewesen, wo er Jimmy die Hand geschüttelt und ihm als ihrem neuen Ehemann alles Gute gewünscht hatte. Anschließend war er mit seinen Kartenabenden, seinen Veteranentreffen und seinem Alltag voll und ganz beschäftigt gewesen. Zu Thanksgiving und zu Weihnachten war er bei ihren Schwiegereltern erschienen, hatte einen Happen Truthahn gegessen, Nathan ein Geschenk überreicht, Catherine auf die Wange geküsst, und das war es dann gewesen. Denn schon im nächsten Moment hatte er sich wieder aus dem Staub gemacht, zurück in das Viertel, das er liebte und das sie verabscheute. Manchmal fragte sie sich, ob alles anders gekommen wäre, wenn ihre Mutter noch gelebt hätte. Doch das würde sie nie erfahren.
»Es spielt keine Rolle mehr«, sagte sie schließlich.
»Vermutlich nicht.« Ihr Vater trank einen Schluck.
»Allerdings gibt es da ein Problem. Die Gagnons, Jimmys Eltern, haben mich verklagt. Sie wollen das Sorgerecht für Nathan.« Catherine reckte das Kinn. »Angeblich misshandle ich mein Kind.«

Zunächst erwiderte ihr Vater nichts, trank von dem Wasser, drehte den beschlagenen Plastikbecher in der Hand und nahm dann noch einen Schluck. Das Schweigen zog sich in die Länge. Catherine verstand die Welt nicht mehr. Wo war die aufgebrachte Empörung? Warum verteidigte er seine Tochter nicht? Vor einer Minute noch hatte er behauptet, sie hätte sich wegen ihrer gescheiterten Ehe jederzeit hilfesuchend an ihn wenden können. Weshalb also sagte er nichts?
»Wegen der Krankheiten?«, fragte ihr Vater schließlich.
»Sie werfen mir vor, ich würde Nathan quälen. Ihm etwas ins Essen tun oder so. Ihrer Ansicht nach mache ich ihn absichtlich krank.«
Ihr Vater blickte auf. »Und stimmt das?«
»Dad!«
»Er ist oft im Krankenhaus.«
»Er ist krank!«
»Die Ärzte haben nie etwas gefunden.«
»Er hat Bauchspeicheldrüsenentzündung. Jetzt, in diesem Augenblick. Ruf doch Dr. Rocco an. Oder sonst jemanden in diesem verdammten Laden.« Catherine sprang auf. »Er ist mein Sohn! Ich habe mich für ihn abgestrampelt wie eine Wilde, weil ich nur sein Bestes wollte. Wie kommst du darauf ... Wie kannst du es wagen, verdammt!«
Inzwischen schrie sie, kreischte wie eine Verrückte, sodass die Venen an ihrem Hals hervortraten. Und kurz huschte ihr durch den Kopf, dass sie das eigentlich schon seit Tagen tun wollte, seit Dienstagmorgen, als sie den Telefonhörer aufgenommen und gehört hatte, wie Jimmy ganz lässig mit seinem Anwalt über seine Scheidungspläne sprach.
»Sind Sie wirklich sicher, dass sie leer ausgeht?«, hatte er den Anwalt gefragt. »Ich will nicht, dass sie auch nur einen roten Heller kriegt.«

»Kein Nathan, kein Geld«, versicherte der Anwalt. »Dafür ist gesorgt. In einer Stunde sind die Unterlagen fertig.«
»Ich liebe meinen Sohn!«, brüllte sie nun ihren Vater an. »Warum glaubt mir denn niemand, dass ich Nathan liebe?«
Und dann brach sie zusammen. Ihre Beine gaben nach, sodass sie mit zuckenden Schultern auf das grässliche braune Sofa sank. Ein seltsames Glucksen stieg aus ihrer Kehle auf. Ihre Selbstbeherrschung war wie weggeblasen, und sie versank in der Angst vor einer fernen Zukunft, in der Jimmy fort war, es keinen Nathan mehr gab und sie wieder in ihrer von Ratten verseuchten Wohnung hausen musste, ohne Familie, ohne Geld, ganz allein. Ein blauer Chevy würde um die Ecke biegen. Ein Loch würde sich im Boden auftun. Und dann würde sie rettungslos verloren sein.
Ihr Vater saß ihr noch immer gegenüber und betrachtete weiter unverwandt das Porträt ihrer Mutter. Das gab ihr endlich wieder Kraft. Sie riss sich zusammen und wischte sich mit dem Handrücken über die trockenen Augen.
»Wirst du mich unterstützen?«, erkundigt sie sich ruhig.
»Brauchst du Geld?«
»Nein, Dad.« Ihre Stimme wurde wieder schrill. Aber sie zwang sich, ganz langsam zu sprechen, so wie mit einem Kind. »Es wird eine Anhörung stattfinden, in der die Sorgerechtsfrage geklärt werden soll. Heute Nachmittag hatte ich einen Termin mit meinem Anwalt. Die Gagnons werden Zeugen benennen, die aussagen werden, dass ich eine schlechte Mutter bin. Also brauche ich ebenfalls Zeugen, die bestätigen, dass ich eine gute Mutter bin. Oder zumindest«, fügte sie hinzu, »dass ich für Nathan keine Bedrohung darstelle.«
»Wo ist Nathan jetzt?«
»Im Krankenhaus. Er hat Bauchspeicheldrüsenentzündung.«

»Solltest du nicht auch dort sein? Solltest du nicht bei deinem Kind sein?«

»Natürlich sollte ich dort sein!« Sie bemühte sich, ruhig durchzuatmen. »Aber ich bin hier, Dad, um mit dir über Nathans Zukunft zu sprechen. Denn ich will meinen Sohn nicht verlieren.«

»Die Gagnons sind keine schlechten Großeltern«, meinte er.

»Nein, ich bin sicher, dass sie Nathan auf ihre Weise lieben.«

»Er ist alles, was sie jetzt noch haben.«

»Er ist auch alles, was ich noch habe.«

»Ich denke, sie werden gut für ihn sorgen«, erwiderte ihr Vater.

Catherine blinzelte. Sie fühlte sich ein wenig benommen. »Das würde ich auch tun.«

Schließlich sah ihr Vater sie an, und sie war erschrocken über die Trauer, die sich in seinem Gesicht malte. »Früher warst du so ein glückliches Kind.«

»Dad.«

»Ich habe mir die alten Filme angeschaut. Ich habe nämlich den Speicher aufgeräumt und ein bisschen ausgemistet. In letzter Zeit macht mir die Arthritis immer mehr zu schaffen, und das Treppensteigen fällt mir schwer. Also dachte ich, ich sortiere die Kartons besser jetzt, solange ich das noch kann. Dabei habe ich die alten Filmrollen gefunden. Gestern Abend habe ich sie mir angesehen.«

Sie wusste nicht, was sie sagen sollte. In den Augen ihres Vaters funkelten Tränen.

»Du warst so hübsch«, flüsterte er. »Du trugst dein Haar in einem Pferdeschwanz mit einer großen roten Schleife. Deine Mutter hat es dir jeden Morgen gekämmt, und dann hast du dir für den Tag ein Band ausgesucht. Rot war deine Lieblingsfarbe, gleich gefolgt von Rosa.

Du warst im Garten. Ich glaube, es war dein Geburtstag, obwohl keine Torte im Bild war. Andere Kinder waren zu Besuch, und wir hatten das Planschbecken gefüllt. Du hast gelacht und im Wasser herumgetollt, und als ich den Gartenschlauch eingeschaltet habe, hast du gekreischt.

Du hast gelacht«, wiederholte er, fast hilflos. »Catherine, ich habe dich seit mehr als zwanzig Jahren nicht mehr lachen sehen.«

Es schnürte ihr die Brust zu. Sie wusste, dass sie etwas sagen sollte, aber sie schüttelte nur den Kopf, als wollte sie seine Worte zurückweisen.

»Deine Mutter hat dich so geliebt.« Unvermittelt stand er auf und wandte sich ab. »Ich bin froh, dass sie tot ist. So musste sie wenigstens nicht mehr erleben, was geschehen ist.«

»Dad ...«

»Mit dir stimmt etwas nicht, Catherine. Du bist zu uns zurückgekehrt, und der Himmel weiß, wie dankbar wir waren, dich aus dieser Hölle wiederzubekommen. Aber mit dir stimmt etwas nicht. Unser kleines Mädchen ist an diesem Tag gestorben, und ich kenne die Frau nicht, die heute vor mir steht. Du lachst nicht mehr. Und manchmal frage ich mich, ob du überhaupt etwas fühlst.«

Erneut schüttelte sie den Kopf, aber er nickte mit Nachdruck, so als hätte er am Ende einer sehr, sehr langen Reise schließlich sein Ziel erreicht. Wieder drehte er sich um und blickte ihr in die Augen.

»Du solltest ihnen Nathan überlassen.«

»Er ist mein Sohn.«

»Sie sind sehr wohlhabend und werden sich gut um ihn kümmern. Vielleicht finden sie ja auch einen Arzt, der ihm helfen kann.«

»Ich habe versucht, den richtigen Arzt für ihn aufzutreiben!«

Ihr Vater sprach weiter, als hätte er sie nicht gehört. »Sie könnten ihn zu einem Therapeuten bringen. Wahrscheinlich hättest du das schon längst tun sollen.«
Catherine stand auf. »Du bist mein Vater, und ich bitte dich um deine Unterstützung. Kann ich auf dich zählen?«
»Es wäre nicht richtig.«
»Kann ich auf dich zählen?«
Als er nach ihrer Hand griff, zog sie sie zornig zurück. Er lächelte sie traurig an. »Du warst ein glückliches Kind«, meinte er leise. »Und möglicherweise ist es noch nicht zu spät. Mit fachlicher Hilfe könntest du es schaffen, wieder glücklich zu werden. Wie sehr hat deine Mutter sich danach gesehnt. Selbst, als sie schon Krebs hatte, betete sie nie für ihr eigenes Überleben, sondern immer dafür, dich wieder lächeln zu sehen. Aber du hast es nie getan. Deine Mutter lag im Sterben, und dir war es nicht zuzumuten, auch nur einmal die Mundwinkel nach oben zu ziehen.«
»Du bist sauer auf mich, das steckt also dahinter! Du bist sauer, weil ich nicht lächeln konnte, als meine Mutter im Sterben lag? Du ... du ...«
Ihr fehlten die Worte, und vor Entsetzen und Wut war sie so verdattert, dass sie nicht wusste, was sie sagen sollte. Wenn sie es nur bis zum Kamin schaffen würde, um sich an der hölzernen Umrandung festzuhalten, damit sie nicht stürzte. Doch im nächsten Moment hatte sie ganz deutlich das Bild vor Augen, wie sich ihre Hand um den Kerzenleuchter aus Messing legte, der dort stand, und wie sie ihrem Vater damit den Schädel einschlug.
Sie hatte das Gefühl, neben sich zu stehen, und war nicht sicher, was sie mehr erschreckte – ihre tiefe Trauer oder ihre rasende Wut.
»Danke, dass du mir deine Zeit geopfert hast«, hörte sie sich sagen, ließ ihre Hände fallen und zwang sich, die Fäuste zu lockern. Sie holte Luft, atmete aus, und wie-

der senkte sich Ruhe über sie. Eisig, ja. Aber besser für sie und besser für ihren Vater, als wenn sie ihren wahren Gefühlen nachgegeben hätte.
Catherine griff nach ihrem Mantel und steuerte gemessenen Schrittes auf die Tür zu.
Ihr Vater stand hinter ihr auf der Schwelle und blickte ihr nach, während sie die Treppe hinunter zum Auto ging. Als er ihr zum Abschied nachwinkte, musste sie sich beim Anblick dieser alltäglichen Geste auf die Unterlippe beißen, um nicht laut loszuschreien.
Mit bedachten Bewegungen legte sie den Rückwärtsgang ein und rollte langsam aus der Auffahrt. Bremsen, auf Drive schalten, Gaspedal suchen. Mit überhöhter Geschwindigkeit brauste sie die Straße entlang, die Lippen noch immer zu einem bleichen Strich zusammengepresst.
Sie brauchte Leumundszeugen, da hatte ihr Anwalt kein Blatt vor den Mund genommen. Wenn sie keine Fürsprecher fand, würden die Gagnons gewinnen und ihr Nathan wegnehmen. Wahrscheinlich würde sie ihn nie wieder sehen.
Dann würde sie allein sein. Und mittellos.
O Gott, was sollte sie nur tun?
Sie war völlig durcheinander und geistesabwesend und zermarterte sich das Hirn nach einer Lösung. Und deshalb dauerte es auch eine Weile, bis es ihr auffiel. Erst an der dritten oder vierten Kreuzung bemerkte sie es, als sie endlich in den Rückspiegel sah.
Jemand hatte ihren eigenen Lippenstift benutzt, der auf der Konsole zwischen den Sitzen lag.
Es war ihre Lieblingsfarbe von OPI, ein tiefes Scharlachrot, so wie eine Rose zum Valentinstag oder frisches Blut.
Die Botschaft war ganz einfach.
Sie lautete nur: Buh!

13

Bobby fuhr nach Hause. Auf seinem Anrufbeantworter hatten sich etwa dreißig Nachrichten angesammelt. Neunundzwanzig stammten von sensationslüsternen Reportern, von denen ihm jeder einzelne versprach, er werde im Austausch für ein Exklusivinterview – habe ich auch erwähnt, dass es exklusiv ist? – Bobbys Version der Geschichte erzählen. Der dreißigste Anruf war von seinem Lieutenant, der ihn zum Abendessen zu sich nach Hause einlud.

»Kommen Sie doch vorbei«, sagte Bruni auf dem Band des Anrufbeantworters. »Rachel hat ein halbes Rind gebraten, und dazu gibt es fünf Kilo Kartoffelpüree. Also können wir uns so richtig überfressen, unhöfliche Geräusche machen und ein bisschen fachsimpeln. Es wird sicher lustig.«

Bruni war ein netter Mensch, der sich um sein Team kümmerte und für Zusammenhalt sorgte. Seine Einladung war ehrlich gemeint, und eigentlich hätte Bobby hingehen sollen. Es hätte ihm gut getan, aus dem Haus zu kommen, und außerdem verhindert, dass er sich weiter in Schwierigkeiten brachte. Aber er wusste bereits, dass er ablehnen würde.

Er kehrte dem blinkenden Gerät den Rücken zu und ging in seine winzige Küche, wo er den Kühlschrank öffnete und einen Blick in den leeren Innenraum warf.

Am liebsten hätte er Susan angerufen. Aber was hätte er ihr sagen sollen? Ich bin ein Riesenblödmann und ein Vollidiot. Noch schlimmer, ich bin ein Mörder. Das klang alles nicht sehr vielversprechend. Und es hätte nichts an den Tatsachen verändert.

Pizza, sagte er sich. Er würde zur Pizzeria an der Ecke gehen und sich eine Pizza zum Mitnehmen besorgen. Doch beim Gedanken an Pizza musste er auch an Bier denken. Und beim Gedanken an Bier bekam er Herzklopfen, und das Wasser lief ihm im Munde zusammen. Ja, das war die Lösung. Zum Teufel mit diesem Gutmenschen von einem Lieutenant. Zum Teufel mit Susan, diesem Sinnbild der Vollkommenheit. Und sogar zum Teufel mit der dunklen und gefährlichen Catherine Gagnon, die ihm mit den Fingernägeln über die Brust gefahren war, bis er gehechelt hatte wie ein übereifriges Schoßhündchen. Zum Teufel mit ihnen allen. Er brauchte keine anderen Menschen.

Sondern nur ein Bier.

Doch im nächsten Moment meldete die letzte funktionierende Zelle in seinem Gehirn, dass er, wenn er nicht sofort und auf der Stelle etwas unternahm, in der nächsten Kneipe landen würde. Und dann würde er etwas trinken.

Bobby griff zum Telefon und führte ein Gespräch. Und dann ging er los, bevor er Gelegenheit hatte, es sich anders zu überlegen.

Dr. Lane betätigte den Türdrücker und ließ ihn direkt in ihr Büro. Bei ihrer letzten Begegnung hatte sie einen Hosenanzug getragen. Hellbraune Hose, quadratisch geschnittene Jacke, eine elfenbeinfarbene Bluse. Nicht billig, wie Bobby vermutete, auch wenn ihm die Sachen nicht gefallen hatten. Zu männlich. So kleidete sich die erfolgreiche Managerin eines Großkonzerns für eine Vorstandssitzung. Es hatte nicht zu ihrem Lächeln gepasst.

Da sie heute, an einem Samstagabend, losgeeilt war, um einen Polizeibeamten in Not zu retten, trug sie keine Bürokleidung, sondern wegen der eisigen Kälte dunkelbraune Leggings und einen dicken irischen Pullover aus Bändchengarn, der ihren Hals umschmiegte und ihr langes, kastanienbraunes Haar betonte. Sie sah aus, als sollte sie sich – entweder mit einem guten Buch oder mit einem gut aussehenden Mann – vor einem großen gemauerten Kamin räkeln.

Diese Vorstellung empfand Bobby als ein wenig verstörend, und er stellte fest, dass er sie nicht ansehen konnte, als er den Schal abnahm und die Jacke auszog.

»Kann ich Ihnen etwas zu trinken anbieten?«, fragte sie von der Tür ihres Büros aus. »Wasser, Kaffee, Limonade, heiße Schokolade ...«

Bobby nahm eine Cola und lehnte das angebotene Glas ab. Sie ließ sich hinter dem Schreibtisch nieder. Er setzte sich auf die Kante desselben Ohrensessels wie am Freitagabend.

»Danke für die Cola«, sagte er schließlich.

»Gern geschehen.«

»Tut mir leid, wenn ich Ihnen den Abend durcheinander gebracht habe.«

»Kein Problem.«

»Hatten Sie etwas vor?«, platzte er heraus.

»Eigentlich wollte ich in eine Gärtnerei fahren und mir einen Ficus kaufen.«

»Oh«, meinte er.

»Oh«, stimmte sie zu.

»Was war heute tagsüber?«, fuhr er unbeholfen fort. »Haben Sie da etwas unternommen?«

Sie musterte ihn schmunzelnd. Nachdem er sich in der letzten Sitzung darüber beschwert hatte, benutzte er nun selbst Geplauder, um Zeit zu gewinnen, und das wussten sie beide. Kurz glaubte er, dass sie seinem Treiben ein Ende bereiten und ihn zwingen würde, auf den Punkt zu kommen, doch dann beantwortete sie seine Frage. »Offen gestanden habe ich heute nichts Interessantes gemacht. Eigentlich wollte ich joggen gehen, aber es war mir zu kalt. Dann habe ich überlegt, ob ich etwas kochen soll, aber ich war zu faul. Anschließend wollte ich ein Buch lesen, aber ich war zu müde. Also habe ich den Großteil des Tages damit zugebracht, über das Leben nachzudenken und nichts zu tun. Im Großen und Ganzen war es ein wunderschöner Tag. Und Sie?«

»Ich habe den Tag damit zugebracht, Ihren Rat in den Wind zu schlagen.«

»Ach, da sind Sie nicht der Erste. Wie sah denn das genau aus?«

Er beschloss, kein Blatt vor den Mund zu nehmen. »Gestern Abend war ich in einer Kneipe.«

Sie musterte ihn erwartungsvoll.

»Ich habe Alkohol getrunken.«

»Viel?«

»Genug.« Er holte tief Luft. »Ich darf aber nicht trinken.«

»Sind Sie Alkoholiker, Bobby?«

»Ich weiß nicht.« Er musste wirklich über ihre Frage nachdenken und war nicht sicher, ob ihm die Antwort gefiel. »Das Leben ist schöner, wenn ich nicht trinke«, erwiderte er schließlich.

»Ich nehme an, Sie haben bereits Erfahrung in diesem Bereich.«

»Das kann man laut sagen.« Er ließ die Coladose zwischen den Fingern kreisen. Aus der Entfernung schien ihr Teppich eine üppige dunkelgrüne Farbe zu haben. Doch inzwischen sah er, dass er nicht einfarbig, sondern aus vielen unterschiedlichen Fäden gewebt war. Er war also nicht rein grün, sondern sah nur so aus.

»Mein Vater hat früher getrunken«, erklärte er. »Viel. Jeden Abend. Er kam aus der Arbeit und ging sofort zum Kühlschrank, um sich ein kaltes Bier zu holen. Er fand, das helfe ihm beim Ausspannen. Was sind schon ein paar Biere? Das ist ja kein harter Alkohol. Mein Bruder

und ich waren noch klein und haben ihm geglaubt. Obwohl wir nach einer Weile alle wussten, dass es mehr als nur ein paar Biere waren.
Als ich an der Polizeiakademie war, bin ich nach dem Dienst oft mit meinen Kollegen einen trinken gegangen. Wir haben uns getroffen, hatten Spaß und haben uns ein paar Bierchen genehmigt. Sie wissen schon, weil mir das beim Ausspannen half. Und irgendwann kam dann der Punkt, an dem es mehr als nur ein paar Bierchen wurden. Vielleicht waren es sogar ziemlich viele. So viele, dass ich am nächsten Tag immer öfter zu spät zur Arbeit kam. Dann, eines Nachts, erhielt ich einen Anruf. Ein Kumpel von mir war gerade an einen Unglücksort gerufen worden. Autounfall ohne Fremdeinwirkung. Beteiligte: mein Vater und ein Baum. Die schlechte Nachricht war, dass mein Vater die Birke mit sechzig Stundenkilometern umgenietet und seinen GM-Pickup um den Baum gewickelt hatte. Die gute Nachricht lautete, dass er mit einer Platzwunde am Kopf davongekommen war. Das Auto hatte zwar einen Totalschaden, aber ihm selbst war nicht mehr passiert.«
Bobby blickte vom Teppich auf. »Mein Vater hatte getrunken. Als er ins Röhrchen pusten musste, kamen 1,2 Promille heraus. Er hätte auf keinen Fall am Steuer eines Wagens sitzen dürfen, und es war ein verdammtes Glück, dass er außer dem Baumstamm niemanden erwischt hat. Diese Nacht hat ihm einen ordentlichen Schrecken eingejagt. Und mir auch. Es war wie in einem dieser Fernsehspots: Das hier ist dein Leben.
Also haben wir einander etwas geschworen. Ich habe ihm versprochen, dass ich nicht mehr trinken würde, wenn er auch damit aufhört. Ich dachte, ich tue das, um ihm zu helfen. Und vermutlich glaubte er seinerseits, dass er mir hilft.«
»Und hat es geklappt?«

»Soweit ich weiß, halten wir beide uns seit fast zehn Jahren daran. Bis letzte Nacht.«
»Warum also letzte Nacht, Bobby?«
»Ich könnte jetzt antworten, weil ich ein Bier nach dem anderen ausgegeben bekommen habe«, erwiderte er ruhig. »Oder weil ich zum ersten Mal seit Jahren nicht in Rufbereitschaft war und deshalb etwas trinken durfte. Oder weil mir ein Bier nach zehn Jahren sicher nicht schaden wird. Ich könnte viele Begründungen vorbringen.« »Aber sie wären alle nicht wahr?«
»Ich sehe ständig sein Gesicht«, flüsterte Bobby. »Immer wenn ich die Augen zumache, sehe ich sein Gesicht. Ich habe doch nur meinen Job gemacht, verdammt.« Er ließ den Kopf hängen. »Mein Gott, ich hätte nicht gedacht, dass es so schwer ist.«
Sie antwortete nicht sofort. Die Worte hingen zwischen ihnen in der Luft und wurden immer schwerer. Schließlich führte Bobby die Coladose an die Lippen und schluckte. Als er dann zur Decke über der dunklen Vertäfelung aus Mahagoni hinaufblickte, stand wieder klar und deutlich Jimmy Gagnons Bild vor ihm. Eine weiße männliche Person, die Frau und Kind mit der Waffe bedrohte. Eine weiße männliche Person, die ehrlich erstaunt wirkte, als Bobbys 165-Grain-Geschoss in ihren Schädel einschlug. Willst du wissen, wie ein Toter aussieht?
Verdattert.
Und willst du wissen, wie andere Menschen den Mann anschauen, der ihn umgebracht hat? Mit Bewunderung, Mitleid und Angst.
»Denken Sie daran, wieder mit dem Trinken anzufangen?«, erkundigte Elizabeth sich leise.
»Ja.«
»Glauben Sie, es könnte Ihnen helfen, wenn Sie einer Gruppe der anonymen Alkoholiker beitreten?«

»Ich spreche nicht gern mit Fremden über meine Probleme.«
»Meinen Sie, es hilft Ihnen, mit Ihrem Vater zu reden?«
»Ich spreche nicht gern mit meinem Vater über meine Probleme.«
»Wer kann Ihnen dann helfen, Bobby? Denn Sie brauchen Hilfe, das ist Ihnen hoffentlich klar.«
»Wahrscheinlich Sie.«
Sie nickte nachdenklich. »Ich muss Ihnen etwas sagen«, meinte sie nach einer Weile, »bevor wir weitermachen ... Ich hatte schon im Vorfeld mit diesem Fall zu tun. Ich habe ein Gespräch mit Richter Gagnon geführt.«
»Was?«
»Er war nicht mein Patient.«
»Ach wirklich?« Bobby sprang auf und starrte Dr. Lane entgeistert an. Er traute seinen Ohren nicht. »Ist das denn kein Interessenskonflikt? Erst hören Sie sich die Probleme von jemandem an, und anschließend beraten Sie den Typen, der ihn gerade verklagt hat?«
Dr. Lane unterbrach ihn mit einer Handbewegung. »Der Richter hat mich um meinen fachlichen Rat gebeten. Ich habe eine halbe Stunde lang mit ihm gesprochen und ihn dann an einen Kollegen verwiesen, der meiner Ansicht nach besser mit ihm zurechtkommt.«
»Warum? Was wollte er von Ihnen? Was hat er Sie gefragt?« Mit vorgeschobenem Kiefer beugte Bobby sich über den Schreibtisch. Seine Armmuskeln traten hervor. Er war außer sich vor Wut und wusste, dass ihm das ins Gesicht geschrieben stand.
Elizabeth musterte ihn gelassen. »Ich habe gestern Abend mit Richter Gagnon telefoniert. Mit seiner Erlaubnis werde ich Sie über den Inhalt unseres Gesprächs informieren. Allerdings muss ich Sie warnen, denn ich glaube nicht, dass es Sie weiterbringen wird.«
»Raus mit der Sprache!«

»Nur, wenn Sie sich wieder setzen. Sonst bekommen Sie kein Wort mehr aus mir heraus.«

»So reden Sie schon!«

»Officer Dodge, nehmen Sie bitte Platz.«

Ihrer Miene war nichts zu entnehmen. Nach einer Weile hob Bobby widerstrebend die Hände vom Schreibtisch, setzte sich, griff nach der Coladose und ließ sie zwischen den Fingern kreisen. Er spürte ein leichtes Flattern in der Brust. Atemnot. Panik. Verdammt, er hatte es satt, sich zu fühlen, als sei die Welt im Begriff, ihm zu entgleiten.

»Richter Gagnon hatte meinen Namen von einem Kollegen. Er interessierte sich für ein bestimmtes psychologisches Phänomen. Vielleicht haben Sie ja schon einmal davon gehört: das Münchhausen-Stellvertretersyndrom.«

»Mist«, stieß Bobby hervor.

»Der Richter hat mir ein wenig über seine Schwiegertochter Catherine erzählt und wollte wissen, ob ein Mensch mit ihrer Vorgeschichte dem Profil eines am Münchhausen-Syndrom erkrankten Patienten entsprechen könnte. Ich sollte ihm quasi per Ferndiagnose mitteilen, ob Catherine die Erkrankungen seines Enkels nur vortäuscht oder den Jungen absichtlich krank macht, um Aufmerksamkeit zu erzwingen.«

»Und was haben Sie ihm geantwortet?«

»Dass das nicht mein Spezialgebiet ist. Soweit ich im Bilde sei, gäbe es für das Münchhausen-Syndrom kein eindeutiges Profil. Ich riet ihm, sofortige fachliche Hilfe in Anspruch zu nehmen und rechtliche Schritte einzuleiten, um den Jungen von seiner Mutter zu trennen, falls er von einer konkreten Gefahr ausginge.«

»Und wird er das tun?«

»Keine Ahnung. Er hat sich den Namen des Kollegen notiert, den ich ihm genannt habe, und sich für die Beratung bedankt.«

»Wann war das? Wann haben Sie mit dem Richter gesprochen? Wenigstens so ungefähr?«
»Vor sechs Monaten.«
»Vor sechs Monaten? Der Mann sucht fachlichen Rat, um herauszufinden, ob sein Enkel in Gefahr schwebt, und unternimmt dann sechs Monate lang nichts?«
»Bobby«, wandte sie ruhig ein. »Ich weiß nicht, was sich in diesem Haus abgespielt hat. Und Sie müssen zugeben, dass Sie es ebenso wenig wissen.«
»Richtig«, höhnte er. »Ich bin nur reinspaziert, habe Richter und Geschworene gespielt und einen Mann erschossen. Mist. Einfach ... Mist.«
Elizabeth beugte sich mit gütiger Miene vor. »Sie haben gestern Abend etwas sehr Richtiges gesagt, Bobby. Nämlich, dass taktische Einheiten nicht über den Luxus von Informationen verfügen. Erinnern Sie sich, Bobby?«
»Ja.«
»Das Wichtigste ist, ob Sie das immer noch glauben, Bobby.«
»Ein Mann ist tot. Mangelndes Wissen ist da doch nur eine faule Ausrede.«
»Es ist keine Ausrede, Bobby, sondern eine Tatsache.«
»Schon gut.« Er zerdrückte die Coladose.
Elizabeth ordnete ein paar Papiere auf ihrem Schreibtisch. Das Schweigen dauerte an. »Wollen wir über Ihre Familie sprechen?«, schlug Elizabeth schließlich vor.
»Nein.«
»Gut, dann reden wir über den Schuss.«
»Nein, verdammt.«
»Meinetwegen. Dann eben über Ihren Beruf. Warum sind Sie zur Polizei gegangen?«
Er zuckte die Achseln. »Mir gefiel die Uniform.«
»Sind andere Mitglieder Ihrer Familie bei Polizei oder Justiz beschäftigt? Freunde, Bekannte, Verwandte?«
»Nicht wirklich.«

»Also sind Sie der erste. Wollten Sie eine neue Familientradition begründen?«

»So bin ich eben. Das schwarze Schaf.« Er verhielt sich noch immer feindselig.

Seufzend klopfte Elizabeth mit den Fingernägeln auf die Schreibtischplatte. »Warum sind Sie Polizist geworden, Bobby? Aus welchem Grund haben Sie sich von allen Berufen auf der Welt ausgerechnet diesen ausgesucht?«

»Keine Ahnung. Als Junge wollte ich entweder Astronaut oder Bulle werden. Und da das mit dem Astronauten ziemlich schwierig war, bin ich eben bei der Polizei gelandet.«

»Und Ihr Vater?«

»Was soll mit ihm sein? Er hat nichts dagegen.«

»Was war er von Beruf?«

»Gabelstaplerfahrer bei Gillette.«

»Und Ihre Mutter?«

»Weiß ich nicht.«

»Haben Sie Ihrem Vater denn nie Frage über Ihre Mutter gestellt?«

»Schon lange nicht mehr.«

Er stellte die zerknickte Dose weg und sah Elizabeth vielsagend an. »Jetzt löchern Sie mich doch mit meiner Familie.«

»Stimmt. Gut, Sie sind also Polizist geworden, weil Ihnen das mit dem Astronauten zu kompliziert erschien. Warum in eine taktische Einheit?«

»Die Herausforderung.« Die Antwort kam wie aus der Pistole geschossen.

»Wollten Sie Scharfschütze werden? Hatten Sie schon immer eine Schwäche für Waffen?«

»Ich hatte davor noch nie ein Gewehr abgefeuert.«

Endlich war es ihm gelungen, sie zu überraschen. »Bevor Sie zu STOP kamen, hatten Sie noch nie ein Gewehr in der Hand?«

»Richtig. Mein Vater sammelt zwar Waffen und fertigt Maßarbeiten an, aber dabei handelt es sich nur um Pistolen. Offen gestanden schießt auch mein Vater nicht unbedingt gern. Er hat einfach Spaß daran, an den Pistolen herumzubasteln. Ihn interessieren die Technik und die Ästhetik eines schönen Sammlerstücks.«
»Und wie sind Sie Scharfschütze geworden?«
»Ich war gut darin.«
»Sie waren gut darin?« Er seufzte auf. »Bevor man in die taktische Einheit aufgenommen wird, muss man Schießprüfungen mit einer Reihe verschiedener Waffen ablegen. Ich habe mir das Gewehr geschnappt und kam auf Anhieb damit klar. Nach ein bisschen Übung war ich so gut wie die Experten. Also hat mich mein Lieutenant gefragt, ob ich Scharfschütze werden will.«
»Also sind Sie, was Waffen angeht, ein Naturtalent?«
»Wahrscheinlich.« Allerdings machte ihn diese Vorstellung beklommen, weshalb er sofort etwas hinzufügte. »Wenn man Scharfschütze ist, muss man mehr können als nur schießen. Der offizielle Titel lautet Scharfschütze-Beobachter.«
»Das müssen Sie mir näher erklären.«
Er beugte sich vor und breitete die Hände aus. »Gut. Einmal im Monat muss ich auf den Schießstand, um sicherzugehen, dass ich noch technisch fit bin. Im Einsatz jedoch stehen die Chancen, dass ich meine Waffe tatsächlich abfeuern muss, etwa eins zu tausend – verdammt, vielleicht sogar nur eins zu einer Million. Man trainiert bloß, um allzeit bereit zu sein. Im Alltag hingegen beobachtet man meistens nur. Scharfschützen sind Erkundungsspezialisten. Mit unseren Zielfernrohren und Ferngläsern sehen wir, was sonst niemand sehen kann. Wir stellen fest, wie viele Personen sich am Tatort befinden, was sie anhaben, was sie tun. Wir sind die Augen der gesamten Einheit.«

»Trainieren Sie das auch? Oder beschränken Sie sich auf Schießtraining?«
»Ständig. KIMS-Spiele und so weiter und so fort.«
»KIMS-Spiele?«
»Ja, KIMS wie in Kim, keine Ahnung, wofür das die Abkürzung ist. Ich glaube, es ist der Titel eines Romans von Rudyard Kipling. Jedenfalls geht es dabei ums Beobachten. Man zieht los, und dann gibt der Ausbilder einem sechzig Sekunden, um zehn Dinge zu entdecken und sie zu beschreiben. Man packt sein Fernglas, und dann fängt man an.« Bobby wies auf die Coladose. »Ich sehe einen Gegenstand, meiner Ansicht nach eine zerknickte Limodose, offenbar neu, rot und weiß, vermutlich Coca Cola« – er tippte die Dose an – »aller Wahrscheinlichkeit leer. Es kann auch sein, dass mir ein Gegenstand auffällt, anscheinend ein Stück Draht, schätzungsweise fünfundvierzig Zentimeter lang mit grüner Isolierung. Ein Ende wurde vermutlich abgeschnitten, und ich kann den Kupferkern erkennen, der verschmutzt wirkt. So ähnlich funktioniert das.«
Dr. Lane musterte ihn mit einem Schmunzeln. »Also werden Sie in Ihrer Ausbildung dazu angehalten, jede Einzelheit wahrzunehmen. Macht es Sie im Alltag nicht wahnsinnig, dass Sie auf Schritt und Tritt unwichtige Kleinigkeiten bemerken?«
Er verzog das Gesicht und zuckte wieder die Achseln. »Susan würde vermutlich sagen, dass ich Tomaten auf den Augen habe.«
»Und Susan ist?«
»Meine Freundin.« Er verbesserte sich. »Meine Ex-Freundin.«
»Sie haben sie schon am Freitag erwähnt. Ich dachte, Sie hätten gesagt, dass alles prima läuft.«
»Ich habe gelogen.«
»Sie haben gelogen?«

»Ja. Ich habe gelogen und Ihnen nichts von unserer Trennung erzählt.«
»Und aus welchem Grund könnten Sie das getan haben?«
»Weil ich Sie gerade erst kennengelernt hatte. Weil ich mich unwohl fühlte. Weil ... ach, Sie können es sich aussuchen. Ich bin ein Mann, und manchmal lügen Männer eben.«
Die Ärztin schien von dieser Bemerkung nicht amüsiert.
»Und was war jetzt mit Susan?«
»Keine Ahnung. Woher soll ich denn wissen, wo Susan ist?«
»Ist sie einfach gegangen?«
»Nicht wirklich.« Er seufzte auf und holte tief Luft. »Ich habe mich verdrückt.«
»Sie haben sich kommentarlos aus dem Staub gemacht? Moment mal. Sie haben also mit Ihrer Freundin nicht über die Schießerei gesprochen?«
»Nein.«
»Warum?«
»Ich weiß nicht.«
»Schwachsinn.« Das hatte sie tatsächlich gesagt. Er zuckte zusammen. »Sie sind ein kluger Mann, Bobby Dodge. Klüger, als Sie uns weismachen wollen. Sie tun nichts ohne Grund. Warum also haben Sie nicht mit Susan über das Problem geredet? Ist es Ihnen egal?«
»Ich weiß nicht.« Er hielt inne. Sie hatte Recht, er wusste es genau. »Ich dachte, sie würde schockiert sein. In Susans Welt sind Polizisten die Guten, die uns vor Bösewichten beschützen. In Susans Welt pusten Polizisten einem Mann nicht einfach die Rübe weg.«
»Sie glaubten, sie würde damit überfordert sein.«
»Ich war ganz sicher.«
»Wie gönnerhaft von Ihnen.«
»Sie wollten ja unbedingt, dass ich antworte.«

»Stimmt. Und Sie haben absolut Unrecht, nur damit Sie es wissen.«
Er fuhr hoch. »Was sind Sie denn für eine Ärztin?«
»Bobby, ich werde Sie jetzt etwas fragen, und ich möchte, dass Sie zuerst gründlich darüber nachdenken. Sie sollen gut überlegen, bevor Sie etwas sagen. Ist es Susans Welt, in der Polizisten immer die Guten sind, oder doch eher die von Bobby? Ist es Susans Welt, in der Polizisten anderen Leuten nicht die Rübe wegpusten, oder ist es die von Bobby? Sie haben vorhin gesagt, Sie wären wütend. Aber könnte es nicht sein, dass Sie Angst haben, Bobby?«
Bobby starrte auf den Teppich. Er schwieg.
»Sie haben jetzt schon einige Male wiederholt, dass Sie Jimmy Gagnon in Gegenwart seines Sohnes erschossen haben. Offenbar macht Ihnen das wirklich zu schaffen. Mit welcher Person in diesem Szenario identifizieren Sie sich? Bestürzt es Sie, dass der mächtige Vater vor den Augen seines Kindes gestorben ist? Oder leiden Sie mit dem hilflosen Kind, das mit ansehen musste, wie ein geliebter Mensch ums Leben kam?«
Bobbys Blick blieb weiter auf den Teppich gerichtet.
»Bobby?«, hakte sie nach.
Endlich hob er den Kopf. »Ich glaube, ich möchte nicht mehr darüber sprechen«, erwiderte er.

Erst als er bereits seine Jacke trug und dabei war, sich den Schal umzuwickeln, ergriff er wieder das Wort. »Meinen Sie, Richter Gagnon könnte Recht haben?«
Elizabeth saß auf der Kante des Empfangstischs, sah ihrem Patienten beim Anziehen zu und fühlte sich ratlos. »Ich habe keine Ahnung.«
»Schwer vorstellbar, dass eine Frau ihrem eigenen Kind wehtut, nur um Aufmerksamkeit zu bekommen.«
»Das Münchhausen-Stellvertretersyndrom tritt ziemlich

selten auf. Allerdings habe ich gelesen, dass es bis zu zwölfhundert neue Fälle pro Jahr gibt.«

»Wie sehen die Warnsignale aus?«

»Ein Kind, das schon viele Jahre lang an einer seltenen Krankheit leidet, ohne dass die Symptome so richtig zusammenpassen. Ein Kind, dessen Gesundheitszustand über einen längeren Zeitraum hinweg ein zyklisches Muster aufweist, das heißt, dass es in einer Woche putzmunter und in der nächsten wieder sterbenskrank ist. Eine Familie, in der es wiederholt zu Fällen von plötzlichem Kindstod gekommen ist.«

»Ich habe heute mit dem Arzt von Nathan Gagnon gesprochen«, sagte Bobby unvermittelt. »Er konnte bei dem Jungen nichts Konkretes feststellen. Obwohl er wirklich alles versucht hat.«

Elizabeth schwieg eine Weile. »Hielten Sie das für eine gute Idee?«, fragte sie schließlich.

Bobby bedachte sie mit einem bedeutungsschwangeren Blick.

»Ich war dort. Ob es eine gute Idee war oder nicht, ist nicht länger wichtig.«

»Was haben Sie vor, Bobby?«

»Ich ziehe meinen Schal an. Es ist kalt da draußen, wissen Sie?«

»Sie wissen genau, was ich meine.«

»Die Gagnons wollen mich wegen Mordes vor Gericht bringen. Hat man Ihnen das nicht erzählt? Sie haben irgendeinen komplizierten juristischen Trick gefunden, um mich zu belangen, weil ich angeblich ihren Sohn getötet habe. Offen gestanden, Doc, glaube ich, dass gute oder schlechte Ideen im Moment nicht mein Problem sind.«

»Es muss sehr schwierig sein, wegen Mordes angeklagt zu werden.«

»Ach, wirklich?«

Sie weigerte sich, auf seinen Sarkasmus einzugehen. »Bobby, das was Donnerstagnacht geschehen ist, war eine schreckliche Tragödie. Für Sie. Für die Gagnons. Für den kleinen Nathan. Meinen Sie wirklich, Sie könnten jetzt noch etwas erfahren, was es Ihnen erleichtern wird, zu verkraften, dass Sie einen Mann erschossen haben? Meinen Sie das wirklich?«

Bobby blickte sie unverwandt an, und in seinen schiefergrauen Augen malte sich ein Ausdruck, wie sie ihn noch nie zuvor gesehen hatte.

Er verschlug ihr den Atem und ließ sie bis ins Mark erschaudern.

»Ich werde sie kriegen, Doc«, sagte er leise. »Wenn sie den Jungen misshandelt und mich dazu verleitet hat, ihren Mann zu töten ... Catherine Gagnon mag meinen, dass sie weiß, wie man mit Männern umgeht. Aber mit jemandem wie mir hatte sie noch nie zu tun.«

Er verknotete seinen Schal.

Elizabeth seufzte auf und schüttelte den Kopf. Es gab zwar einiges, was sie ihm sagen wollte, aber ihr war klar, dass es zwecklos sein würde. Er war nicht bereit, ihr zuzuhören.

Vielleicht verstand Bobby es ja noch nicht ganz, aber sie wusste genau, mit wem er sich in jener verhängnisvollen Nacht identifiziert hatte. Und es war eindeutig nicht der schießwütige Vater gewesen.

»Sie sind nicht für Nathan Gagnon verantwortlich«, murmelte sie, aber Bobby war schon zur Tür hinaus und hörte sie nicht mehr.

14

Catherine fuhr auf direktem Weg ins Krankenhaus. Nathan schlief noch. Der Herzmonitor piepste stetig, während das Morphium langsam in seine zarten Venen tropfte. Die Nachtschwester hatte nicht viel zu berichten. Nathan bekäme weiter intravenös Flüssigkeit zugeführt, sein Fieber sei gesunken, die Schmerzen hatten nachgelassen. Vielleicht würde er ja morgen entlassen werden. Aber da müsse sie zuerst den Arzt fragen.

Catherine blickte die langen dämmrigen Flure entlang. Maschinen fiepten, Beatmungsgeräte surrten, Patienten warfen sich unruhig in ihren hinter Vorhängen verborgenen Betten hin und her. Aber es war dennoch ein Krankenhaus bei Nacht. Zu wenige Krankenschwestern. Zu viele Fremde. Überall dunkle Ecken.

»Nathan ist sehr krank«, wiederholte sie.

»Ja.«

»Ich glaube, er braucht mehr Pflege. Gibt es die Möglichkeit, eine Privatschwester zu beschäftigen? Zusätzliches Personal? Ich würde natürlich alles bezahlen.«

Die Schwester musterte sie spöttisch. »Wissen Sie, Ma'am, in diesem hochherrschaftlichen Haus sind wir die einzigen Dienstboten.«

»Er ist mein Kind«, sagte Catherine leise. »Ich mache mir Sorgen um ihn.«

»Schätzchen, alle Kinder hier haben Eltern.«

Da die Schwester ihr offenbar nicht helfen wollte, ließ Catherine schließlich den Dienst habenden Arzt rufen, doch dieser weigerte sich, die Entlassungspapiere zu unterschreiben. Nathan müsse – insbesondere angesichts seines »Zustands« – im Krankenhaus bleiben. Und was für ein Zustand ist das?, fragte Catherine sich verzweifelt. Diese geheimnisvolle Krankheit, die niemand finden kann? Kurz spielte sie mit dem Gedanken, Tony Rocco anzurufen. Wenn sie ihn genug anbettelte und anflehte, würde er vielleicht herkommen, um Nathan zu entlassen.

Und dann? Würde Nathan, wenn sie ihn mit nach Hause nahm, wie durch ein Wunder in Sicherheit sein?

Buh!, hatte die Botschaft gelautet. Buh!

In ihrem eigenen Auto, das in der Auffahrt ihres Elternhauses stand, geschrieben mit ihrem Lippenstift.

Raschen Schrittes und mit zitternden Händen verließ Catherine das Krankenhaus.

Zu Hause hastete sie panisch von Zimmer zu Zimmer. Die Reporter, die das Backsteinhaus belagert hatten, waren inzwischen abgezogen. Die Polizei ebenfalls. Wo waren denn die Geier, wenn man sie einmal brauchte? Vielleicht war heute Nacht ja wieder jemand erschossen worden. Oder man hatte einen Senator mit seiner hübschen jungen Assistentin ertappt. Selbst die zweifelhafte Berühmtheit nach einem Verbrechen währte nicht ewig. Catherine überprüfte Türen und Fenster. Dann machte sie Licht, bis das ganze Haus erstrahlte wie eine Landebahn. Nur das Schlafzimmer blieb Sperrzone. Die Polizei behandelte den Raum weiterhin als Tatort, sodass sie nichts darin verändern durfte. Leicht gesagt. Die Plastikfolie, mit der die Polizisten die zerschmetterte Balkontüre geflickt hatten, hielt nicht einmal den gottverdammten Wind ab. Wie sollte sie da einen Eindringling aussperren?

Catherine beschloss, die Kommode vor die Balkontür zu schieben. Doch wenn das Möbelstück so leicht war, dass sie es bewegen konnte, stellte es auch für einen Mann kein Hindernis dar. Also gut. Dann würde sie eben die

Kommode vor die Tür rücken, die Beleuchtung der oberen Terrasse einschalten, die Schlafzimmertür schließen und sie von außen zunageln. Die optimale Lösung. Sie lief nach unten, um Prudence zu holen.
»Ich brauche Ihre Hilfe«, wies sie das Kindermädchen knapp an. »Wir müssen ein wenig umräumen.«
Prudence sagte nichts. Jahrelange Ausbildung, dachte Catherine. Jahrelange sündhaft teure britische Ausbildung.
Sie gingen nach oben, wo Catherine mit Prudences Unterstützung die schwere, bemalte Kommode aus Pinienholz vor die zerbrochene Glastür schob. Auf dem Teppich waren noch Glassplitter. Und Blut. Prudence sah sich alles an, ohne einen Mucks von sich zu geben.
Anschließend suchte Catherin unten im Wäscheraum nach dem Werkzeugkasten. Als sie anfing, Nägel in den äußeren Türrahmen zu schlagen, ergriff Prudence endlich das Wort.
»Madam?«
»Ich habe draußen jemanden gesehen«, erwiderte Catherine barsch. »Ein Mann, der herumlungerte. Vermutlich nur ein Reporter der Regenbogenpresse, der auf den großen Durchbruch hofft. Wie viel, glauben Sie, würden die Zeitungen für eine detailgetreue Aufnahme des Tatorts in Back Bay wohl bezahlen? Ich will nicht, dass jemand von dieser Tragödie profitiert.«
Prudence schien mit dieser Erklärung zufrieden.
»Ich möchte mich bei Ihnen bedanken«, fügte Catherine nach einer Weile hinzu. »Es war eine schreckliche Zeit, und Sie haben sicher ein unmögliches Bild von uns bekommen. Aber Sie waren für Nathan da, und ich weiß das sehr zu schätzen. Er braucht Sie. Vor allem angesichts der jüngsten Ereignissse.«
»Geht es Nathan besser?«
»Morgen kommt er wahrscheinlich nach Hause.« Sie

hatte einen neuen Einfall. »Wenn er sich wohl genug fühlt, könnten wir doch alle in Urlaub fahren. Irgendwohin, wo es warm ist und wo es Strände gibt und Cocktails mit kleinen Schirmchen drin. Wir können Abstand ... von all dem gewinnen.«

Schließlich hatte sie den letzten Nagel eingeschlagen. Catherine rüttelte heftig an der Tür. Sie hielt stand.

Das musste genügen. Hoffentlich.

»Prudence, wenn jemand an der Tür ist, den Sie nicht kennen, machen Sie nicht auf. Und falls Sie sonst jemanden sehen ... Reporter ... geben Sie mir bitte Bescheid.«

»Ja, Madam«, erwiderte Prudence. »Und die Lichter?«

»Ich glaube«, stieß Catherine schwer atmend hervor, »die lassen wir noch ein bisschen brennen.«

Tony Rocco hatte einen langen Tag hinter sich. Erst um zehn Uhr abends konnte er endlich dem Krankenhaus den Rücken kehren. Vor zehn Jahren hätte ihn das nicht gestört, doch inzwischen hätte er eigentlich den Höhepunkt seiner beruflichen Laufbahn erreicht haben müssen. Wenn man so lange im Geschäft war wie er, überließ man Kleinkram wie Brechanfälle und Rotznasen den Assistenzärzten, die noch Karriere machen wollten, und kümmerte sich nur noch um die wirklich wichtigen Fälle.

Zumindest hielt ihm das seine Frau allabendlich vor Augen. »Verdammt noch mal, Tony, wann wirst du endlich einfordern, was dir zusteht? Das bescheuerte Krankenhaus soll sich doch zum Teufel scheren. Nur mit einer Privatpraxis kann man richtig Geld machen. Du könntest das Drei- bis Vierfache deines jetzigen Gehalts verdienen. Wir könnten ...«

Seit etwa fünf Jahren hörte er seiner Frau nicht mehr zu. Es war bei einem Thanksgiving-Essen bei seinen Eltern gewesen, mitten in einer Tirade seiner Mutter, die sich darüber ereiferte, dass sein Vater es wagte, mit seinen Freunden zum Golfspielen zu gehen. Da hatte Tony die reizende Frau, mit der er seit drei Jahren verheiratet war, über den Tisch hinweg angesehen, und ihm war – Ehrenwort! – zum allerersten Mal klar geworden, dass er an eine Kopie seiner Mutter geraten war. Es hatte ihn getroffen wie ein Blitzschlag aus heiterem Himmel. Wie der Fausthieb eines Riesen.

Seine Mutter war eine Nörglerin. Seine Frau war eine Nörglerin. Und in fünfzehn Jahren würde er aussehen wie sein Vater, leicht gebeugt, das Kinn auf die Brust gedrückt, mit der Körperhaltung einer Schildkröte und selektiv taub auf beiden Ohren.

Er hätte sich auf der Stelle scheiden lassen sollen, aber man musste schließlich an die Kinder denken. Ja, seine beiden süßen, reizenden Kindern, die ihn inzwischen ebenso anklagend ansahen wie seine Frau, wenn er zu spät zum Abendessen kam.

Er ertappte sich dabei, dass er wieder an Catherine dachte. Wie sie sich vor neun Monaten an ihn gewandt hatte. An ihre Finger, die seinen Arm streiften. Ihr langes schwarzes Haar, das ihn an der Wange kitzelte, als sie sich über ihn beugte, um einen Blick in Nathans Krankenakte zu werfen.

Eines Tages war sie ohne Nathan zu ihm ins Büro gekommen. Sie trug einen langen schwarzen Mantel, trat ein, schloss die Tür hinter sich ab, sah ihm in die Augen und sagte: »Ich brauche dich.«

Dann öffnete sie den Mantel, unter dem sie nichts anhatte als glatte weiße Haut und verführerische schwarze Spitze. Er hatte sie sofort an Ort und Stelle genommen, an der Wand, die Hose zu den Knien hinuntergelassen, ihre Beine um seine Taille geschlungen.

Ihr Höhepunkt war so heftig gewesen, dass sie die

Zähne in seine Schulter schlug. Dann waren sie zu Boden gesunken, und schon im nächsten Moment kauerte sie auf allen Vieren und er nahm sie von hinten, so hart und aufgeregt wie ein Teenager.

Danach hatten sie sich beide vor Erschöpfung fast nicht bewegen können, und Dr. Rocco hatte es kaum geschafft, seine Empfangsdame per Telefon zu bitten, alle Nachmittagstermine abzusagen. Und da hatte er den Bluterguss auf Catherines linker Schläfe gesehen.

Es sei nichts, erklärte sie. Sie sei in der Küche gegen die Anrichte gestolpert. Keiner von ihnen hatte etwas dazu gesagt, dass der Bluterguss eindeutig die Form einer menschlichen Faust hatte.

Als sie ihm endlich von Jimmy erzählte, geschah es unter Tränen. Sie waren in einem Hotelzimmer am Copley Square. Catherine hatte gerade zwanzig Minuten auf den Knien verbracht und Dinge getan, die Tony Rocco bis jetzt nur aus Zeitschriften kannte. Nun hielt er sie in den Armen und streichelte ihr Haar.

Ich brauche dich, hatte sie, den Kopf an seine Brust geschmiegt, geflüstert. O Gott, Tony, du weißt ja gar nicht, was los ist. Ich habe solche Angst.

Er sollte diesem dämlichen Krankenhaus den Rücken kehren, dachte Tony nun auf dem Weg durch die menschenleere Tiefgarage. Seine Schritte hallten auf dem Beton. Er hatte die Leute satt, die ständig versuchten, ihm Vorschriften zu machen: seine Frau, den Leiter der Kinderklinik, Richter Gagnon, diesen aufgeblasenen Schnösel. Was brachte es, sich jahrelang krumm zu schuften, wenn man trotzdem nie das tun durfte, was man eigentlich wollte?

Er liebte Catherine Gagnon. Er hatte die Nase voll von diesem Mist. Zum Teufel mit seiner Frau, zum Teufel mit den Kindern. Er würde jetzt sofort zu Catherine fahren und ihr sagen, dass er alles zurücknahm. Es täte ihm leid, dass er sie im Stich gelassen und ihr mitgeteilt habe, er könne Nathan nicht helfen.

Voller Scham erinnerte er sich an das Gespräch mit dem Staatspolizisten an diesem Nachmittag. Als er versucht hatte, ihm zu erklären, er habe Cat zwar geliebt, aber sie nicht vor Jimmy beschützen können, hatte er sich gefühlt wie ein halber Mann. Der Blick, den der Polizist ihm zugeworfen hatte ...

Das war die Lösung. Er würde aussteigen und endlich auf eigenen Füßen stehen. Endlich einmal würde er tun, was er wollte. Zum Teufel mit den anderen Frauen in seinem Leben.

Tony hatte sein Auto erreicht. Mit bereits vor Aufregung zitternden Händen holte er den Schlüssel aus der Tasche.

Erst als er die Tür öffnete, hörte er das Geräusch hinter sich.

Schritte bewegten sich lautlos den Flur entlang. Gummisohlen huschten vorsichtig über weiße Vinylböden. Das leise Rascheln von Vorhängen. Das Piepsen des Herzmonitors. Das Surren verschiedener Ventilatoren. Die Schwester war fort und versorgte anderswo einen Patienten.

Auf dem Flur war es dunkel und still.

Auf Zehenspitzen schlich der Mann weiter und weiter, bis er endlich das richtige Zimmer gefunden hatte.

Ein Schatten fiel auf das Bett. Der vierjährige Nathan rührte sich, wandte den Kopf in Richtung des Geräusches und öffnete die Augen benommen zu kleinen Schlitzen.

Der Mann hielt den Atem an.

Und dann flüsterte Nathan: »Daddy.«

15

Bobby hatte keine Chance. Kaum hatte sein Kopf endlich das Kissen berührt, als schon wieder das Telefon läutete. Diesmal glaubte er nicht, dass es Susan sein könnte. Stattdessen dachte er sofort an Catherine. Wie ihm klar wurde, hatte er geträumt. Er hatte von Jimmy Gagnons Witwe geträumt, und sie war nackt gewesen und hatte ihr langes schwarzes Haar über seine Brust gebreitet.

»Ich will jetzt endlich schlafen«, zischte er in den Hörer.

Dann kam die Antwort prompt. »Haben Sie immer noch Lust, Detektiv zu spielen, Officer Dodge?«

Er brauchte einen Moment, um die Stimme einzuordnen. Harris, der brave Privatdetektiv der Gagnons. Bobbys Blick wanderte zur Uhr auf dem Nachttisch. Die Leuchtziffern zeigten zwei Uhr morgens. Verdammt, er brauchte dringend seinen Schlaf. »Was ist?«, fragte er.

»Haben Sie Freunde bei der Bostoner Polizei?«, erkundigte sich Harris. »Ich glaube, da gibt es einen Tatort, den Sie sich ansehen sollten.«

»Wen hat es erwischt?«

Harris hielt kurz inne. »Dr. Tony Rocco. Tiefgarage des Krankenhauses. Ziehen Sie keine guten Schuhe an. Soweit ich gehört habe, ist es eine ziemliche Schweinerei.«

Detective D.D. Warren war nun schon seit über acht Jahren bei der Bostoner Polizei. Sie war eine zierliche Blondine mit geschmeidiger Figur und hinreißenden blauen Augen und in einer engen Jeans, hochhackigen Stiefeln und einer karamellfarbenen Lederjacke am Schauplatz von Dr. Roccos Ermordung erschienen. Sex and the City trifft New York Cops. Viele Kollegen starrten unverhohlen hin. Aber da D.D. bereits mit ihrem Job verheiratet war, hatte keiner von ihnen eine Chance.

Sie und Bobby kannten sich schon seit Jahren und waren vor einer Ewigkeit eine Weile miteinander gegangen, als sie beide noch neu im Geschäft gewesen waren, sie bei der Stadt, er beim Staat. Außerdem hatten sie, auch wenn sie nicht für denselben Arbeitgeber tätig waren, Verständnis dafür, welche zeitliche Belastung dieser Beruf mit sich brachte. Bobby erinnerte sich nicht einmal, warum sie sich eigentlich getrennt hatten. Wahrscheinlich waren sie zu beschäftigt gewesen. Doch eigentlich spielte es keine Rolle. Als Freunde kamen sie besser miteinander klar. Er freute sich darüber, dass sie so rasant Karriere gemacht hatte – sie würde sicher bald Lieutenant sein –, während sie sich stets für seine Arbeit bei STOP interessierte.

Nun jedoch spähte D.D. in einen dunkelgrünen BMW 450i und kaute dabei an ihrer Unterlippe. Auf der anderen Seite des Wagens war ein mit einer Kamera bewaffneter Spurensicherungsexperte eifrig beim Fotografieren. Das Klicken des Auslösers und das Surren des weitertransportierten Films hallten durch die gewaltige Tiefgarage aus Beton wie eine Begleitmusik zu Bobbys herannahenden Schritten.

Für diese Uhrzeit, es war drei Uhr morgens, ging es in der Tiefgarage ziemlich geschäftig zu. Der Transporter des Leichenbeschauers, der Kleinbus der Spurensicherung, einige Streifenwagen, die Autos, in denen die Detectives gekommen waren, und eine elegante Limousine, die Bobby als die des stellvertretenden Staatsanwalts erkannte. Viel Verkehr für einen Mord. Ein ziemlich großes Aufgebot.

Bobby stand der Atem in eisigen Wolken vor dem Mund.

Die Hände tief in den Taschen seiner Daunenjacke, tat er sein Bestes, um nicht aufzufallen. Einige Köpfe wandten sich in seine Richtung. Er kannte ein paar Gesichter, andere waren ihm fremd. Aber natürlich wussten alle, wer er war, und trotz seiner Bemühungen ging ein Raunen durch die Menge, als er den BMW erreichte.

»Hallo, Bobby«, sagte D.D., ohne aufzublicken.

»Tolle Stiefel.«

Sie ließ sich davon nicht täuschen. »Bist aber reichlich spät unterwegs«, meinte sie.

»Konnte nicht schlafen.«

»Hat das Telefon dich geweckt?« Endlich sah sie ihn an. »Du hast gute Ohren, Bobby, denn schließlich tun wir unser Möglichstes, um den Fall nicht an die große Glocke zu hängen.«

Er verstand die Frage zwar, beschloss aber, sie nicht zu beantworten. »Wäre es ein großes Problem für dich, wenn ich in der nächsten Stunde da drüben an der Säule lehne und meine Fingernägel anschaue?«

»Ich würde sagen, dass hier Sperrgebiet für Maniküre ist.« D.D. wies mit dem Kopf nach links, wo Bobby Staatsanwalt Rick Copley erkannte, mit dem Gerichtsmediziner ins Gespräch vertieft. Bei Bobbys letzter Begegnung mit Copley hatten dessen Männer sich einen Spaß daraus gemacht, die Schuld an der Schießerei einem geplagten Staatspolizisten in die Schuhe zu schieben. Also war davon auszugehen, dass sich Copley bei Bobbys Anblick sicher nicht vor Begeisterung überschlagen würde.

»Kurze Zusammenfassung?«, fragte er D.D. leise.

Wieder sah sie ihn vielsagend an. »Wie oft werden wir auf deinen Namen stoßen, wenn wir die letzten Stunden des Opfers nachvollziehen?«

»Ein Mal. An diesem Nachmittag. Ich habe ihn heute zum ersten Mal gesehen und ihm ein paar Fragen über Nathan Gagnon gestellt.«

Rasch zählte sie eins und eins zusammen. »Ach, Mist. War er der Arzt des Kleinen?«
»Ja.« – »Was noch?«
»Er hatte eine Affäre mit der Mutter des Jungen. Außerdem war er schon im Hinblick auf einen möglichen Sorgerechtsstreit zwischen den Eltern befragt worden. Jetzt bist du dran.«
Rasch sah sie sich um. Copley sprach noch immer mit dem Gerichtsmediziner, schaute aber, ein unschönes Stirnrunzeln auf dem stupsnasigen Gesicht, in ihre Richtung.
»Der Doktor saß auf dem Vordersitz und war bei unserem Eintreffen bereits tot«, erwiderte D.D. rasch und wies in den Wagen. »Offenbar hatte er gerade die Autotür geöffnet, als ihn jemand von hinten umgelegt hat.«
»Mit einer Schusswaffe?«
»Messer.«
»Muss recht kräftig gewesen sein«, meinte Bobby und wollte selbst einen Blick ins Wageninnere riskieren. Doch D.D.s Schulter versperrte ihm die Sicht.
»Das ist noch nicht einmal die Hälfte«, fügte D.D. hinzu.
Inzwischen steuerte Copley auf sie zu.
»Du musst los«, sagte D.D. zu Bobby.
»Ja.«
»Aber vergiss nicht, uns bleibt immer Paris.«
Bobby verstand die Anspielung. »Bis bald.«
Gerade hatte er den Zugang zum Treppenhaus gefunden, als Copley den Wagen erreicht hatte. »Ach, du meine Güte, ist das Blut?«, entsetzte sich ein Spurensicherungsexperte, und sein Kollege antwortete: »Ich denke eher, dass wir es mit Lippenstift zu tun haben.«

Das Casablanca war ein schickes mediterranes Restaurant in Cambridge und verfügte über eine gut bestückte Martini-Bar und eine bunt zusammengewürfelte Speisekarte, die auf den Geschmack der wohlhabenderen Kundschaft aus Havard – hauptsächlich die Eltern der Studenten, die diese Eliteuniversität besuchten – ausgerichtet war. Das Bogey's hingegen war ein winziger Diner, gleich um die Ecke von der Staatskanzlei, rund um die Uhr geöffnet und ausgestattet mit rissigen Vinylhockern und einem extragroßen Grill, der schon seit Jahren nicht gereinigt worden war. Zielgruppe: Polizisten.

Bobby ging zu Fuß hin, um von den eisigen frühmorgendlichen Temperaturen einen klaren Kopf zu bekommen, auch wenn das Ergebnis war, dass sich die Hälfte seiner Wimpern in Eiszapfen verwandelten. Als er ankam, war es schon kurz nach fünf, und obwohl die Sonne noch nicht aufgegangen war, war in dem Lokal bereits die Hölle los. Nachdem er zwanzig Minuten lang in der vom Geruch nach Eiern mit Speck geschwängerten, überheizten Luft gewartet hatte, konnte er endlich einen Tisch im hinteren Teil des Raums ergattern. Da sein Magen knurrte, bestellte er drei Spiegeleier, sechs Speckstreifen und ein in Butter getränktes getoastetes Brötchen. Er wusste zwar nicht, ob das als ausgewogene Ernährung durchgehen würde, aber zumindest enthielt es Eiweiß. Er spülte das Essen mit einem extragroßen O-Saft hinunter und genehmigte sich dann den ersten Kaffee.

Als D.D. endlich erschien, befand er sich bereits im Niemandsland zwischen Völlereikoma und vom Koffein erzeugter Aufgekratztheit. D.D. trug ein enges weißes T-Shirt, auf das mit roten Pailetten das Wort »Strafbar« gestickt war. Es passte gut zu den Stiefeln.

Mit einem Blick auf Bobbys leeren Teller nahm sie ihm gegenüber Platz. »Was, du hast mir nichts aufgehoben?«

»Was möchtest du denn?«

»Eier, Speck, Toast. Den größten O-Saft der Welt. Und vielleicht noch eine Portion Pfannkuchen.«

»Ist der Fall denn so spannend?«

»O ja. Und ich verhungere.« Bobby ging zur Theke, um zu bestellen. Als er zurückkam, kippte D.D. gerade den Rest seines Kaffees in eine Tasse, die sie von der Servicestation stibitzt hatte. Also ging er noch einmal zur Theke, um die Kanne nachzufüllen und Kaffeesahne zu holen.

Wenn sein Gedächtnis ihn nicht trog, hatte D.D. die Essgewohnheiten eines Marineinfanteristen oder Fernfahrers. Jede Menge Sahne, viel Zucker und auch sonst alles, was die Arterien garantiert verhärtete.

Als er, beladen mit Kaffee und Zutaten, wieder erschien, war sie offenbar endlich beeindruckt.

»Von wem hast du die Info?«, wollte sie wissen, während sie sich über die Zuckertütchen hermachte.

»Harris Reed. Privatdetektiv. Arbeitet für die Gagnons.«

»Die Gagnons? Für den Richter und Maryanne also?«

»Für das Traumteam höchstpersönlich.«

Sie runzelte die Stirn. »Und woher wusste es dieser Reed?«

»Hat er mir nicht verraten.«

»Hat er Kontakte bei der Polizei?«

»Vermutlich.«

Sie verzog das Gesicht. »Polizeireviere. Einer trinkt ein Glas Wasser, und alle anderen müssen pinkeln. Also behalten die Gagnons die Sache im Auge?«

»Offenbar.«

»Interessant.« Sie war mit dem Süßen des Gebräus fertig und gab nun Sahne dazu. »Und du, Bobby? Solltest du in deiner Situation nicht besser zum Angeln fahren?«

Er breitete dic Hände aus. »Ich kann nicht angeln.«

»Ich habe von dem Prozess gehört. Eine Gemeinheit.«

Er konnte ihr da nicht widersprechen.

»Hast du einen Anwalt? Wie schlimm sieht es aus?«

»Keine Ahnung.« Er zuckte die Achseln. »Einen Anwalt habe ich mir noch nicht gesucht. Zu viel zu tun.«

Sie hörte auf, in ihrem Kaffee herumzurühren. »Bobby, solche Dinge darf man nicht auf die leichte Schulter nehmen. Wenn man einen Polizisten vor Gericht stellen kann, nur weil er seine Arbeit gemacht hat ... das ist eine sehr ernste Angelegenheit.«

Wieder teilte er ihre Auffassung.

»Du weißt doch sicher, dass du Freunde hast. Ihr seid an diesem Donnerstag für uns eingesprungen, als ihr den Notruf angenommen habt. Niemand will, dass ihr deswegen Ärger kriegt.«

Bobby hatte keine Lust, darüber zu reden. Was geschehen war, war geschehen. »Was ist in der Tiefgarage passiert?«, fragte er stattdessen. »Was ist dem guten Doktor zugestoßen?«

D.D. seufzte, trank einen großen Schluck Kaffee und machte es sich bequem. »Ich bin nicht sicher. Allerdings würde ich vermuten, dass es bei ihm ein Seitensprung zu viel war.«

»Eine im Stich gelassene Geliebte?«

»Wahrscheinlich eher ein stinksaurer Ehemann. Der gute Doktor wurde von hinten angegriffen. Der Täter hat so heftig zugestoßen, dass die Klinge Dr. Roccos Hals halb durchtrennt hat.«

»Eine ziemliche Schweinerei«, murmelte Bobby.

»Das kannst du laut sagen. Der Täter hat das Opfer nach vorne gebeugt ins Auto gesetzt, sodass der Großteil des Blutes auf der Fahrerseite des BMW gelandet ist. Allerdings war der Spaß damit noch nicht zu Ende. Denn an dem werten Herrn Doktor wurde außerdem, tja, eine Amputation vorgenommen.«

»Eine Amputation?«

»Die Entfernung eines gewissen Körperteils«, erwiderte D.D. betont. »Es wurde im Handschuhfach sichergestellt.«

»Aua!«, sagte Bobby.

»Aua!«, stimmte D.D. zu. Er runzelte die Stirn. Ziemlich persönlich. Und außerdem recht aufwändig für einen öffentlichen Ort wie eine Tiefgarage.
»Gibt es Bänder aus den Überwachungskameras?«
»Die werden gerade gesichtet. Das, was ich bis jetzt gesehen habe, ist ziemlich verschwommen und zeigt nicht viel. Der Täter muss sich alles genau überlegt haben. Er hat den Doktor außer Gefecht gesetzt und ihn in sein Fahrzeug verfrachtet. Anschließend ist er, so stelle ich es mir wenigstens vor, auf der Beifahrerseite eingestiegen. Der BMW hat getönte Scheiben. Außerdem war es spät in der Nacht. Wenn jemand vorbeigekommen wäre, hätte er nur die Umrisse zweier Personen in einem Auto gesehen – nur dass der eine tot war und der andere Laubsägearbeiten mit einer gezackten Klinge veranstaltete. Menschen! Ich finde, die sehen alle zu viel fern.«
D.D.s Essen wurde serviert. Mit leuchtenden Augen türmte sie Eier und Speckstreifen auf ihren Toast und streckte die Hand nach der Sirupflasche aus.
»Da war bestimmt eine Menge Blut«, merkte Bobby an. »Bei so einer Tat ... es muss doch ziemlich weit gespritzt sein.«
»Möchte man meinen.« Mit ihrer Gabel säbelte sie ein Stück von dem Sandwichturm ab und kaute genüsslich. »Du warst doch am Tatort, Bobby. Stell dir diese große, kalte Garage vor, und denk dann an die Einrichtung, zu der sie gehört. Womit haben wir es zu tun?«
Bobby erinnerte sich. Im grellen Scheinwerferlicht hatte der Betonboden glatt und unversehrt gewirkt. Kein rotes Tröpfchen war zu sehen gewesen. Stirnrunzelnd dachte er nach, und plötzlich breitete sich ein Lächeln auf seinem Gesicht aus. »Ein Krankenhaus. Chirurgenkittel!«
»Ins Schwarze getroffen. Wir haben einen Müllsack mit

blutiger Chirurgenkleidung und Überschuhen in einem Container am westlichen Eingang gefunden. Offenbar hat unser kluger Mörder sich vermummt, seine Tat begangen und die benutzte Kleidung und die Überschuhe dann einfach zusammengeknüllt und fein säuberlich entsorgt. Nachdem er fertig war, hat er einen ruhigen Moment abgewartet, ist ausgestiegen, hat die Sachen ausgezogen und ist davonspaziert.«

»In diesem Fall hätte man aber zwei Fußabdrücke finden müssen, die beim Aussteigen aus dem Auto entstanden sind«, wandte Bobby ein.

»An der Beifahrerseite wurde verschmiertes Blut entdeckt. Anscheinend hat er die Lache aufgewischt, vielleicht mit dem Chirurgenanzug. Zwar hat er es nicht geschafft, alles restlos zu entfernen, aber die Abdrücke des Schuhprofils wurden zerstört. Gerissener kleiner Mistkerl.«

»Er hat vorausschauend gedacht«, überlegte Bobby laut. »Und alles geplant.«

»Ja und nein. Er musste zwar planen, doch die benötigte Ausrüstung war vor Ort vorhanden. Also brauchte er nicht zu viel vorzubereiten. Angenommen, dass es sich bei dem Mörder nicht um einen Chirurgen handelt, was wir angesichts des Tatorts natürlich noch nicht ausschließen können.« Inzwischen hatte D.D. die Hälfte ihrer Portion vertilgt und seufzte genüsslich. »Ohhh, das schmeckt ja so gut. Ich schwöre, wenn man damit keinen Herzinfarkt riskieren würde, würde ich jeden Tag herkommen.

»Was ist mit Verdächtigen?«

»Komisch, dass du das fragst.«

»Du denkst dabei doch nicht etwa an mich?« Bobby war ehrlich überrascht.

»Sollte ich das?«

»D.D. ...«

»Immer mit der Ruhe, Bobby. Wir sind hinter deiner Freundin her, Catherine Gagnon.«
Bobby verzog unwillig das Gesicht. Der Seitenhieb mit der Freundin war als Provokation gemeint gewesen, aber er weigerte sich, anzubeißen. »Ich wüsste nicht, warum«, meinte er nach einer Weile.
»Die Staatsanwaltschaft beschäftigt sich seit gestern mit der Witwe. Gerüchten zufolge profitiert sie sehr vom Tod ihres Mannes. Man munkelt, sie könnte sich nach bezahlten Gehilfen umgesehen haben ... oder nach einem armen Irren, der es aus lauter Liebe tut.«
»Glaubt Copley wirklich, dass Catherine Tony Rocco gebeten hat, ihren Mann zu töten?«
»Copley wollte gestern Nachmittag ein Gespräch mit dem guten Doktor führen, aber Rocco hat ihn abgewimmelt.«
Bobby nickte. Er umfasste die Kaffeetasse mit beiden Händen und dachte angestrengt nach. »Wenn Tony Rocco Catherines Komplize war, hatte sie doch keinen Grund, ihn zu töten oder jemanden auf ihn anzusetzen.«
D.D. zuckte die Achseln und wich seinem Blick aus. »Rocco hat Jimmy eindeutig nicht umgebracht.«
»Nein«, stimmte Bobby leise zu. »Hat er nicht.« Er sah D.D. eindringlich an, doch sie starrte weiter auf ihren Teller.
»Aber vielleicht hat Catherine mit Rocco darüber gesprochen, dass er es tun könnte«, fuhr sie nach einer Weile fort. »Und möglicherweise hat sie gehört, dass die Staatsanwaltschaft sich dafür interessiert. Dann hätte sie ein Motiv, Tony Rocco den Tod zu wünschen, nämlich damit er sie nicht verpfeift.«
»Aber der Mörder war doch wahrscheinlich ein Mann.«
»Sie sieht gut aus, und sie hat Geld. Alles beides sehr nützlich, wenn man Hilfe braucht.«
»Ein Helfer, um den Helfer auszuschalten?«, spöttelte Bobby.
D.D. zuckte die Achseln. »So lautet wenigstens Copleys

Theorie. Ich würde immer noch auf den eifersüchtigen Ehemann tippen. Wenn man jemanden aus rein geschäftlichen Gründen umlegt, sägt man doch anschließend nicht an seinem besten Stück herum.«
»Das weist eher auf persönliche Motive hin.«
»Außerdem dürfen wir die Botschaft nicht vergessen.«
»Die Botschaft?«
»Ja. Sie stand auf der Heckscheibe. Deshalb ist Dr. Rocco auch gefunden worden. Jemand hat sich vorgebeugt, um die Schrift zu lesen.«
»Und wie lautete diese Botschaft auf der Fensterscheibe?«
»Buh!«
»Buh?«
»Ja. Mit Lippenstift geschrieben.«
»Lippenstift?«
»Richtig. Und ich würde alles darauf verwetten, dass Catherine Gagnon genau diesen Rotton verwendet.«

D.D.s Teller war leer. Bobby griff nach der Rechnung.
»Copley wird dir heute Nachmittag einen Besuch abstatten«, meinte D.D.
»Will er von mir nur das eine, oder glaubst du, es ist wahre Liebe?«
»Er sagt, du und die Witwe wärt gestern nachmittag zusammen im Gardner-Museum gesehen worden.«
Bobby nahm Banknoten aus seiner Geldklammer, entfaltete sie und fing an, Ein-Dollar-Scheine abzuzählen.
»Das ist gar nicht gut«, sprach D.D. leise weiter, »wenn man sich mit der Ehefrau eines Toten blicken lässt. Die Leute könnten reden.«
Bobby suchte einen Zehner, fand keinen und entschied sich für zwei Fünfer.
»Die Frau macht nur Ärger«, sagte D.D.
»Er wollte sich von ihr scheiden lassen und das alleinige

Sorgerecht für den Jungen beantragen. Manchmal ist es nur ein kleiner Schritt von der mittellosen Ex-Frau zur wohlhabenden Witwe. Donnerstagnacht hat Catherine Gagnon diesen Schritt getan. Und in unserem Geschäft müssen einen solche Dinge misstrauisch machen.«

Endlich hob Bobby den Kopf. »Glaubst du wirklich, dass sie das alles geplant hat? «

D.D. anwortete nicht sofort. Als sie endlich das Wort ergriff, bereute sie es schon im nächsten Moment. »Kanntest du sie, Bobby? Hattest du vor dem Notruf schon einmal Kontakt mit ihr?«

»Nein.«

D.D. lehnte sich zurück. Doch ihre Miene war noch immer besorgt und ihr Blick forschend.

»Bobby«, meinte D.D. nach einer Weile, und etwas in ihrem Tonfall ließ ihn innehalten. Diesen Gesichtsausdruck, eine zielgerichtete Neugier, hatte er bei ihr noch nie zuvor gesehen. Aber sie stellte die Frage trotzdem, weil sie es einfach wissen musste.

»Als du geschossen hast ... war es schwierig, Bobby? Hast du gezögert?«

Es wäre das Leichteste gewesen, gekränkt zu reagieren, sie empört anzusehen und die Flucht zu ergreifen. Aber D.D. war eine Freundin. Eine Kollegin, die er schon seit Jahren kannte. Und vielleicht verstand Bobby, wenn er gründlich darüber nachdachte, ihre Frage sogar noch besser, als sie selbst es tat. Denn es war die, die sich jeder Polizist stellte. Man verbrachte unzählige Stunden in der Ausbildung, aber wenn die Situation wirklich eintrat ...

Er beschloss, ihr reinen Wein einzuschenken.

»Ich schwöre bei Gott«, erwiderte er leise, »ich habe nichts gespürt.«

D.D. senkte den Blick, und sie weigerte sich, ihn noch einmal anzusehen.

Bobby nickte D.D. zu und ging zur Tür.

16

Bobby hatte nach dem Verlassen des Diners gerade zwei Häuserblocks zurückgelegt, als ein windschnittiger Lincoln Towncar neben ihm hielt. Eine getönte Scheibe wurde surrend hinuntergelassen. Bobby warf einen Blick ins Wageninnere und stieß einen Fluch aus.

»Haben Sie denn keine Hobbys?«, fragte er Harris Reed, der in seiner Limousine im Schritttempo neben ihm herfuhr, worauf die anderen Verkehrsteilnehmer hinter ihm prompt ein ärgerliches Hupkonzert anstimmten.

»Steigen Sie ein«, befahl Harris.

»Nein.«

»Meine Auftraggeber würden gern mit Ihnen sprechen.«

»Dann sagen Sie ihnen, sie sollen mich noch mal verklagen.«

»Es sind sehr einflussreiche Leute, Officer Dodge. Nach einer konstruktiven Unterhaltung mit ihnen können sich alle Ihre Probleme in Luft auflösen.«

»Wie überaus gnädig von ihnen.« Bobby beschleunigte seinen Schritt. »Ich gehe trotzdem lieber zu Fuß.«

Harris versuchte es anders. »Kommen Sie schon, Officer Dodge. Immerhin haben Sie den Sohn dieser Leute erschossen. Ein paar Minuten können Sie wohl erübrigen.«

Bobbys Schritte wurden langsamer. Harris stoppte den Wagen. »Das ging unter die Gürtellinie«, meinte Bobby mit finsterer Miene und öffnete widerstrebend die Wagentür. Harris grinste unverschämt.

Die Gagnons hatten sich im Hotel LeRoux eingemietet, einer nagelneuen Luxusherberge gegenüber dem Public Garden, denn offenbar wimmelte es im Umkreis ihres millionenteuren Anwesens in Beacon Hill derart von Reportern, dass sie sich hierher hatten flüchten müssen. Mrs Gagnon konnte, wie man Bobby mitteilte, kaum essen oder schlafen. Also hatte Richter Gagnon die elegante Penthouse-Suite gemietet, wo eine Masseurin rund um die Uhr bereit stand, um ihre aufgewühlten Nerven zu beruhigen.

Harris erzählte viel über seine Auftraggeber. Zum Beispiel, dass die Gagnons ursprünglich aus Georgia stammten, weshalb Bobby sich nicht über ihren Südstaatenakzent wundern solle. Mrs Gagnon sei eine waschechte Debütantin im Satinkleid und mit auftoupiertem Haar gewesen, als sie James Gagnon im Jahr 1962 begegnet sei. Das Geld komme aus ihrer Familie. Allerdings habe der Richter bereits als Jurastudent großen Ehrgeiz an den Tag gelegt. Die Familie habe sich mit der Verbindung einverstanden erklärt, worauf Mrs Gagnons Vater James bei der Gründung einer eigenen Kanzlei habe unter die Arme greifen wollen.

Tragischerweise sei Maryannes gesamte Familie – Mutter, Vater und die jüngere Schwester – jedoch eine Woche vor der Hochzeit bei einem Autounfall in den Flammen ums Leben gekommen. Maryanne sei selbstverständlich am Boden zerstört gewesen, und um seine kurz vor dem Zusammenbruch stehende Verlobte aufzumuntern, habe Jimmy sie in einen anderen Bundesstaat entführt. Sie seien nach Boston gezogen und hätten nach einer Ziviltrauung im kleinen Kreis noch einmal von vorne angefangen.

Das Glück wollte, dass Maryanne sofort schwanger wurde. Doch leider war das Baby, der erste James junior, von Geburt an kränklich und starb bereits nach wenigen Monaten. James und Maryanne kehrten, wieder einmal

wegen einer Beerdigung, noch einmal nach Georgia zurück und ließen ihren Sohn im Familiengrab in Atlanta beisetzen.
Zwei Jahre später war dann der kleine Jimmy zur Welt gekommen, und James und Maryanne hatten ihren Entschluss nie bereut.
Bobby fand es ein wenig gespenstisch, dass die Gagnons ihrem zweiten Kind denselben Namen gegeben hatten wie dem ersten. Der erste Junge sei Junior genannt worden, der zweite Jimmy, erklärte Harris daraufhin. Aber Bobby schüttelte sich trotzdem bei dieser Vorstellung.
Als Bobby die Penthouse-Suite betrat, war sein erster Eindruck dass die Gagnons genau wussten, wie man seine Mitmenschen in Ehrfurchtsstarre versetzte. Die Räumlichkeiten waren mit italienischen Marmorfußböden und teuren Antiquitäten ausgestattet und besaßen gewaltige Fenster, die mit so üppigen Vorhängen drapiert waren, dass die Seidenraupen sicher jede Menge Überstunden gemacht hatten. Jedenfalls bot diese Luxussuite die optimale Kulisse für ihre wohlhabenden Bewohner.
Maryanne Gagnon war schätzungsweise Mitte Sechzig, durchtrainiert, aber ein wenig rundschultrig, mit festgespraytem platinblondem Haar, das inzwischen eher in Richtung Platin als Blond tendierte. Um den Hals trug sie drei Stränge fingerknöchelgroßer Perlen, und der Diamant an ihrem Finger hatte den Umfang eines Golfballs. In einen cremefarbenen Hosenanzug gehüllt, saß sie in einem zierlichen französischen Sesselchen und schien mit den Vorhängen hinter sich zu verschmelzen.
Richter Gagnon hingegen hatte etwas Raumgreifendes an sich. Hochgewachsen ragte er ein Stück hinter der rechten Schulter seiner Frau auf, und sein schwarzer Einreiher hatte vermutlich mehr gekostet, als Bobby im Monat verdiente. Sein Haar war zwar mit den Jahren schiefergrau geworden, doch seine Augen funkelten

wach. Außerdem hatte er einen markanten Kiefer und einen harten Zug um den Mund. Man konnte sich gut vorstellen, wie dieser Mann einen Gerichtssaal – ja, sogar ein ganzes Land – beherrschte.
Bobby fiel es wie Schuppen von den Augen: Der eher willensschwache Jimmy Gagnon war vermutlich mehr nach seiner Mutter als nach seinem Vater geraten.
»So kräftig sehen Sie gar nicht aus.« Zum allgemeinen Erstaunen ergriff Maryanne Gagnon als Erste das Wort. Dann wandte sie den Kopf, um ihren Mann anzublicken, und Bobby bemerkte, dass die Hände auf ihrem Schoß zitterten. »Dachtest du nicht auch, dass er irgendwie ... größer sein müsste?«, fragte sie den Richter.
Jimmy tätschelte seiner Frau die Schulter, eine wortlose Geste der Unterstützung, die Bobby mehr verunsicherte als die Kleidung, das Zimmer und die wie inszeniert wirkenden Posen. Er betrachtete den Marmorboden und studierte das Zickzackmuster aus grauen und rosafarbenen Adern.
»Möchten Sie etwas trinken?«, schlug James vor, ohne sich von der Stelle zu rühren. »Eine Tasse Kaffee?«
»Nein.«
»Etwas zu essen?«
»Ich habe nicht vor, so lange zu bleiben.«
Offenbar sah James das ein und wies auf ein Sofa. »Bitte nehmen Sie Platz.«
Eigentlich hatte Bobby auch dazu keine rechte Lust, aber er ging dennoch zu dem cremefarbenen Sitzmöbel hinüber, ließ sich widerstrebend auf der Kante nieder und ballte die Hände auf dem Schoß zu Fäusten. Anders als die Gagnons, die mit makelloser Eleganz gekleidet waren, trug er alte Jeans, einen dunkelblauen Rollkragenpulli und ein ausgewaschenes graues Sweatshirt. Schließlich war er mitten in der Nacht aus dem Bett gekrochen, um zu einem Tatort zu fahren. Ein Besuch bei

den trauernden Eltern war nicht eingeplant gewesen, und natürlich hatten die Gagnons das gewusst, als sie Harris geschickt hatten, um ihn abzuholen.
»Harris sagt, Sie hätten sich mit Catherine getroffen.« Wieder James. Bobby hatte das Gefühl, dass er hier das große Wort führte. Maryanne sah Bobby nicht einmal mehr an. Es dauerte eine Weile, bis Bobby bemerkte, dass die Frau lautlos weinte. Ihr geschickt abgewandtes Gesicht war tränenüberströmt.
»Officer Dodge?«
»Ich habe mich mit Catherine getroffen«, hörte Bobby sich antworten. Sein Blick war immer noch auf Maryanne gerichtet. Er zermarterte sich das Hirn nach etwas, was er sagen konnte. *Es tut mir leid. Er hat nichts gespürt. Wenigstens haben Sie noch Ihren Enkel ...*
Es war dumm von ihm gewesen, herzukommen. Inzwischen war ihm das klar. James Gagnon wollte ihn aufs Kreuz legen, und er, Bobby, war in die Falle getappt.
»Kannten Sie meine Schwiegertochter bereits vor der Schießerei?«, hakte James nach.
Bobby zwang sich, den Mann wieder anzusehen. Offenbar war das die Frage, die zurzeit allen auf den Nägeln brannte. »Nein«, erwiderte er mit Nachdruck.
»Sind Sie sicher?«
»Normalerweise merke ich mir die Leute, die ich kennenlerne.«
James zog nur eine Augenbraue hoch. »Was haben Sie in jener Nacht gesehen? Der Nacht, in der Jimmy starb?«
Bobbys Blick huschte zu Maryanne hinüber und richtete sich dann erneut auf ihren Mann. »Ich finde, sie sollte nicht dabei sein, wenn wir darüber reden.«
»Maryanne?«, sagte James leise zu seiner Frau, worauf sie ihn wieder ansah. Noch vor wenigen Sekunden hatte sie geweint. Nun schien sie sich wieder gefasst und neue Kraft gesammelt zu haben. Sie griff nach der Hand ihres

Mannes. Dann drehten sich die beiden wie eine vereinte Front zu Bobby um.
»Ich möchte gerne alles wissen«, erwiderte Maryanne mit weichem Südstaatenakzent. »Er ist mein Sohn, und ich war bei seiner Geburt dabei. Ich muss erfahren, wie er gestorben ist.«
Sie war eine ausgezeichnete Schauspielerin, dachte Bobby. Mit drei Sätzen hatte sie es geschafft, ihm das Messer ins Herz zu stoßen.
»Ich erhielt einen Notruf, ein Mann habe sich in seinem Haus verschanzt«, begann er, so ruhig er konnte. »Eine Frau habe telefonisch die Polizei verständigt und gemeldet, ihr Mann habe eine Waffe. Außerdem hätten die Nachbarn von Schüssen berichtet. Als ich auf der Straße Position bezog, entdeckte ich in dem Haus eine männliche Person ...«
»Jimmy«, verbesserte der Richter.
»Eine männliche Person«, beharrte Bobby, »die aufgebracht im Schlafzimmer hin und her lief. Wenig später konnte ich mich vergewissern, dass der Mann mit einer Neun-Millimeter-Pistole bewaffnet war.«
»Geladen?«, hakte James nach.
»Das konnte ich nicht feststellen, doch die zuvor eingegangenen Meldungen, es sei geschossen worden, ließen den Schluss zu, dass es sich so verhielt.«
»Gesichert oder nicht?«
»Das war ebenfalls nicht zu ermitteln. Aber die gemeldeten Schüsse deuteten darauf hin, dass die Waffe nicht gesichert war.«
»Er hätte sie in der Zwischenzeit wieder sichern können.«
»Möglich.«
»Vielleicht hat er die Schüsse niemals abgefeuert. Oder waren Sie etwa persönlich dabei?«
»Nein.«

»Haben Sie mit eigenen Augen gesehen, dass er die Waffe geladen hat?«
»Nein.«
»Ich verstehe«, sagte der Richter, und zum ersten Mal ging Bobby ein Licht auf. Das war nur der Vorgeschmack auf das, was ihm blühte, falls die Sache wirklich vor Gericht kam. Der Richter hatte sich gut darauf vorbereitet, zu beweisen, dass er, Robert G. Dodge, am Donnerstag, dem 11. November 2004, einen Mord begangen hatte, als er das bedauernswerte, ahnungslose Opfer, seinen geliebten Sohn James Gagnon junior, erschoss.
»Was genau haben Sie denn gesehen?«, erkundigte sich der Richter nun.
»Nach einer Weile ...«
»Wie lange hat das gedauert? Eine Minute? Fünf Minuten? Eine halbe Stunde?«
»Nach schätzungsweise sieben Minuten bemerkte ich eine weibliche Person ...«
»Catherine.«
» ... und ein Kind, die langsam in Sicht kamen. Die Frau hielt das Kind, einen kleinen Jungen, an sich gedrückt. Dann brach zwischen der weiblichen Person und der männlichen Person«, Bobby betonte das letzte Wort, »ein Streit aus.«
»Worüber?«
»Ich konnte die Szene nicht mithören.«
»Also haben Sie keine Ahnung, worüber die beiden redeten? Vielleicht hat Catherine Jimmy ja bedroht.«
»Womit?«
Der Richter änderte seine Taktik. »Oder sie hat ihn beschimpft.«
Bobby zuckte die Achseln.
»Wusste sie, dass Sie da waren?«, drängte der Richter weiter.
»Keine Ahnung.«

»Scheinwerfer brannten, ein Krankenwagen traf ein, Polizeifahrzeuge kamen an und fuhren ab. Ist es nicht wahrscheinlich, dass ihr dieses Gewimmel aufgefallen ist?«

»Sie befand sich drei Stockwerke hoch über der Straße. Bei meiner Ankunft hatten sie und das Kind offenbar hinter dem Bett gekauert. Unmöglich zu sagen, was sie realistischerweise wissen oder nicht wissen konnte.«

»Aber Sie haben mir doch erklärt, sie hätte selbst die Polizei angerufen.«

»So wurde es mir berichtet.«

»Deshalb hat sie sicher mit einer Reaktion gerechnet.«

»In der Vergangenheit sah die Reaktion stets so aus, dass zwei uniformierte Kollegen an ihre Tür geklopft haben.«

»Darüber bin ich im Bilde, Officer Dodge. Deshalb finde ich eines besonders interessant: Diesmal hat sie eigens betont, dass Jimmy im Besitz einer Waffe ist. Und dadurch wurde die Sache automatisch zu einem Fall für das Sondereinsatzkommando, richtig?«

»Aber er hatte tatsächlich eine Waffe. Das habe ich selbst gesehen.«

»Wirklich? Sind Sie sicher, dass die Waffe echt war? Hätte es nicht auch ein Modell oder eines von Nathans Spielzeugen seien können? Oder womöglich sogar eines dieser schicken Feuerzeuge, die die Form eines Revolvers haben?«

»Sir, ich habe im Laufe der letzten zehn Jahre Hunderte von Pistolen verschiedener Hersteller zu Gesicht bekommen und bin durchaus in der Lage, eine echte Pistole von einer falschen zu unterscheiden. Und hier handelte es sich um eine echte, und zwar um eine Beretta 9000, die von der Kriminaltechnik am Tatort sichergestellt wurde.«

Offenbar unzufrieden mit dieser Antwort, runzelte der Richter die Stirn. Aber ihm fiel rasch etwas Neues ein.

»Officer Dodge, hat mein Sohn in jener Donnerstagnacht eigentlich abgedrückt?«
»Nein, ich habe ihn vorher erschossen.«
Mit einem Aufstöhnen sank Maryanne tiefer in ihren Sessel.
James hingegen schien sich ein Schmunzeln verkneifen zu müssen. Als er, mit dem Zeigefinger fuchtelnd, im Zimmer auf und ab ging, hallten seine Schritte auf dem Marmorboden.
»In Wahrheit hatten Sie eigentlich gar keine Ahnung, was Donnerstagnacht in diesem Zimmer geschah, oder, Officer Dodge? Sie wissen nicht, ob Jimmys Pistole geladen war. Sie wissen nicht, ob er sie entsichert hatte oder nicht. Wer sagt Ihnen, dass nicht Catherine in jener Nacht den Streit vom Zaun gebrochen hat? Catherine könnte doch gedroht haben, Nathan etwas anzutun. Vielleicht hat Jimmy die Waffe ja aus dem Familiensafe geholt, weil er keine andere Möglichkeit mehr sah, das Leben seines Sohnes zu verteidigen. Hätte das nicht genauso gut der Fall sein können?«
»Das müssen Sie schon Catherine fragen.«
»Catherine fragen? Meiner Schwiegertochter die Gelegenheit zum Lügen geben? Wie häufig werden Sie pro Jahr zu Einsätzen gerufen, Officer Dodge?«
»Ich bin nicht sicher. So etwa zwanzig Mal.«
»Haben Sie früher schon geschossen?«
»Nein.«
»Und wie lange dauert so ein Einsatz im Durchschnitt?«
»Drei Stunden.«
»Ich verstehe. Also werden Sie etwa zwanzig Mal jährlich für jeweils drei Stunden eingesetzt und haben es in all dieser Zeit geschafft, noch nie Ihre Waffe abzufeuern. Aber in der Donnerstagnacht sind Sie erschienen und haben meinen Sohn nach nur knapp fünfzehn Minuten erschossen. Was war so anders an dieser Donnerstag-

nacht? Was hat Sie überzeugt, dass Sie keine andere Wahl hatten, als meinen Sohn zu töten?«

»Er war im Begriff, abzudrücken.«

»Woher wussten Sie das, Officer Dodge?«

»Weil ich seinen Gesichtsausdruck gesehen habe. Er wollte seine Frau erschießen.«

»Seinen Gesichtsausdruck, Officer Dodge? Haben Sie wirklich sein Gesicht gesehen oder das von jemand anderem?«

In seiner Aufregung brauchte Bobby einen Moment, um zu verstehen. Und als der Groschen endlich fiel, war ihm, als wäre die Welt schlagartig stehen geblieben. Er fühlte sich, als hätte er kurz seinen Körper verlassen, kehre plötzlich zurück und beobachte die ganze schäbige Szene von außen. Sich selbst, wie er, halb vorgebeugt und die Fäuste auf den Knien, auf der Kante des mit Seide überzogenen Sofas saß. Maryanne, von Trauer erfüllt und in dem cremefarbenen Sessel zusammengesunken. Und Richter Gagnon, der immer noch, ein triumphierendes Funkeln in den Augen, mit dem Finger drohte wie ein Staatsanwalt im Gerichtssaal.

Harris, schoss es Bobby durch den Kopf. Wo zum Teufel steckte Harris?

Als er sich umwandte, sah er ihn auf einem dunklen Holzstuhl in der Vorhalle sitzen und ihm mit zwei Fingern salutieren. Er machte sich nicht einmal die Mühe, sein selbstzufriedenes Grinsen zu verbergen. Natürlich hatte er die Informationen ausgegraben. So funktionierte das Spiel.

Zum ersten Mal dämmerte Bobby, wie absolut hilflos Catherine Gagnon sich gefühlt haben musste.

»In einem Prozess wird es ans Licht kommen«, sagte Richter Gagnon. »Das tut es nämlich immer.«

»Was wollen Sie von mir?«

»Sie ist der Grund, warum Jimmy sterben musste«, erwiderte James. Wer *sie* war, musste nicht eigens erklärt werden. »Geben Sie es doch endlich zu. Sie hat Sie dazu verleitet, zu schießen.«

»So etwas werde ich niemals aussagen.«

»Also gut. Wir schreiben die Geschichte neu. Sie sind erschienen und haben gehört, wie mein Sohn und seine Frau stritten. Aber es war offensichtlich, dass sie es war, die angefangen hatte. Sie bedrohte Jimmy. Oder noch besser, sie hat endlich gestanden, was sie Nathan angetan hat. Und Jimmy konnte es einfach nicht länger ertragen.«

»Kein Mensch, der noch bei Verstand ist, wird mir glauben, dass ich das alles von einem anderen Haus aus und aus fünfzig Metern Entfernung mitgehört habe.«

»Lassen Sie das meine Sorge sein. Sie hat meinen Sohn auf dem Gewissen, Officer Dodge. Und zwar so, als ob sie eigenhändig abgedrückt hätte. Ich werde nicht tatenlos daneben stehen und zulassen, dass diese Frau meinem Enkel ebenfalls Schaden zufügt. Helfen Sie mir, und ich kümmere mich darum, dass das alberne Verfahren gegen Sie eingestellt wird. Widersetzen Sie sich, werde ich Sie so lange vor Gericht zerren, bis Sie ein gebrochener alter Mann ohne Beruf, ohne Zuhause, ohne Würde und ohne Identität sind. Sie können jeden beliebigen Anwalt fragen: Ich habe die Möglichkeit dazu. Dazu braucht man nur Geld und Zeit.« James breitete die Hände aus. »Und offen gestanden habe ich von beidem mehr als genug.«

Bobby stand auf. »Ich denke, dieses Gespräch ist jetzt beendet.«

»Ich setze Ihnen eine Frist bis morgen. Sagen Sie ja, und das Verfahren ist Schnee von gestern. Außerdem werden wir Harris' kleines Forschungsprojekt vergessen. Doch nach siebzehn Uhr werden Sie mich nicht mehr in so versöhnlicher Stimmung antreffen.«

Bobby ging zur Tür. Gerade streckte er die Hand nach dem Messingknauf aus, als Maryannes Stimme ihn innehalten ließ.

»Er war ein guter Junge.«

Bobby holte tief Luft, drehte sich um und fragte so freundlich er konnte: »Ma'am?«

»Mein Sohn. Vielleicht hat er manchmal ein bisschen über die Stränge geschlagen. Aber hatte auch gute Seiten. Als er sieben war, wurde bei einem seiner Freunde Leukämie diagnostiziert. In diesem Jahr gaben wir für Jimmy eine große Geburtstagsparty, und er bat alle Gäste, anstelle von Geschenken eine Spende an die Krebshilfe zu leisten. Als Student hat er sich sogar beim Selbstmordnotruf engagiert.«

»Mein Beileid.«

»An jedem Muttertag hat er mir eine einzelne rote Rose geschenkt. Keine aus dem Gewächshaus, sondern eine richtige, die roch wie die Gärten meiner Jugend. Jimmy wusste, wie sehr ich diesen Duft liebe. Er verstand, dass ich Atlanta bis heute manchmal vermisse.« Als Maryanne ihn ansah, war endloser Schmerz in ihren Augen. »Wenn wieder Muttertag ist«, murmelte sie, »was soll ich dann tun? Sagen Sie es mir, Officer, wer wird mir meine Rose schenken?«

Bobby konnte ihr nicht helfen. Er ging hinaus, während sich hinter ihm ihre Trauer Bahn brach und sie bitterlich zu schluchzen begann. James hatte bereits die Arme um seine Frau gelegt, und Bobby hörte seine Stimme, als sich die Tür hinter ihm schloss. »Pssst. Alles wird gut, Maryanne. Bald haben wir Nathan bei uns. Denk nur an Nathan. Pssst ...«

17

Als Catherine aufstand, war Prudence bereits ausgegangen. Sonntags hatte das Kindermädchen seinen freien Tag und nicht die Absicht, auch nur eine Minute davon zu verschwenden. Catherine konnte das nur recht sein. Die Sonne schien, ein fast unerträglich blauer Himmel wölbte sich und sah aus, wie es nur ein Neuengland-Himmel an trocken-kalten Novembertagen vermag. Trotzdem ging Catherine von Zimmer zu Zimmer und machte Licht. Sie überlegte, ob sie vielleicht dabei war, den Verstand zu verlieren.

Hatte sie letzte Nacht überhaupt geschlafen? Sie war nicht sicher. Hin und wieder hatte sie geträumt, also musste doch Schlaf im Spiel gewesen sein. Sie hatte Nathan an dem Tag gesehen, als er geboren wurde. Seit drei Stunden hatte sie gepresst. Fast geschafft, fast geschafft, sagte der Arzt immer wieder. Schon vor zwei Stunden hatte sie zu schreien aufgehört und keuchte inzwischen nur noch wie ein krankes Tier im Stall. Die Ärzte logen, Jimmy log. Sie lag im Sterben, und das Baby riss sie entzwei. Wieder eine Wehe. Pressen, rief der Arzt. Pressen, rief Jimmy. Sie biss sich auf die Unterlippe und drückte verzweifelt.

Nathan schoss so schnell heraus, dass er dem Arzt durch die wartenden Hände flutschte und auf dem mit einem Laken bedeckten Boden landete. Der Arzt jubelte. Jimmy jubelte. Sie stöhnte nur. Dann legten sie ihr den kleinen Nathan auf die Brust. Er war blau, winzig und mit Schleim überzogen.

Sie wusste nicht, was sie denken oder fühlen sollte. Aber

dann bewegte Nathan seine winzigen Lippen und suchte nach ihrer Brust, und sie stellte fest, dass sie plötzlich zu plappern begann wie eine Idiotin. Sie weinte dicke Tränen, die ersten echten Tränen, die sie seit ihrer Kindheit vergossen hatte. Sie weinte um Nathan, wegen dieses wunderschönen neuen Lebens, das aus der Wüste ihrer Seele entsprungen war, wegen des Wunders, das sie niemals für möglich gehalten hätte. Und sie weinte, weil ihr Mann sie an sich drückte, weil ihr Baby sich an sie kuschelte und weil sie sich für den Bruchteil einer Sekunde nicht allein fühlte.

Sie hatte von ihrer Mutter geträumt. Catherine sah sie auf der Schwelle ihres Kinderzimmers stehen. Sie selbst lag, die Augen verzweifelt aufgerissen, in ihrem schmalen Bett. Sie musste wach bleiben, denn wenn sie einschlief, würde die Dunkelheit kommen, und in der Dunkelheit würde er sein. Ihr den Kopf auf seinen Schoß zwingen. Der Geruch, der Geruch, der Geruch. Das Grunzen, wenn er in sie hineinstieß wie ein Kamel, das versuchte, sich durch ein Nadelöhr zu zwängen. Die Schmerzen, die Schmerzen, die Schmerzen. Oder es würde noch schlimmer werden. Die Tage und Wochen, als er sie gar nicht mehr zu zwingen brauchte. Als sie einfach tat, was er verlangte, weil Widerstand sowieso zwecklos war und weil die Erniedrigungen keine Rolle mehr spielten, denn das kleine Mädchen, das in dieses Höllenloch geworfen worden war, das gab es nicht mehr. Nur noch ihr Körper war übrig, eine verdorrte Hülle, die willenlos mitmachte und dankbar war, dass er überhaupt zu ihr zurückkehrte.

Eines Tages würde er wegbleiben. Das war ihr klar. Eines Tages würde er ihrer überdrüssig sein, sodass sie hier unten sterben musste. In der Dunkelheit und allein. Im Haus waren nicht genug Lampen. Drei oder vier vielleicht. Es war fünf Uhr morgens. Catherine sammelte alle

Kerzen ein. Taschenlampen waren auch recht nützlich. Das Lämpchen im Backofen. Die Nachtbeleuchtung für den Wasserspender in der Kühlschranktür. Die Neonröhren unter den Hängeschränken in der Küche. Die Schrankinnenbeleuchtung. Das Feuer in den beiden Gaskaminen. Sie ging von Zimmer zu Zimmer und schaltete alles ein. Sie brauchte Licht. Sie musste Licht haben. Sie hatte von Jimmy geträumt. Einem lächelnden Jimmy. Einem glücklichen Jimmy. Hallo, was muss ein Mann tun, um einen Spritzer Parfüm abzukriegen? Einem wütenden Jimmy. Einem betrunkenen Jimmy. Einem eiskalten Jimmy. *Sind Sie wirklich sicher, dass sie leer ausgeht? Ich will nicht, dass sie auch nur einen roten Heller kriegt.*

So viel hatte sie von Jimmy geträumt, dass sie um sechs Uhr morgens im Bett hochfuhr und ins Bad stürzte, um sich zu übergeben.

Buh!, flüsterte eine Stimme in ihrem Hinterkopf. Buh!

O bitte, lieber Gott, lass Jimmy endlich tot sein.

Inzwischen war es kurz vor neun. Besuchszeit im Krankenhaus. Catherine hatte bereits vier Mal angerufen. Nathan war wach. Sie konnte ihn sehen.

Zum Teufel damit. Sie vertraute dem Krankenhaus nicht. Die Sicherheitsvorkehrungen waren zu lax. Sie würde ihren Sohn mit nach Hause nehmen.

Catherine hatte den Mantel an und den Schlüssel in der Hand. Ein letzter Rundgang durchs Haus. Richtig, die Kerzen. Sie ging von Zimmer zu Zimmer und pustete einen brennenden Docht nach dem anderen aus. Als sie gerade wieder nach unten kam, fiel ihr der Elektroschocker ein. Sie hatte einen im Safe. Also kehrte sie nach oben ins Schlafzimmer zurück, um sich für den Kampf gegen den namenlosen Feind zu rüsten.

Wer hatte Buh! auf ihren Rückspiegel geschrieben? Wer würde so etwas tun?

Sie wollte lieber nicht zu viel darüber nachdenken. Es gab zwar einige Antworten, aber die meisten machten ihr Angst.
Der Safe stand weit offen, wie die Polizei ihn zurückgelassen hatte. Sie blickte hinein. Der Elektroschocker war weg. Mistkerle. Wahrscheinlich hatten sie ihn als Beweismittel sichergestellt. So als ob der Elektroschocker sie gegen Jimmys Pistole hätte schützen können.
Frisch gestärkt von der Wut, ging sie wieder nach unten und steuerte auf die Eingangstür zu. Ins Krankenhaus, zu Nathan. Gerade hatte sie die Hand nach dem Türknauf ausgestreckt, als es auf der anderen Seite klopfte. Catherine fuhr zurück und presste die Hand an die Brust wie nach einem Schlag. Es klopfte erneut.
Ganz langsam hielt sie das Auge an den Spion.
Drei Leute standen draußen. Polizei.
Nein, dachte sie verzweifelt. Nicht jetzt. Nathan war allein. Wussten sie denn nicht, dass jederzeit ein Mann in einem blauen Chevy um die Ecke biegen konnte?
Es klopfte wieder. Widerstrebend öffnete Catherine die Tür.
»Catherine Gagnon?«, fragte der Mann, der ganz vorne stand. Seine Nase war eingedrückt, als hätte er zu oft eine ins Gesicht bekommen, was nicht zu seinem schicken grauen Anzug zu passen schien.
»Wer sind Sie?«
»Richard Copley, stellvertretender Bezirksstaatsanwalt von Suffolk County. Ich bin in Begleitung von Detective D.D. Warren von der Bostoner Polizei«. Er wies auf eine attraktive Blondine mit einem miserablen Kleidergeschmack. »Und Ermittler Rob Casella von der Staatsanwaltschaft.« Er deutete auf einen ausgesprochen sauertöpfisch wirkenden Mann in einem dunklen Beerdigungsanzug. »Wir haben einige Fragen an Sie. Dürfen wir reinkommen?«

»Ich wollte gerade zu meinem Sohn«, erwiderte sie. »Dann werden wir uns bemühen, Sie nicht zu lange aufzuhalten.« Der Staatsanwalt drängte sich schon ins Haus. Nach einer Weile gab sie sich geschlagen. Vermutlich war es das Beste, es so schnell wie möglich hinter sich zu bringen. Bevor Nathan – oder Prudence – zurückkam.

Die billig gekleidete Blondine blickte sich mit bemüht blasierter Miene in der Eingangshalle um. Der Ermittler hingegen machte sich bereits Notizen.

»Ich denke, wir sollten uns setzen.« Der Staatsanwalt bat alle Anwesenden zum Gespräch ins Wohnzimmer, das links von der Vorhalle abging. Endlich stellte Catherine die Handtasche ab und schlüpfte wieder aus dem Mantel. Dabei ließ sie den Staatsanwalt nicht aus den Augen. Offenbar hatte er hier das Sagen.

Sie fragte sich, welche Einstellung er wohl zu trauernden Witwen hatte. Dann trafen sich ihre Blicke wieder. Er musterte sie kalt und abschätzend wie ein Raubtier, das seine Beute beobachtet. Das war also der Stand der Dinge. Seit Catherine sich erinnern konnte, löste sie in Männern stets extreme Reaktionen aus. Männer, die Frauen begehrten, verzehrten sich nach ihr. Und Männer, die Frauen hassten ...

Daran musste dringend etwas geändert werden, sagte sie sich und wandte ihre Aufmerksamkeit dem Mann im Beerdigungsanzug zu.

»Schön, dass Sie gekommen sind«, verkündete sie mit Nachdruck, straffte die Schultern und rauschte ins Zimmer. »Als ich gestern mit der Gerichtsmedizin telefoniert habe, war ich zugegebenermaßen ziemlich überrascht zu hören, dass die Leiche meines Mannes noch immer nicht freigegeben ist.«

»In Situationen wie dieser dauert das seine Zeit.«

»Haben Sie Kinder, Mr Copley?«

Er starrte sie nur ausdruckslos an. »Für meinen Sohn ist das alles sehr schwer«, meinte Catherine leise. »Deshalb würde ich gerne die Beisetzung in die Wege leiten, damit wir beide einen neuen Anfang machen können. Je früher mein Sohn die Möglichkeit erhält, einen Schlussstrich unter diese Tragödie zu ziehen, desto eher werden die Narben auf seiner Seele heilen.«

Copley und seine Begleiter schwiegen. Catherine ließ sich ihnen gegenüber auf einem antiken Holzstuhl nieder, schlug die Beine übereinander und legte eine Hand fest ums Knie. Sie hatte ihre Kleidung heute Morgen sorgfältig ausgewählt: wadenlanger schwarzer Rock und ein grau-violetter Rollkragenpullover aus Kaschmir mit Gürtel. Perlenknöpfe in den Ohren, der Ehering am Finger, das lange schwarze Haar zu einem Nackenknoten zusammengefasst. Von Kopf bis Fuß das Sinnbild der trauernden Witwe. Und das wusste sie genau.

Wenn diese Leute wirklich vorhatten, über eine Frau herzufallen, die gerade ihren Mann verloren hatte – nur zu!

»Wir haben einige Fragen im Zusammenhang mit den Vorfällen von Donnerstagnacht«, begann der Staatsanwalt schließlich, nachdem er mit einem Räuspern das Schweigen gebrochen hatte. »Könnten Sie uns die eine oder andere Einzelheit noch einmal schildern?«

Catherine sah ihre Besucher nur erwartungsvoll an.

»Äh, also gut.« Ermittler Casella hatte sein Notizbuch zutage gefördert und blätterte darin herum. Anstatt ihn zu beobachten, betrachtete Catherine die Blondine. Schießereien wurden doch von der Staatsanwaltschaft untersucht, nicht von der Bostoner Polizei. Was also wollte sie hier?

»Es geht um die Überwachungsvideos der Alarmanlage ... das aus dem Schlafzimmer fehlt offenbar.«

»Es gibt keines.«

»Es gibt keines? Soweit die Sicherheitsfirma uns informiert hat, wurde in Ihrem Schlafzimmer eine Kamera installiert.«

Catherine sah Ermittler Casella gleichmütig an. »Sie war nicht eingeschaltet.«

»Nicht eingeschaltet?«

»Wie praktisch«, murmelte die Blondine.

Catherine achtete nicht auf sie. »Die Kamera soll nur laufen, wenn wir nicht zu Hause sind. Jimmy hat sie so eingestellt, dass sie sich zwischen Mitternacht und acht Uhr morgens automatisch abschaltet.«

»Das ist aber interessant«, meinte Casella. »Denn laut Ihrer früheren Aussage kam Jimmy um zweiundzwanzig Uhr nach Hause. Deshalb hätte die Kamera noch laufen müssen.«

»Stimmt, nur dass die Schalttafel die Uhr nicht lesen kann.«

»Verzeihung?«

»Das können Sie überprüfen«, fuhr Catherine fort. »Sie werden feststellen, dass die Zeitschaltuhr momentan zwei Stunden vorgeht und darum glaubte, dass es schon Mitternacht war, obwohl wir erst zehn Uhr abends hatten.« Sie zuckte die Achseln. »Jimmy war nicht unbedingt ein Elektronikgenie. Sommerzeit, Winterzeit, offenbar hat er da etwas durcheinander gebracht.«

»Das hat die Sicherheitsfirma nicht erwähnt.«

»Ich weiß nicht, ob er es ihnen je gemeldet hat.«

Die beiden Männer und die Blondine wechselten Blicke.

»Sie haben ausgesagt, Sie und Ihr Mann hätten sich gestritten«, sprach Ermittler Casella schließlich weiter. »Worum ging es denn?«

Catherine betrachtete ihn kühl. Schließlich waren sie das schon einmal durchgegangen, und zwar am Freitagmorgen, als das Blut in ihrem Schlafzimmer noch frisch gewesen war. Es ärgerte sie, dass sie gezwungen wurde, es zu wiederholen.

»Jimmy konnte ziemlich eifersüchtig sein, besonders

wenn er getrunken hatte. Am Donnerstagabend fing er wieder mit Nathans Arzt an. Ich wollte mit Nathan zu Dr. Rocco gehen, weil der Junge sich nicht wohl fühlte. Aber Jimmy hielt das nur für einen Vorwand, damit ich mich mit meinem früheren Geliebten treffen konnte.«

»Sie hatten eine Affäre mit Dr. Tony Rocco?«, mischte sich der Staatsanwalt mit gespieltem Erstaunen ein. Die Beamten hatten ihr Drehbuch, Catherine ein anderes, und sie fragte sich, ob es sich bei diesem Stück um eine griechische Tragödie oder um eine absurde Farce von Shakespeare handelte.

Auf einmal wurde sie von einer ungeahnten Müdigkeit ergriffen. Sie wollte zu Nathan, um sich zu vergewissern, dass zumindest ihrem Sohn keine Gefahr drohte.

»Und wo hielt sich das Kindermädchen, Prudence Walker, während dieser Auseinandersetzung auf?«, fuhr Ermittler Casella mit der Vernehmung fort.

»Donnerstagabend hat Prudence immer frei. Am Donnerstagabend und sonntags tagsüber.«

Casella musterte sie finster. »Aber Ihr Mann ist doch erst recht spät nach Hause gekommen. War sie sicher noch nicht zurück und schlief vielleicht oben in ihrem Zimmer?«

»Ich glaube, sie hat bei einem Bekannten übernachtet.«

»Bei ihrem Freund?« Zum ersten Mal mischte sich die Blondine ein. Sie betrachtete Catherine forschend. »War sie donnerstags oft über Nacht bei ihm?«

»Sie verbringt häufig die ganze Nacht auswärts«, gab Catherine zu.

»Wie praktisch«, murmelte die Blondine wieder.

Catherine ging nicht darauf ein.

»Und Ihr Sohn?«, arbeitete der Ermittler weiter an dem Versuch, ihr Grab zu schaufeln. »Warum war er bei dem Streit anwesend?«

»Nathan war kurz nach zehn aus einem Albtraum aufgewacht. Ich war gerade in sein Zimmer gegangen, um ihn zu trösten, als ich unten Jimmy hörte. Ich wusste ... ich wusste sofort, dass es Probleme geben würde.«

»Was soll das heißen?«

»Man merkte, dass er getrunken hatte. Daran, wie er die Tür zuknallte und meinen Namen brüllte. Nathan bekam natürlich sofort noch mehr Angst.«

Allerdings hatte das nicht viel zu bedeuten, denn Nathan hatte wie immer keinen Mucks von sich gegeben. Er hatte sie nur aus seinen viel zu ernsten blauen Augen angesehen und seinen mageren Kinderkörper voller Furcht versteift. Jimmy war zu Hause. Jimmy war betrunken. Jimmy war größer und stärker als sie beide. Sie hatte sich für ihren Sohn etwas anderes gewünscht. Das hatte sie Donnerstagnacht gedacht, als Jimmy die Tür zuknallte. Als Jimmy zu brüllen anfing. Als Jimmy auf die Treppe zusteuerte. Sie hatte Nathan in die Augen geblickt und erschrocken festgestellt, dass ihre eigene Hoffnungslosigkeit sich darin spiegelte.

»Wann hat Jimmy die Pistole geholt?«, erkundigte sich der Staatsanwalt.

»Ich weiß nicht.«

»Woher hatte er die Waffe?«

»Ich weiß nicht.«

»Er hatte sie bei sich, als er die Treppe hinaufkam?«

»Ja.«

»Er hat sie Ihnen und Nathan gezeigt?«

»Ja.«

»Und was taten Sie, Mrs Gagnon?«

»Ich habe ihn gebeten, die Waffe wegzulegen, weil er Nathan damit Angst machte.«

»Wie hat er reagiert?«

»Er hat gelacht, Mr Copley. Er sagte, die Gefahr für Nathan ginge in diesem Hause nicht von ihm aus, sondern von mir.«

»Was meinte er damit?« Sie zuckte die Achseln. »Jimmy war betrunken und redete wirres Zeug.«

»Und wie verhielt sich Nathan währenddessen?«

»Nathan saß ...«

Ihre Stimme erstarb, und sie musste sich zwingen, weiterzusprechen. »Nathan saß auf meinem Schoß. Den Kopf hatte er an meine Schulter gepresst, um seinen Vater nicht ansehen zu müssen. Dabei hielt er sich mit beiden Händen die Ohren zu. Ich sagte zu Jimmy, ich würde Nathan in unserem Zimmer ins Bett legen, und bat ihn, sich zu beruhigen, da er unserem Kind Angst einjagte. Dann ging ich an ihm vorbei ins Schlafzimmer. Sobald ich drinnen war, schloss ich von innen ab und verständigte die Polizei.«

»Hat Jimmy da die Waffe abgefeuert?«

»Ich kann mich nicht erinnern.«

»Die Nachbarn haben zwei Schüsse gemeldet.«

»Wirklich?«

Copley zog die Augenbrauen hoch. »Soll das bedeuten, dass Sie nicht sicher sind, ob Ihr Mann die Waffe abgefeuert hat?«

»Ich war mit meiner Aufmerksamkeit nicht bei Jimmy, sondern bei Nathan, der außer sich war vor Angst.«

Mommy, müssen wir jetzt sterben? Mach Licht, Mommy, wir brauchen mehr Licht.

»Hat Jimmy vor diesem Abend je Ihnen oder Ihrem Sohn wehgetan?«

»Wenn Jimmy wütend wurde, warf er mit Gegenständen. Manchmal ... wir hatten Eheschwierigkeiten.«

»Eheschwierigkeiten?« Wieder die Blondine, und zwar in sarkastischem Tonfall. »Alle zwei Wochen standen uniformierte Kollegen bei Ihnen vor der Tür, weil Beschwerden eingegangen waren. Und schließlich spitzte sich die Krise so zu, dass Ihnen die Sache entglitt, richtig, Mrs Gagnon? Jimmy hatte die Scheidung eingereicht.«

Catherine erwiderte kühl ihren Blick. »Stimmt ganz genau.«
»Das Geld gehörte ihm«, bohrte die Blondine weiter. »Er hatte die Macht. Erst hat Sie der Kerl regelmäßig verprügelt, und nun wollte er Sie auch noch über den Tisch ziehen. Offen gestanden kann es Ihnen niemand verdenken, dass Sie sauer geworden sind.«
»Wir hatten Probleme. Aber das hieß nicht, dass man die nicht hätte lösen können.«
»Bitte, verschonen Sie mich. Ihr Mann hat Sie geschlagen. Er hat Sie angebrüllt und Ihr Kind mit Gegenständen beworfen. Welches Interesse könnten Sie gehabt haben, sich mit ihm zu versöhnen?«
»Man merkt, dass Sie Jimmy nie kennengelernt haben.«
»Allerdings scheinen Sie selbst auch nicht so beeindruckt gewesen zu sein, denn sonst hätten Sie ja nicht mit dem Arzt Stethoskopverstecken gespielt.«
Catherine zuckte zusammen. »Das war unter die Gürtellinie.«
»Sie haben Dr. Rocco noch einmal aufgesucht, richtig?«
»Nathan hatte am Freitag einen Anfall von akuter Bauchspeicheldrüsenentzündung. Natürlich habe ich Dr. Rocco aufgesucht.«
»Hatte er Sie schon vermisst? Wollte er Sie zurück? Da Jimmy nun tot ist ...«
»Diese Andeutung empfinde ich als beleidigend. Die Leiche meines Mannes ist noch kaum kalt ...«
»Kaum kalt? Haben Sie seine Ermordung arrangiert?«
»Wie denn? Indem ich mich als Zielscheibe zur Verfügung gestellt habe?«
Die Blondine rutschte an die Sofakante und feuerte eine Salve von Fragen auf Catherine ab. »Wer hat den Streit angefangen? Donnerstagnacht? Wer hat Dr. Rocco zuerst erwähnt?«
»Ich. Nathan fühlte sich nicht wohl.«

»Und deshalb haben Sie beschlossen, den Namen Ihres verflossenen Liebhabers gegenüber Ihrem eifersüchtigen Ehemann fallen zu lassen?«
»Er war Nathans Arzt!«
»Sie haben Nathan weiter von Ihrem ehemaligen Liebhaber behandeln lassen, obwohl Ihr Mann eifersüchtig war und Sie schlug?«
Catherine blinzelte, kurz aus dem Konzept gebracht, und suchte verzweifelt nach einer glaubhaften Antwort. »Nathan mag keine fremden Ärzte. Ein neuer Arzt bedeutet weitere Untersuchungen. Ich wollte ihn dem nicht aussetzen.«
»Ach, ich verstehe. Also trafen Sie sich weiter mit Ihrem früheren Liebhaber, um Ihrem Sohn einen Gefallen zu tun?«
»Dr. Rocco ist ein guter Arzt.«
»Ist ein guter Arzt?«
»Ist ein guter Arzt«, wiederholte Catherine leicht verdattert.
»Dann wird es Sie sicher enttäuschen, dass er nicht länger Ihr Arzt sein kann.«
»Das war nicht seine Schuld. James Gagnon hat viel Einfluss. Tony hatte keine andere Wahl.«
Zum ersten Mal wirkte die Blondine überrascht. »Wann haben Sie Dr. Rocco zuletzt gesehen?«, erkundigte sie sich.
»Freitagabend. Als Nathan in die Intensivstation eingeliefert wurde. Anschließend teilte mir Dr. Rocco mit, er könne Nathan nicht weiter behandeln. Der Leiter der Kinderklinik habe ihn aufgefordert, den Fall abzugeben. Er hat mich an einen Genetikspezialisten, einen Dr. Iorfino, überwiesen. Am Montag haben wir einen Termin.«
»Und wann haben Sie diesen Termin vereinbart?«
»Das habe ich nicht. Tony hatte das erledigt.«
»Persönliche Fürsorge«, murmelte die Blondine und zog die Augenbraue hoch.

»Mein Sohn ist sehr krank und muss von einem Experten behandelt werden. Und in der Welt der Medizin kommt man eben nur durch Vermittlung eines Facharztes an einen anderen Facharzt heran. Wenn ich Dr. Iorfino selbst angerufen hätte, wäre ich auf einer Warteliste gelandet. Aber Tony hat uns sofort einen Termin besorgt. Vielleicht ist er im Privatleben nicht gerade ein Moralapostel, aber er ist ein ausgezeichneter Arzt und hat sich sehr gut um meinen Sohn gekümmert.«

»Für mich klingt das, als würde Sie ihn immer noch lieben.«

»Ich habe meinen Mann geliebt.«

»Obwohl er Sie als menschlichen Sandsack benutzt hat? Auch als er Sie mit einer Waffe bedrohte? Meiner Ansicht nach haben Sie sich ziemlich verbessert, Mrs Gagnon. Denn jetzt gehören das Haus, das Auto und die Bankkonten Ihnen, ohne dass Sie sich weiter mit Jimmy als Ballast herumplagen müssten.« In den Augen der Blondine stand ein aufmerksames Funkeln. »Und außerdem wirft Ihnen jetzt niemand mehr vor, Sie würden Ihren Sohn misshandeln. Sie sind aus dem Schneider.«

Catherine stand auf. »Raus.«

»Sie wissen, dass wir mit Prudence sprechen werden. Und mit ihrer Vorgängerin und deren Vorgängerin. Wir werden alles zurückverfolgen, bis wir jeden Vorfall in diesem Haus bis in die kleinste Kleinigkeit kennen.«

»Raus.«

»Und wir werden mit Nathan reden.«

Catherine wies mit dem Finger auf die Tür. Endlich erhoben sich die drei. »Ein Jammer, das mit Dr. Rocco«, merkte die Blondine beiläufig an, als sie die Vorhalle mit dem Marmorfußboden durchquerten. »Vor allem für seine Frau und seine Kinder.«

»Was ist mit Tony?«

»Ach so, ja, der ist tot. Wurde gestern Nacht ermordet.

Im Krankenhaus.« Die Blondine blieb stehen und musterte eindringlich Catherines Gesicht. Ausnahmsweise gab Catherine sich keine Mühe, ihre Reaktion zu verbergen. Sie war ehrlich entsetzt. Wie vor den Kopf geschlagen. Im nächsten Moment wurde sie von Angst ergriffen.

»Wie?«, fragte sie leise.

»Buh!«, murmelte die Blondine. Catherine erstarrte.

Die Ermittlungsbeamten verließen das Haus. Auf der Schwelle blieb der Staatsanwalt noch einmal stehen.

»Wissen Sie, was Schmauchspuren sind?«, meinte Copley.

»Nein.«

»Die Spuren, die an Händen und Kleidung zurückbleiben, wenn jemand eine Waffe abfeuert. Dreimal dürfen Sie raten, was wir bei Ihrem Mann nicht gefunden haben.«

Catherine schwieg. Buh!, dachte sie entgeistert. Buh!

Das Trio ging die Vortreppe hinunter. »Ein Fehler«, rief Copley, über die Schulter gewandt. »Mehr brauche ich nicht. Ein kleiner Fehler, Mrs Gagnon, dann gehören Sie mir.«

18

Sonntagmorgen. Die Sonne schien, und die trockenkalte Luft kündigte den Winter an. Die meisten Fußgänger in Boston hasteten, die Köpfe in die Falten ihrer Schals geduckt wie Schildkröten und die Hände tief in den Manteltaschen vergraben, von einem überteuerten Laden zum nächsten. Nicht Mr Bosu. Ohne Mantel, Mütze und Handschuhe schlenderte er zwischen den prachtvollen alten Bäumen des Public Garden dahin. Er liebte dieses Wetter. Den Duft des faulenden Laubs. Den letzten Hauch der verblassenden Wintersonne.

Als Kind war das seine Lieblingsjahreszeit gewesen. Bis lange nach Dunkelwerden hatte er draußen gespielt. Seine Eltern hatte das nicht gekümmert. Frische Luft ist gut für den Jungen, pflegte sein Vater zu sagen, bevor er sich wieder hinter der Tageszeitung verkroch.

Eigentlich keine schlechte Kindheit. Er konnte nicht klagen. Mr Bosu hatte liebevolle Erinnerungen an G.-I.-Joe-Plastikfigürchen und Spielzeug-Zementmischmaschinen. Er kurvte auf seinem Fahrrad herum und spielte mit den anderen Kindern. Es gab sogar Kindergeburtstage im goldfarben ausgestatteten Wohnzimmer seiner Mutter, geschmückt mit den kleinen orangefarbenen und gelben Blümchen, die damals als so reizend galten. Er hatte gehört, dass dieser Stil nun wieder in Mode kam. Retro. So nannte man das. So lange war Mr Bosu im Gefängnis gewesen, dass seine Kindheit inzwischen wieder modern war.

Was, so fragte er sich, würde wohl geschehen, wenn er nach Hause zurückkehrte? Wahrscheinlich wohnten seine Eltern noch in demselben Haus und in derselben Straße. Vermutlich fuhren sie sogar noch dasselbe Auto. Was nicht kaputt ist, braucht man nicht zu reparieren, lautete der Standardspruch von Mr Bosu senior.

Sie hatten Mr Bosu nicht im Gefängnis besucht. Kein einziges Mal. Nach dem Tag, an dem das Mädchen im Zeugenstand auf Mr Bosu gezeigt und »Ja, Sir, das ist der Mann, der mich entführt hat«, gesagt hatte, waren seine Eltern sogar der Verhandlung fern geblieben.

Gewiss hatte er seinen Eltern das Herz gebrochen. Leute wie sie hätten eigentlich einen Sohn haben müssen, der normal war. Der sich der Studentenorganisation der Army anschloss, auf Staatskosten einen Collegeabschluss machte und am Wochenende seinem Vaterland diente. Der dann ein ganz durchschnittliches Mädchen, vielleicht das Ebenbild seiner Mutter, heiratete, die in einer modernen Retroküche stand und Retroaufläufe zubereitete, während ihre zwei Komma zwei Kinder sich draußen im Garten die Zeit mit Retrospielzeugen vertrieben.

Aber Mr Bosu hatte andere Tagträume. Sie drehten sich um katholische Schulmädchen, die einen grünen Schottenrock und weiße Kniestrümpfe trugen und eine rote Schleife im langen schwarzen Haar hatten. Die Schulbücher hielten sie vor die knospenden Brüste gedrückt, und sie antworteten stets mit »Ja, Sir« oder »Nein, Sir«. Ihre Körper waren straff und jungfräulich und noch nie von einem Mann berührt worden, und sie würden ihm zu Willen sein, wann und wo er es auch von ihnen verlangte.

Für immer würden sie ihm gehören.

Aber Mr Bosu war nicht dumm gewesen. Er hatte seine Phantasien für sich behalten und mit sechzehn seinen ersten Versuch unternommen. Er hatte ein kleines Mädchen auf einem Spielplatz angesprochen, und zwar unter dem Vorwand, er suche seine kleine Schwester. Da die Kleine nicht sofort die Flucht ergriffen hatte, hatte er sich erboten, sie auf der Schaukel anzuschubsen. Doch ihre zarten, mageren Rippen unter den Händen zu spüren war nicht folgenlos geblieben. Die Hose war ihm zu eng geworden, ohne dass er die Möglichkeit gehabt hätte, dies zu verbergen. Ein Blick hatte genügt, dass die Kleine zu schreien angefangen hatte und sofort nach Hause gelaufen war.

Später hatten ihre Eltern seine Eltern auf Mr Bosus »merkwürdiges« Verhalten angesprochen. Er war errötet und ins Stottern geraten und hatte schamlos gelogen, er habe gerade eine blonde Cheerleaderin vorbeigehen sehen. Natürlich habe er nie vorgehabt ... Er wisse nur nicht, wie er das abstellen ... Ach, herrje, es täte ihm ja so, so leid.

Jungs sind eben so, hatte sein Vater kopfschüttelnd gesagt und wieder nach seiner Zeitung gegriffen.

Danach war Mr Bosu vorsichtiger geworden. Mit dem Auto seiner Eltern war er in andere Stadtviertel gefahren und hatte geübt und viel gelernt. In neuen Klamotten wirkte man weniger bedrohlich, vor allem wenn man ein Hüne war wie er. Eine gute Geschichte war ebenfalls unverzichtbar. Und bloß keine Süßigkeiten. Schließlich wurde jedes Kind vor Fremden gewarnt, die mit Bonbons lockten. Viel besser war es da, eine verloren gegangene Schwester, einen entlaufenen Hund oder eine verschwundene Katze zu suchen. Damit konnte jedes Kind etwas anfangen.

Mr Bosu feilte an seiner Methode. Und eines Tages schlug er zu.

Die Freude war kurz und endete in einem Blutbad. Ganz und gar nicht so, wie er es sich ausgemalt hatte. Anschließend geriet er in Panik und wusste nicht, wohin mit der Leiche. Zu guter Letzt beschwerte er sie mit Steinen und fuhr sie den weiten Weg bis zur Grenze nach Connecticut, wo es einen Fluss gab.

Erschüttert und aufgewühlt – und interessanterweise voller Reue – kehrte er dann nach Hause zurück. Tagelang sah er sich mit feuchten Handflächen die Nachrichten an und wartete darauf, erwischt zu werden.

Aber nichts geschah. Einfach .... nichts. Und bald regten sich die Phantasien erneut. Er träumte, er hungerte, er begehrte. Bis er eines Tages in eine Straße unweit seines Elternhauses eingebogen war. Und da hatte er das Mädchen gesehen. Sie trug zwar einen braunen Kordrock, kein grünes Schottenkaro, aber der Rest passte recht gut.

Danach war alles ganz einfach gewesen. Er hatte eine völlig neue Methode angewendet, und zwar mit einem überaus zufriedenstellenden Ergebnis. Zumindest bis zu dem Moment, als das Mädchen in den Zeugenstand getreten war.

Damals war er noch sehr jung gewesen. Inzwischen wusste er das. Und wegen seiner Jugend hatte er Fehler gemacht. Nun hatte er fünfundzwanzig Jahre Zeit gehabt, sein Wissen zu erweitern. Wer glaubte, dass man im Gefängnis nichts dazulernte, war ganz offensichtlich nie dort gewesen.

Mr Bosu schlenderte die Park Street entlang bis zur riesigen gotischen Kathedrale, an die er sich noch aus seiner Jugend erinnerte. Er setzte sich auf eine der hölzernen Parkbänke neben eine ältere Frau, die die Tauben mit Brotkrümeln fütterte. Als sie ihn anlächelte, lächelte er freundlich zurück.

»Ein wunderschöner Morgen«, sagte er.

»Das ist es wirklich«, antwortete die Frau und lachte leise auf.

Gestern Nachmittag hatte Mr Bosu auf Kosten seines Wohltäters X einen ausgedehnten Einkaufsbummel unternommen. Der hünenhafte, leicht bedrohlich wirkende Mann von der Faneuil Hall hatte sich in einen eleganten Herrn mittleren Alters verwandelt, der offenbar großen Wert auf körperliche Ertüchtigung legte. Armani und ein ordentlicher Haarschnitt wirkten eben Wunder.

Die alte Frau verteilte weitere Brotkrümel an die dicken Tauben, die watschelnd ihre Füße umwimmelten. Mr Bosu legte den Kopf in den Nacken und hielt das Gesicht in die Sonne. Ach, war das schön, draußen zu sein.

Im nächsten Moment begannen die Kirchenglocken zu läuten. Familien strömten die Vortreppe hinunter. Erst kamen die stolzen Väter, dann die abgehetzten Mütter und zu guter Letzt die johlenden Kinder.

Mr Bosu schlug die Augen auf. Er liebte dunkelhaarige Mädchen mit großen weißen Schleifen in den langen, schimmernden Locken und lächelte den durcheinander laufenden Horden blonder Prinzessinnen in ihren weißen Rüschenkleidern und den auf Hochglanz polierten Lackschuhen zu. Die Eltern standen auf dem großen Platz vor der Kirche plaudernd beieinander, während die Kinder umhertollten.

Fünf kleine Mädchen spielten Fangen. Zwei kleine Mädchen hielten sich an den Händen. Ein kleines Mädchen hatte sich ein wenig von den anderen abgesondert und jagte die auseinander stiebenden Tauben ...

»Sind sie nicht reizend?«, sagte die alte Frau.

»Etwas Hübscheres gibt es nicht auf der Welt«, stimmte er zu.

»Erinnert mich an meine Jugend.«

»Komisch, mich auch an meine.«

Wieder lächelte er der Frau zu. Sie wirkte zwar ein wenig verdattert, erwiderte aber das Lächeln. Als er aufstand und in das Meer durcheinander laufender Kinderkörper hineinging, lief ihm der Lufthauch, den sie im Vorbeirennen erzeugten, wie ein Prickeln die Wirbelsäule hinauf.

Er steuerte auf die Vortreppe der Kirche zu, stieg bis zu den beiden großen Türen hinauf, drehte sich um und ließ den Blick über sein Königreich schweifen.
In der Stadt neigten die Menschen dazu, vorsichtig zu sein. Allerdings handelte es sich hier um ein besonders wohlhabendes Viertel, eine kleine Insel des Luxus' inmitten einer Betonwüste. Außerdem wurden die Leute in der vertrauten Umgebung ihrer Kirche leichtsinnig. Sie waren viel zu sehr mit dem lebenswichtigen Knüpfen von Kontakten beschäftigt. Oder mit dem Wettbewerb, wer das richtige Auto fuhr oder den richtigen Kaffee trank. Obwohl sie überzeugt waren, dass sie den kleinen Johnnie oder die kleine Jenny aus dem Augenwinkel beobachteten, traf das meistens nicht zu. Kinder hatten nun einmal die Angewohnheit, sich unauffällig zu verdrücken, vor allem dann, wenn ihre Eltern mit anderen Erwachsenen sprachen.
Und manchmal kamen sie eben nicht zurück.
Wie aus heiterem Himmel wurde Mr Bosu von einem Drang ergriffen, einem wilden, unbezähmbaren Appetit, der aus seinen Eingeweiden aufstieg und fordernd jetzt, jetzt, JETZT schrie. Er beugte sich über die Treppe und ließ noch einmal den Blick über die kreischenden, lachenden und umhertollenden Horden schweifen. Er war ein Falke, der im Himmel kreiste. Da? Nein. Hier drüben? Nein. Dort. JA.
Ein Kind allein. Ein kleines Mädchen, vielleicht vier Jahre alt, das einem vom Wind verwehten trockenen Blatt nachlief. Kein elterlicher Blick folgte der Kleinen. Kein aufmerksames Geschwister heftete sich an ihre Fersen.
Es würde ein Leichtes sein, einfach die Treppe hinunterzugehen. Sich dem Mädchen zielstrebig, aber wie beiläufig zu nähern. Sich die Sicht versperrend zwischen sie und die anderen zu schieben. Sie ein wenig

nach rechts zu manövieren, bis sie hinter einem Baum stand. Dann ein letzter Blick nach links und nach rechts und noch ein wenig abwarten, bis sein Instinkt ihm zum Zugreifen riet. Schließlich brauchte er sie nur noch zu packen. In einem Sekundenbruchteil würde alles vorbei sein. KIND VERSCHWINDET AM HELLLICHTEN TAG, würden die Schlagzeilen lauten. VERZWEIFELTE ELTERN BITTEN DRINGEND UM HINWEISE.

Aber sie würden keine finden. Nicht, wenn der unglaublich mächtige Mr Bosu im Spiel war.

Er hatte die Treppe schon zur Hälfte hinter sich, als er wieder zu sich kam. Mit den Händen tastete er nach dem eisernen Geländer, und es kostete ihn Mühe – einen Zug nach dem anderen – tief durchzuatmen. Allmählich lockerte sich sein Griff um das Geländer, er öffnete die Finger und ließ langsam die Hände sinken.

Er zwang sich, an die letzte Nacht zu denken. Den rostigen Blutgeruch, das Gefühl des Messers in seiner Hand, den Ausdruck aufrichtigen Erstaunens, der sich in das Gesicht eines anderen, ihm unterlegenen menschlichen Wesens gemalt hatte. Natürlich war es nicht dasselbe, aber befriedigender, als er erwartet hatte. So, als ob er sich aus Mitleid mit einer Frau verabredete, die zwar nicht sein Typ und nicht erste Wahl war, aber doch einiges an Unterhaltungswert versprach. Und was noch besser war: Er war zum ersten Mal dafür bezahlt worden. Im Voraus und in bar. Zehntausend Dollar. Als Mr Bosu gestern entlassen worden war, hatte ihn eine Fahrerin am Gefängnistor erwartet. Mr Bosu war in den Wagen gestiegen. Im Kofferraum stand schon ein Aktenkoffer bereit. Der Koffer enthielt einen Brief und eine hohe Geldsumme. Der Brief gab ihm seine Instruktionen, und außerdem lag ihm eine Liste bei. Neben jeder Zielperson stand ein Betrag. Ihm gefiel diese Methode.

Natürlich war Mr Bosu nicht so dumm, wie sein geheimnisvoller Auftraggeber offenbar dachte. In dem Brief machte Wohltäter X den Vorschlag, dass die Zukunft sich einfacher gestalten ließe, wenn Mr Bosu ein Bankkonto eröffnen würde. Dann könne man das Geld direkt überweisen und so weiter und so fort. Wohltäter X erbot sich außerdem, Mr Bosu Ausweispapiere zu beschaffen. Er hatte sogar eine Liste von Banken beigefügt.

Wohltäter X war ein Idiot. Schließlich wurden Banken überwacht. Überweisungen konnte man nachverfolgen. Zudem hatten Banken sonntags nicht geöffnet. Immerhin arbeitete Mr Bosu nicht gratis.

Deshalb würde er bei Bargeld bleiben, vielen Dank auch. Schöne, dicke Bündel schmutziggrüner Geldscheine, die er sich um den Leib binden und nach Herzenslust ausgeben konnte.

Mr Bosu nahm den Aktenkoffer, und die Fahrerin setzte ihn wortlos an der Faneuil Hall ab. Zuvor überreichte sie Mr Bosu noch ein Mobiltelefon mit einprogrammierten Nummern, damit man in Kontakt bleiben könne.

Mr Bosu nickte viel, um bei der Fahrerin den Eindruck von Dankbarkeit erwecken. Natürlich wusste Mr Bosu genau, wer die Fahrerin war. Die meisten Jungs im Knast kannten die Vermittlerin dem Namen nach, auch wenn Mr Bosus Ruf den von Robinson bei weitem in den Schatten stellte.

Aber Mr Bosu schwieg. Denn wie er im Gefängnis gelernt hatte, war Wissen Macht.

Mr Bosu steckte die Hände in die Taschen, schlenderte pfeifend die Kirchentreppe hinunter und spazierte ein letztes Mal an dem Büffet fröhlich herumtollender und lachender Köstlichkeiten vorbei.

Alles zu seiner Zeit. Nun musste er sich erst einmal einen Welpen beschaffen.

19

Und wie muss ich mir so etwas vorstellen?«

Bobby saß in einem kleinen, voll gestellten Büro in Wellesley. Er zählte vier graue Aktenschränke aus Stahl, einen gewaltigen Schreibtisch aus Eichenholz und etwa ein halbes Dutzend billiger Bücherregale, die von juristischen Fachbüchern und bunt beschrifteten Papporndnern überquollen. An dem schätzungsweise sechzig Zentimeter breiten Streifen freier Wand, der zwischen den einsturzgefährdeten Aktenstößen und der wasserfleckigen Zimmerdecke übrig blieb, prangten zwei schief aufgehängte gerahmte Diplome von der University of Massachusetts in Amherst und des Boston College.

Bobby versuchte, sich die Kanzlei der Anwälte vorzustellen, die James Gagnons Interessen vertraten. Vermutlich ein himmelweiter Unterschied. Erstens wäre er jede Wette eingegangen, dass die Diplome dieser Juristen aus Harvard oder Yale stammten, und zweitens verfügten besagte Kanzleien sicherlich über eine Empfangsdame, einen mit Kirschholz getäfelten Konferenzraum und eine unschlagbare Aussicht auf die Silhouette der Bostoner Innenstadt.

Harvey Jones hingegen betrieb seine Kanzlei im Speicher einer ehemaligen Eisenwarenhandlung. Er arbeitete allein und war inzwischen seit sieben Jahren als Anwalt tätig. Außerdem hatte er weder einen Partner noch eine Sekretärin. Und heute trug er nicht einmal einen Anzug.

Einer von Bobbys Kollegen hatte ihm den Mann empfohlen. Und als Harvey Bobbys Namen gehört hatte, war er sofort mit einem Treffen einverstanden gewesen. Auf der Stelle. An einem Sonntag. Bobby wusste nicht, ob das ein gutes oder ein schlechtes Zeichen war.

»Also«, bemühte Harvey sich gerade, ihm klar zu machen. »Eine derartige Anhörung findet vor einem Richter im Bezirksgericht von Chelsea statt. Der Kläger wird Beweise dafür vortragen, dass Sie aller Wahrscheinlichkeit nach ein Kapitalverbrechen begangen haben. Und unsere Aufgabe ist es, diese Beweise zu widerlegen.«

»Wie?«

»Natürlich werden Sie selbst aussagen und erläutern, warum Gewalt mit Todesfolge Ihrer Ansicht nach in dieser Situation angebracht war. Außerdem rufen wir Ihre Kollegen auf, die in der fraglichen Nacht dabei waren. Den Dienst habenden Lieutenant. Wie war noch mal sein Name?«

»Jachrimo.«

»Wir werden Lieutenant Jachrimo in den Zeugenstand rufen. Weiterhin alle Kollegen, die unabhängig voneinander bestätigen können, Sie hätten guten Grund zu der Vermutung gehabt, dass Jimmy Gagnon seine Frau erschießen wollte.«

»Es gibt keine unabhängigen Zeugen. Ich war der erste Scharfschütze am Tatort. Außer mir hat niemand etwas gesehen.«

Stirnrunzelnd machte Harvey sich eine Notiz. »Werden Scharfschützen sonst nicht paarweise losgeschickt? Mit einem Kundschafter oder so ähnlich?«

»Dazu hatten wir noch nicht genug Leute vor Ort.«

Noch mehr Stirnrunzeln, weitere Notizen. »Tja, dann werden wir uns eben auf zwei Dinge konzentrieren. Erstens müssen wir Ihre Glaubwürdigkeit stärken, Ihre Ausbildung herausstreichen und Ihren Lieutenant zu Ihrem beruflichen Werdegang aussagen lassen. Wir müssen betonen, dass Sie ein hervorragend ausgebildeter und sehr erfahrener Scharfschütze der Polizei sind, der die Qualifikation besitzt, in derartigen Krisensituationen zu entscheiden.«

Bobby nickte. Mit so etwas hatte er gerechnet. Bei STOP wurde jede Ausbildungseinheit gründlich dokumentiert, damit der Lieutenant, falls es eines Tages nötig werden sollte, nachweisen konnte, dass der betreffende Mitarbeiter über die angemessene Handlungskompetenz verfügte. Die Faustregel lautete, dass Dinge, die nicht Schwarz auf Weiß festgehalten wurden, auch nie geschehen waren. Und Lieutenant Bruni sorgte stets dafür, dass es auch für die kleinste Kleinigkeit schriftliche Belege gab.

»Aber natürlich«, fuhr Harvey fort, »hat James Gagnon die Politik auf seiner Seite.«

»Als Richter?«

»Weil er Richter am Obersten Gerichtshof ist«, erwiderte Harvey und verzog das Gesicht. »Als Zivilkammer interessiert sich das Amtsgericht nicht sonderlich für die Frage, ob eine seiner Entscheidungen eine strafrechtliche Verfolgung nach sich zieht oder nicht. Das ist nämlich Aufgabe des Obersten Gerichtshofs. Betrachten Sie die Sache noch mal aus der Warte eines Amtsrichters. Ein Kollege, der außerdem Strafrechtsexperte ist, vertritt die Überzeugung, dass ein Kapitalverbrechen stattgefunden hat. Natürlich wird das die Entscheidung des Amtsrichters maßgeblich beeinflussen. Wenn der ehrenwerte James F. Gagnon von einem Mord ausgeht, tja, dann muss es wohl auch einer gewesen sein!«

»Ist ja prima«, murmelte Bobby.

»Aber wir haben noch ein paar Trümpfe im Ärmel«, sprach Harvey vergnügt weiter. »Wir können auf eine positive Entscheidung der Staatsanwaltschaft hoffen, die nach gründlichen Ermittlungen zu dem Schluss kommt, dass der Schuss gerechtfertigt war. Das wäre ein großes Plus für uns. Natürlich«, ergänzte er leise, »ist das vermutlich auch der Grund, warum Gagnon den Antrag so schnell eingereicht hat. Die Staatsanwaltschaft wird Wochen brauchen, um zu einem Ergebnis zu gelangen, weshalb Richter Gagnon versuchen wird, die Sache innerhalb weniger Tage durchzupeitschen. Dann steht es nämlich Aussage gegen Aussag> ohne dass die Ermittlungsergebnisse der Staatsanwaltschaft zum Tragen kämen.«

»Geht das denn so rasch?«

»Solange er das nötige Kleingeld hat, um die Überstunden seiner Anwälte zu bezahlen, kann er praktisch machen, was er will. Selbstverständlich werde ich mein Möglichstes tun, damit es zu Verzögerungen kommt. Allerdings ...« Harvey ließ den Blick durch sein zugestelltes Büro schweifen. Bobby folgte seinem Beispiel. Ein Ein-Mann-Unternehmen gegen Horden sündhaft teurer Staranwälte. Eine winzige Mansarde gegen eine holzvertäfelte Mammutkanzlei. Sie beide wussten, worauf sie sich einließen.

»Also wird er die Sache beschleunigen wollen, während wir ihm möglichst viele Knüppel zwischen die Beine werfen«, meinte Bobby ruhig. »Er wird seine Erfahrung als Strafrichter in die Waagschale werfen, und wir hoffen, dass die Staatsanwaltschaft zu gegenteiligen Ergebnissen kommt. Und dann?«

»Dann wird es persönlich.«

Als Bobby den Anwalt anstarrte, zuckte dieser die Schultern. »Im Grunde genommen ist es ein Spiel wie ›Er sagt/sie sagt‹. Sie behaupten, Sie hätten von einer ernst zu nehmenden Bedrohung ausgehen müssen. Die andere Seite hält dagegen, dass Sie sich irren. Um das zu belegen, werden sie in Ihrem Leben herumwühlen. Sie werden Ihre Familie mit hineinziehen. Waren Sie als Kind gewalttätig? Hatten Sie schon immer eine Schwäche für Schusswaffen? Sie werden sich mit Ihrem Privatleben beschäftigen – der junge alleinstehende Polizist. Gehen Sie in Kneipen? Haben Sie wechselnde Liebesbeziehungen? Prügeln Sie sich öfter? Ein Jammer, dass Sie nicht verheiratet und Familienvater sind. Was ist mit einem Hund? Sie haben nicht zufällig einen niedlichen Hund? Ein schwarzer Labrador oder ein Golden Retriever wäre optimal.«

»Kein niedlicher Hund.« Bobby überlegte. »Ich vermiete eine Wohnung. Meine Mieterin hat Katzen.«

»Ist Ihre Mieterin jung und hübsch?«, fragte Harvey argwöhnisch.

»Eine ältere Frau mit festem Einkommen.«

Harveys Miene erhellte sich sichtlich. »Ausgezeichnet. Einen Mann, der älteren Mitbürgern hilft, muss man einfach gern haben. Und das bringt uns zum Thema Ex-Freundinnen.«

Bobby verdrehte entnervt die Augen. »Da gibt es einige«, räumte er ein. »Und welche von ihnen hasst Sie?«

»Keine.«

»Sicher?«

Er dachte an Susan. Offen gestanden hatte er keine Ahnung, was sie empfand. »Nein«, hörte er sich sagen. »Sicher bin ich nicht.«

»Die Gegenseite wird mit Ihren Nachbarn sprechen und in Ihrer Vergangenheit herumstochern. Außerdem werden sie nach Hinweisen auf Voreingenommenheit suchen. Dafür, dass Sie keine Schwarzen oder Latinos oder BMW-Fahrer mögen.«

»Ich habe keine Vorurteile«, erwiderte Bobby, hielt inne und runzelte die Stirn, als ihm etwas Unangenehmes einfiel. »Die Festnahme wegen Alkohols am Steuer?«

»Alkohol am Steuer?«

»Ein paar Stunden zuvor am selben Tag. Der Kerl ist betrunken in einem Hummer herumgekurvt, hat einen Blechschaden verursacht und ist dann ausgetickt, als wir ihn einsperren wollten. Er glaubte, er müsste den dicken Maxe markieren. Es sind ... äh ... ein paar harte Worte gefallen.«

»Worte?«

»Ich habe ihn als reichen Schnösel bezeichnet«, entgegnete Bobby in sachlichem Ton.

Harvey verzog das Gesicht. »Ja, das wird Ihnen schaden. Müsste ich sonst noch was wissen?«

Bobby betrachtete seinen Anwalt eindringlich und überlegte, wie er sich ausdrücken und wie viel er verraten sollte.

»Ich möchte nicht, dass mein Vater aussagt«, meinte er schließlich.

Harvey musterte ihn neugierig. »Wir brauchen ihn nicht als Leumundszeugen zu benennen, wenn Sie das nicht wollen.«

»Was ist, wenn die Gegenseite ihn benennt?«

»Er ist Ihr Vater. Sie werden annehmen, dass er zu Ihren Gunsten aussagen wird, und auf ihn verzichten.«

»Und wenn nicht?«. beharrte Bobby.

Allmählich schwante Harvey Übles. »Was verschweigen Sie mir?«

»Ich will nicht, dass er aussagt. Und damit basta.«

»Wenn die Gegenseite Informationen besitzt, die mir fehlen, liegt die Entscheidung möglicherweise nicht bei uns.«

»Und was wäre, wenn ... er verreist ist?«

»Dann werden sie ihn vorladen. Und wenn er auf die Vorladung nicht reagiert, gilt das als Missachtung des Gerichts und kann strafrechtliche Folgen nach sich ziehen.«

Das hatte Bobby befürchtet. »Und wenn ich nicht aussage?«

»Dann verlieren Sie«, entgegnete Harvey schonungslos. »Dann wird, was die Ereignisse der fraglichen Donnerstagnacht betrifft, nur die Version der Gegenseite gehört, und die lautet, dass Sie einen Mord begangen haben.«
Wieder nickte Bobby und ließ den Kopf hängen. Er blickte in die Zukunft und versuchte, über die eine Nacht hinauszusehen, in der er – Ehrenwort – getan hatte, was er hatte tun müssen. Die Zukunftsperspektiven waren nicht allzu vielversprechend.
»Kann ich überhaupt gewinnen?«, fragte er leise. »Habe ich auch nur die geringste Chance?«
»Es gibt immer eine Chance.«
»Ich habe nicht so viel Geld wie er.«
»Nein.«
»Und ich habe auch nicht seine Anwälte«, fügte Bobby aufrichtig hinzu.
»Nein«, antwortete Harvey ebenso ehrlich.
»Aber Sie glauben, Sie könnten die Katastrophe noch abwenden?«
»Wenn wir es schaffen, die Sache so lange zu verzögern, bis die Ergebnisse der Staatsanwaltschaft vorliegen, und wenn diese lauten, dass der Einsatz von Gewalt gerechtfertigt war, ja. Dann können wir vermutlich gewinnen.«
»Das sind aber viele ›Wenns‹.«
»Stimmt.«
»Und danach?«
Harvey zögerte.
»Er kann doch in Berufung gehen, oder?«, schilderte Bobby dem Anwalt seine Befürchtungen. »Nach dem Amtsgericht kann James Gagnon sich ans Bezirksgericht und anschließend an den Obersten Gerichtshof und zu guter Letzt an das Oberste Bundesgericht wenden. Es wird immer weiter und weiter gehen.«
»Richtig«, erwiderte Harvey. »Außerdem wird er Sie mit

Klagen überhäufen, von denen die meisten nur an den Haaren herbeigezogen sind. Doch sie abzuwehren wird Sie wiederum Zeit und Geld kosten. Ich tue, was ich kann. Einige Leute sind mir noch etwas schuldig. Außerdem kenne ich einige junge Anwälte, die Ihnen helfen werden, um Berufserfahrung zu sammeln oder ihren eigenen Bekanntheitsgrad zu erhöhen. Aber in einem haben Sie Recht. Das hier ist David gegen Goliath. Und, tja, Sie sind nicht Goliath.«

»All das kostet Zeit und Geld«, murmelte Bobby.

»Er ist alt«, meinte Harvey.

»Das heißt, dass sich das Problem eines Tages biologisch löst«, gab Bobby erbittert zurück. »Also kann ich im besten Fall nur darauf hoffen, dass noch jemand stirbt.«

Harvey sparte sich die Mühe einer Lüge. »Ja, in solchen Situationen ist das mehr oder weniger der einzige Ausweg.«

Bobby stand auf und zog sein Scheckbuch heraus. Er hatte ein wenig Geld auf der hohen Kante, mit dem er sich eigentlich irgendwann noch ein Häuschen hatte kaufen wollen. Falls die Dinge zwischen Susan und ihm sich anders entwickelt hätten, wäre auch noch eine Hochzeitsfeier dabei herausgesprungen. Nun schrieb er einen Scheck über fünftausend Dollar aus und legte ihn auf Harvey Jones' Schreibtisch.

Nach Auffassung des braven Anwalts würde das etwa eine Woche reichen. Natürlich wusste Bobby etwas, von dem sein Anwalt nichts ahnte – wenn sein Vater in den Zeugenstand trat, würde er verlieren.

»Ist das genug als Anzahlung?«

Harvey nickte.

»Wenn ich die Sache durchziehe, rufe ich Sie morgen vor siebzehn Uhr an«, sagte Bobby.

Die beiden Männer schüttelten einander die Hand.

Dann fuhr Bobby nach Hause, um seine Waffen zu holen.

Auf dem fünfzehn Meter langen Schießstand des Schützenverbandes des Staates Massachusetts in Woburn war für einen Sonntagnachmittag nicht viel los. Bobby rollte zwei orangefarbene Ohrstöpsel aus Schaumstoff zwischen den Fingern, stopfte sie sich in die Ohren und setzte dann die Schießbrille auf. Er hatte seine Smith & Wesson .38 Special und nur so zum Spaß eine .45 Colt Magnum mitgebracht.

Wenn Bobby zur monatlichen Schießprüfung antrat, feuerte er nie mehr als einen Schuss ab. Das genügte. Man brauchte fast eine Stunde, um alles vorzubereiten, und dann schoss man ein einziges Mal. Den Kaltschuss. Er hieß deshalb so, weil beim allerersten Schuss aus einer beliebigen Waffe die Kugel durch einen kalten Lauf glitt. Das Geschoss erhitzte den Lauf, was bei jedem weiteren Schuss zu leicht veränderten ballistischen Daten führte.

Bei einem Scharfschützen ging man davon aus, dass er die anderen Geschosse ohnehin nicht brauchen würde. Ein Schuss, ein Toter, und deshalb spielte Tag für Tag, Übungseinheit für Übungseinheit, nur dieser einzige Kaltschuss eine Rolle.

Nun stellte Bobby sechs Schachteln Munition neben sich auf. Die Messinghülsen klapperten in den Behältern. Er öffnete die erste Schachtel und lud die Waffe.

Er begann mit der .38er, und zwar aus drei Metern Entfernung, nur so zum Warmwerden. Danach schob er die Zielscheibe auf sieben Meter zurück. Studien zufolge feuerten Polizisten ihre Schüsse aus durchschnittlich sieben Metern Entfernung ab, was diesen Abstand bei Schützen sehr beliebt machte. Bobby fragte sich oft, wer diese Studien nur durchführte und warum sie sich nie die Mühe machten, zu erwähnen, ob die Polizisten bei diesen ominösen Schießereien gewannen oder unterlagen.

Am Anfang lief es miserabel. So schlecht hatte Bobby sein Lebtag nicht geschossen, und für einen Menschen, der vom Nationalen Schießverband den Titel eines Meisterschützen erhalten hatte, war so etwas richtiggehend peinlich. Er fragte sich, ob schon irgendwo in der Kulisse ein Privatdetektiv wartete, um die Zielscheibe als Beweisstück in Bobbys anstehendem Prozess sicherzustellen. Der Bursche würde die chaotisch zerlöcherte Scheibe im Zeugenstand hochhalten und ausrufen: »Schauen Sie sich das an, Euer Ehren. Und das von einem Mann, den die Staatsanwaltschaft als Experten hinstellen will.«

Vielleicht konnte er ja gar nicht mehr auf Pappkameraden schießen. Vielleicht gab man sich, nachdem man einen echten Menschen erschossen hatte, nicht mehr mit so etwas zufrieden.

Der Gedanke bedrückte ihn. Seine Augen brannten. Er war traurig und wütend. Und er wusste nicht mehr, was zum Teufel er eigentlich empfinden sollte.

Bobby legte die .38er weg und griff nach der .45er. Dann legte er auch sie wieder weg und blieb einfach reglos in der Halle stehen, kniff sich, um Fassung ringend, den Nasenrücken zusammen, ohne das Gefühl in Worte fassen zu können.

Am anderen Ende des Schießstands feuerte J.T. Dillon, der beste Mann des Schützenverbandes von Massachusetts, einen Schuss nach dem anderen ab. Nach einer Weile trat Bobby von der Schusslinie zurück in den Schatten und sah dem älteren Mann zu.

An diesem Nachmittag benützte Dillon eine Pistole Kaliber .22, die kaum an eine wirkliche Waffe erinnerte. Der Griff war riesengroß, bestand aus Holz und sah weniger wie ein Pistolengriff als wie ein grob gehauenes Stück Baumstumpf aus. Der versilberte Lauf hatte ein quadratisches Ende, die Visiervorrichtung war hellrot.

Im Großen und Ganzen hatte das Schießeisen Ähnlichkeit mit einer Waffe aus »Krieg der Sterne«.
Allerdings kostete die maßgefertigte, extra leichte, aus Italien stammende Pistole mehr als fünfzehnhundert Dollar. Nur große Jungs verwendeten solche Waffen, und in Sportschützenkreisen galt Dillon als einer der ganz Großen.
Dillon gehörte dem Internationalen Sportschützenverband an, der als die Kampfsportgruppe der Combatschützen galt. Die Mitglieder wurden nach Zeit und Treffsicherheit bewertet, während sie sich in einer Reihe absonderlicher Disziplinen maßen, so zum Beispiel im Schießen aus dem Sattel, beim Laufen durch Großstadtstraßen mit einem an der Schusshand angeketteten Aktenkoffer oder beim bewaffneten Kampf im Dschungel, natürlich mit einem geschienten Knöchel. Je schwieriger und unangenehmer die Aufgabe, desto beliebter war sie bei den Teilnehmern.
Leute wie Dillon pflegten zu sagen, dass das Scheibenschießen und die Scharfschützenübungen, die Bobby absolvierte, waren, als würde man dem Gras beim Wachsen zusehen. Erst beim Combatschießen ginge es wirklich zur Sache.
Nun beobachtete Bobby, wie J.T. seine maßgefertigte Pistole lud, sie in die schwächere linke Hand nahm und rasch hintereinander sechs Schüsse abgab. Mühelos. Ruhig. Ohne mit der Wimper zu zucken.
Bobby brauchte nicht auf die Zielscheibe zu schauen, um zu wissen, dass jeder dieser sechs Schüsse getroffen hatte. Dillon ging es ebenso. Er lud bereits wieder nach.
Inzwischen kannte Bobby sämtliche Gerüchte – Dillon sei ein ehemaliger Marineinfanterist und unehrenhaft entlassen worden. Er habe früher in Arizona gelebt und dort angeblich einen Mann getötet. Vielleicht lag es an der gezackten Narbe an seinem Brustbein, die manch-

mal kurz zu sehen war. Oder an seinem sehnigen, hageren Körperbau, an dem sich auch mit zunehmendem Alter nichts änderte. Oder daran, dass Dillon dank seiner dunklen, finster dreinblickenden Augen selbst mit knapp fünfzig noch jeden Mann in Grund und Boden starren konnte.

Bobby wusste nicht, ob eines dieser Gerüchte stimmte. Allerdings hatte er als Angehöriger der Staatspolizei von Massachusetts eine Information über ihn, die allen anderen fehlte. Vor zehn Jahren war Jim Beckett, ein ehemaliger Polizist und Serienmörder, aus dem Hochsicherheitsgefängnis von Walpole ausgebrochen. Während seiner wenigen kurzen Monate in Freiheit hatte Beckett eine blutige Schneise der Verwüstung bei verschiedenen Polizeiorganisationen geschlagen, indem er eine Reihe von Staatspolizisten, einen Scharfschützen und einen FBI-Agenten ermordete.

Bobby kannte zwar nicht sämtliche Einzelheiten, doch soweit er gehört hatte, war Jim Beckett zu guter Letzt nicht von Polizisten zur Strecke gebracht worden, sondern von Dillon. Und zwar, nachdem Beckett seine Schwester getötet hatte.

Nun schaute Dillon von seiner Pistole auf, und sein und Bobbys Blick trafen sich.

»So eine miserable Ballerei habe ich ja noch nie gesehen«, meinte Dillon.

»Ich überlege, ob ich die Zielscheibe verbrennen soll.«

»Vorausgesetzt, Sie treffen sie mit dem Streichholz.«

Bobby konnte sich ein Grinsen nicht verkneifen. »Stimmt.«

Während Dillon durchs Visier spähte, kam Bobby näher. Obwohl sie sich dem Namen nach kannten, hatte er bis jetzt kaum ein Wort mit Dillon gewechselt.

Dillon hatte seine Zielscheibe auf fünfzehn Meter zurückgeschoben und visierte sie nun, die Waffe noch immer in der linken Hand, an. Er holte Luft. Atmete aus. Holte noch einmal Luft, und Bobby spürte seine Konzentration, als könne man sie mit Händen greifen. Als Dillons Finger sich sechs Mal bewegte, war es wie das zarte Flattern von Schmetterlingsflügeln im Wind. Bumm, bumm, bumm, bumm, bumm, bumm. Das Leeren des Magazins hatte nur knapp drei Sekunden gedauert.

Dillon holte die Zielscheibe heran, und Bobby schüttelte den Kopf. Diesmal hatte Dillon mit seinen Schüssen einen Stern gezeichnete, anstatt einfach nur ins Schwarze zu treffen.

»Angeber«, sagte Bobby.

»So habe ich wenigstens etwas, was ich meinen Mädchen mitbringen kann.«

»Ihren Töchtern?«

»Ja. Ich habe zwei. Eine ist sechzehn, die andere sechs.«

»Schießen sie auch?«

»Die Ältere. Samantha. Sie ist ziemlich gut.«

Bobby konnte zwischen den Zeilen lesen. Wenn Dillon seine Tochter als ziemlich gut bezeichnete, hieß das, dass Bobby vermutlich keine Chance gegen sie gehabt hätte. Angesichts dessen, was Bobby über halbwüchsige Jungen wusste, war das eine nicht zu verachtende Fähigkeit.

»Und die jüngere?«

»Lanie? Die schlägt nach ihrer Mutter. Sie hasst das Geknalle. Aber dafür hat sie andere Talente. Sie sollten sie mal auf einem Pferd sehen.«

»Schön.« Bobby half Dillon, die ausgeworfenen Patronenhülsen einzusammeln. Das Messing war das Teuerste an einem Projektil, und ernsthafte Schützen sammelten die Hülsen gern wieder ein, um sie bei der Herstellung ihrer maßgefertigten Munition wiederzuverwenden. »Verheiratet?«, fragte Bobby.

»Zehn Jahre«, erwiderte Dillon. Zehn Jahre, und dann eine sechzehnjährige Tochter. Bobby rechnete nach und gab es auf.

»Was macht Ihre Frau?«

»Tess ist Kindergärtnerin. Und bewacht unsere Mädchen. Ansonsten versucht sie zu verhindern, dass ich in Schwierigkeiten gerate.«

»Klingt wie ein gutes Leben«, meinte Bobby.

»Ist es auch.«

»Tja, ich sollte besser noch ein bisschen üben.« Aber Bobby blieb stehen. Dillon musterte ihn erwartungsvoll. Schützen verstanden einander auf ihre ganz eigene Weise. Für sie ging es um die Kunst und die Technik des Schießens an sich, und sie wussten genau, dass Scharfschützen sich nicht für diesen Beruf entschieden hatten, weil sie zukünftige Dirty Harrys oder einsame Revolverhelden waren, die schon auf das nächste Duell brannten. Bobby übte diese Tätigkeit wegen der Herausforderung aus, nicht um jemandem Schaden zuzufügen.

»War es schwierig?«, fragte Bobby leise. »Ich meine, danach.«

»Nach was? Nachdem ich den Mann in Arizona erschossen hatte? Oder nach Beckett?«

»Ist egal.«

»Tut mir leid, mein Junge, aber ich habe noch nie jemanden getötet.«

»Nicht einmal Jim Beckett?«

»Nein.« Dillon lächelte verlegen und lockerte dann seine Schulter. »Was allerdings nicht daran liegt, dass ich es nicht versucht hätte.«

»Oh«, sagte Bobb und klang dabei enttäuschter, als es ihm recht war.

Dillon sah ihn eine Weile nachdenklich an und wies schließlich auf die leere Halle um sie herum. »Vor zehn Jahren«, verkündete er, »hätte ich nie gedacht, dass ich mal hier landen könnte. Oder dass ich einmal eine Frau und zwei Töchter haben würde.

»Wegen Beckett?«, erkundigte sich Bobby.

»Wegen einer ganzen Menge von Dingen. Auch wenn ich noch nie einen Menschen getötet habe, war ich einige Male im Leben nah dran.« Dillon zuckte die Achseln. »Ich weiß noch, wie es ist, dazusitzen, abzuwarten und einen menschlichen Kopf im Fadenkreuz zu haben.

»In dieser Situation habe ich nicht viel nachgedacht.«

»Natürlich nicht, schließlich waren Sie viel zu beschäftigt. Sie haben Ihre Arbeit erledigt. Und jetzt, in all den Stunden und Tagen danach, in den Momenten, wenn Sie endlich zur Ruhe kommen, fangen Sie an, zu grübeln.«

»Ich sage mir ständig, dass es keine Rolle spielt. Was vorbei ist, ist vorbei.«

»Ein guter Rat.«

»Warum kann ich ihn dann nicht befolgen?«

»Das werden Sie nie schaffen. Wollen Sie über Reue sprechen? Davon kann ich Ihnen etwas erzählen, Officer Dodge. Ich kann Ihnen eine ganze Liste von Leuten nennen, die ich hätte retten oder töten sollen.«

»Aber Sie tun es nicht.«

»Sie müssen sich etwas suchen, Officer Dodge, das Ihnen Halt und einen Grund gibt, sich sogar an schlechten Tagen darauf zu freuen.«

»Ihre Familie«, mutmaßte Bobby.

»Meine Familie«, stimmte Dillon ruhig zu.

»Wer also hat wirklich Jim Beckett getötet?«

»Tess.«

»Ihre Frau?«

»Ja, sie weiß wirklich, wie man mit einem Gewehr umgeht.«

»Und sie kommt damit zurecht?«

»Soll ich offen sein? Sie hat seitdem keine Waffe mehr angerührt.«

20

Als Catherine im Krankenhaus ankam, standen ihre Schwiegereltern bereits am Empfang.

»Ich bin der Großvater des Jungen«, sagte James gerade und setzte ein Lächeln auf, das keinen Widerspruch duldete. »Also dürfte es doch kein Problem sein, wenn ich den Jungen mit nach Hause nehme.«

»Sir, Nathans Mutter hat die Einweisungspapiere unterschrieben. Ohne Rücksprache mit ihr darf ich nichts entscheiden.«

»Ich freue mich, dass Sie so gewissenhaft sind. Kompliment. Leider jedoch ist meine Schwiegertochter voll und ganz mit den Vorbereitungen der Beerdigung beschäftigt. Also hat sie uns geschickt, um Nathan abzuholen. Das ist doch das Mindeste, was wir in dieser schweren Zeit für sie tun können.«

James legte den Arm fester um Maryanne, die der Krankenschwester wie auf Kommando ebenfalls ein Lächeln schenkte. Sie war einen Ton blasser als James und hatte dunkle Ringe unter den Augen. Dennoch saß jedes Haar und jede Perle an ihrer Kette. Die beiden – der einflussreiche Richter und seine hilflose, zarte Frau – bildeten eine Front, an der jeder Widerstand abprallte.

Die Entschlossenheit der Krankenschwester geriet bereits ins Wanken.

James beugte sich vor, um den Druck auf sie zu erhöhen. »Dürfen wir Nathan wenigstens sehen? Er wird sich bestimmt sehr freuen, mit uns nach Hause fahren zu können. Dann dürften Ihre Bedenken eigentlich aus der Welt geschafft sein.«

»Ich sollte zumindest mit seinem Arzt sprechen«, murmelte die Schwester, warf einen Blick auf die Einweisungspapiere und runzelte erschrocken die Stirn. »Ach, du meine Güte.«
»Was ist?«
»Nathans behandelnder Arzt ist Dr. Rocco. Ich fürchte ... Ach, herrje.« Die Stimme der Krankenschwester erstarb. Offenbar machte ihr Dr. Roccos Schicksal schwer zu schaffen, und die Situation begann, sie sichtlich zu überfordern. Catherine griff das Stichwort auf, marschierte schnurstracks auf den Empfang zu und warf sofort einen Blick auf das Namensschild der Schwester.
»Schwester Brandi, schön, Sie wiederzusehen. Wie geht es Nathan heute Morgen?«
»Er fühlt sich schon besser«, verkündete die Schwester und sah dann verlegen zwischen Catherine und ihren Schwiegereltern hin und her.
Catherine beschloss, die Frau aus ihrer misslichen Lage zu befreien, und legte ihrem Schwiegervater die Hand auf den Arm. Als erstklassiger Schauspieler zuckte dieser nicht mit der Wimper.
»Vielen, vielen Dank für eure Hilfe«, sagte sie mit einem freundlichen Lächeln zu James und nickte auch Maryanne dankbar zu. »Zum Glück hat es im Beerdigungsinstitut nicht so lange gedauert wie erwartet. Also konnte ich kommen, um Nathan selbst abzuholen.«
»Ach, diese Mühe hättest du dir nicht zu machen brauchen«, erwiderte James. »Maryanne und ich hätten den Jungen gern eine Weile bei uns aufgenommen. Du solltest dich ausruhen.«
»Ja, meine Liebe«, bekräftigte Maryanne. »Sicher bist du völlig erschöpft. Wir werden uns um Nathan kümmern. Unser Zimmer im Hotel LeRoux ist einfach traumhaft, und es wird ihm nach der Zeit im Krankenhaus sicher sehr gut dort gefallen.«

»Lieber nicht. Nathan hat so viel mitgemacht, dass er besser sofort nach Hause fahren sollte.«
»In das Haus, in dem sein Vater gestorben ist?«, fragte James spitz.
»In sein gemütliches Kinderzimmer.«
James presste die Lippen zusammen und warf Maryanne einen Blick zu. Rasch wandte sich Catherine an Schwester Brandi.
»Ich möchte Nathan jetzt sehen.«
»Selbstverständlich.«
»Sicher hat Dr. Rocco eine Vertretung. Bitte suchen Sie diesen Arzt, und lassen Sie ihn die Entlassungspapiere unterschreiben, damit ich Nathan mit nach Hause nehmen kann.« Catherine hielt die Tasche von Louis Vuitton hoch. »Währenddessen sorge ich dafür, dass mein Sohn fertig angezogen ist.«
»Ich schlage vor, dass wir ihn anziehen, damit du dich in Ruhe um den Papierkram kümmern kannst«, mischte Maryanne sich in fröhlichem Ton ein. »Dann geht das Ganze doch viel schneller.«
»In der Tat«, stimmte James erfreut zu. »Eine großartige Idee.«
Ein pochender Schmerz breitete sich in Catherines Kopf aus. Dennoch zwang sie sich zu einem Lächeln. »Das ist wirklich sehr nett von euch. Aber ich habe Nathan so vermisst und könnte es nicht ertragen, noch eine Minute länger von ihm getrennt zu sein.«
»Auch wir können es kaum erwarten, unseren Enkel zu begrüßen!«, verkündete Maryanne prompt und in so überschwänglichem Tonfall, dass ihre Stimme schrill klang.
»Das ist wirklich so reizend von euch. Aber Nathan ist gesundheitlich noch nicht wieder auf den Damm. Nach allem, was er in den letzten drei Tagen erlebt hat, wäre es besser, wenn ich zunächst allein mit ihm sein könnte.

Sonst regt er sich zu sehr auf. Morgen könnt ihr uns natürlich gern zu Hause besuchen.« Mit ein wenig mehr Nachdruck legte Catherine Schwester Brandi die Hand auf den Arm. »Gehen wir?«, beharrte sie.

»Selbstverständlich.«

Nach einem letzten verunsicherten Blick auf James und Maryanne begleitete die Schwester Catherine raschen Schrittes den Gang entlang. Catherine bemerkte, dass ihre Schwiegereltern keinerlei Anstalten machten, zu gehen. Als von einem Vertreter für Tony die Rede gewesen war, hatten James' Augen eindeutig aufgeleuchtet. James und Maryanne gaben sich niemals kampflos geschlagen, und die Wahrscheinlichkeit war hoch, dass Catherine nicht mehr viel Zeit blieb.

Nathan saß in seinem durch einen Vorhang abgetrennten Krankenhausbett. Er hatte schon eine viel gesündere Gesichtsfarbe, und sein Bauch war nicht mehr schmerzhaft aufgedunsen. Allerdings wirkte er in dem Meer aus weißen Laken und schwarzen Schläuchen noch immer winzig und verloren auf Catherine. Es gab nur wenig, was so grotesk aussah wie ein Krankenhausnachthemd an einem Kind.

»Mein Kleiner«, flüsterte sie.

Nathan betrachtete sie aus ernsten blauen Augen. »Wo ist Prudence?«, fragte er dann mit klarer Stimme.

»Heute hat sie ihren freien Tag«, antwortete Catherine ruhig. »Ich bringe dich jetzt nach Hause. Möchtest du gern nach Hause?«

Nathan sah sich im Raum um und betrachtete den Infusionsständer und den Herzmonitor. »Geht es mir denn besser?«, erkundigte er sich leise und sah plötzlich schrecklich verunsichert aus.

»Ja.«

Er nickte entschlossen. »Dann möchte ich nach Hause.«

»Komm, wir ziehen dich an.«

Schwester Brandi entfernte die Infusionsnadel und schob den Herzmonitor weg.
»Die Entlassungspapiere?«, drängte Catherine mit einem ängstlichen Blick über die Schulter.
»Selbstverständlich.«
Während Brandi den Flur hinunter verschwand, setzte Catherine ein fröhliches Lächeln auf und drehte sich zu ihrem Sohn um. »Ich habe dir deine Lieblingssachen mitgebracht. Jeans, Stiefel und Cowboyhemd.«
»War es ein Traum?«, erkundigte er sich.
Catherine wusste sofort, was er meinte. »Nein«, sagte sie.
»Daddy hatte eine Pistole.«
»Ja.«
»Ist er tot?«
»Ja.«
Nathan nickte und begann, seine Kleider anzuziehen. Gerade hatte er sein Cowboyhemd aus Flanell zugeknöpft, als James und Maryanne, einen Mann im Chirurgenkittel im Schlepptau, erschienen.
»Nathan!«, rief James in leutseligem Ton aus. »Wie geht es meinem Lieblingscowboy? Wollen wir jetzt das Pferd satteln? Deine Großmutter und ich würden dich gerne mit ins Hotel LeRoux nehmen. Zimmerservice, Nathan. So viel Eiscreme mit heißer Schokoladensauce, wie du essen kannst.«
Nathan starrte seinen Großvater an, als wären diesem plötzlich zwei Köpfe gewachsen. So viel Aufmerksamkeit schenkte James seinem Enkel für gewöhnlich nie. Und wenn Nathan Eis aß, wurde ihm ganz gottserbärmlich übel.
Doch James ließ sich davon nicht anfechten und drehte mit triumphierender Miene zu Catherine um. »Catherine, darf ich dir Dr. Gerritsen, den Leiter der Kinderklinik, vorstellen. Ich denke, du solltest dich einmal mit

ihm unterhalten. Währenddessen bleiben Maryanne und ich hier bei Nathan.«

Maryanne war bereits vorgetreten und streckte die Hand nach Nathan aus. Ihr sehnsüchtiger Gesichtsausdruck war kaum zu ertragen. Sah sie in ihrem Enkel das Letzte, was ihr von Jimmy geblieben war? Oder betrachtete sie Nathan nur als eine Art Waffe, als lebendes, atmendes Werkzeug, das sich einsetzen ließ, um Catherine eins auszuwischen?

Obwohl Dr. Gerritsen Catherine mit einer Handbewegung hinaus auf den Flur bat, rührte sie sich nicht von der Stelle. James und Maryanne würden keine dreißig Sekunden brauchen, um sich mit Nathan aus dem Staub zu machen. Schließlich ging es im Gesetz zu neunzig Prozent darum, vollendete Tatsachen zu schaffen.

Schließlich gab Dr. Gerritsen sich geschlagen, trat in das überfüllte Krankenzimmer und wandte seine Aufmerksamkeit Nathan zu. Der Kinderarzt hielt das Krankenblatt in der rechten Hand.

»Wie geht es uns den heute, junger Mann?«, fragte Dr. Gerritsen.

»Okay.« Nathan musterte die vier Erwachsenen ängstlich.

»Laut Krankenakte scheint alles in Ordnung zu sein.«

»Wo ist Dr. Tony?«, wollte Nathan wissen.

»Dr. Rocco konnte heute nicht kommen, Nathan. Deshalb vertrete ich ihn. Einverstanden?«

Aber der Junge starrte Dr. Gerritsen nur an. Er mochte keine Ärzte, insbesondere keine fremden Ärzte, und sein Argwohn stand ihm deutlich ins Gesicht geschrieben.

»Möchtest du gerne nach Hause?«, erkundigte sich Dr. Gerritsen.

Ein ernstes Nicken.

»Auch ich halte das für eine gute Idee. Ich sage dir etwas, Sportsfreund. Warum wartest du nicht einen Moment, während ich mit deinen Großeltern und deiner Mutter rede. Schwester Brandi, möchten Sie Nathan nicht zeigen, wie ein Stethoskop funktioniert?«

Nathan wusste nur zu gut, wie ein Stethoskop funktionierte. Sofort blickte er Catherine an, die sah, wie seine Panik wuchs. Obwohl sich in ihrer Brust dieselbe Angst ausbreitete, zwang sie sich zu einem aufmunternden Lächeln.

Schwester Brandi trat vor, und Dr. Gerritsen, James, Maryanne und Catherine zogen sich hinter den Vorhang zurück.

Dr. Gerritsen kam sofort auf den Punkt. »Richter Gagnon hat mir mitgeteilt, dass das Sorgerecht für Nathan strittig ist«, sagte der Arzt und sah Catherine unverwandt an. »Richter Gagnon und seine Frau haben das Sorgerecht für Nathan beantragt«, entgegnete Catherine ruhig. Dabei musterte sie den Leiter der Kinderklinik und versuchte verzweifelt, sich ein Bild von dem Mann zu machen. Älter. Ehering an der linken Hand. Glücklich verheiratet? Oder gelangweilt und ichbezogen – also reif für die Aufmerksamkeiten einer jungen, schönen Witwe?

»Er fürchtet um die Sicherheit des Jungen«, fuhr Dr. Gerritsen fort. Sein Tonfall war gemessen und sehr, sehr ernst.

Catherine kam zu dem Schluss, dass es nicht ratsam war, das Weibchen zu spielen, und entschied sich stattdessen für die Rolle der besorgten, respektvollen und einfühlsamen Schwiegertochter. Den Kopf ein wenig zur Seite gewandt und mit leiser Stimme, als wolle sie ihre Schwiegereltern nicht aufregen, erwiderte sie: »Richter Gagnon und seine Frau haben vor kurzem ihren Sohn verloren. Sie sind wundervolle Großeltern, aber ... sie sind im Moment nicht ganz sie selbst, Dr. Gerritsen. Sicher verstehen Sie, wie schwierig es für sie sein muss.«

»Wir sind geistig sehr wohl auf Zack, und das weißt du genau«, fiel James ihr grob ins Wort. »Also stell uns nicht als debile Tattergreise hin.«

Dr. Gerritsen blickte zwischen James und Maryanne und Catherine hin und her und wusste offenbar nicht, was er von alldem halten sollte. »Ich möchte ungern in Ihre Auseinandersetzung hineingezogen werden.«

»Das lag auch niemals in meiner Absicht«, versicherte Catherine.

»Laut Dr. Roccos Aufzeichnungen ist Nathan häufig krank«, fügte Dr. Gerritsen in vielsagendem Ton hinzu. »Außerdem ist er recht anfällig.«

»Dr. Rocco hat sich immer ausgezeichnet um Nathan gekümmert.«

Dr. Gerritsen sah sie zweifelnd an. Offenbar wusste er von ihrer Affäre mit Tony und ließ sich nicht täuschen. »Ich denke, Sie sollten den Jungen besser nicht mit nach Hause nehmen«, verkündete der Leiter der Kinderklinik.

Catherine wurde von Verzweiflung ergriffen und spürte Panik in ihrer Kehle aufsteigen. Auf James' Gesicht breitete sich ein Grinsen aus.

»Doch leider«, fuhr Dr. Gerritsen rasch fort, »liegt die Entscheidung nicht bei mir.«

»Was?«, entsetzte sich James.

»Derzeit ist sie noch Nathans gesetzlicher Vormund.« Dr. Gerritsen zuckte die Achseln. »Tut mir leid, Richter Gagnon, aber mir sind die Hände gebunden.«

Maryanne begann, den Kopf zu schütteln, wie eine Frau die plötzlich aufwacht, nur um festzustellen, dass sie sich mitten in einem Albtraum befindet.

»Gefahr im Verzug«, gab James rasch zurück. »Sie hatten den Eindruck, dass dem Jungen unmittelbar Gefahr drohte, was rechtfertigte, ihn mit seinen Großeltern nach Hause zu schicken.«

»Aber ich habe diesen Eindruck nicht.«

»Die Krankengeschichte des Jungen. Sie haben selbst gesagt, dass da etwas faul ist.«

»Er braucht uns«, klagte Maryanne. »Er hat doch sonst niemanden mehr.«

Dr. Gerritsen bedachte Maryanne mit einem mitfühlenden Blick und wandte sich dann wieder James zu. »Verdächtig ja, aber es gibt keine eindeutigen Beweise.«

Inzwischen kochte James vor Wut. »Sie ist eine Bedrohung für dieses Kind!«

»Wenn das wirklich so wäre«, wandte Catherine ruhig ein, »aus welchem Grund sollte ich ihn dann immer wieder zur Behandlung ins Krankenhaus bringen?«

»Weil das deine Methode ist!«, brüllte James. »Du benutzt dein Kind, um im Mittelpunkt zu stehen und die Rolle der leidenden Mutter zu spielen. Ich habe versucht, Jimmy zu warnen und ihm klar zu machen, was du da treibst. Du fügst deinem eigenen Sohn Schaden zu. Es ist widerlich!«

»Aber jetzt brauche ich die Rolle der leidenden Mutter doch nicht mehr zu spielen, um Aufmerksamkeit zu bekommen, oder, James?« Catherine sah ihrem Schwiegervater in die Augen. »Denn inzwischen bin ich ja die trauernde Witwe.«

Als James plötzlich ein wütendes Knurren ausstieß, befürchtete Catherine schon, er könnte sich auf sie stürzen und ihr an die Gurgel gehen. Allerdings hätte das gar nicht zu ihm gepasst. Während Jimmy seiner Wut stets hemmungslos Luft gemacht hatte, war sein Vater kalt wie ein Fisch.

»James, Liebling«, flüsterte Maryanne. »Bekommt sie Nathan? Du hast doch gesagt, das würde nicht passieren. Warum geschieht es dann trotzdem?«

James legte die Arme um seine bebende Frau, drückte sie an sich und tätschelte sie tröstend. Dabei starrte er Catherine weiter finster an.

»Es ist noch nicht vorbei«, verkündete er mit wütendem Triumph in der Stimme.
»Für heute schon.«
Dr. Gerritsen hatte genug von dem Familiendrama und winkte Catherine hinter den Vorhang. »Ich bedaure, Richter Gagnon, aber juristisch kann ich nichts tun, um zu verhindern, dass Mrs Gagnon ihren Sohn mitnimmt. Sollten die Umstände sich ändern, bin ich Ihnen natürlich gerne behilflich. Aber bis dahin ...«
Dr. Gerritsen zuckte die Achseln. Catherine duckte sich unter seinem Arm durch und verzichtete darauf, James über die Schulter hinweg triumphierend zuzugrinsen. Maryanne ins trauernde Gesicht zu sehen wagte sie nicht. Also steckte sie Nathan einfach in seinen Wintermantel und verschwand, so schnell sie konnte.

Auf der Heimfahrt schwieg Nathan. Er saß hinten in seinem Kindersitz und umklammerte mit der rechten Hand den Sicherheitsgurt. Catherine überlegte, was sie sagen sollte, und war fast genauso traurig wie Nathan, weil Prudence heute frei hatte.
Nachdem sie den Wagen in einer engen Parklücke abgestellt hatte, ging sie um das Fahrzeug herum, um Nathan vom Rücksitz zu holen. Die Sonne schien, und der Nachmittag war erstaunlich warm. Als sie die Straße entlang blickte, sah sie einige ihrer Nachbarn, die mit ihren Kindern oder Hunden spazieren gingen. Sie fragte sich, ob es wohl seltsam war, dass sie ihren eigenen Nachbarn nicht zuwinkte.
Unbeholfen in seinem dicken Wollmantel und den neuen Cowboystiefeln, kletterte Nathan aus dem Wagen. Der Mantel, ein Geschenk seiner Großeltern, war ihm drei Nummern zu groß. Aber zumindest passten die Cowboystiefel, die aus der Kinderabteilung von Ralph Lauren stammten.

Nathan weigerte sich, aufzublicken und die Straße oder ihr Haus anzusehen. Zwar legte er gehorsam die Hand in die von Catherine, doch je näher sie der Vortreppe kamen, desto mehr zog er die Füße nach. Widerstrebend schlurfte er neben ihr her und trat nach herumliegenden Blättern.

Catherine betrachtete die Eingangstür und dachte an die Vorhalle dahinter und an die Treppe, die hinauf in ihre Wohnung führte. Sie stellte sich das Schlafzimmer mit dem herausgerissenen Teppich, den bespritzten Wänden und den hastig umgeräumten Möbeln vor. Plötzlich hatte auch sie keine Lust mehr, die Stufen hinaufzugehen, und wünschte sich, sie beide könnten einfach davonlaufen.

»Nathan«, meinte sie leise. »Sollen wir zwei ein bisschen in den Park gehen?«

Nathan hob den Kopf und nickte so heftig, dass sie lächeln musste, obwohl ihr das Herz wehtat. Sie machten sich auf den Weg die Straße hinunter.

Im Public Garden herrschte Hochbetrieb: junge Liebespaare, Hundebesitzer und Familien mit wild herumtobenden Kindern. Catherine und Nathan schlenderten zum Wasser, wo im Sommer Schwanenboote herumpaddelten. Sie kaufte Popcorn bei einem Händler, und dann amüsierten sie sich damit, die überall herumlaufenden Enten zu füttern. Schließlich setzten sie sich auf eine Parkbank am Rande einer Lichtung, wo Kinder, so alt wie Nathan, aber doppelt so groß wie er, lachend im inzwischen verblassenden Sonnenschein herumtollten. Nathan unternahm nicht einmal Anstalten, sich ihnen anzuschließen. Mit seinen vier Jahren hatte er diese Lektion bereits gelernt.

»Nathan?«, sagte Catherine leise. »Da du jetzt wieder zu Hause bist, werden einige Leute mit dir reden wollen.«

Er sah sie an, und sein Gesicht war so bleich, dass sie

nicht anders konnte, als ihm mit dem Finger über die Wange zu streichen. Seine Haut fühlte sich kühl und trocken an. Es war das Gesicht eines Kindes, das zu viel Zeit in geschlossenen Räumen verbrachte.

»Erinnerst du dich an die Donnerstagnacht?«, fragte sie leise. »Die schlimme Nacht?«

Er schwieg.

»Daddy hatte eine Pistole, richtig, Nathan?« Nathan nickte langsam. »Wir haben gestritten.« Wieder nickte Nathan.

»Weißt du noch, warum wir gestritten haben?« Catherine hielt den Atem an. Das war der Unsicherheitsfaktor. Wie gut war das Gedächtnis eines verängstigten vierjährigen Kindes? Wie viel hatte er verstanden?

Zögernd schüttelte Nathan den Kopf.

Catherine atmete erleichtert auf. »Die Leute wollen nur hören, dass Daddy eine Pistole hatte«, sagte sie leichthin. »Und wie sehr wir uns gefürchtet haben. Den Rest kennen sie.«

»Daddy ist tot«, sagte Nathan.

»Ja.«

»Daddy kommt nicht mehr nach Hause.«

»Nein, er kommt nicht mehr nach Hause.«

»Und du?«

Erneut streichelte Catherine seine Wange. »Ich werde immer versuchen, zu dir nach Hause zu kommen, Nathan.«

»Und Prudence?«

»Sie kommt auch wieder nach Hause.«

Nathan nickte ernst. »Daddy hatte eine Waffe«, wiederholte er. »Ich habe mich gefürchtet.«

»Danke, Nathan.«

Nathan beobachtete wieder die anderen Kinder. Im nächsten Moment kroch er auf Catherines Schoß. Sie legte die Arme um seine Schultern und schmiegte die Wange an seinen zerzausten Scheitel.

21

Als Bobby nach Hause kam, wurde er nicht nur von einem Besucher an der Tür erwartet, sondern gleich von dreien. Der heutige Tag wurde ja immer besser, dachte er sich.

»Sollten Sie nicht in der Kirche sein?«, fragte er den Staatsanwalt Rick Copley, während er die Tür aufschloss. Im nächsten Moment hob er die Hand. »Schon gut, ich verstehe: Sie haben Ihre Seele bereits an den Teufel verkauft.«

Bobbys witzig gemeinte Bemerkung entlockte Copley nur ein Stirnrunzeln, als er ihm in seine Parterrewohnung folgte. Hinter Copley kam D.D. Warren, die Bobbys Blick sorgfältig auswich. Die Nachhut bildete der Ermittler von der Staatsanwaltschaft, an den Bobby sich undeutlich von der ersten Vernehmung nach der Schießerei am Freitagmorgen erinnerte. Den Namen des Mannes hatte er vergessen.

»Casella« lautete die Lösung des Rätsels, die Copley dreißig Sekunden später lieferte, als er die Anwesenden in Bobbys Wohnzimmer einander vorstellte. Der Raum war klein, und auf den abgenutzten Möbeln stapelten sich verschiedene Heimservice-Kartons und Serviettenhaufen. Die drei Besucher sahen sich um, offenbar ratlos, wohin sie sich setzen sollten.

Bobby beschloss, ihnen nicht aus dieser Verlegenheit zu helfen. Schließlich hatte er kein Interesse daran, dass sich die ungebetenen Gäste womöglich häuslich bei ihm niederließen.

Er ging in die Küche, holte sich eine Cola und kehrte zurück, ohne den anderen etwas zu trinken anzubieten. Dann nahm er auf einem hölzernen Küchenstuhl Platz. Nach einer Weile warf D.D. ihm einen spöttischen Blick zu und begann dann, Pizzakartons beiseite zu räumen, damit sich das Trio auf dem altersschwachen Sofa niederlassen konnte, in dem es prompt gute zwanzig Zentimeter tief versank. Bobby versteckte sein Grinsen hinter der Coladose.

»Also«, verkündete Copley und bemühte sich um einen herrischen Ton, obwohl sich seine Knie ungefähr auf Kinnhöhe befanden. »Wir müssen Ihnen noch einige Fragen zur Donnerstagnacht stellen.«

»Nur zu.« Bobby erwartete, dass Copley wieder ganz am Anfang beginnen würde. Er würde Bobby seine Geschichte so lange herunterbeten lassen, bis er ihn dazu gebracht hatte, sich in irgendeinem Detail zu verheddern. Deshalb war er von Copleys erster Frage ein wenig überrascht.

»Wussten Sie, dass Catherine und Jimmy Gagnon große Förderer des Bostoner Symphonieorchesters waren?«

Bobby zuckte zusammen und überlegte fieberhaft, was wohl als Nächstes kommen würde. Die möglichen Antworten gefielen ihm gar nicht. »Nein«, erwiderte er zögernd.

»Sie haben viele Konzerte besucht.«

»Wirklich?«

»Außerdem Wohltätigkeitsveranstaltungen und Cocktailpartys. Die Gagnons waren in diesen Kreisen sehr aktiv.«

»Schön für sie.«

»Schön für Ihre Freundin«, verbesserte Copley.

Bobby schwieg.

»Susan Abrahms. So heißt sie doch, richtig? Sie spielt Cello im Orchester.«

»Wir sind mal zusammen gegangen.«

»Heute Nachmittag hatten wir ein interessantes Gespräch mit Susan.«
Bobby trank einen großen Schluck Cola und wünschte, es wäre Bier gewesen.
»Sie haben Sie zu vielen Veranstaltungen begleitet«, fuhr Copley fort.
»Wir waren zwei Jahre zusammen.«
»Seltsam, dass Sie in all der Zeit niemals Catherine oder Jimmy Gagnon begegnet sein wollen.«
Bobby zuckte die Achseln. »Wenn doch, haben sie offenbar keinen bleibenden Eindruck bei mir hinterlassen.«
»Wirklich nicht?«, entgegnete Copley. »Denn Susan erinnert sich sehr gut an die beiden und meinte, sie hätten sich einige Male getroffen. Offenbar waren die Gagnons wirkliche Freunde der klassischen Musik.«
Bobby konnte der Versuchung nicht widerstehen und sah D.D. an. Doch sie wich seinem Blick nicht nur aus, sondern starrte praktisch Löcher in den Teppich.
»Detective Warren«, verkündete Copley. »Warum erzählen Sie Officer Dodge nicht, was wir sonst noch von Susan Abrahms erfahren haben?«
D.D. holte tief Luft. Bobby glaubte, inzwischen zu wissen, was jetzt kommen würde. Und außerdem fiel ihm noch etwas ein, nämlich, warum er und D.D. sich getrennt hatten: Weil für sie beide der Beruf immer an erster Stelle kam.
»Miss Abrahms erinnert sich, dass du die Gagnons bei einem Empfang vor acht oder neun Monaten kennengelernt hast. Insbesondere Catherine hat dir viele Fragen über deine Tätigkeit beim Sondereinsatzkommando gestellt.«
»Alle löchern mich mit meinem Job«, erwiderte Bobby ruhig. »Schließlich lernt man nicht alle Tage einen Scharfschützen von der Polizei kennen. Insbesondere nicht in diesen gesellschaftlichen Kreisen.«

»Laut Miss Abrahms hast du später eine Bemerkung gemacht, dir habe gar nicht gefallen, wie Jimmy sie angesehen habe.«
»Miss Abrahms«, entgegnete Bobby spitz, »ist eine sehr schöne und begabte Frau. Mir gefielen die meisten Blicke nicht, die andere Kerle ihr zuwarfen.«
»Eifersüchtig?«, mischte sich Ermittler Casella ein.
Bobby sprang nicht darauf an, leerte stattdessen seine Coladose, stellte sie auf den Tisch, beugte sich vor und stützte die Ellenbogen auf die Oberschenkel. »Hat Miss Abrahms auch erwähnt, wie lange diese angebliche Begegnung gedauert hat?«
»Einige Minuten«, antwortete D.D.
»Ich verstehe. Also schauen wir uns das Ganze einmal näher an. In meinem Beruf treffe ich etwa fünfzehn neue Leute pro Schicht. Bei zwanzig Schichten im Monat sind das wie viele? Dreihundert neue Leute monatlich? Das macht im Laufe von neun Monaten zweitausendsiebenhundert verschiedene Namen und Gesichter, mit denen ich in Kontakt komme. Ist es da wirklich so seltsam, dass ich mich nicht an zwei Menschen erinnere, mit denen ich einige Minuten auf einem schicken Empfang gesprochen habe, wo ich offen gestanden niemanden im Raum kannte?«
»Schwierig, die ganzen reichen Schnösel auseinander zu halten?«, höhnte Ermittler Casella.
Bobby seufzte auf. Allmählich ging ihm dieses Gespräch auf die Nerven, was kein gutes Zeichen war. »Hatten Sie denn noch nie einen schlechten Tag im Büro?«, fragte er Casella gereizt. »Haben Sie noch nie etwas gesagt, was Sie später bereut haben?«
»Susan Abrahms machte sich Sorgen um eure Beziehung«, sagte D.D. leise.
Bobby zwang sich, den Blick von Casella abzuwenden. »Ja?«

»Sie fand, du wärst in letzter Zeit so zerstreut und geistesabwesend gewesen.«
»Das ist Berufsrisiko.«
»Sie fragte sich, ob du vielleicht eine Affäre hättest.«
»Dann hätte sie mich darauf ansprechen sollen. Wir haben uns ja gelegentlich getroffen.«
»Catherine Gagnon ist eine schöne Frau.«
»Catherine Gagnon kann Susan nicht das Wasser reichen«, entgegnete Bobby, und das meinte er ernst.
»Hat es Sie deshalb gestört, dass sie Jimmy aufgefallen ist?«, mischte sich Copley ein. »Jimmy hatte Geld, sah gut aus. Seien wir doch mal ehrlich: Er war eher ihr Typ.«
»Entscheiden Sie sich, Copley. Habe ich Jimmy Gagnon nun aus Eifersucht getötet, weil er meine Freundin angeschaut hat? Oder habe ich ihn erschossen, weil ich seine Frau vögle? Nach drei Tagen Vernehmungen müssten Sie eigentlich mehr zu bieten haben.«
»Vielleicht steckt ja beides dahinter«, gab Copley zurück.
»Vielleicht erinnerte ich mich aber wirklich nicht, den Gagnons je begegnet zu sein. Vielleicht bin ich nur zu diesen Empfängen gegangen, um meine Freundin zu unterstützen. Und vielleicht habe ich mit meiner Zeit Besseres anzufangen, als mir jeden Fremden zu merken, der mir zufällig über den Weg läuft.«
»Die Gagnons sind aber Leute, die man sich merkt«, sagte Casella.
Bobby machte eine wegwerfende Handbewegung. »Bringen Sie mir einen Menschen, der mich und Catherine Gagnon je allein gesehen hat. Einen Menschen, der beobachtet hat, wie Jimmy und ich eine Auseinandersetzung führten. Das können Sie nämlich nicht. Weil es nie geschehen ist. Denn ich hatte wirklich keine Ahnung, wer die beiden waren, als ich Jimmy Gagnon Donnerstagnacht erschoss. Es geschah einzig und allein deshalb, weil er mit einer Pistole auf seine Frau zielte.

Ein Leben opfern, um ein anderes zu retten. Haben Sie das Handbuch für Scharfschützen nicht gelesen?« Angewidert hielt er inne. Ohne sich darum zu kümmern, dass er dadurch nervös wirken könnte, stand er auf und begann, im Zimmer auf und ab zu gehen.

»Soweit ich informiert bin, haben Sie getrunken«, beharrte Copley.

»Nur an einem einzigen Abend.«

»Ich dachte, bei einem Alkoholiker genügt das.«

»Ich habe nie gesagt, dass ich Alkoholiker bin.«

»Ach, kommen Sie, zehn Jahre ohne einen einzigen Schluck ...«

»Mein Körper ist mein Tempel. Wenn ich nett zu ihm bin, ist er auch nett zu mir.« Bobby warf einen betonten Blick auf die eindeutig schwabbelige Taillenregion des Staatsanwalts. »Das sollten Sie auch mal ausprobieren.«

»Wir werden sie schon kriegen«, sagte Copley.

»Wen?«

»Catherine Gagnon. Wir wissen, dass sie irgendwie dahinter steckt.«

»Sie hat mich damit beauftragt, ihren Mann zu töten? Mord durch Polizeischarfschützen? Jetzt machen Sie mal einen Punkt ...«

Ein berechnendes Funkeln stand in Copleys Augen. »Wussten Sie, dass die Gagnons früher eine Haushälterin hatten?«

»Wirklich?«

»Marie Gonzales. Eine ältere Frau mit viel Berufserfahrung. Sie war in den letzten drei Jahren für die Gagnons tätig. Und können Sie sich denken, warum sie gefeuert wurde?«

»Da ich bis jetzt keine Ahnung von der Existenz dieser Haushälterin hatte, natürlich nicht.«

»Sie hat Nathan etwas zu essen gegeben. Ein Stück von ihrem Tunfischsandwich. Der Junge, der übrigens zehn

Kilo Untergewicht hat, war hungrig. Also hat Marie ihr Sandwich mit ihm geteilt. Nathan hat das ganze Stück hinuntergeschlungen. Und am nächsten Tag hat Catherine Marie gefeuert. Niemand außer dem Kindermädchen darf Nathan etwas zu essen geben, auch nicht, wenn er noch so großen Hunger hat.«

Bobby sagte nichts, aber in seinem Gehirn ratterte es wieder.

»Wir vernehmen inzwischen die Kindermädchen«, fuhr Copley, fast beiläufig, fort. »Bis jetzt ist dabei eine Reihe seltsamer und hässlicher Geschichten ans Licht gekommen. Wie Catherine wochenlang verschwand. Wie Nathan krank wurde, sobald sie wieder auf der Bildfläche erschien. Dann die schmutzigen Windeln, die auf ihre Anweisung im Kühlschrank aufbewahrt wurden ...«

»Schmutzig?«

»Voll gekotet, um genau zu sein. Sechs Monate lang wanderte jede einzelne von ihnen direkt in den Kühlschrank. Und dann waren da noch die Diäten – listenweise Lebensmittel, die der Junge entweder nicht oder ausschließlich essen durfte. Dazu seltsame Mineralien, Kräuter, Nahrungsergänzungsmittel und Medikamente. Eins sage ich Ihnen, Officer Dodge, ich bin jetzt schon seit fünfzehn Jahren im Geschäft und habe so etwas noch nie gesehen. Zweifellos misshandelt Catherine Gagnon ihren Sohn.«

»Haben Sie Beweise?«

»Noch nicht, aber wir werden welche finden. Die Überwachungskamera war ihr erster Fehler.«

Wieder ein Köder, aber er konnte der Versuchung nicht widerstehen. »Überwachungskamera?«

»Im Elternschlafzimmer«, erklärte D.D. »Donnerstagnacht war sie abgeschaltet. Nur dass das laut Sicherheitsfirma gar nicht möglich ist.«

»Ich blicke da nicht mehr durch«, meinte Bobby auf-

richtig. Er blieb endlich stehen und kratzte sich am Nacken.
»Die Überwachungskamera im Schlafzimmer war so programmiert, dass sie sich automatisch um Mitternacht abschaltete. Stattdessen tat sie es wie durch Zauberhand jedoch bereits um zehn. Catherine hat uns ein Märchen aufgetischt, auf der Schalttafel habe sich die Zeit verstellt. Aber wir haben mit der Sicherheitsfirma gesprochen. Am Dienstag, als Jimmy die Scheidung eingereicht hat, hat er sich persönlich mit der Sicherheitsfirma in Verbindung gesetzt. Er sagte, zu Hause liege einiges im Argen, und er wolle deshalb die Möglichkeit haben, die Räume zu überwachen, ohne dass jemand die Kameras manuell abschalten könne. Also hat die Sicherheitsfirma die gesamte Alarmanlage neu programmiert und ihm einen anderen Zugangscode gegeben. Am Dienstag war die Schalttafel voll funktionsfähig. Und was noch wichtiger ist: Jimmy Gagnon war der einzige Mensch, der die Alarmanlage manipulieren konnte.«
»Also hat er die Kamera im Elternschlafzimmer abgeschaltet?«
»Nein«, erwiderte Copley. »Sie war es.«
»Aber Sie meinten doch gerade, sie hätte gar nicht ...«
»Nein, hätte sie nicht. Was sie erst Donnerstagnacht um zehn bemerkt hat, als sie ihren Plan in die Tat umsetzen wollte. Ich würde jede Wette darauf eingehen, dass sie zehn Minuten vor der Schalttafel gestanden und verzweifelt versucht hat, herauszufinden, warum sie die Alarmanlage nicht umstellen kann. Schließlich musste sie im Schlafzimmer sein. Das sollten ausgerechnet Sie doch am besten wissen.«
Bobby machte den Mund auf, um zu protestieren, aber dann fiel es ihm wie Schuppen von den Augen. Nun verstand er, worauf diese absurde Theorie abzielte. Also wartete er schweigend ab, bis Copley fertig war.

»Sie sollten sie sehen, Officer Dodge. Sie sollten Zeuge werden, wie Jimmy, der noch nie zuvor eine Waffe in die Hand genommen hatte, seine Frau und sein Kind mit einer Pistole bedroht. Die große Frage ist natürlich, was ihn so provoziert hat und wie – oder mit wessen Hilfe – er an die Pistole gekommen ist. Diese Vorgeschichte möchte Catherine uns natürlich verheimlichen. Deshalb will sie verhindern, dass etwas Derartiges auf dem Video ihrer Überwachungskamera landet. Und da hat sie eine Idee. Sie stellt die Uhr auf der Schalttafel zwei Stunden vor, und hoppla, alles ist in bester Ordnung. Die Kamera glaubt, dass es schon Mitternacht ist, und schaltet sich automatisch ab. Sie ist schlau, das muss ich ihr lassen. Schlauer, als gut für sie ist.«

Copley änderte die Taktik. »Haben Sie ihr nur helfen wollen, Officer Dodge? Haben Sie auf einer Cocktailparty ein bisschen geflirtet und mit Ihrer Tätigkeit bei STOP angegeben, um einen guten Eindruck auf sie zu machen? Oder ist es noch weiter gegangen? Ein Stelldichein hier und da. Vielleicht war das ganze ja Ihre Idee?«

»Zum letzten Mal: Ich erinnere mich nicht daran, überhaupt mit ihr gesprochen zu haben!« Verzweifelt schüttelte Bobby den Kopf. Er hielt es nicht länger aus und konnte sich offen gestanden nicht einmal an den fraglichen Empfang nach dem Konzert erinnern. Derartige Veranstaltungen hatten ihn schon immer gelangweilt. In Fällen wie diesen schaltete er normalerweise auf Autopilot, setzte ein gefrorenes Lächeln auf, schüttelte Hände und zählte die Minuten, bis der Abend endlich vorbei war, damit er nach Hause fahren, endlich den Pinguinanzug loswerden und mit Susan ins Bett gehen konnte.

Aber dann fiel Copley plötzlich etwas ein: »Zu welcher Art von Einsätzen wird Ihr Team am häufigsten gerufen?

Bankraub? Geiselnahme? Entflohene Sträflinge? Solche Geschichten?«
»Nein. In dieser Gegend sind es meistens häusliche Auseinandersetzungen. Ein Typ betrinkt sich, wird wütend und bedroht seine Familie.«
»Und deshalb alarmiert man gleich ein Sondereinsatzkommando?«
»Falls der Kerl bewaffnet ist, natürlich. Wenn sich ein Mann in seinem Haus verschanzt, gelten die übrigen Familienmitglieder als Geiseln. Solche Anrufe nehmen wir sehr ernst.«
Es war eine Mardi-Gras-Feier gewesen. Alle Förderer des Symphonieorchesters waren mit Masken in kunstvollem Federdekor herumgelaufen. Jimmy und Catherine Gagnon hatten Susan zu ihrem Spiel gratuliert. Catherine hatte das schwarze Haar hochgesteckt gehabt und ein eng anliegendes goldfarbenes Kleid und eine exotische Pfauenmaske getragen. Das aufregende Kostüm hatte seine Wirkung auf Bobby nicht verfehlt. Aber bald war er zu sehr damit beschäftigt gewesen, zuzuschauen, wie Jimmy Susan mit Blicken verschlang, und hatte deshalb nicht mehr auf Catherine geachtet.
Zu guter Letzt hatte er das Gespräch sogar abrupt abgebrochen und Susan unter einem fadenscheinigen Vorwand weggezogen. Später hatten sie über Jimmys offensichtliche Avancen den Kopf geschüttelt und sich in der moralischen Überlegenheit gesonnt, die ein Paar bei der Begegnung mit einem anderen Paar empfindet, das ganz offensichtlich schicker, erfolgreicher und dennoch krisengeschüttelter ist als man selbst.
Bobby ließ den Kopf hängen. Mist, daran wollte er sich im Moment am allerwenigsten erinnern.
»Wir werden sie kriegen«, wiederholte Copley. »Und Sie wissen, dass Catherine nicht zu den Frauen gehört, die so ohne weiteres die Schuld auf sich nehmen. Sobald sie

merkt, dass ihr ernsthaft Gefahr droht, wird sie sich die Augen ausheulen. Und Sie werden in diesem Tränenstrom weggespült werden, Officer Dodge.«

»Sie haben doch sicherlich ein Ultimatum«, gab Bobby empört zurück. »Lassen Sie mich raten. Läuft es morgen um siebzehn Uhr ab?«

Copley sah ihn finster an. »Wenn Sie mich so direkt darauf ansprechen ...«

»Ja, schon gut. Also morgen. Ich rufe Sie an.« Mit einer Handbewegung scheuchte Bobby die Besucher von seinem altersschwachen Sofa zur Tür. D.D. musterte ihn mit einem merkwürdigen Blick. Er konnte ihr nicht in die Augen schauen.

»Da wäre noch etwas«, sagte Copley und blieb an der Tür stehen. »Wo waren Sie gestern Nacht zwischen zweiundzwanzig und ein Uhr?«

»Ich war gerade damit beschäftigt, Tony Rocco umzulegen.«

»Was ...«

»Ich habe geschlafen, Sie mieser Idiot. Trotzdem danke ich Ihnen dafür, dass Sie mich in meinem eigenen Zuhause beleidigen. Und jetzt raus.«

Copley stand noch in der Tür. »Sie sollten die Sache nicht auf die leichte Schulter nehmen ...«

»Es geht hier um mein Leben«, erwiderte Bobby und knallte die Tür zu.

22

Robinson machte den Fehler, ans Telefon zu gehen. In letzter Zeit keine sehr gute Idee. Denn nun musste sich Robinson mit dem Anrufer auseinander setzen, und der war gar nicht zufrieden.

»Seine Anweisungen lauteten, dass es wie ein Unfall oder zumindest so aussehen sollte, als hätte er einfach Pech gehabt – ein versuchter Autodiebstahl zum Beispiel. Jemanden mit einem Fleischermesser zu zerstückeln wirkt allerdings ganz und gar nicht zufällig.«

»Ich habe Sie doch gewarnt, dass ich ihn nicht bremsen kann.«

»Überall wimmelt es von Polizei. Das wird ein schönes Durcheinander geben.«

»Ich glaube nicht, dass ihm das Kopfzerbrechen bereitet.«

»Warum? Weil er der weltberühmte Mr Bosu ist? Was zum Teufel hat das übrigens zu bedeuten?«

»Es ist der Name eines Fitness-Geräts.«

»Was?«

»Ein so genannter Both-Sides-Up-Ball«, erklärte Robinson. »Ein BOSU-Ball. Auf der einen Seite ist er flach, auf der anderen gewölbt. Für Hockübungen balanciert man darauf, und für Liegestützen dreht man ihn mit der gewölbten Seite nach oben. So hat man auch bei begrenztem Platz viele Trainingsmöglichkeiten.«

»Soll das heißen, dass ich einen Mann angeheuert habe, der sich selbst für ein Fitness-Gerät hält?«

»Nein, einen Mann, dem Schmerzen gleichgültig sind«, erwiderte Robinson ernst.

Der Anrufer schwieg eine Weile. Robinson schwieg ebenfalls.

»Ist er bereit für den nächsten Auftrag?«, fragte der Anrufer schließlich.

»Er arbeitet gerade daran. Leider gibt es da eine kleine Komplikation.«

»Eine kleine Komplikation?«

»Mr Bosu stellt neue Bedingungen. Für den nächsten Auftrag verlangt er dreißigtausend anstelle von zehn.«

Der Anrufer lachte auf. »Ach, tut er das? Der Mann hat gerade den ersten Auftrag in den Sand gesetzt.«

»Ich glaube, das sieht er anders.«

»Hat er inzwischen wenigstens ein Konto eröffnet?«

»Äh, nein.«

»Nein?«

»Äh ..., er bevorzugt Bargeld.«

»Herrgott noch mal! Sie können Señor Psycho ein paar Dinge von mir ausrichten. Erstens habe ich nicht so viel Bargeld herumliegen. Und zweitens kriegt er zehntausend Dollar und keinen Penny mehr. Offen gestanden sollte er dankbar sein, dass ich ihm überhaupt so viel bezahle. Schließlich wissen wir beide, dass ich ihn nur mit etwas beauftrage, was er ohnehin tun würde.«

»Ich denke nicht, dass er verhandeln will.«

»Das Leben besteht aus Verhandlungen.«

Robinson holte tief Luft. Jetzt musste das Thema auf den Tisch. »Mr Bosu hat mir einen Brief geschickt, in dem steht, dass es Sie dreißig Riesen kosten wird, wenn Sie Ergebnisse sehen wollen. Außerdem steht da, falls Sie keine Ergebnisse wollen, kostet es Sie auch dreißig Riesen. Weiter heißt es, dass Mr Bosu weiß, wo Sie wohnen.«

»Was? Sie haben ihm doch nichts verraten, oder? Ich dachte, Sie hätten ihn in einem Mietwagen abgeholt und ihm ein gestohlenes Mobiltelefon gegeben. Also hätte er keine Möglichkeit haben dürfen, herauszufinden ...«

»Meiner Ansicht nach blufft er nur. Aber ich kann für nichts garantieren. Ich habe meine Kontakte. Vielleicht hat er ja auch welche.«
Der Anrufer schwieg und atmete schwer. Ob vor Wut oder aus Angst, war schwer zu sagen.«
»Ich würde bezahlen«, meinte Robinson sehr ernst. »Oder schauen, dass ich schnellstens aus der Stadt verschwinde.«
Der Anrufer schnappte lautstark nach Luft. »Richten Sie ihm aus, es gibt keine neuen Bedingungen. Ich habe ihn aus dem Gefängnis geholt und kann jederzeit dafür sorgen, dass er wieder einfährt.«
Robinson erwiderte nichts.
»Was ist?«, bohrte der Anrufer nach.
»Tja, um ihn wieder einfahren zu lassen, müssen Sie ihn zuerst erwischen.«
»Mist«, stieß der Anrufer hervor.
»Mist«, stimmte Robinson zu.

Inzwischen hatte Mr Bosu einen Welpen. Er war gezwungen gewesen, ihn in einer Tierhandlung zu kaufen, nicht unbedingt das, was ihm vorgeschwebt hatte, doch die einzige Möglichkeit an einem Sonntagnachmittag. In dem Laden mit seinen voll gestopften Regalen, dem billigen Linoleumboden und dem leichten Geruch nach Desinfektionsmittel war ihm ganz mulmig geworden. Denn angesichts der Tatsache, dass er bis vor achtundvierzig Stunden selbst Gefangener gewesen war, hatte der Anblick von kleinen Hunden und Katzen in winzigen Drahtkäfigen seine Stimmung nicht unbedingt verbessert.
Eigentlich hatte er vorgehabt, sich eine Weile hier herumzudrücken, denn schließlich waren Zoohandlungen mit ihren kuscheligen Kätzchen und knuddeligen Welpen, wo es an Sonntagnachmittagen von Kindern nur so wimmelte, ein wahres Paradies. Aber die deprimierende

Stimmung in dem Laden hatte ihn rasch in die Flucht geschlagen.
Mr Bosu hatte einen Beagle-Terrier-Mischling gekauft. Der winzige, überschwängliche Welpe war ganz weiß mit riesigen braunen Flecken über jedem Auge, braunen Schlappohren und einem wedelnden braunen Schwanz. Er war der niedlichste kleine Racker, den Mr Bosu je gesehen hatte.
Für seinen neuen Schützling erstand er außerdem eine Leine, einen kleinen Transportbehälter, der aussah wie eine Reisetasche, und etwa fünf Dutzend Kauspielzeuge. Zugegeben, vielleicht war das ein bisschen übertrieben gewesen, aber der Welpe – ob er ihn Patches nennen sollte? – hatte an seinem Kinn geknabbert und so begeistert an seinem Hals geschnuppert, dass Mr Bosu mehr oder weniger alles gekauft hatte, was den Kleinen zu interessieren schien.
Nun hatte er den Welpen an der Leine und trottete mit ihm die Boylston Street hinunter. Der Welpe – Carmel? Snow? – freute sich offenbar riesig, draußen an der frischen Luft zu sein. Und Mr Bosu ging es offen gestanden ganz ähnlich.
Mr Bosu und der Welpe – Trickster vielleicht? Los, entscheide dich, man kann doch schließlich keinen namenlosen Hund haben – erreichten die Straßenecke. Mr Bosu holte den Stadtplan aus der Tasche. Eine Frau blieb neben ihm stehen. Die Frau war blond und schön, und ihre Kleidung stammte von Kopf bis Fuß aus der Herbstkollektion von Ralph Lauren.
»Was für ein reizender kleiner Hund!«
»Danke.« Mr Bosu blickte hinter die Frau. Keine Kinder im Schlepptau. Er war enttäuscht.
»Wie heißt er denn?«
»Ich habe ihn erst vor einer Viertelstunde gekauft. Wir sind noch dabei, uns kennenzulernen.«

»Ach, er ist ja so niedlich.« Nun ging die Frau in die Knie, ohne sich um die Passanten zu kümmern, die sie umrunden mussten. Als sie die braunen Schlappohren kraulte, schloss das Hündchen genüsslich die Augen und fühlte sich vermutlich wie im Welpenhimmel. »Ihr erster Hund?«, erkundigte sich die Frau.
»Als Kind hatte ich mal einen.«
»Wohnen Sie in der Stadt?«
»Zurzeit ja.«
»Es ist nicht leicht, einen Hund in einer Etagenwohnung zu halten.«
»Zum Glück kann ich mir beruflich die Zeit frei einteilen. Also wird es schon klappen. Mit ein bisschen gutem Willen ...«
»Da sind Sie ja wirklich ein Glückspilz«, sprudelte die Frau hervor. Sie beäugte seinen Armanipullover, und offenbar gefiel ihr, was sie sah. Zum Spaß ließ er ein paar Muskeln spielen, und ihr Lächeln wurde breiter. »Was machen Sie denn beruflich?«
»Ich bringe Leute um«, erwiderte der Mann vergnügt.
Sie stieß ein kehliges Lachen aus. Er wäre jede Wette eingegangen, dass sie das allabendlich eigens für Kerle wie ihn übte.
»Jetzt mal im Ernst«, sagte sie.
»Es ist mein voller Ernst«, beharrte er, nahm seiner Äußerung dann aber die Schärfe, indem er hinzufügte: »Ich würde Ihnen ja gern mehr verraten, aber dann müsste ich Sie auch umlegen.«
Er sah, wie es in ihrem Gehirn arbeitete: Sollte sie belustigt, mit Angst oder verwirrt reagieren? Wieder betrachtete sie seinen Armanipullover und dann den Welpen – Trickster, er würde sich wohl für Trickster entscheiden – und beschloss, es komisch zu finden. »Klingt ja aufregend. Wie aus einem Spionagefilm.«
»Das ist es auch. Und Sie?«

»Ich bin seit kurzem geschieden. Mein Ex hatte Geld, und ich gebe es jetzt aus.«
»Gratuliere. Keine Kinder zu versorgen?«
»Glücklicherweise nicht. Vielleicht ist es ja auch Pech. Mit Kindesunterhalt lässt sich nämlich noch viel mehr herausschlagen.«
»Wirklich ein Jammer«, stimmte er zu. Ihre Augen waren warm und leuchteten fast, als sie seine Brust liebkosten.
»Wir können ja mal zusammen zum Essen gehen«, sprach er die Zauberformel aus. Wie ein Profi zückte die Frau sofort ihre Visitenkarte mit Namen und Telefonnummer. Er steckte sie ein und sagte, er werde sie anrufen.
Inzwischen hob Trickster das Bein an einem Zeitungskiosk. Da das nicht sehr einnehmend wirkte, zog Mr Bosu an der Leine, und sie machten sich wieder auf den Weg. Erneut warf er einen Blick auf den Stadtplan. Sechs Häuserblocks später hatten sie ihr Ziel erreicht.
Es war eine hübsche kleine Straße, die versteckt in einem Straßengewirr im Herzen von Boston lag. Offensichtlich ein reines Wohnviertel. Das Erdgeschoss beherbergte ein kleines Lebensmittelgeschäft, eine Blumenhandlung und einen winzigen Feinkostladen. Oben befanden sich die Wohnungen. Er zählte von links nach rechts, bis er die gesuchte Nummer gefunden hatte. Dann studierte er noch einmal seine Notizen.
Alles in Ordnung.
Er setzte sich auf eine Bank vor dem Lebensmittelladen. Als er auf den freien Platz neben sich klopfte, sprang Trickster hinauf und kuschelte sich an sein Bein. Dann stieß der Welpe einen langen, leisen Seufzer aus. Offenbar musste er sich von seiner harten Welpenarbeit erholen.
Der Mann schmunzelte. Er erinnerte sich noch an seinen ersten Hund, Popeye, einen niedlichen kleinen Ter-

rier, den sich sein Vater von einem Arbeitskollegen hatte aufschwatzen lassen. Seine Eltern waren zwar keine großen Hundefreunde gewesen, aber da ein Junge nun einmal einen Hund brauchte, hatten sie eben einen angeschafft. Mr Bosu wurde die Gesamtverantwortung übertragen, und seine Mutter lernte, zu seufzen und heftig zu blinzeln, wenn Popeye ihre Lieblingsschuhe zerkaute und die Plastikschutzhülle des Sofas bearbeitete. Popeye war ein guter Hund gewesen. Sie waren zusammen durchs Viertel gestreift, hatten stundenlang Verstecken gespielt und waren in riesigen Laubhaufen herumgetollt.

Mr Bosu wusste, was die Menschen von einem Kerl wie ihm erwarteten, aber er hatte seinem Hund nie ein Haar gekrümmt. In dem stillen kleinen Haus, in dem er aufgewachsen war, war Popeye ganz eindeutig sein bester Freund gewesen.

Die Freundschaft hatte fünf Jahre gedauert. Bis zu dem Tag, an dem Popeye einem Eichhörnchen nach und auf die Straße gelaufen war, wo Mrs Mackeys Buick ihm den Garaus machte. Mr Bosu erinnerte sich noch an Mrs Mackeys Entsetzensschrei und daran, wie er den Todeskampf seines kleinen Hundes beobachtet hatte. So schlimm war es gewesen, dass die Frage, ob man Popeye zum Tierarzt bringen sollte, überhaupt nicht aufgekommen war.

Mr Bosu hatte Popeye in sein Lieblings-T-Shirt gewickelt. Dann hatte er im Garten ein Loch gegraben und den Hund ganz allein beerdigt. Sein Vater war sehr stolz auf ihn gewesen.

An jenem Abend war Mr Bosu früh zu Bett gegangen, aber er hatte nicht einschlafen können. Mit offenen Augen lag er in seinem breiten Bett und wünschte, sein Hund würde wieder zu ihm zurückkehren. Dann hatte er eine Idee.

Kurz nach ein Uhr morgens schlich er sich aus dem Haus. Es dauerte nicht lang. Die Leute parkten ihre Wagen auf der Straße, und in einem Viertel wie diesem schloss niemand die Wagentüren ab. Er öffnete die Motorhaube und bohrte mit einem Schraubenzieher ein paar Löcher. Es war ganz einfach und machte auch keinen Schmutz.

Es hieß, für Mrs Mackey sei es gekommen wie ein Blitz aus heiterem Himmel. Vor der Kreuzung habe sie gebremst und schon im nächsten Moment mit Vollgas das Stoppschild überfahren, sodass sie mit fünfzig Stundenkilometern in den Gegenverkehr geraten sei. Das Ergebnis waren eine Gehirnerschütterung, einige gebrochene Rippen und nicht zu vergessen ein Hüftbruch. Allerdings überlebte sie. Verdammter Buick.

Trotzdem nicht schlecht für einen Zwölfjährigen. Natürlich hatte er seine Methoden seitdem verbessert.

Nun betrachtete Mr Bosu das Fenster im ersten Stock. Noch immer regte sich nichts. Aber kein Problem. Er konnte warten.

Er lehnte sich zurück, schloss die Augen und ließ sein Gesicht von der Sonne bescheinen. Dann stieß er einen langen Seufzer aus, der sich kaum von dem des Welpen unterschied, und kraulte Trickster die Ohren.

Der Welpe wedelte fröhlich mit dem Schwanz. Ein Mann und sein Hund, dachte Mr Bosu.

Ja, nur ein Mann, sein Hund und seine Auftragsliste.

23

Bobby ging joggen. Es dämmerte. Der sonnige Herbstnachmittag neigte sich seinem Ende zu, und ein dunkler kalter Abend drohte. Als er zur Tür hinauslief, stellte er fest, dass er ganz automatisch nach seiner gelben Laufjacke griff, was ihn mit einer unerklärlichen Erleichterung erfüllte. Trotz allem, was er hatte erdulden müssen, versuchte sein Unbewusstes noch nicht, ihm den Garaus zu machen. Er überlegte, ob er Dr. Lane anrufen sollte, um ihr die gute Nachricht zu melden.

Draußen auf der Straße lief er erst einen langen Häuserblock und dann den nächsten entlang. Die Straßen waren still, die Menschen hatten sich in ihre Häuser zurückgezogen, um sich auf die nächste Arbeitswoche vorzubereiten. Hin und wieder sauste ein einsames Auto vorbei, beleuchtete ihn kurz und war im nächsten Moment wieder verschwunden. Auf Castle Island angekommen, rannte Bobby am Ufer entlang in die Dunkelheit.

Gerne hätte er James Gagnon für seine augenblickliche Stimmung verantwortlich gemacht. Oder Catherine Gagnon oder sogar den blutrünstigen Staatsanwalt Rick Copley, der so danach gierte, die Zähne in einen leckeren saftigen Mord zu schlagen, dass er bereits zu sabbern begann.

Aber offen gestanden wusste Bobby genau, woran es lag. Heute Abend dachte er an seine Mutter.

Inzwischen war es so lange her, dass er nicht mehr wusste, ob das Gesicht, an das er sich erinnerte, tatsächlich ihres war oder nur ein sorgfältig von seiner

Phantasie zusammengestelltes Bild. Braune Augen, dunkles Haar, das sich um ein blasses Gesicht lockte, der Duft des Parfüms White Shoulders. Er glaubte, sie vor sich zu sehen, wie sie in die Knie ging und eindringlich zu ihm sagte: »Ich liebe dich, Bobby.« Aber vielleicht war auch das nur ein Traumbild. Möglicherweise hatte sie ihn nur davor gewarnt, den Finger in die Steckdose zu stecken oder mit Waffen zu spielen.

Er wusste es wirklich nicht. Als sie verschwunden war, war er sechs gewesen. Alt genug, um darunter zu leiden, aber zu jung, um es zu verstehen. Eure Mutter ist weg und kommt nicht mehr zurück. Das hatte sein Vater eines Morgens beim Frühstück verkündet. Bobby und George hatten die zuckrigen Apple Jacks in sich hineingeschaufelt, die ihre Mutter sich immer zu kaufen weigerte, und als Kind hatte Bobby zuerst einen Gedanken gehabt: Spitze, jeden Tag Apple Jacks. Sein Vater schien nicht sehr aufgebracht. George nickte nur ernst. Also hatte Bobby gute Miene zum bösen Spiel gemacht.

Später hatte er nachts oft wach im Bett gelegen, und ein bleischweres Gewicht hatte sich auf seiner Brust aufgetürmt, das auch morgens beim Aufwachen noch da gewesen war. Und dann kam die Nacht, in der er gehört hatte, wie George ihren Vater anschrie, und an deren Ende eine Fahrt in die Notaufnahme stand.

Danach war der Name seiner Mutter im Haus nie wieder gefallen.

Lange hatte Bobby seinen Vater gehasst und ihm, so wie George, die Schuld an allem gegeben. Seinen Vater, der zu wenig sprach und zu viel trank. Seinen Vater, der nicht zögerte, die Fäuste zu gebrauchen.

Gleich nach seinem achtzehnten Geburtstag hatte George sich in einen anderen Bundesstaat geflüchtet, um nie wieder zurückzukommen. Vielleicht war er ja nach ihrer Mutter geraten. Bobby fragte ihn nie danach. Bobby war da anders. Mit der Zeit veränderten sich die Dinge. Sein Vater veränderte sich. Bobby veränderte sich. Und dasselbe galt auch für Bobbys Bild von seiner Mutter. Inzwischen dachte er immer weniger daran, dass sie gute Gründe gehabt haben mochte, zu gehen, sondern fragte sich zunehmend öfter, warum sie nie versucht hatte, sich bei ihnen zu melden. Vermisste sie ihre beiden Söhne denn gar nicht? Empfand sie denn überhaupt keinen Schmerz oder wenigstens ein bisschen Leere, weil sie ihre Kinder nicht mehr lieben konnte?

Bobby bekam Seitenstechen, das rasch stärker wurde, als er schmerzhaft nach Luft rang. Trotzdem beschleunigte er seinen Schritt und rannte weiter, da alles besser war als allein herumzustehen und solchen Gedanken nachzuhängen. Wenn er in Bewegung blieb, konnte er seinen Erinnerungen vielleicht entfliehen. Wenn er immerzu lief und lief, würde er vor Erschöpfung vielleicht aufhören, zu denken.

Achtzehn Kilometer später. Atemlos. Verschwitzt. Durchgefroren.

Endlich machte er sich auf dem Heimweg. Seine Füße waren müde, aber sein Verstand arbeitete fieberhaft.

Er wünschte, die Uhr zurückdrehen zu können. Den Finger vom Abzug zu nehmen, in der Sekunde, bevor er Jimmy Gagnons Kopf anvisierte. Am besten wäre es gewesen, er hätte nie von den Gagnons gehört, denn inzwischen war er zum ersten Mal nicht mehr sicher, was er eigentlich gesehen oder warum er so gehandelt hatte. Und das war das wirklich Beängstigende an dieser Situation.

Drei Tage später befürchtete Bobby nicht mehr, Catherine Gagnon könnte eine Mörderin sein. Er hatte Angst,

er selbst könnte einen Mord begangen haben. Bobby lief nach Hause.
Er rief Susan an.

Sie wollte sich in einem Café treffen. Sie entschieden sich für eine Starbucks-Filiale in der Innenstadt. Neutrales Gebiet.
Bobby verbrachte zu viel Zeit damit, sich zu überlegen, was er anziehen sollte. Schließlich entschied er sich für Jeans und ein langärmeliges Hemd aus Batist, da ihm zu spät eingefallen war, dass Susan es ihm zu Weihnachten geschenkt hatte. Als er seine Brieftasche suchte, stieß er auf ein Foto, das sie gemeinsam auf einer Bergtour zeigte, und seine Gefühle spielten wieder verrückt.
Er vertauschte das Batisthemd mit einem dunkelgrünen Trikot und machte sich auf den Weg.
Rein geschäftlich, sagte er sich. Alles rein geschäftlich.
Susan erwartete ihn schon. Sie saß an einem kleinen Tisch, versteckt hinter einer gewaltigen Pyramide aus Kaffeetassen mit silberfarbenem und grünem Emblem. Das Haar trug sie mit einer Spange im Nacken zusammengefasst. Lange blonde Strähnen waren bereits herausgerutscht und lockten sich um ihr Gesicht. Bei seinem Anblick begann sie sofort, die entkommenen Haarsträhnen hinter die Ohren zu schieben, wie sie es immer tat, wenn sie nervös war. Bobby spürte einen Stich in der Brust und tat sein Bestes, nicht darauf zu achten.
»Guten Abend«, sagte er.
»Guten Abend.«
Verlegenheit entstand. Sollte er sich zu ihr hinunterbeugen und sie auf die Wange küssen? Sollte sie aufstehen, um ihn freundschaftlich zu umarmen? Oder sollten sie sich etwa die Hand schütteln?
Bobby seufzte tief auf und wies dann mit einer ruckarti-

gen Kopfbewegung auf die Theke. »Ich hole mir einen Kaffee? Möchtest du etwas?«
Sie deutete auf den riesigen schaumgekrönten Becher, der vor ihr stand. »Nein danke.«
Bobby verabscheute Starbucks. Während er die Liste mit den Dutzenden verschiedener Espressosorten studierte, fragte er sich wieder einmal, wie man so viel Geld mit einem Café verdienen konnte, in dem man nicht einmal einen ganz normalen Kaffee bekam. Schließlich entschied er sich für einen French Roast, der, wie die lebhafte Kassiererin ihm versicherte, zwar dunkel, aber mild war.
»Und wie geht es dir so?«, erkundigte er sich, als er endlich den Becher abstellte und Platz nahm.
»Viel zu tun. Das Konzert und so weiter.«
»Wie läuft es?«
Sie zuckte die Achseln. »Panisch wie immer.«
»Gut.« Er trank einen Schluck Kaffee, spürte, wie eine bittere Spur sich bis hinunter in seine Eingeweide zog, und bekam plötzlich schreckliche Sehnsucht nach dem Bogey's.
»Und bei dir?«, fragte Susan. Sie rührte ihren Kaffee nicht an und drehte nur den Becher zwischen den Händen. »Bobby?«
Er zwang sich, sie anzusehen. »Ich schlage mich so durch.«
»Ich dachte, du würdest mich am Freitag anrufen.«
»Ich weiß.«
»Ich habe die Zeitung gelesen und war so ... traurig. Darüber, was geschehen ist und wie du dich deshalb fühlen musst. Am Freitag habe ich den ganzen Abend auf deinen Anruf gewartet. Dann bin ich auf den Gedanken gekommen, in deine Schublade zu schauen. Stell dir vor, wie überrascht ich war, Bobby, als ich sie leer vorfand.«
Sein Blick wanderte zu der Kaffeebecherpyramide, während sie sein Gesicht fixierte.

»Du warst nie ein sehr zugänglicher Mensch, Bobby. Früher habe ich mir gesagt, dass das einen Teil deiner Anziehungskraft ausmacht. Der starke, schweigsame Typ. Ein richtiger Macho eben. Tja, inzwischen finde ich es nicht mehr sehr anziehend, Bobby. Nach zwei Jahren habe ich so einen Scheißdreck nicht verdient.«
Der unerwartete Kraftausdruck ließ Bobby zusammenzucken, und er sah sie an.
Sie nickte langsam. »Ja, manchmal benütze ich auch schmutzige Wörter, und ich schmeiße sogar Sachen kaputt, wenn ich sauer werde. In den letzten beiden Tagen habe ich eine ganze Menge zerbrochen. So hatte ich wenigstens etwas zu tun, bevor die Polizei bei mir auf der Matte stand.«
Bobby hob seine Kaffeetasse. Verdammt, seine Hand zitterte ja.
»Hast du deswegen endlich angerufen, Bobby? Nicht, weil du dir Sorgen um mich gemacht hast, sondern aus Neugier, was die Ermittler von mir wollten?«
»Es stimmt beides.«
»Arschloch!« Mit ihrer Selbstbeherrschung war es vorbei, und inzwischen war sie den Tränen nah. Sie presste die Handballen auf die Augen und versuchte vergeblich, in der Öffentlichkeit den Schein zu wahren.
»Es war falsch von mir, am Freitag so einfach zu gehen«, räumte er verlegen ein.
»Ach, wirklich?«
»Ich hatte es nicht geplant. Beim Aufwachen habe ich mich umgeschaut ... und die Panik gekriegt.«
»Hattest du Angst, ich würde es nicht verkraften? War das der Grund?«
»Ich dachte ...« Er runzelte die Stirn und wusste nicht, wie er sich ausdrücken sollte.« Ich dachte, du hättest etwas Besseres verdient.«
»Was für ein Mist soll das denn sein?« Offenbar hatte er

etwas Falsches gesagt, denn nun zitterte Susan vor Wut. Sie stellte die Kaffeetasse weg und fuchtelte ihm mit dem Zeigefinger vor der Nase herum. »Verschon mich mit diesem Unsinn, und spiel hier nicht den edlen Ritter, den starken Höhlenmenschen, der sein hilfloses kleines Weibchen beschützen muss! Das ist doch alles Blödsinn! Du bist abgehauen, Bobby. Du hast mir überhaupt keine Chance gegeben. Als es dir zu kompliziert wurde, hast du dich verdrückt. So einfach ist die Sache.«
Nun riss auch Bobby der Geduldsfaden. »Entschuldige vielmals. Wenn ich das nächste Mal einen Menschen erschieße, werde ich mir natürlich zuerst Gedanken über deine Gefühle machen.«
»Du warst mir wichtig!«
»Du warst mir auch wichtig!«
»Warum sitzen wir dann hier und brüllen uns an?«
»Weil uns sonst nichts geblieben ist.« Er bereute die Worte, sobald er sie ausgesprochen hatte. Wie vor den Kopf geschlagen und offensichtlich gekränkt, lehnte sie sich zurück. Dann aber begann sie zu nicken, was wiederum ihn verletzte. Also waren sie quitt.
»Eigentlich wolltest du Schluss machen, seit es zwischen uns angefangen hat«, sagte sie mit leiser Stimme und drehte den Kaffeebecher zwischen den Händen.
»Wir hatten nie viel gemeinsam.«
»Es hat für zwei Jahre gereicht.«
Er zuckte die Schultern und fühlte sich noch beklommener und leerer, und zwar auf eine Weise, die er sich nicht erklären konnte.
»Frag mich, was du mich fragen wolltest, Bobby«, meinte Susan müde. »Horch deine Ex-Freundin aus, um zu erfahren, was sie der Polizei verraten hat.«
Er hatte wenigstens den Anstand, zu erröten.
»Ich kann mich wirklich nicht erinnern, ihnen je begegnet zu sein«, erwiderte er knapp.

»Den Gagnons?« Sie zuckte die Achseln. »Auf mich persönlich haben sie einen ziemlichen Eindruck gemacht.«
»War das unser einziges Treffen?«
»Ich habe sie einige Male bei verschiedenen Veranstaltungen gesehen, aber bei den großen Feiern ... Ich glaube, du bist ihnen nur einmal begegnet.«
»Ich habe nicht sehr auf sie geachtet.« Bobby war es wichtig, das zu betonen.
Susan verdrehte die Augen. »Komm schon, Bobby! Sie ist eine sehr attraktive Frau. Und mit dem goldenen Kleid und der exotischen Maske ... Sogar ich hätte Lust gehabt, mit ihr ins Bett zu gehen.«
»Ich habe nicht sehr auf sie geachtet«, wiederholte Bobby, »denn ich war voll und ganz damit beschäftigt, ihn zu beobachten, während er dich angeglotzt hat. Ein toller Typ, der in Anwesenheit von mir und seiner Frau meine Freundin angafft.«
Susan wirkte nicht überzeugt. Aber schließlich nickte sie und umfasste weiter ihre Tasse. »Macht dir das zu schaffen?«
»Was?«
»Dass du Jimmy Gagnon kanntest und nicht viel von ihm gehalten hast. Und später hast du ihn dann getötet. Gib es schon zu, Bobby, das nagt doch sicher an dir.«
»Ich habe mich erst daran erinnert, dass ich ihm je begegnet bin, nachdem du es gegenüber der Polizei erwähnt hattest.«
Sie schwieg eine Weile. »Wenn es dich aufmuntert: In den Zeitungen steht, du hättest dem kleinen Jungen wahrscheinlich das Leben gerettet.«
»Wahrscheinlich«, wiederholte er bedrückt. »Ich glaube, die Familie hat es auf mich abgesehen«, fügte er dann hinzu, weil es ihm wichtig war, das laut auszusprechen.
»Die Familie?«

»Gagnons Eltern haben mich verklagt. Sie wollen erreichen, dass ich mich wegen vorsätzlichen Mordes vor Gericht verantworten muss. Falls ich schuldig gesprochen werde, komme ich ins Gefängnis.«

»O Bobby ...«

Er runzelte die Stirn und stellte überrascht fest, dass es ihm die Kehle zuschnürte. Dann griff er nach seinem Kaffee und nahm noch einen bitteren Schluck. »Ich glaube, sie werden gewinnen.«

Sie schloss die Augen. »O Bobby ...«

»Wirklich komisch. All die Jahre mache ich nun schon diesen Job, und ich war mir meiner Sache stets sicher. Ich wusste, was ich tue und was ich sehe. Selbst Donnerstagnacht war es so. Ich hatte nicht die geringsten Zweifel. Ich saß da, legte an und drückte ab. Und anschließend sagte ich mir, ich hätte keine andere Wahl gehabt.

Was für ein Mist«, stieß er dann hervor. »Als ob ich in einer knappen Viertelstunde beurteilen könnte, was in einer Familie vorgeht.«

»Lass das, Bobby.«

»Was soll ich lassen?«

»Du darfst nicht aufgeben. Dir Vorwürfe machen. In Selbstmitleid versinken. Denn genau das tust du gerade. Du bist einer der intelligentesten Leute deiner Abteilung und bist dennoch nie Detective geworden. Warum?«

»Mir gefällt es bei STOP ...«

»Du hast aufgegeben. Du und ich, wir hatten zwei schöne Jahre zusammen. Und jetzt sitzen wir da und verabschieden uns verlegen in einem Café voneinander. Ich glaube nicht, dass wir zu wenig Gemeinsamkeiten haben. Und ich finde auch nicht, dass es zwischen uns aufhören muss. Aber ich weiß auch, dass es vorbei ist. Weil du aufgegeben hast.«

»Das ist nicht fair ...«

»Du bist ein guter Mensch, Bobby, einer der besten, die ich je kennengelernt habe. Doch du hast auch etwas Dunkles an dir. Etwas Wütendes. Für jeden Schritt vorwärts machst du zwei zurück. Es ist, als wollte die eine Hälfte von dir wirklich glücklich sein, während die andere sich weigert, loszulassen. Offenbar brauchst du deine Wut, Bobby.«

Er schob seinen Stuhl zurück. »Ich muss jetzt los.«

»Ja, lauf schon davon.« Sie sah ihn unverwandt an.

»Hey, ich will nicht ins Gefängnis!« Seine Geduld war plötzlich zu Ende. »Du begreifst es einfach nicht. Für einen Typen wie Richter Gagnon spielt die Wahrheit keine Rolle. Er biegt sich die Tatsachen so zurecht, wie es ihm in den Kram passt. Wenn ich mir das Gefängnis ersparen will, muss ich dafür jemanden opfern. Und das werde ich nicht.«

»Catherine Gagnon«, sagte Susan leise.

Bobby presste die Lippen zusammen und stritt es nicht ab. Susan schüttelte langsam den Kopf.

»Ich weiß nicht so recht, Bobby. Auf mich macht es ganz den Eindruck, als würdest du dich besser an Catherine erinnern, als du glaubst. Offenbar ist sie dir doch im Gedächtnis geblieben.«

»Nicht bei der Cocktailparty«, gab er barsch zurück. »Nicht als ich mit dir zusammen dort war.«

Susan war nicht auf den Kopf gefallen. »O Gott, Bobby, was genau hast du Donnerstagnacht gesehen?«

24

Catherine wusste nicht, woher das unbehagliche Gefühl kam. Sie war mit Nathan unten im Wohnzimmer. Inzwischen war es fast zehn Uhr, und der Junge gehörte dringend ins Bett. Allerdings schien er keine große Lust zu haben, nach oben zu gehen, und sie brachte es nicht über sich, ihn dazu zu zwingen. Er lag, inmitten eines Kissenhaufens, aus dem nur sein Kopf herausragte, auf dem Boden. Sie hatte seinen Lieblingsfilm »Findet Nemo« eingelegt. Mittlerweile hatte er ihn schon zwei Mal gesehen.

Viel zu oft blickte Catherine auf die Uhr und fragte sich, wann Prudence nur endlich nach Hause kommen würde. Schließlich fing sie an, in der Küche herumzukramen, um etwas zu tun zu haben. Da Nathan keinen Kakao trinken durfte, wärmte sie ihm eine Tasse Sojamilch mit Vanillegeschmack auf. Wortlos nahm er die Tasse entgegen, ohne die Augen vom Fernseher abzuwenden.

»Wie geht es deinem Bauch?«

Er zuckte die Schultern.

»Hast du Hunger?«

Wieder ein Schulterzucken.

»Möchtest du einen Jogurt?«

Er schüttelte den Kopf und starrte betont weiter in den Fernseher.

Catherine kehrte zurück in die Küche. Da sie genauer hingeschaut hatte, war ihr aufgefallen, dass sie dringend einkaufen gehen mussten. Es war kaum noch Sojamilch im Haus. Dasselbe galt für Sojajogurt. Nathan aß nur ein spezielles glutenfreies Brot, von dem fast nichts mehr da war. Die biodynamische Erdnussbutter war auch beinahe leer. Catherine begann, sich eine Liste zu machen, und erinnerte sich dann, dass sie am nächsten Nachmittag einen Termin bei dem neuen Arzt hatten. Sie hielt inne.

Aus der Küche und an der Hausbar vorbei ging sie in das tiefer gelegene Wohnzimmer.

»Nathan, wir müssen miteinander reden.«

Widerstrebend wandte Nathan ihr vom Fernsehen glasigen Augen zu.

»Dr. Tony kann dich nicht mehr behandeln.«

»Warum?«

Catherine zögerte. Sie war zwar voller guter Vorsätze gewesen, ihm die Wahrheit zu sagen, doch beim Anblick seiner ängstlichen Miene verließ sie der Mut. »Dr. Tony findet, dass du einen ganz besonderen Arzt brauchst. Einen Superdoktor mit Superkräften.«

Trotz seiner erst vier Jahre hatte Nathan schon den Blick des geborenen Skeptikers. Mein Gott, warum war Prudence denn noch nicht zurück? Gut, sie hatte heute ihren freien Tag, aber musste sie deshalb gleich die ganze Nacht wegbleiben? Wusste sie nicht, wie sehr Catherine sie brauchte? Sie versuchte es erneut.

»Morgen gehen wir zu einem neuen Arzt, Dr. Iorfino. Kleine Jungen so wie du sind sein Spezialgebiet.«

»Ein neuer Arzt?«

»Ein neuer Arzt.«

Nathan sah sie an. Dann hob er bedächtig seine Tasse mit Sojamilch und ließ den Inhalt auf den Teppich rinnen.

Catherine holte tief Luft. Sie war nicht ärgerlich auf Nathan – noch nicht. Aber sie spürte, wie eine ungerechtfertigte Wut auf Prudence in ihr aufstieg, die sie im Stich gelassen hatte und sie dadurch zwang, sich allein mit diesem Problem auseinander zu setzen.

»Das war nicht sehr nett von dir, Nathan. Nur böse Jun-

gen schütten ihre Milch auf den Teppich. Du willst doch kein böser Junge sein.«
Nathans Unterlippe begann zu zittern. Er schob sie vor und nickte heftig. »Ich bin böse! Und böse Jungen müssen nicht zum Arzt!«
Er hatte Tränen in den Augen, dicke, unvergossene Tränen, die einer Mutter mehr weh taten als zorniges Schluchzen.
»Dr. Iorfino wird dir helfen«, beharrte Catherine. »Er macht dich wieder gesund, damit du ein großer Junge wirst und mit den anderen Kindern spielen kannst.«
»Ärzte machen niemanden gesund! Die stechen einen bloß mit Spritzen. Von Spritzen wird man nicht gesund!«
»Eines Tages werden sie etwas nützen.«
Nathan sah ihr direkt in die Augen. »Ärzte sind Scheiße!«, verkündete er laut und deutlich.
»Nathan!«
Und dann geschah es. »Ich weiß, was du vorhast«, sprach er in einem schneidenden und tückischen Tonfall weiter, den sie noch nie bei ihm gehört hatte. »Du willst mich umbringen.«
Catherine blieb fast das Herz stehen. Sie kehrte zurück in die Küche und hoffte, dass Nathan nicht bemerkt hatte, wie stark ihre Hände zitterten. Die Verantwortung liegt jetzt bei dir, sagte sie sich immer wieder. Das war die wichtigste Folge von Jimmys Tod. Keine Ausreden und Ausflüchte mehr. Sie musste nun selbst entscheiden. Bei ihr liefen die Fäden zusammen.
Catherine griff nach einer Rolle Küchenpapier und ging wieder ins Wohnzimmer. Inzwischen wirkte Nathan schon viel weniger selbstbewusst. Er hatte das Kinn an die magere Brust gedrückt und die Schultern bis zu den Ohren hochgezogen.
Offenbar erwartete er, dass sie ihn schlagen würde. Das hätte Jimmy in dieser Situation getan.

Als sie Nathan die Küchenrolle hinstreckte, nahm er sie nach kurzem Zögern entgegen.
»Bitte wisch die Milch auf, Nathan.«
Er blieb zusammengekauert sitzen. »Weißt du was? Du putzt die eine Hälfte auf und ich die andere. Wir erledigen das gemeinsam.«
Sie nahm die Rolle und riss energisch Stücke davon ab. Bald folgte er ihrem Beispiel. Als sie sich auf Händen und Knien niederließ, tauchte er neugierig aus seinem Kissenwall auf. Sie fing an, den Teppich zu betupfen. »Schau, es geht ganz leicht raus.«
Langsam und bedächtig machte er es ihr nach.
Nachdem sie fertig waren, trug sie den durchweichten Zellstoffhaufen in die Küche und warf ihn weg. Im Wohnzimmer nahm Nathan die Videokassette aus dem Rekorder. Dann saß er mitten auf dem mit Soja befleckten Teppich und sah klein und verloren aus.
Es war Schlafenszeit. Sie starrten beide in die Dunkelheit, die oben an der Treppe lauerte.
»Mommy«, flüsterte er. »Warum werde ich einfach nicht gesund, obwohl ich schon bei so vielen Ärzten war?«
»Ich weiß nicht. Aber eines Tages finden wir die Lösung, und dann kannst du herumtollen wie die anderen Kinder auch. Komm, Nathan, du musst jetzt ins Bett.«
Als er die Arme ausstreckte, erfüllte sie ihm seinen unausgesprochenen Wunsch. Für einen Sekundenbruchteil drückte er sie fest an sich, und kurz erwiderte sie die Umarmung. Und dann wurde ihr klar, was nicht stimmte.
Der Luftzug. Sehr kalt, sehr frisch, so wie draußen im Freien, wehte er die Treppe hinunter und zauste Nathans feines braunes Haar. Und er trug den unverkennbaren Geruch des Todes heran.

Bobby schlief zur Abwechslung einmal nicht. Er hatte es aufgegeben. Zum Teufel mit Schlaf, gesunder Ernäh-

rung und maßvoller sportlicher Betätigung. Er hatte Dr. Lanes gute Ratschläge genommen und sie aus dem Fenster geworfen. Nun lief er auf müden, wackeligen Beinen im Wohnzimmer auf und ab, kaute auf einer kalten Pizza herum, kippte einen Liter Cola hinterher und steigerte sich in eine aufgebrachte Stimmung hinein.
Auf seinem Anrufbeantworter hatten sich die Nachrichten gehäuft. Viele davon stammten von Reportern. Einige waren von seinen Kollegen. Bruni lud ihn noch einmal zum Essen ein. Zwei Jungs vom Sondereinsatzkommando wollten sich mit ihm verabreden. Alle meldeten sich, um sich nach dem Befinden des schießwütigen Psychobullen zu erkundigen.
Eigentlich hätte er dankbar sein und sich darüber freuen sollen. Einer für alle, alle für einen, so lautete doch ihr Motto.
Aber er ärgerte sich. Er hatte keine Lust auf diese Anrufe und wollte keine Aufmerksamkeit. Offen gestanden fühlte er sich gar nicht wohl in der Rolle des schießwütigen Psychobullen, des bedauernswerten Scharfschützen, der im Dienst seine Waffe abgefeuert und damit sein restliches Leben verpfuscht hatte. Zum Teufel mit dem Team, zum Teufel mit der Kameradschaft. Schließlich waren es nicht die anderen, die ihren Arsch hinhalten mussten.
Ja, inzwischen tat er sich selbst so richtig leid.
Er überlegte, ob er sich bei seinem Bruder in Florida melden sollte. Hallo, Georgie, alter Junge, wie lange ist es jetzt her? Fünfzehn Jahre? Ich dachte, ich lasse mal wieder von mir hören. Ach, übrigens, ich habe vor ein paar Tagen einem Typen die Rübe weggepustet, und das hat mich an etwas erinnert. Was genau ist eigentlich damals mit Mom passiert?
Vielleicht war es ja besser, stattdessen Dr. Lane anzurufen. Gute Nachricht: Ich habe heute keinen Alkohol ge-

trunken. Schlechte Nachricht: Ich habe dafür alles andere in den Sand gesetzt. Ich hätte da mal eine Frage. Wenn man die Möglichkeit erhält, seinen eigenen Hals zu retten, indem man jemanden ans Messer liefert, sollte man es dann tun? Oder würde es einen auf lange Sicht in den Wahnsinn treiben?

Er konnte sich selbst nicht ausstehen, wenn er in dieser Stimmung war. So von innerer Unruhe erfüllt, dass er aus der Haut hätte fahren können, und gleichzeitig zu zornig, um klar zu denken. Offen gestanden, hätte er am liebsten wild um sich geballert.

Stattdessen läutete das Telefon. Er hob ab und war nicht einmal mehr überrascht.

»Hier spricht Catherine.« Die raue Frauenstimme aus seinen Träumen flüsterte ihm ins Ohr. »Kommen Sie sofort. Ich glaube, jemand ist in mein Haus eingebrochen. Bitte, Officer Dodge, ich brauche Sie.«

Dann machte es klick, und das Freizeichen gellte Bobby im Ohr.

»Ein Einbrecher, da lachen ja die Hühner«, murmelte Bobby. Doch dann zuckte er die Achseln. Der Anruf hatte zumindest ein Problem für ihn gelöst. Nun hatte er einen Grund, die Waffe einzustecken.

Als Bobby am Haus der Gagnons vorbeifuhr, rechnete er eigentlich mit einem Déjà-vu-Gefühl. Aber es blieb aus. Donnerstagnacht hatte es hier von Scheinwerfern, Kameras und umherhastenden Menschen gewimmelt. Nun, kurz vor Mitternacht an einem Wochentag, strahlte das von würdigen Backsteinhäusern geprägte Viertel – eine echte Dame, die mit Lockenwicklern zu Bett ging – nur diskrete Ruhe aus.

Bobby sah sich nach einem Streifenwagen um, konnte aber zu seinem Erstaunen keinen entdecken. Er wäre jede Wette eingegangen, dass Copley die Bostoner Poli-

zei mit der Überwachung von Mrs Gagnon beauftragt hatte.
Bobby parkte zwölf Häuserblocks entfernt vor dem Kino in der Huntington Avenue. Er sah nach, welcher Film in der Spätvorstellung lief und wann diese begann. Der Teil seines Verstandes, der kühl und wie losgelöst vom Rest zu arbeiten schien, fand es amüsant, dass er bereits dabei war, ein Alibi zu konstruieren.
Auf dem zwölf Blocks langen Rückmarsch nach Back Bay versuchte dieser vernünftige Teil seines Verstandes, ihn zu warnen. Was tat er da eigentlich? Was erwartete er, wenn er ehrlich mit sich war? An Catherines Einbrechergeschichte hatte er keine Minute geglaubt. Stattdessen dachte er an Harris' Worte. *Sie wird Sie wieder anrufen und Ihnen sagen, dass Sie ihre letzte Hoffnung sind. Sie wird Sie anflehen, ihr zu helfen. Das hat bei ihr Methode, Officer Dodge. Sie zerstört Männern das Leben.*
Würde sie versuchen, ihn zu verführen? Spielte das eine Rolle für ihn? Mit seiner Karriere war es ohnehin aus und vorbei. Er hatte zum ersten Mal seit zehn Jahren wieder Alkohol getrunken. Und erst am heutigen Abend hatte er offiziell die Beziehung mit der Frau beendet, die vermutlich die beste war, die er je kennengelernt hatte. Er war vogelfrei und ungebunden und in waghalsiger, ja, auch ein wenig selbstzerstörerischer Stimmung. So ein geschmackloses Rendezvous war vielleicht genau das, was er jetzt brauchte. Er konnte bereits den warmen Zimtduft ihres Parfüms riechen. Wie es sich angefühlt hatte, als ihre Fingernägel leicht über seine Brust gefahren waren.
Seine Phantasie hatte keine Mühe, sich den Rest dazuzudenken. Ihre langen, blassen Beine um seine Taille, ihr kräftiger, geschmeidiger Körper, der sich unter seinem wand. Bestimmt bewegte sie sich wie ein Profi und

stöhnte auch so. Er war sicher, dass sie zu den Frauen gehörte, die zu fast allem bereit waren.

Also hatte Harris doch Recht gehabt. Jimmy war erst vier Tage tot, und Bobby konnte es kaum erwarten, mit der Witwe zu schlafen.

Den Kopf wegen der Kälte geduckt und die Hände tief in den Taschen seiner Daunenjacke, erreichte er das Viertel. Ein Dutzend schlechter Verführungsszenen liefen in seinem Kopf ab, von denen jede geschmackloser war als die vorangegangene.

Dann blickte er zu dem Fenster im dritten Stock hoch und spürte, wie ihm die Luft in den Lungen gefror.

Verdammter Mist!

Bobby begann zu rennen.

Catherine war unten in der Vorhalle. Sie hatte sich vor dem Aufzug zusammengekauert. Sie hielt Nathan, der das Gesicht an ihren Hals geschmiegt hatte, fest an die Brust gedrückt. Bobby hatte kaum Zeit, diesen eigenartigen Zufall zu würdigen: Genauso hatten Catherine und Nathan am Donnerstag auch ausgesehen. Jedes Mal, wenn er dieser Mutter begegnete, die angeblich ihr Kind misshandelte, hielt sie ihren Sohn in den Armen. Schon im nächsten Moment stürmte er, die Waffe in der Hand zur Treppe, die zu ihrer Wohnung im ersten Stock führte.

»Wenn Sie Schüsse hören, verschwinden Sie. Laufen Sie direkt zu Ihren Nachbarn, klopfen Sie an die Tür, und bitten Sie sie, die Polizei zu rufen.«

Ohne ihr Nicken abzuwarten, rannte er die Stufen hinauf.

In geduckter Haltung stürmte er zur offenen Eingangstür hinein und ging hinter einem künstlichen Ficus in Deckung. Schwer atmend stellte er fest, dass er sich zu schnell und zu unvorsichtig bewegte und zuerst die

Lage sondieren musste. Zwischen einer direkten Konfrontation und einem aus der Entfernung abgegebenen Schuss bestand eigentlich kein großer Unterschied. Sieger wurde normalerweise derjenige, der seine Nerven besser im Griff hatte.

Bobby atmete noch einmal tief durch und versuchte, sich zu beruhigen. Er war noch nie im Haus der Gagnons gewesen. Vier Stockwerke, hatte man ihm Donnerstagnacht mitgeteilt. Die Gagnons bewohnten die oberen drei Etagen eines vierstöckigen Hauses. Das oberste Stockwerk war so umgebaut worden, dass es nun über eine doppelt hohe Decke verfügte.

Also musste er nach oben.

Er blickte sich in dem mit Marmor gefliesten Foyer um. Bei dem Raum links von ihm schien es sich um einen formell eingerichteten Empfangssalon zu handeln. Direkt geradeaus lagen ein gewaltiges offenes Wohnzimmer und die Küche. Den Rücken an die Wand gepresst und die Neun-Millimeter vor der Brust, näherte er sich zuerst dem Empfangssalon.

Die Pistole gezückt und tief geduckt, suchte er den dunklen Raum ab. Nachdem er sich vergewissert hatte, dass er leer war, ging er hinaus, schloss die Tür und schob den künstlichen Baum davor. Schließlich wollte er nicht, dass sich jemand hinter seinem Rücken wieder hineinschlich.

Anschließend waren das Wohnzimmer und die Küche an der Reihe, obwohl Bobby ziemlich sicher war, dass von dort keine Gefahr drohte. Zu viele Lichter, zu viel leicht einzusehende, offene Fläche. Falls sich jemand im Haus versteckte, dann sicher nicht hier.

Nur um auf Nummer sicher zu gehen, überprüfte er die Speisekammer, den begehbaren Wandschrank und den Wäscheraum. Nun war nur noch die Treppe übrig.

Inzwischen konnte er es riechen. Es wehte die düsteren,

im Schatten liegenden Stufen hinunter. Hier brannte kein Licht. Die Stufen führten in die undurchdringliche Finsternis. Und dem unverkennbaren Geruch nach zu urteilen zu einem nicht sehr glücklichen Ende.

Wieder bekam er Herzklopfen. Seine Handflächen waren schweißnass. Er versuchte, sich auf sich selbst zu konzentrieren. Im Hier und Jetzt, aber dennoch unbeteiligter Beobachter. Ein Raubtier auf der Pirsch. Eine ruhig laufende, gut geölte Maschine, die ihren Auftrag erfüllte.

Lautlos huschte er, einen geduldigen Schritt nach dem anderen, die Stufen hinauf, bis er einen kleinen, dunklen Treppenabsatz erreichte. Links befand sich eine geschlossene Tür. Unmittelbar vor sich erkannte er eine zweite, die offen stand. Bobby ging zuerst durch die offene Tür, und der Geruch ließ merklich nach, als er den Raum betrat. Er schaltete die Deckenbeleuchtung nicht an, da er im plötzlichen Lichtschein gut zu sehen sein würde, sondern sondierte die Lage im dämmrigen Schimmer, der durch die beiden Fenster hereinfiel. Es war eine kleine Zimmerflucht: Badezimmer, Schlafzimmer, Spielzimmer. Nach den Wandgemälden, die Cowboys und sich aufbäumende Pferde darstellten, handelte es sich um Nathans Reich. Bobby sah im Schrank, in der Dusche und sogar in den Spielzeugtruhen nach.

Nachdem er sich vergewissert hatte, dass sich kein Einbrecher in der Dunkelheit verbarg, nahm er ein herumliegendes Hemd von Nathan und hängte es an den Türknauf, bevor er die Tür hinter sich zuzog.

Nun war die geschlossene Tür an der Reihe. Ein wenig riskanter, aber inzwischen hatte er seinen Rhythmus gefunden. Jede seiner Bewegungen war ein wenig fließender und beherrschter als die letzte. Tief in die Knie gehen und sich ein Stück zur Seite drehen, um weniger

Angriffsfläche zu bieten. Dann die Tür öffnen und geschmeidig hineinschlüpfen.
Wieder eine Zimmerflucht, die ebenso im Dunkeln lag. Die Einrichtung war ziemlich spartanisch. Ein schmales Doppelbett, ein altes Zweisitzersofa im Stil der Achtziger, Schlafzimmermöbel aus zweiter Hand. Offenbar die Unterkunft des Kindermädchens. Funktionell, aber nicht sehr elegant. Bobby bedauerte fast, dass hier nichts zu finden war. Denn nun blieb nur noch die dritte Etage mit der hohen Decke übrig. Das berüchtigte Elternschlafzimmer.
Auf Zehenspitzen schlich Bobby die Treppe hinauf.
Nun war der Geruch unverwechselbar. Scharf und säuerlich. Inzwischen hielt Bobby die Waffe ein wenig gesenkt und auch nicht mehr so fest umklammert. Etwas sagte ihm, dass er sie nicht mehr brauchen würde. Was im Schlafzimmer geschehen war, sollte eher eine Inszenierung sein. Zumindest hatte es von der Straße aus so ausgegesehen.
Die Tür stand weit offen. Keine Deckenbeleuchtung. Dafür aber Kerzen. Dutzende flackernder kleiner Kerzen, die die Szene einrahmten.
Die Leiche hing an den Balken vor den Überresten der gläsernen Schiebetür. Die Plastikfolie war entfernt worden, sodass kalte Luft hereinwehte. Die Kerzen flackerten. Die Leiche schaukelte mit einem knirschenden Geräusch im Wind.
Bobby umrundete sie. Das bleiche, gequälte Gesicht von Prudence Walker drehte sich langsam in seine Richtung.

25

Ich muss es melden.«
Bobby und Catherine saßen im Empfangssalon und sprachen mit gedämpften Stimmen. Bobby hatte das Elternschlafzimmer abgeschlossen. Nach einem zweiten Rundgang durch das Haus hatte er Catherine und Nathan wieder hinein begleitet. Sicher würden die Kollegen von der Bostoner Polizei sie am Tatort befragen wollen.
Im Wohnzimmer kauerte Nathan mit offen stehendem Mund vor dem Fernseher, und allmählich fielen ihm die Augen zu. In ein paar Minuten würde der Junge eingeschlafen sein. Besser für ihn. Besser für sie alle.
»Ich verstehe das nicht. Hat Prudence sich aufgehängt?«
»Es macht ganz den Eindruck.«
Catherine war noch immer fassungslos. »Warum sollte sie so etwas tun?«
Bobby zögerte. »Da war ein Abschiedsbrief«, erwiderte er schließlich. »Angeblich kam sie über Jimmys Tod nicht hinweg.«
»Verschonen Sie mich damit! Jimmy konnte Pru den Buckel runterrutschen. Und sie war für ihn nicht vorhanden. Sagen wir mal, sie standen nicht aufeinander.«
»Meinen Sie damit ... ?«
»Pru war lesbisch«, erklärte Catherine ungeduldig. »Warum, glauben Sie, habe ich sie eingestellt? Jede andere, ganz gleich, wie alt, wäre nämlich früher oder später in Jimmys Bett gelandet, und wenn es nur aus sportlichen Gründen war.«
Bobby seufzte, fuhr sich mit der Hand durchs Haar und seufzte wieder. »Mist.«

»In dem Brief steht doch wohl noch mehr, habe ich Recht?«

»Ja, dass sie mit dem Wissen, wer Jimmy wirklich getötet habe, nicht weiterleben könne.« Er sah Catherine in die Augen. »Ihr Brief gibt eindeutig Ihnen die Schuld.«

Catherines Kommentar bestand aus einem einzigen Wort. »James!«

»Denken Sie, dass Ihr Schwiegervater Ihr Kindermädchen umgebracht hat?«

»Natürlich nicht eigenhändig, seien Sie nicht albern. Er hat jemanden angeheuert oder jemanden damit beauftragt, jemanden anzuheuern. Das hat bei ihm Methode.«

»Sie beschuldigen einen Richter des Mordes?«

»Selbstverständlich! So begreifen Sie doch. Für ihn ist das die optimale Lösung. Die Polizei kommt, liest den Abschiedsbrief und nimmt mich fest. Und dann erscheint James genau im richtigen Moment auf der Bildfläche, um das Sorgerecht für Nathan zu beantragen.«

»Mrs Gagnon ...«, versuchte Bobby.

»Catherine! Ich bin nicht meine Schwiegermutter.«

»Hören Sie, der Richter hat bereits rechtliche Schritte gegen Sie in die Wege geleitet, und angesichts seines Geldes und seiner Beziehungen können wir beide davon ausgehen, dass es nur eine Frage der Zeit ist, bis er gewinnt. Warum also sollte er sich die Mühe machen, einen Mord zu begehen?«

»Damit er Nathan noch heute Nacht bekommt.«

»Mrs Gagnon ...«

»Catherine! Sie kennen ihn nicht. James will die absolute Kontrolle. Über das Geld, über Nathan und über mich. Wer, glauben Sie, hat Jimmy eingeredet, dass ich Nathan misshandle? Wer, meinen Sie, hat ihm den Vorschlag gemacht, sich doch von mir scheiden zu lassen? Der Richter und Maryanne konnten mich noch nie leiden. Und nun bekommen sie Nathan und das ganze

Geld, während ich leer ausgehe! Ich werde ganz allein sein.«

Ein seltsames Funkeln trat in Catherines Augen. Bobby bekam nur eine Sekunde Vorwarnung, denn schon im nächsten Moment hatte sie den Raum durchquert und steuerte mit großen Schritten auf ihn zu. Ihre Berührung war zwar nur leicht, doch sobald ihr Daumen seinen offenen Hemdausschnitt erreichte, zuckte er zusammen und schnappte nach Luft.

Ganz langsam ließ sie die Hand sinken und fuhr mit den Nägeln über seinen Oberschenkel.

»Ich habe viel zu bieten«, murmelte sie. »Dinge, die Sie nur aus billigen Pornofilmen kennen. Sagen Sie mir die Wahrheit, Officer Dodge. Haben Sie den alten Trott nicht satt? Fragen Sie sich nicht schon seit Längerem, wie es denn wäre, eine Frau kennenzulernen, bei der Sie sich nicht mehr verstellen müssen?

Haben Sie Lust, mir den Pullover aufzureißen und mich in die Brustwarzen zu kneifen? Tun Sie es. Wollen Sie mich in den Hals beißen oder mich an den Haaren ziehen? Es würde mich nicht stören. Sie brauchen mich anschließend nicht einmal anzurufen und mir Liebe vorzugaukeln. Nehmen Sie mich gleich hier und jetzt. Wir machen es wie die Hunde auf dem Fußboden. Oder ich beuge mich über das Sofa. Vielleicht wollen Sie ja noch ganz andere Dinge, ich bin da sehr aufgeschlossen. Kein Problem. Oder« – und hier veränderte sich ihr Tonfall und wurde berechnender – »eine Phantasie wäre Ihnen lieber.«

Ohne Vorwarnung fuhr ihre Hand zwischen seine Beine und schlossen sich um seine Hoden. Er zuckte zusammen wie ein unerfahrener Schuljunge und verhärtete sich im nächsten Moment unter der Berührung. Sie lachte kehlig auf. Ihre linke Hand bearbeitete ihn weiter, während sie mit der rechten sein Haar zurückstrich.

»Würde Ihnen ein nettes katholisches Mädchen gefallen? Ich ziehe einen Schottenrock und Kniestrümpfe an. Sie kriegen das Lineal. Oder haben Sie es lieber wild und verrucht? Schwarzes Leder, hochhackige Stiefel und die Peitsche? Haben Sie je einen Neunundsechzig gemacht? Sind rund um die Welt gefahren? Verraten Sie es mir, Officer Dodge, wie sehen Ihre geheimen Träume aus?«

»Hören Sie auf«, sagte er.

Sie lachte nur auf und machte unbeirrt weiter. »Ach, es ist sicher etwas ganz Ausgefallenes. Tiere vielleicht? Ich könnte mir einen Pferdeschwanz umbinden und kräftig wiehern, während Sie aufsteigen. Oder ist es noch schlimmer als das? Homosexuell vielleicht? Oder womöglich ... Einige Männer mögen es, wenn ich es für sie nachspiele. Hätten Sie das gern, Officer Dodge? Ich kann Ihnen bis in jede Einzelheit vorführen, wozu er mich gezwungen hat. Ich bin das kleine Mädchen, und Sie sind der Kinderschänder.«

Zuerst verstand er nicht ganz. Zu sehr war er im Augenblick versunken, und darin, dass sie unerwarteterweise auf seine dunkle Seite gestoßen war. Er wollte ihr die Kleider vom Leibe reißen, sie zu Boden werfen und sie gewaltsam und grob besitzen. Es war, als hätte er sein ganzes Leben nur Theater gespielt und würde erst jetzt wirklich etwas empfinden.

Dann jedoch drang die wahre Bedeutung ihrer Worte zu ihm durch, und ein eiskalter Schauder durchfuhr ihn. Er packte erst ihre rechte, dann ihre linke Hand und drehte sie ihr hinter den Rücken.

»Lassen Sie das«, stieß er hervor.

»Oh, Sie gehen aber hart ran.«

»Catherine, das, was Ihnen zugestoßen ist ... es war nicht Ihre Schuld.«

Ihre Augen weiteten sich, und er sah in dem dämmrigen Raum, wie ihre Pupillen sich vergrößerten. Mit einer

heftigen Bewegung riss sie sich los und schlug ihn ins Gesicht.
»Reden Sie nicht von Dingen, von denen Sie keine Ahnung haben.«
Bobby schwieg. Sein Atem ging schwer. Ihrer ebenfalls. Sie wirbelte herum und stolzierte durchs Zimmer. Der graue Pullover rutschte ihr von der Schulter und gab schwarze Spitzenunterwäsche frei. Ungeduldig zupfte sie daran und wich seinem Blick immer noch aus.
Er wusste, dass er jetzt etwas sagen musste, aber er brachte vor Erschütterung keinen Ton heraus, denn er sah nicht die Frau vor sich, sondern das kleine Mädchen, das in der Dunkelheit gefangen gewesen war.
Die Begierde hatte sich längst gelegt, und er fühlte sich erschöpft und fast so, als stünde er neben sich. Harris hatte Recht gehabt. Das kleine Mädchen, das in die Grube geworfen worden war, war nicht mehr dasselbe, das sich nach oben gearbeitet hatte.
»Gut«, verkündete Catherine, inzwischen am anderen Ende des Raums angelangt, barsch. »Wenn Sie mit unfairen Mitteln kämpfen, mache ich es genauso. Los, rufen Sie die Polizei, und bitten Sie Ihre Kollegen, herzukommen. Lassen Sie sich in meinem Haus antreffen. Dann werde ich gestehen, dass wir eine Affäre haben. Und zwar schon seit Monaten. Das mit dem Schuss war ganz allein Ihre Idee. Jimmy besaß gar keine Pistole. Es war meine. Ich habe die Schüsse abgefeuert, damit die Nachbarn sie hören sollen. Dann sind Sie erschienen, haben behauptet, dass er bewaffnet war, und ihn weggepustet. Ihr Wort gegen meines, Officer Dodge. Was halten Sie von fünfundzwanzig Jahren bis lebenslänglich?«
»Bis morgen um siebzehn Uhr«, erwiderte Bobby ruhig. »Richter Gagnon hat versprochen, mich in den Knast zu bringen, wenn ich bis dahin nicht öffentlich aussage,

dass Sie Ihren Mann Donnerstagnacht bedroht haben.«
Catherine kaute hektisch an ihrer Unterlippe. »Dann behaupte ich eben, Prudence wäre Ihre Geliebte gewesen und hätte sich deswegen aufgehängt!« Sie zeigte mit dem Finger auf ihn. »Sie! Sie sind derjenige, auf den sie in ihrem Abschiedsbrief anspielt. Sie wusste, dass Sie Jimmy auf dem Gewissen haben, und es hat ihr das Herz gebrochen, weil Sie die Liebe ihres Lebens waren.«
»Die Geschichte wäre glaubwürdiger, wenn Prudence sich wirklich aufgehängt hätte.«
»Was?«
Allmählich bekam Bobby Mitleid mit ihr. »Sie hat keine Blutergüsse am Hals. Keine Abschürfungen von dem Seil. Keine abgebrochenen Fingernägel, weil sie verzweifelt versucht hat, den Knoten zu lösen. Erhängen ist eine ziemlich ungemütliche Todesart. Prudence weist keinerlei Spuren auf.«
»Ich verstehe ...«
»Jemand hat sie umgebracht. Aller Wahrscheinlichkeit nach wurde ihr das Genick gebrochen. Dann hat der Täter sie in Ihr Schlafzimmer gebracht und alles inszeniert.«
Catherine erbleichte und begann, hin und her zu schwanken. »Buh!«, murmelte sie. »Buh!«
»Was?«
»Nichts.«
»Die Sache ist, Catherine, dass ich das auf den ersten Blick erkannt habe. Und das werden die Kollegen von der Bostoner Polizei auch tun.«
»Was ist, wenn sie glauben, dass ich sie ermordet habe?«
»Prudence war fünfzehn Kilo schwerer als Sie. Sie allein hätten es unmöglich geschafft, sie an einen Deckenbalken zu hängen.«
»Und der Abschiedsbrief?«
»Wenn das Erhängen kein Selbstmord war, ist der Brief

auch kein Abschiedsbrief. Und deshalb ist sein Inhalt ziemlich zweifelhaft.«

»Oh«, erwiderte sie mit leiser Stimme.

»Prudence wurde ermordet, Catherine. Es ist Zeit, die Polizei zu verständigen.«

Er ging aus dem Salon in Richtung Wohnzimmer, wo er ein Telefon gesehen hatte. Doch Catherine hielt ihn zurück, als er schon auf der Schwelle stand.

»Bobby ...«

Er drehte sich um. Zum ersten Mal, seit sie sich kannten, wirkte sie wirklich verunsichert und hilflos.

Er musterte sie forschend und fragte sich, was sie wohl als Nächstes tun würde. Sie war zweifellos kühl und berechnend. Wenn er ihr, was den Tod ihres Kindermädchens anging, nicht reinen Wein eingeschenkt hätte, hätte sie ihn sicher ans Messer geliefert. Vielleicht würde sie es irgendwann auch noch tun. Aber er brachte es nicht über sich, sie zu hassen. Ständig sah er das kleine Mädchen vor sich, und das war möglicherweise ihr bestes Täuschungsmanöver. Sie war in der Lage, das Opfer zu mimen, während sie schon den nächsten Zug plante.

»Sie verstehen doch sicher ...« Sie gab es auf, sich zu entschuldigen, und machte stattdessen eine vage Handbewegung. »Ich darf Nathan nicht verlieren. Ich darf einfach nicht.«

»Warum haben Sie die Haushälterin gefeuert, weil sie ihm etwas zu essen gegeben hat?«

Es schien sie nicht zu wundern, dass er die Geschichte kannte. »Tony Rocco hatte ihn auf eine strenge Diät gesetzt – keinen Weizen, keine Milchprodukte. In sämtlichen Lebensmitteln, von Frühstücksflocken bis hin zu Tunfisch, befinden sich Spuren von Milcheiweiß. Also war es leichter, den Leuten zu verbieten, ihm etwas zuzustecken. Leider gab es auch Menschen, die das nicht so sahen.«

»Und die schmutzigen Windeln, die im Kühlschrank lagen?«
»Stuhlproben, um eine zystische Fibrose auszuschließen. Aber da Jimmy sie ständig weggeworfen hat, mussten wir die Prozedur öfter wiederholen.«
»Manche behaupten, der Junge sei kränker, wenn Sie in seiner Nähe sind.«
»Nathan ist immer krank, Bobby«, antwortete sie erschöpft. »Vielleicht fällt es den Leuten nur mehr auf, wenn sie einen Sündenbock dafür haben.«
»Also leidet er wirklich an einer Erkrankung?«
»Richtig.«
»Aber Jimmy hat es nicht geglaubt.«
»Nein. Seine Eltern haben ihm eingeredet, dass ich die Wurzel allen Übels bin. Und im Laufe der Zeit liebte Jimmy mich immer weniger und hat immer mehr auf sie gehört.«
Bobby brauchte noch Zeit, um darüber nachzudenken.
»Gut«, sagte er leise und machte sich auf die Suche nach einem Telefon.

26

Natürlich war D.D. nicht erfreut, ihn wiederzusehen. Er hatte sie direkt angerufen, und zwanzig Minuten später erschien sie am Tatort. Sie trug eine Lederjacke, hochhackige Stiefel und eine finstere Miene im Gesicht. Die Spurensicherung folgte ihr auf den Fersen.

»Du bist ein absoluter Volltrottel«, knurrte sie, als sie zur Tür hereingestürmt kam. »Ein absoluter Volltrottel mit Selbstmordneigung.«

»Vorsicht, Kind.« Bobby wies mit dem Kopf auf den Empfangssalon, wo Catherine den fest schlafenden Nathan auf einen Kissenberg gebettet hatte. Bobby fragte sich, wie es der Junge nur schaffte, inmitten dieses Durcheinanders auch nur ein Auge zuzutun. Allerdings kannte er sich nicht gut mit Kindern aus.

D.D. verzog das Gesicht und ging dann nach oben, um den Tatort selbst in Augenschein zu nehmen. Währenddessen wartete Bobby, geduldig an die Wand gelehnt, im Foyer. Inzwischen trafen weitere uniformierte Kollegen ein. Ein junger Beamter mit rosigen Wangen bezog diskret Posten an der Tür, um Bobby, der im Foyer stand, und Catherine, die schweigend im Wohnzimmer saß, zu beobachten. Hin und wieder warf Bobby dem Grünschnabel einen Blick zu und gähnte ausgiebig. Es war ein Spaß, zuzusehen, wie der junge Mann seinerseits ein Gähnen unterdrückte.

Eine Viertelstunde später kehrte D.D. zurück und wies mit einer ruckartigen Kopfbewegung in eine ruhige Ecke. Bobby folgte ihr gehorsam. Sie beide wussten, dass sie ihr Gespräch so schnell wie möglich führen mussten, denn es war nur eine Frage der Zeit, bis Copley, angelockt vom frischen Blutgeruch, am Tatort erschien.

»Was zum Teufel hat das zu bedeuten, Bobby?«, fragte D.D., ohne sich mit Floskeln aufzuhalten.

»Sie hat mich angerufen, gesagt, es sei ein Einbrecher im Haus, und mich gebeten, vorbeizukommen. Was hätte ich tun sollen?«

»Die Polizei verständigen.«

»Meinst du, die hätten sie ernst genommen? Dank Copley gilt sie doch bei den meisten Kollegen inzwischen als Mörderin.«

»Das ist nicht dein Problem, Bobby. Du solltest dich lieber um deine berufliche Zukunft kümmern. Und falls du es noch nicht wissen solltest – Eigenmächtigkeiten wie diese sind da nicht sehr nützlich.«

»Komisch, wie viele Leute sich in letzter Zeit für meine berufliche Zukunft interessieren«, murmelte er.

»Bobby ...«

»Ich habe nicht geglaubt, dass da wirklich ein Einbrecher war«, fügte er hinzu.

Endlich hörte D.D. aufmerksam zu. Da er nun offenbar bereit war, ihre Fragen ernsthaft zu beantworten, wurde sie ebenfalls ruhiger. »Was dachtest du dann?«

Er zuckte die Achseln. »Dass es sich um einen Trick handelte, um unter vier Augen mit mir zu sprechen. Dass sie mich für ihre Version der Dinge gewinnen wollte.«

»Wegen der Schießerei?«

»Ja.«

D.D. stieß ein Grunzen aus. »Noch ein Grund, um nicht hinzufahren.«

»Richtig. Der Polizeibeamte darf nach dem Zwischenfall keinen Kontakt zur Familie des Opfers haben. Meinst du, ich hätte die Dienstvorschrift nicht gelesen? Habe ich aber.«

»Und warum bist du dann trotzdem hingegangen?«

»Weil ich den Mann dieser Frau erschossen habe. Und in den Dienstvorschriften steht nicht, dass man sich anschließend innerlich aufgewühlt fühlt und nach Antworten sucht. Dass man sich vielleicht sogar nach jemandem sehnt, der sagt: ›Officer, Sie haben richtig gehandelt. Officer, ich verzeihe Ihnen. Officer, Sie können jetzt Ihr Leben weiterführen, denn alles ist wieder in Ordnung.‹ «

D.D. seufzte auf. »Ach, du meine Güte, Bobby ...«

Bobby fiel ihr ins Wort. Er wollte es nicht mehr hören. »Ich erhielt kurz nach dreiundzwanzig Uhr dreißig einen Anruf von Mrs Gagnon«, verkündete er steif. »Nach meiner Ankunft in Back Bay parkte ich meinen Wagen und ging die restliche Strecke zu Fuß. Auf halber Höhe des Häuserblocks sah ich die Umrisse einer Leiche, die in einem Fenster im dritten Stock hing. Daraufhin bin ich ein wenig schneller gegangen.

Beim Betreten der Vorhalle des Hauses traf ich Mrs Gagnon und ihren Sohn, zusammengekauert und offensichtlich in Angst, vor dem Aufzug an. Nachdem ich die beiden angewiesen hatte, sich nicht von der Stelle zu rühren, stieg ich die Treppe hinauf zur Wohnungstür. Ich betrat die Wohnung, bewaffnet mit einer vollständig geladenen Neun-Millimeter-Pistole, für die ich einen gültigen Waffenschein besitze. Ich führte, Etage für Etage, eine gründliche Durchsuchung der Wohnung durch, die im Elternschlafzimmer endete, dessen Tür offen stand. Als ich eintrat, sah ich die Leiche von Prudence Walker an einem Balken hängen.

Zunächst las ich den Brief, der auf der Matratze lag, verließ dann den Raum, wobei ich darauf achtete, nichts zu verändern, und schloss zu guter Letzt die Tür hinter mir, indem ich den Türknauf mit dem Hemdsärmel umfasste. Anschließend ging ich nach unten und teilte Mrs Gagnon mit, dass die Polizei verständigt werden müsse.«

»Und wie nahm Mrs Gagnon die Nachricht auf?«, gab D.D. spöttisch in demselben förmlichen Ton zurück.

»Sie wirkte überrascht, dass Prudence sich aufgehängt hatte.«

»Was hat sie gesagt?«

»Dass Prudence als Lesbierin ganz sicher nicht Jimmy Gagnons Geliebte gewesen sei.«

»Wirklich?« D.D. merkte auf und machte sich eine Notiz. »Gibt es dafür eine Bestätigung?«

»Tja, Prudence selbst konnten wir ja schlecht fragen«, gab Bobby trocken zurück. »Sie ist nämlich leider tot.«

D.D. verdrehte die Augen. »Was hast du sonst noch mit Mrs Gagnon erörtert?«

»Sie befürchtete, dass die Polizei den Brief falsch deuten könnte. Da sie mit ihren Schwiegereltern vor Gericht um das Sorgerecht für ihren Sohn streitet, hatte sie Angst, die Polizei könnte den Brief als Anlass verstehen, um ihr Nathan wegzunehmen.«

»Nachvollziehbar.«

»Ich habe ihr erklärt, die Polizei sei klug genug, um zu sehen, dass der Selbstmord nur inszeniert war.«

»Das hast du hoffentlich nicht wirklich getan!«

»Doch.«

»Verdammt noch mal, Bobby, warum zu Teufel hast ihr dann nicht gleich die Beweisstücke zum Vernichten übergeben!«

»Wenn ich ihr das nicht gesagt hätte, wäre sie jetzt über alle Berge, D.D. Sie wäre mit ihrem Sohn geflohen.«

»Und du hättest sie nicht aufgehalten.«

»Wie denn? Indem ich sie und einen Vierjährigen mit der Waffe bedrohe? Ich habe das dumpfe Gefühl, dass sie mir das nicht abgekauft hätte.«

»Du hattest kein Recht, Einzelheiten vom Tatort preiszugeben. Damit hast du absichtlich die Ermittlungen behindert ...«

»Ich habe dich angerufen. Ohne meine Hilfe wüsstest du gar nicht, was passiert ist.«
»Mit deiner Hilfe sind wir auch nicht schlauer. Das kann man wirklich nicht sagen.«
»Doch, du kennst einen Namen. Einen ziemlich wichtigen Namen in dieser Angelegenheit«
»Was für einen Namen?«
»James Gagnon.«
D.D. erstarrte und blinzelte ein paar Mal. Dann sah sie Bobby ehrlich verdattert an. »Richter Gagnon? Denkst du, er hat Prudence Walker getötet?«
»Catherine glaubt es zumindest. Er könnte auch jemanden damit beauftragt haben.«
»Warum?«
»Um sie im Zusammenhang mit dem Tod seines Sohnes zu belasten. Es ist kein Geheimnis, dass Richter Gagnon sehr um seinen Sohn trauert und Catherine die Schuld daran gibt.«
»Du meine Güte, Bobby, er ist Richter am Obersten Gerichtshof ...«
»Der mich erst gestern in seine Hotelsuite eingeladen hat, wo er mir das Angebot machte, sämtliche Anklagepunkte gegen mich fallen zu lassen. Als Gegenleistung müsse ich nur versprechen, auszusagen, ich hätte in der Nacht der Schießerei mitgehört, wie Catherine Jimmy absichtlich so lange provozierte, bis er sie mit der Waffe bedroht hat.«
»Du hattest doch gar keine Möglichkeit, etwas zu hören.«
»Das habe ich auch eingewendet. Aber der Richter meinte, ich solle mir nicht den Kopf darüber zerbrechen. Er werde sich darum kümmern.«
»Er werde sich darum kümmern?«
Bobby zuckte die Achseln. »Dazu muss er nur den Kollegen, der auch am Tatort war, dazu überreden, meine Aussage zu bestätigen. Der Richter hat lange Arme und

tiefe Taschen. Vermutlich bin ich nicht der einzige, um den er sich momentan bemüht.«
»Mist«, stieg D.D. hervor.
»Mein Ultimatum läuft morgen um siebzehn Uhr ab«, fügte Bobby leise hinzu. »Wenn ich Lügen über Catherine verbreite, lösen sich meine juristischen Probleme in Luft auf. Sage ich die Wahrheit, wird der Richter versuchen, mich über die Klinge springen zu lassen.«
D.D. kniff die Augen zusammen. »Politik und Mord. Einfach Spitzenklasse.« Sie öffnete die Augen wieder. »Gut, und was tust du jetzt?«
Bobby war ehrlich gekränkt. »Dass du mich das überhaupt fragst.«
»So habe ich es nicht gemeint.«
»Da lachen ja die Hühner.«
»Bobby ...«
»Wir waren einmal Freunde. Ich erinnere mich noch gut daran, D.D. Du auch?«
Sie antwortete nicht sofort. Auch eine Antwort. Bobby trat von der Wand weg und richtete sich auf. »Ermittle so, wie du es für richtig hältst, D.D. Aber wenn ich meinen Senf dazugeben darf, denke ich, dass Tony Rocco und Prudence Walker aus denselben Gründen dran glauben mussten.«
»Weil sie Catherine Gagnon kannten.«
»Weil sie zu ihr gehalten haben. Ich habe an seinem Todestag noch mit Dr. Rocco gesprochen. Er war felsenfest davon überzeugt, dass Catherine Nathan nicht misshandelt. Catherine vertraute ihm als Nathans Arzt, genauso wie sie sich darauf verließ, dass Prudence ihr bei Nathans Betreuung half. Nun hat sie niemanden mehr.«
»Sie hat einen Vater«, erwiderte D.D.
»Wirklich? Dann würde ich mal ein paar Streifenwagen bei ihm vorbeischicken. Vielleicht ist er als Nächster dran.«

»Wird er von einem blutrünstigen Messerstecher überfallen oder eher auf geheimnisvolle Weise erhängt werden? Mach mal einen Punkt, Bobby. Die Vorgehensweise stimmt nicht überein!«
»Er will sie isolieren.«
»Er ist ein angesehener Richter, der es nicht nötig hat, andere Leute zu ermorden. Du selbst gibst zu, dass er Geld, Einfluss und gründliche Kenntnisse unseres Rechtssystems besitzt. Sei realistisch, Bobby: Wenn Richter Gagnon das Sorgerecht für seinen Enkel will, wird er das Sorgerecht für seinen Enkel kriegen. Dazu braucht er nicht zu Mord zu greifen.«
»Mein Ultimatum läuft um siebzehn Uhr ab«, sagte Bobby. »Der Richter will, dass ich morgen aussage, und ihm ist es offenbar wichtig, dass sein Enkel noch heute Nacht in seine Obhut übergeben wird. Der Richter hat es eilig.« Er verzog das Gesicht. »Ich bin neugierig, was er im Schilde führt.«

Als Nächstes vernahm D.D. Catherine allein im Empfangssalon. Bobby musste draußen bleiben. Also drückte er sich im Foyer herum und versuchte, Catherines Antworten zu verstehen, die gedämpft durch die geschlossene Tür drangen.
Catherine und Nathan seien den Großteil des Tages unterwegs gewesen. So viel konnte Bobby belauschen. Die Alarmanlage sei sowohl beim Verlassen des Hauses als auch bei ihrer Rückkehr eingeschaltet gewesen. Nein, sie habe Prudence den ganzen Tag nicht gesehen und beim Aufstehen am Morgen angenommen, das Mädchen sei bereits ausgegangen. Nein, sie wisse nichts über ihren Freundeskreis hier in der Stadt. Prudence besäße ein Mobiltelefon, damit Catherine sie erreichen könne. Nein, sie habe den ganzen Tag nicht versucht, sie anzurufen. Es habe keinen Anlass dafür gegeben.

Catherine habe keine Ahnung, woher die Kerzen stammten. Dasselbe gelte für das Seil. Auch eine Leiter war gefunden worden: Vielleicht stammte sie ja aus ihrem Kellerabteil. Allerdings kenne sie sich in diesen Dingen nicht aus. Der Keller sei Jimmys Reich gewesen. Das Schlafzimmer habe sie zuletzt am Vorabend betreten. Da sie Angst vor Einbrechern gehabt hätte, hätten Prudence und sie die Kommmode vor die zerbrochene Schiebetür gerückt. Ihres Wissens nach habe niemand sie entfernt. Prudence sei es sicher nicht gewesen, die Kommode sei viel zu schwer.

Dann erkundigte D.D. sich mit spöttischem Unterton, ob die Überwachungskamera im Schlafzimmer liefe – oder könne sie noch immer die Uhr nicht lesen?

Catherine erwiderte steif, sie habe die Alarmanlage nicht mehr angerührt. Allerdings sei sie sicher, dass es keine Videoaufzeichnungen aus dem Schlafzimmer gebe. Schließlich habe die Polizei sämtliche Bänder beschlagnahmt.

Da im Gespräch eine Pattsituation erreicht war, wandte sich D.D. allgemeineren Themen zu.

Prudence habe seit einem halben Jahr bei ihr gearbeitet, erklärte Catherine. Sie sei von einer Agentur in England empfohlen worden. Ja, Catherine habe Prudence zum Teil auch deshalb eingestellt, weil sie lesbisch gewesen sei. Dass sie sich allmählich mit Jimmys ständigen Seitensprüngen abgefunden habe, bedeutete noch lange nicht, dass sie ihm die Sache erleichtern müsse.

Ihrer Ansicht nach sei Prudence ein ausgezeichnetes Kindermädchen gewesen. Ruhig, fleißig und diskret. Nein, das Mädchen habe auf Jimmys Tod nicht besonders niedergeschlagen reagiert. Ob ihr das nicht seltsam erschienen sei? Tja, die Briten seien doch für ihre Zurückhaltung berüchtigt.

Prudence' Augenmerk habe mehr Nathans Wohlbefinden gegolten, und so sollte es auch sein.
Ob Prudence Nathan im Krankenhaus besucht habe? Nein, der Junge habe auf der Intensivstation gelegen, wo nur Familienangehörige Zugang hätten.
Aber Nathan habe doch zwei Tage im Krankenhaus verbracht. Was habe Prudence in dieser Zeit getan? Ihr Arbeitgeber tot, ihr Schützling in stationärer Behandlung? Womit habe sie sich beschäftigt?
Zum ersten Mal zögerte Catherine.
Sie wisse es nicht.
Ob sie Prudence gesehen habe? Eher nicht. Schließlich sei sie viel unterwegs oder bei Nathan im Krankenhaus gewesen.
Ob sie mit Prudence gesprochen habe?
Kaum.
Also hätte Prudence doch ziemlich niedergeschlagen wegen Jimmys Tod sein können. Vielleicht habe sie ja Angst gehabt, sich allein in einem Haus aufzuhalten, in dem ein Mann erschossen worden war. Möglicherweise habe sie ja heimlich für Jimmy geschwärmt. Schließlich sei er ein charmanter, attraktiver Mann mit Ausstrahlung gewesen. Oder sie habe ein Gespräch belauscht. Ein so stilles, diskretes Mädchen ... Es hätte ja sein können, dass sie mehr über die Ereignisse von Donnerstagnacht wusste, als sie zugeben wollte, und schließlich habe sie die emotionale Belastung nicht mehr ausgehalten ...
»Und deshalb hat sie sich selbst das Genick gebrochen?«, gab Catherine gelassen zurück.
Sogar durch die Tür konnte Bobby beinahe hören, wie D.D. ihn im Stillen verfluchte. Wenn sie heute Abend ihren Bericht schrieb, würde er gewiss keine positive Erwähnung darin finden. Und mit ihr würde er auch die wenigen Verbündeten verlieren, die er noch bei der Bos-

toner Polizei hatte. Aber er kannte keine andere Möglichkeit, sich zu verhalten.
Die Vernehmung war an ihrem Ende angelangt. D.D. hatte keine weiteren Fragen mehr, und Catherine würde ihr ohnehin nicht mehr erzählen.
Endlich öffnete sich die Tür. D.D. kam herausmarschiert und wirkte sogar noch wütender als zuvor. Bobby sparte sich die Mühe einer Entschuldigung.
Als sie zur Tür hinausging, folgte er ihr rasch.
»Hau sofort ab, Bobby ...«, begann sie.
»Ich weiß, wie die Morde miteinander zusammenhängen«, sagte er.
Da sie sicher nicht nachfragen würde, fuhr er unaufgefordert fort.
»Wer einen erwachsenen Mann überwältigt und einem jungen Mädchen das Genick bricht, muss ziemlich groß und stark sein.«
Mit erstaunlicher Heftigkeit wirbelte D.D. herum. »Sie führt dich am Schwanz herum und hat dich von einem guten Polizisten in einen bescheuerten Idioten verwandelt. Tja, du solltest dich ranhalten, damit du sie wenigstens ins Bett kriegst, denn mit deiner Karriere ist es jetzt endgültig vorbei. Über irgendeine Art von beruflicher Zukunft musst du dir wirklich keine Gedanken mehr machen. Jedenfalls nicht bei der Polizei.«

27

Um zwei Uhr morgens lag die ganze Welt noch gemütlich schlafend im Bett. Doch so gerne Mr Bosu sich diesem Beispiel auch angeschlossen hätte, Trickster hatte andere Pläne. Der Welpe saß winselnd im Bad und kratzte an der Tür. Mist, dachte ein Teil von Mr Bosu. Schließlich war heute erst seine zweite Nacht in einem richtigen Bett mit richtiger Bettwäsche. Er konnte Arme und Beine ausstrecken. Er konnte sein Gesicht in die Matratze vergraben, ohne dass ihm der Gestank von Pisse in die Nase stieg. Und deshalb würde er den Teufel tun und einem jaulenden kleinen Hund zuliebe aufstehen.

Die andere Hälfte seines Verstandes hingegen arbeitete gnadenlos logisch. Schließlich war er hellwach, und das schon seit Stunden. Also konnte er sich genauso gut um seinen Hund kümmern. Wer hatte auch wissen können, dass er nach seiner Entlassung aus dem Knast die Stille nicht aushalten würde?

Das Leben war eben ungerecht.

Mr Bosu stand auf und schlüpfte in seine Fünfhundert-Dollar-Hose. Dann öffnete er die Badezimmertür. Trickster sprang ihm in die Arme, wedelte überschwänglich mit dem Schwanz und leckte ihn am Kinn.

»Ja, ja, ja«, sagte Mr Bosu bemüht mürrisch. Doch als Trickster ihm die untere Gesichtshälfte ableckte, war es endgültig vorbei mit seiner Brummigkeit. Eigentlich hatte er in den letzten fünfundzwanzig Jahren genug geschlafen. Nun war er ein freier Mann und verbrachte Zeit mit seinem Hund.

»Also raus.« Er hakte Tricksters Leine ein und ging zur Tür. Für die heutige Nacht hatte Mr Bosu sich im Hampton Inn eingemietet, nett, aber nicht bemerkenswert. Er war nur einer von vielen Anzugträgern auf der Durchreise. Heute hier, morgen dort, nicht wert, dass man sich an ihn erinnerte.

Auf dem Parkplatz suchte sich Trickster einen geeigneten Busch und gab einen erschreckend kräftigen Strahl von sich. Um diese Uhrzeit war sonst niemand zu sehen. Ach, zum Teufel. Mr Bosu öffnete seine Hose und folgte seinem Beispiel. Ein Mann und sein Hund gingen zusammen pinkeln. Er fühlte sich gleich viel besser.

Und das war auch gut so, denn am Vorabend war Mr Bosu ziemlich niedergeschlagen gewesen.

Es hatte einen enttäuschenden Tag hinter sich, produktiv zwar, aber mit einem schalen Nachgeschmack. Das Mädchen hatte er rasch gefunden und beobachtet, wie es die bezeichnete Wohnung verließ. Dann war er ihr nachgegangen und hatte, mit dem Hund als Vorwand, ein Gespräch mit ihr angeknüpft. Alles hatte geklappt wie am Schnürchen. Nur ...

Erstens hatten seine neuen Kleider sie nicht beeindruckt. Er hatte in ihren Augen weder ein Funkeln noch auch nur einen Hauch von Interesse entdeckt. Das hatte ihn offen gestanden geärgert, denn schließlich sah er doch ziemlich gut aus. Zumindest so gut, dass eine fremde Frau eigentlich das Bedürfnis hätte bekommen müssen, ihn kennenzulernen und mit ihm zum Essen zu gehen. Aber dieses junge Mädchen – zu allem Überfluss keine Schönheitskönigin – hatte ihn kaum eines Blickes gewürdigt.

Nachdem sie Trickster kurz die Ohren gekrault hatte, war sie einfach weitergegangen.

Mr Bosu war verdutzt gewesen und hatte sich sputen müssen, um mit ihr Schritt zu halten. Komisch, nach

fünfundzwanzig Jahren im Knast konnte man beim Gehen nicht mehr so schnell denken.
Die blöde Kuh ließ ihn einfach stehen. Mr Bosu konnte ihr weder eine Szene machen, noch zulassen, dass sie sich verdrückte. Denn sicher würde es ihren Argwohn wecken, wenn er ihr später rein zufällig noch einmal über den Weg lief. Nein, jetzt oder nie. Er hatte sich für eine Strategie entschieden, und es musste klappen.
Mitten auf der Straße war ihm schlagartig der zündende Gedanken gekommen. Womit kannte er sich aus und was hatte er am liebsten? Kinder. Und was war das Spezialgebiet eines Kindermädchens? Genau! Also fing er an, von seinen zwei Komma zwei Kindern und davon zu erzählen, wie schwierig es sei, gute Kinderbetreuung aufzutreiben. Hoppla! Schon hatte er ihre Aufmerksamkeit wieder.
Wie sich herausstellte, suchte Prudence Walker einen neuen Wirkungskreis, denn sie fand ihre derzeitige Familie interessanterweise »ein bisschen beängstigend«. Offenbar blieb die Kinderpflegerin davon nicht unberührt, wenn der Vater der Familie getötet wurde, während er Frau und Sohn mit der Waffe bedrohte.
Das hieß nicht, dass das Kindermädchen besagten Vater sehr vermisste. Er habe seine Hände nicht bei sich behalten können und zu viel getrunken und sei außerdem gewalttätig gegenüber seiner Familie gewesen. Anscheinend ein reizendes Früchtchen. Allerdings auch reich, was erklärte, wie er sich ein Haus in Back Bay leisten konnte, während andere Versager wie er im Knast landeten. Das Leben war eben ungerecht, bla, bla, bla ...
Mr Bosu hatte keine Lust, mehr über den Vater zu hören. Viel neugieriger war er auf die Mutter, Catherine ... Ziemlich anstrengend, meinte das Kindermädchen. Außerdem tänzelte Mrs Gagnon immer auf unmöglich ho-

hen Absätzen herum – einfach lächerlich bei einer Frau in ihrem Alter. (Mrs Gagnon sei eine schöne Frau, was Mr Bosu in Gedanken so übersetzte, dass sie schöner war als das junge Kindermädchen und zudem doppelt so sexy. Ganz klar.)

Und dann die vielen Regeln. Der Junge dürfe dieses nicht essen, der Junge müsse jenes essen. »Der arme Wurm ist ein richtiges Fliegengewicht«, erzählte das Kindermädchen weiter. »Meiner Ansicht nach sollte sie Luftsprünge machen, wenn er überhaupt etwas zu sich nimmt.«

Die Mutter sei kühl und arrogant, habe einen ausgeprägten Standesdünkel und spiele die feine Dame. Sie übe keinen Beruf aus, tue nichts im Haushalt, versorge ihren Sohn nicht und sei dennoch nie zu Hause. Vermutlich sei sie zu sehr mit ihren verschiedenen Liebhabern beschäftigt.

Mr Bosu brauchte gar nichts hinzuzufügen, und warf nur hin und wieder in angemessen mitfühlendem Tonfall ein »O nein« oder »O ja« ein. Inzwischen hatte das Mädchen sich für sein Thema erwärmt und machte seinen zu lange aufgestauten Gefühlen Luft. Mr Bosu stellte fest, dass der kleinste Anstoß genügte, damit sie wieder auf Catherine zu sprechen kam, diese grässliche Frau, die ihrem armen, armen Sohn so grässliche Dinge antat.

Und dann verspürte er wieder ganz kurz den alten Zauber. Die Sonne schien. Trickster trippelte vor ihm her. Beschwingten Schrittes schlenderten sie dahin, während seine Nervenenden erregt prickelten und die Welt um ihn herum immer verlangsamter und unwirklicher ablief. Mr Bosu auf der Pirsch im Großstadtdschungel. Der allmächtige Mr Bosu, der sich an seine Beute anschlich.

Dreißigtausend Dollar, dachte er. Wahnsinn! Er hatte

gar nicht gewusst, dass man sich dafür auch bezahlen lassen konnte.
Inzwischen hatten sie die Bushaltestelle an der Ecke erreicht. Das Kindermädchen blieb stehen, schien plötzlich zu bemerken, wie lange sie schon erzählte und dass er immer noch zuhörte, und wurde von Verlegenheit ergriffen.
Mr Bosu fragte sich, ob jetzt der richtige Moment zum Zuschlagen war. Sollte er sie zu sich nach Hause einladen, um seine Frau und die Kinder kennenzulernen? Es sei gleich um die Ecke. Ein Vorwand, um allein mit ihr zu sein.
Dann sah er ihr in die Augen, und der Tagtraum löste sich schlagartig in Luft auf. Die Welt verlor an Farbe, und der Adrenalinstrom versiegte im Nu. Sie misstraute ihm. Und anstatt sich von seinen schicken Klamotten und dem niedlichen Hund blenden zu lassen, musterte sie ihn nur argwöhnisch.
Es war eine Gratwanderung. Gib es auf. Geh weiter. Niemand wird je davon erfahren.
Aber im nächsten Moment wusste er, dass es zu spät war. Sie kannte Catherine. Sie hatte über Catherine gesprochen. Und von diesem Augenblick an war ihr Schicksal besiegelt gewesen.
Mr Bosu blickte die Straße hinauf und hinunter. Das Mädchen setzte an, etwas zu sagen.
Doch er packte sie am linken Arm, zog sie mit dem Rücken zu sich und schlang ihr den Arm um den Hals. Ein leiser Aufschrei. Ja, nein, bitte nicht. Ein Knacken, und sie sackte schlaff gegen ihn. Mr Bosu nahm sie in die Arme und schmiegte die Nase an ihren Hals, als wären sie ein Liebespaar.
Und da roch er es an ihrer Haut. Sex. Verschwitzt, lustvoll, kürzlich. Erwachsen.
Sofort legte sich sein Verlangen. Er stand da und war ge-

zwungen, das leblose Gewicht eines langweiligen Körpers zu stützen, während Trickster mit einem fragenden Winseln an der Leine zerrte.

Danach war es nur noch Arbeit, und dazu eine, die nicht einmal Spaß machte. Mr Bosu musste die Leiche wegschaffen, ohne zu viel Aufmerksamkeit zu erregen. Ihm wurde klar, dass er wirklich Mist gebaut hatte. Schließlich hätte er zuerst seine »Überredungskunst« einsetzen sollen, damit das Mädchen einen Brief schrieb. Tja, dieser Zug war nun abgefahren. Also würde er ihn selbst in seiner besten Jungmädchenschrift verfassen müssen. Ja, die Polizei würde das nicht auf Anhieb bemerken.

Sein Auftraggeber würde gar nicht zufrieden sein, daran bestand kein Zweifel. Und das nach dem kleinen Problem, dass er es bei seinem letzten Auftrag ein wenig übertrieben hatte.

Allmählich hatte Mr Bosu genug von dem Theater. Wenn es so verdammt einfach war, jemanden umzubringen, konnte sein Auftraggeber das doch genauso gut selbst erledigen. Offen gestanden, wurden das bisschen Mord und Totschlag weit überschätzt. Wie zum Beispiel jetzt. Mr Bosu war müde, und außerdem hatte er Hunger. Und er sehnte sich nach einem ordentlichen Drink.

Stattdessen stand er jetzt mit einer Leiche an einer Straßenecke und war gezwungen, das knutschende Paar zu mimen, um keinen Verdacht zu erregen.

Wieder einmal blieb ihm nichts anderes übrig, als sich rasch etwas einfallen zu lassen.

Gut. Er lehnte das tote Kindermädchen an eine Treppe. Sie wirkte ganz still und friedlich, als halte sie nur ein Nickerchen in der Sonne. Dann bog er um die Ecke und ging ein Risiko ein, das ihm eigentlich gar nicht gefiel. Er knackte ein Auto. Das wäre doch wirklich ein Witz, dachte er höhnisch, mit einem Mord durchzukommen und wegen Autodiebstahls verhaftet zu werden.

Dann kehrte er zurück in die Hauptstraße und parkte den gestohlenen Wagen in zweiter Reihe. Er wartete, bis eine Lücke im Verkehr entstand und verfrachtete anschließend die Leiche unauffällig auf den Beifahrersitz. »Aber, Liebling, du darfst einfach nicht mehr so viel trinken«, verkündete er leicht entnervt. Dass auf den ersten Blick kein Mensch zu sehen war, hieß nämlich noch lange nicht, dass ihn wirklich niemand belauschte.
Endlich war er mit dem Welpen, dem toten Kindermädchen und dem gestohlenen Wagen unterwegs. Jetzt musste er nur noch dafür sorgen, dass die Leiche zum richtigen Zeitpunkt am richtigen Ort gefunden wurde.
Mist, im Gefängnis hatte es ihn weit weniger Mühe gekostet, einen Mord zu veranlassen. Ein Glück, dass Wohltäter X das zusätzliche Geld herausgerückt hatte, denn diese Plackerei war eindeutig mehr wert als zehntausend Dollar. Inzwischen fühlte Mr Bosu sich auch mit dreißigtausend Dollar nicht überbezahlt.
Mr Bosu zog das Mobiltelefon heraus und rief seine Kontaktperson an. Wie sich herausstellte, hatte er zufällig den richtigen Moment erwischt. Das Haus war leer, und er konnte sich ungehindert dort zu schaffen machen.
Eine kurze Autofahrt brachte Mr Bosu zu dem Haus, von dem er nun schon seit einem halben Jahr träumte. Seit jenem ersten Anruf, als sein geheimnisvoller Auftraggeber die Hand ausgestreckt und seinem Leben auf wundersame Weise wieder einen Sinn gegeben hatte.
Mr Bosu brauchte den Schlüssel des Kindermädchens nur einmal umzudrehen, und schon stand er im Haus. Er holte tief Luft und versuchte, einen Hauch ihres Parfüms zu erschnuppern. Doch er durfte sich nicht zu lange aufhalten. Heute nicht, aber, ach, ihr so nah zu sein ...
Auf dem Weg die Treppe hinauf dachte er an sie. Als er

die Leiter ausklappte, das Seil festband und sich mit dem pummeligen Körper des Mädchens abmühte, malte er sich ihre zarten Gesichtszüge aus. Und während er fein säuberlich eine Kerze nach der anderen aufstellte und sie liebevoll anzündete, erinnerte er sich wieder an seine Hände um ihren Hals.

Er hatte zugedrückt. Jeden Tag hatte er zugedrückt. Und jeden Tag hatte er im letzten Moment innegehalten. Irgendwann würde er sein Werk vollenden, das hatten sie beide gewusst. Irgendwann würde die Begierde zu stark sein, und er würde ihr einfach den letzten gequälten Atemzug aus dem Körper pressen.

Doch bis jetzt hatte er sich stets beherrscht und jedes Mal gesehen, wie Erleichterung in ihren Augen aufflackerte. Dann war er wieder hinauf ins Helle gestiegen und hatte sie mit einem fröhlichen Winken in der kalten schwarzen Erde zurückgelassen.

Dann jedoch war der Tag gekommen, an dem er in ihr Geheimversteck zurückgekehrt war – vergnügt pfeifend und fröhlich, er hatte ihr zur Feier des Tages sogar ein Twinkie mitgebracht – und das Loch leer vorgefunden hatte. Er hatte einen starken Schmerz verspürt, gefolgt von Todesangst. Jemand hatte sie gestohlen, jemand hatte sie weggebracht, er würde sie nie wieder sehen ... Aber schon im nächsten Moment war ihm klar geworden, was in Wirklichkeit geschehen war. Sie war geflohen. Sie hatte ihn verlassen. Nach allem, was er für sie getan hatte, nach aller Zuwendung, die sie von ihm erfahren hatte. Nach all den Momenten, in denen er ihr Leben in der Hand gehalten und ihr dann erlaubt hatte, weiterzuleben ...

Eine unbeschreibliche Wut hatte ihn ergriffen. Er war nach Hause zurückgekehrt, hatte sich in sein Zimmer gesetzt und mit dem Gedanken gespielt, jeden einzelnen Bewohner seiner Straße umzubringen. Angefangen bei

seinen Eltern natürlich. Das war doch die sauberste Lösung. Er musste sie jetzt töten, bevor sie jemals ahnten, was für ein Ungeheuer sie großgezogen hatten. Dann würde er mit den Nachbarn weitermachen und sich systematisch von Haus zu Haus voranarbeiten, bis er die ganze Straße ausgelöscht hatte.
Vermutlich war eine Pistole am besten geeignet. Schnell, weniger Körpereinsatz. Allerdings rührte ihn das nicht so an. Kugeln töteten aus der Entfernung. Aber er bevorzugte Nähe und Vertrautheit. Er wollte das feuchte Schmatzen hören, wenn das Messer die Haut durchtrennte, den warmen Regen spüren, wenn sich ein Menschenleben über seine Hände ergoss, und zusehen, wie der letzte Hoffnungsschimmer im Gesicht erlosch, bis nur noch eine endlose und grausige Leere übrig blieb.
Warum hatte er es nicht getan? Er hätte in die Küche gehen, sich ein gezacktes Messer nehmen und sich seine Mutter vorknöpfen sollen.
Aber nein. Stattdessen hatte er einfach dagesessen und irgendwann festgestellt, dass er hungrig war. Also hatte er sich ein Sandwich mit Erdnussbutter und Marmelade gemacht. Und als sein Magen voll war, hatte er gespürt, wie sehr ihn seine Wut ermüdet hatte. Also hatte er erst einmal ein Nickerchen gehalten.
Ehe er sich versah, war der neue Tag angebrochen, ohne dass er zu einer Entscheidung gekommen wäre. Und vier Tage später war dann die Polizei bei seinen Eltern erschienen, mit der Folge, dass für die Entscheidungen in seinem Leben lange Zeit andere zuständig gewesen waren.
Er hängte das Kindermädchen auf, verrutschte die Kommode und riss die Plastikplane an der zerbrochenen Schiebetür ab. Danach legte er den schlecht gefälschten Abschiedsbrief aufs Bett.

An seinem Gürtel läutete das Mobiltelefon. Seine Kontaktperson meldete, dass Catherine und Nathan auf dem Heimweg seien. Zeit zu gehen. In der Tür blieb er, die Hand auf dem Türknauf, stehen und versuchte, einen Hauch ihres Parfüms aufzufangen. Träumte sie von ihm? Vermisste sie ihn? Es hieß doch, dass ein Mädchen das erste Mal nie vergaß ...

Und dann, im nächsten Moment, hatte er eine göttliche Eingebung. Rasch ging er ins Zimmer des Jungen. Vier Minuten, mehr brauchte er nicht. Nur ein kleiner Handgriff hier und dort.

Die Aufregung meldete sich wieder. Dieses flüchtige Prickeln, das er zuletzt mit dem Arm um den Hals des dicken Mädchens verspürt hatte. Während er sich hastig in dem Zimmer des Jungen zu schaffen machte, regte es sich erneut, und er malte sich Catherines Gesichtsausdruck aus.

Drei Minuten später sprang er, ein Pfeifen auf den Lippen, die Stufen hinab. Er stellte die Alarmanlage wieder ein, zog die Eingangstür zu und schloss sie ab und ging in die Vorhalle, wo er Trickster hochhob, der ihn bereits an der Tür zur Straße erwartete. Sie machten sich auf den Weg.

Hinter sich hörte er die Stimme eines kleinen Jungen: »Mommy, schau mal, ein Welpe.«

Dann verschwand Mr Bosu in der Dämmerung.

Nun, auf dem Parkplatz des Hampton Inn, gab Mr Bosu den Gedanken an Weiterschlafen auf. Er war zu unruhig und aufgewühlt von der Erinnerung an vergangene Ereignisse.

Dann mache ich mich doch besser nützlich, beschloss er. »Komm, Trickster«, sagte er leise. »Wir fahren spazieren.«

28

Ich habe seit zwei Tagen nicht geschlafen«, sagte er. »Ich fühle mich aufgekratzt und unruhig und denke ständig an Alkohol. Ich weiß, dass es schon spät ist, aber kann ich trotzdem vorbeikommen?«
»Das würde ich Ihnen sogar empfehlen«, erwiderte sie.

Eine Viertelstunde später war er da. Sie erwartete ihn an der Tür.
Dr. Elizabeth Lane hatte Bobby seit vierundzwanzig Stunden nicht gesehen, und sie war bei seinem Anblick erschrocken und enttäuscht. Sein Gesicht war eingefallen, und die Augen lagen tief in den Höhlen. Und statt wie sonst fast reglos in ihrem Büro zu sitzen, lief er nun hektisch hin und her und verbreitete eine überdrehte und nervöse Atmosphäre. Offenbar stand er kurz vor dem Zusammenbruch. Ein falscher Schritt, und er würde in den Abgrund stürzen. Dr. Lane spielte mit dem Gedanken, ihm ein Medikament zu verschreiben. Aber für den Moment beschränkte sie sich auf das übliche »Möchten Sie ein Glas Wasser?«
»Sie kennen doch sicher den alten Spruch«, sprudelte er hervor. »Nur weil man unter Verfolgungswahn leidet, muss das noch lange nicht heißen, dass wirklich niemand hinter einem her ist.«
»Ja.«
»Tja, ich habe mich eigentlich nie für paranoid gehalten, aber inzwischen glaube ich, dass sie es auf mich abgesehen haben.«
Offenbar hatte er nicht vor, sich zu setzen. Anstatt auf

seine aufgebrachte Stimmung einzugehen, nahm Dr. Lane hinter ihrem Schreibtisch Platz und verschränkte in einer neutralen Geste die Hände. »Wer sind *sie*, Bobby?«, fragte sie ruhig.

»Man könnte sagen: alle. Der Richter, der Staatsanwalt, die Polizei, die Witwe. Verdammt, inzwischen scheint mir alle Welt ans Leder zu wollen.«

»Machen Ihnen die Ermittlungen wegen der Schießerei Sorgen?«

»Die Ermittlungen?« Er hielt inne, blinzelte einige Male verdattert und vollführte dann eine wegwerfende Handbewegung. »Zum Teufel mit den Ermittlungen, denn offenbar hat sowieso niemand die Geduld, die Ergebnisse abzuwarten. Nein, sie wollen mir schon morgen an den Kragen.«

Dr. Lane ließ sich nichts anmerken. »Was wird morgen geschehen, Bobby?«

Ihr Tonfall war ihm nicht entgangen, und er blieb lange genug stehen, um sich vor ihr aufzubauen und die Hände auf ihren Schreibtisch zu stützen. Als Bobby Dodge ihr direkt in die Augen blickte, stellte Elizabeth ein wenig erschrocken fest, dass er ihr in seinem momentanen Zustand Angst einjagte.

»Ich bin nicht auf den Kopf gefallen«, sagte er eindringlich. »Und ich bin auch nicht dabei, den Verstand zu verlieren. Nein, das Letzte können Sie streichen. Ich verliere den Verstand, deswegen bin ich ja hier. Aber ich habe auch allen Grund dazu, verdammt!«

»Möchten Sie nicht am Anfang beginnen?«

Er wirbelte herum. »Anfang? Bei welchem Anfang? Ich weiß ja nicht einmal mehr selbst, wie es genau angefangen hat. War es in der Donnerstagnacht, als ich Jimmy Gagnon erschossen habe? Oder vor neun Monaten, als ich Jimmy und Catherine zufällig bei einer Cocktailparty begegnet bin? Vielleicht war es auch am Dienstag, als Jimmy die Scheidung eingereicht hat. Oder vor über zwanzig Jahren, als Catherine von einem pädophilen Verbrecher verschleppt wurde. Woher zum Teufel soll ich das wissen?«

»Bobby, ich möchte Ihnen ja gerne helfen …«

»Aber ich klinge wie ein gottverdammter Psycho?«

»Ich würde dieses Wort nicht verwenden …«

»Gagnon würde es. Copley auch. Verdammt, es ist nur eine Frage der Zeit.« Er fuhr sich mit den Fingern durchs Haar und sah sich dann mit wildem Blick im Büro um, wie ein Tier, das die Größe seines Käfigs abschätzt. In letzter Minute, als Dr. Lane schon befürchtete, er könnte völlig außer sich geraten, etwas Überstürztes tun und sich selbst oder ihr Schaden zufügen, holte er plötzlich tief Luft und ließ sie langsam wieder entweichen.

Wortlos stand Elizabeth auf und holte ein Glas Wasser. Als sie es ihm reichte, nahm er es dankbar entgegen und leerte es durstig. Sie griff nach dem Glas, füllte es nach, und er trank es wieder aus.

»Das Leben ist kompliziert geworden«, sagte er leise. Seine Stimme klang nicht mehr so aufgebracht, sondern eher flach und tonlos.

»Erzählen Sie mir davon.«

»Jimmys Vater verklagt mich wegen Mordes. Allerdings ist er bereit, die Vorwürfe fallen zu lassen, wenn ich mich zu einer Falschaussage bereit erkläre, was die Ereignisse von Donnerstagnacht angeht, um seine Schwiegertochter zu belasten. Der Staatsanwalt denkt, dass der Richter mich dazu gar nicht braucht, da Catherine seiner Ansicht nach ohnehin die Finger im Spiel hat. Nun muss er nur noch herausfinden, ob ich ihr Komplize bin. Anfangs standen zumindest meine Kollegen noch hinter mir, aber ich habe den Fehler gemacht, mich mit Catherine zu treffen, und jetzt misstrauen sie mir ebenfalls. Oh, und außerdem hatte ich eine Freundin, die mich geliebt hat, doch ich habe ihr heute Abend den Laufpass gegeben. Dabei habe ich mir eingeredet, dass ich nur das getan habe, was nötig war. Aber offen gestanden habe ich dabei nur an die Witwe des Toten gedacht.«

»Schwärmen Sie für Jimmy Gagnons Witwe?«

»Schwärmen wäre ein zärtliches Gefühl, und meine Gefühle für sie sind alles andere als das.«

»Haben Sie ihr gegenüber ein schlechtes Gewissen?«

Er schüttelte sofort den Kopf. »Nein, man kann sie nicht unbedingt als Frau bezeichnen, die um ihren toten Mann trauert.«

»Lust?« Elizabeths Tonfall war ruhig.

»Einverstanden.«

»Glauben Sie, dass sie Sie braucht, Bobby?«

Über diese Frage musste er ein wenig nachdenken. »Vielleicht. Wenigstens will sie mir das weismachen. Allerdings komme ich nicht dahinter, ob das echt oder nur gespielt ist.«

»Das müssen Sie mir näher erklären.«

»Sie ist eine Schauspielerin. Sie lügt, sie benutzt andere Menschen, sie betrügt. Laut ihrem Schwiegervater hat sie Jimmy nur des Geldes wegen geheiratet. Nach Auffassung von Staatsanwalt Copley misshandelt sie ihr Kind, um Aufmerksamkeit zu erzwingen. Doch ihrer eigenen Darstellung nach ist sie das Opfer. Und was mich betrifft ... manchmal glaube ich, dass die anderen Recht haben. Sie ist egoistisch, gefährlich und unberechenbar. Aber sie ist auch ... sie ist auch traurig.«

»Bobby, halten Sie es für klug, in dieser Situation Kontakt mit ihr zu haben?«

»Nein.«

»Trotzdem haben Sie sich mit ihr getroffen. Warum?«

»Weil sie mich immer wieder anruft.«

Als Elizabeth ihn zweifelnd musterte, hatte er wenigstens den Anstand, zu erröten. Dann zog er sich den

Lehnsessel an den Schreibtisch und nahm endlich Platz. Elizabeth, der gar nicht aufgefallen war, dass sie die Luft angehalten hatte, atmete erleichtert auf.

»Es ist vermutlich ganz und gar nicht so, wie Sie glauben«, sagte er.

»Was glaube ich denn, Bobby?«

»Dass es eine ganz normale Schießerei war. Als ob es so etwas gibt«, fügte er spöttisch hinzu. »Hören Sie ... Ich habe mich nicht mit ihr Verbindung gesetzt, um Antworten zu finden. Sie hat sich an mich gewendet. Und dann ...« Er verzog das Gesicht. »Etwas ist da im Busch. Der Arzt, der ihren Sohn behandelt hat, wurde gestern Nacht ermordet. Heute Nacht ruft sie mich zu sich, und ich entdecke das Kindermädchen aufgehängt im Schlafzimmer. Jimmys Tod war nicht das Ende, Doc, sondern erst der Anfang.«

»Ich bin nicht sicher, ob ich das richtig verstehe.«

»Dann sind wir wenigstens schon zu zweit. Alle, die Kontakt mit dieser Frau haben, sterben. Und nun wird mein Leben in diesen Abgrund gezogen. Catherine Gagnon ist eine Frau, die mehr Hilfe braucht als jeder, den ich bis jetzt kennengelernt habe.«

»Also helfen Sie ihr? Warum, Bobby?«

Er runzelte die Stirn. Offenbar wusste er nicht, worauf sie mit dieser Frage hinauswollte. »Weil sie Hilfe nötig hat. Weil es normales menschliches Handeln ist.«

»Bobby, jeder Kontakt mit dieser Frau gefährdet Ihre berufliche Zukunft. Und außerdem fällt es Ihnen deshalb zunehmend schwerer, Distanz zu der Schießerei zu wahren. Offen gestanden riskieren Sie damit sogar Ihre seelische Gesundheit.«

»Mag sein.«

»Aber Sie springen trotzdem, sobald sie Sie ruft. Warum reagieren Sie auf ihre Anrufe, Bobby?«

Er runzelte noch immer die Stirn. »Ich bin Polizist.«

»Sie sind Polizist, und das heißt auch, dass Sie aus Ihrem Beruf viele andere Menschen kennen, an die Sie sie entweder verweisen oder die Sie bitten könnten, etwas für sie zu tun. Ist das richtig?«

Offenbar gefiel ihm diese Anmerkung gar nicht. »Wahrscheinlich schon.«

»Glauben Sie wirklich, dass Catherine Gagnon in Schwierigkeiten steckt, Bobby?«

»Ja.«

»Sind Sie so sicher? Sie haben sie doch eben selbst als Lügnerin bezeichnet.«

»Hören Sie, sie braucht Hilfe, und ich versuche, etwas für sie zu tun. Ich begreife nicht, was daran so falsch sein soll.« Wieder stand er auf und klopfte mit dem Fuß auf den Boden.

»Wann haben Sie zuletzt geschlafen, Bobby?«

»Vergangene Nacht. Drei Stunden.«

»Wann haben Sie zuletzt etwas gegessen?«

»Ich habe vorhin einen Kaffee getrunken.«

»Feste Nahrung, Bobby.«

»Frühstück. Heute Morgen«, kam die mürrische Antwort.

»Sie sind beim Joggen gewesen, richtig?«

Diesmal erwiderte er nichts.

Elizabeth zwang sich zur Ruhe.

»Zweiundzwanzig Kilometer«, stieß er schließlich hervor und fing wieder an, auf und ab zu laufen.

»Sie implodieren, Bobby. Das wissen Sie und ich ganz genau. Ich muss Sie noch einmal fragen: Halten Sie es wirklich für eine gute Idee, wenn Sie sich mit Catherine Gagnon treffen?«

»Es hat nichts mit ihr zu tun«, gab er zurück.

»Wirklich nicht?«

»Nein, ich glaube, es geht um meine gottverdammte Mutter.«

»Wir sprechen nicht über sie«, fügte er nach einer Weile hinzu. »In jeder Familie gibt es Tabuthemen. Und in meiner Familie ist eben sie es.«
»Wer sind *wir*?«
»Mein Vater, mein älterer Bruder George.« Inzwischen stand Bobby vor einem der gerahmten Diplome an Elizabeths Wand und starrte gedankenverloren auf die Glasscheibe. »Mein Vater hat früher getrunken.«
»Das haben Sie schon erwähnt.«
»Er war ein gewalttätiger Trinker.«
»Hat er Ihre Mutter, Sie und Ihren Bruder geschlagen?«
»Ziemlich regelmäßig.«
»Hat sich jemand in Ihrer Familie Hilfe gesucht?«
»Nicht, dass ich wüsste.«
»Also war Ihr Vater ein Trinker, der seine Familie misshandelt hat, und Ihre Mutter hat ihn verlassen.«
»Damals habe ich das nicht verstanden«, entgegnete er leise. »Ich habe nur eines Nachts gehört, wie mein Bruder George meinen Vater angebrüllt hat. Aber ich glaube ... Mein Vater war knallvoll. Und dann wurde er richtig wütend. Er griff sich einfach einen Ledergürtel und drosch auf meine Mutter ein. Einfach so ... er hat sie ausgepeitscht wie einen Hund. Ich denke, George wollte dazwischen gehen, und da hat mein Vater ihn sich auch vorgeknöpft und ihn k.o. geschlagen. Als er wieder zu sich kam, schlief mein Vater seinen Rausch aus, und meine Mutter packte ihre Tasche.
Zu George sagte sie, sie könnte es nicht mehr ertragen. Wenn sie weg wäre, würde Pop vielleicht endlich Vernunft annehmen. Sie hatte Verwandte in Florida. Nachdem sie gemeinsam seine Taschen ausgeräumt hatten, ging sie.
Später hörte ich, wie mein Vater und George sich deswegen stritten. Mein Vater wurde so sauer, dass er George gegen die Wand schmiss. George rappelte sich wieder

auf, stellte sich vor meinen Vater hin und rief: ›Was zum Teufel willst du jetzt tun, Dad? Ich habe meine Mutter verloren.‹ Dann sagte er ...« Bobbys Stimme wurde leiser. »Er sagte: ›Was ist jetzt noch übrig?‹ «

»Und wie reagierte Ihr Vater, Bobby?«

»Er ging mit einem Messer auf meinen Bruder los und stach George in die Rippen.«

»Und Sie haben das alles gesehen, Bobby?«

»Ich stand in der Tür.«

»Und was haben Sie getan?«

»Nichts«, erwiderte er.

Elizabeth nickte.

Damals war Bobby sechs oder sieben Jahren alt gewesen. Natürlich hatte er nichts getan.

»George musste ins Krankenhaus«, fuhr Bobby fort. »Mein Vater hat geschworen, nie wieder zu trinken, wenn George lügen und behaupten würde, er wäre auf der Straße überfallen worden. Also log George, mein Vater ging in die Entzugsklinik und machte eine ziemlich heftige Kur, und keiner von uns erwähnte meine Mutter je wieder.«

»Und war die Entziehungskur erfolgreich?«

»Nach einer Weile. Es gab einige Rückfälle und schwierige Phasen. Aber mein Vater gab sich wirklich Mühe, und schließlich blieb er trocken. Ich weiß nicht. Offenbar hatte ihm das Verschwinden meiner Mutter einen ordentlichen Schrecken eingejagt. Vielleicht hat ihm ja auch der Angriff auf George die Augen geöffnet. Jedenfalls bekam er sein Leben wieder in den Griff. Er tat sein Bestes.«

»Haben Sie seitdem je wieder von Ihrer Mutter gehört, Bobby?«

»Nein.«

»Sind Sie wütend auf sie?«

»Ja.«

»Aber ihr Vater war derjenige, der Sie geschlagen hat.«
Endlich wandte Bobby den Kopf und sah ihr in die Augen.
»Wir waren nur Kinder. Und er war ein gewalttätiger Trinker, der sich nichts dabei dachte, wenn er zu Gürteln und Messern griff. Wie konnte sie einfach ohne uns gehen? Wie brutal muss man als Mutter sein, um seine Kinder bei so einem Mann zurückzulassen?«
»Bobby, können Sie mir jetzt erklären, warum Sie sich immer wieder mit Catherine Gagnon treffen? Vielleicht kommen Sie ja jetzt selbst auf die Lösung.«
Er schloss die Augen, und sie sah, wie sein Körper von einem Schauder durchfahren wurde.
»Weil sie ihren Sohn im Arm hielt. Weil sie Nathan auch dann nicht herausgab, als Jimmy sie mit der Waffe bedrohte.«
Elizabeth nickte.
Sie hatte seine Aussage von Donnerstagnacht gelesen und wusste nun, was er gesehen hatte. Daraus zog sie den nächsten logischen Schluss, den, dem er sich noch nicht stellen konnte.
»Ach, Bobby«, sagte sie leise. »Sie haben viele Kränkungen durchmachen müssen.«

29

Die Polizei hatte die Arbeiten in Catherines Haus fast abgeschlossen. Der weibliche Detective war fort, Bobby ebenfalls. Mittlerweile war nur noch hie und da ein uniformierter, mit geheimnisvollen Dingen beschäftigter Beamter zu sehen.

Das Haus leerte sich und verwandelte sich langsam wieder in ein Zuhause. Eigentlich hatte Catherine gedacht, dass sie darüber erleichtert sein würde. Doch stattdessen fühlte sie sich immer ängstlicher und schutzloser, als sie zusah, wie ein Spurensicherungsexperte nach dem anderen zur Tür hinausging. Dieses Haus, in dem so viele fremde Menschen herumgetrampelt waren, empfand sie nicht mehr als ihr Heim, und sie wäre am liebsten davongelaufen. Aber stattdessen stand sie einsam im Salon Wache, verzweifelt darum bemüht, Nathan wenigstens zu ein paar Stunden Schlaf zu verhelfen.

Inzwischen wälzte er sich unruhig in den Kissen hin und her und murmelte Satzfetzen aus einem unglücklichen Traum. Für einen Außenstehenden wäre der Raum übertrieben hell gewesen, aber Catherine kannte die Wahrheit. Die beiden eingeschalteten Lampen besaßen längst nicht genug Strahlkraft für sie und ihren lichthungrigen Sohn. Und angesichts der jüngsten Ereignisse würde vermutlich der gesamte Glühbirnenvorrat der Welt nicht reichen, um sie vor der Dunkelheit zu retten.

Catherine wusste nicht, was sie tun sollte.

Und ausgerechnet in diesem Moment erschien natürlich ihr Schwiegervater auf der Bildfläche.

In einem Tausend-Dollar-Kaschmirmantel, auf Hochglanz polierte Schuhe an den Füßen, kam James Gagnon in die Vorhalle marschiert. Du meine Güte, sogar um drei Uhr morgens sah er aus, als sei er gerade noch im Gerichtssaal gewesen.

Der junge, uniformierte Polizist an der Tür warf einen Blick auf ihn und nahm sofort Haltung an.

Lass dich nicht unterkriegen, sagte sich Catherine. Mein Gott, sie war ja so müde.

»Catherine«, verkündete ihr Schwiegervater mit dröhnender Stimme. »Ich bin gekommen, sobald ich davon erfahren habe.«

Catherine trat hinaus in die Vorhalle, um möglichst viel Abstand zwischen ihn und Nathan zu bringen. Das Sinnbild väterlicher Anteilnahme, legte James ihr die Hände auf die Schultern und küsste sie auf die Wangen, während sein Blick bereits begierig über ihre Schulter schweifte und nach seinem Enkel suchte.

»Natürlich müsst ihr zwei sofort mitkommen. Maryanne und ich würden sonst sterben vor Sorge.«

»Danke, es geht uns gut.«

»Unsinn! Du hast doch nicht allen Ernstes vor, die Nacht in einem Haus zu verbringen, in dem sich jemand erhängt hat.«

Catherine war sich sehr wohl im Klaren darüber, dass der uniformierte Polizist, der nur fünf Meter entfernt von ihnen stand, das Gespräch unverhohlen belauschte.

»Komisch, ich kann mich nicht daran erinnern, dass ich dich angerufen hätte, um dir davon zu erzählen.«

»Das war nicht nötig. Einer meiner Kollegen hat mir Bescheid gegeben. Eine scheußliche Sache. Ich habe dir ja schon immer gesagt, was ich von ausländischen Kindermädchen halte. Die Armen. Sie fühlen sich ja so leicht überfordert. Sicher ist Nathan sehr traurig. Lass mich mit ihm sprechen ...«

Als James einen Schritt vorwärts machte, versperrte Catherine ihm den Weg. »Nathan schläft.«

»In diesem Durcheinander? Wie soll er denn hier auch nur ein Auge zutun?«
»Er ist sehr müde.«
»Umso mehr Grund, ihn mitzunehmen. Wir haben eine riesige Suite im LeRoux mit einem eigenen Bett für Nathan. Dann wird er endlich zur Ruhe kommen. Maryanne freut sich sicher.«
»Danke für dein Angebot. Aber da Nathan bereits schläft, wäre es ein Jammer, ihn zu wecken.«
»Catherine ...« James' Tonfall blieb ruhig und geduldig, und er sprach, als rede er mit einem kleinen Kind. »Du hast doch nicht ernsthaft vor, deinen Sohn die Nacht am Schauplatz eines Selbstmordes verbringen zu lassen!«
»Nein, aber ich möchte, dass er in seinem gemütlichen Zimmer schläft.«
»Du meine Güte, alles ist hier ist voller Fingerabdruck-Pulver. Wie willst du das einem Vierjährigen erklären? Ganz zu schweigen von dem Geruch!«
»Ich weiß, was für meinen Sohn das Beste ist.«
»Wirklich?« James lächelte sie an. »Wie bei Prudence?«
Catherine presste die Lippen zusammen.
Es gab nichts, was sie darauf erwidern konnte.
»Ich möchte ja kein Salz in offene Wunden streuen«, fuhr James fort, »aber vielleicht bist du ja nicht so gut über die Vorgänge in deinem eigenen Haushalt im Bilde, wie du glaubst. Offenbar war Prudence schwer getroffen von Jimmys Tod. Und was in Nathan vorgeht ...«
»Raus.«
»Aber, Catherine ...«
»Raus!«
James trug immer noch ein gefrorenes väterliches Lächeln auf dem Gesicht. Als er ihre Schultern umfassen wollte, wirbelte sie zu dem immer noch lauschenden Polizisten herum. »Ich möchte, dass dieser Mann geht.«
»Catherine ...«

»Haben Sie mich verstanden?« Sie wies mit dem Finger auf den Polizisten, der verdattert blinzelte, vor Schreck darüber, dass er in diese Auseinandersetzung hineingezogen wurde. »Dieser Mann ist in meinem Haus nicht willkommen. Begleiten Sie ihn hinaus.«

James ließ noch immer nicht locker. »Catherine, du stehst unter Schock, du bist nicht ganz bei dir ...«

»Officer, muss ich erst Ihren Vorgesetzten anrufen? Schaffen Sie diesen Mann aus meinem Haus!«

Der junge Mann löste sich von der Wand und nahm, ein wenig verspätet, Haltung an. Als er vortrat, senkte James die Stimme, sodass nur Catherine ihn hören konnte. »Meine Geduld ist allmählich zu Ende, Catherine.«

»Raus!«

»Denk an meine Worte. Du wirst noch dein blaues Wunder erleben. Ich habe Macht, Catherine, und du ahnst ja gar nicht ...«

»Raus, habe ich gesagt!« Inzwischen schrie sie, und der Lärm weckte Nathan auf, der sofort zu weinen begann. Endlich hatte der Polizist den Raum durchquert, und als er James am Ellenbogen berührte, blieb diesem nichts anderes übrig, als zu gehorchen.

»Es tut mir schrecklich leid, dass ich dich aufgeregt habe, mein Kind«, verkündete dieser laut und für die Ohren des Polizisten bestimmt. »Natürlich wollten Maryanne und ich nur das Beste für unseren Enkel. Vielleicht in der Früh, wenn du dich wieder beruhigt hast ...«

Mit einer steifen Geste wies Catherine auf die offene Tür. James nickte kühl. Im nächsten Moment stand Catherine allein da und lauschte dem von Schluckauf unterbrochenen hysterischen Schluchzern ihres Sohns.

Immer eins nach dem anderen ...

Sie ging in den Salon und hob Nathan aus dem Kissenberg. Er schlang ihr die mageren Ärmchen um den Hals und presste sich fest an sie.

»Licht, Licht, Licht«, schluchzte er. »Licht, Licht, Licht!«
»Pssst .... pssst ...«
Die Vorhalle kam nicht mehr in Frage. Zu dunkel und zu fremd. Ihr Sohn brauchte jetzt einen tiefen, ungestörten Schlaf in einem grell erleuchteten Raum, wo die vielen Lampen die Dämonen vertrieben und wo er sich endlich beruhigen konnte. Vielleicht war es für sie ja auch das Beste.
Inzwischen war der Polizist zurückgekehrt. Zweifellos hatte James dem Mann gesagt, es sei überflüssig, ihn bis auf die Straße zu begleiten. Er werde keine Schwierigkeiten machen, sondern wolle nur seiner Familie helfen. Seine Schwiegertochter sei psychisch labil, man weiß ja, wie das ist ...
Catherine holte tief Luft, schlang die Arme fest um Nathan, sah dem Polizisten in die Augen und verkündete: »Ich bringe ihn jetzt in sein Zimmer und mache die Tür zu. Wir beide müssen schlafen. Falls es noch etwas gibt, kann das bis morgen warten.«
»Ja, Ma'am«, erwiderte der Polizist und klang dabei nur ein kleines bisschen sarkastisch.
Catherine drehte sich um, bevor sie der Mut verließ, und stieg die Treppe hinauf.
Inzwischen war der Geruch verflogen. Vermutlich war er mit Prudences Leiche abtransportiert worden. Sie hatte gesehen, wie das Mädchen auf einer Metalltrage aus dem Haus gerollt worden war. Allerdings konnte sie es noch immer nicht wirklich fassen, und das Bild von Prudence, wie sie mit Nathan auf dem Boden saß und ihm vorlas, ließ sich mit der Prudence im schwarzen Leichensack nicht in Einklang bringen. Die Vorstellung, dass Prudence nun tot sein sollte, hatte etwas Unwirkliches. Es war eher, als sei sie an ihrem freien Tag ausgegangen und einfach nicht zurückgekommen.
Für Catherine war es leichter so. Nicht, weil ihr das

Mädchen so am Herzen gelegen hätte – offen gestanden hatte Prudence ihr nicht mehr bedeutet als ihre Vorgängerinnen –, sondern wegen der Art und Weise, wie sie zu Tode gekommen war. Mit gebrochenem Genick, an einem Balken in ihrem Schlafzimmer hängend – ein Gedanke, der in Catherine abgrundtiefes Grauen auslöste. Das hieß, dass jemand in ihr Zuhause eingedrungen war, ein Mann, der ihr und den Menschen in ihrem Umfeld Schaden zufügen wollte. Und es bedeutete auch, dass sie die Nächste sein würde, wenn sie sich nicht den Forderungen ihres Schwiegervaters beugte und Nathan herausgab.

Sie dachte an James' leise Drohung, er werde ihr das Leben zur Hölle machen. Er habe die Macht dazu. Sie sei ein Nichts.

Höhnisch fügte sie in Gedanken hinzu, dass er ihr damit nichts Neues sagte.

Kurz vor ihrer Begegnung mit Jimmy war ihr Leben an einem Tiefpunkt angelangt gewesen. Ihre Mutter war tot, überall herrschte nur Leere. Tag für Tag stand Catherine in einem Kaufhaus, verspritzte Parfüm und versuchte, nicht mit der Wimper zu zucken, wenn ein Mann nach dem anderen ihr Avancen machte. Sie musterte die vielen Männergesichter und fragte sich, wer von ihnen wohl seine Kinder unsittlich berührte oder seine Frau verprügelte. Dann ging sie nach Hause in ihre von Kakerlaken verseuchte Wohnung und träumte von ewiger Dunkelheit.

Und dann kam der Morgen, an dem sie es einfach nicht mehr aushielt. An dem sie den Gedanken nicht mehr ertragen konnte, auch nur einen weiteren Tag in ständiger Angst zu verbringen.

Sie war in die Badewanne gekrochen. Sie hatte eine Rasierklinge herausgesucht. Sie hatte angefangen, ihre papierdünne Haut anzuritzen. Und dann hatte das Telefon geläutet. Ohne nachzudenken, war sie aus der Wanne gesprungen, um an den Apparat zu gehen. Ironie des Schicksals, dass es ein Telefonverkäufer gewesen war, der ihr ausgerechnet eine Lebensversicherung andrehen wollte. Catherine war in Gelächter ausgebrochen, hatte dann zu weinen angefangen, und während sie noch dagestanden und dem peinlich berührten Telefonverkäufer ins Ohr geschluchzt hatte, hatte sie den Werbespot im Fernsehen bemerkt.

Fühlen Sie sich einsam? Sehen Sie keinen Ausweg mehr? Glauben Sie, dass Sie der ganzen Welt gleichgültig sind?

Dann war eine Notrufnummer für Selbstmordgefährdete über den Bildschirm gelaufen. Und von einem bislang ungeahnten Überlebensinstinkt ergriffen, hatte Catherine aufgelegt und dann die Nummer gewählt.

Eine halbe Minute später hatte sie der ruhigsten Männerstimme gelauscht, die sie je gehört hatte. Dunkel, beschwichtigend, amüsant. Auf dem Boden zusammengerollt, hatte sie ihn eine Stunde lang reden lassen.

So hatte sie Jimmy kennengelernt, obwohl sie es damals noch nicht wusste. Notrufdienste hatten Regeln. Die Sachbearbeiter durften nicht zu viele persönliche Informationen preisgeben. Aber sie konnten Fragen stellen und die problembeladenen Anrufer zum Reden ermutigen. Und das hatte er getan, worauf sie ihm von ihrem unbefriedigenden Job, ihrer Wohnung und ihrer Mutter erzählt hatte.

Es geschah nicht am nächsten Tag, das wäre zu auffällig gewesen, und auch nicht am übernächsten.

Doch irgendwann kam Jimmy in das Kaufhaus, in dem Catherine arbeitete. Er spürte sie auf, flirtete mit ihr und machte ihr den Hof. Und sie stellte fest, dass ihr dieser charmante junge Mann mit der unglaublich ruhigen Stimme auf seltsame Weise ans Herz ging. Er lud sie zum Essen ein. Und sehr zu ihrer eigenen Überraschung sagte sie zu.

Erst Monate später gestand er ihr, was er getan hatte. Ihr Anruf habe ihn so gerührt, dass er sie unbedingt persönlich habe kennenlernen müssen. Bitte, verrate es niemandem, hatte er sie reizend angefleht. Oh, sie würde ihn sonst in solche Schwierigkeiten bringen ... Damals hatte Catherine das romantisch gefunden. Dieser Mann hatte Himmel und Erde in Bewegung gesetzt, um eine Begegnung mit ihr herbeizuführen. Das war doch sicher ein Zeichen. Bestimmt bedeutete das, dass er sie liebte. Endlich sah das Leben wieder rosig aus.
Erst später, nach ihrer Hochzeit, vielleicht an jenem Montagabend, als sie eine Bemerkung über sein Trinkverhalten fallen ließ, und er sie zu ihrem Entsetzen ins Gesicht schlug, meldeten sich die ersten Zweifel. Was für ein Mann benutzte einen Notruf für Selbstmordgefährdete als Kontaktbörse? Was verriet das über seine Vorstellung von einer zukünftigen Partnerin?
Wie sein Vater liebte Jimmy die Macht, und er erinnerte Catherine gern daran, dass sie ohne ihn ein Nichts sei. Es machte ihm Freude, ihr vor Augen zu halten, dass er sie aus der Gosse gerettet hatte und sie jederzeit dorthin zurückwerfen konnte.
Wenn Jimmy sprach, sah Catherine manchmal Richard Umbrio vor sich, wie er, das Sonnenlicht im Rücken, hoch über ihr aufragte und mit einer Hand den Holzdeckel anhob, mit dem er sie einsperren wollte. »Ich rate dir, dafür zu sorgen, dass mein nächster Besuch noch aufregender wird«, meinte er dann vergnügt. »Denn sonst könnte es durchaus passieren, dass ich beschließe, nicht wiederzukommen, So viel kann ich dir verraten, Cat, du weißt nie, wann ich dir alles nehmen werde.«
Jimmy hatte nie vorgehabt, Catherine zu retten. Er wollte nur ausnutzen, dass sie bereits einschlägig vorprogrammiert war.

Tja, dachte sie nun gelassen. Da hatte sie ihn eines Besseren belehrt.

In Nathans Zimmer knipste sie die Deckenbeleuchtung an. Zwei Sechzig-Watt-Birnen strahlten von der Decke. Doch das genügte noch nicht. Für sie und Nathan würde es nie hell genug sein.

»Cowboy«, murmelte Nathan, den Kopf schläfrig an ihre Schulter gelehnt. Gehorsam streckte sie zuerst die Hand nach diesem Nachtlicht aus. Klick.

Nichts.

Stirnrunzelnd versuchte sie es erneut. Kein Licht, das wie durch Zauberhand das fröhliche Gesicht des Cowboys beleuchtete. Offenbar war das Birnchen durchgebrannt. Sie ging zum nächsten Nachtlicht, das Muschelform hatte. Klick.

Wieder nichts.

Ob es an einer Sicherung lag? Vielleicht hatte die Polizei mit ihren vielen Scheinwerfern und Aufnahmegeräten ja die Stromversorgung überlastet. Catherine näherte sich der Kommode. Nathan wurde in ihren Armen immer schwerer. Zwei Tischlampen. Eine hatte einen Kaktus als Fuß, die andere ein steigendes Wildpferd. Mit zitternden Fingern und schneller gehendem Atem versuchte sie es bei beiden.

Nichts. Nichts.

Also gut. Schließlich standen ihr noch eine ganze Reihe von Alternativen offen. Wenn man eine Neurose hatte, musste man sie schließlich auch richtig ausleben, oder? In Nathans Zimmer gab es sechs Nachtlichter, drei Tischlampen und zwei Stehlampen. Die Deckenbeleuchtung funktionierte, was hieß, dass zumindest ein Teil des Zimmers mit Strom versorgt wurde. Sie musste nur die dazugehörigen Steckdosen finden, und die Lampen würden brennen.

Inzwischen bewegte sie sich schneller. Nathan hob den

Kopf von ihrer Schulter, als spüre er ihre Aufregung.
»Mommy, ich will Licht.«
»Ich weiß, Schätzchen, ich weiß.«
Die verdammte Bärenlampe funktionierte auch nicht. Zweihundert Dollar. Sie hatte sie in Denver entdeckt und als Geschenk nach Hause geschickt. Die antike Schreibtischlampe aus Messing, fünfhundert Dollar in einem winzigen Laden in der Charles Street, ebenfalls außer Betrieb. Catherine schaltete die Stehlampen ein, deren Halogenbirnen die ganze Decke beleuchteten.
Nichts.
Noch mehr Nachtlichter. Kleine Lichtpunkte, geziert von Buntglasbildern, einem roten Elmo aus Plastik oder einem grinsenden Winnie-Puh. Sie mussten doch einfach funktionieren. Wenigstens eine, zwei oder drei. Mein Gott, es musste in diesem riesigen Raum doch etwas geben, was die Dunkelheit durchbrach.
Inzwischen atmete Catherine schwer und fast keuchend. Nathan machte sich steif, stemmte sich gegen sie und bäumte sich ängstlich auf.
»Licht, Licht, Licht!«
»Ich weiß, ich weiß.«
Zum Teufel mit diesem Zimmer. Es war einfach zu groß und zu unübersichtlich. Wozu brauchten zwei Menschen so viel Platz? Sie drückte ihren Sohn an sich und floh ins angrenzende Bad. Mit einer raschen Handbewegung betätigte sie den Lichtschalter und wartete darauf, dass der weiß gekachelte Raum im grellen Licht erstrahlte.
Nichts.
Wieder drückte sie auf den Lichtschalter. Dann noch einmal. Inzwischen spürte sie, wie Hysterie in ihrer Kehle aufstieg.
Nathan zappelte in ihren Armen. »Mommy, Mommmy, Mommy, wo ist das Licht? Ich will Licht!«

»Ich weiß. Pssst, mein Kleiner, pssst.« Da fiel es ihr ein. Der Wandschrank. In der kleinen begehbaren Kammer gab es zwei weitere Sechzig-Watt-Birnen. Dort konnten sie sich in dem winzigen Lichtkegel zusammenkauern und warten, bis die Nacht vorbei war.

»Nathan, mein Schatz, das ist jetzt ein Abenteuer.«

In dem Versuch, ihn zu beruhigen, streichelte sie ihm den Rücken und floh aus dem Bad in Richtung Wandschrank, wo sie die verspiegelte Tür aufschob und mit der Hand nach dem Lichtschalter tastete. Klick.

Licht. Helles, strahlendes, wunderbares Licht. Es durchflutete den Raum, griff mit seinen Strahlen in jede dunkle Ecke und verdrängte die Schatten. Traumhaftes Licht.

Catherine warf einen Blick in den Wandschrank und schlug die Hand vor den Mund, um einen Aufschrei zu unterdrücken.

Da lagen sie, mitten auf dem Fußboden, damit sie sie auch ja nicht übersah – jede einzelne Glühbirne aus allen Lampen im Raum. Jemand hatte sie herausgeschraubt und zu einem einfachen Wort mit drei Buchstaben angeordnet.

BUH.

Catherine presste das Gesicht ihres Sohnes an ihre Schulter und taumelte aus dem Wandschrank. Dann stürzte sie auf den Flur hinaus und die Treppe hinunter. Im Foyer griff sie nach Mantel, Handtasche und Autoschlüsseln. Den uniformierten Polizisten würdigte sie keines Blickes, und sie sparte sich die Mühe einer Erklärung.

Sie floh aus dem Haus. »Licht, Licht, Licht«, schluchzte Nathan.

Aber es gab kein Licht. Das verstand sie besser als jeder andere. Nathan und sie waren nun ganz allein in der Dunkelheit.

30

Sie haben mir erzählt, Sie und Ihr Vater hätten, was das Trinken anging, eine Abmachung getroffen«, sagte Elizabeth. »Soweit ich mich erinnere, sprachen Sie von einem Zwischenfall, bei dem er mit Alkohol am Steuer erwischt worden sei, was ihm einen solchen Schrecken eingejagt habe, dass er beschlossen hätte, nicht mehr zu trinken.«

»Ich habe gelogen.«

»Lügen Sie oft?«

Bobby zuckte die Achseln. »Für manche Dinge braucht man eben eine gesellschaftsfähige Erklärung. Ich habe nämlich keine Lust, überall herumzuposaunen, dass mein Vater meinen Bruder mit einem Messer angegriffen hat. Außerdem ist das mit dem Alkohol am Steuer wirklich passiert. Es war, als mein Vater wieder einmal einen Rückfall hatte – bei ihm lief es mit der Abstinenz nicht ganz reibungslos. Es war eher ein Schritt vorwärts und zwei zurück. Damals hatte ich auch einige Probleme. Also haben wir diese Abmachung wirklich getroffen.«

»Ich verstehe. Sie haben mich belogen, aber Ihrer Ansicht nach enthielt die Lüge auch ein wenig Wahrheit.«

»So in etwa.«

»Hmmm. Und wenn Sie als Kind einen blauen Fleck hatten, hatten Sie dafür sicher auch immer eine Erklärung. Und wenn Ihr Vater nicht zu einer Schulveranstaltung kommen konnte oder Sie vor Ihren Freunden blamierte, gab es wieder eine Erklärung, die möglicherweise zu einem gewissen Prozentsatz wahr war.«

»Ja, gut, ich verstehe, was Sie meinen. So ungefähr ist es wohl gelaufen.«

»Sie sagen, Ihrem Vater ginge es besser. Aber ich habe den Eindruck, dass Sie dreißig Jahre später noch immer in diesen Mustern gefangen sind, was auch das Lügen einschließt.«

Als er nicht sofort antwortete, vermutete sie, dass er über eine glaubhafte Rechtfertigung nachdachte. Doch dann erwiderte er zu ihrer Überraschung ruhig: »Mein Vater würde Ihnen zustimmen.«

»Würde er das?«

»Vor acht Jahren ist er den Anonymen Alkoholikern beigetreten, und das ist für ihn wie eine neue Religion. Inzwischen dreht sich bei ihm alles um Reue und darum, zu seinen Taten zu stehen. Er möchte über alte Zeiten sprechen und um Vergebung bitten. Mein Bruder George weigert sich, seine Anrufe entgegenzunehmen. Und was mich betrifft ... Ich will einfach nur vergessen. Damals war mein Vater, wer er eben war, und nun ist er der, der er heute ist. Ich halte es nicht für sinnvoll, auf der Vergangenheit herumzureiten.«

»Bobby, gibt es nicht Momente, in denen Sie sehr, sehr wütend sind?«

»Wahrscheinlich schon.«

»Und gibt es nicht auch Momente, in denen Sie in die Zukunft schauen und eine unbeschreibliche Hoffnungslosigkeit empfinden?«

»Kann sein.«

»Und haben Sie nicht manchmal das Gefühl, die Dinge nicht mehr im Griff zu haben?«

Offensichtlich interessiert sah er sie an. »Okay.«

»Und deshalb müssen Sie mit Ihrem Vater sprechen, Bobby. Und Ihr Vater mit Ihnen. Ihre Familie hat sich zwar verändert, aber die Wunden sind nicht geheilt. Wenn Sie Ihrem Vater verzeihen wollen, müssen Sie sich auch gestatten, ihn für das, was er getan hat, zu hassen. Solange Sie das nicht tun, werden Sie sich nicht weiter entwickeln und ihn nicht aufrichtig als den Menschen lieben können, der er heute ist.«

Bobby lächelte, und ein matter Ausdruck breitete sich auf seinem erschöpften Gesicht aus. »Ich hasse meine Mutter, reicht das noch nicht?«

»Ihre Mutter ist ein leichtes Ziel, Bobby. Nachdem sie fort war, waren Sie gezwungen, Ihren Vater zu lieben, denn schließlich hatten Sie sonst niemanden, der sich um Sie kümmerte. Aber Sie verabscheuten und fürchteten ihn auch, weil er Sie so behandelte. Ihre Mutter zu hassen löste den Konflikt für Sie. Wenn sie schuld an Ihrem Schicksal war, konnten Sie Ihren Vater problemlos lieben. So etwas nennt man verschobene Wut. Und heute, dreißig Jahre später, schleppen Sie eine ganze Menge davon mit sich herum.«

»Und deshalb ziele ich wohl mit Gewehren auf Menschen, denen ich noch nie zuvor begegnet bin«, spöttelte er.

»Das weiß ich nicht, Bobby. Nur Sie selbst können sich diese Frage beantworten.«

Bobby legte die Fingerspitzen aneinander. »Susan sagte, ich sei wütend.«

»Susan?«

»Meine Freundin. Meine Ex-Freundin. Bei unserem Gespräch heute Abend ... Sie meinte, ich würde im Leben absichtlich auf Chancen verzichten und mich an meine Wut klammern, weil ich sie brauche.«

»Und was denken Sie?«

»Ich tue meine Pflicht.« Seine Stimme wurde lauter, und er fügte beinahe heftig hinzu: »Ist das denn so schlimm? Die Welt ist auf Polizisten angewiesen, Typen wie mich, die mit hochmodernen Gewehren auf Hausdächern kauern. Ohne mich wären Catherine Gagnon und ihr Sohn heute vielleicht tot. Zählt das denn überhaupt nicht?«

Elizabeth schwieg. »Der Rest der Welt erwartet von uns Allwissenheit. Aber ich bin auch nur ein Mensch, kapiert? Ich gebe mein Bestes. Man hat mich an einen Tatort gerufen. Nein, ich habe mich nicht an die Gagnons erinnert, und selbst wenn, hatte ich trotzdem keine Ahnung davon, was bei ihnen hinter den Kulissen passiert. Ich konnte nur auf das reagieren, was ich gesehen habe, und das war nun einmal ein Mann, der seine Frau und sein Kind mit einer Waffe bedroht. Ich bin kein Mörder, verdammt. Ich musste ihn töten!«

Elizabeth sagte noch immer nichts. Sie hielt das Schweigen einfach aus.

»Was wäre, wenn ich mich nicht so schnell entschieden und stattdessen tatenlos zugeschaut hätte? Er hätte seine Frau erschießen können. Und seinen Sohn ebenfalls. Und das wäre dann auch meine Schuld gewesen. Egal, ob man schießt oder nicht, man ist immer der Idiot. In dieser Situation konnte ich nicht gewinnen. Woher zum Teufel hätte ich wissen sollen, was richtig war?

Er drohte mit der Pistole. Er hatte seine Frau direkt im Visier. Und dazu noch sein Gesichtsausdruck. Diesen Ausdruck kenne ich. O mein Gott, den habe ich schon so oft gesehen, und ich habe es so satt, dass Menschen einander wehtun. Sie können sich das viele Blut gar nicht vorstellen ... Sie haben ja keine Ahnung ...«

Bobbys Stimme erstarb, und seine Schultern zuckten in gewaltigen, trockenen Schluchzern. Im nächsten Moment wandte er sich, peinlich berührt von seinem Gefühlsausbruch, von Elizabeth ab und klammerte sich Halt suchend an die Stuhllehne.

Elizabeth rührte sich nicht von der Stelle und machte auch keine Anstalten, auf ihn zuzugehen. Sie saß nur da und beobachtete, wie er von heftigen Gefühlen geschüttelt wurde. Es war wichtig für ihn. Nach sechs-

unddreißig Jahren war es längst überfällig, dass er auch einmal Schwäche zeigte.
Schließlich wischte Bobby sich die Augen ab und trocknete seine Wangen hastig mit dem Handrücken.
»Ich bin müde«, stieß er, halb entschuldigend, halb als Ausflucht, hervor.
»Ich weiß.«
»Ich muss unbedingt schlafen.«
»Richtig.«
»Morgen wird ein langer Tag.«
»Es ist nicht gut, dass Sie ausgerechnet jetzt wichtige Entscheidungen treffen«, wandte sie unverblümt ein.
Er lachte auf. »Meinen Sie, dass das Richter Gagnon interessiert?«
»Können Sie sich der Situation nicht entziehen, Bobby, und ein wenig Abstand gewinnen?«
»Nicht, solange die Staatsanwaltschaft offiziell gegen mich ermittelt. Außerdem ist momentan einfach zu viel los.«
»Also gut, Bobby, dann setzen Sie sich wieder. Denn bevor Sie gehen, müssen wir noch ein Thema behandeln. Wir müssen ehrlich über Catherine Gagnon sprechen.«

Catherine und Nathan standen in der Halle des Ritz. Obwohl sie wusste, dass es sicher merkwürdig wirkte, wenn eine Frau mit einem kleinen Kind und ohne Gepäck sich um diese Uhrzeit in einem Hotel einmietete, kümmerte sie das nicht. Nathan bebte in ihren Armen wie Espenlaub, und die Angst stand ihm deutlich in sein bleiches Gesicht mit den weit aufgerissenen Augen geschrieben. Wieder Bauchspeicheldrüsenentzündung, schoss es ihr durch den Kopf. Oder eine Infektion, oder Schmerzen in der Brust oder sonst irgendeine Krankheit. Mit seiner Gesundheit ging es stets rapide bergab, wenn er sich unter Druck gesetzt fühlte.
Sie nestelte an ihrer Handtasche und versuchte, sie auf

der Theke abzustellen, während sie Nathan weiter in den Armen hielt. Schließlich erschien der Empfangschef, überrascht, zu dieser späten Stunde jemanden zu sehen.

»Ma'am?«

»Ich hätte gerne ein Zimmer. Nichtraucher. Welches, ist mir gleichgültig.«

Der Mann zog zwar eine Augenbraue hoch, sagte aber nichts. Stattdessen betätigte er ein paar Computertasten und verkündete, es sei ein Zimmer frei. Doppelbett, Nichtraucher. Ob sie ein Kinderbettchen brauche?

Catherine lehnte ab, bat aber um eine Zahnbürste, Zahnpasta und drei zusätzliche Lampen. Das Aussehen sei egal, irgendwelche Lampen eben.

Catherine zückte ihre Kreditkarte, und der Hotelangestellte zog sie durch das Lesegerät.

»Äh ... könnte ich einen Ausweis sehen?«

Catherine streichelte Nathans Rücken, um den zitternden Jungen zu beruhigen. »Verzeihung?«

»Einen Ausweis. Den Führerschein vielleicht. Nur aus Sicherheitsgründen.«

Catherine war zwar ein wenig verdattert, kramte aber gehorsam in ihrer Tasche und reichte dem Mann ihren Führerschein. Der Hotelangestellte blickte eine Ewigkeit zwischen dem Foto und ihr hin und her.

»Ma'am, wussten Sie, dass diese Kreditkarte als gestohlen gemeldet worden ist?«

»Was?«

»Ma'am, ich kann die Karte nicht annehmen.«

Catherine starrte ihn an, als verstünde sie kein Englisch. Sie wollte ein Zimmer. Ein schönes Zimmer in einem eleganten Hotel, wo ihr nichts Schreckliches zustoßen konnte. Umgeben von Seidenvorhängen und Daunenkissen war man doch bestimmt sicher vor Ungeheuern.

»Ihr Mann vielleicht ...«, schlug der Hotelangestellte höflich vor.

»Ja, ja, richtig«, murmelte sie. »Er hat vor kurzem seine Karte verloren. Mir war nicht klar, dass die Firma beide Karten sperren würde.«

Allerdings wusste sie genau, dass das nicht Jimmys Werk war. So gerissen war er nicht. Ihr Schwiegervater steckte dahinter. James hatte das veranlasst. »Du wirst noch dein blaues Wunder erleben …«

»Haben Sie vielleicht eine andere Karte?«, fragte der Mann.

»Äh … lassen Sie mich nachsehen.« Catherine klappte die Brieftasche auf, und starrte benommen auf ihre Kartensammlung. Sie hatte noch eine Amex und zwei andere Platinkarten, die sie dem Hotelangestellten hätte geben können, aber sie wusste, dass es zwecklos war. James war ein gründlicher Mensch. Außerdem würde sie dem Mann mit weiteren ungültigen Karten nur misstrauisch machen.

Sie zählte ihr Bargeld nach. Einhundertfünfzig Dollar. Nicht genug fürs Ritz.

Also unternahm sie noch einen letzten Versuch und hoffte, dass sie nicht so verzweifelt klang, wie sie sich fühlte. »Wie Sie an der Adresse auf meinem Führerschein erkennen können, wohne ich gleich um die Ecke. Leider hat es bei uns heute Nacht einen tragischen Zwischenfall gegeben, und mein Sohn kann unmöglich in unserem Haus schlafen. Wir brauchen nur ein Zimmer, um uns ein paar Stunden auszuruhen. Ich habe keine andere Kreditkarte, aber ich schwöre, dass ich Ihnen morgen einen Scheck bringe.«

»Ma'am, ohne Kreditkarte können wir Ihnen kein Zimmer geben.«

»Bitte«, murmelte sie.

Ich habe sehr viel Macht … du ahnst ja gar nicht …

»Tut mir leid, Ma'am.«

»Er ist erst vier Jahre alt.«

»Tut mir leid, Ma'am. Sie haben doch sicher Angehörige, die Ihnen helfen können.«
Catherine wandte sich ab, denn sie wollte nicht, dass dieser Fremde sie weinen sah.
Auf dem Weg durch die Hotelhalle bemerkte sie einen Geldautomaten. Mit dem Schlimmsten rechnend, zog sie ihre Automatenkarte heraus, steckte sie in das Gerät und gab ihre Geheimnummer ein.
Auf dem Bildschirm erschien eine Nachricht: »Bitte wenden Sie sich an die nächste Filiale Ihres Kreditinstituts. Danke.«
Der Automat spuckte ihre Karte wieder aus. Schluss und vorbei. Kein Bargeld, kein Plastik. Trotz aller Mühe, die sie sich gegeben hatte, um ihrem Schwiegervater immer einen Schritt voraus zu sein, hatte er sie wieder ausgetrickst. Wie weit würde sie mit einhunderfünfzig Dollar in bar kommen?
Catherine holte tief Luft. Kurz hörte sie eine schwache Stimme in ihrem Hinterkopf: Gib Nathan auf. Wenn sie ihr Blatt richtig ausspielte, würde sie James vielleicht dazu bringen können, ihr einen Scheck auszuschreiben. Nein, lieber nicht, sie würde auf Bargeld bestehen. Oder noch besser auf eine Banküberweisung. Wie viel war ein Sohn wert? Einhundertausend Dollar, zweihunderttausend, eine Million?
Sie war keine gute Mutter. Die Behörden lagen nicht so falsch, wie ihr lieb gewesen wäre. Sie konnte eben nicht so lieben, wie andere Menschen es taten. Und sie fühlte nicht so, wie andere fühlten. Als glückliches kleines Mädchen war sie in das Loch geworfen worden, und als leere menschliche Hülle war sie wieder herausgekommen. Sie war nicht normal. Sie tat nur ihr Bestes, um die Normalität nachzuahmen, die sie bei ihren Mitmenschen beobachtete.
Immerhin hatte sie es zu Mann und Kind gebracht.

Und hier stand sie jetzt, sechsunddreißig Jahre alt, und hatte immer noch Angst vor der Dunkelheit.
Catherine kramte ihr Mobiltelefon hervor und wählte eine Nummer. Es läutete eine Ewigkeit. Endlich meldete sich eine Männerstimme.
»Bitte«, flüsterte sie. »Wir können sonst nirgendwo hin.«

»Glauben Sie, dass Catherine Gagnon von ihrem Mann misshandelt wurde?«, fragte Elizabeth.
»Ja.«
»Fanden Sie, dass sie es verdient hatte?«
»Was zum Teufel verstehe ich schon davon?«
»Aber, Bobby, Sie sind wütend auf Ihre Mutter, und Sie sind wütend auf Catherine. Ein Teil Ihrer Wut rührt daher, dass diese beiden Frauen sich Ihrer Ansicht nach auch anders hätten verhalten können. Sie hätten verhindern müssen, dass sie zum Opfer werden.«
»Ich habe sie beobachtet«, stieß Bobby hervor. »Manchmal, wenn mein Vater abends nach Hause kam, war er offensichtlich bereits sternhagelvoll. Ich habe miterlebt, wie sie ihm dann zugesetzt hat. Hast du schon wieder getrunken? Ach, du meine Güte, kannst du nicht ein Mal vernünftig sein und an deine Familie denken ... Na, da war doch sonnenklar, was als Nächstes passieren würde.«
»Er hat sie geschlagen.«
»Ja.«
»Hat sie sich gewehrt?«
»Nicht körperlich.«
»Aber er hat sie geschlagen. Und dann?«
Bobby zuckte die Achseln. »Keine Ahnung. Er wurde sauer, und irgendwann ist er dann umgekippt.«
»Wenn er also, wie Sie sagen, gleich zu Anfang sauer auf Ihre Mutter wurde, ließ er seine Wut an ihr aus, bis er schließlich einschlief.«
»So ähnlich.«

»Also hat er Sie oder auch Ihren Bruder dann nicht geschlagen?«
»Nicht, wenn wir uns rar gemacht haben.«
»Und denken Sie, dass Ihre Mutter das wusste?«
Offenbar bestürzt, hielt er inne. »Kann ich nicht sagen.«
»Die Liebe einer Frau zu ihrem Mann ist eine sehr komplizierte Sache, Bobby. Dasselbe gilt für ihre Liebe zu ihren Kindern.«
»Ja, sie liebt uns so sehr, dass sie es kaum erwarten kann, uns anzurufen.«
»Das kann ich nicht beurteilen, Bobby. Ich bin Ihrer Mutter nie begegnet. Einige Frauen ... einige Frauen schämen sich einfach zu sehr.«
»Ich dachte, wir wollten über Catherine reden«, meinte Bobby.
»Gut. Glauben Sie, dass Catherine ihren Mann provoziert hat?«
»Sie wäre durchaus fähig dazu.«
»Und Donnerstagnacht?«
Er fing wieder an, ihm Raum hin und her zu gehen. »Vielleicht. Es ergibt zwar keinen Sinn, aber ...« Er sah Elizabeth an. »Es ist die Tatsache, dass wir uns schon einmal getroffen und miteinander gesprochen haben, die mir zu schaffen macht. Klar, ich konnte mich im fraglichen Moment nicht daran erinnern, und das würde ich jederzeit beschwören. Aber sie hat mir Fragen zu meinem Beruf gestellt und sich dafür interessiert, wie und unter welchen Umständen eine taktische Einheit eingesetzt werden würde. Warum diese Neugier? Was hat sie sich dabei gedacht?«
»Sie sagten, sie manipuliere andere Menschen.«
»Genau. Aber andererseits ... ist ihr so etwas wirklich zuzutrauen? Ich hätte ganz sicher nicht zur Waffe gegriffen, wenn Jimmy keine Pistole in der Hand gehabt hätte. Also musste sie eine Situation herbeiführen, in der

Jimmy sich eine Pistole besorgt. Und das wiederum hieße, dass sie sich selbst und ihren Sohn ganz bewusst der Bedrohung durch einen bewaffneten Betrunkenen ausgesetzt hat.«

»Gefährlich«, stellte Elizabeth fest.

»Wahnwitzig.« Bobby schüttelte den Kopf. »Wenn sie allein im Zimmer gewesen wäre, könnte ich es ja noch nachvollziehen. Aber ich glaube nicht, dass sie das Leben ihres Sohnes riskieren würde.«

»Sie denken also letzten Endes nicht, dass Catherine Nathan misshandelt?«

»Nein.«

Elizabeth zog eine Augenbraue hoch. »Sie klingen sehr überzeugt.«

»Das bin ich auch.«

»Würde es Sie sehr erschrecken, wenn ich Ihnen sage, dass ich da nicht so sicher bin? Offen gestanden macht mir Catherine Gagnons Beziehung zu ihrem Sohn sehr zu schaffen, je mehr ich über diese Frau erfahre.«

»Da sind Sie in guter Gesellschaft.«

»Sie ist egoistisch, das haben Sie selbst festgestellt. Und sie ist Missbrauchsopfer. Inzwischen wissen wir, dass es bei derartigen Dingen feste Muster gibt.«

»Ich bin auch ein Missbrauchsopfer«, erwiderte Bobby steif und fügte beinahe trotzig hinzu: »Und wir haben vorhin erkannt, dass ich auch gerne lüge.«

»Bobby, sehen Sie mir in die Augen. Sind Sie wirklich ganz sicher, dass Catherine Gagnon Grenzen einhalten würde, wenn sie sich bedroht fühlte oder ihren Lebensstandard ernsthaft gefährdet sähe? Dass sie nicht bereit wäre, jeden beliebigen Menschen zu opfern, um sich selbst zu retten?«

Verstockt starrte er sie an.

Aber Elizabeth ließ nicht so rasch locker. Das durfte sie schon Bobby zuliebe nicht. »Sie glauben es nicht, Bobby, und das ist auch ein Grund, warum Sie die Donnerstagnacht nicht loslassen können. Denn tief im Grunde Ihres Herzens trauen auch Sie Catherine Gagnon zu, dass sie die Erschießung ihres Mannes inszeniert hat. Sie können nur nicht genau sagen, wie sie das angestellt haben könnte.«

»Er war ein Mistkerl, der seine Frau verprügelt hat!«

»Woher wissen Sie das?«

»Sie hat mir erzählt ...«

»Sie lügt.«

»Dr. Rocco hat die Verletzungen gesehen! Und andere hätten sie sehen können.«

»Wer ist Dr. Rocco?«

Bobby errötete verlegen. »Ihr ehemaliger Geliebter.«

Elizabeth ließ das kurze Zeit wirken und wechselte dann aus heiterem Himmel das Thema. »Warum haben Sie sich heute Abend mit Susan getroffen?«

»Weil ich fand, dass ich es ihr schuldig war. Nach zwei gemeinsamen Jahren ... Ich musste mich wenigstens persönlich von ihr verabschieden.«

»Was hat sie gesagt?«

Er zuckte die Achseln. »Nicht viel. Ich meine, wir hatten uns ja schon getrennt. Was gab es da noch zu sagen?«

»Hat Sie das enttäuscht?«

»Ich verstehe die Frage nicht.«

»Haben Sie, als Sie heute Abend zu der Verabredung gingen, wirklich nur einen Schlussstrich unter die Beziehung setzen wollen, Bobby? Oder haben Sie sich insgeheim etwas anderes gewünscht? Haben Sie sich vielleicht gewünscht, dass sie um Sie kämpfen würde? Dass sie Sie anflehen würde zu bleiben? Haben Sie sich ganz tief im Innersten Ihres Herzens gewünscht, sie möge Sie so sehr lieben, dass sie Sie nicht gehen lässt?«

»Ich würde niemals ...« Aber es gelang ihm nicht,

weiter zu protestieren. So überrumpelt fühlte er sich, dass ihm keine Ausflüchte einfielen und dass er nicht mehr lügen konnte. »Woher wussten Sie das?«, flüsterte er.

»Ein Mensch, der Sie früher geliebt hat, hat Sie verlassen, offenbar ohne es je zu bereuen. Und nun, all die Jahre später, erwarten Sie noch immer, dass die Menschen irgendwann einfach gehen, Bobby. Je länger eine Frau bleibt, desto nervöser macht es Sie. Also inszenieren Sie kleine Situationen und Prüfungen. Entweder kämpft die Frau dann um Sie, oder sie trennt sich von Ihnen. Und jede dieser Reaktionen lindert Ihre Angst. Zumindest vorübergehend.«

»Du meine Güte«, flüsterte er.

»Wenn Catherine Sie anruft, bitten Sie sie stets, Sie doch in Ruhe zu lassen, richtig?«

»Ja.«

»Aber sie gibt nicht auf. Sie kämpft um ein Treffen mit Ihnen. Sie sagt Ihnen, wie sehr sie Sie braucht. Sie erinnert Sie an ihren armen, kranken Sohn. Und wenn Sie dann doch erscheinen, sorgt sie dafür, dass Sie sie und Nathan zusammen erleben. Bei einigen Männern spielt sie vermutlich die Sexkarte aus. Aber Ihre Traumfrau trägt keine schwarze Spitze. Ihre Traumfrau ist eine Mutter, die niemals im Leben ihr Kind im Stich lassen würde.«

Bobby schloss die Augen. Elizabeth sah, wie sich allmählich Verstehen in seinem Gesicht ausdrückte, denn inzwischen wirkte er aufrichtig entsetzt.

Sie beugte sich vor. »Noch einmal, Bobby: Glauben Sie, dass Catherine Gagnon den Tod ihres Mannes herbeigeführt haben könnte?«

»Ja«, murmelte er.

Elizabeth nickte langsam. »Dann müssen Sie sie loslassen, Bobby. Sie müssen aufhören, sich mit ihr zu treffen. Denn falls Catherine Gagnon wirklich ein Raubtier ist, dann sind Sie, wie Ihnen sicher inzwischen klar sein dürfte, die optimale Beute.«

Als Bobby endlich nach Hause kam, war es drei Uhr morgens. In seiner Wohnung brannte kein Licht. Nur das rote Lämpchen an seinem Anrufbeantworter blinkte hektisch in die Nacht.

In der Küche ließ er sich auf einen der harten Holzstühle fallen. Er fühlte sich wie ausgewrungen und ausgelaugt, so als sei kein bisschen Gefühl oder Verstand mehr in ihm übrig. Eine lange Zeit saß er einfach nur da und starrte auf das blinkende Lämpchen.

Dann streckte er langsam die Hand aus und drückte auf den Wiedergabeknopf.

Sein Lieutenant.

Ein Kollege aus seiner Einheit.

Ein Aufhänger.

Sein Vater.

Noch zwei Aufhänger.

Stille.

Bobby beugte sich über den Küchentisch und stützte den Kopf in die Arme.

Drei Aufhänger auf dem Anrufbeantworter. Catherine, dachte er.

Er presste die Finger an die Schläfen, um diese Frau aus seinen Gedanken zu verbannen.

Er durfte sich nicht von ihr für ihre Zwecke einspannen lassen. In Dr. Lanes Praxis hatte alles absolut plausibel geklungen. Und dennoch saß er jetzt, nur eine Stunde später, hier in der Dunkelheit und dachte an Catherine.

Ging es ihr gut?

Wie fühlte sich Nathan, und wo würden sie die Nacht verbringen?

Ganz bestimmt nicht bei ihren Schwiegereltern, so viel stand fest.

Vielleicht hatte sie ja noch einen zweiten Liebhaber. Warum nicht? Schließlich hatte sie ja auch keine Zeit verschwendet, sich ihm an den Hals zu werfen. Frauen wie sie schlugen sich nicht allein durchs Leben. Vermutlich hatte sie einen wohlhabenden Gönner in jedem Hafen. Womöglich war sie ja schon dabei, sich den nächsten Arzt zu angeln. Oder besser einen Anwalt. Ja, schließlich brauchte sie einen Topjuristen, um es mit Richter Gagnon aufzunehmen.

Bestimmt würde sie rasch jemanden finden. Die richtigen Kleider, der richtige Zeitpunkt, der richtige Hüftschwung.

Er wünschte, er hätte sie hassen können, aber es gelang ihm nicht.

Catherine tat das, was nötig war, um zu überleben.

Und das verstand Bobby nur allzu gut.

Wenn einer seiner Kollegen Donnerstagnacht den Anruf entgegengenommen hätte, ein Scharfschütze, dessen Vater nie seine Mutter verprügelt hatte und der in seiner Kindheit nie hatte mit ansehen müssen, wie sich Hoffnungslosigkeit auf dem Gesicht eines anderen Menschen malte, wäre Jimmy Gagnon dann heute noch am Leben?

Wäre Catherine Gagnon nun tot?

Das würde nie jemand erfahren.

Bobby vergrub das Gesicht tiefer in den Armen und seufzte zittrig und erschöpft auf.

Er tat sein Bestes, um nicht zu träumen.

31

Mr Bosu gab sich große Mühe, ein besserer Mitarbeiter zu sein.
Im Moment war er damit beschäftigt, das schwach erleuchtete Haus eines Fünfzigtausend-Dollar-Mannes zu beobachten. Der Auftrag würde zweifellos ziemlich schwierig werden.
Erstens einmal stand das Haus mitten in einem dicht besiedelten Viertel. Zweitens wies ein Aufkleber auf dem Fenster auf das Vorhandensein einer Alarmanlage hin. Und drittens brannte im Haus Licht, was Mr Bosu erstaunte. Angesichts der späten Stunde hätte er damit gerechnet, dass der Bewohner bereits schlief.
Bei diesem Auftrag würde Mr Bosu Hilfe brauchen, daran gab es nichts zu rütteln.
Er betrachtete Trickster, der zusammengerollt auf dem Beifahrersitz des gestohlenen Wagens schlief. Im nächsten Moment öffnete der Welpe ein Auge und gähnte ausgiebig, als hätte er den Blick gespürt.
»Ich brauche einen Komplizen«, sagte Mr Bosu.
Wieder ein Welpengähnen.
»Glaubst du, du könntest dich tot stellen? Lieg einfach nur da, und tu so, als würdest du schlafen. Ja, genau so.«
Trickster hatte bereits den Kopf wieder auf die Pfoten gesenkt und die Augen geschlossen. Mr Bosu kraulte nachdenklich die Ohren des Welpen. Seine Wurstfinger liebkosten zart das kleine Köpfchen.
Kurz schoss ihm ein Gedanke durch den Kopf. Nur so zu tun, war zu unsicher. Als pflichtbewusster Mitarbeiter durfte er keine Risiken eingehen. Mit einer kurzen

Handbewegung konnte er Trickster das Genick brechen. Es würde ein schneller und schmerzloser Tod sein, und der Hund würde nichts spüren. Für fünfzigtausend Dollar konnte er sich jede Menge neue Welpen kaufen.

Seine Hand lag noch immer auf Tricksters Hinterkopf, und seine Finger gruben sich in das Fell des Hundes. Weich. Seidig. Hilflos. Jeder musste einmal sterben.

Er zog die Hand zurück. Dann nahm er das Messer aus dem Halfter am Knöchel. Mit einem letzten Blick auf Trickster schob er seinen Hemdsärmel aus Leinen über den Ellenbogen und ritzte sich in den Arm.

Ein dunkelroter Blutstrom quoll hervor. Mr Bosu benetzte seine Finger mit Blut und schmierte es auf Tricksters weiße Flanken.

»Schon gut«,, sagte Mr Bosu. »Ich bade dich, sobald wir zu Hause sind. Und jetzt warte hier. Gleich wird es interessant.«

Er legte den Rückwärtsgang ein und rollte mit ausgeschalteten Scheinwerfern leise die Straße entlang. Dann wanderte seine Hand zurück zu Tricksters Kopf, um den Hund und auch sich selbst zu beruhigen.

»Eins, zwei, drei!« Mr Bosu schaltete die Scheinwerfer ein und trat aufs Gas, sodass der Wagen vor das fragliche Haus auf den Bürgersteig raste. Mr Bosu fuhr geradewegs auf den Rasen, bremste mit quietschenden Reifen und stieß zur Abrundung noch ein weithin zu hörendes »Verdammter Mist!« hervor.

Dann packte er Trickster und sprang aus dem Wagen, den er mitten auf dem Rasen stehen ließ, sodass die Scheinwerfer in den Himmel leuchteten.

»O nein«, stöhnte er laut. »O nein, nein, nein.«

Mr Bosu hastete über den Rasen und hämmerte an die Tür des Fünfzigtausend-Dollar-Mannes. Er atmete schwer, und der Schweiß stand ihm auf der Stirn. Den

Ärmel hatte er zwar heruntergezogen, aber Blutstropfen sickerten durch den teuren Leinenstoff. Ausgezeichnet. Als er noch einmal laut und fordernd klopfte, ging plötzlich die Verandabeleuchtung an.

»Hilfe, Hilfe, Hilfe«, rief Mr Bosu. Er warf einen Blick auf Trickster und bemerkte zufrieden, dass das weiße Fell des Hundes mit verkrustetem Blut verklebt war.

Endlich öffnete sich die mit einer Kette gesicherte Tür einen Spalt weit. Der Mann war vorsichtig, das musste Mr Bosu ihm lassen.

»Sir, Sir, es tut mir ja so leid, Sie zu stören«, sprudelte Mr Bosu hervor. »Ich bin gerade hier vorbeigefahren, und da ist der Hund mitten auf die Straße gelaufen. Ich schwöre, dass ich versucht habe, ihm auszuweichen, aber ich habe ihn trotzdem erwischt. Bitte, ich glaube, er ist verletzt.«

Mr Bosu hielt das blutige Bündel hoch.

Die Reaktion des Fünfzigtausend-Dollar-Mannes war schnell und eines guten Menschen würdig. Allerdings würde sie auch sein Untergang sein.

»Beeilen Sie sich!«, sagte der Mann. »Bringen Sie ihn rein.«

Die Kette wurde entfernt, und die Tür öffnete sich. Anders als Mr Bosu erwartet hatte, trug der Mann keinen Morgenmantel, sondern war offenbar angezogen, um ins Büro zu gehen.

»Ich dachte, ich hätte Lärm gehört«, meinte der Mann und ging voraus ins Haus.

Mit einem leichten Fußtritt schloss Mr Bosu die Tür fest hinter sich.

»Sind Sie Tierarzt? Oder kennen Sie einen Tierarzt?«, stieß Mr Bosu hervor. Dabei ließ er seinen Blick durch das Haus schweifen und sondierte die Lage. Er folgte dem Mann in den hinteren Teil des Hauses, wo ein grelles Licht brannte. Sie kamen in eine kleine Küche, de-

ren Ausstattung aus den Fünfzigerjahren stammte. Hier gab es auch eine kleine Frühstücksecke, wo ein alter Tisch unter riesigen Papierstapeln versank.
»Ich habe bis spätabends gearbeitet«, sagte der Mann zerstreut. »Offenbar bin ich eingeschlafen.«
»Was machen Sie denn beruflich?«
»Ich bin Staatsanwalt. Lassen Sie mich mal sehen, wie schwer der Hund verletzt ist.«
Endlich ließ Mr Bosu Trickster los, was es ihm erleichterte, die Hand nach seinem Messer auszustrecken. Als er sich wieder aufrichtete, hatte der Mann Trickster auf die Anrichte gelegt und untersuchte ihn gründlich auf Verletzungen.
»Ich sehe zwar Blut«, meinte Rick Copley. »Aber ich kann komischerweise keine Wunde entdecken.«
»Wirklich nicht? Vielleicht kann ich Ihnen ja helfen.«

Mr Bosu war zwar kräftig gebaut und schwer bewaffnet, aber Copley verfügte über schnelle Reaktionen, und seine Beinarbeit war auch nicht zu verachten.
Als Mr Bosu zum ersten Mal ausholte, wich Copley nach links aus. Der Staatsanwalt ließ Trickster los, worauf der Welpe auf den Boden sprang, über das Linoleum flitzte und im Wohnzimmer verschwand.
Die beiden Männer kümmerten sich nicht um ihn. Copley baute sich kampfeslustig auf und verschwendete keine Zeit damit, den ungebetenen Gast durch Worte verscheuchen zu wollen. Mr Bosu war zufrieden. Nach diesem scheußlichen Tag war eine ordentliche Prügelei eine willkommene Abwechslung.
Der Staatsanwalt war ein intelligenter Mann. Und ein intelligenter Mann würde sicher sofort zum nächsten Telefon laufen, um seine Kollegen von seiner Notlage in Kenntnis zu setzen. Und wirklich machte Copley einen Satz auf den schnurlosen Apparat zu, der auf dem Tisch

stand. Aber Mr Bosu war schneller und hatte das Vergnügen, seinem Gegner die erste blutende Wunde zuzufügen.
Copley taumelte zurück und hielt sich den aufgeschlitzten Unterarm. Dem Staatsanwalt brach der Schweiß aus.
»Was wollen Sie?«, fragte er.
»Friede auf Erden.«
»Brauchen Sie Geld? In meiner Brieftasche sind dreihundert Dollar.«
»Ich bitte Sie. Tot sind Sie hundert Mal so viel wert.«
»Was?« Diese Antwort schien den Staatsanwalt aus dem Konzept zu bringen, und seine Konzentration ließ kurz nach. Mr Bosu stieß wieder zu. Copley wirbelte zwar in letzter Minute herum, aber er war einen Moment zu langsam. Mr Bosu erwischte ihn an den Rippen.
Der Staatsanwalt wollte ins Wohnzimmer fliehen. Und Mr Bosu heftete sich an seine Fersen.
Es war ein kleines Haus, das nicht viele Fluchtmöglichkeiten und Verstecke bot. Copley warf eine Lampe, eine Buchstütze und ein Sofakissen. Er tänzelte hin und her, drehte sich in alle Richtungen und wich aus.
Mr Bosu war fünfundzwanzig Kilo schwerer als er und hatte viel längere Arme. Für ihn stand der Ausgang von Anfang an fest. Während Copley um sich schlug, warf und herumrannte, kam Mr Bosu näher und näher und drängte sein Opfer von der Eingangstür ab. Immer weiter trieb er den Staatsanwalt in sein eigenes Haus hinein, bis die Mauern, die ihn eigentlich schützen sollten, für ihn zum Gefängnis wurden. Das Haus eines Mannes ist seine Burg, doch für Rick Copley wurde es zur Todeszelle.
Schließlich stellte Mr Bosu seinen kleineren Gegner in seinem eigenen Badezimmer, wo ihm die Wanne den Weg versperrte. Dann ging alles ganz schnell.
Danach, als der Blutdurst nicht mehr in Mr Bosus Kopf rauschte, als sein Atem wieder ruhiger ging und sein

Herzklopfen nachließ, fielen ihm verschiedene Dinge gleichzeitig auf. Sein Schienbein schmerzte. Außerdem tat ihm die Schulter weh, mit der er gegen einen Türstock geprallt war, und dasselbe galt für seine Schläfe, wo Copley ihm eins mit einer Lampe verpasst hatte.
Sein Unterarm pochte auch. Schmerz von seiner selbst zugefügten Wunde. Er dachte daran, dass der Schnitt noch blutete und womöglich Spritzer auf dem Boden hinterließ, wenn er sich bewegte. Also hielt er Ausschau nach verräterischen Tropfen, aber in diesem Blutbad ...
Das Haus war ein Schlachtfeld. Bücher, Papiere, aufgeschlitzte Kissen und, tja, Blut, jede Menge Blut, und zwar überall. Falls er wirklich auf den Boden geblutet hatte, war sein Blut nun so mit anderen Flüssigkeiten vermischt, dass vermutlich nicht einmal ein Labor den Unterschied herausfinden konnte. Offen gestanden kannte Mr Bosu sich damit nicht aus, denn Forensik war nicht gerade seine Stärke. Sein Wissen stammte aus Fernsehkrimis.
Mr Bosu ging in die Küche und wusch sich gründlich Hände und Arme. Seine eleganten Lederschuhe, die fünfhundert Dollar gekostet hatten, waren nun glitschig von Blut. Er zog sie aus und versuchte, sie unter dem Wasserstrahl zu reinigen. Doch beim Anblick des Ergebnisses verzog er das Gesicht. Eines musste er sich für die Zukunft merken: Blut war nicht gut für teure Schuhe.
Er machte sich auf die Suche nach dem Wäscheraum. Auf der Waschmaschine stand eine Flasche mit Bleiche, die er in die Küche trug und die Hälfte des Inhalts in die Spüle goss. Er hatte einmal eine Sendung gesehen, in der Blut im Abfluss hängen geblieben und von schlauen Spurensicherungsexperten entdeckt worden war.
Mr Bosu war als Sexualtäter registriert, und das hieß,

dass seine Fingerabdrücke, sein Blut und seine DNS in Datenbanken gespeichert waren.
Er gab die restliche Bleiche auf ein Geschirrtuch und machte sich über die Blutspur her, die sich durchs Haus zog. Da es ihm nicht gelang, sämtliches Blut aufzuwischen, verschmierte er es, um Schuhabdrücke – und an manchen Stellen Pfotenspuren – zu verwischen. Er wünschte, er hätte noch mehr Chirurgenanzüge aus dem Krankenhaus geklaut. Die waren wirklich sehr praktisch gewesen.
Zu guter Letzt nahm Mr Bosu sich das Bad vor. Ein schreckliches Gemetzel. Das Handtuch warf er in die Wanne auf Copleys Leiche.
Halb fünf Uhr morgens. Mr Bosu hatte guten Grund, müde zu sein. Und außerdem knurrte ihm allmählich der Magen.
Also machte er sich auf die Suche nach Trickster und fand den Welpen zusammengekauert unter dem Bett.
»Es ist gut«, sagte er zu dem zitternden Hund. »Alles erledigt. Alles fertig.«
Als er die Hand ausstreckte, kam der Welpe gehorsam herausgekrochen und schnupperte an Mr Bosus Fingerspitzen. Mr Bosu hob seinen Hund vom Boden auf und tätschelte ihm beruhigend den Kopf. Trickster hatte auf den Teppich gepinkelt. Tja, da konnte man auch nichts machen. Außerdem hatte er noch nie einen Krimi gesehen, in dem es der Spurensicherung gelungen war, Hundepisse nachzuverfolgen.
»Du bist ein guter Junge«, meinte Mr Bosu zu seinem blutverschmierten Hund. »Morgen gibt es Steak zum Abendessen, Ehrenwort.«
Gerade schickte sich Mr Bosu an, zu verschwinden, als das Telefon läutete. Er blieb stehen, fragte sich, wer bloß um diese Uhrzeit anrief, und lauschte dann gebannt, als der Anrufbeantworter das Gespräch annahm.

»Copley, hier ist D.D. Wir sind gerade bei den Gagnons fertig geworden, und es wundert mich, dass ich Sie nicht dort gesehen habe. Es gibt einige Neuigkeiten.« Sie holte tief Luft. »Ich möchte mit Ihnen über Officer Dodge sprechen. Seine Verbindung zu Catherine Gagnon macht mir Sorgen. Vielleicht ... vielleicht hatten Sie ja in einigen Dingen doch Recht. Rufen Sie mich an, sobald Sie können. Ich bin in den nächsten Stunden mit Papierkram beschäftigt.«

Es wurde aufgelegt. Mr Bosu ging in die Küche und starrte auf das blinkende Gerät. Dann fiel sein Blick auf einen Papierstoß, und als er sich den zusammenfassenden Bericht und die Namensliste ansah, ging ihm endlich ein Licht auf. Nun verstand er den Grund für das, was er gerade getan hatte.

Und schon im nächsten Moment kam ihm ein neuer Gedanke.

»Trickster«, murmelte er. »Ich glaube, jetzt weiß ich, was ich tun kann, damit Wohltäter X sehr, sehr zufrieden mit mir ist.«

Der geniale Mr Bosu machte sich an die Arbeit.

32

Als Bobby am Montagmorgen aufwachte, spürte er ein leichtes Pochen hinter den Augenlidern. Sein Genick tat weh, und seine Schulter schmerzte. Irgendwann in den frühen Morgenstunden hatte er sich vom Küchentisch auf das altersschwache Sofa geschleppt. Nun lag er, das Gesicht nach unten, in muffigen Kissen, sein rechter Arm baumelte über die Kante, und ein halbes Dutzend Drahtfedern bohrte sich in verschiedene Stellen seines Körpers.
Langsam setzte er sich auf und musste ein Stöhnen unterdrücken. Mein Gott, er war zu alt für diesen Mist.
Er stand auf, streckte die Arme über den Kopf und zuckte zusammen, als seine Nervenenden prickelnd wieder zum Leben erwachten. Durch die Fenster strömte hell das Tageslicht herein. Bobby taumelte in die Küche, um auf die Uhr zu sehen.
Schon zehn. Verdammt! Er war sieben Stunden lang schachmatt gewesen. Zum ersten Mal seit Tagen hatte er richtig durchgeschlafen. Keine sehr gute Idee, wenn man bedachte, dass um siebzehn Uhr sein Ultimatum auslief. Er musste etwas essen und außerdem dringend unter die Dusche und sich rasieren. Er musste etwas tun, etwas unternehmen ... aber was?
Auf dem Weg ins Bad fielen ihm die Nachrichten auf seinem Anrufbeantworter wieder ein. Wahrscheinlich war es das Beste, wenn er sich bei seinem Lieutenant meldete. Seinen Anwalt anrief. Und vielleicht auch seinen Vater. Und was sollte er sagen?
Bobby stellte sich unter die Dusche und ließ den ste-

chenden Strahl auf sich herunterprasseln. Er brauchte jetzt einen klaren Kopf und musste aufmerksam und stark sein.
Beim Duschen kam ihm plötzlich der zündende Gedanke.
Bobby eilte aus dem Bad und zum Telefon.
»Hallo, Harris«, sagte er eine Minute später, während das Wasser noch auf den Teppich tropfte. »Wir müssen uns treffen.«

Robinson summte vor sich hin, und da Robinson nicht sonderlich musikalisch war, klang das Ergebnis nicht sehr hübsch. Allerdings war Summen für Robinson ein Heilmittel gegen Nervosität.
Robinson konnte den Polizeifunk abhören und hatte die ganze Nacht lang die Funksprüche verfolgt, die sich um die Vorgänge im Hause Gagnon drehten. Die Lage schien ernst zu sein.
Robinson war kein sehr risikofreudiger Mensch. Es gab nun mal Situationen, in denen die Sicherheit an erster Stelle stehen musste, und das hier war eindeutig eine davon.
Das Packen dauerte nicht lang. Im Spülkasten der Toilette befand sich eine wasserdichte Schachtel, die verschiedene Kreditkarten und falsche Ausweispapiere enthielt. Die Schachtel wanderte in die Tasche. Dazu kamen Kleidung, Elektroschocker, Pistole und ein kleines spiralgebundenes Notizbuch.
Dann war alles erledigt.
Die Wohnung war möbliert gemietet. Robinson besaß keine Möbel und hatte in all der Zeit hier nicht einmal ein Spitzendeckchen angeschafft. Wer nichts hatte, hatte auch nichts zu verlieren. Und es gab nichts, was gegen einen verwendet werden konnte.
Fünf Minuten später stand Robinson an der Hintertür und entzündete ein Streichholz.

Ein kurzes Zögern, ein flüchtiger Augenblick des Bedauerns. Eigentlich hätte das der letzte Auftrag werden sollen. Der größte von allen. Natürlich viel gefährlicher als die anderen, aber dafür um einiges lukrativer. Die Verlockung einer hohen Summe Bargeld. Nach diesem Auftrag hatte Robinson sich eigentlich zur Ruhe setzen wollen. Ein weißer Sandstrand, eiskalte fruchtige Drinks und ein endloses blaues Meer, das sich bis zum Horizont erstreckte.

Robinson seufzte auf. Und warf das Streichholz.

Keine Entschuldigungen. Kein Blick zurück. Man übernahm einen Job und leistete sein Bestes. Aber die eigenen Interessen kamen stets an erster Stelle. Und nun war es in Robinsons Interesse, dieser Stadt so schnell wie möglich den Rücken zu kehren.

Robinson trat auf die Straße und sah sich in alle Richtungen um. Die Luft war rein.

Sie ging zu dem Auto, das auf halber Höhe des Häuserblocks stand. Die Tasche kam in den Kofferraum, und Robinson nahm auf dem Fahrersitz Platz. Zuerst bemerkte sie einen winzigen braunweißen Welpen auf dem Beifahrersitz. Dann füllte eine hünenhafte Gestalt den Rückspiegel.

»Guten Morgen, Colleen«, sagte Mr Bosu. »Wir wollen wohl verreisen.«

Catherine konnte nicht schlafen. Sie saß in einem Sessel in ihrem ehemaligen Kinderzimmer und sah zu, wie Nathan sich in einer Ecke ihres alten Bettes zusammenrollte und endlich der Erschöpfung nachgab. Ihr Vater hatte sie aufgenommen, ohne Fragen zu stellen, und ihr wortlos die zusätzlichen Lampen gebracht. Dann hatte er in der Tür gestanden, während Nathan sich unter Angstschreien hin und her wälzte und sich vor Dingen fürchtete, die nur er sehen konnte. Leise hatte Catherine ihm ein Lied vorgesungen, an das sie sich kaum noch erinnerte, das ihr aber nun in ihrem Elternhaus wieder einfiel. Sie kannte es von ihrer Mutter. Damals in der guten alten Zeit, bevor der Mann erschienen war, der seinen verschwundenen Hund suchte.

Sie hatte Nathan vorgesungen, und als sie wieder aufgeblickt hatte, war ihr Vater fort gewesen.

Später, nachdem Nathan eingenickt war, war sie zu ihrem Vater nach unten gegangen. Er saß in seinem Fernsehsessel und starrte ins Leere.

Als sie ihm von Prudence erzählte, erwiderte er nichts. Sie sprach über Tony Rocco und erklärte, die Polizei denke, sie habe Jimmys Tod geplant. Dann fügte sie hinzu, ihr Schwiegervater schrecke vor nichts zurück, um ihr Nathan wegzunehmen.

Nachdem sie fertig war, ergriff ihr Vater endlich das Wort. »Ich verstehe nicht ganz«, sagte er.

»James steckt dahinter, Dad. James Gagnon. Er ist überzeugt, dass ich Jimmy etwas angetan habe, und fest dazu entschlossen, sich das Sorgerecht für Nathan zu erkämpfen.«

»Du hast doch gesagt, ein Polizist hätte Jimmy erschossen.«

»Ein Scharfschütze der Polizei hat Jimmy getötet, aber James glaubt, ich hätte das irgendwie inszeniert und Jimmy dazu gebracht, mich mit der Waffe zu bedrohen. So als hätte ich ihn dazu gezwungen, vor den Augen der Polizei mit einer Pistole auf Nathan und mich zu zielen. James ist außer sich vor Trauer.«

Ihr Vater runzelte die Stirn. »Und das Kindermädchen war deshalb so bestürzt, dass es sich aufgehängt hat?«

»Sie hat es nicht selbst getan, sondern wurde ermordet. Jemand hat ihr das Genick gebrochen, das habe ich dir doch schon erklärt.«

»Das ergibt keinen Sinn.«

»Was ergibt keinen Sinn? Dass eine Frau ermordet worden ist? Oder dass es in meinem Haus geschah?«
»Deinen schnippischen Ton kannst du dir sparen, Catherine.«
»Jemand will mich umbringen!«
»Wir wollen keine voreiligen Schlüsse ziehen ...«
»Du hörst mir gar nicht zu! James will mir Nathan wegnehmen. Offenbar hat er jemanden damit beauftragt, jeden Menschen aus dem Weg zu räumen, der bereit sein könnte, mir zu helfen. Wenn ich Nathan nicht bald herausgebe, bin ich vielleicht die Nächste.«
»Ich kann mir nicht vorstellen, dass sich ein gebildeter Mann wie der Richter zu einem Mord herablässt«, beharrte ihr Vater starrsinnig.
Catherine öffnete den Mund, doch nach einem Blick auf die ungerührte Miene ihres Vaters schloss sie ihn wieder. Es war zwecklos. Ihr Vater lebte in seiner eigenen heilen Welt und war fest dazu entschlossen, sich seine Nachbarschaft, die wöchentlichen Rituale, wie den Pokerabend am Mittwoch und das Grillen am Sonntagnachmittag, von niemandem streitig machen zu lassen. Eine Wirklichkeit, in der kleine Mädchen auf dem Heimweg von der Schule entführt werden konnten und in der der am meisten gefürchtete Mensch der Mann war, mit dem man das Bett teilte, hatte ihn von jeher überfordert.
Schon in ihrer Kindheit hatte er ihr nicht helfen können, und jetzt war er wieder absolut ratlos.
Leise stand sie auf und dachte wehmütig an Bobby Dodge. Ob sie ihn anrufen sollte ... Ein Schauder durchlief sie, und sie spürte ein leichtes, unerwartetes Prickeln an der Wirbelsäule. Es war ein Gefühl, das sie nicht kannte und das ihr ein wenig unangenehm war.
Sie ertappte sich dabei, dass sie sich sein Gesicht vorstellte. Sie hatte ihn berührt und versucht, ihn zu verfüh-

ren, und fast hatte sie ihn so weit gehabt. Und dann ... Er hatte sie angesehen, sie betrachtet und bis auf den Grund ihrer Seele geschaut. Und das hatte alles verdorben.
Catherine ging nach oben zu ihrem Sohn.
Nathan wurde wieder unruhig und schleuderte den Kopf hin und her. Sie streichelte seine Wange, bis er sich beruhigte. Dann kniete sie sich neben das Bett und strich ihrem Sohn durch das weiche braune Haar.
»Ich werde dir immer glauben«, flüsterte sie. »Wenn du älter bist, kannst du mir alles erzählen, und ich glaube es dir.«
Kurz darauf kamen die Anrufe.
Der erste ging um neun Uhr morgens auf ihrem Mobiltelefon ein. Es war die Arzthelferin aus Dr. Iorfinos Praxis, die Nathans Termin um fünfzehn Uhr bestätigen wollte. Außerdem habe der Herr Doktor den Wunsch geäußert, ein ausführliches Gespräch mit Catherine zu führen. Ob sie vielleicht schon früher vorbeikommen könne? So gegen dreizehn Uhr? Nathan müsse sie nicht mitbringen. Es sei sogar besser, wenn Catherine allein käme.
Als Catherine auflegte, hatte sie bereits Herzklopfen. Arztgespräche unter vier Augen führten selten zu etwas Gutem.
Sie zitterte noch immer am ganzen Leibe, als sie hörte, dass unten das Telefon ihres Vaters läutete.
Fünf Minuten später stand er in der Tür, und auf seinem Gesicht malte sich ein Ausdruck, wie sie ihn noch nie zuvor gesehen hatte. Er wirkte wie benommen vor Entsetzen.
»Das war Charlie Pidherny«, murmelte er.
»Der Anwalt?« Charlie Pidherny war damals der für Catherines Fall zuständige Staatsanwalt gewesen. Vor knapp zehn Jahren war er in den Ruhestand gegangen, und sie hatte seitdem nichts mehr von ihm gehört.

»Er ist draußen«, sagte ihr Vater. Er starrte sie an, als müsste sie ihn sofort verstehen.
»Wer ist draußen?«
»Umbrio. Richard Umbrio.«
»Wie bitte?«
»Er wurde am Samstag auf Bewährung entlassen. Nur dass man Strafgefangene laut Charlie niemals auf freien Fuß setzt, ohne die Betroffenen zu benachrichtigen, und vor allem nicht an einem Samstagvormittag. Da muss ein Fehler vorliegen. Bestimmt ist das der Grund. Irgendein Irrtum.«
Catherine starrte ihren Vater entgeistert an. Und dann traf sie die Erkenntnis wie ein Schlag in die Magengrube.
Hallo, Kleine. Kannst du mir kurz helfen? Ich suche einen entlaufenen Hund.
Catherine stürzte aus dem Kinderzimmer und schaffte es gerade noch rechtzeitig zur Toilette.
Nathan, dachte sie. O Gott, Nathan. Catherine erbrach sich, bis nur noch ein trockenes Würgen aus ihrer Kehle aufstieg, und die Tränen strömten ihr übers Gesicht.

33

Bobby traf sich mit Harris im Bogey's. Selbst ein teurer Privatdetektiv würde einen guten Diner sicherlich zu würdigen wissen. Harris bestellte den doppelten Cheeseburger mit extra Zwiebeln und Pilzen. Bobby entschied sich für ein Omelett mit Würstchen und Käse. Harris war blendender Laune, biss herzhaft in seinen triefenden Hamburger und kaute genüsslich. Zweifellos nahm er an, dass Bobby dieses Treffen vereinbart hatte, um seine Kapitulation und seine Bereitschaft bekannt zu geben, sich Richter Gagnons Bedingungen zu beugen und die an ihn gestellten Anforderungen zu erfüllen.

Bobby wartete geduldig, bis der Privatdetektiv seinen Hamburger zur Hälfte verspeist hatte, und ließ dann die Bombe platzen.

»War ja eine ziemliche Szene gestern in Back Bay«, meinte er in beiläufigem Ton.

Harris' Kaubewegungen wurden langsamer, und er gönnte seinen Zähnen eine kurze Pause vom Rindfleischzermahlen. »Ja.«

»Habe gehört, das Kindermädchen hätte sich aufgehängt. Was sagen denn Ihre Kontaktleute?«

Harris schluckte. »Dass Sie selbst vor Ort waren und deshalb vermutlich am besten Bescheid wissen.«

»Mag sein.« Bobby schwieg einen Moment. »Sind Sie nicht neugierig?«

»Sollte ich das?«

»Ich denke schon.«

Harris zuckte die Schultern. Er gab sich zwar größte Mühe, nach außen hin weiter lässig zu wirken, aber er

legte trotzdem den Hamburger weg und wischte sich mit der überdimensionierten Papierserviette die Hände ab.
»Also hat das Kindermädchen sich aufgehängt. Diese Mädchen sind noch sehr jung, arbeiten schwer und sind weit weg von zu Hause. Und wenn man die restliche Situation dazu nimmt, ist es vielleicht nicht weiter erstaunlich.«
»Aber, aber«, spöttelte Bobby leise. »Von Ihnen hätte ich eigentlich mehr erwartet.«
»Keine Ahnung, was Sie meinen.«
Bobby beugte sich vor. »Hat Richter Gagnon Sie nach einem Namen gefragt? Nach jemandem, der gelegentlich einen kleinen Auftrag erledigt? Oder nach jemandem, der jemanden kennt, der Probleme aus dem Weg räumt? Oder waren Sie sogar persönlich beteiligt? Ich halte Sie zwar für zu klug dafür, aber andererseits ...«
»Ich weiß nicht, wovon Sie reden ...«
»Jetzt machen Sie mal einen Punkt! Sie waren über den Mord an Rocco informiert, bevor auch nur ein Blutstropfen auf dem Beton gelandet war. Sie haben gelauscht. Sie lagen auf der Lauer. Warum? Weil Sie annehmen mussten, dass etwas im Busch ist. Wie gut bezahlt Sie der Richter, Harris? Wie weit würden Sie für ihn gehen?«
»Ich glaube, ich habe aufgegessen.«
Als Harris aufstehen wollte, packte Bobby ihn an der Hand und knallte sie auf den Tisch.
»Ich bin nicht verkabelt«, sagte er eindringlich. »Und ich habe nicht vor, Ihnen was anzuhängen. Mich interessieren nur einige Informationen. Von Mann zu Mann. Sie könnten einen neuen Freund gebrauchen, Harris. Denn Ihre alten Bekannten dürften Ihnen bald Schwierigkeiten einbringen.«
»Nehmen Sie es nicht persönlich, Dodge, aber wenn man sich die jüngsten Entwicklungen ansieht, glaube

ich nicht, dass es vorteilhaft für mich wäre, mich mit Ihnen blicken zu lassen.«

»Ihr wurde das Genick gebrochen, Harris. Jemand hat Prudence Walker einfach zerknickt wie einen Zahnstocher. Können Sie mit dieser Schuld auf dem Gewissen noch gut schlafen? Können Sie mir in die Augen schauen und behaupten, dass Sie nichts dabei empfinden?«

Harris brach der Schweiß aus, und er starrte auf Bobbys Hand, die weiterhin sein Handgelenk umklammerte.

»Die Bullen werden eins und eins zusammenzählen«, fuhr Bobby fort. »Warum wurde ein Arzt in einer Tiefgarage niedergemetzelt? Warum ging ein Kindermädchen an seinem freien Tag aus und war am Abend tot? Zwei Morde sind zu viel, und deshalb war es auch so wichtig, Prudence' Tod als Selbstmord hinzustellen. Wird dieses Spiel jemals ein Ende haben, Harris? Denn wir beide wissen, dass es ziemlich schwierig ist, aufzuhören, wenn man erst einmal mit dem Töten angefangen hat.«

»Ich habe dem Richter keine Informationen gegeben«, stieß Harris hervor. »Offen gestanden war es der Richter, der mir einen Namen genannt hat.«

»Und der wäre?«

»Colleen Robinson. Er hat mich gebeten, sie zu überprüfen. Zuerst verstand ich nicht, was er von der Frau will, aber dann habe ich ein bisschen in ihrer Vergangenheit herumgestochert. Verschiedene Quellen bestätigen, dass sie Organisationstalent hat.«

»Ein weiblicher Killer?«

»Nein, nein. Colleens Spezialität ist ... Leute miteinander bekannt zu machen. Sie brauchen das eine, jemand braucht etwas anderes, sie leitet es in die Wege. Früher war sie Kleinkriminelle und hat einige Zeit wegen schweren Autodiebstahls im Gefängnis verbracht. Während ihres Aufenthalts dort hat sie ein Netzwerk aufgebaut, und seitdem ist ihr Aufstieg unaufhaltsam.« Harris zuckte die

Achseln. »Ich habe einen Bericht angefertigt und ihn dem Richter ausgehändigt. Er schien zufrieden zu sein.«
»Ich will ihren Namen und ihre Adresse.«
»Ich habe nur eine Mobilfunknummer. Bedienen Sie sich.«
Endlich ließ Bobby Harris' Hand los. »Am ersten Tatort wurde eine Botschaft gefunden. ›Buh!‹ Was hat das zu bedeuten?«
»Keine Ahnung. Offen gesagt empfehle ich Ihnen, diese Frage Miss Robinson zu stellen. Also muss ich annehmen, dass Sie nicht auf das kleine Geschäft des Richters eingehen werden?«
»Nein.«
»Ist sie wirklich so gut im Bett?«
»Das kann ich nicht beurteilen.«
Harris schnaubte verächtlich. Wieder machte er Anstalten, aufzustehen, rieb sich verlegen das Handgelenk, ertappte sich bei dieser Geste und steckte die Hand in die Tasche. »Ich muss wohl nicht eigens erwähnen, dass dieses Gespräch nie stattgefunden hat. Nur für den Fall, dass der Richter sich danach erkundigen sollte«, fügte er steif hinzu.
»Einverstanden, auch wenn ich persönlich der Ansicht bin, dass Sie Ihre Klienten im Vorfeld besser überprüfen sollten.«
»Wissen Sie was? Diejenigen, die vor Geld stinken, haben meistens auch Dreck am Stecken. Wenn wir anfangen würden, ihnen nachzuschnüffeln, wären wir in einem Jahr pleite.«
Harris wollte schon zur Tür gehen, drehte sich aber im letzten Moment noch einmal um.
»Die Sache mit Prudence ... Was ihr zugestoßen ist, tja, das hat mich ziemlich sauer gemacht.« Er sah Bobby an und presste die Lippen zu einem schmalen Strich zusammen. »Wollen Sie mal was Lustiges hören? Der Richter behauptet, er und Maryanne seien aus Georgia. Sie

hätten sich dort kennengelernt und geheiratet und seien anschließend nach Boston gezogen, um noch einmal von vorne anzufangen. Und jetzt kommt die Pointe: Ich habe ein bisschen herumgestochert. Unterlagen über James habe ich gefunden – wo er zur Schule gegangen ist, wo er seinen Abschluss gemacht hat, in welcher Kanzlei er früher tätig war. Aber Maryanne Gagnon existiert offiziell gar nicht.«

»Was?«

»Keine Geburtsurkunde, kein Führerschein, kein Trauschein. Vor 1965 gab es keine Maryanne Gagnon.«

»Das ist doch absurd!«

Harris schmunzelte nur. »Wie ich schon sagte, Dodge, haben die Reichen meistens den größten Schatten.«

Um zwölf Uhr dreißig mittags verließ Bobby den Diner und klappte sein Mobiltelefon auf. Es gab eine Million Gründe, sie nicht anzurufen. Aber er wählte trotzdem die Nummer.

»Ich weiß, wen der Richter beauftragt hat, den Killer anzuheuern«, sagte er.

»Und ich weiß, wer der Killer ist«, entgegnete Catherine. »Richard Umbrio.«

Er brauchte eine Weile, um den Namen einzuordnen, und war dann ehrlich überrascht. »Sind Sie sicher? Wie kommen Sie darauf?«

»Er wurde am Samstagvormittag auf Bewährung auf freien Fuß gesetzt. Das Problem ist nur, dass samstags grundsätzlich keine Gefangenen entlassen werden.«

»Um das hinzukriegen, muss man Kontakte auf höchster Ebene haben«, wandte Bobby ein.

»Ja«, erwiderte sie leise.

»Wo sind Sie jetzt?«

»Unterwegs zu einem Termin mit dem neuen Arzt. Er hat mich für ein Uhr bestellt.«

»Ist das der Spezialist, den Dr. Rocco empfohlen hat?«, fragte Bobby.
»Ja.«
»Wir treffen uns dort.«

Er bereitete sich innerlich auf das Wiedersehen mit ihr vor und ließ das Gespräch mit Dr. Lane noch einmal Revue passieren: Catherine sei schlau, mit allen Wassern gewaschen und äußerst gerissen. Er sei ein Mann mit Problemen. Catherine glaube, sich verteidigen und um ihr Leben kämpfen zu müssen, und sei deshalb zu allem fähig. Er sei ein Mann, der es eigentlich besser wissen müsste.
Als er in die diskrete, teure Eleganz verströmende Eingangshalle der Arztpraxis kam, blieb er wie vom Donner gerührt stehen.
Sie stand allein in einer Ecke und trug dieselben Sachen wie gestern Nacht. Der schwarze Rock war zerknittert, der graue Kaschmirpullover hatte schon bessere Zeiten gesehen, ihr Gesicht war bleich, und ihre Augen waren verquollen. Sie hatte die Arme fest um den Leib geschlungen und wirkte viel zu mager, zu erschöpft und zu zart, um eine so gewaltige Last zu schultern.
Catherine blickte auf, bemerkte ihn, und eine lange Zeit musterten sie einander quer durch den leeren Raum.
Er erinnerte sich an ihr Treffen im Gardner Museum vor nur zwei Tagen. Catherines eng anliegendes schwarzes Kleid. Ihre bleistiftdünnen Absätze. Ihre strategisch gewählte Position vor einem erotischen blauen Gemälde. Alles, angefangen bei ihrer Kleidung, bis hin zu ihrem Verhalten und ihren Äußerungen, war bis ins Letzte geplant und inszeniert gewesen – die Catherine Gagnon, vor der ein Mann sich mit gutem Grund fürchtete.

Auf diese Frau hingegen traf das überhaupt nicht mehr zu.
Bobby durchquerte den Raum. »Nathan?«
»Er ist bei meinem Vater.« Sie räusperte sich. »Wir mussten dorthin. Letzte Nacht. Meine Kreditkarten sind gesperrt worden. Die Automatenkarte auch. Heute Morgen habe ich die Bank angerufen. Sie lassen mich an keines der Konten ran, da sie offenbar alle in Jimmys Namen eröffnet wurden.«
»Der Richter«, sagte Bobby leise.
»Umbrio war in meinem Haus«, flüsterte sie. »Als ich Nathan zu Bett bringen wollte, funktionierten die Nachtlichter nicht. Wir hatten solche Angst ... Dann bin ich in den Wandschrank gegangen. Und dort auf dem Boden lagen alle kleinen Birnen: Buh! Da hatte sie jemand fein säuberlich hingelegt. Und ich weiß ganz genau, wer es war.«
»Catherine ...«
»Er hat Tony ermordet. Er hat Prudence getötet. Und bald bringt er mich auch um. Das hat er geschworen. Danach sehnt er sich schon lange. Tag um Tag. Das verstehen Sie nicht.«
Ihre Hand fuhr hoch, und sie kratzte sich hektisch am Hals.
»Catherine ...«
»Ich war zu lange allein in der Dunkelheit«, murmelte sie. »Ich kann das Licht nicht mehr finden. Nicht für mich und nicht für Nathan«
Als er sie in die Arme nahm, sackte sie gegen ihn und krallte, am ganzen Leibe zitternd wie Espenlaub, die Finger in die Falten seines Hemdes. Sie war so zart und so winzig, dass er ihr Gewicht an seiner Brust kaum spürte.
Nun nahm er die Aura der Erschöpfung wahr, die – nach all den schlaflosen Nächten voller Zweifel, Angst und Entsetzen – von ihr ausging.

Wie gerne hätte er ihr gesagt, dass alles gut werden würde. Dass er nun da sei und dass sie sich auf ihn verlassen könne. Nie wieder würde sie sich fürchten müssen.

Aber zu viele Männer hatten ihr dieselben haltlosen Versprechungen gemacht.

Das wusste er nur zu gut.

Sie ebenfalls.

Also streckte er nur die Hand aus und streichelte ihr Haar.

Und für einen kurzen Moment presste sie sich fest an seine Brust.

Die Tür ging auf, und eine Sprechstundenhilfe erschien.

»Der Herr Doktor hat jetzt Zeit, Mrs Gagnon.«

Catherine richtete sich auf und machte sich los.

Bobby ließ die Hand wieder sinken.

Als sie sich in Richtung Flur wandte, folgte er ihr. Doch kurz bevor sie durch die Tür gingen, blieb sie noch einmal stehen.

»Ich habe nie gesagt, ich hätte Jimmy nicht geschadet«, meinte sie.

Und dann betraten sie das Büro des Arztes.

34

Mr Bosu war müde. Nun erinnerte er sich an das sprühende, prickelnde Hochgefühl, das stets mit einem guten Plan einherging. Da war zum Beispiel der Freudentaumel, der ihn ergriffen hatte, nachdem es ihm gelungen war, die zwölfjährige Catherine in sein eigens zu diesem Zweck umgebautes Auto zu locken. Oder seine Empfindungen, als er sich in der menschenleeren Tiefgarage von hinten an diesen Arzt mit seinen gegelten Haaren angeschlichen hatte. Ein kurzer Stich mit dem Messer ... und dann der Ansturm der Endorphine. Der schwindelerregende Rausch, wenn warmes, rotes Blut über seine Hände strömte.

Aber auf jedes Hoch folgte ein Tief. Das war nun einmal die zweite Hälfte der Gleichung. Ein Absturz, dass einem die Luft wegblieb. Der Augenblick, in dem der Körper Endorphine und Adrenalin restlos abgebaut hatte, sodass man völlig ausgelaugt zurückblieb. Er hätte sich auf den harten Boden legen und tagelang durchschlafen können.

Aber leider gab es viel zu tun.

Zuerst war ein Abstecher in einen kleinen Lebensmittelladen an der Reihe, um Welpenfutter für Trickster zu kaufen. Er selbst gönnte sich eine interessante neumodische Energiebrause namens Red Bull. Wenn man der Aufschrift auf der Dose glauben konnte, verlieh Red Bull Flügel. Und angesichts der Aufgaben, die noch vor Mr Bosu lagen, konnte das nicht schaden.

Als er aus dem Laden kam, klopfte er auf den Kofferraum von Robinsons Auto. »Auf Ihr ganz Spezielles«, verkündete er und hob die Dose, um ihr spöttisch zuzuprosten. »Danke, dass Sie die Gehaltserhöhung herausgehandelt haben, und nehmen Sie es nicht persönlich. Geschäft ist Geschäft.«

Da Robinson tot war, erfolgte keine Antwort. Doch Mr Bosu wusste ihren Beitrag dennoch zu schätzen, denn er hatte ihr immerhin einen besseren fahrbaren Untersatz, einige sehr spannende Dokumente und eine wundervolle Finanzspritze zu verdanken.

Er rutschte auf den Fahrersitz und leerte seine Getränkedose.

»Hallo, Trickster«, sagte Mr Bosu. »Jetzt wird es allmählich interessant ...«

Verglichen mit Dr. Rocco war Dr. Iofino ein wenig gewöhnungsbedürftig. Mit seiner überdimensionalen Brille und der Hakennase erinnerte er Bobby an Bilder von Ichabod Crane, den hageren Dorfschullehrer aus Sleepy Hollow, und andere geheimnisvolle Geschichten von Washington Irving, allerdings nicht in der Version mit Johnny Depp, sondern eher in der klassischen.

Der Arzt bat Bobby und Catherine in ein prachtvoll ausgestattenes Büro, das über einen massiven Kirschholztisch und zwei riesige Fenster mit Blick auf die Innenstadt von Boston verfügte. Offenbar konnte man mit Genetik gutes Geld verdienen. Außerdem schien Dr. Iorfino ein Ordnungsfanatiker zu sein. Anders als in Dr. Roccos Büro lagen nirgendwo Papiere herum. Auf dem Schreibtisch waren lediglich ein Flachbildschirm und ein einziger Aktendeckel zu sehen.

Dr. Iorfino nahm in dem schwarzen Ledersessel hinter dem Schreibtisch Platz und wies dann auf die beiden freien Stühle gegenüber.

»Catherine Gagnon«, stellte Catherine sich vor und hielt ihm die Hand hin.

»Ach, ja.« Nach kurzem Zögern erwiderte der Arzt den Händedruck und sah dann Bobby neugierig an.
»Bobby Dodge«, verkündete dieser. »Ein Freund der Familie.«
»Interessant«, murmelte der Arzt.
Bobby zuckte die Achseln. Er fand es nicht unbedingt interessant, ein Freund der Familie zu sein, aber der Arzt schlug bereits den Aktendeckel auf.
»Ich freue mich, dass Sie Zeit für dieses Treffen hatten«, begann er. »Denn ich hielt es für wichtig, dass ich Ihnen meinen Befund mitteile, bevor ich Nathan kennenlerne.«
»Befund?« Catherine wirkte verdattert. »Wie kann es einen Befund geben? Sie haben Nathan doch noch gar nicht untersucht.«
Dr. Iorfino blinzelte wie eine Eule. »Hat Dr. Rocco es Ihnen nicht gesagt?«
»Was soll er mir denn gesagt haben?«
»Als er sich wegen Nathan an mich wandte, hat er mir die gesamte Krankengeschichte des Jungen sowie Blut- und Urinproben zugeschickt. Und so konnte ich schon einmal anfangen, unsere Theorie zu überprüfen.«
»Theorie? Welche Theorie?« Inzwischen klang Catherine regelrecht panisch.
Bobby beugte sich vor. »Mrs Gagnon hat in den vergangenen Tagen viel durchgemacht, Doktor. Vielleicht sollten Sie ganz am Anfang beginnen.«
»Ja, gut, das ist vermutlich das Beste. Eine schreckliche Sache, das mit Dr. Rocco. Oh, ja, und dann auch noch Mrs Gagnons eigener Mann. Sie haben Recht.« Dr. Iorfino blätterte einige Papiere in der Mappe durch und räusperte sich. »Vor einigen Monaten hat Dr. Rocco sich wegen Nathan mit mir in Verbindung gesetzt. Hat er das Ihnen gegenüber nicht erwähnt, Mrs Gagnon?«
»Nein.«

»Oh, ich verstehe. Tja, in Anbetracht von Nathans Symptomen – Fieber, Erbrechen, Wachstumsverzögerung, zurückgebliebene motorische Entwicklung und nun die offensichtliche hepatische Glykogenose, die Galaktoseintoleranz und eine nicht auf Medikamente ansprechende Hypophosphatemie – ging er zunehmend von einem bestimmten Syndrom aus. Also bat er mich, bei Nathan eine gründliche Chromosomenanalyse durchzuführen.«
»Glykogenose?«, wiederholte Catherine stockend. »Galaktoseintoleranz? Ich habe keine Ahnung, was das sein soll.«
»Dr. Rocco hat Nathan auf Lebensmittelallergien behandelt, richtig? Er hat Sie gebeten, Milchprodukte durch Soja zu ersetzen, und ansonsten eine Diät, bestehend aus kleinen Mahlzeiten mit niedrigem Zucker- und Kohlenhydratgehalt, verordnet, wie in einem Fall von Diabetes mellitus?«
»Er dachte, Nathan könnte allergisch gegen Milch sein. Außerdem ist sein Blutzuckerspiegel zu hoch, weshalb er eine Diät mit viel Proteinen und wenig Kohlenhydraten halten muss.«
»Richtig, darauf weisen die Aufzeichnungen hin. Doch wie Sie selbst feststellen konnten, hat sich Nathan auch nach einem Jahr mit dieser Diät nicht besser entwickelt. Die Tests zeigen, dass sein Blutzuckerspiegel steigt, was zu einer Ansammlung von Glykogen in Leber, Bauchspeicheldrüse und Nieren führt ...«
»Sein Zustand bessert sich nicht«, stimmte Catherine zu.
»Mrs Gagnon, Nathan leidet nicht an einer Lebensmittelallergie, sondern an einer Mutation des GLUT2-Gens. Genauer gesagt handelt es sich um eine seltene, aber gut erforschte Erkrankung namens Fanconi-Bickel-Syndrom.«
Catherine schnappte nach Luft. »Sie wissen, was ihm fehlt? Sie wissen, was mein Sohn hat?«

»Ja. Aufgrund eines genetischen Defekts ist der Stoffwechsel Ihres Sohnes nicht zur korrekten Verarbeitung von Glukose und Galaktose ...«
»Galaktose?«
»Milchzucker. Deshalb war es eindeutig richtig, Nathan keine Milchprodukte mehr zu geben. Allerdings bleibt die Tatsache bestehen, dass sich in seinen Nieren zu viel Zucker ansammelt, was zu einer Reihe von Problemen führen kann. Einschließlich einer Nierenerkrankung, wenn wir nicht bald mit der richtigen Behandlung beginnen.«
»Es gibt eine richtige Behandlung? Man kann etwas gegen dieses Fanconi-Bickel-Ding tun?« Catherines Augen leuchteten fast fiebrig.
»Fanconi-Bickel ist unheilbar, Mrs Gagnon«, erwiderte Dr. Iorfino geduldig. »Aber da nun eine Diagnose vorliegt, können wir mit einer geeigneten Diät beginnen, die einen Großteil von Nathans Beschwerden lindern wird. Und wenn man die Erkrankung richtig behandelt, kann Ihr Sohn ein mehr oder weniger normales Leben führen.«
»O mein Gott«, stieß Catherine hervor. »O mein Gott.« Sie schlug die Hand vor den Mund und betrachtete den Arzt mit wildem Blick. Dann starrte sie Bobby an und brach schließlich in Tränen aus. »Er wird gesund. Endlich, endlich, nach all den Jahren ... Danke«, schluchzte sie, an Dr. Iorfino gewandt. »So viele Untersuchungen, Fragen und Zweifel ... Sie können sich ja gar nicht vorstellen, wie schön es ist, endlich Gewissheit zu haben.«
Dr. Iorfino errötete. »Tja, da müssen Sie sich nicht bei mir bedanken. Dr. Rocco hat die Detektivarbeit geleistet. Eine ausgezeichnete Analyse, das muss ich sagen. Fanconi-Bickel kommt ausgesprochen selten vor und tritt hierzulande kaum auf.«

»Ein genetischer Fehler«, murmelte Catherine und wischte sich die tränennassen Augen ab. »Zufall und Pech. Wer wäre auf so etwas gekommen?«
Doch Dr. Iorfino runzelte die Stirn. »Fanconi-Bickel kann man nicht unbedingt als Zufall bezeichnen, Mrs Gagnon. Der Erbschaden wird hauptsächlich bei Männern festgestellt.« Und dann fügte er in sachlichem Ton hinzu: »Und zwar in Familien, in denen es in der Vergangenheit zu Inzest gekommen ist.«

Im ersten Moment saß Catherine stocksteif und wie versteinert da und schien nicht zu wissen, was sie mit dieser Nachricht anfangen sollte. Ganz im Gegensatz zu Bobby, für den sich die Mosaiksteinchen endlich zu einem sinnvollen Bild zusammenfügten.
»Aber Jimmy und ich waren nicht verwandt«, protestierte Catherine. »Meine Familie stammt aus Massachusetts, seine aus Georgia. Wir beide kannten unsere leiblichen Eltern. Unmöglich ...«
»Sie müssen nicht bei sich suchen«, sagte Bobby.
Immer noch verdattert, sah Catherine ihn an. »Bei wem sonst?«
»Den Gagnons. Dem Richter und seiner Frau. Aus diesem Grund haben sie Georgia verlassen. Deshalb existiert Maryanne nicht. Denn sie musste sich natürlich einen neuen Namen zulegen. Und darum gibt es vermutlich keine Heiratsurkunde. Sie hätten den Bluttest nicht bestanden.«
Er wandte sich an Dr. Iorfino. »Können genetische Fehler eine Generation überspringen?«
»Aber natürlich.«
»Und können zwei verwandte Partner auch gesunden Nachwuchs bekommen? Oder muss der Defekt zwangsläufig bei allen Kindern auftreten?«
»Nein, es ist durchaus möglich, dass der Nachwuchs

gesund ist. Denken Sie nur an die königlichen Familien im Europa vergangener Jahrhunderte. Viele ihrer Mitglieder haben Cousins ersten Grades geheiratet und hatten dennoch verhältnismäßig gesunde Kinder. Allerdings schwächt Inzucht den Genpool. Früher oder später ...«

»Also wurden James und Maryanne ein Paar. Nehmen wir mal an, dass sie Cousins ersten Grades sind.« Stirnrunzelnd sah Bobby Catherine an.

»Laut Harris ist Maryannes Familie kurz vor der Hochzeit ums Leben gekommen. Was ist mit James' Familie? Haben Sie die Gagnons je von anderen Verwandten sprechen hören? Großeltern, Tanten, Onkeln, irgendjemandem?«

»Nein, Jimmy sagte, seine Eltern kämen aus kleinen Familien, von denen niemand mehr am Leben sei. Mehr weiß ich nicht.«

»Also lernen James und Maryanne sich kennen. Vermutlich war ihre Familie nicht unbedingt begeistert davon, aber dann starb sie. Ganz plötzlich und unerwartet. Ein tragischer Unfall. Problem gelöst. James und Maryanne zogen hierher und fingen von vorne an, und zwar mit einem neuen Namen für Maryanne und einer neuen Vergangenheit für sie beide. Sie hatten einen Sohn.«

»Jimmys älteren Bruder«, flüsterte Catherine. »Der, der als Kleinkind gestorben ist.«

»Vielleicht ist Nathan ja nicht der erste männliche Abkömmling der Gagnons, der an Fanconi-Bickel erkrankt ist. Harris meinte, James Junior sei ein schwächliches Baby gewesen.«

»Fanconi-Bickel tritt in ganz verschiedenen Schweregraden auf«, erklärte Dr. Iorfino. »In sehr schweren Fällen ...«

»Aber bei Jimmy wies nichts auf eine ... Störung hin«, widersprach Catherine.

»Inzucht ist keine Garantie dafür, dass es bei jedem einzelnen Nachkommen tatsächlich zu einer genetischen Katastrophe kommen muss, Mrs Gagnon. Sie wird dadurch nur wahrscheinlicher.«

»Eine tickende Zeitbombe«, fügte Bobby leise hinzu.

»O mein Gott, der arme Nathan ...« Und im nächsten Moment sah Bobby ihr an, dass sie zu derselben Schlussfolgerung gelangt war wie er, denn ihre Augen weiteten sich plötzlich vor Entsetzen. Sie drehte sich zu ihm um. »Aber wenn Nathan an diesem Syndrom leidet ... wenn andere herausfinden, dass Nathan daran erkrankt ist, dann ...«

Bobby nickte mit finsterer Miene.

»Genau. Und deshalb ist der Richter auch so scharf auf das Sorgerecht. Wer Nathan in seiner Gewalt hat, besitzt den Schlüssel zum dunkelsten Geheimnis der Gagnons. Und dafür lohnt es sich, einen Mord zu begehen.«

35

Als sie Dr. Iorfinos Büro verließen, läutete Bobbys Mobiltelefon. Er verzog das Gesicht, aber Catherine schob ihn in eine Ecke der Vorhalle.

»Ich muss ohnehin meinen Vater anrufen«, sagte sie. »Und ihm sagen, dass wir fertig sind und dass er Nathan vorbeibringen kann.«

Bobby nickte, entfernte sich ein paar Schritte von Catherine und klappte sein Telefon auf. D.D. war am Apparat, und ihre Stimme klang ziemlich merkwürdig.

»Wo steckst du? Ich versuche schon den ganzen Vormittag, dich zu erreichen.«

»Ich hatte zu tun. Was gibt's?«

»Bist du mit ihr zusammen?«, erkundigte sich D.D.

Bobby brauchte nicht nachzufragen, wen D.D. meinte, denn er erkannte es an ihrem Tonfall.

»D.D., was willst du?«

»Wo bist du?«

»Wenn du meine Frage beantwortest, beantworte ich deine.«

Schweigen entstand, und Bobby versuchte stirnrunzelnd, es zu deuten. Allerdings kam er damit nicht weit.

»Inzwischen liegen die Ergebnisse der ballistischen Untersuchung von Jimmy Gagnons Waffe vor«, sagte D.D. »Die Neun-Millimeter war vollständig geladen. Kein einziges Geschoss fehlte aus dem Magazin. Keine Schmauchspuren am Griff. Überhaupt nichts. Diese Pistole wurde niemals abgefeuert.«

»Aber ich dachte ...« Bobby hielt inne. Er verstand die Welt nicht mehr. Außerdem ahnte er, dass da etwas im

Argen lag, konnte jedoch nicht feststellen, worum es ging.
»... in dem Bericht hätte gestanden, es seien Schüsse gemeldet worden«, beendete D.D. den Satz für ihn.
»Genau.«
»Eine interessante neue Entwicklung. Als wir gestern Nacht im Haus der Gagnons die Leiche des Kindermädchens von dem Balken nahmen, ist einer der Spurensicherungsexperten an die Kommode gestoßen. Drei Mal darfst du raten, was wir, unter die Abdeckplatte festgeklebt, in einer Schublade gefunden haben und was durch die Erschütterung heruntergefallen ist.«
Nun ging Bobby endlich ein Licht auf. Er schloss die Augen und kehrte Catherine den Rücken zu, weil er es nicht über sich brachte, sie anzusehen, während er sich diese Neuigkeiten anhörte. »Eine zweite Pistole.«
»Ebenfalls neun Millimeter. Vor kurzem abgefeuert. Zwei Patronen fehlten aus dem Magazin.«
»Fingerabdrücke?«
»Von ihr, Bobby. Ihre Pistole, auf ihren Namen registriert und geladen mit Patronen, die sie laut Waffenhändler selbst gekauft hatte. Jimmy Gagnon hat Donnerstagnacht keinen einzigen Schuss abgegeben. Sie war es.«
Bobby hatte Mühe, die Nachricht zu verdauen. Dann versuchte er, sich einzureden, dass es keine Rolle spielte. Jimmy hatte sie misshandelt, und sie hatte sich wehren müssen. Vielleicht hatte Jimmy sie ja auch geschlagen, und sie hatte ihren Sohn schützen wollen. Er wusste es nicht. Doch so sehr er den Gedanken auch aus den verschiedensten Winkeln beleuchtete, das kalte und leere Gefühl blieb.
»Hast du ihr erklärt, wie man das macht, Bobby?«, fragte D.D. nun. »Ist es so gelaufen? Du hast sie auf einer Cock-

tailparty kennengelernt und beschlossen, deine aktuelle Blondine gegen ein exotischeres Modell auszutauschen. Catherine ist ein großer Schritt nach oben, das muss ich dir lassen. Hat sie dir Geld versprochen, oder hast du es aus reiner Liebe getan?«

»So war es nicht.«

»Nein? Ging es also nur um Sex? Sie hat deinen Körper benutzt, und du hast im Bett den Mund nicht halten können?«

»D.D., ich habe Catherine bei dieser Party nur für wenige Minuten gesehen und bin ihr bis Donnerstagnacht nie wieder begegnet.«

»Catherine hat dich reingelegt, Bobby. Sie hat die Pistole abgefeuert und alles inszeniert. Wenn wir einen Tonbandmitschnitt hätten, würde die Aufnahme vermutlich von Beschimpfungen strotzen, die sie Jimmy entgegengeschleudert hat, um ihn so richtig in Rage zu bringen, damit er weiter mit der Pistole herumfuchtelt. Danach war es nur noch eine Frage der Zeit.«

Bobby hatte keine Lust mehr, zu protestieren. Er kniff die Augen zu, doch auch das konnte nicht verhindern, dass ihm noch immer ein Bild vor Augen stand, das er nicht sehen wollte. Jimmy Gagnons Kopf in seinem Fadenkreuz und sein Finger, der den Abzug betätigte.

»Ich kapiere es einfach nicht, Bobby«, meinte D.D. leise. »Vielleicht hat sie es ja geschafft, dich zu überreden, Jimmy umzulegen. Womöglich hast du es für deine Pflicht gehalten. Aber was zum Teufel hat sie zu dir gesagt, damit du dich an Copley schadlos hältst. Mein Gott, Bobby, er war einer von uns!«

»Was?«

»Wir beide wissen, dass er dir auf die Schliche gekommen war. Es war nur noch eine Frage der Zeit. Doch du hättest dich in einem geringeren Anklagepunkt für schuldig bekennen können, Bobby. Schließlich bist du

Polizist mit einer makellosen Personalakte. Gut, du hast einen Fehler gemacht. Aber das war noch nicht das Ende. Du hättest doch nicht ... Mein Gott, Bobby, ein Messer? So etwas hätte ich dir nie zugetraut.«

»D.D., ich habe keine Ahnung, wovon du redest. Ehrlich nicht, ich ...«

»Ich frage dich ein letztes Mal, Bobby: Wo bist du?«

Doch Bobby hielt es für ratsamer, nicht darauf zu antworten. Offenbar war Copley etwas zugestoßen. Ein Messer. Wahrscheinlich Umbrio. Nur dass alle ihn, Bobby, für den Täter hielten. Und wenn sogar seine Kollegen ihn verdächtigten ...

Einem erfahrenen Scharfschützen der Polizei legte man keine Handschellen an. Mein Gott, war denn die ganze Welt verrückt geworden? »D.D.«, sagte er mit drängender Stimme. »Hör mich an. Am Samstagmorgen wurde ein Mann aus dem Gefängnis entlassen. Sein Name ist Richard Umbrio. Überprüfe ihn. Du wirst feststellen, dass er es war, der vor fünfundzwanzig Jahren Catherine Gagnon entführt und vergewaltigt hat. Außerdem wirst du sehen, dass seine Begnadigung noch gar nicht anstand. Richter Gagnon hat das in die Wege geleitet und alles arrangiert. Er benutzt Umbrio, um die Menschen zu töten, die ihr nahe stehen.«

»Copley stand ihr nicht nahe.«

»Ich weiß nicht, warum er Copley getötet hat! Ehrenwort ... Du hast doch gerade von einem Messer gesprochen. Umbrio hat auch Rocco mit einem Messer ermordet. Er ist derjenige, der Tony Rocco und Prudence Walker auf dem Gewissen hat.«

»Copley war nicht sofort tot, Bobby. In seiner Collegezeit hat er geboxt. Kam seine Gegenwehr überraschend für dich, Bobby? Hast du damit gerechnet, dass es so ein Gemetzel werden würde? Tja, aber er hat trotzdem zuletzt gelacht. Denn während er in der Badewanne verblutet ist, hat er uns noch einen Hinweis hinterlassen können. Er hat deinen Namen geschrieben, Bobby, mit seinem eigenen Blut.«

Mist, dachte Bobby.

»Colleen Robinson«, sagte er rasch, in dem Versuch, so viele Informationen wie möglich loszuwerden. »Sie ist die Vermittlerin, die von Richter Gagnon damit beauftragt wurde, Richard Umbrio anzuheuern. Verschaff dir Einblick in die Kontendaten des Richters, und such nach dem Namen Robinson. Du wirst feststellen, dass ich Recht habe. Der Richter war es, D.D. Er versucht verzweifelt zu vertuschen, dass er und Maryanne Inzest begangen haben. Sprich mit Dr. Iorfino, er wird dir alles erklären.«

»Stell dich, Bobby.«

»Ich kann nicht.«

»Zum letzten Mal ...«

»Wenn ich hinter Gittern sitze«, erwiderte Bobby nur, »gibt es niemanden mehr, der Catherine beschützt.«

»Verdammt, Bobby ...«

Er klappte das Telefon zu und drehte sich um. Dann durchquerte er, angetrieben von Wut und Trauer, den Raum. Catherine war noch am Telefon. Ihr Gesicht war bleich, und sie hatte die Augen weit aufgerissen.

Bobby packte sie an den Schultern und schüttelte sie heftig, ohne zu bemerken, was er da eigentlich tat.

»Was zum Teufel haben Sie angerichtet?«

»Bobby ...«

»Haben Sie geglaubt, es ist mir gleichgültig? Dachten Sie wirklich, es würde mich nichts ausmachen, mich als Werkzeug für einen Mord missbrauchen zu lassen?«

»Es ist doch nicht so wichtig.«

»Verdammt noch mal! Sie haben mich benutzt und angelogen und mich dazu gebracht, einen anderen Menschen zu töten.«

»Ich hatte keine andere Wahl! Bobby, bitte hören Sie mir zu ...«
»Halten Sie den Mund!«, brüllte er.
Und da schlug sie ihn. Mitten ins Gesicht. Mit aller Kraft. Ihm klingelten die Ohren. Er blinzelte. Ein Schreck durchfuhr ihn, und er stellte fest, dass er unwillkürlich mit dem Arm ausholte. Vor seinem geistigen Auge sah er, wie sein Arm nach vorne schoss und den Schlag erwiderte.
Durch den Aufprall würde sie zu Boden stürzen.
Und er ... was dann? Sollte er sich etwa vor ihr aufbauen und sich in seiner körperlichen Überlegenheit sonnen? Zusehen, wie sie sich klein machte, so wie sich seine Mutter damals ganz allein auf dem Küchenfußboden zusammengekauert hatte?
Sein Arm senkte sich. Das Dröhnen in seinem Schädel ließ nach. Er kam wieder zu sich und stellte fest, dass seine andere Hand noch immer Catherines Schulter umklammerte und dass seine Finger gnadenlos zudrückten, während ihr die Tränen übers Gesicht strömten.
So ruckartig ließ er los, dass sie ins Taumeln geriet. Doch sie fing sich wieder.
»Er wollte mir Nathan wegnehmen«, sagte sie. »Er wollte gehen und mir nichts lassen, einfach nur um seine Macht zu demonstrieren. Sie wissen nicht, wie das ist, Bobby, gar nichts zu haben. Sie haben ja keine Ahnung, wie das ist, wenn einem gar nichts mehr bleibt.«
»Sie hatten kein Recht ...«
»Wenn er mich nicht wirklich gehasst hätte, hätte es nie geklappt. Das ist nämlich der springende Punkt, wenn man andere Menschen zu etwas bringen will, ohne dass sie es merken. Jemanden zu etwas zu verleiten, das ihm eigentlich widerstrebt, ist unmöglich. Niemand tut etwas, das er nicht bereits im Herzen trägt.«
»Woher wollen Sie das wissen?«

»Ich habe sein Gesicht gesehen. Als ich in Jimmys Augen geschaut habe, wurde mir schlagartig klar, dass er mich töten wird.«
»Lügnerin.«
»Bobby, ich habe mich nicht bei Ihnen bedankt, weil Sie ihn erschossen haben«, gab Catherine mit gerade zu unheimlich ruhiger Stimme zurück. »Sie haben mir das Leben gerettet.«
Vor Trauer hatte er nicht mehr die Kraft, zu sprechen. Er hatte überhaupt keine Kraft mehr.
»Bobby.« Sie hob die Hand und streichelte schüchtern seinen Arm. Er zuckte unter der Berührung zusammen. »Ich brauche Sie. Sie müssen mir helfen.«
Er lachte höhnisch auf. »Was, haben Sie sich etwa schon wieder jemanden ausgeguckt, den ich umlegen soll?«
»Als ich gerade meinen Vater angerufen habe, ist er nicht ans Telefon gegangen, Bobby.«
»Na und?«
»Richard Umbrio war am Apparat.«

36

Für Mr Bosu bedeutete es kein Problem, das Viertel zu finden. Schließlich war es seine erste Forderung an Robinson gewesen, dass er zuerst alles über Catherine erfahren wollte: ihr Zuhause, ihre Familie, ihren Mann, ihren Sohn. Mr Bosu hatte eine Liste ihrer sämtlichen früheren Arbeitsstellen, Fotos, die Daten von ihrem Führerschein und sogar banale Einzelheiten wie ihre Einkaufsgewohnheiten und die Namen ihrer Lieblingsrestaurants verlangt. Einige dieser Informationen waren recht langweilig gewesen, aber die meisten hatten ihn gefesselt.

Dass ihre Eltern nie umgezogen waren, hatte ihn besonders fasziniert – und zwar hauptsächlich deshalb, weil er jeden Penny seines zukünftigen Honorars darauf verwettet hätte, dass auch seine Eltern noch in demselben alten Haus auf demselben alten Sofa saßen und in dasselbe alte Wohnzimmer von damals starrten. Er und Catherine waren aus dem gleichen Holz geschnitzt. Das hatte er am Anfang, als er sie, begleitet von einem erstickten Schrei und herumfliegenden Schulbüchern, zufällig auf der Straße aufgelesen hatte, nicht erwartet. Erst im Laufe der Tage, während er sie immer weiterleben ließ, war es ihm allmählich klar geworden. Sie war der einzige Mensch auf der Welt, der seine Bedürfnisse wirklich erfüllte, der einzige, der ihn bis ins Innerste kannte.

Der Tag, an dem er sie bei seinem Eintreffen nicht mehr vorgefunden hatte, war der schlimmste in seinem Leben gewesen.

Aber das spielte jetzt keine Rolle mehr. Bald würde er diesen Fehler aus der Welt geschafft haben.
Pfeifend bog Mr Bosu in die Auffahrt ein. Als er seinem Wagen entstieg, pfiff er immer noch.
»Sitz«, sagte er zu Trickster. »Diesmal wird es ein Soloflug.«
Er stieg die Treppe hinauf und klopfte an die Tür.
Von innen hörte er eine argwöhnische und ängstliche Stimme: »Wer ist da?«
Mr Bosu schmunzelte, klappte den Ausweis auf, den er Colleen abgenommen hatte, und schwenkte ihn kurz vor dem Spion. Nur lange genug, um den Eindruck zu erwecken, dass es sich um einen offiziellen Dienstausweis handelte, ohne dabei einen Blick auf das Foto zu gestatten.
»Detective Bosu«, verkündete er. »Ich fürchte, ich habe schlechte Nachrichten, was einen alten Fall angeht, Mr Miller. Wir sollten sofort miteinander reden.«
»Meinen Sie Richard Umbrio?«, erkundigte sich Frank Miller.
»Ja, Sir.«
Catherines Vater öffnete die Tür. Und Mr Bosu spazierte in aller Seelenruhe ins Haus.

Wie sich herausstellte, war Frank Miller nicht auf den Kopf gefallen. Mr Bosu war nicht sicher, womit er gerechnet hatte. Vielleicht mit einem kleineren, gebeugteren Mann, niedergedrückt von dem schweren Schicksalsschlag, den seine Familie hatte einstecken müssen. Mit jemandem, der seinem eigenen Vater ähnlich war.
Doch Frank Miller war hoch gewachsen und gut in Form und hatte eine aufrechte Haltung. Offenbar war er sportlich für sein Alter und stolz darauf, allein zurechtzukommen.
Er warf einen Blick auf Mr Bosus hünenhaften Körper-

bau und das älter und runder gewordene Gesicht und stutzte prompt.
»Kenne ich Sie nicht ... ?«, begann er. Dann kehrte die Erinnerung zurück, und die Augen des alten Mannes weiteten sich. Viel schneller, als Mr Bosu erwartet hätte, holte Frank Miller mit dem rechten Arm aus und versetzte seinem Besucher einen Schlag aufs Auge.
»Mist!«, stöhnte Mr Bosu auf, taumelte zurück und hielt sich, ein wenig verspätet, die Hand vors Gesicht. Der alte Mann verlor keine Zeit, zielte nun auf Mr Bosus Nieren und verpasste ihm ein paar kräftige Hiebe, wegen der er später sicher noch Blut spucken würde.
Dann kam der nächste rechte Haken. Genug war genug. Mr Bosu erhob eine fleischige Hand und fing Millers Schlag mit der Handfläche ab. Dann umfasste er die Hand des alten Mannes und drückte sie kräftig nach unten.
Miller erbleichte, und zum ersten Mal malte sich Angst in seinen Augen.
»Sag mir, wo der Junge ist.«
Miller schwieg.
»Ich weiß, dass du ihn hast. Sonst konnte sie nirgendwo hin. Natürlich hat sie ihn zu dir gebracht.« Nun zwang Mr Bosu Millers Hand nach hinten und bog ihm das Handgelenk durch, bis die Fingerknöchel des Mannes beinahe den Unterarm berührten. Millers Augen traten vor Schmerz hervor.
»Du kannst es mir jetzt oder später erzählen. Aber ich werde die Information aus dir herausholen. Die einzige Frage ist, wie sehr du dabei leiden wirst.«
»Verpiss dich«, stieß Miller hervor und versetzte Mr Bosu einen unerwarteten Tritt gegen die Kniescheibe. Mr Bosu ging zu Boden. Und als er vor Schreck die Hand des alten Mannes losließ, flüchtete Miller prompt in Richtung Küche.

Mr Bosu seufzte auf. Offenbar führte kein Weg daran vorbei. Er zückte sein Messer.

Mr Bosu betrat die Küche, als Miller gerade die Besenkammer erreicht hatte. Einen Sekundenbruchteil später blickte Mr Bosu in die Mündung eines Schrotgewehrs. Er verlor keine Zeit, machte einen Satz vorwärts, griff nach dem Lauf des Gewehrs und riss ihn nach oben, während Miller versuchte, den Abzug zu betätigen. Das Gewehr ging nicht los, was Mr Bosu nicht weiter verwunderte. Nur wenige Leute ließen geladene Schrotgewehre offen herumliegen.

Dass Miller zur Waffe gegriffen hatte, verriet Mr Bosu allerdings noch etwas. Die Besenkammer befand sich nur wenige Zentimeter neben der Hintertür, weshalb Miller doch sicher genug Zeit gehabt hätte, nach draußen zu laufen und sich in Sicherheit zu bringen. Aber stattdessen hatte er beschlossen, Widerstand zu leisten.

Also war der Junge irgendwo im Haus. Deshalb war Miller nicht geflohen. Er brachte es nicht über sich, seinen Enkel im Stich zu lassen.

Wie edel von ihm, dachte Mr Bosu beiläufig, während er die gezackte Klinge in die weiche Stelle unterhalb der Rippen des Mannes rammte. Miller stieß ein seltsames schmatzendes Geräusch aus. Kein Stöhnen. Eher ein Seufzer. Offenbar wusste der Mann, was ihn erwartete.

»Das mit Ihrer Frau tut mir leid«, sagte Mr Bosu. »Sonst hätte ich sie mir als Nächstes vorgeknöpft.«

Er zog das Messer erst quer und dann nach oben. Es war doch nicht so schwierig gewesen. Der alte Mann sackte zusammen und war im nächsten Moment nur noch eine schlaffe menschliche Hülle auf dem Küchenboden. Diesmal war Mr Bosu vorsichtig genug, rechtzeitig zurückzutreten. Er hatte keine Lust, sich noch ein zweites Paar Schuhe zu ruinieren.

In der Küchenspüle wusch er sich die Hände und verzog beim Anblick seiner blutbefleckten Hemdsärmel und der frischen Spritzer auf seiner Hose das Gesicht. Er sah einfach zum Fürchten aus. Bevor er das Messer wieder in das Halfter an seiner Wade steckte, reinigte er es unter fließendem Wasser. Dann machte er sich daran, das Haus zu durchsuchen.

Er fand den Jungen oben in einem Zimmer mit einer ausgeblichenen rosa- und lilafarbenen Blümchentapete. »Mommy?«, rief der Junge voller Hoffnung, als Mr Bosu die Tür öffnete.

Mr Bosu schmunzelte. Zum ersten Mal hatte er den Jungen in jener Nacht im Krankenhaus gesehen, als er den Arzt umgelegt hatte. Damals hatte der Junge ihn Daddy genannt. Schön zu wissen, dass ihn jemand so liebte.

Als er ins Zimmer trat, setzte sich der Junge im Bett auf, und die beiden musterten sich ernst. Der Junge war klein, blass und kränklich, Mr Bosu hünenhaft, muskelbepackt und voller Blut.

»Also«, sagte Mr Bosu. »Hast du Lust, dir einen Welpen anzuschauen?«

Der Junge streckte die Hand aus.

Sie verließen gerade das Haus, als das Telefon läutete. Mr Bosu brauchte kein Hellseher zu sein, um zu wissen, wer am Apparat war. Er hob ab.

»Dad«, begann Catherine.

»Catherine«, erwiderte Mr Bosu.

»O mein Gott.«

»Hallo, Cat, ich soll dir Grüße von deinem Sohn ausrichten.«

37

Wir brauchen eine Waffe«, sagte Bobby.

Catherine antwortete nicht. Sie stand offenbar unter Schock und starrte ins Leere, als sie ihm mit schlurfenden Schritten die Treppe hinunter folgte. Bobby hatte sich bewusst entschieden, auf den Fahrstuhl zu verzichten. Im Krankenhaus gab es einen Sicherheitsdienst. Suchten die Wachmänner bereits nach ihm, oder lauerten sie ihm in der Vorhalle auf?

Er erinnerte sich an seine Worte zu Dr. Lane vor nur wenigen Stunden: »Wenn man an Verfolgungswahn leidet, bedeutet das noch lange nicht, dass wirklich niemand hinter einem her ist.«

»Sie haben Jimmys Waffen mitgenommen«, stieß Catherine plötzlich atemlos hervor, während Bobby sie die Treppe hinunterscheuchte. »Er hat sie in einem Safe aufbewahrt. Ein Polizist hat sie alle sichergestellt.«

Bis auf die, die du in der Kommode versteckt hast, fügte Bobby in Gedanken hinzu, doch jetzt war nicht der richtige Zeitpunkt, dieses Thema zu erörtern.

»Ich habe drei Pistolen und ein Gewehr zu Hause, aber ich bin ziemlich sicher, dass die Polizei bereits vor meiner Tür auf mich wartet.« Stirnrunzelnd polterte er die nächste lange Treppe hinunter und hatte im nächsten Moment einen Einfall. »Mein Vater. Pop. Vielleicht haben sie ihn noch nicht erreicht.«

Da man im Treppenhaus keinen Empfang hatte, musste Bobby mit dem Telefonieren warten, bis sie in der Vorhalle waren. Er entdeckte zwei Sicherheitsleute am Haupteingang. Sie schienen zwar nach niemand Be-

stimmtem Ausschau zu halten, aber Bobby wollte lieber kein Risiko eingehen. Er packte Catherine am Arm und zog sie zu einem Seitengang. Durch eine kleinere Tür traten sie hinaus auf eine belebte Nebenstraße. Optimal.
»Besorgen Sie uns ein Taxi«, befahl er.
»Ich habe ein Auto ...«
»Und die Polizei kennt Ihre Zulassungsnummer.«
Während Catherine sich daranmachte, ein Taxi anzuhalten, klappte Bobby das Mobiltelefon auf und drückte die Schnellwahltaste. Pop hob beim zweiten Läuten ab.
»Pop, du musst mir einen Gefallen tun.«
»Bobby? Vorhin waren zwei Kerle hier. Sie haben sich umgeschaut, Fragen gestellt und viele hässliche Andeutungen gemacht.«
»Entschuldige, Pop, aber ich kann jetzt nicht reden und dir nichts erklären. Aber ich brauche eine Waffe und habe keine Zeit, zu dir zu fahren.«
»Was für eine möchtest du denn?«, erkundigte sich sein Vater.
»Eine Pistole. Nichts Ausgefallenes, aber genug Munition. Wirst du beobachtet?«
»Meinst du die beiden Anzugträger auf der anderen Straßenseite?«
»Mist.«
»Sie behaupten, du steckst bis über beide Ohren in der Scheiße.«
»Ich schwimme noch.«
»Ich habe es in den Nachrichten gesehen ... dein Foto wird gezeigt, Bobby, und es heißt, du sollst im Zusammenhang mit der Ermordung eines Staatsanwalts vernommen werden.«
»Ich war es nicht.«
»Das habe ich auch nie gedacht.«
»Vertraust du mir, Pop?«
»Ich habe keinen Moment an dir gezweifelt.«

»Ich liebe dich, Dad.« Und diese Bemerkung machte ihnen beiden vermutlich die größte Angst.
»Wo?«, wollte sein Vater leise wissen. Bobby schlug Castle Island vor. Eine halbe Stunde später trafen sie sich dort mit seinem Vater.

Auch Mr Bosu telefonierte. Er lenkte seinen Wagen durch das Seitenstraßengewirr im Stadtzentrum von Boston und hatte sich ein wenig verfahren, auch wenn er sich deshalb noch keine großen Sorgen machte. Der Junge saß still auf dem Beifahrersitz. Er war ein braver Junge, ruhig und gehorsam. Mr Bosu fand, dass er seiner Mutter sehr ähnlich war.
Trickster lag auf dem Schoß des Jungen. Nathan streichelte Tricksters Ohren, während Trickster an Nathans Hand leckte. Mr Bosu lächelte den beiden nachsichtig zu, als sein Gesprächspartner endlich den Hörer abnahm.
»Guten Tag«, sagte er mit lauter Stimme in Robinsons Mobiltelefon.
»Wer ist da?«, fragte der Mann.
»Mr Bosu natürlich. Wie ich annehme, spreche ich mit Richter Gagnon?«
Der gute Richter, alias Wohltäter X, war offensichtlich verdattert. »Wer ... was ....«
»Oder soll ich mich lieber Richard Umbrio nennen? Auch wenn ich das an einem nicht abhörsicheren Telefon nicht sehr ratsam finde. Doch eigentlich ist mir das egal. Der springende Punkt ist, dass Sie mir Geld schulden.«
»Wovon reden Sie?«, gab der Richter zurück.
Mr Bosu warf einen Blick auf den Jungen. Nathan musterte ihn argwöhnisch. Mr Bosu grinste. Eigentlich war das Grinsen freundlich gemeint gewesen, aber vielleicht hatte er zu viel Zeit in der Gesellschaft von Schwerkriminellen verbracht, denn der Junge wandte

rasch den Blick ab und beschäftigte sich eingehend mit dem Hund.
Trickster leckte ihn am Kinn.
»Sie schulden mir zweihundertfünfzigtausend Dollar«, verkündete Mr Bosu in sachlichem Ton.
»Ich höre wohl nicht richtig!«
»Für Ihren Enkel.« Endlich hatte Mr Bosu die gewünschte, von Prachtvillen gesäumte Seitenstraße mitten in Beacon Hill gefunden.
»Wollen Sie mich auf den Arm nehmen ...«
»Nathan, mein lieber Junge, sag hallo zu deinem Großvater.«
»Hallo!«, rief Nathan, als Mr Bosu ihm das Telefon hinhielt.
»Sie Ungeheuer!«, tobte der Richter. »Wo zum Teufel sind Sie?«
»Gleich vor Ihrem Haus«, erwiderte Mr Bosu vergnügt.

Da Bobbys Vater unbedingt mit von der Partie sein wollte, verlor Bobby zehn wertvolle Minuten mit der Erklärung, dass das zu gefährlich sei. Schließlich sei Pop Waffenexperte und kein Scharfschütze, und so weiter und so fort.
Schließlich blieb Bobby nichts anderes übrig, als unhöflich zu werden. Er packte die Waffe und Catherine, sprang hastig auf den Fahrersitz des Autos seines Vaters und fuhr los. Im Rückspiegel sah er bedrückt, wie sein Vater allein und verloren dastand.
Bobbys Hände umklammerten das Lenkrad.
»Wo fangen wir an?«, fragte Catherine.
»Im Haus Ihres Vaters.«
»Glauben Sie ...«
»Bestimmt geht es Nathan gut«, wich er aus.
Sie schenkte ihm ein zittriges Lächeln, doch in ihren Augenwinkeln standen bereits die ersten Tränen.

»Mein Vater und ich haben uns immer nur gestritten«, sagte sie leise. Dann wandte sie den Kopf ab und begann zu weinen.

Von außen schien in Frank Millers Haus alles ruhig zu sein. Die Tür war geschlossen, die Jalousien waren heruntergelassen. Nichts rührte sich. Bobby fuhr einmal vorbei, konnte nirgendwo einen Polizisten entdecken und umrundete einmal den Häuserblock.

Nachdem er an der Ecke gehalten hatte, übergab er Catherine das Steuer. »Wenn Sie ihn sehen«, wies er sie an, wobei klar war, wen er damit meinte, »treten Sie aufs Gas und verschwinden.«

»Und wenn er Nathan in seiner Gewalt hat?«

»Dann geben Sie ebenfalls Gas, und versuchen Sie, Umbrios Kniescheiben zu erwischen. Sobald er zu Boden geht, schnappen Sie sich Ihren Sohn.«

Dieser Vorschlag gefiel ihr offenbar, denn ihre Wangen röteten sich, und ihre Augen begannen zu funkeln. Während sie mit entschlossener Miene das Steuer übernahm, überprüfte Bobby noch einmal die Pistole, die sein Vater ihm gegeben hatte, und machte sich dann auf den Weg.

Die Vordertür war nicht verschlossen. Ein erstes Warnzeichen. Als er ins Wohnzimmer kam, verriet ihm der schwere, rostige Geruch den Rest. Sicherheitshalber suchte er das gesamte Haus ab, fand es aber leer vor. Umbrio war gekommen und gegangen und hatte nichts als eine Leiche zurückgelassen.

Bobby brachte es nicht über sich, einen genaueren Blick auf Catherines Vater zu werfen. Das graue Haar und die verkrümmt auf dem Boden liegende Gestalt erinnerten ihn zu sehr an Pop. Er bemerkte das Gewehr auf dem Boden, hob es auf und entdeckte in der offenen Besenkammer eine Schachtel mit Munition. Der Mann hatte

Widerstand geleistet und versucht, seinen Enkel zu verteidigen.
Das würde er Catherine sagen, damit sie in den kommenden Tagen wenigstens einen Trost hatte.
Das Gewehr in der Hand, trat Bobby wieder aus dem Haus und eilte zurück zum Auto. Dabei spürte er, wie die Zeit ihm im Nacken saß. Umbrio hatte Nathan inzwischen seit einer knappen Stunde in seiner Gewalt. Fast sechzig lange Minuten. Schwer zu sagen, was einem Mann wie ihm in dieser Zeit so alles einfallen konnte.
Allerdings glaubte Bobby nicht, dass Umbrio den Jungen umgebracht hatte – zumindest noch nicht. Wenn das sein Plan gewesen wäre, hätte Bobby Nathans Leiche neben der seines Großvaters gefunden. Nein, was Nathan betraf, hatte Umbrio andere Absichten.
Und dieser Gedanke ließ Bobby bis ins Mark erschaudern.
Auf dem Weg zum Auto wählte er die Nummer der Polizei. »Leichenfund, männlich, eindeutig Mord«, meldete er und ratterte dann die Adresse hinunter. Als die Telefonistin ihn bat zu warten, klappte er das Telefon zu, öffnete die Wagentür und rutschte auf den Beifahrersitz.
Catherine warf einen Blick auf das Gewehr und dann auf sein Gesicht.
Sie erbleichte und musste kurz um Fassung ringen. »Was ist mit Nathan?«
»Keine Spur von ihm. Ich bin sicher, dass ihm noch nichts passiert ist.«
»Gut«, erwiderte sie, aber man merkte ihrer Stimme an, unter welchem Druck sie stand und welche Mühe es sie kostete, sich zu beherrschen. Zittrig schnappte sie nach Luft. »Wohin?«
»Ich denke, es ist an der Zeit, dass wir das Problem an der Wurzel anpacken.«
»Walpole?«
»Nein, Ihr Schwiegervater.«

Mr Bosu war ausgesprochen zufrieden mit sich. Er parkte vor der Prachtvilla der Gagnons – die Adresse hatte er Colleens Unterlagen entnommen – am Randstein und erwartete eigentlich, dass der Richter nun anfangen würde, über Bedingungen zu verhandeln.
Doch stattdessen hörte er nur ein Kichern am Telefon.
»Lassen Sie mich eines klarstellen«, sagte der Richter dann. »Sie verlangen also zweihundertfünfzigtausend Dollar von mir. Und was wollen Sie tun, wenn Sie die nicht kriegen?«
Mr Bosu warf einen Blick auf den Jungen. Seltsamerweise gelang es ihm nicht, die Worte auszusprechen, solange der Kleine neben ihm saß.
»Ich denke, das wissen wir beide«, entgegnete er deshalb gestelzt, spähte mit finsterer Miene aus dem Fenster und betrachtete das Haus. Es wirkte verlassen. Unbewohnt. Bei Mr Bosu regten sich die ersten Zweifel.
»Tun Sie sich keinen Zwang an.«
»Was?«
»Sie haben mich sehr wohl verstanden. Der Junge ist ein Problem, um das ich mich früher oder später ohnehin hätte kümmern müssen. Also haben Sie mir gewissermaßen einen Dienst erwiesen. Vielen Dank.«
»Für ihre Dankbarkeit kann ich mir nichts kaufen«, erwiderte Mr Bosu mürrisch. »Ich will das Geld!«
»Und ich verständige jetzt die Polizei«, gab Richter Gagnon aalglatt zurück. »Ich werde melden, ein verurteilter Sexualverbrecher hätte meinen Enkel entführt. Damit werde ich Ihnen jeden FBI-Agenten, Staatspolizisten und bescheuerten Ortssheriff auf den Hals hetzen. An Ihrer Stelle würde ich mich schleunigst aus dem Staub machen, Mr Bosu. Sie haben nicht mehr viel Zeit.«
Ein Klicken, und die Leitung war tot. Mr Bosu saß da

wie vom Donner gerührt. Was zum Teufel war das gerade gewesen?
Mr Bosu stieg aus. Nathan auf dem Beifahrersitz und die Blutflecke auf seinen Kleidern waren für den Moment vergessen. Er eilte zur Eingangstür des Hauses und hämmerte mit aller Kraft dagegen. Nichts.
Das Haus war leer. Niemand da. Unbewohnt. Frei nach dem Motto, dass die Ratten das sinkende Schiff stets als Erste verließen.
Mr Bosus Atem ging keuchend. Die Schnittwunde an seinem Unterarm pochte. Außerdem wurde ihm allmählich übel.
Er nahm sich ein wenig Zeit, um lange und gründlich nachzudenken.
Also war dem Richter seine eigene Haut offenbar am nächsten.
Genug war genug. Mr Bosu war stinksauer. Inzwischen war das Geld für ihn nebensächlich. Es ging ums Prinzip.
Mr Bosu kehrte zu Robinsons Wagen zurück. Der Junge saß auf dem Beifahrersitz und kraulte Tricksters Ohren.
»Sag mal, hat dein Großvater vielleicht ein Ferienhaus?«, fragte Mr Bosu wie beiläufig.
Der Junge zuckte nur die Schultern.
»Oder gibt es einen Ort, wo er besonders gern hinfährt? Du weißt schon, so was wie ein Geheimversteck?«
Wieder ein Schulterzucken.
Mr Bosu verlor die Geduld. »Nathan«, sagte er streng. »Ich soll dich zu deinem Großvater zurückbringen. Möchtest du ihn denn nicht sehen?«
»Schon.« – »Und wo zum Teufel ist er?«
Der Junge sah ihn an. »Im Hotel LeRoux«, antwortete er wie aus der Pistole geschossen.
Mr Bosu schmunzelte und ließ den Motor an. »Nathan«, meinte er ernst. »Wenn es so weit ist, werde ich dafür sorgen, dass du nichts spürst.«

38

Ich verstehe das nicht«, sagte Catherine. »Denken Sie, mein Schwiegervater hat Umbrio beauftragt?«

»Durch eine Vermittlerin, Colleen Robinson, die alles arrangiert hat. Umbrio wurde begnadigt und hat sich als Gegenleistung bereit erklärt, einige Aufträge für ihn zu erledigen.«

»Und warum lebe ich dann noch?«

»Weil Ihr Tod ihm weniger nützt, als wenn er Ihren Ruf ruiniert.«

»Wie bitte?« Sie blinzelte.

»Der Richter hasst Sie. Und zwar wegen Jimmys Tod und weil Sie in die Familie eingeheiratet haben. Aber am meisten hasst er Sie vermutlich wegen Nathan. Solange Sie Druck wegen Nathans Gesundheit machen, besteht nämlich die Gefahr, dass Sie sein und Maryannes Geheimnis enthüllen.«

»Wenn ich tot wäre, wäre ich doch keine Bedrohung mehr.«

»Nein. Aber da gab es ja noch Dr. Rocco. Und vielleicht auch Ihren Vater. Die Möglichkeit bleibt bestehen, dass jemand wegen Nathans schlechten Gesundheitszustands Verdacht schöpft. Außer natürlich, man bringt eine glaubhafte Erklärung in Umlauf, warum Nathan ständig krank ist.«

»Nämlich, dass ich ihn vergifte«, ergänzte sie. »Und dass ich eine schlechte Mutter bin.«

»Genau.«

»Aber wenn er tatsächlich das Sorgerecht für Nathan bekommt ...«, sie runzelte die Stirn, » ... würde es doch Argwohn erregen, wenn der Junge nicht auf wundersame Weise schlagartig wieder gesund wird.«

»Ich denke nicht, dass er Richter vorhat, abzuwarten, bis dieses Problem auftritt«, meinte Bobby leise.

»Trauen Sie ihm etwa zu, dass er seinem eigenen Enkel etwas antut?«

»Ich glaube«, entgegnete Bobby mit finsterer Miene, »dass er bereits seinen eigenen Sohn getötet hat.«

Wie sich herausstellte, war ein Luxushotel fast so gut abgesichert wie eine Festung. Mr Bosu übergab seinen Wagen einem Parkwächter und spazierte dann, Nathan und sogar Trickster im Schlepptau, in die Hotelhalle, denn wer hätte einem niedlichen kleinen Jungen und seinem Welpen etwas abschlagen können?

Allerdings war er damit noch längst nicht am Ziel. Er wusste nämlich nicht, welches Zimmer der Richter bewohnte, und die hübsche junge Angestellte am Empfang war zwar höflich, beharrte aber darauf, dass es gegen die Vorschriften des Hotels verstieße, derartige Informationen preiszugeben. Sie könne Richter Gagnon für ihn anrufen und die Gäste bei ihm anmelden. Doch ohne die Erlaubnis des Richters dürfe sie die Besucher nicht zu ihm vorlassen.

Außerdem war Mr Bosu inzwischen auf eine weitere Schwierigkeiten gestoßen. Laut Aussage des Jungen hatte der Richter davon gesprochen, dass er eine Luxussuite in dem Hotel gemietet habe. Das hieß, dass nur eine der oberen Etagen in Frage kam, und um diese zu erreichen, brauchte man eine besondere Chipkarte für den Aufzug. Falls der Richter wirklich eine Penthouse-Suite bewohnte, hatte Mr Bosu also kaum eine Chance, zu ihm vorzudringen.

Es war zum aus der Haut fahren. Ein schier unlösbares

Problem, und Mr Bosu war inzwischen ziemlich müde. Plötzlich vermisste er sein hübsches sauberes Bett im Hampton Inn. Verdammt, er wäre sogar mit seiner Gefängnispritsche zufrieden gewesen.

Mr Bosu ging mit dem Jungen nach draußen, wo er sich noch eine Dose Red Bull genehmigte und die Lage überdachte. Der Blutfleck an seinem Hemd störte ihn ebenso wie der argwöhnische Blick des schnippischen Portiers. Eigentlich ging ihm die ganze gottverdammte Welt auf die Nerven.

Und dann hatte Mr Bosu eine Idee.

Er kippte seinen Red Bull hinunter und schob Nathan zurück in die Hotelhalle, direkt zur Rezeption.

»Das hier ist Nathan Gagnon, der Enkel von Richter Gagnon«, verkündete er so liebenswürdig wie möglich. »Wenn Sie oben anrufen, werden Sie erfahren, dass der Richter ihn erwartet. Leider habe ich mich ziemlich schwer geschnitten ...« – Mr Bosu hielt kurz seinen blutigen Arm hoch – »... und müsste dringend zum Arzt. Könnte vielleicht jemand von Ihnen Nathan nach oben zu seinen Großeltern bringen? Sicher wäre es ihnen lieber, wenn der Junge nicht allein gelassen würde.«

Die Empfangsdame lächelte ihn an. »Selbstverständlich. Einen Moment, Sir.«

Sie wählte die Nummer des Zimmers. Mr Bosu hielt den Atem an. Der Richter konnte sich schlecht weigern, seinen Enkel zu empfangen, insbesondere dann nicht, wenn der Junge ohne ihn nach oben kam.

»Mrs Gagnon?«, flötete die Empfangsdame. Mr Bosu atmete auf. Die Frau. Ausgezeichnet. »Ja, wir haben einen netten jungen Mann hier, Nathan Gagnon ... Ja, Ihren Enkel. Wirklich ein hübscher Junge. Wir schicken ihn gleich mit einem Pagen nach oben. Wissen Sie, dass Nathan einen kleinen Hund hat? Kein Problem, Ma'am. Sie müssten nur ein Formular ausfüllen.

Wunderbar. Dann gebe ich es dem Pagen gleich mit. Danke.«
Immer noch ein fröhliches Lächeln auf dem Gesicht, legte die Empfangsdame auf. »Mrs Gagnon freut sich schon sehr auf ihren Enkel. Wenn Sie jetzt gehen möchten, Sir, übernehmen wir den Rest.«
Mr Bosu bedankte sich höflich bei der Frau und schüttelte Nathan sogar die Hand. »Schön, dass ich dich zu deinen Großeltern bringen konnte. Der Welpe heißt übrigens Trickster. Deine Mom wollte dich mit ihm überraschen.«
»Mommy?«, fragte der Junge voller Hoffnung.
»Vertrau mir, du wirst bald wieder bei ihr sein.«
Das schien den Jungen zu beschwichtigen, und er nickte heftig. Trickster drückte er fest an seine Brust. Dann erschien der Page und bewunderte den hübschen Jungen und den niedlichen Hund, und alles war geregelt.
Sie steuerten auf den Aufzug zu. »Die Penthouse-Suite«, meinte der Page zu Nathan. »Die Bude ist größer als meine ganze Wohnung. Dir gefällt es bestimmt dort.«
Die Aufzugtüren öffneten sich. Mr Bosu drehte sich um. Die Empfangsdame war mit einem anderen Gast beschäftigt, die Aufmerksamkeit des Pagen galt Nathan.
Mr Bosu stürmte zur Treppe und hastete mit polternden Schritten zwei Stockwerke hinauf, wobei er zwei Stufen auf einmal nahm. In der zweiten Etage sprang er auf den – zum Glück menschenleeren – Flur hinaus und drückte heftig auf den Aufzugknopf. Der Fahrstuhl stoppte sofort. Die Türen öffneten sich. Offenbar war der Page erstaunt, Mr Bosu vor sich zu sehen.
»Waren Sie nicht gerade noch in der Halle ...«
Mr Bosu packte den jungen Mann am Hemd und zerrte ihn auf den Flur hinaus. Ein kurzer Ruck, und der Page sackte in sich zusammen. Mr Bosu schnappte sich die Jacke des Mannes und suchte nach dem Generalschlüs-

sel – eine Karte, die ihm an einer Kette um den Hals hing – und trat in den Aufzug.
Nathan starrte ihn aus ernsten, weit aufgerissenen Augen an.
»Meine Mommy hat mich vor Männern wie dir gewarnt«, sagte der Junge.
Mr Bosu grinste wölfisch. »Ja, das kann ich mir denken.«

Bei ihrer Ankunft im Hotel LeRoux hielt Bobby Ausschau nach Wachleuten, während Catherine das Reden übernahm.
»James und Maryanne Gagnon«, wandte sie sich an die Empfangsdame.
»Werden Sie erwartet?«
»Sagen Sie Ihnen, es geht um ihren Enkel.«
»Nathan?«, erwiderte die Empfangsdame lächelnd.
Catherine merkte sofort auf. Bobby ging es ebenso. »Haben Sie Nathan gesehen?«, erkundigte sie sich argwöhnisch.
»Aber ja, erst vor zehn Minuten. Einer unserer Pagen hat ihn nach oben begleitet.«
»War er mit einem Mann zusammen«, mischte sich Bobby ein. »Groß, könnte ausgesehen habe, als hätte er eine Prügelei hinter sich.«
»Ja, er meinte, er habe sich verletzt ...«
Sie brauchten den Rest nicht zu hören. »Dieser Mann ist ein verurteilter Pädophiler«, schrie Catherine. »Er hat vor ein paar Stunden meinen Sohn entführt. Rufen Sie die Polizei, und lassen Sie mich nach oben!«

Die Empfangsdame war offensichtlich überfordert. Sie wollte zuerst den Sicherheitsdienst alarmieren, im Zimmer anrufen, brauchte eine Genehmigung, musste nachfragen und wusste eindeutig nicht, was sie tun sollte.

Bobby stand bereits vor den Aufzügen, drückte wild auf die Knöpfe und ging hin und her.
»Gut, dann rufen Sie oben an!«, flehte Catherine. »Wählen Sie sofort die Nummer. Holen Sie sie ans Telefon. Bitte, schnell!«
Die Empfangsdame griff hektisch nach dem Hörer und tippte eine vierstellige Nummer ein, die Catherine sich rasch einprägte. Doch eine halbe Minute später war die Empfangsdame noch verdutzter als zuvor.
»Es meldet sich niemand. Das verstehe ich nicht. Wir haben doch erst vor ein paar Minuten ...«
Plötzlich ertönte ein schriller Schrei. Die Aufzugtüren öffneten sich, und ein gut gekleidetes Paar taumelte heraus.
»Eine Leiche!«, gellte die Frau. »Im zweiten Stock liegt eine Leiche!«
»Es ist ein Page«, fügte der Mann hinzu. »Offenbar hat ihm jemand das Genick gebrochen.«
Im nächsten Moment war die Hölle los. Sicherheitsleute und Pagen kamen angestürmt. Der Parkwächter hastete an Bobby vorbei. Bobby packte ihn am Arm und zückte seine Dienstmarke.
»Polizei! Geben Sie mir sofort Ihren Generalschlüssel!«
Der verdatterte Mann gehorchte. Bobby winkte Catherine mit einer Kopfbewegung zu sich.
Sie hasteten in den Aufzug, zogen die Karte durch den Schlitz und fuhren in die Penthouse-Etage.
»Sie suchen Nathan«, sagte Bobby. »Ich kümmere mich um Umbrio.«
»Was ist mit James und Maryanne?«
Bobby zuckte die Achseln. »Wenn sie auf Umbrios Seite stehen, kann ihnen vermutlich nichts passieren. Und wenn nicht, brauchen wir uns vermutlich keine Gedanken mehr um sie zu machen.«
»O Gott ...«
»Also los«, meinte Bobby.

Mr Bosu klopfte ein Mal, leise und drei Mal hintereinander wie ein Kind.
Als die Tür aufging, knallte Mr Bosu dem Mann die Faust ins Gesicht, ohne sich mit Fragen aufzuhalten. Ein Schmatzen und Knirschen ertönte. Dann sackte der Mann auf dem Marmorboden zusammen.
»Hallo, Richter«, sagte Mr Bosu. »Erinnern Sie sich noch an mich?«
Er lächelte immer noch, als Nathans Zähne sich in seine Hand bohrten.

Als Bobby aus dem Aufzug trat, fiel sein Blick zuerst auf eine offene Tür und eine frische Leiche. Er streckte die Hand aus, um Catherine zu stützen, erkannte aber dann, dass er wertvolle Kraft vergeudete. Solange Umbrio hier sein Unwesen trieb, war eine Leiche ihr geringstes Problem.
»Pssst«, befahl er leise. »Es ist besser, wenn wir so spät wie möglich auf uns aufmerksam machen. Die Überraschung könnte unser Vorteil sein.«
Es war still. Unheimlich still. Bobby gefiel das gar nicht. Eigentlich hatte er Schreie, rasche Schritte oder eine aufgeregte Kinderstimme erwartet. Aber es war nichts zu hören. Absolut nichts. Ihm stellten sich die Nackenhaare auf.
Als sie in die mit Marmor geflieste Vorhalle traten, knallten Catherines Schritte wie Schüsse. Sie blieben stehen, und Catherines dunkle Augen weiteten sich vor Entsetzen.
»Ausziehen.«
Sie schlüpfte aus den hochhackigen Schuhen.
Bobby machte einen Schritt vorwärts, um Harris zu untersuchen. Die Nase des Privatdetektivs war gebrochen, und Knochensplitter waren ihm bis ins Gehirn gedrungen. Das alles war anscheinend so schnell gegangen, dass der

Mann keine Zeit mehr gehabt hatte, seine Jacke aufzuknöpfen und nach seiner Waffe zu greifen. Er war an die Tür gegangen und eine Sekunde später tot gewesen.
Bobby schüttelte den Kopf. Jetzt fing er schon an zu denken wie Harris.
Bobby griff unter die Jacke des Privatdetektivs und nahm die Neun-Millimeter-Pistole des Mannes aus dem Schulterhalfter. Nachdem er die Waffe entsichert hatte, reichte er sie Catherine. Noch immer war aus der Suite kein Laut zu hören.
»Da stimmt etwas nicht«, flüsterte sie.
»Ach, wirklich?«
Und dann ... ein Windspiel. Gespenstische Töne wehten aus der Ferne heran. Und dann erklang aus dem hinteren Teil der Suite ein getragenes Wiegenlied. Eine Spieluhr. Vielleicht ein Kinderspielzeug. Bobby wusste es nicht, doch der hohe, blecherne Klang hallte durch die stickige Luft.
Er warf einen Blick auf Catherine, die sichtlich erbleicht war.
»Was ist das?« Ihre Stimme war wieder schrill geworden. Bobby forderte sie mit einer Handbewegung auf, sich zu beruhigen.
»Keine Ahnung. Reißen Sie sich zusammen, Cat. Nathan braucht Sie.«
Sie nickte und holte mit einem tiefen Seufzer Luft. Nach einer Weile deutete Bobby auf die Wand, und Catherine folgte ihm.
Bobby wurde klar, dass die Zeit für Umbrio arbeitete, denn so hatte er die Möglichkeit, sie zu trennen und sie aus dem Hinterhalt zu überfallen. Die Suite war zu groß, als dass Bobby jeden Winkel hätte im Auge behalten können, und Catherine konnte ihm wegen ihrer mangelnden Erfahrung keine Hilfe sein. Also würde er schnell handeln müssen.

Vorsichtig ging er voran, vom Vorraum in das leere Wohnzimmer. Wahrscheinlich hatten nach Umbrios gewaltsamem Eindringen alle, die sich in diesem Raum aufgehalten hatten, panisch die Flucht ergriffen.

Links hinter einem Torbogen begann ein Flur, ein weiterer führte nach rechts. Offenbar diente das Wohnzimmer als Verbindungsstück zwischen den beiden Flügeln der Suite. Als Bobby zögernd stehen blieb, tippte Catherine ihm auf die Hand und zeigte nach links.

»Die Musik«, flüsterte sie.

Er nickte zustimmend. Man konnte die Quelle der blechernen Töne zwar nur schwer ausmachen, aber vermutlich kamen sie von links.

Bobby nahm Catherines Hand. Dann gingen sie im Gänsemarsch den Flur entlang.

Im nächsten Moment hörten sie einen Schrei. Schrill, hoch und eindeutig der einer Frau.

»Maryanne!«, stieß Catherine hervor.

Sie stürmten den Flur hinunter.

39

Bobby nahm alles gleichzeitig wahr. Drei offene Türen, drei Schlafzimmer. Er hastete an den ersten beiden vorbei und erreichte das dritte gerade noch rechtzeitig, um zu sehen, wie Maryanne zurücktaumelte.

»James, James!«, schluchzte die Frau. »O Gott, James!«

Bobby blickte zu Boden und entdeckte eine blutige Leiche. Im nächsten Moment spürte er eine Bewegung hinter sich.

»Vorsicht!«, schrie Catherine vom anderen Ende des Flurs.

Er versuchte, sich umzudrehen und die Waffe hochzureißen.

Umbrio traf seine Schulter. Der Schlag raubte Bobby fast das Bewusstsein, wirbelte ihn herum und sorgte dafür, dass er das Gleichgewicht verlor. Während er sich verzweifelt bemühte, einen Sturz zu vermeiden, sah er aus dem Augenwinkel einen silbrigen und roten Gegenstand.

Messer, schoss es ihm durch den Kopf. Messer. Bewegt sich in deine Richtung.

Dann hörte er einen Schuss, und kurz darauf flogen ihm Putzbrocken um die Ohren.

Bobby ließ sich fallen. Aber Umbrio hielt inne und drehte sich um.

»Ach, Catherine«, sagte der Hüne. »Das ist aber eine schöne Überraschung, dich hier zu sehen.«

Umbrio grinste. Sein Gesicht war mit roten Spritzern bedeckt. Blut, entweder von James oder von Bobby, das den Mörder wie ein Raubtier wirken ließ.

Wieder hob Catherine die Pistole mit beiden Händen,

um sie ruhig zu halten. Allerdings zitterten ihre Arme so sehr, dass es ihr nicht gelang, zu zielen. Als sie trotzdem abdrückte, schlug die Kugel nur wenige Zentimeter neben Umbrios Schulter in die Wand ein.
Umbrio lächelte weiter, machte einen Schritt vorwärts. »Oh, Catherine, Catherine.«
Blut rann Bobby über die Schulter und vermischte sich mit dem Schweiß auf seiner Handfläche. Sein rechter Arm ließ sich nicht bewegen, und er konnte die Finger nicht mehr biegen. Also nahm er die Pistole in die Linke und drückte ab.
Die Pistole knallte, und der Schuss ging an Umbrios Knie vorbei. Der unerwartete Angriff von hinten ließ den Hünen innehalten. Er musterte Catherine, die noch immer zitternd vor ihm stand, und Bobby, der schwer verwundet hinter ihm auf dem Boden lag. Bobby zielte erneut. Schließlich hatte er nicht umsonst jahrelang geübt, auch mit der linken Hand zu schießen.
Offenbar wurde Umbrio allmählich klar, dass Bobby zwar verletzt, aber nicht außer Gefecht gesetzt war. Im gleichen Moment zielte Bobby auf die Brust seines riesenhaften Gegners. Doch als er gerade abdrückte, machte Umbrio einen Satz durch die Tür und stürmte den von einem hohen Gewölbe überspannten Flur entlang. Auch Catherines Schüsse kamen zu spät und trafen nur zwei Gemälde, einen antiken Couchtisch und etwa dreißig Zentimeter Putz. Umbrio verschwand in einem angrenzenden Zimmer.
»Mist!«, rief Catherine aus.
Immer noch am ganzen Leibe zitternd, kam sie ins Schlafzimmer. Inzwischen roch sie nach Schießpulver, ihre Augen leuchteten wie dunkle Teiche aus einem bleichen Gesicht, und ihr Haar war zerzaust. Aber sie stand noch aufrecht und hatte die Pistole in der Hand. Bobby fand, dass sie einfach hinreißend aussah.

Im nächsten Moment bemerkte sie Bobbys heftig blutende Schulter. »O nein!«
»Wer ist dieser Mann?«, wollte Maryanne verzweifelt wissen. »Und wo ist Nathan?«

Catherine half Bobby, eine sitzende Position einzunehmen. Die gute Nachricht war, dass Umbrio kein wichtiges Blutgefäß getroffen hatte. Leider aber hatte er das Schultergelenk erwischt, sodass Bobbys Arm nun schlaff herunterbaumelte.
»Ich verstehe das alles nicht«, stammelte Maryanne. »Die Rezeption hat angerufen. Nathan sollte nach oben kommen, und ich war ja so aufgeregt. Also wollte ich als Erste an die Tür, um ihn zu begrüßen, aber James sagte nein, Harris solle aufmachen. Im nächsten Moment ging die Tür auf, und ich hörte ein scheußliches Knirschen. James rief, ich müsse jetzt losrennen, also bin ich gerannt. Dann hat James mich in dieses Zimmer geschubst und wollte, dass ich mich in diesem Schrank verstecke und nicht herauskomme, ganz gleich, was auch passiert. Das habe ich getan. Und dann waren da Schritte.
Ich dachte, dass es Mr Harris ist, oder vielleicht James. Aber stattdessen ging die Schranktür auf, und dieser widerwärtige Mensch starrte mich an. Er hat gelächelt. Er hielt ein Messer in der Hand, und er hat gelächelt. Wer tut denn so etwas?«
Bobby und Catherine antworteten nicht. Catherine hatte einen Kissenbezug vom Bett geholt, den sie Bobby nun ungeschickt um die Schulter wickelte.
»Auf einmal stand James da. Er hat dem Mann mit einer Buchstütze auf den Kopf geschlagen. Aus Leibeskräften. So habe ich ihn noch nie erlebt. Aber der schreckliche Mann hat nicht einmal mit der Wimper gezuckt. Er drehte sich einfach nur um und sah James an ... Oh, mein Gott, James wusste es!« Maryanne schluchzte auf.

»Man merkte es seinem Gesicht an, dass er genau wusste, was jetzt geschehen würde. ›Lauf weg, Maryanne‹, sagte er, und ich habe gehorcht. Dann habe ich Geräusche gehört. Ganz abscheuliche Geräusche. Ich habe alles getan, um wegzuhören. Und anschließend wurde es ganz ruhig, was noch viel schlimmer war. Ich habe es nicht mehr ausgehalten. Ich musste zu James. Oh, mein armer, armer geliebter James ...«
Sie sackte neben ihrem am Boden liegenden Mann zusammen und umfasste seine schlaffe Hand. Ganz langsam schlossen sich seine Finger um ihre.
»James!«, rief Maryanne unter Tränen aus. »James! Er lebt. O mein Liebling, du lebst noch!«
»Pssst«, zischten Bobby und Catherine im Chor. »Er kommt bestimmt zurück.«
»Wer kommt zurück?«
»Richard Umbrio.«
»Ist das nicht der Mann, der dich damals entführt hat, Catherine?« Maryanne verstand die Welt nicht mehr. »Das ist doch schon Jahre her. Was kann er nur von uns wollen?«
»Maryanne«, begann Catherine mit ruhiger Stimme. »Wo ist Nathan?«

Im Schrank war es zwar dunkel, aber nicht völlig stockfinster. Nathan konnte absolute Dunkelheit nicht aushalten, vor allem nicht, wenn er, so wie jetzt, sowieso schon Angst genug hatte. Er hatte den Welpen losgelassen, und inzwischen bereute er das, denn er vermisste den warmen kleinen Körper und die raue Zunge, die ihm beruhigend die Hand leckte.
Jetzt war er ganz allein.
Er hatte gesehen, wie der böse Mann schlimme Dinge getan hatte. Dann hatte er seinen Großvater »Lauf weg!« rufen hören, und er war gerannt. Und zwar in die andere

Richtung. Weg von den anderen, weil er seinen Großvater nicht leiden konnte. Der verlangte nämlich immer, dass Nathan mit ihm nach Hause kam, obwohl seine Mommy damit offensichtlich nicht einverstanden war. Also hatte Nathan den Welpen losgelassen und war in die entgegengesetzte Richtung gelaufen, weit weg von allen, auch von dem bösen Mann.
Dann hatte er den Wandschrank mit der Lamellentür gesehen. Er war nur klein und voller Decken, Kissen und Federbetten. Nathan wünschte, er wäre größer und stärker gewesen. Ein normaler, gesunder Junge eben, denn dann hätte er es wahrscheinlich geschafft, bis nach oben in den Schrank zu klettern, um sich über dem Kopf des bösen Mannes zu verstecken.
Aber das kam für Nathan nicht in Frage. Also wühlte er sich einfach bis in die hinterste Ecke der kleinen Kammer durch, schloss die Tür, bedeckte sich mit Daunenkissen und bemühte sich, möglichst nicht zu niesen.
Und nun wartete er. Ganz allein. In der Dunkelheit.
Der böse Mann näherte sich.
»Mommy ...«, flüsterte Nathan.

Catherine hatte Bobbys blutende Schulter mit dem Kopfkissenbezug verbunden. Das sah zwar ziemlich albern aus und fühlte sich auch so an, aber mehr war im Moment nicht möglich. Beide Pistolen lagen neben Bobby auf dem Bett, damit er sie schnell erreichen konnte, falls Umbrio zurückkam. Doch als Catherine Bobbys verletzte Schulter betrachtete, fragte sie sich, ob ihnen die Waffen wirklich etwas nützen würden.
Als Nächstes beschäftigte sich Catherine mit James, der noch ausgestreckt auf dem Boden lag. Unter ihm bildete sich eine Blutlache, während seine Lungen ein unheilverkündendes Pfeifen von sich gaben, das an Luft erinnerte, die aus einem Ballon entweicht.

Maryanne hielt seinen Kopf auf dem Schoß und streichelte seine Wange. Lautlose Tränen liefen ihr über die Wangen. Als Catherine näher kam, hob er den Kopf und sah sie flehend an. Aber Catherine konnte nichts für sie tun. Die Richter lag im Sterben, und das war ihnen allen bewusst.

Der Richter blickte zu Catherine hinauf, und die beiden starrten einander eine schiere Ewigkeit an.

Wie gerne hätte Catherine etwas empfunden. Sie wollte etwas fühlen. Triumph. Siegestaumel. Genugtuung. Aber da war nichts als eine grenzenlose Leere.

»Inzwischen weiß ich, was ihr getan habt«, sagte Catherine schließlich mit eigenartig tonloser Stimme. »Ein Genetiker hat endlich herausgefunden, was Nathan fehlt. Mein Sohn leidet an einer seltenen Erbkrankheit, die nur in Familien mit Fällen von Inzest auftritt.«

Maryanne stieß einen leisen Schrei aus und schlug die Hand vor den Mund. Catherine betrachtete ihre Schwiegermutter, und endlich regte sich die erste Emotion: eiskalte Wut.

»Warum habt ihr mir das verschwiegen? Als Nathan anfing, die ersten Symptome zu entwickeln, hättet ihr doch sofort ...«

»Es tut mir so leid ...«, begann Maryanne.

»Seid ihr Cousins?«, fiel Catherine ihr ärgerlich ins Wort.

»Halbgeschwister«, gestand Maryanne, und ihre Worte überschlugen sich, als sie hinzufügte: »Aber wir sind nicht zusammen aufgewachsen und wussten gar nicht, dass wir Bruder und Schwester sind. Nach dem Tod von James' Mutter schickte sein Vater ihn an eine Militärakademie. Später überwarfen sie sich, und James beschloss, im Norden zu bleiben. Doch nach einigen Jahren bemühte sich mein Vater endlich um eine Versöhnung. Er lud James ein, damit dieser seine neue Familie kennenlernte. Ich wurde gerade achtzehn. Meine Eltern veranstalte-

ten eine große Feier, und plötzlich kam ein unbeschreiblich gut aussehender Mann herein ...«
James' Hand krampfte sich um ihre. Sofort beugte sich Maryanne vor, um seine Wange zu streicheln. Catherine jedoch fühlte sich von dieser zärtlichen Geste abgestoßen. Sie waren Geschwister?
»Er hat deine Familie umgebracht«, sagte Catherine zu Maryanne.
»Mach dich doch nicht lächerlich. Es war ein Unfall ...«
»James hat dafür gesorgt, dass dieser Unfall passiert ist, Maryanne. Er hat den Tod deiner ganzen Familie arrangiert, damit er dich für sich haben konnte. So wie er deinen Erstgeborenen getötet hat, um zu verhindern, dass die Ärzte euer kleines Geheimnis entdecken. Und nun hat er einen verurteilten Pädophilen auf freien Fuß gesetzt und damit beauftragt, Nathan und mich zu ermorden. Welche Erklärung hast du denn dafür, dass alle Menschen in deiner Umgebung sterben, Maryanne? Bist du denn wirklich so naiv?«
Catherines Stimme war gefährlich laut geworden. Kopfschüttelnd ließ Maryanne den Wortschwall über sich ergehen, während James schwach stöhnte.
»Ich ... habe sie geliebt«, keuchte er.
»Geliebt?«, zischte Catherine. »Du hast unschuldige Menschen umgebracht. War es beim ersten Mal einfach? Man doktert an den Bremsen des Familienautos herum und sagt sich anschließend, dass Unfälle eben vorkommen?«
»Das ... verstehst du nicht.«
»Und anschließend war der Weg für euch frei, um nach Boston zu kommen und noch einmal von vorne anzufangen, ohne dass je ein Mensch von eurem schmutzigen kleinen Geheimnis erfährt. Nur, dass ihr irgendwann ein Kind bekommen habt und dass die Genetik euch verriet. Litt euer erster Sohn auch an Fanconi-Bi-

ckel? War es vielleicht ein schwerer Fall? Immer schwächlich, immer krank?«

»Ich begreife das alles nicht«, flüsterte Maryanne mit zitternder Stimme. »Junior ist doch am plötzlichen Kindstod gestorben.«

»Oder weil ihm jemand ein Kissen ins Gesicht gedrückt hat.«

»James?«, wimmerte Maryanne.

»Ich ... liebe dich«, sagte der Richter wieder, aber nun schwang etwas Flehendes in seinem Tonfall mit, das noch eindeutiger war als ein klares Schuldeingeständnis. Maryanne brach wieder in Tränen aus.

»O nein ... o nein, o nein.«

Aber Catherine war noch nicht fertig. »Ihr habt Jimmy gegen mich aufgehetzt, ihm schreckliche Ideen eingeflüstert und mich gezwungen, unaussprechliche Dinge zu tun. Wie konntet ihr nur? Wir hätten an einem Strang ziehen und Nathan helfen können. Vielleicht wären wir sogar glücklich geworden.«

»Mein Sohn«, erwiderte James mit klarer Stimme, »war immer ... zu gut ... für dich.«

»James!«, stieß Maryanne hervor.

»Du alter Narr«, gab Catherine in eisigem Ton zurück. »Du hast Umbrio freigelassen, und jetzt wird er uns alle umbringen.«

»Polizei ... bald hier«, murmelte der Richter.

Doch im nächsten Moment war aus dem Flur Umbrios Stimme zu hören: »Nathan, Nathan, Nathan. Komm raus aus deinem Versteck.«

»Aber wahrscheinlich nicht mehr rechtzeitig«, meinte Bobby leise zu den Anwesenden.

Mr Bosu hatte die Faxen satt. Die Vorstellung, dem Hotel des Richters einen Besuch abzustatten, hatte ihm gefallen, und sein eigentlicher Plan war gewesen, dem

Mann ein bisschen zuzusetzen, um auf diese Weise an sein Geld zu kommen. Natürlich gab es da noch die Alternative, den Richter eigenhändig umzulegen, um sich Genugtuung zu verschaffen. Aber schließlich war Mr Bosu ja flexibel.

Allerdings war alles schief gelaufen. Ja, er hatte Gelegenheit erhalten, sich zu rächen, doch das erhoffte Hochgefühl war ausgeblieben. Vielleicht wurde ja sogar das Morden nach einer Weile langweilig. Keine Ahnung. Und nun liefen die Ehefrau und der Junge weiter quicklebendig herum, und außerdem war inzwischen Catherine erschienen – mit einem anderen Mann.

Mr Bosu hätte so gerne Aufregung empfunden. Doch eigentlich war er nur müde. Zum Teufel mit seinem Plan, sie alle zu töten. Er würde sich auf ein letztes Opfer beschränken, und zwar das, dessen Tod die schwerwiegendsten Folgen haben würde.

Er wollte den Jungen.

Nur den Jungen.

Und dann würde er sich aus dem Staub machen.

Mr Bosu hatte den linken Flügel der palastähnlichen Suite bereits gründlich abgesucht. Im Schlafzimmer hatte er die Schmuckschatulle der Frau ausgeräumt und außerdem ein Bündel Geldscheine gefunden. Nun wandte er sich dem rechten Flügel zu. Wo würde er sich als vierjähriger Junge verstecken?

In einer dunklen Höhle. Nein. Moment mal. Der Junge besaß Dutzende von Nachtlichtern. Offenbar fürchtete er sich vor der Dunkelheit.

Mr Bosus Blick fiel auf die Lamellentüren des Wandschranks im Flur. Aber natürlich. Ein Lächeln breitete sich auf seinem Gesicht aus.

40

Wir brauchen einen Plan«, sagte Catherine und sah Bobby an, der sich mühsam auf dem Bett hochsetzte.

»Was sollen wir tun?«, flüsterte Maryanne, die immer noch auf dem Boden saß, verzweifelt. »James ist verletzt. Sie sind verletzt. Was sollen wir tun?«

»Das Schießen ist für mich kein Problem«, erwiderte Bobby ruhig. »Ich übe ständig mit der linken Hand.«

Catherine nickte, hob beide Pistolen vom Bett auf und reichte ihm eine. »Gut. Sie nehmen eine Waffe und ich die andere.«

»Sie schießen miserabel«, erwiderte Bobby ernst.

»Tja, dann muss ich eben dafür sorgen, dass ich nahe genug an ihn herankomme. Jagen wir ihn? Funktioniert dieses Spiel so?«

Sofort schüttelte Bobby den Kopf. »Ich möchte nicht, dass wir uns trennen. Bei zwei gegen einen erhöhen sich unsere Chancen. Außerdem wäre es unangenehm, wenn einer von uns versehentlich den anderen erschießt.«

»Wenn wir beide den Flur hinunterstürmen, fällt das Überraschungsmoment flach.«

»Also lassen wir es besser bleiben und locken ihn zu uns.«

»Und wie?«

Bobby blickte Catherine in die Augen. »Tja, Catherine, Sie kennen ihn am besten.«

Sie nickte langsam. »Ja«, meinte sie nach einer Weile. »Ich denke, das stimmt.«

Mr Bosu war auf der Pirsch. Er hatte die Beute erspäht,

riss die Schranktür auf und stieß mit dem Messer zu. Aber er traf nur einen Stapel Frotteehandtücher. Was zum Teufel war das?
»Verdammt!«, brüllte Mr Bosu.
Er zerrte die Handtücher aus dem Schrank. Toilettenpapierrollen und verschiedene Bademäntel flogen hinterher. Alles leer! Wo war der Junge?
»Verdammt!«, schrie er wieder.
Und dann sah er ihn, den zweiten Schrank mit Lamellentüren, ein Stück weiter den Flur entlang. Mr Bosu pirschte sich an.
»Richard.«
Die Stimme ließ ihn innehalten. Der Name auch. Leicht verdattert drehte Mr Bosu sich um. Seit Jahren hatte ihn niemand mehr Richard genannt. Weder das Wachpersonal im Gefängnis noch seine Mitgefangenen. Für die anderen hieß er Umbrio, für sich selbst Mr Bosu. Mit Richard war er schon seit über zwanzig Jahren nicht mehr angesprochen worden.
Catherine stand allein am Ende des Flurs. Sie war größer als auf dem Bild, das sich in sein Gedächtnis eingebrannt hatte, und hatte sich dennoch in vielerlei Hinsicht kaum verändert. Der zerzauste schwarze Haarschopf. Er wünschte, sie hätte eine rote Schleife getragen.
Ein Jammer, dass Mädchen immer erwachsen werden mussten.
»Catherine«, sagte er und winkte sie mit seinem blutigen Messer zu sich. »Hast du mich vermisst?«
Er grinste sie an. Sie hatte die Schultern gestrafft und hielt, in dem Versuch, stark zu wirken, den Kopf hoch erhoben. Aber er erkannte am raschen Heben und Senken ihrer Brust, wie schwer sie atmete.
Sie hatte Todesangst.
Sofort meldete das alte nostalgische Gefühl sich wieder. Er war fünfundzwanzig Jahre jünger, kroch durch den

Wald und steuerte in freudiger Erwartung auf die kleine Lichtung zu, nur zu erkennen an der großen Pressspanplatte, die wie zufällig auf dem Boden lag. Daneben befanden sich ein langer Stock und ein Stück Kette, die sich nur bei näherer Betrachtung als Leiter entpuppten.
Er hob die Spanplatte an, lehnte sie an den Stock, spähte hinunter in die klaffende Grube und schickte sich an, die Kette hinunterzulassen.
Ihr Gesicht erschien aus der Dunkelheit. Klein, bleich, schmutzig. Verzweifelt.
»Freust du dich, mich zu sehen?«, rief er nach unten. »Sag mir, dass du dich freust.«
»Bitte«, erwiderte sie.
Eilig kletterte er die Leiter hinunter und zog sie in seine Arme. »Was sollen wir heute machen?«
»Bitte«, wiederholte sie nur, und allein der Klang dieses Wortes ließ ihm fast das Herz zerspringen.
»Willst du um Gnade betteln?«, fragte Umbrio nun, bebend vor Erregung. »Du weißt doch, was ich gerne höre.«
»Nein.«
»Das solltest du aber. Ich werde dich und deinen Sohn nämlich töten.«
»Nein.«
»Aber, aber, Catherine. Vor allem du solltest doch wissen, wie viel Macht ich habe.«
»Du hast mich achtundzwanzig Tage in ein Loch gesperrt, Richard. Doch ich habe dafür gesorgt, dass du für fünfundzwanzig Jahre ins Gefängnis gewandert bist.«
Mr Bosu verzog das Gesicht. Der Gedanke gefiel ihm gar nicht, und offen gestanden hatte er nicht die geringste Lust auf dieses Gespräch. Er trat einen Schritt vor. Catherine rührte sich nicht von der Stelle. Er machte noch einen Schritt und blieb dann ruckartig stehen. Irgendetwas war da faul.
»Zeig mir deine Hände«, befahl er.

Sie hob sie gehorsam. »Wo ist die Waffe?«, fragte er argwöhnisch.
»Die habe ich Maryanne gegeben. Ich habe sie schließlich schon ausprobiert, und wir beide wissen doch, dass ich nicht schießen kann.«
Immer noch misstrauisch, runzelte er die Stirn. »Möchtest du mich etwa mit bloßen Händen angreifen?«
»Nein.«
»Was dann? Warum bist du rausgekommen? Aus welchem Grund hast du das Zimmer verlassen?«
»Um Zeit für meinen Sohn zu gewinnen. Jeden Moment wird die Polizei hier sein, Richard. Und offen gestanden ist es mir egal, ob du mich in Stücke hackst, so lange du Nathan nur kein Haar krümmst.«
»Oh.« Er überlegte. »Weißt du was? Die Abmachung gilt.«
Als er einen Satz vorwärts machte, floh Catherine den Flur hinunter.

Catherine rannte. Aber nicht zu schnell. Das war das Schwierigste daran. Ihr Herz klopfte, und ihre Nerven waren zum Zerreißen gespannt. Das Adrenalin, das durch ihre Adern pulste, befahl ihr, sich zu beeilen, um sich zu retten.
Aber sie musste ihre Rolle weiterspielen. Sie alle waren Schauspieler in diesem Stück, auf einer Bühne, die die größte ihres Lebens war.
Sie hörte, wie er hinter ihr den Flur entlangpolterte. In all ihren Albträumen hatte Umbrio nur selten ein Gesicht. Er war ein riesenhafter schwarzer Schatten, eine unbezwingbare Macht, der es stets gelang, sie niederzuwalzen. Während sie winzig und schutzlos war, überragte er sie wie ein finsterer Rachegott.
In Laufe der Jahre hatte sie sich immer wieder einzureden versucht, dass sie die Dinge aus der Perspektive eines Kindes betrachtete: ein kleines Mädchen gegen ei-

nen Mann, ein Kind gegen einen Erwachsenen. Doch als sie ihn nun sah, wurde ihr klar, dass sie sich geirrt hatte. Umbrio war ein Riese, ein muskelbepackter Berg von einem Mann, der ihr heute noch ebenso viel Angst machte wie damals.

Er hatte ihr so viel von ihrem Leben genommen. So viele Anteile ihres Selbst waren in diesem Loch zurückgeblieben.

Und jetzt war sie vor ihm auf der Flucht. Beim Rennen schrie sie vor Angst, Trauer und Wut. Sie hasste Richard Umbrio, und sie sehnte sich nach der Frau, die sie hätte werden können, wären sie einander an jenem verhängnisvollen Tag nie begegnet.

Ihr Vorsprung verringerte sich. Catherine lief schneller. Sie versuchte nicht mehr, sich zu beherrschen, und ließ zu, dass sich Panik ihrer bemächtigte. Bald würde er sie eingeholt haben. Schon streckte er die Hand nach ihr aus. Er würde sie am Hals packen, sie zu Boden schleudern, und dann ...

Catherine stürmte ins Wohnzimmer und blickte rasch zum Couchtisch. Dahinter lag Bobby, die Neun-Millimeter im Anschlag und den Finger am Abzug, wobei er die Tischkante als provisorische Stütze benutzte.

»Jetzt«, befahl er.

Catherine fiel zu Boden wie ein Stein. Hinter ihr kam Umbrio ruckartig zum Stehen und versuchte, wild mit den Armen rudernd, einen Sturz zu vermeiden.

Bobby drückte ab. Plop, plop, plop. Eins, zwei, drei.

Umbrio stürzte wie ein gefällter Baum und landete krachend auf dem Boden. Seine Hand zuckte. Dann rührte er sich nicht mehr.

Zitternd rappelte Catherine sich auf. Umbrio lag flach auf dem Rücken und starrte sie an. Blut sammelte sich in seinen Mundwinkeln. Er lächelte.

»Und jetzt?«, flüsterte er.

Sie verstand nicht, was er damit meinte. Im nächsten Moment packte er sie am Rocksaum.

Catherine stieß einen Schrei aus. Sie hörte, wie Bobby neben ihr wieder abdrückte, doch nur ein metallisches Klicken war zu hören. Die Pistolen, dachte Catherine. Sie hatte sie beim Verteilen ausgetauscht, sodass Bobby die bekam, die sie bereits ein Dutzendmal abgefeuert hatte. Bobby stieß einen Schwall von Flüchen aus, während Umbrio sich nach vorne warf und Catherines Knie mit seiner gewaltigen Faust umfasste.

Catherines Verstand setzte aus.

Umbrio würde sie töten. Seine Hände würden sich um ihren Hals schlingen. Und dann würde er zudrücken, bis sie tot war, so wie er es schon vor fünfundzwanzig Jahren gewollt hatte. Sie war wieder in dem Loch im Boden. Sie war ganz allein.

Undeutlich nahm sie eine Bewegung wahr. Bobby war aufgestanden. Er rief etwas, das sie nicht hören konnte. Das Zimmer schluckte sämtliche Geräusche, und alles fühlte sich an wie Watte.

Inzwischen hatten Umbrios Hände ihre Hüfte erreicht. Er kroch über ihren Körper und grinste sie mit einem Mund voller blutiger Zähne an, während seine rechte Hand nach ihrem Hals griff.

Catherine tastete verzweifelt. Und schließlich fand sie den Gegenstand, den sie unter dem Sofa versteckt hatte.

Umbrios Finger schlossen sich um ihren Hals.

Bobby erhob sich hinter ihm und holte mit dem Arm aus. In diesem Moment schob Catherine den Lauf der Pistole direkt in Umbrios Mund. Für einen Sekundenbruchteil wirkte er aufrichtig erstaunt. Dann drückte sie ab.

Richard Umbrio wurde buchstäblich weggepustet.

Mit seinem ganzen Gewicht stürzte er auf ihren zierlichen Körper. Catherine brach in Tränen aus.

Bobby zerrte die Leiche weg, nahm Catherine in die

Arme und zog sie an seine Brust. »Psssst«, murmelte er. »Pssst, alles ist gut. Es ist vorbei. Wir haben es ausgestanden. Sie sind jetzt in Sicherheit, Cat.«
Aber es war nicht vorbei. Es war nicht erledigt. Für eine Frau wie sie würde es nie ausgestanden sein. Und es gab noch immer zu viele Dinge, die Bobby nicht wusste.
Sie weinte und spürte zum ersten Mal, wie ihr echte Tränen übers Gesicht liefen. Als Bobby ihr das Haar streichelte, schluchzte sie noch heftiger, denn im Gegensatz zu ihm war ihr klar, dass das hier nur der Anfang war.

Die Polizei erschien. Der Sicherheitsdienst des Hotels ebenfalls. Dienstmarken und Pistolen blitzten auf, und Befehle wurden gebrüllt, als die Horden die Suite stürmten. Bobby übergab D.D., die auch Catherines Neun-Millmeter sicherstellte, wortlos seine Pistole. Sanitäter kümmerten sich um den Richter. Ein Notarzt behandelte Bobbys Schulter. Mitarbeiter der Gerichtsmedizin transportierten Harris und Umbrio ab.
Man war noch immer dabei, das Ausmaß der Schäden abzuschätzen, als ein uniformierter Polizist endlich Nathan entdeckte.
Einen zerzausten Welpen an die Brust gedrückt, stand der kleine Junge plötzlich auf dem Flur.
Er bemerkte Catherine, die man trotz ihres Flehens, nach ihrem Kind suchen zu dürfen, auf dem Sofa festgehalten hatte.
»Mommy«, übertönte seine klare Stimme den immer lauter werdenden Geräuschpegel.
Catherine stand auf, ging auf ihren Sohn zu und breitete die Arme aus. Nathan ließ den Welpen los und warf sich hinein. »Mommy«, sagte Nathan und schmiegte das Gesicht an ihre Schulter.
Bobby betrachtete die beiden lächelnd. Dann war D.D. damit fertig, ihm seine Rechte vorzulesen.

Epilog

Der Januar war ein scheußlicher Monat. Die Temperaturen verharrten um die zehn Grad unter dem Gefrierpunkt, und der eisig kalte Wind ging einem durch Mark und Bein.

Doch Bobby störte das nicht sehr. Die Wollmütze tief ins Gesicht gezogen, bis über die Ohren in einen Schal gemummt und außerdem mit einer warmen Daunenjacke bekleidet, marschierte er die Newbury Street entlang. Winzige weiße Lämpchen funkelten in den Bäumen, die die Straße säumten, und die Schaufenster strotzten noch immer von bunten Weihnachtsfarben und unverschämt günstigen Sonderangeboten.

Die Menschen in Neuengland waren es gewohnt, der Witterung zu trotzen, und so waren selbst an einem Tag wie diesem viele Passanten unterwegs, die durch die Stadt bummelten und sich an dem frisch gefallenen Schnee erfreuten.

Heute hatte Bobby einen Lebensabschnitt abgeschlossen. Er hatte seine letzte Sitzung bei Dr. Lane hinter sich.

»Wie waren die Feiertage?«, hatte sie gefragt.

»Schön. Ich habe sie bei meinem Vater verbracht. Wir sind essen gegangen. Für zwei Junggesellen lohnt sich die Kocherei nicht.«

»Und Ihr Bruder?«

»George hat nicht auf Pops Anruf reagiert.«

»Das war sicher schwer für Ihren Vater.«

»Er hat sich nicht gerade vor Begeisterung überschlagen, aber was soll man machen? George ist erwachsen. Irgendwann wird er zur Vernunft kommen.«

»Und Sie?« Bobby zuckte die Achseln. »Ich kann nicht für George sprechen, doch Pop und ich kriegen das schon hin.«
»Und das bringt uns natürlich zu Ihrer Mutter.«
»Ständig wollen Sie über meine Mutter reden.«
»Berufskrankheit.«
Er seufzte auf und schüttelte wegen ihrer Beharrlichkeit den Kopf. Selbstverständlich würden sie über seine Mutter sprechen. Das taten sie nämlich immer. »Gut. Ich habe meinem Vater ein paar Fragen über sie gestellt, so wie Sie und ich das besprochen hatten. Pop hat geantwortet, so gut er konnte. Wir ... äh ... haben sogar über den besagten Abend geredet.«
»War das schwierig?«
Er breitete die Hände aus. »Eher ... zäh. Wollen Sie die Wahrheit hören, was in dieser wichtigen schicksalhaften Nacht tatsächlich los war? Wir beide erinnern uns nicht mehr sehr gut daran. Ehrlich. Ich war zu klein, und Pop war zu betrunken. Und vielleicht – aber das ist nur eine Vermutung – kommen wir im Gegensatz zu George deshalb inzwischen damit klar. George sieht noch genau vor sich, was passiert ist, während Pop und ich es vergessen haben, Ehrenwort, ganz gleich, wie viel Mühe wir uns auch geben.«
»Hat Ihr Vater versucht, Kontakt zu Ihrer Mutter aufzunehmen?«
»Er sagt, er hätte es schon vor Jahren im Rahmen des Entzugsprogramms getan und ihre Schwester in Florida erreicht. Sie meinte, sie werde es Mom ausrichten. Aber er hat nie etwas von ihr gehört.«
»Also haben Sie eine Tante?«
»Ich habe eine Tante«, erwiderte Bobby ruhig. »Und Großeltern, die noch beide am Leben sind.«
Dr. Lane blinzelte. »Das ist aber eine gute Nachricht.«
»Ja.«

»Und was macht das mit Ihnen?« Bobby verdrehte die Augen und lachte wegen dieser abgedroschenen Phrase auf.

»Ja«, gab er schließlich mit einem Seufzer zu. »Es war ziemlich hart, zu erfahren, dass ich Verwandtschaft habe, ohne dass jemand es für nötig gehalten hätte, Kontakt zu mir aufzunehmen. Es tut weh. Aber das ist wahrscheinlich ganz normal. Ich rede mir ein, dass sie es sind, die etwas verpasst haben. Ich rede mir eine ganze Menge ein. Doch in Wirklichkeit kotzt es mich an.«

»Haben Sie sich je überlegt, selbst anzurufen?«

»Ja.«

»Und?«

»Ich weiß nicht so recht. Immerhin bin ich schon sechsunddreißig, ein bisschen alt, um Oma und Opa kennen zu lernen. Und da sie offenbar kein Interesse an mir haben, muss ich mich eben damit abfinden.«

»Das glauben Sie doch nicht wirklich, Bobby.«

Wieder ein Achselzucken.

»Also, wo liegt das wirkliche Problem?« Inzwischen kannte Dr. Lane ihn sehr gut.

Seufzend starrte er zu Boden. »Ich denke, dass die Frage vielleicht lautet, wer für wen Partei ergreift. Meine Mutter ist in Florida. George ist in Florida. Und beide lassen nichts von sich hören. Möglicherweise hat sich die Familie einfach aufgespalten. George hat Pop verlassen und dafür Mom bekommen. Ich habe Pop nicht verlassen, also ...«

»Meinen Sie, dass Ihre Mutter sich nicht bei Ihnen melden wird, solange Sie Ihrem Vater nahe stehen?«

»Das ist meine Vermutung.«

Dr. Lane nickte nachdenklich. »Könnte sein. Obwohl es meiner Ansicht nach gesünder für Sie und Ihre Mutter wäre, unabhängig von Ihrem Vater eine Beziehung zueinander aufzubauen.«

Bobby grinste spöttisch. »Tja, tun Sie sich keinen Zwang an. Sie können ihr ja einen Brief schreiben.« Sein Lächeln verflog, und er zuckte wieder die Achseln. »Das Leben ist eben so. Ich werde versuchen, mich an Ihren Rat zu halten, die Dinge zu beeinflussen, die auf die ich Einfluss habe, und die anderen eben loszulassen. Ich habe keinen Einfluss auf meine Großeltern. Und auch nicht auf George.«

»Das ist sehr weise von Ihnen, Bobby.«

»Tja, wenn das so weitergeht, werde ich noch zum Philosophen.«

Sie lächelte ihn an. »Und sonst geht bei Ihnen alles weiter. Arbeit?«

»Nächste Woche fange ich an.«

»Aufgeregt?«

»Eher nervös.«

»Das ist zu erwarten.«

Er überlegte. »Im Zusammenhang mit der Erschießung von Jimmy Gagnon und dem Mord an Copley wurde ich von jeglichem Verdacht freigesprochen, was schön und gut ist. Aber ich bin aus der Reihe getanzt. Meine Verbindung zu Catherine und dass ich die Ermittlungen selbst in die Hand genommen habe ... damit habe ich eine Menge Brücken verbrannt. Wer zu STOP gehört, muss ein Mannschaftsspieler sein. Inzwischen zweifeln viele Kollegen daran, dass ich in der Lage bin, mich einzuordnen.«

»Und was meinen Sie?«

»Ich vermisse mein Team«, erwiderte er mit Nachdruck. »Und ich vermisse meinen Job. Ich bin gut, und ich muss meine Fähigkeiten wieder unter Beweis stellen. Tja, das werde ich auch schaffen. Ich habe keine Angst vor Herausforderungen.«

»Ich bin neugierig, Bobby. Halten Sie sich selbst für einen Mannschaftsspieler?«

»Klar. Allerdings darf man die Mitgliedschaft in einer Mannschaft nicht als Ausflucht benutzen, um sich dumm zu stellen. Wenn das ganze Team von einer Klippe springt, soll man da dem Teamgeist zuliebe mitspringen oder lieber oben stehen bleiben und die anderen davon abhalten? Bei allen Respekt vor D.D. und den anderen Ermittlern, sie haben einfach nicht verstanden, was bei den Gagnons gespielt wurde. Ich schon. Also bin ich meinem Gewissen gefolgt. Und dazu stehe ich auch. Meiner Ansicht nach ist es das, was einen guten Polizisten ausmacht.«

»Bobby, Sie haben viel erreicht.«

»Ich tue mein Bestes.«

Als ihre Stimme leiser wurde, wusste er, was sie als Nächstes fragen würde. »Träumen Sie noch von ihm?«

»Manchmal.«

»Wie oft?«

»Ich weiß nicht.« Auch er hatte die Stimme gesenkt. Anstatt Dr. Lane anzusehen, betrachtete er ihr gerahmtes Diplom an der Wand. »Vielleicht drei oder vier Mal pro Woche.«

»Das ist seltener als früher.«

»Ja.«

»Können Sie schlafen?«

»Es geht so. Bis dahin ... ist es noch ein langer Weg.«

»Glauben Sie, dass Sie irgendwann aufhören werden, an Jimmy Gagnon zu denken?«

»Ich habe den Mann getötet. Das ist eine schwere Last. Insbesondere in dem Wissen, dass es vielleicht mildernde Umstände gegeben hat. Insbesondere ... tja, genau das ist das Problem. Selbst zwei Monate später bin ich noch immer nicht sicher, was in jener Nacht wirklich geschehen ist.«

»Gegen Catherine wird keine Anklage erhoben?«

»Aus Mangel an Beweisen.«

»Ich dachte, Sie hätten eine Pistole in der Schlafzimmerkommode erwähnt.«
Bobby zuckte die Achseln. »Was belegt das? Dass sie zwei Schüsse in ihrem eigenen Haus abgefeuert hat? Das ist nicht gesetzlich verboten. Die Entscheidung, Jimmy zu töten, lag einzig und allein bei mir. Ich bin derjenige, der sein Gesicht gesehen und der abgedrückt hat.«
»Hassen Sie sie?«
»Manchmal.«
»Und meistens?«
Er lächelte spöttisch. »Das behalte ich lieber für mich.«
Dr. Lane schüttelte den Kopf. »Diese Frau ist gefährlich, Bobby.«
»Sie machen Witze.«
»Tja, ich denke, wir sind hier fertig. Ich habe alle Papiere unterschrieben und an Lieutenant Bruni geschickt. Selbstverständlich können Sie mich jederzeit anrufen.«
»Das freut mich.«
»Viel Glück, Bobby.«
»Danke, Doc«, erwiderte er aufrichtig. »Vielen Dank.«

Nun ging Bobby die Newbury Street entlang und erreichte den Public Garden. Kinder wimmelten zwischen den Bäumen herum und versuchten, Schneeflocken mit der Zunge aufzufangen. Auch dick gegen die Kälte vermummte Erwachsene waren unterwegs. Einige beaufsichtigten die Kinder, andere führten lebhafte Hunde aller Formen und Größen spazieren.
Bobby bemerkte sie nicht sofort, und als er sie schließlich entdeckte, war er freudig überrascht.
Er ging auf Catherine zu, die in einem schwarzen Wollmantel mit dunkelviolettem Schal und passenden Handschuhen wie immer wunderschön aussah. Nathan saß nicht neben ihr, sondern jagte, dicht gefolgt von dem Welpen, zwei anderen Kindern nach.

»Ich habe ihn fast nicht wiedererkannt«, sagte Bobby und nahm Platz.
Kurz drehte Catherine sich zu ihm um, lächelte und beobachtete dann weiter ihren Sohn. »Plötzlich verändert sich in zwei Wochen eine ganze Menge.«
»Offenbar wirkt die neue Diät.«
»Die Zauberkräfte von Maissirup mit hohem Fruktosegehalt. Wie ich erfahren habe, werden Glukose und Galaktose vom GLUT2-Gen verarbeitet, das in Nathans Fall mutiert ist. Fruktose hingegen wird von GLUT5 transportiert, sodass sein Organismus sie viel besser aufnehmen kann. Jetzt bekommt er nicht nur mehr Kalorien ab, sondern auch endlich ausreichend Energie, damit er wachsen kann.«
»Catherine, das ist ja wundervoll.«
Erneut lächelte sie, aber ihre Miene wurde, wie so oft in letzter Zeit, rasch wieder ernst. »Er wird sein ganzes Leben lang strenge Diät halten müssen, und selbst dann wird er nie völlig beschwerdefrei sein. Sein Körper verarbeitet Nährstoffe nicht so, wie er sollte. Also ist er auf ständige ärztliche Behandlung angewiesen, und der Himmel weiß, mit welchen Komplikationen noch zu rechnen ist.«
»Aber da sind Sie ja schon Profis.«
»Ich wünschte, wir hätten die Ursache früher entdeckt. Ich wünschte, ich hätte gleich den richtigen Arzt gefunden. Ich wünschte ... Ich wünsche mir so viele Dinge.«
Darauf gab es nichts zu erwidern. Angesichts der Ereignisse der letzten beiden Monate gab es bei ihnen beiden so manches, was sie bereuten. »Neue Entwicklungen in Sachen Haus?«, fragte er.
»Schon verkauft.«
»Mein Gott, das ging aber schnell.«
»Für Back Bay gibt es selbst in dieser Preisklasse eine Warteliste.«

Bobby schüttelte den Kopf. Catherine hatte ihr Anwesen für vier Millionen zum Verkauf angeboten. Woher die Leute so viel Geld nahmen, würde ihm wohl immer ein Rätsel bleiben. »Und was nun?«

»Ich denke an Arizona. Irgendwohin, wo es warm ist, damit Nathan jeden Tag draußen spielen kann, wo noch nie ein Mensch von James Gagnon oder Richard Umbrio gehört hat und wo wir beide die Möglichkeit haben, ganz von vorne anzufangen.«

»Und Maryanne?«

»Sie ist immer noch schwer erschüttert, weil James uns das angetan hat. Wahrscheinlich würde sie auch gerne einen Neuanfang machen und mehr Zeit mit Nathan verbringen. Aber ... Sie wissen ja, wie sehr sie James liebt. Selbst nach allem, was geschehen ist, würde sie es sicher nicht schaffen, ihn zu verlassen.«

James lag im Koma. Wegen des Blutverlusts und der inneren Verletzungen versagte sein Organismus den Dienst. Die Ärzte gingen nicht davon aus, dass er je wieder zu Bewusstsein kommen würde. Sie wunderten sich eher, dass der Mann überhaupt noch lebte.

»Eines Tages vielleicht«, sagte Bobby.

Catherine nickte. »Maryanne mag Arizona. Sie hat mir erzählt, dass sie öfter darüber geredet hätten, dort ein Haus zu kaufen. Also vielleicht danach ...«

Nun war es an ihm, zu nicken. Inzwischen beobachteten sie beide Nathan. Die Wangen des Jungen waren gerötet, und beim Atmen standen ihm eisige Wolken vor dem Mund. Trickster schnappte nach seinen Knöcheln, und die Kinder lachten.

»Die Albträume?«, fragte Bobby leise.

Sie lächelte wehmütig. »Nur etwa ein halbes Dutzend pro Nacht.«

»Sie oder er?«

Wieder lächelte sie, aber ihr Blick war traurig. »Wir

beide. Wissen Sie, was das Komische daran ist? Ich träume nicht mehr von Umbrio. Zum ersten Mal in meinem Leben habe ich keine Angst mehr, dass jeden Moment ein Fremder um die Ecke biegen könnte. Ich träume von Jimmy. Dem letzten Ausdruck auf seinem Gesicht. Und manchmal höre ich mitten in der Nacht, wie Nathan auch nach ihm ruft.«

»Autsch«, sagte Bobby.

»Autsch«, wiederholte sie zustimmend. »Wenn wir erst in Arizona sind, werde ich mich, glaube ich, an einen Spezialisten wenden. An jemanden, der Nathan helfen kann, das Trauma zu verarbeiten – und mir vielleicht auch.«

»Ich halte das für eine gute Idee.«

»Sie könnten mit uns kommen.«

»Was, und auf die Kälte hier verzichten?«

Sie umfasste seine Hand. »Bobby, ich habe Angst.«

»Ich weiß.«

»Wollen Sie Ihren Beruf nicht an den Nagel hängen? Ich könnte Sie unterstützen ...«

»Lassen Sie das.«

Verlegen wandte sie sich ab. Doch er milderte seine Bemerkung ab, indem er ihr über die Wange streichelte.

»Sie sind die faszinierendste Frau, die ich kenne, Catherine«, sagte er. »Sie lieben Ihren Sohn, und Sie haben sich endlich gegen Umbrio zur Wehr gesetzt. Sie werden es schaffen. Sie und Nathan. Es dauert nur seine Zeit.«

»Wenn ich so faszinierend bin«, gab sie mit erstickter Stimme zurück. »Warum kommen Sie dann nicht mit?«

Bobby schmunzelte, zog seine Hand zurück und verschränkte die Finger auf dem Schoß. Er betrachtete Nathan, der lachend mit den anderen Kindern herumtollte, und wandte sich dann dem letzten Punkt zu, der noch angesprochen werden musste. »Ich habe kürzlich einen Anruf von Detective Warren bekommen.«

Catherine erstarrte schlagartig. »Sie versucht, hinter die Verbindung zwischen Richter Gagnon und Colleen Robinson zu kommen – Telefonrechnungen, finanzielle Transaktionen, irgendetwas, das einen Kontakt zwischen den beiden belegt. Der Richter war ein kluger Mann. D.D. ist zwar auf einige Abhebungen gestoßen, aber es gibt keinerlei Hinweise darauf, was aus dem Geld geworden ist. Und was die Telefonate angeht, hat D.D. keinen einzigen Anruf entdeckt. Zumindest nicht vom Richter. Aber sie ist auf zwei Anrufe von Ihnen gestoßen.«

Bobby sah Catherine an, und bemerkte in ihrem kühlen Blick einen Argwohn, der mehr verriet als tausend Worte.

»Wie sich herausstellte, hat Colleen Robinson im Gefängnis ziemlich viel einstecken müssen. Nach ihrer Entlassung schloss sie sich einer Selbsthilfegruppe für Frauen mit posttraumatischem Stresssyndrom an. Sie könnten diese Gruppe kennen, Catherine. Laut Therapeutin waren Sie auch bei einigen der Sitzungen.«

»Ich habe es einmal mit Gruppentherapie versucht«, erwiderte Catherine gelassen. »Aber das war vor einer Ewigkeit. Bevor ich Jimmy kennenlernte. Bestimmt erwarten Sie nicht von mir, dass ich mich nach all den Jahren noch an diese Frau erinnere.«

»Vielleicht nicht. Aber sie könnte sich an Sie erinnert haben.« Bobby schüttelte den Kopf und tippte die Fingerspitze aneinander. »Die ganze Woche wälze ich die Einzelteile schon hin und her. Einerseits denke ich nicht, dass Sie die Beziehungen hatten, um Umbrio aus dem Gefängnis zu holen. Doch nachdem Sie wussten, dass er auf freiem Fuß war und dass der Richter gewisse Kontakte geknüpft hatte ... Hat Colleen Sie angerufen? Ist es so abgelaufen? Vielleicht hat sie sich eine Belohnung erwartet. Oder sie wollte Ihnen nur helfen, indem sie Sie warnt. Aber natürlich hätte diese Warnung Ihnen nichts genützt. Umbrio war offiziell entlassen worden. Und die Polizei war zu sehr damit beschäftigt, Sie des Mordes zu verdächtigen, um Sie vor ihm zu schützen. Nein, Sie waren ganz allein und standen mit dem Rücken zur Wand. Sind Sie da auf den Gedanken gekommen, Catherine, dass Sie die Waffe des Richters auch gegen ihn einsetzen können?«

»Richard Umbrio hat meinen Vater ermordet«, erwiderte Catherine ruhig. »Wie können Sie es wagen, anzudeuten, dass ich etwas mit diesem Menschen zu tun hatte? Verdammt, er hat Tony und Prudence auf dem Gewissen. Aus welchem Grund hätte ich denn so etwas inszenieren sollen?«

»Das haben Sie auch nicht, jedenfalls nicht, was Tony und Prudence betrifft. Vermutlich hat Richter Gagnon Umbrio bezahlt, damit er die beiden umbringt. Aber Rick Copley ... Schließlich hatte der Staatsanwalt es auf Sie abgesehen, Catherine. Und wenn es nach ihm gegangen wäre, hätten Sie Nathan verloren.«

Catherine presste trotzig die Lippen zusammen und schwieg.

»Und dann wäre da noch der Richter selbst«, fuhr Bobby gelassen fort. »Ein Mann, der so vorsichtig und so gerissen ist, dass er weder Telefonrechnungen noch Bankauszüge hinterlässt, die ihn mit Colleen und Umbrio in Verbindung bringen könnten. Und dennoch hat Umbrio sich sofort mit ihm in Verbindung gesetzt. Woher wusste er, dass er sich an Richter Gagnon halten muss, Catherine? Wer hat ihm den Namen des Richters verraten?«

»Das müssen Sie Umbrio fragen.«

»Das kann ich nicht, Catherine. Sie haben ihn erschossen.«

Sie erwiderte nichts. Weil ihr keine Begründung einfiel oder weil sie ohnehin nicht davon ausging, dass er ihr

glauben würde? Wie Bobby vermutete, würde er die Antwort nie erhalten. Was Catherine betraf, würde er bei den meisten Fragen wohl für immer im Dunkeln tappen.
»Dr. Lane hat einmal etwas zu mir gesagt«, murmelte er. »Nämlich, dass es für eine Frau wie Sie keine Grenzen gibt, wenn es darum geht, Ihre Welt zu schützen. Das stimmt doch, oder, Catherine? Sie waren bereit, sich mit Menschen wie Umbrio einzulassen, um sich gegen Richter Gagnon zu schützen. Mit Colleen Robinsons Hilfe haben Sie diesen Teufel in Menschengestalt angeheuert.« Kurz hielt er inne. »Rick Copley«, sprach er leise weiter, »war ein anständiger Mann. Und ich denke, das gilt auch für Ihren Vater.«
Catherine schwieg, doch Bobby glaubte, Tränen in ihren Augen zu bemerken.
»Ich hoffe«, erwiderte sie nach einer Weile, »dass Sie, wenn Sie eines Tages selbst ein Kind haben, nie die Erfahrung machen werden, wie es ist, um sein Leben zu fürchten.«
»Es gab doch Menschen, die auf Ihrer Seite standen, Catherine. Mich zum Beispiel.«
Endlich sah sie ihn an. »Aber anfangs konnte ich das noch nicht ahnen, oder?«
Sie stand von der Bank auf, immer noch majestätisch und übernatürlich schön, und trotz der Dinge, die er über sie wusste, ertappte er sich dabei, dass er den Atem anhielt.
»D.D. ist eine gute Polizistin«, meinte er leise.
»Mein Sohn ist in Sicherheit. Dafür ist kein Preis zu hoch.«
»Davon sind Sie aufrichtig überzeugt, oder?«
Sie lächelte schief. »Bobby, es ist das Einzige, was verhindert, dass ich nachts den Verstand verliere. Ich werde Sie in Arizona vermissen.«
»Leben Sie wohl, Catherine.«

Catherine holte ihren Sohn. Bobby blieb auf der Bank sitzen, und Schneeflocken landeten auf seinem Gesicht, während er ihnen nachblickte.

Kurz darauf entstieg D.D. dem weißen Transporter, der ein Stück die Straße hinunter stand, und ließ sich schwer neben ihm auf die Bank fallen.

»Ich habe dir doch gesagt, dass ich nichts aus ihr rauskriege«, meinte Bobby.

Sie zuckte die Achseln. »Es war einen Versuch wert.«

Er griff unter seine Jacke und nestelte an den Aufnahmekabeln herum.

»Glaubst du, sie zieht wirklich nach Arizona?«, fragte D.D. und fügte dann hinzu: »Wenn es so weit kommt, kann ich ja jederzeit einen Auslieferungantrag stellen.«

»Klar.«

»Ich werde sie kriegen, Bobby.«

»Das ist doch zwecklos.«

D.D. verzog unwillig das Gesicht. »Was soll das heißen?«

»Wenn auch nur ein einziger Mann unter den Geschworenen sitzt, wird Catherine keinen Tag hinter Gittern verbringen.« Bobby stand auf. »Finde dich damit ab. Frauen wie sie gibt es heutzutage nicht mehr.«

»Dem Himmel sei Dank«, brummte D.D.

Bobby schmunzelte. Dann steckte er die Hände in die Jackentaschen und machte sich auf den Heimweg.

Anmerkung der Autorin und Danksagung

Die immer bin ich vielen Menschen, die zur Entstehung dieses Buches beigetragen haben, zu Dank verpflichtet. Die Personen auf der hier folgenden Liste waren so nett und geduldig, mir ihr Fachwissen zur Verfügung zu stellen. Selbstverständlich bin für eventuelle Fehler und künstlerische Freiheiten ganz allein ich verantwortlich.

Für Informationen über die Tätigkeit und Ausbildung sowie das Training von Scharfschützen und taktischen Einheiten bei der Polizei bedanke ich mich bei: Lieutenant Cary Maroni, Trooper John Bergeron und Major Marianne McGovern von der Massachusetts Staatspolizei, Special Agent James Fitzgerald, FBI, und Lieutenant James Swanberg, Rhode Island Staatspolizei.
Außerdem möchte ich auch den Mitarbeitern der Strafverfolgungsbehörden meinen Dank aussprechen, die lieber ungenannt bleiben möchten. Sie wissen, dass Sie gemeint sind.

Als Nächstes gilt mein aufrichtiger Dank der juristischen Abteilung: Sarah Joss, Assistentin im Justizministerium, Bill Loftus, Ermittlungsbeamter bei der Staatsanwaltschaft Suffolk County, Jerry Stewart, stellvertretender Bezirksstaatsanwalt Suffolk County, Detective Sergeant Richard Clancy, Bostoner Polizei, Staatsanwaltschaft Suffolk County, und Patrick Loftus, Strafverteidiger.

Im medizinischen Bereich wäre ich wohl verloren gewesen ohne wundervolle Querdenkerinnen wie Margaret Charpentier, Assistenzprofessorin am College of Pharmacy, University of Rhode Island, und Kelly L. Matson, Assistenzprofessorin für angewandte Pharmazeutik, University of Rhode Island.

Außerdem bin ich meinem sehr guten Freund Dr. Greg Moffatt wegen seiner Einblicke in die Therapie von Traumaopfern und wegen seiner kriminellen Energie in Sachen Mord zu großem Dank verpflichtet. Und wo wäre ich ohne meine wundervolle Freundin und Schriftstellerkollegin Betsy Eliot, die einen herrlichen Nachmittag damit verbracht hat, mich überall in South Boston herumzuführen und mich ihrer Verwandtschaft auf den Hals zu hetzen. Bets, du bist die Größte!

In der Abteilung Komik freue ich mich, den weltweit ersten Sieger des Wettbewerbs mit dem Titel »Meuchle einen Freund, murkse einen Kumpel ab« bekannt zu geben. Trotz der vielen Kandidaten konnte nur einer den ersten Preis gewinnen, eine Person ihrer Wahl in meinem Roman sterben zu lassen. Also gratuliere ich hiermit der Gewinnerin Jillian Zizza und ihrer guten Freundin Colleen Robinson, die sie als »glückliche Leiche« vorgeschlagen hat. Zur Feier des ehrenhaften Anlasses erhalten beide kostenlos eine handsignierte Ausgabe dieses Romans.

Falls Sie sich selbst oder einen Menschen, den Sie lieben, als Mordopfer für meinen nächsten Roman vorschlagen wollen, scheuen Sie sich nicht. Die nächste Runde von »Meuchle einen Freund, murkse einen Kumpel ab« startet im Herbst. Weitere Einzelheiten entnehmen Sie bitte www.LisaGardner.com.

Abschließend danke ich Kate Miciak, die offen gestanden die beste Lektorin ist, die man sich wünschen kann. Außerdem bedanke ich mich bei Melinda, Barbara, Kathleen und Diana, die mir wieder als ausgezeichnete Korrektorinnen zur Verfügung standen, sowie Brandi, denn wir alle wissen, dass wir es ohne dich nie geschafft hätten. Und zu guter Letzt danke ich meinem Mann und meinem ganz besonderen Dienstagskind, das Freude in mein Leben bringt.

2
9.9